ENSEIGNEMENT

HISTORIQUE ET GÉOGRAPHIQUE

D'APRÈS

LE NOUVEAU PLAN D'ÉTUDES

ET

les Programmes arrêtés par M. le Ministre de l'Instruction publique,
LE 30 AOUT 1852.

CLASSE DE RHÉTORIQUE.

—∞—

HISTOIRE ET GÉOGRAPHIE MODERNES

PAR

MM. F. ANSART ET A. RENDU.

PARIS,
LIBRAIRIE ECCLÉSIASTIQUE ET CLASSIQUE
DE CH. FOURAUT,
RUE SAINT-ANDRÉ-DES-ARTS, 47.

ENSEIGNEMENT
HISTORIQUE ET GÉOGRAPHIQUE

HISTOIRE ET GÉOGRAPHIE
DES TEMPS MODERNES.

Classe de Rhétorique.

ENSEIGNEMENT HISTORIQUE ET GÉOGRAPHIQUE
DANS LES LYCÉES.

OUVRAGES SPÉCIALEMENT RÉDIGÉS
d'après le Programme du 30 août 1852,
Par MM. Ed. ANSART et Ambroise RENDU.

CLASSE DE SIXIÈME.

NOTIONS GÉNÉRALES D'HISTOIRE ET DE GÉOGRAPHIE ANCIENNES ET HISTOIRE DE FRANCE jusqu'à la fin de la première race. 1 volume in-12, broché, avec *Cartes géographiques*. 3 fr. 25 c.

CLASSE DE CINQUIÈME.

HISTOIRE ET GÉOGRAPHIE DE LA FRANCE, depuis l'avénement de la seconde race jusqu'à François 1er. 1 volume in-12, broché, avec *Cartes géographiques*. 3 fr. 25 c.
Le même volume, suivi de LA GÉOGRAPHIE PHYSIQUE DE LA FRANCE. In-12, broché. 3 fr. 85 c.

CLASSE DE QUATRIÈME.

HISTOIRE ET GÉOGRAPHIE DE LA FRANCE, depuis l'avénement de François 1er jusqu'en 1815. 1 vol. in-12, broché, avec *Cartes géographiques*. 3 fr. 25 c.
Le même volume, suivi de LA GÉOGRAPHIE ADMINISTRATIVE DE LA FRANCE. In-12, broché. 3 fr. 85 c.

CLASSE DE TROISIÈME.

HISTOIRE ET GÉOGRAPHIE ANCIENNES, depuis l'origine du monde jusqu'à la chute de l'Empire d'Occident. 1 volume in-12, broché, avec *Cartes géographiques*. 3 fr. 25 c.
Le même volume, suivi de LA GÉOGRAPHIE PHYSIQUE DU GLOBE (objet du cours. — Grandes divisions). In-12, broché. 3 fr. 85 c.

CLASSE DE SECONDE.

HISTOIRE ET GÉOGRAPHIE DU MOYEN AGE. 1 volume in-12, broché, avec *Cartes géographiques*. 3 fr. 25 c.
Le même volume, suivi de LA GÉOGRAPHIE POLITIQUE ET STATISTIQUE DES ÉTATS EUROPÉENS (la France exceptée). In-12, broc. 3 fr. 85 c.

CLASSE DE RHÉTORIQUE.

HISTOIRE ET GÉOGRAPHIE DES TEMPS MODERNES (1453-1815). 1 volume in-12, broché, avec *Cartes géographiques*. 3 fr. 25 c.
Le même volume, suivi de LA GÉOGRAPHIE PHYSIQUE ET POLITIQUE DE LA FRANCE. In-12, broché. 3 fr. 85 c.

Le cartonnage se paye en sus 25 c. par volume.
Tous les cahiers de géographie ajoutés à la fin de chaque volume peuvent se vendre séparément, brochés. 75 c.

Tous ces volumes répondent également aux questions d'Histoire et de Géographie des PROGRAMMES POUR LES BACCALAURÉATS ÈS-LETTRES ET ÈS-SCIENCES, qui sont insérés dans chaque volume avec renvois détaillés.

Paris. — Typ. de Mme Ve Dondey-Dupré, rue Saint-Louis, 46.

ENSEIGNEMENT
HISTORIQUE ET GÉOGRAPHIQUE

D'APRÈS

LE NOUVEAU PLAN D'ÉTUDES

ET

LES PROGRAMMES ARRÊTÉS PAR M. LE MINISTRE DE L'INSTRUCTION PUBLIQUE

le 30 août 1852.

CLASSE DE RHÉTORIQUE.

HISTOIRE ET GÉOGRAPHIE
DES TEMPS MODERNES,

PAR

MM. Ed. ANSART,
Professeur d'histoire et de géographie, membre de la Société de Géographie,

ET A. RENDU,
Auteur du Cours complet d'Histoire et de Géographie autorisé
par le Conseil de l'Instruction publique.

PARIS.

LIBRAIRIE CLASSIQUE DE Ch. FOURAUT,

RUE SAINT-ANDRÉ-DES-ARTS, 47.

1853

On trouve aussi à la même Librairie:

OUVRAGES DIVERS DE M. FÉLIX ANSART.

PRÉCIS DE GÉOGRAPHIE ANCIENNE ET MODERNE COMPARÉE, rédigé pour l'usage des Lycées, des Colléges et de toutes les Maisons d'Éducation.

Ouvrage renfermant tous les détails qui peuvent faciliter l'étude de l'Histoire et l'intelligence des auteurs classiques, *autorisé par le Conseil de l'Instruction publique*; 22ᵉ édition, revue avec soin. 1 vol. in-12, cartonné .... 3 fr.

On vend séparément:
LE PRÉCIS DE GÉOGRAPHIE ANCIENNE, 1 vol. in-12, cart. 1 fr. 60
LE PRÉCIS DE GÉOGRAPHIE MODERNE, 1 vol. in-12, cart. 1 fr. 60

PETITE HISTOIRE DE FRANCE, à l'usage des Classes élémentaires. Nouvelle édition (1853), complétement revue, *rédigée sur un plan nouveau*, et augmentée d'Exercices, de Cartes Géographiques et des Portraits des Souverains; 1 vol. in-18, cart .... 75 c.

Ouvrage *autorisé par le Conseil de l'Instruction publique*.

PETITE HISTOIRE SAINTE, à l'usage des Classes élémentaires des Colléges, continuée jusqu'à la Destruction de Jérusalem; nouvelle édition, augmentée de Questionnaires et de 2 Cartes Géographiques. 1 vol. in-18, cart .... 75 c.

Ouvrage approuvé par NN. SS. les Archevêques de Paris, de Tours et d'Albi, le Cardinal Évêque d'Arras, et les Évêques de Langres, de Cambrai, d'Amiens, de Saint-Dié, de Beauvais et de Pamiers, et *autorisé par le Conseil de l'Instruction publique*.

VIE DE NOTRE-SEIGNEUR JÉSUS-CHRIST, littéralement extraite des Textes des Saints Évangiles, et suivie d'un Précis de la Doctrine Chrétienne, à l'usage des Classes élémentaires des Colléges; 4ᵉ édition, augmentée de Questionnaires. 1 vol. in-18 de 180 pages, cart .... 75 c.

Ouvrage revêtu des mêmes approbations que le précédent.

OUVRAGES DIVERS DE M. A. RENDU.

PETIT COURS D'HISTOIRE à l'usage de toutes les Maisons d'Éducation. Ce Cours, d'un prix extrêmement modique, est divisé en six parties:

I. — HISTOIRE ANCIENNE, 1 vol. in-18.
II. — HISTOIRE ROMAINE, 1 vol. in-18.
III. — HISTOIRE DU MOYEN AGE, 1 vol. in-18.
IV. — HISTOIRE DES TEMPS MODERNES, 1 vol. in-18.
V. — HISTOIRE DE L'ÉGLISE, revue, pour la doctrine, par M. l'abbé BLANC. 1 vol. in-18.
VI. — MYTHOLOGIE (sous presse), 1 vol. in-18.

Prix de chaque volume, avec Questionnaire, cart. 90 c.
Chacun des quatre premiers volumes est orné d'une Carte géographique.

Tout exemplaire non revêtu de la signature de l'un des auteurs et de celle de l'éditeur, sera réputé contrefait.

Le dépôt légal de tous les ouvrages annoncés ci-dessus et d'autre part ayant été effectué, les auteurs feront poursuivre rigoureusement toute contrefaçon ou traduction faite au mépris de leurs droits, soit en France, soit à l'étranger.

Extrait du Programme du 30 août 1852,

POUR L'ENSEIGNEMENT DE L'HISTOIRE ET DE LA GÉOGRAPHIE DANS LES LYCÉES.

Classe de Rhétorique.

HISTOIRE DES TEMPS MODERNES.

Pages.

1. État politique et divisions géographiques de l'Europe au milieu du quinzième siècle. — 1
2. France. — Progrès de l'autorité royale en France dans les dernières années de Charles VII et sous Louis XI. — Puissance des maisons féodales. — Opposition et mort du duc de Bourgogne. — Résultats du règne de Louis XI. — Anne de Beaujeu et Charles VIII. — États généraux de 1484. — Acquisition de la Bretagne (1453-1494). — 18
3. Angleterre. — Guerre des Deux Roses. — La royauté anglaise sous Henri VII (1453-1509). — 33
4. Espagne. — Faiblesse de Henri IV. — Puissance de Ferdinand et d'Isabelle. — Réunion de la Castille et de l'Aragon. — Chute de Grenade (1453-1516). — 43
5. Allemagne et Italie à la fin du quinzième siècle. — Constitution anarchique de ces deux pays qui, par suite de leurs divisions, deviendront successivement le champ de bataille de l'Europe. — Frédéric III et Maximilien; vains efforts pour mettre de l'ordre en Allemagne. — Ludovic le More; Venise et Gênes. — Les Médicis et Savonarole. — Politique du Saint-Siége. — Les Aragonais à Naples (1453-1494). — 52
6. Les Turcs sous Mahomet II et Sélim. — Conquête d'une partie de la vallée du Danube et de l'Albanie, de la Syrie, de l'Égypte et d'Alger (1453-1520). — Étendue et puissance de l'Empire ottoman en 1520. — 71
7. Commencements des guerres d'Italie. — Expéditions de Charles VIII et de Louis XII. — Gouvernement de ce dernier prince (1494-1515). — 75
8. Nouveaux éléments de civilisation générale. — Découverte ou usage chaque jour croissant de la poudre à canon, du papier, de l'imprimerie et de la boussole. — Christophe Colomb et Vasco de Gama. — Empire colonial des Espagnols et des Portugais. — Développement de la richesse mobilière. — 82
9. Tableau de l'Italie au commencement du seizième siècle. — Milan, Gênes, Venise, Florence, Rome, Naples. — Renaissance des arts et des lettres. — Jules II. — Léon X. — L'Arioste, Machiavel, Bembo, Bramante, Léonard de Vinci, Raphaël, Michel-Ange. — Érasme. — Copernic. — 102
10. Mouvement du protestantisme. — Luther (1517) : la réforme en Allemagne. — Christian II et Gustave Vasa : la réforme dans le Nord (1513-1560). — Zwingle et Calvin : la réforme en Suisse,

aux Pays-Bas et en Écosse (1516-1564). — Henri VIII : la réforme en Angleterre. — Édouard VI. — La reine Marie (1509-1558). 121

11. Rivalité de François Ier et de Charles-Quint : Marignan, Pavie, captivité de François Ier. — Prise de Rome par le connétable de Bourbon. — Traité de Cambrai (1515-1529). — Rôle de l'Angleterre dans la lutte de la France et de l'Empire. 157

12. Introduction des Ottomans dans la politique européenne. Soliman II. — Siège de Vienne. — Expédition de Charles V contre Tunis et Alger. — Invasion de la Provence. — Trêve de Nice. — Bataille de Cérisoles (1527-1547). 163

13. Henri II et le traité du Cateau-Cambrésis. — Résultats des guerres d'Italie. — La Péninsule fermée aux Français et soumise aux Espagnols. — La France acquiert Metz, Toul et Verdun (1547-1559). — La renaissance en France. 171

14. Le concile de Trente. — Sages réformes à la cour pontificale. — Création de l'ordre des jésuites. — Paul III, Paul IV, Pie V, Sixte V (1534-1590). 179

15. La réforme en France. — Guerres de religion. — François II. — Charles IX. — Henri III. — Les Bourbons et les Guises (1559-1589). 186

16. Angleterre et Écosse. — Élisabeth et Marie Stuart. — L'Armada de Philippe II. — Victoire d'Élisabeth. — Apogée de l'autorité royale en Angleterre. — Shakspeare et Bacon (1558-1603). 197

17. Espagne. — Vastes projets de Philippe II. — Soulèvement des Pays-Bas. — Les Gueux. — Guillaume de Nassau. — Indépendance des Provinces-Unies. — Décadence anticipée de l'Espagne, malgré la conquête du Portugal (1556-1598). 205

18. France. — Henri IV achève de ruiner par ses succès la prépondérance de l'Espagne ; il termine en France les guerres de religion et rétablit le pouvoir royal. — Ses réformes, ses projets. — Sully. — Écoles littéraires de la France. — Montaigne. — Amyot. — Ronsard ; Malherbe. 213

19. Angleterre. — L'autorité royale entre en lutte contre d'antiques traditions de liberté soutenues par l'esprit nouveau de la réforme. — Jacques Ier. — Règne de Charles Ier jusqu'à la convocation du Long Parlement (1603-1640). 226

20. Angleterre. — Révolution de 1648. — Protectorat de Cromwell (1640-1660). 230

21. L'autorité royale conserve la prééminence en France. — Richelieu et Louis XIII. — Le protestantisme cesse d'être un parti politique. — Abaissement des grands. — Création des intendants. — Abaissement de la maison d'Autriche (1610-1643). 236

22. Allemagne. — Guerre de Trente ans. — Traités de Westphalie. — L'Alsace reste à la France. — L'Allemagne, qui compte plus de trois cent soixante États, est de toutes parts ouverte à l'étranger, malgré l'autorité impériale qui n'est plus qu'un vain nom héréditaire dans la maison d'Autriche (1618-1648). 243

23. Mazarin et la Fronde. — Les traités de Westphalie et des Pyrénées préparent la grandeur de Louis XIV. — Situation de l'Europe et limites des États en 1661. — Décadence de l'Espagne, de l'Italie et de l'Empire. — Épuisement de la Suède. — Décadence de la Pologne. — Divisions de l'Angleterre. — Richesses et puissance de la Hollande (1643-1661). 258

24. Louis XIV. — Ministère de Colbert. — Administration intérieure ; industrie. — Commerce. — Marine marchande et militaire ; les

Pages.

classes. — Législation. — Époque la plus glorieuse des lettres françaises.   290

25. Louis XIV. — Influence prépondérante de Louvois. — Organisation militaire. — Guerre avec l'Espagne. — Traité d'Aix-la-Chapelle. — Invasion de la Hollande. — Coalition générale. — Traité de Nimègue. — Turenne, Condé, Vauban, Duquesne. — Conquête de la Flandre et de la Franche-Comté (1661-1679).   299

26. Révocation de l'édit de Nantes et politique de Louis XIV à l'égard de l'Angleterre. — Charles II. — Jacques II. — Opposition de l'aristocratie et du clergé anglais. — Révolution de 1688 avec l'aide de la Hollande. — Guillaume de Nassau. — Locke. — Nouveau droit politique (1679-1688).   306

27. Suites de la révolution de 1688 pour la politique générale de l'Europe. — Traité de Ryswick. — Guerre de la succession d'Espagne. — Traités d'Utrecht et de Rastadt (1688-1715). — Luxembourg, Villars, Catinat, Vendôme, Berwick, Tourville.   316

28. Coup d'œil sur le dix-septième siècle. — Progrès général des sciences, des lettres et des arts.   324

29. La régence et Louis XV. — Law. — Ministère de Fleury. — Guerre de la succession d'Autriche et Guerre de Sept ans. — Traité de Paris. — Perte des colonies françaises (1715-1763).   340

30. Création du royaume de Prusse. — Rivalité de la Prusse et de la maison d'Autriche. — Frédéric II et Marie-Thérèse (1701-1786).   349

31. Dernier effort de la Suède; Charles XII. — Grandeur de la Russie. — Pierre le Grand et Catherine II. — Fondation de Saint-Pétersbourg. — Victoire sur les Turcs. — Partage de la Pologne (168-178).   361

32. Grandeur maritime et coloniale de l'Angleterre. — Conquêtes aux Indes-Orientales. — Progrès et soulèvement des colonies d'Amérique. — Guerre d'Amérique (1688-1789).   389

33. Esprit de réforme popularisé par les philosophes (Voltaire, Montesquieu, Rousseau...) et par les économistes (Vauban, Quesnay, Adam Smith, etc.), dans toute l'Europe. — Pombal et Joseph Ier en Portugal. — Ferdinand VI, Charles III et Aranda en Espagne. — Tanucci et Charles VII à Naples, Léopold en Toscane. — Joseph II en Autriche. — Frédéric II en Prusse. — Choiseul, Louis XVI, Turgot, Malesherbes et Necker en France.   405

34. Découvertes scientifiques et géographiques au dix-huitième siècle: Franklin, Lavoisier, Linnée, Buffon, Laplace, Lagrange, Volta, Cook et Bougainville. — Géographie de l'Europe en 1789.   425

35. Assemblée constituante. — Assemblée législative. — Journée du 10 août. — Convention nationale. — Procès et mort de Louis XVI. — La terreur. — Journée du 9 thermidor. — Journée du 13 vendémiaire.   437

36. Directoire. — Premières campagnes de Bonaparte en Italie. — Traité de Campo-Formio. — Expédition d'Egypte. — Retour de Bonaparte. — Journée du 18 brumaire. — Constitution consulaire. — Concordat. — Code civil.   454

37. Napoléon empereur. — Géographie de l'Europe en 1810. — Guerre de Russie. — Campagne d'Allemagne. — Campagne de France. — Abdication de l'Empereur. — Retour de l'île d'Elbe. — Les Cent-Jours. — Waterloo. — Sainte-Hélène. — Traités de 1815.   474

Baccalauréat ès Lettres.

PROGRAMME SOMMAIRE
D'HISTOIRE ET DE GÉOGRAPHIE
ARRÊTÉ PAR M. LE MINISTRE DE L'INSTRUCTION PUBLIQUE
le 5 septembre 1852.

Histoire des Temps modernes.

Pages.

38. État politique et divisions géographiques de l'Europe au milieu du quinzième siècle. — 1
39. France. — Louis XI. — Charles le Téméraire. — Charles VIII. — Accession de la Bretagne. — 18
40. Angleterre. — Guerre des Deux Roses. — 33
41. Espagne. — Ferdinand et Isabelle. — Chute de Grenade. — 43
42. Allemagne et Italie. — Frédéric III et Maximilien. — Venise et Gênes. — Les Médicis. — Politique du saint-siége. — 51
43. Les Turcs sous Mahomet II. — Étendue et puissance de l'empire Ottoman en 1520. — 71
44. Guerre d'Italie. — Louis XII. — Tableau de l'Italie au moment de l'invasion française. — 75, 102
45. Découverte de la poudre à canon, de l'imprimerie, de la boussole. — Christophe Colomb et Vasco de Gama. — 82
46. La réforme en Allemagne, en Suisse, en Angleterre. — 121
47. Rivalité de François Ier et de Charles-Quint. — 157
48. Soliman II. — Siége de Vienne. — 163
49. Henri II. — Conquête des Trois-Évêchés. — 171
50. Le concile de Trente. — 179
51. La réforme en France. — Guerres de religion. — François II. — Charles IX. — Les Guises. — 186
52. Élisabeth et Marie Stuart. — 197
53. Philippe II. — Soulèvement des Pays-Bas. — Guillaume de Nassau. — 205
54. Henri IV. — Ses victoires. — Son gouvernement. — Sully. — 213
55. Jacques Ier d'Angleterre. — Charles Ier. — Révolution de 1648. — Cromwell. — 230
56. Richelieu et Louis XIII. — Guerre de trente ans. — Abaissement de la maison d'Autriche. — 236
57. Mazarin et la Fronde. — 258
58. Louis XIV et son siècle. — 290
59. Restauration de Charles II en Angleterre. — Jacques II. — Révolution de 1688. — Le prince d'Orange. — 306
60. La régence et Louis XV. — Frédéric II et Marie-Thérèse. — Charles XII et Pierre le Grand. — Partage de la Pologne. — 340
61. Esprit de réforme du dix-huitième siècle. — 405
62. Révolution française. — Assemblée Constituante. — Assemblée Législative. — Convention Nationale. — Directoire. — Le Consulat. — L'Empire. — 437

HISTOIRE DES TEMPS MODERNES.

CHAPITRE PREMIER.

ÉTAT POLITIQUE ET DIVISIONS GÉOGRAPHIQUES DE L'EUROPE AU MILIEU DU XVe SIÈCLE.

SOMMAIRE.

º^r. 1. Les progrès des Turcs s'arrêtent après la prise de Constantinople. Une longue série de succès avait précédé et préparé le triomphe définitif des Turcs. La prospérité de la population musulmane contraste avec la misère de la population grecque. Les Turkomans sont puissants en Asie, les Mameluks en Égypte. Des royaumes musulmans se soutiennent en Afrique et en Espagne.

L'Europe ne fait que de faibles efforts contre l'invasion musulmane. Les tentatives des papes pour ranimer le zèle des croisades ont été rendues inutiles par la division des nations européennes entre elles.

La lutte du Danemark et de la Suède est la suite de la rupture de l'union de Calmar. — La Russie divisée est soumise à la Horde d'or, sous Basile III. — La domination de l'ordre des chevaliers Teutoniques est menacée par le parti national prussien et par la Pologne. — L'influence de la noblesse polonaise se développe sous Casimir IV.

Les Anglais ont été expulsés du territoire français. — Cette époque est marquée par les progrès du pouvoir royal et de l'unité en France sous Charles VII. — La faiblesse de Henri VI d'Angleterre augmente les troubles intérieurs. — L'autorité royale et la féodalité en Écosse sont en lutte.

L'incapacité de Frédéric III ne fait que développer l'indépendance des princes allemands. — Les progrès de la puissance de la confédération helvétique continuent. — L'Autriche, la Hongrie et la Bohême sont réunies et luttent contre les Musulmans.

L'Italie est morcelée; on remarque au nord les Sforza; la maison d'Este; Venise, puissante cependant encore sur le continent et sur la mer, touche au moment de sa décadence; elle continue sa rivalité avec Gênes. — Pise est soumise à Florence qui a la suprématie en Toscane. — Le royaume des Deux-Siciles est à son apogée sous Alphonse le Magnanime. — Le noble rôle politique du pape Nicolas V relève l'influence pontificale.

7. La péninsule hispanique tend à l'unité. — Le Portugal cherche sa grandeur dans les expéditions maritimes et les découvertes lointaines.

§ II. 8. L'Europe se partage en quatre grandes divisions : Europe septentrionale, centrale, méridionale, orientale.

9. L'Europe septentrionale comprend cinq États : 1° le royaume d'Angleterre avec celui d'Irlande, capitales Londres et Dublin; villes princ. Cantorbéry, Oxford; — 2° le royaume d'Écosse, capitale Édimbourg, possédant l'île de Man et les Hébrides; — 3° le royaume de Danemark, capitale Copenhague, comprenant les îles danoises, le Jutland, le sud du royaume de Gothie, les îles de Bornholm, Rugen, Gottland; — 4° le royaume de Norvège, capitale Troudhiem, comprenant les îles Sheiland, Færœr, l'Islande, le Groenland; — 5° le royaume de Suède, capitale Stockholm, villes princ. Upsal, Calmar, Abo, comprenant la Suède, la Gothre, le Norrland, la Laponie, la Botnie, la Finlande, les îles d'Aland, Abo, etc.

10. L'Europe centrale comprend six États, savoir : 6° le royaume de France, capitale Paris, présentant en dehors du domaine royal les fiefs puissants de Bourgogne, Valois, Orléans, Alençon, Anjou et Maine, Bretagne, Bourbon, Angoulême, Nevers, etc.; — 7° la Confédération helvétique réunissant les cantons de Schwytz, Uri, Unterwalden, Lucerne, Zurich, Glaris, Zug et Berne; — 8° l'empire d'Allemagne comprenant les électorats-archevêchés de Trèves, Cologne, Mayence, la haute Lorraine, l'électorat du Palatinat du Rhin, la Hesse, les comtés de Brunswick, d'Oldenbourg, de Wurtemberg, le duché électorat de Saxe, ceux de Bavière, les États de la maison de Habsbourg-Autriche réunissant avec l'archiduché d'Autriche, le royaume électorat de Bohême, la Styrie, la Carinthie, la Carniole, le Tyrol, l'Alsace, le duché-électorat de Brandebourg, le Mecklenbourg, le Holstein, le duché de Poméranie, les villes Hanséatiques (Lubeck, Hambourg, Brême, Groningue, Amsterdam, Cologne, Hanovre, Stralsund, Danzig, etc.); et une foule de petites principautés et villes immédiates; — 9° le royaume de Pologne, capitale Cracovie, ville princ. Varsovie, réuni avec le grand-duché de Lithuanie, capitale Vilna, ville princ. Kiev, et avec la principauté de Moldavie; — 10° la Prusse et la Livonie appartenant à l'ordre Teutonique auquel était réuni celui des Porte-glaive, capitales Marienbourg et Riga; — 11° le royaume de Hongrie, avec la Transylvanie et la Valachie, capitale Bude, ville princ. Albe-Royale, Belgrade, etc.

11. L'Europe méridionale comprend sept États : 12° le royaume de Portugal, capitale Lisbonne, villes princ. Coïmbre, Ourique, possédant Ceuta, Madère, les Açores, etc.; — 13° le royaume de Castille et Léon, avec la Galice, capitale Léon, villes princ.: Madrid, Saint-Jacques de Compostelle, Burgos, Tolède, Cordoue, Seville, Murcie; — 14° le royaume de Navarre, capitale Pampelune; — 15° le royaume d'Aragon, Majorque et des Deux-Siciles, composé

de l'Aragon, la Catalogne, le royaume de Valence, les comtés de Cerdagne et de Roussillon, les Baléares, la Sardaigne, la Sicile, et l'Italie méridionale, capitales : Saragosse, Palma, Palerme, Naples ; — 16° le royaume musulman de Grenade ; — 17° l'Italie septentrionale, où se trouvent le duché de Savoie, celui de Milan ; la république de Venise, s'étendant le long de l'Adriatique et possédant des ports et iles de l'Archipel ; le duché de Ferrare, la république de Gênes avec la Corse, la Crimée et des ports en Grèce, la république de Florence (villes princ. Livourne, Pise), Lucques, Mantoue, Sienne, etc. ; — 18° les États de l'Église, capitale Rome, coupés par beaucoup de villes et principautés indépendantes, comprenant la principauté de Bénévent, puis Avignon et le Comtat Venaissin ; le royaume de Naples déjà cité.

12. L'Europe orientale comprend trois États, savoir : 19° la grande principauté de Russie ou de Moscovie, capitale Moscou, villes princ. Vladimir, Novgorod, Pskof, Rézan ; — 20° les royaumes mongols consistant dans le khanat de Kaptchak (Horde d'or), de Crimée, d'Astrakhan, de Kazan, de Tourof ; — 21° l'empire ottoman s'étendant en Asie Mineure, capitale Constantinople, villes princ : Andrinople, Varna, Nicopolis, Cassovie, etc., ayant pour États tributaires : la Servie, la Bosnie, Raguse, le duché d'Athènes, etc. La principauté de Croïa reste encore indépendante.

§ Ier. ÉTAT POLITIQUE DE L'EUROPE AU MILIEU DU QUINZIÈME SIÈCLE.

1. ÉTAT DE LA PUISSANCE OTTOMANE ET DES AUTRES DOMINATIONS MUSULMANES. — La prise de Constantinople (1453), qui couronnait l'établissement de l'empire ottoman en Europe, était le dernier grand progrès de la dernière invasion des Barbares. Le rempart oriental de l'Europe était tombé, comme autrefois l'Espagne la barrière de l'Occident. Constantin avait clos la liste des empereurs, ainsi que Rodrigue celle des rois Visigoths, et tous deux étaient morts en combattant les ennemis du nom chrétien. Mais de même que l'effort des musulmans au huitième siècle, s'était brisé au delà des Pyrénées contre la vaillance des Francs, de même au quinzième siècle, Jean Hunyade et Scanderbeg, nouveaux Charles-Martel, arrêtent les infidèles et sauvent la chrétienté (voir *Hist. du moy. âge*, ch. XXXIV, § V).

Le triomphe définitif des Turcs dans la partie orientale de l'Europe avait été préparé par une longue série de succès. Depuis longtemps, le trône des Césars glissait comme sur une pente insensible jusqu'au bord de l'abîme ; depuis longtemps, l'empire avait vu ses provinces lui échapper une à une, et disparaître peu à peu sa force et sa splendeur. Les Turcs, sans cesse en armes sur le sol européen, avaient ravagé les campagnes, emmené par troupeaux les femmes, les enfants, les prêtres, et les avaient vendus comme esclaves ou transportés en Asie. Des colonies d'Orientaux s'étaient établies dans les demeures des exilés, et la richesse des nouveaux habitants insultait à la misère des Grecs. Les musulmans s'étaient partagé les débris de l'empire appauvri et dépeuplé, avant de lui porter le coup mortel. A l'époque de la prise de Constantinople, les Ottomans étaient déjà maîtres de toute l'Asie Mineure, depuis l'Euphrate et les confins du petit empire de Trébizonde jusqu'aux rivages occidentaux. En Europe, leur puissance s'étendait jusqu'aux bords du Danube et aux montagnes de la Bosnie et de l'Albanie, et s'avançait au cœur de la Grèce.

Malgré les divisions de l'antique empire des khalifes, les diverses dominations musulmanes qui s'étaient formées de ses débris occupaient une vaste partie du globe. Les Turkomans partageaient l'Asie centrale avec les Mongols. L'Égypte et la Syrie étaient au pouvoir des Mameluks. Les royaumes de Tunis, de Tremesen (Tlemcen), de Maroc, occupaient toute l'Afrique septentrionale, et en Espagne, le royaume de Grenade était encore debout.

2. SITUATION GÉNÉRALE DE L'EUROPE. — Au moment où la lutte, engagée à l'Orient entre les chrétiens et les musulmans, semblait devoir appeler sur les champs de bataille l'Europe tout entière, elle n'avait su opposer aux Turcs que la vaillance de quelques princes limitrophes, les flottes de Venise, l'héroïsme des chevaliers de Rhodes, dignes successeurs des chevaliers de la Palestine, et le zèle, hélas ! impuissant désormais, des souverains pontifes. Pendant que les papes élèvent inutilement leur voix pour ranimer l'ardeur des croisades, les nations européennes, faibles à l'intérieur et divisées entre elles, ne songent qu'à affermir leurs propres constitutions. Nulle grande puissance ne surgit encore pour se mettre à la tête d'un mouvement européen. La suprématie temporelle du pape est détruite, la puissance impériale n'est pas rétablie; aucun centre politique n'existe en Occident.

3. ÉTATS DU NORD. — Les trois États scandinaves ont détruit l'œuvre de Marguerite, et, méconnaissant les grands intérêts qu'avait embrassés le génie de l'illustre reine, ils ont rompu l'union de Calmar après la mort de Christophe le Bavarois. Déjà la lutte du roi de Suède, Charles VIII, et du roi de Danemark, Christian Ier, pour la possession de la Norvège,

manifeste les premiers résultats de la division des peuples du Nord. En Russie, le moment n'est pas venu encore où l'empire slave retrouvera sa puissance avec son unité. Vasili ou Basile III, tantôt tributaire, tantôt prisonnier des Tartares, est encore obligé de disputer son trône aux princes de sa famille; et s'il parvient à réunir à ses domaines un grand nombre de petits États indépendants, il cherche en vain à repousser le joug des khans mongols, fondateurs de la Horde d'or.

La domination des chevaliers Teutoniques commence à être sérieusement menacée par les progrès d'un parti national, qui sera plus tard le peuple prussien. En 1453, une ligue des villes et des nobles a refusé obéissance à l'Ordre, et s'est mise sous la protection de la Pologne, qui, soumise naguère à l'influence des chevaliers, a repris sa force et son indépendance sous les Jagellons. Casimir IV a étendu ses domaines jusqu'à la mer Baltique aux dépens de l'ordre Teutonique, et est parvenu à maintenir l'union de la Pologne avec le duché de Lithuanie. Mais déjà le pouvoir de la noblesse, dont Casimir lui-même a été obligé de garantir par un serment tous les priviléges, commence à s'élever contre le pouvoir royal; déjà, on peut présager cet avenir de rivalités et de querelles funestes, qui arracheront à la Pologne cette prépondérance conquise si laborieusement par cinq siècles de combats et de persévérants efforts.

4. FRANCE ET ANGLETERRE. — La France, au contraire, après la lutte pénible de ses rois contre la puissance féodale, touche à une époque de force et d'unité. Les Anglais ont perdu la Normandie par la bataille de Formigny (1448), et la Guyenne par le combat de Castillon (1451). Charles VII, maître enfin de tout le territoire français, commence à régulariser le gouvernement, en affranchissant la royauté de la tutelle de la féodalité. Tout entier à son œuvre réparatrice (n° 13), Charles VII, malgré les instances des Grecs, ne compromettra pas le succès de tant de soins par une guerre lointaine et une expédition aventureuse. Il suffit à sa gloire d'avoir mis fin à la longue rivalité de la France et de l'Angleterre, en assurant le triomphe de son pays.

Henri VI, chassé du territoire de la France, où il ne possède plus que la ville de Calais, ne sait pas même défendre son pouvoir contre l'insubordination de ses propres sujets. — L'Angleterre, sous le gouvernement de son faible monarque, est déchirée par les troubles intérieurs, prélude de cette fameuse querelle des *Deux-Roses*, qui inaugure pour ce pays l'histoire des temps modernes. — L'Écosse, où l'autorité royale a semblé anéantie pendant la longue captivité du roi Jacques Ier chez les Anglais, est occupée, comme la France, à réorganiser son gouvernement, et les luttes du trône contre la féodalité, marquées par l'assassinat de Jacques Ier, sont reprises avec énergie par Jacques II, héritier de la politique de son père.

5. **Allemagne et Suisse.** — Dans l'empire d'Allemagne, le pouvoir n'est pas encore sorti d'une longue période de décadence. Les résultats des efforts heureux d'Albert d'Autriche sont entièrement perdus par l'incapacité de Frédéric III, qui ne trouve d'habileté et de persévérance que pour l'agrandissement de sa propre maison; agrandissement qui, au reste, prépare la restauration de la puissance impériale. Frédéric, qui a abandonné solennellement toutes les prétentions des empereurs sur Rome, qui a laissé tous les princes de l'Empire s'arroger une véritable indépendance, Frédéric ne peut songer à rétablir la suprématie impériale sur cette invincible confédération de l'Helvétie, dont la jeune existence est illustrée déjà par des souvenirs de gloire, gages d'un brillant avenir. Aux journées de Morgarten et de Sempach, ces merveilleux exploits du moyen âge, les temps modernes pourront opposer des triomphes non moins éclatants contre Charles le Téméraire. A l'orient de l'Allemagne, les couronnes d'Autriche, de Hongrie et de Bohême, futur patrimoine de la maison impériale, sont réunies sur la tête de Ladislas le Posthume. Placées à l'avant-garde de l'Europe, la Hongrie et la Bohême ont à soutenir une lutte incessante contre les Ottomans : lutte héroïque, qui fait la gloire de Jean Hunyade Corvin. Mais après la mort du défenseur de la chrétienté, les provinces de Bosnie, de Croatie, de Valachie, de Moldavie, tombées sous la dépendance de la Hongrie, lui seront arrachées une à une par les infidèles, tandis que les derniers efforts de l'hérésie des Hussites soulèveront en Bohême de nouvelles discordes.

6. **Italie.** — L'Italie, plus que tout autre pays de l'Europe, est livrée à un morcellement complet depuis que l'autorité pontificale y a perdu la prépondérance; ses divisions intestines préparent déjà le triomphe des influences étrangères. — Au nord, la race usurpatrice et vaillante des Sforza gouverne le Milanais, auquel sont réunies Parme et Plaisance. La maison d'Este, illustrée par les lumières de ses princes,

généreux protecteurs des lettres et des arts, possède Ferrare et Modène. Venise, sous la main de fer de ses inquisiteurs, conserve encore son antique énergie, quoique sa décadence ait commencé déjà. Maîtresse de Trévise, de Vérone, de Padoue, de Brescia, de Bergame, elle domine au nord de l'Italie, et règne encore sur la mer par ses flottes nombreuses. Mais les progrès des Turcs, favorisés par les luttes imprudentes de Venise avec la république de Gênes, puissante aussi par sa marine et son commerce, vont enlever à l'une et à l'autre leurs plus importantes possessions au delà de l'Adriatique. — L'ancienne rivale de Gênes, Pise, maintenant déchue du rang des puissances italiennes, est entièrement soumise à Florence, qui, sous l'administration sage et habile de Côme de Médicis, exerce une suprématie incontestée sur les villes de Toscane. Lucques seule a conservé son indépendance. — Les Deux-Siciles, gouvernées par Alphonse le Magnanime, ont atteint l'apogée de leur grandeur et de leur prospérité. Les lettres et les arts, protégés par ce prince, font briller son trône d'une vive splendeur. Toutefois, la mort d'Alphonse va mettre un terme à cette ère glorieuse, et, après de longues rivalités, livrer l'Italie méridionale aux étrangers.

A Rome, la puissance pontificale est à peu près renfermée dans les limites de l'autorité spirituelle, et ce n'est plus que comme père commun des fidèles que le pape domine et la ville et le monde (*urbi et orbi*). Nicolas V travaille à guérir les plaies profondes que le schisme d'Occident a causées à l'Église. Pourtant, au milieu de ces soins pontificaux, il n'a pas oublié le grand rôle politique que ses prédécesseurs ont rempli avec tant d'éclat au milieu de la chrétienté. Lui seul, à la vue des progrès des infidèles, appelle l'Europe entière à un puissant et unanime effort; lui seul s'efforce de sauver Constantinople et d'organiser contre les Musulmans une résistance énergique. Si sa voix se perd au milieu des discordes de l'Occident, il peut au moins exercer sur sa patrie sa paternelle sollicitude, et il contribue de tout son pouvoir à la conclusion du traité de Lodi, essai de confédération malheureusement impuissant pour mettre un terme aux divisions trop profondes de l'Italie et sauver son indépendance.

7. ESPAGNE ET PORTUGAL. — La péninsule hispanique, au contraire, tend à une grande et forte unité. Les royaumes chrétiens de Castille, de Navarre et d'Aragon, et le royaume maure de Grenade, séparés encore et agités par des luttes violentes, vont bientôt être réunis pour la gloire de l'Espagne

tout entière. — Le petit royaume de Portugal, impatient de ses étroites limites et les yeux tournés vers l'immense étendue des mers, a préludé sous Alphonse l'Africain aux grandes découvertes qui doivent le mener avant la fin du siècle au delà du cap de Bonne-Espérance, tandis qu'un Génois méditera cette entreprise hardie qui donnera à l'Espagne un nouveau monde. — Les grandes destinées de l'Europe moderne vont se révéler.

§ 11. DIVISIONS GÉOGRAPHIQUES DE L'EUROPE AU MILIEU DU QUINZIÈME SIÈCLE (1).

8. DIVISION GÉNÉRALE DE L'EUROPE. — Après la prise de Constantinople par les Turcs Ottomans, on pouvait considérer l'Europe comme divisée en vingt et un États, ou groupes d'États, que nous répartirons en quatre grandes divisions, savoir : l'*Europe Septentrionale*, où les îles Britanniques et la péninsule Scandinave nous offriront cinq royaumes; l'*Europe Centrale*, où nous trouverons six autres États ou groupes d'États; puis l'*Europe Méridionale*, où nous n'en compterons pas moins de sept, quoique nous réunissions sous le nom d'Italie Septentrionale les nombreux États compris dans cette partie de la péninsule italique. Nous terminerons la description de l'Europe par les trois États placés à l'*Orient*, et que cette position même met en rapport continuel avec l'Asie, où plusieurs d'entre eux, et surtout l'empire Ottoman, ont de vastes possessions.

9. EUROPE SEPTENTRIONALE. — Les cinq royaumes de l'Europe Septentrionale étaient :

1. Le royaume d'ANGLETERRE, dont celui d'*Irlande* (cap. *Dublin*) était, depuis l'an 1175, considéré comme une dépendance. Le premier comprenait toute la partie méridionale de la *Grande-Bretagne* jusqu'à la rivière de la Tweed, et jusqu'au golfe du Solway, qui la séparaient au N. E. et au N. O. de l'Écosse, qui avait elle-même plusieurs fois subi la suzeraineté des rois d'Angleterre. — En France, il ne leur restait plus que *Calais*, avec les petites forteresses de *Guignes* et de *Hames*, situées dans le voisinage, et les *îles Normandes* (*Alderney* ou *Aurigny*, *Guernesey* et *Jersey*).

Les villes les plus remarquables de l'Angleterre étaient : —

---

(1) Outre la carte de l'EUROPE en 1453 contenue dans l'*Atlas à l'usage des colléges*, consulter, dans l'*Atlas historique universel* de M. Ansart, celles de l'Europe à la fin du QUATORZIÈME SIÈCLE et de l'Europe à la fin du QUINZIÈME SIÈCLE, dont la comparaison fera comprendre, mieux encore que les descriptions les plus exactes, la révolution consommée par l'établissement définitif des Turcs en Europe.

LONDRES, sa capitale, dont la prospérité commerciale et l'opulence croissaient de jour en jour. — *Canterbury* ou *Cantorbéry*, au S. E. de cette même capitale, siège archiépiscopal. — *Oxford*, au N. O. de Londres, célèbre par son université.

II. Le royaume d'ÉCOSSE, composé de toute la partie septentrionale de la *Grande-Bretagne*, où les sauvages et pauvres habitants des hautes terres, *highlands*, exerçaient continuellement des ravages sur les basses terres, *lowlands*. Au N. O. de ce malheureux pays, où l'autorité royale était sans force, le *laird des îles*, possesseur du comté de *Ross*, ainsi que de l'ancien royaume de *Man* et des îles *Western* ou *Hébrides*, jouissait d'une autorité à peu près indépendante. — Parmi les villes remarquables de l'Écosse à l'époque qui nous occupe, outre ÉDIMBOURG, sa capitale, située sur un golfe de la côte orientale, nous pouvons citer : *Falkirk* et *Bannock-Burn*.

III. Le royaume de DANEMARK, détaché de la confédération de Calmar, comprenait :

1° Les ÎLES DANOISES proprement dites, situées à l'entrée de la mer Baltique, et dont la plus grande, celle de *Sceland*, renfermait la ville de COPENHAGUE, qui avait succédé, depuis peu d'années, à *Rœskild* dans la dignité de capitale du royaume ; — 2° la grande péninsule du JUTLAND, divisée en *Nord Jutland* et *Sud Jutland* ; — 3° les provinces méridionales du royaume de GOTHIE, composé lui-même de la partie la plus méridionale de la péninsule Scandinave, et dont les rois de Danemark portaient le titre depuis l'an 1360 ; — 4° l'île de *Bornholm*, située assez loin à l'E. des îles Danoises, dans la mer Baltique, et celle de *Rugen*, plus au S. O. Cette dernière était tout ce qui restait aux rois de Danemark de l'ancien royaume des *Wendes* ou de *Slavonie* ; — 5° enfin, l'île de *Gottland*, située beaucoup plus au N. E. encore, et dont la possession était disputée par la Suède au roi de Danemark.

IV. Le royaume de NORVÈGE, qui n'avait pas cessé, depuis l'union de Calmar, d'être réuni sous le même sceptre que celui de Danemark, embrassait toutes les parties occidentales et septentrionales de la péninsule Scandinave, et avait pour villes principales : — THRONDIEM ou *Drontheim*, sa capitale ; — *Bergen*, plus au S. O., entrepôt du commerce des villes Hanséatiques.

Outre ses possessions continentales, la Norvège conservait encore : les *Orkney* ou *Orcades*, et les *Hialtaland* ou *Shetland*, qui devaient bientôt (en 1468) passer aussi sous la domination de l'Écosse ; — celles de *Færœër* ; — l'*Islande*, longtemps indépendante ; — le GROENLAND enfin, où avait été établi, en 1122, l'évêché de *Gaarde* ou *Gardar*, mais dont les côtes s'étaient trouvées tellement obstruées par les glaces, au commencement du quinzième siècle, que l'évêque envoyé, en 1403, pour prendre possession du siège épiscopal dont nous venons de parler, ne put y aborder. Il en résulta que ce pays resta oublié pendant près de deux siècles, et

1.

lorsqu'il fut retrouvé, dans le cours du dix-septième, on y chercha vainement la trace des anciens établissements.

V. Le royaume de SUÈDE, le troisième des États Scandinaves, séparé de l'Union depuis l'an 1448, se composait de possessions nombreuses répandues sur toutes les côtes et dans les îles du golfe de Botnie, et même de la Baltique, et qui comprenaient : — 1° la SUÈDE, proprement dite, située au centre de la partie orientale de la péninsule Scandinave ; la ville d'UPSAL, siège archiépiscopal, avait cédé le titre de capitale du royaume à STOCKHOLM, située plus au S. E. sur le détroit qui unit le lac Maelar à la Baltique ; — 2° le royaume de GOTHIE, au S. de la Suède propre, qui se composait de la partie septentrionale du pays dont il conservait spécialement le nom, et dont la possession faisait prendre au roi de Suède comme à celui de Danemark le titre de *roi des Goths*. La ville la plus célèbre de la Gothie était *Calmar*, située au S. E., sur le détroit qui sépare du continent l'île d'*OEland*, qui appartenait également à la Suède, ainsi que celles d'*Aland* et l'innombrable archipel d'*Abo*, plus au N. E.; — 3° le NORRLAND ou la *Noricie*, au N. de la Suède propre ; — 4° le LAPPMARK ou la *Laponie*, au N. O. du Norrland, contrée misérable et glacée ; — 5° la BOTNIE, autour du golfe auquel elle a donné son nom et qui la divise en *occidentale* et *orientale* ; — 6° la FINLANDE, entre le golfe qui lui doit son nom et celui de Botnie ; ville principale : *Abo*.

10. EUROPE CENTRALE. — Nous plaçons dans l'Europe centrale les six États ou groupes d'États suivants, savoir :

VI. Le royaume de FRANCE, qui avait fini par recouvrer ses anciennes limites, savoir : la mer du Nord, le Pas-de-Calais et la Manche au N. O.; l'océan Atlantique à l'O.; le royaume de Navarre, les Pyrénées, le royaume d'Aragon et le golfe du Lion au S.; le Rhône, les Alpes et les possessions de l'empire d'Allemagne à l'E. et au N. E. Mais, depuis l'organisation de la féodalité, ce beau royaume était partagé en autant d'États à peu près indépendants qu'il s'y trouvait de seigneurs puissants (voir n°s 14 et 15). A l'époque qui nous occupe, le *domaine royal* comprenait seulement le *duché de France*, qui s'étendait sur les deux rives de la Seine et renfermait la capitale du royaume, et les provinces de *Normandie*, de *Vermandois*, de *Champagne* et de *Brie*, de *Poitou*, de *Guyenne*, de *Languedoc*, de *Lyonnais* (en partie), de *Dauphiné*, etc. — Parmi les fiefs les plus considérables (soit fiefs proprement dits, soit apanages), on distinguait : — 1° le duché-pairie de BOURGOGNE, dont les possessions comprenaient, outre le duché et le comté de *Bourgogne*, et diverses dépendances, la *Picardie septentrionale*, le *Ponthieu*, l'*Artois*, la *Flandre*, et presque toutes les provinces qui forment aujourd'hui les royaumes de Belgique et des Pays-Bas. — 2° le duché-pairie de VALOIS-ORLÉANS ; — 3° celui d'ALENÇON ; — 4° celui d'ANJOU et du MAINE, comprenant aussi la *Touraine* ; — 5° celui de BRETAGNE ; — 6° le duché de

BERRY ; — 7° le duché-pairie de BOURBON, comprenant, outre le *Bourbonnais*, une partie de l'*Auvergne*, le *Beaujolais*, le *Forez*, *Clermont* en Beauvaisis, et un grand nombre d'autres domaines ; — 8° le comté de NEVERS, comprenant aussi ceux d'*Étampes* et de *Rhétel* ; — 9° le comté-pairie de la MARCHE ; — 10° le comté d'ANGOULÊME ; — 11° le comté d'ARMAGNAC, etc. (Voir pour les détails n° 15.)

Parmi les lieux que d'importants événements avaient rendus célèbres, nous citerons : *Calais*, qui était encore au pouvoir des Anglais ; — *Crécy*, près d'Abbeville, et *Azincourt*, près de Saint-Pol ; — *Brétigny*, près d'Orléans ; — *Orléans* ; — *Reims* ; — *Compiègne* ; — *Rouen* ; — *Montereau* ; — le champ de *Maupertuis*, près de *Poitiers* ; — *Châteauneuf de Randon*, dans le Gévaudan, etc.

VII. LA LIGUE SUISSE ou *Confédération Helvétique*, dont les divers cantons étaient déjà au nombre de huit, savoir : les cantons de SCHWYTZ, URI et UNTERWALDEN, qui entourent le lac des *Waldstetten* ou des Quatre-Cantons. — LUCERNE, à l'O. du même lac, qui porte aussi son nom ; ZURICH, plus au N. ; GLARIS, plus à l'E. ; ZUG, au S. de Zurich ; et BERNE, dans la Suisse occidentale ; la Confédération, à l'époque où nous la décrivons, avait encore conquis l'ARGOVIE, dans le N. O., où se trouvait le château de *Habsbourg*, berceau de la maison d'Autriche. Villes célèbres : *Morgarten*, sur la limite septentrionale du canton de Schwytz ; *Sempach*, dans celui de Lucerne ; *Nafels*, dans celui de Glaris ; *Altorf*, capitale du canton d'Uri, dans lequel se trouve, sur le bord occidental du lac des *Waldstetten*, la petite prairie de *Grütli* ou *Rutli*.

VIII. L'EMPIRE ROMAIN GERMANIQUE ou *Empire d'Allemagne*, qui embrassait toutes les contrées qui s'étendent des rives de la Meuse jusque bien au delà du cours de l'Oder, et depuis les rivages de la Baltique jusqu'au pied des Alpes. Parmi les nombreux États réunis sous cette nomination, mais qui ne formaient cependant pas un corps constitué d'une manière solide et régulière, nous citerons seulement les plus importants, et particulièrement, les sept dont les souverains possédaient l'*électorat*, ou droit d'élire l'empereur d'Allemagne, savoir : — I, II et III. Les trois archevêchés, *électorats ecclésiastiques*, de TRÈVES sur la Meuse, de COLOGNE et de MAYENCE sur le Rhin. — IV. Le duché de la HAUTE-LORRAINE ou *Lorraine Mosellane*, plus au S. O., capitale *Nancy*. — V. Le PALATINAT DU RHIN, situé sur les deux rives de ce fleuve et l'un des quatre *électorats séculiers* de l'Allemagne, capitale *Heidelberg*. — VI. Le landgraviat de HESSE, plus au N.E., capitale *Cassel*. — VII. Les trois comtés de la maison de BRUNSWICK, dans le N. O. de l'Allemagne, distingués par les noms de leurs capitales, *Grübenhagen*, *Lunébourg* et *Wolfenbuttel*, auxquels il faut ajouter les villes de *Hanovre* et *Gœttingue*, possédées en commun par les souverains des deux derniers duchés. — VIII. Le comté d'OLDEN-

BOURG, plus au N.O. encore. — IX. Le duché *électoral* de SAXE, plus au S.E., composé de plusieurs provinces, et dont la ville la plus importante était *Dresde*, sur l'Elbe. — X. Le margraviat de BADE, beaucoup plus au S.O., portant le nom de sa capitale. — XI. Les deux comtés de WURTEMBERG, à l'E. de Bade, capitales *Stuttgard* et *Urach*, possédant en France le comté de *Montbéliard*, au N. E. de Besançon. — XII. Les trois duchés de BAVIÈRE à l'E. du Wurtemberg, distingués par les noms de leurs capitales: *Ingolstadt*, sur le Danube, *Munich* et *Landshut*, plus au S. E. — XIII. Les vastes et importantes possessions de la maison de HABSBOURG-AUTRICHE, élevée à l'Empire, et qui, outre ses domaines patrimoniaux en Suisse, réduits alors à peu de chose, et l'archiduché de la *Haute* et de la *Basse* AUTRICHE, capitales *Lintz* et *Vienne*, sur le Danube, possédait encore: 1° le royaume et *électorat* de BOHÊME, plus au N., capitale *Prague*, avec la *Moravie* (Olmütz), la *Silésie* (Breslau), et la *Lusace* (Bautzen), qui en dépendaient; 2° les trois duchés de STYRIE, capitale *Grætz*; de CARINTHIE, capitale *Klagenfurt*, et de CARNIOLE, capitale *Laybach*, plus au S.; 3° le comté de TYROL, capitale *Insbruck* ou *Inspruck*, plus à l'O.; 4° enfin l'ALSACE, sur la rive gauche du Rhin. — XIV. Le duché *électorat* de BRANDEBOURG, plus au N. O., composé aussi de plusieurs provinces dont la plus importante était le margraviat électoral de *Brandebourg*, ainsi nommé de sa capitale remplacée plus tard par la ville de *Berlin*. — XV. Les deux duchés de MECKLENBOURG *Schwérin* et *Stargard*, plus au N. O. — XVI. Le comté de HOLSTEIN, plus au N. O. encore, devint, peu de temps après l'époque qui nous occupe, une possession des rois de Danemark. — XVII. Enfin, les trois duchés de POMÉRANIE, au N.O. du Brandebourg, villes principales *Stettin* et *Wolgast*.

A tous ces États, et à beaucoup d'autres moins importants, il faudrait ajouter encore les nombreuses principautés ecclésiastiques possédées par des évêques ou des abbés qui avaient le titre de *princes de l'Empire*, et les *villes impériales*, qui relevaient immédiatement de l'empereur, enfin, la fameuse ligue commerciale appelée *Hanse Teutonique*, ou *ligue Hanséatique*, qui ne comprenait pas moins de quatre-vingts villes des plus florissantes de l'Allemagne, dont les plus célèbres étaient: — *Lubeck*, où était née cette utile association. — *Hambourg*, sur l'Elbe. — *Brême*, *Groningue*, *Amsterdam*, *Utrecht*, *Deventer*, *Wésel*, *Cologne*, *Munster*, *Paderborn*, dans le N. O. — *Hanovre*, *Brunswick*, *Magdebourg*, dans le centre. — *Kiel*, *Stralsund*, *Stettin*, *Danzig*, dans le N.E.

IX. Le royaume de POLOGNE, situé au N. E. de l'Empire Germanique, et réuni depuis l'an 1386 avec le grand duché de LITHUANIE, situé lui-même au N. E. de la Pologne. Ces deux États, qui conservaient leurs limites et leurs constitutions respectives, formaient ensemble une des plus vastes monarchies de l'Europe qui touchait la mer Baltique au N. O. par ses possessions à l'O. des bouches de la Vistule et par la *Samogitie*, et se prolongeait au S.E. par la *Podolie*, jusqu'aux rivages de la mer Noire. — CRACOVIE, sur la Vistule, était la capitale du royaume de Pologne, où l'on distinguait encore *Varsovie*, plus au N., sur le même fleuve, qui était alors la capitale du puissant duché de MAZOVIE. — La LITHUANIE avait pour capitale VILNA, située dans le N.O. On y remarquait encore *Kiev*, ancienne capitale de la Russie, devenue celle du grand-duché de KIOVIE. — On peut encore rattacher à la Pologne la principauté de MOLDAVIE qui en reconnaissait la suzeraineté.

X. La PRUSSE et la LIVONIE, séparées entre elles par la Samogitie. Ces deux pays occupaient une grande partie des côtes orientales de la mer Baltique, et formaient deux *langues* ou provinces de l'*Ordre Teutonique*, auquel s'était réuni celui des chevaliers *Porte-glaive* de la Livonie. — MARIENBOURG, sur la Vistule, était encore, en 1453, le siége de l'Ordre; KOENIGSBERG était la ville principale de la Prusse; RIGA, la capitale de la Livonie.

XI. Le royaume de HONGRIE, au S. E. de l'Empire Germanique et de l'Europe centrale. Outre sa capitale, BUDE ou *Ofen*, située sur la rive droite du Danube, on y remarquait encore : — *Albe-Royale*, plus au S. O., où l'on couronnait les rois et où étaient déposés leurs tombeaux; — *Hermanstadt*, dans la TRANSYLVANIE, province orientale de la Hongrie. — *Belgrade*, importante forteresse, située au confluent de la Save et du Danube.— La CROATIE, province située plus à l'O., était réunie au royaume de Hongrie, auquel on peut rattacher encore la principauté de VALAQUIE ou Valachie, renfermée entre la Transylvanie à l'O. et le Danube à l'E. et au S.

11. EUROPE MÉRIDIONALE. — Les sept États ou groupes d'États compris dans l'Europe méridionale étaient les suivants, savoir :

XII. Le royaume de PORTUGAL, qui comprenait, au milieu du quinzième siècle, toute la partie S. O. de la péninsule depuis l'embouchure du Minio au N. jusqu'à celle de la Guadiana au S. E. Ses villes les plus importantes étaient : — LISBONNE, située près de l'embouchure du Tage, qui y forme un des plus beaux ports du monde et capitale du royaume. — *Coïmbre*, située plus au N. E., remarquable par son Université. — *Lamégo*. — *Ourique*, au S. du royaume. En Afrique, les Portugais avaient pris *Ceuta*, et découvert, en 1418, l'île de *Puerto Santo*, au S. O. du détroit de Gibraltar, en 1419, celle de *Madère*, située plus au S. O., et dont la capitale, nommée *Funchal*, possédait déjà, en 1453, une nombreuse colonie et un évêché; enfin, de 1432 à 1450, tout le groupe des *Açores*, vis-à-vis des côtes du Portugal, mais à une distance de plus de treize cents kilomètres dans l'Océan Atlantique.

XIII. Le royaume de CASTILLE et LÉON, qui comprenait tout le N. O. et toute la partie centrale de la péninsule Espagnole, depuis la côte du golfe de Biscaye au N., jusqu'au détroit de Gibraltar au S.

Ses principales villes étaient : — LÉON, au N. O., berceau de la monarchie, et capitale, quoique les souverains eussent choisi pour résidence *Madrid*, plus au S. E., au centre de la péninsule. — *Saint-Jacques de Compostelle*, plus au N. O. encore, était la capitale du royaume de GALICE et le chef-lieu d'un ordre militaire dont les chevaliers avaient pour mission de protéger, sur les routes peu sûres de l'Espagne, les nombreux pèlerins qu'attirait dans cette ville le tombeau de l'apôtre saint Jacques le Majeur, que les Espagnols y croient enterré. — *Oviedo*, plus au N. E., capitale de la *principauté des* ASTURIES. — *Burgos*, au S. E. de Léon, capitale de la VIEILLE CASTILLE. — *Tolède, Cordoue, Séville, Murcie*, anciennes capitales de royaumes Arabes. Les souverains de Castille et ceux d'Aragon se partageaient la possession du dernier de ces royaumes à l'époque qui nous occupe.

XIV. Le royaume de NAVARRE, situé au N. E. de celui de Castille, et le plus petit des trois États chrétiens de l'Espagne. Il se composait seulement de possessions peu considérables qui s'étendaient sur les deux versants des Pyrénées et qui se trouvaient entourées en grande partie par celles du royaume d'Aragon. PAMPELUNE, à peu près au centre du royaume, en était la capitale. — *Saint-Jean Pied de Port*, au N. des Pyrénées, était la capitale de la *Basse Navarre*.

XV. Le quadruple royaume d'ARAGON, de MAJORQUE et des DEUX-SICILES, l'une des plus puissantes monarchies de l'Europe à l'époque qui nous occupe. Les rois d'*Aragon*, possesseurs du royaume de ce nom, qui comprenait la *Catalogne*, le royaume de *Valence*, et le N. de celui de *Murcie*, dans la péninsule Espagnole, les comtés de *Cerdagne*, de *Conflans* et de *Roussillon*, au milieu des montagnes et sur le revers des Pyrénées, dominaient ainsi sur toute la côte orientale de la Méditerranée. En outre, ils possédaient les îles *Baléares*, celle de *Sicile* et celle de *Sardaigne*, et le royaume de *Naples* comprenant toute l'Italie méridionale jusqu'à *Gaële*, au N. O., et jusqu'au delà de *Fermo*, au N. E. — SARAGOSSE, sur l'Èbre, était la capitale de l'Aragon. — *Barcelone*, port sur la Méditerranée, était la ville la plus importante de ce royaume, où l'on distinguait encore *Tarragone*, autre port de mer, et *Valence*, près de l'embouchure du Guadalaviar. — *Palma* était la capitale de l'île de MAJORQUE, dans les Baléares. *Cagliari* était celle de la SARDAIGNE ; — PALERME, celle de la SICILE. — NAPLES, capitale du royaume de son nom, sur un golfe de la Méditerranée, était la résidence ordinaire des rois d'Aragon et des Deux Siciles.

XVI. Le royaume musulman de GRENADE, seul débris des conquêtes faites par les musulmans dans l'Europe occidentale. Il ne comprenait plus, à l'époque qui nous occupe, qu'une portion de côtes d'environ 450 kilomètres d'étendue, qui se terminait, au S. O., au golfe de Gibraltar qu'il posséda jusqu'en 1462. — GRENADE, remplie de palais somptueux, était la résidence des souverains, qui occupaient celui de l'*Alhambra*, dont on admire encore les restes magnifiques.

XVII. L'ITALIE SEPTENTRIONALE, divisée en une foule de petits États parmi lesquels nous indiquerons seulement les principaux; savoir, du N. au S. :

Le duché de SAVOIE, à l'O.; capitale, *Chambéry*. Il s'étendait depuis les bords du Rhône, sur la rive gauche duquel se trouvait la *Bresse*, qui en faisait partie, jusqu'à *Nice*, sur la mer Méditerranée.— Le PIÉMONT, capitale *Turin*, et le pays de VAUD, capitale *Lausanne*, en étaient les provinces les plus importantes.

Le marquisat de MONTFERRAT, à l'E. du Piémont; capitale, *Casale*, sur le Pô.

Le duché de MILAN, à l'E. du Montferrat, l'un des plus puissants États du N. de l'Italie. Outre la grande et belle capitale dont il portait le nom, on y distinguait; — *Novarre* et *Alexandrie*, à l'O.: — *Pavie*, *Plaisance* et *Crémone*, toutes trois sur le Pô, au S.; — enfin *Parme*, au S. E. des précédentes.

La république de VENISE, qui était sortie de ses lagunes pour s'étendre jusqu'aux Alpes vers le N., jusqu'à *Bergame* et *Brescia* à l'O., jusqu'au delà de *Padoue* au S. O., et de *Capo d'Istria*, dans la péninsule de l'*Istrie*, à l'E. Elle possédait de plus la ville et le territoire de *Ravenne*, dont la séparait le duché de Ferrare; la *Dalmatie* et une partie de l'*Albanie*, sur la côte orientale de la mer Adriatique, jusqu'aux villes de *Scutari* et d'*Alessio* inclusivement, mais non compris celle de *Raguse;* presque toutes les îles de cette côte, de la *mer Ionienne*, et de la partie septentrionale et occidentale de l'*Archipel*, depuis celles de *Lemnos* et de *Scyros* jusques et y compris celles de *Candie* et de *Négrepont*, et les villes de *Lépante*, de *Napoli di Romania*, de *Napoli di Malvasia*, de *Pylos*, de *Modon* et de *Coron* dans la Morée.

Le duché de FERRARE, gouverné, comme fief de l'Église, par les margraves d'ESTE, dont les possessions, situées au S. O. de celles de Venise, comprenaient, outre les deux villes d'*Este* et de *Ferrare*, la *Polésine* ou péninsule de *Rovigo*, au N.; la ville et les importantes salines de *Comacchio*, au S. E., et les duchés de *Modène* et *Reggio*, à l'O.

La république de GÊNES, dont les possessions entouraient le fond du golfe sur lequel s'élève sa capitale, et comprenaient de plus: l'île de *Corse*, au S. de ce même golfe; les villes maritimes de la péninsule de *Crimée*, notamment, celle de *Caffa* au S. E.; quelques ports de la côte méridionale de la mer Noire, tels que celui d'*Amasrah* ou *Amastro*, l'ancienne Amastris; celui de *Phocée*, sur la côte orientale de l'Archipel; le faubourg de *Galata*, à Constantinople; les îles de *Lesbos*, de *Chio*, et quelques autres moins importantes dans l'Archipel; enfin, la ville de *Famagouste*, sur la côte orientale de l'île de *Chypre*.

La république de FLORENCE, au S. E. de celle de Gênes, et dont la capitale, située sur l'Arno, était devenue sous les Médicis le sanctuaire des sciences et des arts. La possession des ports de *Pise* et de *Livourne* augmenta de beaucoup sa prospérité commerciale.

A ces États, qui tenaient le premier rang dans l'Italie Septentrionale, on peut ajouter comme les plus remarquables après eux : — le margraviat de MANTOUE, au N. de Modène, possédé par la maison de *Gonzague*; — le margraviat de MASSA-CARRARA, ainsi nommé de deux petites villes situées près du golfe de Gênes ; — la république de LUCQUES, au S. E. de Massa-Carrara ; — celle de SIENNE, qui possédait un territoire assez étendu et extrêmement fertile au S. de celui de Florence ; — la principauté de PIOMBINO, enfin, enclavée dans le territoire de Sienne, mais qui possédait l'île d'*Elbe*, située vis-à-vis de cette côte.

XVIII. Les ÉTATS DE L'ÉGLISE, appelés aussi États Romains, qui étaient censés comprendre toute l'Italie centrale, depuis les limites méridionales de la république de Sienne jusqu'au delà de *Terracine*, sur la côte de la mer de Toscane, et depuis les rives du Pô jusqu'au delà de l'embouchure du petit fleuve du Tronto, sur la côte de l'Adriatique ; mais dans ces limites se trouvaient comprises des villes qui, telles que *Ferrare* et *Ravenne*, appartenaient à d'autres États de l'Italie ; un plus grand nombre d'autres s'étaient, comme *Bologne* et *Saint-Marin* au N. E., érigées en républiques indépendantes, ou bien, comme *Faenza*, *Forli*, *Rimini*, *Pesaro*, *Urbin*, aussi dans le N. E., *Camerino*, *Fermo*, dans le S. E., *Orvieto*, *Viterbe*, dans le centre, et même sur le territoire des environs de Rome, elles étaient possédées par des familles puissantes, qui ne reconnaissaient que pour la forme la suzeraineté du pape. Par compensation, le Saint-Siège possédait hors des limites de l'État Ecclésiastique : — 1° la principauté de *Bénévent*, dans le royaume de Naples, et 2° la ville d'*Avignon* avec le *Comtat Venaissin*, dans le royaume de France, au N. O. de la Provence. — ROME, où le souverain pontife était revenu fixer son siège, était redevenue ainsi la capitale du Monde chrétien.

Comme on vient de le voir, l'Italie méridionale ne comprenait que le *royaume de Naples*, devenu une des possessions de la monarchie Aragonaise.

12. EUROPE ORIENTALE. — Les trois États de l'Europe orientale étaient :

XIX. La *Grande Principauté* de RUSSIE ou de *Moscovie*, au N. E. de la Lithuanie. — Moscou, située sur un affluent du Volga, avait succédé, dans la dignité de capitale, à *Vladimir*, située plus au N. E. — *Novgorod la Grande*, au N. O., était la capitale d'une république soumise au Grand Prince, mais conservant encore, ainsi que *Pskof*, située plus au S. O., sa constitution. — *Tver*, plus à l'E. sur le Volga, *Mojaïsk*, plus au S., *Rézan* ou *Riazan*, plus au S. E., etc., étaient des principautés indépendantes.

DIVISIONS GÉOGRAPHIQUES.

XX. Les ROYAUMES MONGOLS, à l'E. de la Russie, et qui étaient un démembrement du vaste *empire Mongol*, fondé par Tchenghis-Khan, dont un des fils était venu fonder, sur les bords du Volga, le khanat du KAPTCHAK ou de la *Horde d'or ;* ils formaient depuis cette époque cinq khanats particuliers, savoir : — I. Celui qui conservait encore le nom de KAPTCHAK, sur les bords du Volga. — II. Celui de *Krim* ou CRIMÉE, au S., qui avait pour capitale *Pérécop*, située sur l'isthme de ce nom. — III. Le khanat d'ASTRAKHAN, au S. E., ainsi nommé de sa capitale située vers les embouchures du Volga dans la mer Caspienne ; — IV. Le khanat de KAZAN, au N. E , dont la capitale se trouvait sur le cours supérieur du Volga ; — V. Enfin le khanat de TOUROF ou *Touran*, situé au delà des limites de l'Europe, dans l'Asie septentrionale, et qui dut par la suite à sa capitale *Isker* ou *Sibir*, le nom de *Sibirie* ou *Sibérie*.

XXI. L'EMPIRE OTTOMAN, qui, depuis la prise de Constantinople par Mahomet II, s'étendait sur toute la partie de l'Europe comprise entre le Danube, la mer Adriatique, la Méditerranée, l'Archipel et la mer de Marmara. Il faut remarquer toutefois que, dans cette vaste étendue de pays, se trouvaient compris plusieurs États qui n'étaient pas encore définitivement réunis à l'Empire Ottoman, mais qui lui payaient tribut.

Les villes les plus remarquables des provinces européennes de l'empire étaient : — CONSTANTINOPLE, que Mahomet II choisit pour la capitale de ses États. — *Andrinople*, plus au N. O., tombée près d'un siècle auparavant au pouvoir des Turcs. — *Varna*, plus au N. E., sur la mer Noire ; *Nicopoli*, sur le Danube ; *Philippopoli*, plus au S. E.; *Kassova* ou *Cassovie*, plus à l'O., qui avaient été témoins de grandes batailles gagnées par les Ottomans sur les princes chrétiens. — *Saloniki*, l'ancienne Thessalonique, port très-commerçant au fond du golfe de son nom.

Les principaux États tributaires étaient :

I. Le royaume de SERVIE, au N. O , fondé au milieu du onzième siècle, et qui avait pour capitale *Semendria* sur le Danube.

II. Le banat de BOSNIE, à l'O. de la Servie, qui avait aussi formé pendant plusieurs siècles un État indépendant, et qui avait pour capitale *Iaïzé*, vers le N. O.

III. La république de RAGUSE, ainsi nommée du port commerçant de ce nom, situé sur l'Adriatique.

IV. Le petit État de CROÏA, plus au S. E., dans l'Albanie, encore complètement indépendant à l'époque qui nous occupe.

V. Le duché d'ATHÈNES, au S. E., qui avait pour capitale la fameuse ville de ce nom, et qui était gouverné par une famille Vénitienne, tributaire de l'empire Ottoman.

VI et VII. Les despotes ou principautés d'ÉPIDAURE et de SPARTE, dans la *Morée*, ancien Péloponèse, gouvernées l'une et l'autre par des frères du dernier empereur de Constantinople qui s'étaient reconnus tributaires des Turcs.

QUESTIONNAIRE. — § I. 1. Faites connaître la situation des États musulmans au moment de la prise de Constantinople. — 2. Quelle était à cette époque la situation générale de l'Europe? — Pourquoi les efforts des papes étaient-ils demeurés stériles? — 3. Quelle était la position respective des États scandinaves depuis la rupture de l'union de Calmar? — Quelle influence dominait la Russie? — Qu'avez-vous à dire de l'ordre Teutonique? — Faites connaître l'état de la Pologne. — 4. Quels avaient été les résultats de la dernière lutte de la France et de l'Angleterre? — Que savez-vous de la situation intérieure de l'Angleterre et de l'Ecosse? — 5. Faites un tableau rapide de l'Allemagne sous Frédéric III. — 6. Quel aspect présentait l'Italie? — Quel contraste remarquez-vous entre le nord et le midi? — Quels étaient les États les plus célèbres? — 7. Quelle tendance avez-vous à signaler dans la péninsule hispanique? — Dans quelle voie était entré le Portugal? — § II. 8. En combien de grandes divisions partagez-vous l'Europe? — 9. Quels États comprenait l'Europe septentrionale? — Qu'avez-vous à dire de la situation, des limites, des villes remarquables de l'Angleterre?... de l'Écosse?... du Danemark?... de la Norvège?... de la Suède? — Quelles étaient leurs dépendances? — 10. Combien d'États comprenait l'Europe centrale? — Faites connaître la situation, les limites, les divisions importantes, les villes principales de la France... de la ligue Helvétique... de l'Empire d'Allemagne... du royaume de Pologne... de la Prusse et de la Livonie... du royaume de Hongrie. — 11. Quels États comprenait l'Europe méridionale? — Indiquez la situation, les limites, les villes principales et les dépendances du Portugal... des divers royaumes chrétiens d'Espagne avec celui des Deux-Siciles. — Quel royaume musulman l'Espagne renfermait-elle encore? — Qu'avez-vous à dire des divers États d'Italie? — 12. Faites connaître la situation respective et la position géographique des États de l'orient de l'Europe : de la Russie... des royaumes Mongols... de l'empire Ottoman. — Quels étaient les peuples tributaires des Turcs?

CHAPITRE DEUXIÈME.

FRANCE. — FIN DU RÈGNE DE CHARLES VII. — LOUIS XI. ANNE DE BEAUJEU ET CHARLES VIII.

SOMMAIRE.

§ Ier. 13. La fin du règne de Charles VII est marquée par l'entière expulsion des Anglais et l'abaissement de la féodalité que compriment les mesures sévères du roi et menace l'établissement d'une milice permanente. Louis XI fondera l'unité de la nation en anéan-

FRANCE. 19

tissant les grandes maisons féodales et en constituant la monarchie absolue.

14. Le domaine royal ne comprend que le comté de Paris, la Picardie méridionale, la Champagne, la Brie, la Normandie, Chartres, la Touraine, le Poitou, l'Aunis, la Saintonge, le Limosin, la Guyenne, le Languedoc, le Dauphiné, la moitié du Lyonnais. Les fiefs d'Orléans, de Valois, de Blois, de Dunois, d'Angoulême, de Berry, sont à des princes apanagistes.

15. Les maisons féodales les plus puissantes sont celles de Bourgogne, ayant une grande partie de la France du nord et de l'est et neuf grandes provinces hors de France; celle d'Anjou dont un membre possédait la Lorraine; celle de Bourbon; celle de Bretagne; celle de Foix; celles d'Albret, d'Alençon, etc. Les deux tiers de la France sont en dehors du domaine royal.

§ II. 16. Louis XI succède à son père Charles VII (1461). Le Roussillon et la Cerdagne sont reçus en nantissement. — La Ligue du bien public a pour cause les craintes que les actes du roi inspirent à la noblesse. Une foule de seigneurs et de princes y prennent part. Louis XI livre la bataille indécise de Montlhéry; il termine la guerre par les traités de Conflans et de Saint-Maur (1465), où il fait les plus grands sacrifices.

17. Charles le Téméraire, devenu duc de Bourgogne (1467), fomente une nouvelle ligue des seigneurs contre le roi. Louis XI à Péronne (1468) est retenu prisonnier et achète chèrement sa liberté. Louis met le traître la Balue dans une cage de fer; il se débarrasse de ses ennemis intérieurs.

18. L'assemblée des notables de Tours casse le traité de Péronne (1470). Une ligue formidable s'organise encore contre Louis XI; mais elle est rompue par la mort du duc de Berry (1472). Charles le Téméraire échoue devant Beauvais par l'héroïsme de Jeanne Hachette. Le duc de Bretagne est contraint à poser les armes. Louis conclut la trêve de Senlis avec le duc de Bourgogne (1472); il fait poser les armes à tous ses ennemis.

19. Charles le Téméraire fait une vaine tentative sur Neuss, s'empare de la Lorraine (1475). Provoqué par les Suisses, Charles veut conquérir l'Helvétie; il est défait à Granson (2 mars 1476), et à son retour, il perd la bataille de Morat (22 juin 1476). Au siége de Nancy, Charles le Téméraire est tué (1477).

20. Louis XI envahit les États de la princesse Marie de Bourgogne. Elle épouse Maximilien d'Autriche (1477). Louis conserve la Bourgogne, la Picardie et l'Artois. Le connétable de Saint-Pol et le duc de Nemours ont été exécutés. Le jeune duc d'Alençon est condamné par le parlement (1474). Tranquille à l'extérieur, Louis poursuit ses projets à l'intérieur.

21. Louis XI, profond politique, mais égoïste, cruel, sans foi et craignant la mort, se retire à Plessis-lez-Tours avec le bourreau Tristan l'Hermite et le barbier Olivier le Daim. Il appelle saint François de Paule et meurt dans les angoisses (1483).

22. Louis XI a favorisé le commerce et l'industrie, créé l'ordre de Saint-Michel, établi les postes, mais pour l'usage du roi seulement;

créé les parlements de Grenoble (1453), de Bordeaux (1462), de Dijon (1476), les académies de Caen et de Besançon ; il a augmenté e territoire, la richesse et la puissance de la France. L'imprimerie a été introduite dans Paris.

§ III. 23. A l'avénement de Charles VIII âgé de treize ans (1483), Anne de Beaujeu est chargée par son père du gouvernement. La convocation des États-généraux (1484) n'interrompt qu'un instant l'exercice du pouvoir absolu. Ils manifestent un esprit démocratique très-ardent et posent le principe de la souveraineté du peuple. Ils sont promptement dissous. Peu de résultats sont obtenus.

24. Les princes prennent les armes et cherchent des alliés à l'extérieur. La défaite du duc d'Orléans (1485) met fin à la guerre folle (1486). Une nouvelle ligue (1486) est dissoute par la bataille décisive de Saint-Aubin du Cormier (1488) ; le duc d'Orléans est fait prisonnier de nouveau. — A la mort du duc de Bretagne (1488), il se présente de nombreux prétendants à la main d'Anne de Bretagne qui épouse par procuration Maximilien d'Autriche (1490). Une nouvelle ligue se forme pour le démembrement de la France. Anne de Beaujeu fait conclure le mariage de Charles VIII avec Anne de Bretagne ; la réunion de la Bretagne à la France est désormais assurée.

§ Ier. PROGRÈS DE L'AUTORITÉ ROYALE EN FRANCE DANS LES DERNIÈRES ANNÉES DE CHARLES VII ET SOUS LOUIS XI. — PUISSANCE DES MAISONS FÉODALES.

15. CARACTÈRE DES DERNIÈRES ANNÉES DU RÈGNE DU ROI CHARLES VII ET DU RÈGNE DE LOUIS XI (1453-1483). — Le commencement des temps modernes est une époque importante dans l'histoire de notre pays sous un double rapport. La France échappe aux Anglais et reprend sa nationalité ; la féodalité, depuis longtemps ébranlée, menace ruine de plus en plus, et bientôt, de cette vieille et forte institution il ne restera plus que quelques débris : le premier de ces faits se consomme sous Charles VII, le second s'accomplit sous le règne de Louis XI.

Déjà, nous avons exposé à la fin de l'histoire du moyen âge (n° 329), et raconté avec plus de détails dans l'histoire de France (t. II, n° 166), les merveilleux événements qui affranchirent notre patrie du joug de l'étranger. Les braves guerriers qui avaient combattu sous la bannière de Jeanne d'Arc vengèrent sa mort par leurs victoires sur les Anglais, et achevèrent son œuvre de délivrance, ne laissant que Calais à ces cruels ennemis qui avaient possédé presque toutes nos provinces. *Charles VII* (1422-1461) sortant avec éclat d'une trop longue inertie, mérita le surnom de *Victorieux*. La

France conserve d'autres souvenirs, non moins glorieux, du prince qui a réglé les rapports de l'Église et de l'État par la Pragmatique de Bourges, ordonné la rédaction des coutumes du royaume, encouragé les études, abaissé par des mesures sévères, des exécutions rigoureuses, l'orgueilleuse insubordination des vassaux, réprimé avec vigueur l'insurrection de la Praguerie, enfin, porté, par l'organisation d'une milice permanente, entretenue avec le produit de la *taille*, un coup fatal à l'influence de l'aristocratie féodale.

Le fils ingrat et rebelle de Charles VII, *Louis XI* (n° 16), va continuer la lutte contre les grands vassaux, avec un plan bien plus arrêté encore, avec des succès bien plus importants. Appliqué tout entier à la politique intérieure, il n'aura d'autre but que de fonder à jamais l'unité de la nation, en assurant au trône non pas seulement la suprématie, c'eût été encore la suzeraineté féodale, mais l'universalité du pouvoir, et c'était vraiment la monarchie. A l'audace et à la force de ses adversaires, le roi opposera l'astuce et la perfidie ; il élèvera le p'us bas peuple contre les grands, et sur les ruines de la féodalité il inaugurera en France l'ère de la royauté absolue.

14. ÉTENDUE DU DOMAINE ROYAL. — Afin de bien comprendre ce qui restait à faire aux rois de France pour achever l'établissement complet dans ce royaume de l'unité monarchique, particulièrement sous le rapport territorial, il est nécessaire d'exposer avec précision la géographie politique de la France à l'avénement de Louis XI (1).

Rappelons d'abord que toutes les provinces septentrionales de l'ancienne Gaule et de l'ancien royaume des Francs et toutes celles situées à l'orient de la Meuse, de la Saône et du Rhône, étaient en quelque sorte devenues étrangères à la France depuis qu'elles relevaient de l'empire d'Allemagne. Il faut toutefois en excepter le *Dauphiné* et la partie orientale du *Lyonnais*, rentrés depuis plus d'un siècle dans le domaine de la couronne. Resserrée dans ces limites, la France eût néanmoins formé encore un puissant royaume, si elle eût composé un tout homogène et compacte ; mais on sait qu'il n'en était rien. Le royaume proprement dit, c'est-à-dire le *domaine royal*, ne comprenait pas plus de quinze ou seize des provinces principales qui composaient le royaume à l'avénement de Louis XI. C'était : l'ancien *comté de Paris* (île de France), domaine primitif de la maison régnante ; la *Picardie méridionale* jusqu'à la Somme,

---

(1) On trouvera cette géographie politique de la France exposée avec plus de détails dans le tome II, chap. XXIV de ce *Cours*. — Consulter aussi, dans notre *Atlas historique*, la carte de la *France en 1461*.

les comtés de *Champagne* et de *Brie*, le duché de *Normandie*, le comté de *Chartres*, le duché de *Touraine*, mais pour les droits droits royaux seulement (car il avait été donné en 1424 au duc d'Anjou, à l'exception de la ville et du château de *Chinon*), le comté de *Poitou* avec l'*Aunis*, la *Saintonge* et le *Limosin*, le duché de *Guyenne* avec une petite partie de la *Gascogne*, le *comté de Toulouse* ou le *Languedoc*, la moitié du comté de *Lyon* partagé entre le roi et l'archevêque de cette ville, enfin le *Dauphiné*, qui formait l'apanage du dauphin Louis au moment où il monta sur le trône de France. — A ces provinces on en pourrait encore ajouter six autres qui, bien que séparées du domaine royal, appartenaient pourtant en réalité à la couronne, puisqu'elles n'avaient été concédées qu'en apanage seulement; c'étaient : le duché d'*Orléans* et le comté de *Valois*, qui formaient l'apanage de la branche royale de Valois-Orléans, la plus rapprochée du trône, où elle devait monter avec Louis XII; les comtés de *Blois* et de *Dunois* (Châteaudun) se trouvaient aussi entre ses mains; celui d'*Angoulême* était possédé au même titre par la branche cadette de cette maison, celle de Valois-Angoulême, qui devait succéder sur le trône à la branche aînée avec François Ier; le duché de *Berry*, enfin, devenu depuis 1453 l'apanage de Charles, frère du roi Louis XI.

15. PUISSANCE DES MAISONS FÉODALES. — Nous n'entreprendrons pas de nommer tous les États féodaux qui existaient en France au milieu du quinzième siècle; mais il en est cinq qui doivent être l'objet d'une mention spéciale, à cause de l'importance des provinces dont ils se composaient. C'étaient : 1° les États de BOURGOGNE, gouvernés par une famille issue de la maison royale de France, et devenue aussi puissante qu'elle grâce à ses alliances, à ses acquisitions et à ses conquêtes. En effet, outre le duché auquel son souverain devait le titre de premier pair du royaume, ce prince possédait encore, sur le territoire français : les comtés de *Mâcon* et d'*Auxerre*, qui finirent par devenir partie intégrante de la Bourgogne, ceux de *Flandre*, d'*Artois*, de *Boulogne* et de *Ponthieu* (Abbeville) avec toute la *Picardie* septentrionale, jusques et y compris *Amiens*, *Saint-Quentin*, et d'autres villes sur la Somme et même au midi de cette rivière (Roye, Montdidier, etc.). De plus, la puissance des ducs de Bourgogne s'était encore considérablement accrue par l'importance de leurs possessions sur les terres de l'Empire germanique, qui ne comprenaient pas moins de neuf grandes provinces, savoir : à l'orient, le comté de *Bourgogne* (Franche-Comté); au nord, le comté de *Hainaut* (Mons); les marquisats de *Namur* et d'*Anvers*, les duchés de *Brabant*, de *Luxembourg* et de *Limbourg*, et les comtes de *Zélande*, de *Hollande* et de *Frise*, auxquels on pourrait encore ajouter l'*Alsace*, dont le duc Philippe le Bon s'était fait reconnaître *avoué* ou gouverneur. Enfin, la branche cadette de cette même maison de Bourgogne possédait les comtés de *Réthel* (en Champagne), de *Nevers*, et d'*Étampes* (dans l'Orléa-

nais). On comprend ce que la possession de tant de riches et importantes provinces assurait de puissance à la maison de Bourgogne. — 2° Après elle, il faut citer, pour l'importance de ses domaines, celle d'ANJOU, dont le chef prenait le titre de roi à cause des droits prétendus de sa famille sur le royaume de Naples, et qui possédait, outre le duché d'*Anjou* et celui de *Touraine*, à la réserve des droits royaux, le comté du *Maine* et ceux de *Provence* et de *Forcalquier*, démembrements de l'ancien royaume d'Arles et de Bourgogne. L'important duché de LORRAINE, relevant de l'empire d'Allemagne, était aussi dans cette maison depuis l'an 1441 ; mais René le transmit en 1453 à son fils le duc Jean II. — 3° Le duché-pairie de BOURBON, possédé par une maison tenant aussi de près à la famille royale et qui s'était divisée et subdivisée en plusieurs branches, dont les possessions embrassaient, outre le comté de *Clermont* (en Beauvaisis) et le duché de *Bourbon* (Bourbonnais), domaines originaires de la famille, le duché d'*Auvergne*, le comté de *Forez* avec le *Beaujolais*, le *Roannais*, la principauté de *Dombes* et d'autres moindres seigneuries. — 4° Le duché de BRETAGNE, dont les possesseurs, qui n'avaient, comme on le sait, jamais reconnu bien complétement la souveraineté des rois de France, avaient acquis divers domaines jusque dans l'intérieur du royaume (Montfort-l'Amauri, près de Paris, etc.). — 5° Le comté de FOIX, dont les souverains possédaient encore le comté de *Bigorre*, le duché de *Narbonne*, la vicomté de *Béarn*, et qui allaient bientôt (1462) hériter par les femmes du royaume de la *Basse-Navarre*. — Ajoutons enfin que la plus grande partie de la *Gascogne* et le *Rouergue* étaient partagés entre la puissante maison d'*Albret* et celle d'*Armagnac*, à laquelle appartenait aussi le comté de la *Marche* ; que celle d'*Alençon* possédait, outre le duché de ce nom, le comté du *Perche* ; que celle de *Penthièvre* était en possession de la vicomté de *Limoges*, du comté de *Périgord*, et avait sur la Bretagne des droits qu'acheta Louis XI, etc., etc. — Quant aux deux comtés de *Roussillon* et de *Cerdagne*, on sait que saint Louis les avait abandonnés au roi d'Aragon par le traité de Corbeil (1258). Le *comtat Vénaissin*, démembrement de la Provence, appartenait au pape depuis l'année 1274, et la principauté d'*Orange*, qui s'y trouvait enclavée, était un des principaux domaines de la puissante maison de *Châtillon*.

Ainsi, sur plus de cinquante provinces entre lesquelles se trouvait partagé, au milieu du quinzième siècle, le territoire de la France, le domaine royal n'en embrassait que le tiers, ou, tout au plus, la moitié, si l'on veut y comprendre les apanages qui se trouvaient entre les mains des princes de la maison royale et les domaines de quelques seigneurs placés dans une dépendance nécessaire de la couronne. C'est pourtant de ces fractions si multipliées du sol national que nous allons voir se reformer graduellement l'unité territoriale de la France : ce sera l'œuvre de cette royauté absolue, dont l'histoire remplit un peu plus de trois siècles, du règne de Louis XI à la Révolution Française (1461-1789).

§ II. OPPOSITION ET MORT DU DUC DE BOURGOGNE. — RÉSULTATS DU RÈGNE DE LOUIS XI.

16. LOUIS XI ET CHARLES LE TÉMÉRAIRE. — LIGUE DU BIEN PUBLIC. — Louis XI (1461-1483) commence son règne en supprimant la pragmatique-sanction établie par son père, en augmentant les impôts, et en préparant l'accroissement de sa puissance au dehors par un traité avec le roi d'Aragon, qui lui remet en gage le Roussillon et la Cerdagne pour un secours de sept cents lances et deux cent mille écus (1462).

Les grands vassaux, inquiets et mécontents, trament contre le roi de France une redoutable conspiration, dans laquelle entrent le duc de Berry, frère du roi, le comte Charles de Charolais, fils du duc de Bourgogne, qui sera le représentant et le chef de la féodalité, les ducs de Bretagne, de Lorraine, de Bourbon et près de cinq cents seigneurs. Louis XI essaye vainement de dissoudre cette ligue, dite du *Bien public*, en convoquant à Tours (décembre 1464) une assemblée de notables; à peine l'a-t-il congédiée, que la conjuration éclate tout à coup. Soixante mille hommes marchent vers Paris. Louis de son côté va soumettre le Berry, le Bourbonnais et l'Auvergne, et revient joindre ses ennemis à *Montlhéry* (1465). La bataille reste indécise, et Louis ne peut empêcher le comte de Charolais de s'emparer du pont de Charenton. La fidélité et le courage des Parisiens sauvent la capitale, et Louis réussit, à force de concessions et de promesses, à disperser les princes confédérés. Par les traités de *Conflans* et de *Saint-Maur* (1465), il livre aux grands vassaux, avec les principales dignités, un grand nombre de provinces; mais il se promet de recouvrer par la ruse ce que la force lui a enlevé.

17. NOUVELLE LIGUE CONTRE LOUIS XI. — TRAITÉ DE PÉRONNE. — Bientôt, Louis a repris à son frère la riche province de Normandie qu'il lui avait abandonnée. Le duc de Berry réclame l'appui du nouveau duc de Bourgogne (1467), Charles le Téméraire, fils et successeur de Philippe le Bon, et une seconde ligue se forme contre le roi. Louis oblige promptement à la soumission la plupart des seigneurs confédérés; mais espérant séduire le duc de Bourgogne par son éloquence et son adresse, il a l'imprudence d'aller le trouver lui-même dans sa ville de Péronne (1468). Charles le retient prisonnier et ne lui rend la liberté qu'à la condition de délier les ducs de Bourgogne de tout lien de vassalité envers la couronne de France.

Louis revient à Paris, méditant des projets de vengeance; il découvre la trahison du cardinal *la Balue* et de l'évêque de Verdun, vendus au duc de Bourgogne, et les punit en les enfermant dans une cage de fer. Pour diviser ses ennemis intérieurs, il se réconcilie avec son frère en lui donnant la Guyenne, et aussitôt, il attaque le comte d'Armagnac qu'il chasse du royaume, et le duc de Nemours qu'il réduit à implorer son pardon.

18. Louis XI triomphe des grands vassaux. — Après avoir conclu un traité avec les Suisses et renouvelé ses alliances avec le roi d'Écosse, le duc de Milan, le puissant comte de Warwick (n° 28), il fait casser le honteux traité de Péronne par une assemblée de notables réunie à Tours (1470) et recommence les hostilités contre le duc de Bourgogne. Celui-ci organise une ligue formidable où entrent avec le duc de Berry les rois d'Angleterre et d'Aragon; mais la mort du frère du roi affaiblit les confédérés. Charles le Téméraire, après s'être emparé de Nesles, échoue devant Beauvais (1472), défendue intrépidement par les femmes elles-mêmes, sous la conduite de *Jeanne Hachette*, et il est obligé de se retirer en Flandre. Son allié, le duc de Bretagne, est battu par le roi en personne, et il est lui-même obligé d'accepter la trêve de Senlis (1472). Dès lors, Louis peut accomplir sans obstacle ses projets contre la féodalité; il s'empare de vive force des domaines du comte d'Armagnac (1473), reçoit l'hommage de la comtesse de Foix et de Bigorre, incorpore définitivement à la France le Roussillon et la Cerdagne (1475), enlève le duché d'Anjou au roi René de Provence, et fait condamner le duc d'Alençon pour ses révoltes et ses crimes à une prison perpétuelle.

Une quatrième ligue, formée par le duc de Bourgogne et le roi d'Angleterre, est dissoute sans coup férir par les intrigues de Louis. Il conclut le *traité de Picquigny* avec le roi d'Angleterre, qui était débarqué en France (1475), le traité de Senlis avec le duc de Bretagne, la trêve de Soleure avec le duc de Bourgogne.

19. Lutte de Charles le Téméraire contre les Suisses. — Sa mort. — Charles le Téméraire par son inquiète ambition précipite sa perte. Il attaque les villes du Rhin, la Lorraine, la confédération Helvétique. Dépossédé de l'Alsace, repoussé devant la petite ville de Nuyts ou Neuss, il se dédommage par la conquête de la Lorraine, et porte la guerre jusque chez les Suisses. Ce petit peuple, n'ayant pour puissance que la confiance invincible d'un héroïque patriotisme, va délivrer Louis XI de son plus redoutable adversaire.

Le supplice d'un nouveau Gessler, le gouverneur d'Alsace, *Pierre de Hagenbach*, jugé et exécuté par les Suisses qu'il accablait de vexations, fut leur déclaration de guerre, et bientôt le duc de Bourgogne apprit que l'armée suisse ravageait la Franche-Comté. Les confédérés s'étaient emparés de plusieurs places importantes, quand Charles envahit l'Helvétie avec une immense armée.

Vainement, les Suisses s'efforcèrent de fléchir l'ennemi par leurs prières ; vainement, ils implorèrent leurs alliés : Louis XI refusa ses secours malgré ses traités et ses promesses ; et pourtant, le duc de Bourgogne allait voir les efforts de ses chevaliers bardés de fer, la fougue de sa brillante valeur, échouer contre l'indomptable résistance de quelques soldats mal armés, mais soutenus par l'enthousiasme de la religion et de la liberté. Le massacre barbare de cinq cents prisonniers pendus ou noyés dans le lac de Neufchâtel pour les punir de leur défense opiniâtre dans le petit château de Granson, avait excité l'horreur de leurs compatriotes et appelait une sanglante vengeance. Les montagnards, peu nombreux, pauvrement vêtus et mal armés, rencontrèrent près de *Granson* les quarante mille soldats du duc de Bourgogne, protégés par une artillerie formidable. Au moment d'en venir aux mains, les simples et pieux défenseurs de l'Helvétie se jetèrent à genoux, et implorèrent à haute voix le secours du ciel : « *Les voilà qui demandent merci !* crièrent les Bourguignons. *Ces vilains qui voulaient nous faire la guerre, n'osent pas même commencer le combat !* » Mais aussitôt, ils virent les Suisses se relever et fondre sur eux avec une impétuosité irrésistible. Ébranlés par cette attaque soudaine, les Bourguignons se débandèrent, et vivement pressés par leurs intrépides adversaires, ils prirent la fuite de tous côtés, tandis que le duc, resté presque seul sur le champ de bataille, s'épuisait en efforts inutiles pour ramener au combat ses soldats épouvantés.

Charles s'enfuit désespéré, reconnaissant les vainqueurs de

Morgarten et de Sempach (1476). Son camp, où il avait imprudemment accumulé ses trésors, fut pillé par les montagnards, dont auparavant *toutes les richesses ne valaient pas les brides et les éperons de ses chevaliers*. Les corps des malheureux défenseurs de Granson furent détachés des arbres où ils étaient suspendus encore, et remplacés par ceux d'autant de Bourguignons.

Charles revint avec une armée plus redoutable ; mais la petite ville de Morat soutint vaillamment ses attaques, et les Suisses engagèrent la bataille au cri de guerre de *Granson!* Tout céda encore une fois à leur choc impétueux, et le duc de Bourgogne regagna la frontière avec trente cavaliers. Le champ de bataille de *Morat* présenta un majestueux spectacle. Les vainqueurs, prosternés sur la poussière sanglante, offrirent de solennelles actions de grâces au Dieu des armées. Les cloches, retentissant de ville en ville, annoncèrent partout la délivrance de l'Helvétie, et, en mémoire de cette glorieuse journée, une pyramide fut élevée près de Morat avec les os des ennemis tués dans la bataille (1476).
— Ce furent encore les Suisses, alliés du duc René de Lorraine, qui allèrent, l'année suivante, tuer Charles le Téméraire au siége de Nancy (1477) (1).

20. Louis XI s'empare d'une partie des États de Bourgogne, et achève la ruine de la féodalité. — La mort du duc de Bourgogne ouvrait une riche succession qui reposait sur la tête de la princesse Marie, son unique héritière. Aussitôt Louis XI s'efforce d'obtenir la main de cette

---

(1) Ces exploits valurent aux Suisses l'alliance de plusieurs princes. L'Autriche conclut avec eux une *union perpétuelle* (1477). Mathias Corvin demanda leur amitié. Louis XI, qui ne les avait pas secourus dans le danger, se hâta de renouveler ses traités après la victoire ; les Suisses lui permirent de lever des troupes dans les cantons, en échange d'une subvention annuelle. En 1481, l'accession des villes de Fribourg et de Soleure les rendit assez forts pour refuser à l'Empereur tous les secours d'hommes et d'argent qu'il prétendait exiger. Maximilien, de concert avec la ligue de Souabe, voulut les châtier les armes à la main ; après sept batailles perdues, l'Empereur fut obligé de reconnaître par le *traité de Bâle* (1499) la complète indépendance de la ligue helvétique, à laquelle venaient de se joindre le Valais et le pays des Grisons (1497).

Ces derniers succès amenèrent un nouvel accroissement de territoire ; deux villes immédiates de l'Empire, Bâle et Schaffhouse, furent admises au sein de la confédération en 1501. La réunion du pays d'Appenzel (1513) porta à quinze le nombre des cantons.

princesse pour son fils, tout en commençant par envahir, les armes à la main, les villes de la Somme, l'Artois, les deux Bourgognes, une partie des Pays-Bas (1477). Marie de Bourgogne effrayée épouse Maximilien d'Autriche. Ce mariage n'empêche pas Louis de s'emparer de la Franche-Comté. La bataille indécise de *Guinegate* (ou Enguinegatte) entre les Français et les Autrichiens (1479) et la mort de la princesse Marie, sont suivies de la paix d'Arras (1482), qui termine la guerre avec Maximilien, consomme l'anéantissement du duché de Bourgogne, et réunit définitivement à la couronne de France la Bourgogne, la Picardie et l'Artois. La mort du roi René de Provence (1480) et de son héritier, le comte du Maine (1481), venaient de livrer au roi de France la succession de la maison d'Anjou avec ses droits sur le royaume de Naples.

Louis, tranquille enfin au dedans comme au dehors, peut s'occuper tout entier de porter les derniers coups à la féodalité, et recueillir les fruits de la politique de tout son règne. Déjà le supplice du connétable de Saint-Pol et du duc de Nemours (1475, 1477) avait appris aux grands que le privilège de la naissance n'arrêterait plus désormais la justice du roi. Bientôt le jeune duc d'Alençon fut condamné par le parlement à recevoir garnison dans toutes ses places fortes. — Il ne reste plus de tous les grands feudataires, que le duc de Bretagne et le duc de Bourbon. Louis rattache ce dernier à la royauté en faisant épouser à son frère, le duc de Beaujeu, la princesse Anne sa fille.

21. Mort de Louis XI. — Cependant, l'altération de la santé du roi avait aigri encore son caractère naturellement soupçonneux et cruel. Enfermé au château de Plessis-lez-Tours, avec Tristan l'Ermite, son grand prévôt, Olivier le Daim, son barbier, il répandait la terreur par ses ordres sanguinaires. Lui-même, poursuivi par une lâche crainte de la mort, demandait le repos de l'âme à toutes les exagérations de la superstition la plus ridicule. Il expira à l'âge de soixante ans, après avoir appelé du fond de la Calabre saint François de Paule, non pour se disposer à bien mourir, mais pour supplier le saint ermite d'éloigner la mort par ses prières (1483).

22. Institutions de Louis XI. — Résultats de son règne. — La France doit à l'administration de Louis XI de nombreuses et utiles institutions. Il favorisa les libertés des villes, perfectionna l'organisation des corporations et des maîtrises, développa la marine, le commerce et l'industrie nationale. Il attira des pays étrangers à Tours des ouvriers habiles à travailler les étoffes de soie, d'or et d'argent. Il créa l'ordre de Saint-Michel, érigea les parlements de Grenoble (1453), de Bordeaux (1462) et de Dijon (1477), fonda les académies de Caen et de Besançon. Il régularisa le service des postes qui, toutefois, fut réservé pour l'usage personnel du roi.

C'est enfin le souverain le plus despote qui fut jamais qui introduisit à Paris (1470) l'imprimerie, l'agent le plus puissant de la liberté.

Louis XI ne convoqua qu'une fois (1468) les États-généraux, et n'exécuta que celles de leurs décisions qui lui convinrent. Le Parlement, devenu, comme nous l'avons dit, l'héritier permanent de leur pouvoir politique, ne put toutefois, malgré sa fermeté, empêcher l'augmentation des impôts, qui furent successivement portés jusqu'à quatre millions sept cent mille livres, équivalant au moins à cent quarante millions de nos francs, somme énorme, si l'on réfléchit que les pays sur lesquels elle se prélevait ne formaient guère que la moitié de la France actuelle, et que l'exemption des classes privilégiées en faisait retomber toute la charge sur le peuple. Louis XI diminua le poids de ces charges par les prérogatives qu'il accorda aux villes et au commerce, par l'activité de sa police, qui réprimait, avec une sévérité inconnue jusque-là, tous les vols et brigandages, ainsi que les exactions des gens de guerre. La victoire de Louis sur la féodalité ajouta au domaine royal les villes de la Somme, les comtés d'Artois, de Boulogne, la Bourgogne, la Franche-Comté, le Charolais, les comtés d'Auxerre et de Mâcon, le Maine, l'Anjou, le comté d'Alençon, la Provence, le Roussillon, la Cerdagne, l'Armagnac, Rodez, etc. L'État se trouva assez puissant pour mettre sur pied jusqu'à cent mille soldats et pour solder un corps auxiliaire de six mille Suisses, les plus braves soldats de l'Europe à cette époque. L'artillerie de Louis XI était aussi la plus formidable, et son royaume le mieux défendu de l'Europe. Car *s'il prenait tout, il dépensait tout,* comme dit Comines, et quoique dans ces dépenses, il eût surtout pour but l'extension du pouvoir royal, il faut reconnaître qu'elles tournèrent presque toutes à l'accroissement de la puissance de la France. Plus habile politique qu'aucun des princes de son temps, il sut encore augmenter cette puissance par des alliances utiles, sans se laisser entraîner à des conquêtes plus dangereuses que profitables. Aussi le vit-on refuser l'investiture du royaume de Naples, et s'abstenir de faire valoir les droits dangereux qu'il avait acquis sur l'Italie, *et donner au diable les Génois qui voulaient se donner à lui,* tandis qu'il achetait avec empressement toutes les villes et terres de son royaume, que des seigneurs ou des voisins appauvris se trouvaient dans la nécessité de lui vendre. C'est ainsi que son règne, « le plus sanglant et le plus oppressif de notre histoire, est à bien des égards le plus utile dont elle ait conservé le souvenir. » (POIRSON.)

§ III. ANNE DE BEAUJEU ET CHARLES VIII. — ÉTATS-GÉNÉRAUX DE 1484. — ACQUISITION DE LA BRETAGNE.

25. AVÉNEMENT DE CHARLES VIII ET RÉGENCE D'ANNE DE BEAUJEU. — ÉTATS-GÉNÉRAUX DE 1484. — La politique de Louis XI, qui allait être bientôt abandonnée par son successeur *Charles VIII* (1483-1498), fut continuée néanmoins au commencement du nouveau règne par *Anne de Beaujeu,* régente pendant la minorité de son frère. Anne de France, fille de Louis XI, âgée de vingt-trois ans, et mariée depuis neuf ans à Pierre de Bourbon, sire de Beaujeu, avait été chargée par son père, conjointement avec son époux, du gouvernement de l'État pendant la jeunesse de son frère Charles VIII. Ferme, adroite et rusée, la régente allait déployer, au milieu de circonstances difficiles, la plus rare habileté. Charles, en effet, était à peine âgé de treize ans, et de plus, Louis XI, qui n'avait pas oublié sa propre conduite à l'égard de son père, et qui voulait se prémunir contre de pareils dangers, avait tenu le jeune dauphin enfermé au château d'*Amboise,* et dans une complète ignorance de tout ce qui avait rapport au gouvernement.

La princesse Anne, pour se concilier le peuple, fit pendre le barbier Olivier le Daim et punir plusieurs des favoris de Louis XI, accusés par la voix publique d'avoir cruellement abusé de leur crédit; elle n'en vit pas moins s'élever contre elle les princes du sang, jaloux de son autorité. A leur tête se trouvait le duc d'Orléans, qui régna depuis sous le nom de Louis XII, et qui prétendait alors à la régence. Les États-généraux, qu'Anne assembla (1484) pour prononcer sur cette question, ne nommèrent pas de régent, et laissèrent la tutelle du jeune prince à sa sœur, qui, maîtresse absolue de l'esprit du roi, conserva toute l'autorité. Satisfaite de cette décision des États, elle s'empressa de les congédier, pour mettre un terme à leurs manifestations démocratiques (1), et sans faire droit à la demande qu'ils avaient adressée d'être convoqués tous les deux ans et d'avoir le droit de voter les impôts. Elle se contenta d'opérer quelques-unes des réformes demandées dans l'administration de la justice.

24. Révoltes des princes. — Acquisition de la Bretagne. — Cependant, l'ascendant toujours croissant de la régente inquiète les princes. Le duc d'Orléans organise une ligue avec les ducs de Bretagne et de Bourbon. Anne la rend impuissante par ses sages et habiles mesures, et la *guerre folle* se termine après quelques hostilités insignifiantes (1486).

Une nouvelle révolte plus redoutable, fomentée encore par le duc d'Orléans, est soutenue par l'empereur Maximilien, le roi d'Angleterre Henri VII, et le roi d'Espagne Ferdinand Ier. Entourée d'ennemis, comme l'avait été son père, Anne fait face partout. Le duc d'Orléans, fait prisonnier par la Trémouille, à la bataille de *Saint-Aubin du Cormier*, près de Rennes en Bretagne (1488), est renfermé dans la tour de *Bourges;* et cette défaite met fin à la guerre civile.

Le mariage de Charles VIII avec la princesse Anne, héritière du puissant duc de Bretagne, fut le dernier et le plus glo-

---

(1) Les *cahiers* rédigés par chacun des trois ordres sollicitaient une foule de réformes : le clergé voulait le rétablissement de la Pragmatique-sanction et de ses immunités et priviléges ; la noblesse, celui des juridictions et droits privilégiés, l'abolition des levées d'hommes faites parmi ses vassaux, qui ne devaient plus servir que sous la bannière de leurs seigneurs, et le renvoi des étrangers de toutes les charges civiles et militaires ; le tiers-état demandait la répression des exactions du fisc et des pillages exercés par les gens de guerre, la réduction de l'armée, l'entière abolition des tailles. Les cahiers des trois ordres réclamaient la réforme de l'ordre judiciaire, l'inamovibilité des juges, la suppression des juridictions prévôtales et des jugements par commissaires, la rédaction promise depuis longtemps déjà de toutes les *coutumes*, la diminution des droits de douanes, la répression de la contrebande, la prohibition des draps et soieries fabriqués à l'étranger, l'interdiction du commerce aux officiers publics, qui abusaient de leur autorité pour créer des monopoles, la libre circulation des marchandises à l'intérieur, et la suppression des barrières qui l'entravaient, l'emploi du produit des péages à l'entretien et à la construction des routes et des ponts ; enfin la convocation des États-généraux tous les deux ans. — Ces vœux, dont la réalisation devait se faire attendre trois cents ans, étaient exprimés par une assemblée qui posait en principe la souveraineté du peuple, et déclarait le vote de l'impôt un droit national (voir t. II, n° 195).

rieux résultat de l'adroite et vigoureuse politique d'Anne de Beaujeu. La princesse avait déjà été fiancée et même mariée par procuration à Maximilien d'Autriche, lorsque la régente fit envahir la Bretagne par trois armées, et conclut le traité de Rennes, qui prépara l'union de la riche héritière avec le roi de France (1491). Ce mariage fut célébré secrètement le 6 décembre 1491.

Le roi d'Espagne, Ferdinand, occupé alors à chasser les Maures, ne pouvait diriger contre la France aucune entreprise sérieuse : il ne restait donc à combattre que le roi d'Angleterre et l'empereur Maximilien, irrité de l'outrage qu'on lui avait fait en lui renvoyant sa fille, qui était élevée en France en attendant le moment où, suivant les conditions arrêtées avec Louis XI, elle devait épouser le jeune prince. En réalité, la ligue était dissoute et l'aristocratie vaincue, lorsque Charles VIII retira le gouvernement à sa sœur pour l'exercer lui-même.

Malheureusement Charles VIII, appelé à gouverner par lui-même, nourrissait de folles idées de gloire et de conquête, auxquelles il sacrifia ses intérêts les plus chers. Les premiers actes de son gouvernement furent à l'intérieur d'imprudentes concessions aux grands seigneurs; à l'extérieur, les traités d'*Étaples* avec le roi d'Angleterre (1492), de *Barcelone* avec le roi d'Espagne, et de *Senlis* avec Maximilien (1493) ; traités par lesquels il abandonnait plusieurs provinces pour obtenir d'incertaines alliances et se livrer tout entier à de chimériques projets contre l'Italie.

QUESTIONNAIRE. — § I. 13. Quelle fut la politique de Charles VII à l'égard des grands vassaux ? — Quelle devait être celle de Louis XI ? — 14. Quelle était l'étendue du domaine royal à l'avénement de Louis XI ? — Quelles provinces appartenaient aux princes apanagistes ? — 15. Énumérez les maisons féodales les plus puissantes et citez leurs domaines principaux. — § II. 16. Quels furent les premiers actes de Louis XI ? — Quelle première ligue eut-il à combattre ? — Quelle fut l'issue de la guerre civile ? — 17. Quelle nouvelle ligue forma Charles le Téméraire ? — Qu'arriva-t-il à Louis XI dans Péronne ? — 18. Que fit Louis rendu à la liberté ? — Quel événement déconcerta ses ennemis ? — Comment se termina la quatrième ligue contre Louis XI ? — 19. *Racontez les projets ambitieux de Charles le Téméraire et ses démêlés avec les Suisses.* — Où mourut-il ? — 20. Comment Louis XI s'empara-t-il d'une grande partie de la succession de Bourgogne ? — Par quels actes rigoureux Louis XI abattit-il la puissance et l'orgueil des seigneurs ? — 21. Quel était le caractère de Louis XI ? — Qu'avez-vous à dire de sa retraite à Plessis et de sa mort ? — 22. *Faites connaître ses principales institutions.* — Son règne eut-il des résultats ofitables pour la France? — § III. 23. La politique de Louis XI fut-elle continuée après lui? — Qu'est-ce que les États de 1484 furent de remarquable? — 24. Racontez la lutte des princes contre Anne de Beaujeu. — Quelle en fut l'issue? — Quelle acquisition fut préparée par le mariage de Charles VIII? — Quelle était la situation de la France vis-à-vis de ses ennemis du dehors au moment de la majorité de Charles VIII?

CHAPITRE TROISIÈME.

ANGLETERRE JUSQU'A L'AVÉNEMENT DE HENRI VIII.

(1453-1509.)

SOMMAIRE.

§ Ier. 25. Henri VI se marie avec Marguerite d'Anjou (1445), femme d'un caractère énergique. Le royaume est affaibli à l'avénement de Henri VI. La mort violente de Glocester aigrit les dissentiments et les factions. Richard d'York conspire.

26. La mort de Glocester est vengée par le supplice de Suffolk. L'insurrection des Barbes-Bleues prélude à la révolte de l'Irlandais Jack Cade. Les factieux profitent de la faiblesse de Henri VI. — Richard se fait déclarer protecteur, et se révolte. La Rose blanche et la Rose rouge sont les signes de ralliement des deux partis. Henri VI est vaincu et fait prisonnier à Saint-Albans (1455).

27. Marguerite est vaincue par Warwick à Northampton (1460). — Un arrêt du parlement donne le pouvoir au duc d'York. — Marguerite tue Richard à la bataille de Wakefield et remporte la victoire à la deuxième bataille de Saint-Albans; mais Édouard d'York est vainqueur à la Croix de Mortimer (1460).

28. Édouard est proclamé roi. — La défaite de Marguerite à Towton par Édouard et Warwick (1461) est suivie d'épouvantables vengeances. — Marguerite quitte l'Angleterre; la déchéance de la famille de Lancastre est proclamée par le parlement. Le retour de Marguerite relève son parti; elle est vaincue à Hexham et chassée d'Angleterre (1464). Warwick se rallie à son parti et rétablit Henri VI; mais il est vaincu et tué à Barnet (1471).

29. Le parti de Lancastre est abattu par la funeste bataille de Tewkesbury (1471); la captivité de la reine, le meurtre de son fils en sont les suites. — Henri VI meurt à la Tour. — Malgré les effroyables résultats de la guerre des Deux-Roses, il faut constater l'abaissement de la noblesse et le développement du pouvoir royal.

30. Après le traité de Picquigny (1475), les cruautés et les débauches d'Édouard, le supplice du duc de Clarence déshonorent la fin du règne. Édouard meurt en 1483.

31. Glocester est nommé protecteur et tuteur des enfants d'Édouard ;
il met à mort lord Hastings et se fait proclamer roi sous le nom de
Richard III. — Les enfants d'Édouard sont traîtreusement assassinés
à la Tour de Londres.— Henri Tudor épouse la sœur d'Édouard V ;
il tue Richard à Bosworth (1485).

§ II. 32. Aussitôt après son couronnement, Henri exerce de cruelles
vengeances contre les partisans de la maison d'York. — Lambert
Simnel soulève l'Irlande avec l'appui de la duchesse de Bourgogne ; cette révolte a une issue ridicule (1487).— Le traité d'Étaples
(1492) est avantageux à l'Angleterre. — Perkins Warbeck, nouvel
imposteur, est mis à mort avec Warwick (1499).

33. Les institutions de Henri VII consistent en des réformes dans
l'administration de la justice, la création de la Chambre étoilée,
l'aliénabilité des biens de la noblesse, les développements de l'industrie et du commerce. Le premier navire de l'État est construit
sous ce règne. La parcimonie de Henri ne l'empêche pas de faire de
grandes dépenses dans l'intérêt public.

§ Ier. GUERRE DES DEUX ROSES.

25. HENRI VI ET MARGUERITE D'ANJOU. — *Henri VI*,
à peine âgé d'un an, avait hérité de deux trônes ; au moment
où il atteignit l'âge de gouverner par lui-même, la France
presque entière lui échappait. Les années qui suivirent son
mariage (1445) avec *Marguerite d'Anjou*, femme d'un grand
courage et d'une haute renommée, dont la fierté et l'énergie
contrastaient si fortement avec la lâcheté et la faiblesse du
roi, furent tristement marquées par la soumission de Bordeaux et de toute la Guyenne à la France (1453). Ces désastres jetèrent une défaveur générale sur une alliance que les
Anglais n'avaient pu voir d'un bon œil. La mort violente de
Glocester, oncle du roi, appelé le *bon Duc*, tant il était chéri
et admiré pour ses belles qualités, mit le comble aux ressentiments. Glocester n'avait cessé de contre-balancer l'influence du parti de Marguerite ; on accusa cette princesse de
l'avoir fait assassiner. Richard d'York, descendant d'É-
douard III comme les Lancastre, se chargea de faire valoir
tous ces griefs au profit de son ambition.

26. CAUSES DE LA GUERRE DES DEUX-ROSES.— BA-
TAILLE DE SAINT-ALBANS. — Les dispositions hostiles de
la nation se manifestaient avec une violence toujours croissante : Suffolk, favori de Marguerite, fut déclaré coupable de
haute trahison et décapité sur le vaisseau qui devait l'emporter en exil : c'était l'expiation du meurtre de Glocester. L'insurrection de quelques hommes du peuple, qu'on nomma les

Barbes-bleues, préluda à la révolte de *Jack Cade*, Irlandais de basse extraction, qui dissipa un corps de troupes envoyé contre lui, entra dans Londres, dont la cour s'était retirée, et fut plusieurs jours maître du gouvernement. L'aventurier fut bientôt mis à mort par ceux mêmes qui l'avaient accueilli; mais son succès éphémère avait donné la mesure de l'inquiétude et de l'irritation universelles. Richard n'hésita plus à faire connaître hautement ses prétentions ambitieuses.

Une maladie, qui acheva d'ébranler la raison chancelante de Henri VI, fournit au duc d'York l'occasion de se faire nommer lieutenant et protecteur du royaume, après que le parlement eut envoyé près du roi « trois lords spirituels et huit
» lords temporels, qui, l'ayant questionné, ne purent obte-
» nir de lui ni réponse, ni parole, ni signe, et se retirèrent
» le cœur plein de chagrin. » En vain Henri, revenu un instant à la santé et à la raison, ôte l'administration à Richard. Le duc d'York demande impérieusement au roi de lui livrer ses ennemis pour les mettre en jugement; sur son refus, il jette le masque, déclare sa révolte, et, à la tête d'une armée nombreuse, il défait les troupes de Henri VI à la bataille de *Saint-Albans*, premier triomphe de la *Rose blanche* d'York sur la *Rose rouge* de Lancastre (1455). Le roi est fait prisonnier par son rival, qui le reçoit à genoux, l'assure de sa fidélité, et le reconduit à Londres en grande pompe, mais exerce sans partage l'autorité souveraine.

7. Batailles de Northampton, de Wakefield, etc. — Warwick. — Marguerite, après avoir tenté de s'emparer par stratagème de la personne de Richard et de ses principaux partisans, rallume la guerre en 1459, et force son ennemi à fuir en Irlande. Mais le puissant comte de *Warwick* lève une nombreuse armée, attaque la reine à *Northampton* (1460), l'oblige à quitter l'Angleterre à son tour, et rentre triomphalement à Londres, traînant à sa suite le malheureux Henri VI. Le parlement décide qu'après la mort de ce prince, le duc d'York et ses descendants seront investis de la dignité royale, et « que jusque-là les lords et membres des Communes
» seront tenus d'obéir à Richard de la même manière qu'au roi
» lui-même. » L'infatigable Marguerite proteste contre cet arrêt; elle soulève les populations guerrières du nord de l'Angleterre, se porte sur Londres à marches forcées, et, à la tête de vingt mille hommes, elle attaque le duc d'York près de *Wakefield*. Le combat coûte la vie à Richard et à son second fils, égorgé de sang-froid par les vainqueurs. Marguerite fait

exposer sur les murs d'York la tête de son rival ceinte d'une couronne de papier (1460).

Édouard, fils aîné de Richard, devait être plus heureux. Pendant que Marguerite battait encore une fois l'armée d'York à la seconde *bataille de Saint-Albans* et délivrait Henri VI, Édouard arrivait du nord, où il avait défait les Lancastriens à la journée de la *Croix de Mortimer*, signalant son triomphe par d'horribles exécutions, qui devaient appeler des représailles non moins sanglantes (1460).

28. Édouard IV. — Batailles de Towton et de Barnet. — La reine quitta Londres pour aller rassembler ses partisans dans le nord, où son pouvoir était mieux enraciné. Édouard et Warwick entrèrent dans la capitale au milieu des applaudissements du peuple, qui criait de tous côtés : « Vive le roi Édouard IV! » Celui-ci, quelques mois après, allait avec Warwick et quarante mille soldats attaquer à *Towton* soixante mille hommes réunis par Marguerite, sous le commandement de lord Clifford, célèbre par la férocité avec laquelle il vengeait la mort de son père, assassiné par le parti d'York. Les suites de cette bataille, où, de part et d'autre, il avait été défendu de faire quartier, furent désastreuses pour les Lancastriens, qui y perdirent trente-six mille des leurs (1461). Marguerite s'enfuit de forêt en forêt, de montagne en montagne, seule avec le jeune prince de Galles. Un brigand s'avance pour la dépouiller : « Sauve le fils de ton roi! » lui dit-elle. Le voleur, ému de tant de malheur et de courage, lui sert de protecteur, et la conduit jusqu'au rivage de la mer. Marguerite s'embarque pour aller dans les cours d'Europe implorer quelque appui, tandis qu'Édouard fait déclarer par le parlement Henri IV, Henri V et Henri VI de Lancastre ci-devant rois d'Angleterre de fait et non de droit, obtient l'annulation des actes passés sous leurs règnes, frappe de proscription Henri VI, Marguerite et son fils, et envoie à l'échafaud plusieurs partisans des Lancastre, coupables d'avoir porté le deuil de leurs parents tués à Towton.

Marguerite cependant revenait avec quelques Français, auxquels se joignirent une foule de montagnards d'Écosse. Vaincue de nouveau à *Hexham* (1464), mais non découragée, l'héroïne, quoique chassée encore une fois d'Angleterre, parvint à entraîner dans son parti Warwick, irrité de l'élévation de la famille Woodville, que le roi comblait de ses bienfaits. Marguerite put se croire à la veille d'un triomphe décisif. Warwick, *le faiseur de rois*, marchait à la tête d'une formidable armée ; de tous côtés, le drapeau de Lancastre se relevait ; le peuple et les soldats abandonnaient Édouard, qui fut forcé de quitter l'Angleterre sans avoir combattu. Henri VI, malheureux jouet des révolutions, fut tiré de la Tour, promené processionnellement dans Londres, et redevint roi sous la tutelle de Warwick, naguère son plus redoutable ennemi. Marguerite s'arrache aux félicitations de la cour de France, et s'embarque pour rejoindre le vainqueur... En touchant la côte d'Angleterre, elle apprend qu'Édouard, débarqué lui-même à la tête d'un petit nombre d'aventuriers, a relevé son parti par une révolution plus étrange encore que celle qui l'a renversé naguère, et que, dans la sanglante *bataille de Barnet*, il a vaincu et tué le comte de Warwick ! (1471.)

29. Fin de la guerre des Deux-Roses. — Ruine du parti de Lancastre. — Tout le prestige qui soutenait la cause de Lancastre avait disparu avec son puissant défenseur. Toutefois Marguerite osa encore engager à *Tewkesbury* le combat qui devait terminer cette guerre sanglante. La reine fut prise et ses plus braves défenseurs furent tués. Son jeune fils, fait prisonnier, fut amené devant le vainqueur, qui était accompagné de ses frères, les ducs de Glocester et de Clarence. « Pourquoi es-tu venu en Angleterre ? lui dit Édouard. —Pour défendre la couronne de mon père et mon héritage, » répondit le jeune prince. A ces mots, le roi le frappa au visage, et ses frères, tirant leur épée, l'égorgèrent lâchement (1471). Peu de jours après, la mort du vieil Henri VI à la Tour de Londres délivra Édouard de son impuissant rival, et le vainqueur fit couler à flots le sang des seigneurs qui avaient porté les armes contre lui.

Les malheurs de la *guerre des Deux-Roses* tournèrent au profit du pouvoir royal, qui n'eut qu'à recueillir l'héritage d'une foule de nobles familles, détruites dans cette guerre civile, la plus acharnée qui ait jamais déchiré l'Angleterre. « A
» mon souvenir, dit Comines, quatre-vingts princes du sang
» royal d'Angleterre périrent dans ces convulsions : sept ou
» huit grandes batailles furent livrées dans le cours de huit
» ans ; l'Angleterre fut dévastée par les Anglais aussi cruelle-
» ment que la France l'avait été dans le siècle précédent.
» Ceux que le glaive épargna allèrent subir de nouvelles souf-
» frances en pays étranger. J'ai vu moi-même le duc d'Exeter,
» beau-frère du roi d'Angleterre, marchant nu-pieds à la suite
» du duc de Bourgogne, et gagnant son pain en mendiant de
» porte en porte. » Deux générations des familles de Som-

merset et de Warwick périrent sur le champ de bataille ou sur l'échafaud, victimes de cette lutte effroyable.

30. Fin du règne d'Édouard IV. — Édouard IV, après avoir terminé par le *traité de Picquigny* (1475) ses différends avec le roi Louis XI, put se livrer sans partage à ses penchants voluptueux et cruels. Les subventions qu'il recevait de la France étaient employées à satisfaire les plus viles passions; et le roi ne se réveillait de ses honteuses orgies que pour envoyer à la mort quelque nouvelle victime. Il fit solliciter par les Communes le supplice de son propre frère, le duc de Clarence (1478). « Le malheureux prince fut mis à mort secrètement, et le bruit public fut qu'il avait été noyé dans un tonneau de malvoisie. »

Édouard mourut en 1483, confiant ses fils *Édouard V* et *Richard d'York* à son second frère, Richard, duc de Glocester, plus ambitieux encore et plus cruel que lui.

31. Édouard V. — Richard III (1483-1485). — Glocester, nommé protecteur, connétable, grand amiral du royaume, envoya une députation de lords pour demander à la veuve d'Édouard de lui remettre le jeune Richard, qu'elle avait conservé près d'elle à Westminster. Une fois maître des deux héritiers du trône, il eut bientôt fait périr, sur de fausses accusations, les seigneurs dévoués aux jeunes princes; lord Hastings, qui voulut prendre leur défense, fut égorgé sans aucune forme de procès par les gardes du protecteur. Bientôt Glocester, aidé par les efforts du puissant duc de Buckingham, par les calomnies dont il avilit la mémoire de son frère, se fit proclamer roi à Londres sous le nom de *Richard III*, aux acclamations de quelques hommes salariés. Il se hâta d'ordonner la mort de ses neveux, enfermés à la Tour de Londres, au moment où Buckingham, effrayé de sa criminelle révolte, allait les délivrer. Les deux enfants étaient confiés à la garde du chevalier Robert de Blakenbury. Celui-ci reçut l'ordre de les mettre à mort; mais il refusa cette odieuse mission, et le roi, ne pouvant vaincre sa résistance, lui ôta les clefs de la Tour pour les donner à un misérable, nommé Jacques Tyrrel. Celui-ci, accompagné de deux gardes, entra au milieu de la nuit dans la chambre des jeunes princes, tandis qu'ils dormaient paisiblement dans les bras l'un de l'autre, et il les étouffa sous leurs oreillers. Les malheureux enfants d'Édouard furent ensevelis à l'instant même au pied de l'escalier de la Tour.

N'ayant pu sauver son roi légitime, Buckingham voulut le

venger, et appela le fils d'Owen Tudor, Henri, comte de Richemond : il était de la famille de Lancastre; mais il réunit bientôt les droits des deux branches en épousant la sœur d'Édouard V, dernier rejeton de la famille d'York.

L'horreur générale qu'inspiraient les forfaits de Richard lui avait aliéné toute la nation, et une nombreuse armée fut bientôt réunie sous les ordres de son rival. Le règne de Richard III et son odieuse existence se terminèrent à la *bataille de Bosworth* (1485).

§ II. LA ROYAUTÉ ANGLAISE SOUS HENRI VII.

52. Henri VII Tudor (1445-1509). — Révolte de Lambert Simnel, de Perkins Warbeck. — L'armée victorieuse proclama aussitôt *Henri VII*, et lui offrit sur le champ de bataille la couronne qu'on avait trouvée parmi les dépouilles de Richard. Quoique sur le point d'épouser la princesse Élisabeth, héritière de la branche d'York, et de réunir ainsi les deux Roses sur la même bannière, « Henri, indigné d'avoir vu périr la plupart de ses amis et de ses proches parents dans les combats ou sur l'échafaud, avait conçu une haine invincible pour la maison d'York. Au lieu de saisir l'heureuse occasion d'abolir les anciennes divisions en joignant son parti à celui de la famille de sa femme, il porta sur le trône toute l'aigreur d'un chef de faction; et en traitant les partisans de la maison d'York comme ses ennemis, il les contraignit à le devenir en effet. » (*Hume.*) Aussi le règne de Henri VII fut-il constamment agité par des révoltes.

Henri avait encore à craindre les droits du jeune comte de Warwick, fils du duc de Clarence (n° 30), et le tenait prisonnier dans la Tour de Londres. Un imposteur, *Lambert Simnel*, fils d'un boulanger, prit le nom du comte, et souleva l'Irlande, que Henri ne put désabuser, même en montrant le vrai comte de Warwick. Bien qu'aidé des secours de la sœur d'Édouard IV, la duchesse de Bourgogne, qui avait, dit Bacon, *l'âme d'un homme avec tout l'esprit de vengeance et de ressentiment dont est susceptible une femme*, Simnel cependant fut bientôt vaincu. Relégué, pour toute punition, dans les cuisines du palais, il disparut à jamais de la scène politique (1487).

A peine Henri VII venait-il de conclure avec Charles VIII de France un traité avantageux à Étaples (1492), qu'un prétendant plus redoutable que Simnel apparut en Angleterre, se disant Richard duc d'York, échappé aux assassins de la

Tour. Ce nouvel imposteur, *Perkins Warbeck*, fils d'un juif converti, fut accueilli par le roi de France, soutenu par le roi d'Écosse (1), et reconnu par la duchesse de Bourgogne, tante du vrai Richard.

---

(1) L'histoire de l'Écosse, sous les Stuarts, est, à l'extérieur, celle de la lutte de ce pays contre l'Angleterre ; à l'intérieur, celle de la lutte du pouvoir royal contre l'aristocratie, dont la résistance est favorisée par de longues et orageuses minorités, et contre les habitants indisciplinés des montagnes (Highlanders) et des frontières (Borders). La gloire des deux Bruce, restaurateurs de la royauté en Écosse, avait protégé la couronne de leurs successeurs, Robert II (1370) et Robert III (1390), les premiers des Stuarts. Mais à la mort de Robert III (1406), son fils *Jacques* Ier était prisonnier des Anglais. Ce prince, au retour d'une captivité de dix-huit ans, trouva l'autorité royale détruite, l'aristocratie toute-puissante, l'anarchie à son comble. Ses efforts persévérants commencèrent bientôt à raffermir le trône ; mais, malgré la sagesse et la justice de son gouvernement, ses mesures rigoureuses effrayèrent les nobles, qui l'assassinèrent en 1437, et augmentèrent encore leur influence pendant la minorité de *Jacques II*. Toutefois, ce prince ayant pris le sceptre en main, continua avec énergie et habileté l'œuvre de son père. Il avait vaincu une révolte dangereuse, excitée par Guillaume Douglas, qu'il poignarda de sa propre main ; il avait défait les partisans de ce puissant seigneur, armés pour le venger, et effrayé les séditieux par des supplices ; il avait ébranlé jusque dans sa base la féodalité écossaise, par une loi qui déclarait nulles, pour le passé comme pour l'avenir, toutes les aliénations du domaine royal, qui révoquait et interdisait les concessions de fonctions héréditaires ; mais avant d'avoir pu consolider son œuvre, il fut tué au siège de Rosborough dans une guerre contre l'Angleterre.

La minorité du nouveau roi *Jacques III* (1460), élevé au trône à l'âge de sept ans, permit aux nobles de reconquérir tout l'ascendant qu'ils avaient perdu, et anéantit les heureuses réformes opérées par le dernier roi. A peine Jacques III eut-il pris en main les rênes de l'État que son incapacité vint présager de nouveaux malheurs. Ce prince, qui se faisait instruire par des astrologues des devoirs de la royauté, crut réprimer l'audace des vassaux et abaisser la noblesse, en remplaçant les seigneurs de la cour par des maçons, des tailleurs, des serruriers, qui devinrent ses favoris : il ne fit qu'avilir la couronne royale et exaspérer les grands du royaume. Une ligue s'organisa sous la conduite des deux frères du roi, le duc d'Albany et le comte de Marr. Vainement ce dernier fut mis à mort et le duc d'Albany obligé de fuir en Angleterre. Ce prince revint à la tête d'une armée étrangère, et l'autorité de Jacques fut anéantie du jour où les barons, violant la demeure du roi, se saisirent de ses favoris et les pendirent sous ses yeux. Cette cruelle leçon ne put déterminer Jacques à changer de politique. Toujours enfermé dans l'enceinte de son palais, il avait établi près de sa personne une garde permanente, et contraignait les nobles à quitter leur épée pour se présenter devant

Les Irlandais protestèrent énergiquement en sa faveur. Mais, débarqué en Angleterre, Perkins Warbeck se fit battre au premier engagement, fut fait prisonnier et jeté dans la Tour de Londres; bientôt après, il fut mis à mort, ainsi que le comte de Warwick, avec lequel il avait noué des intelligences (1499). L'infortuné fils du duc de Clarence était le dernier rejeton de la Rose blanche, le dernier héritier mâle des Plantagenets, comtes d'Anjou, qui avaient régné sur l'Angleterre pendant près de quatre siècles, « race noble, hardie et courageuse, mais qui trempait souvent ses mains dans son propre sang. » (*Bacon.*)

35. INSTITUTIONS DE HENRI VII. — CRÉATION DE LA MARINE ANGLAISE. — Henri VII, tranquille enfin sur le trône, consacra tous ses soins à améliorer la législation, à régulariser l'administration de la justice, qui désormais dut être

---

lui. Cette insultante défiance amena un nouveau soulèvement. Jacques fut réduit à prendre les armes contre les rebelles, qui avaient à leur tête le duc de Rothsay, l'aîné de ses enfants; bientôt il fut battu à Bannock-Burn et périt dans la déroute (1488). L'indignation qui suivit le meurtre du roi, la terreur des anathèmes pontificaux lancés sur les coupables, apaisèrent tout à coup les discordes civiles.

Jacques IV (1488-1513) n'essaya pas de lutter contre les grands; il ne chercha qu'à se concilier leur affection, et toute la noblesse sembla vouloir faire oublier ses excès récents, à force de dévouement et de soumission. Le nouveau roi, dit Robertson, était né brave et généreux; il était animé de toutes les nobles passions qu'une âme royale peut ressentir dans sa jeunesse. Il aimait la magnificence, il se plaisait à la guerre, il était avide de renommée. Sous son gouvernement, l'ancienne inimitié, devenue comme héréditaire entre le roi et les seigneurs, parut entièrement calmée. Ce règne promettait de longues années de tranquillité et de bonheur à l'Écosse; mais le roi, entraîné par son caractère chevaleresque, engagea contre l'Angleterre des luttes imprudentes. Après une manifestation inutile en faveur de Perkins Warbeck (1497), il reprit les armes malgré son mariage avec la fille de Henri VII (1503), sur les sollicitations de la reine de France, Anne de Bretagne, dont il s'était déclaré le chevalier. L'excommunication prononcée contre les alliés de Louis XII ne l'empêcha pas d'envahir le Northumberland avec cinquante mille hommes; mais il fut vaincu et tué à la désastreuse *bataille de Flodden-Field* (1513). Cet événement porta un coup fatal à l'aristocratie écossaise : douze comtes, treize lords et une foule de barons avaient péri avec le roi. « A peine y a-t-il une famille écossaise d'un rang élevé, dit Walter Scott, qui n'ait perdu un de ses ancêtres à la journée de Flodden, et aujourd'hui même, dans toutes les provinces d'Écosse, le récit de cette bataille produit une impression profonde de tristesse et de terreur. »

rendue aux pauvres sans frais de procédure; il organisa un tribunal suprême, *la Chambre étoilée* (1485), qui jugeait sans l'assistance de jurés et pouvait reviser les décisions de tous les autres tribunaux. La plus importante de toutes ses lois est celle qui déclare tous les biens des nobles aliénables. Elle produisit une révolution dans les fortunes, en faisant passer rapidement les biens immenses des barons aux mains des bourgeois, et porta un coup fatal à la puissance de l'aristocratie anglaise. — Henri rendit un grand nombre de règlements sur l'industrie, et favorisa de tout son pouvoir le commerce maritime. Il envoya en 1498 les deux navigateurs vénitiens, Jean et Sébastien Cabot, puis en 1502 l'amiral Eliot, dans les mers occidentales, où ils découvrirent Terre-Neuve. Véritable fondateur de la marine anglaise, « il dépensa quatorze mille livres pour faire construire un vaisseau, *le Grand Henri*, qui fut, à proprement parler, le premier navire de l'État. Jusqu'alors, quand le roi avait besoin d'une flotte, il était obligé de louer des vaisseaux marchands. » Si Henri VII fut dans ses dépenses personnelles d'une avarice honteuse (1), s'il eut recours à d'odieuses rapines pour grossir son trésor, il faut avouer, du moins, qu'il fut généreux et magnifique dans l'exécution de tous les travaux d'intérêt général.

Henri VII mourut en 1509; il avait fait épouser à son second fils, Henri, Catherine d'Aragon, veuve d'Arthur, son fils aîné, et donné en mariage sa fille Marguerite à Jacques Stuart, roi d'Écosse. (Voir la note p. 40.)

QUESTIONNAIRE. — § 1. 25. Qui occupait le trône d'Angleterre en 1453? — Quelles furent les causes de l'irritation des Anglais contre Henri VI? — 26. Qu'appela-t-on les Barbes-Bleues? — Quel était leur chef? — Comment nomme-t-on la guerre civile qui éclata en Angleterre? — Pourquoi lui a-t-on donné ce nom? — Quelle fut la première victoire de la Rose-Blanche? — 27. Quel était le plus puissant des partisans de Richard? — *Comment Marguerite releva-t-elle le parti de Henri VI?* — Dites la vengeance qu'elle tira de Richard. — 28. Nommez le prince qui succéda à Richard d'York. — Énumérez ses succès. — *Racontez la fuite de Marguerite et la générosité d'un brigand à son égard.* — Quel seigneur Marguerite parvint-elle à se concilier? — Quelles furent les suites de la bataille de Barnet? — 29. *Par quelle bataille se termina la guerre des Deux-Roses?* —

---

(1) Je me souviens, dit Bacon, d'avoir vu un registre des comptes d'Empson, dont toutes les pages étaient paraphées de la main du roi; j'y ai lu cet article: « Item, reçu d'un tel cinq marcs pour obtenir une lettre de grâce..... »

Quelle horrible lâcheté commirent les vainqueurs? — Indiquez les conséquences funestes de cette guerre civile. — 30. Par quels crimes Édouard IV ternit-il son triomphe? — 31. *Comment moururent les enfants d'Édouard? — Comment leur meurtrier fut-il puni de son crime? — Nommez la nouvelle dynastie qui monta sur le trône d'Angleterre.* — § II. 32. Quelle fut la conduite de Henri VII à l'égard des partisans de la maison d'York? — Quelles révoltes et quels imposteurs eut-il à combattre? — Quelle fut l'issue de ces luttes? — 33. Faites connaître les principales institutions de Henri VII. — Comment se fortifia la royauté sous son règne? — Que fit-il pour la navigation? — Quel était son caractère privé?

CHAPITRE QUATRIÈME.

ESPAGNE JUSQU'A L'AVÉNEMENT DE CHARLES-QUINT.

(1453-1516.)

SOMMAIRE.

§ Ier. 34. Le caractère de la population mauresque, riche et amollie, et celui de la population chrétienne, pauvre et ardente, présentent un complet contraste. — L'Espagne chrétienne se divise en Castille, Aragon et Navarre.

35. L'Aragon et la Navarre sont agités par des troubles et des dissensions. Jean II d'Aragon supplante son fils don Carlos en Navarre. La guerre éclate entre le père et le fils. La mort d'Alphonse V augmente la puissance de Jean II, coupable peut-être de la mort de son fils don Carlos (1461). La princesse Blanche est bientôt assassinée. Jean II comprime avec peine un soulèvement des Catalans (1462-1472). La Navarre et l'Aragon se séparent à la mort de Jean II.

36. En Castille, la vie scandaleuse de Henri IV et de Jeanne de Portugal avilit le pouvoir. — Une faction oppose à Henri son frère Alphonse qui meurt peu après la bataille de Médina del Campo (1467). — Isabelle de Castille se marie avec Ferdinand d'Aragon. Une guerre civile, après la mort de Henri (1474), éclate entre Jeanne et Isabelle. La bataille de Toro (1476) assure le triomphe d'Isabelle.

§ II. 37. L'union de l'Aragon et de la Castille a lieu sous Ferdinand et Isabelle. — Grenade est le théâtre de la querelle de Boabdil, Muley-Hassan et Zagal. Zagal se soumet aux chrétiens.

38. Ferdinand et Isabelle assiégent Grenade. Malgré la défense de Boabdil, la ville se rend (1492). L'émigration des Maures appauvrit la contrée.

39. Les principaux événements du règne de Ferdinand sont la découverte de l'Amérique, la restitution par la France du Roussillon et de la Cerdagne (1493), les succès et les conquêtes en Italie au détriment de la France, le mariage de Jeanne d'Espagne avec Philippe le Beau (1496).

40. A la mort d'Isabelle (1504), Philippe le Beau gouverne la Castille pendant la minorité de Charles et de Ferdinand. Jeanne est devenue folle par suite de l'abandon où l'a laissée son mari. — Le ministre Ximénès s'illustre par son gouvernement ferme et habile; il fait une expédition contre les Maures. — La déchéance de Jean d'Albret, roi de Navarre, est prononcée par le pape au profit de Ferdinand. L'Espagne est réunie sous Ferdinand (1512) qui fait la conquête de Naples par les armes de Gonzalve de Cordoue. Ferdinand meurt en 1516.

41. Ferdinand le Catholique a établi la sainte Hermandad qui produit des résultats utiles; il réunit les grandes maîtrises à la couronne; il a déployé une politique astucieuse et perfide à l'égard de la France. Le tribunal de l'Inquisition a été institué dans le but de rechercher et de détruire l'hérésie.

42. Une admirable énergie est déployée par Ximénès pour maintenir son autorité. Son excellente administration favorise les progrès de la civilisation et des lumières. L'arrivée de Charles en Espagne et ses premiers actes produisent un mécontentement et une fermentation générale.

§ Ier. ESPAGNE. — FAIBLESSE DE HENRI IV.

5 ½. SITUATION INTÉRIEURE DE L'ESPAGNE. — « Depuis le treizième siècle, les chrétiens avaient prévalu en Espagne; au quinzième, la population musulmane concentrée dans le royaume de Grenade, et comme adossée à la mer, ne pouvait plus reculer; mais on voyait déjà auquel des deux peuples appartenait l'empire de l'Espagne. Du côté des Maures, une foule de marchands entassés dans de riches cités, amollis par les bains et par le climat; des agriculteurs paisibles, occupés dans leurs délicieuses vallées du soin des mûriers et du travail de la soie; une nation vive, ingénieuse, qui ne respirait que pour la musique et la danse, qui recherchait les vêtements éclatants, et parait jusqu'à ses tombeaux. De l'autre, un peuple silencieux, vêtu de brun et de noir, qui n'aimait que la guerre, et l'aimait sanglante; qui, laissant aux juifs le commerce et les sciences, ne connaissait pas de plus beau titre que celui de fils des Goths; race altière dans son indépendance, terrible dans l'amour et dans la religion. Là, tout le peuple se tenait pour noble; le bourgeois n'avait pas payé ses franchises; le paysan, qui portait aussi l'épée contre les Maures, sentait sa dignité de chrétien. (MICHELET.)

Le triomphe des chrétiens sur les Maures sera consommé, quand l'Espagne parviendra enfin à l'unité, fondement de sa prospérité et de sa puissance: l'unité, qui la placera au premier rang des nations européennes, en même temps qu'elle établira sa domination sur un monde nouveau.

Au moment de la prise de Constantinople, l'Espagne chrétienne était divisée en trois royaumes : la Castille, sous Jean II, qui allait être remplacé par Henri IV ; l'Aragon, gouverné par Alphonse V, maître du royaume de Naples après la mort de Jeanne II (1435) ; la Navarre, dont le sceptre avait passé aux mains de Jean II d'Aragon (1425) par son mariage avec la reine Blanche.

35. ARAGON ET NAVARRE. — QUERELLE DE JEAN II ET DE CARLOS DE VIANA. — Pendant la seconde partie du quinzième siècle, ces trois royaumes furent encore en proie à des troubles et à des dissensions. L'ambitieux *Jean II*, frère du grand *Alphonse V*, le roi d'Aragon et de Naples, repoussait du trône son fils, *Carlos de Viana*, souverain légitime de la Navarre, depuis la mort de sa mère Blanche d'Evreux, héritière de ce royaume (1441). Le jeune prince, après de longues hésitations, prit enfin les armes pour revendiquer ses droits : il fut vaincu et fait prisonnier. Remis en liberté et vaincu encore, il vit la mort d'Alphonse V lui enlever un protecteur, et augmenter la puissance de son père, qui devint roi d'Aragon, de Sardaigne et de Sicile (1458). Le malheureux prince, poursuivi par l'odieuse vengeance de sa belle-mère, Jeanne Henriquez, retomba dans une nouvelle captivité, malgré l'intervention des États, qui l'avaient fait déclarer héritier de la couronne d'Aragon (1460), et il périt bientôt, soit de chagrin, soit plutôt par le poison (1461). Il léguait ses droits à *Blanche*, sa sœur, répudiée par le roi Henri IV de Castille : c'était lui léguer la haine de son père et la mort. Jean II livra Blanche à sa sœur Léonore, comtesse de Foix, à laquelle il avait promis la Navarre. Blanche comprit qu'elle était sacrifiée. Selon les lois de la Navarre, qui lui permettaient de *transmettre ses droits à toute personne, pourvu qu'elle fût digne d'un sceptre si grand, par son sang, sa dignité, son pouvoir ou sa considération*, Blanche fit donation du royaume de Navarre à son *cher cousin* le roi de Castille. Telle fut l'origine des droits de Ferdinand d'Aragon, époux de l'infante de Castille, Isabelle. L'infortunée sœur du prince de Viana fut empoisonnée peu après au château d'Orthès : mais les parricides complices de sa mort ne purent en recueillir paisiblement les fruits.

Les Catalans, qui s'étaient soulevés pour soutenir le prince de Viana, persévérèrent dans leur révolte pour le venger.

Jean II, afin d'obtenir les secours de la France, fut obligé d'engager le Roussillon et la Cerdagne (1462). La Catalogne, soutenue par la Castille, lutta avec énergie et ne se soumit qu'en 1472, après avoir vainement offert la couronne à Pierre de Portugal et à Jean de Lorraine. Jean II mourut en 1479, laissant la Navarre à la maison de Foix, qui la transmit à celle d'Albret, et l'Aragon à son fils Ferdinand.

36. Castille. — Faiblesse de Henri IV. — La Castille, pendant ce temps, avait été témoin des scandaleux désordres de *Henri IV* (1454-1474) et de sa femme Jeanne de Portugal. L'indignation générale fit naître une faction puissante, qui opposa à Henri, dont la faiblesse égalait l'immoralité, le jeune *Alphonse*, son propre frère. Les rebelles, réunis dans la plaine d'Avila, placèrent sur un théâtre le simulacre du roi, vêtu de longs voiles de deuil; on déclara Henri indigne du trône, à cause de ses crimes, on arracha à sa statue tous les ornements royaux, et elle fut foulée aux pieds avec d'horribles imprécations (1465). Alphonse fut proclamé à la place de son frère. A la mort du jeune prince (1468), peu après la bataille indécise de *Medina del Campo*, les révoltés proclamèrent *Isabelle*, sœur de Henri, au détriment de *Jeanne*, fille de ce roi, dont on contestait la légitimité. Isabelle refusa le titre de reine, et ne voulut que celui d'héritière présomptive du trône, que Henri IV, triste jouet de toutes les factions, fut forcé de lui reconnaître; toutefois, son mariage avec *Ferdinand*, fils de Jean d'Aragon, mariage secrètement contracté (1469), auquel l'Espagne dut sa grandeur, irrita les craintes jalouses de Henri IV, qui annula tout ce qu'il avait fait en faveur d'Isabelle (1470). Il reconnut Jeanne, et le royaume de Castille fut livré à toutes les horreurs de la guerre civile après la mort de Henri (1474). Alphonse de Portugal, fiancé de Jeanne, prit les armes en faveur de cette princesse; mais il fut vaincu à *Toro* (1476), demanda vainement des secours au roi de France, et abandonna la cause de Jeanne, qui se retira dans un couvent.

§ II. Puissance de Ferdinand et d'Isabelle. — Réunion de la Castille et de l'Aragon. — Chute de Grenade.

37. Ferdinand et Isabelle. — Réunion de l'Aragon et de la Castille. — Isabelle était désormais affermie sur le trône de Castille, et la mort de Jean II (n° 35) allait donner la couronne d'Aragon à Ferdinand son époux (1479). Le premier fruit de l'union de l'Aragon et de la Castille fut l'entière expulsion des Maures.

La paix subsistait depuis longtemps entre la Castille et Grenade, mais à de singulières conditions : « Les hommes de chaque parti pouvaient envahir le territoire de l'autre, assaillir même quelque forteresse, pourvu qu'au bout de trois jours la place fût prise et occupée sans bannière, sans bruit de trompettes et sans aucun appareil de guerre. (ASCARGORTA.) Ces petites attaques fréquemment répétées rompirent enfin la trêve, et la guerre éclata.

L'occasion était favorable pour les chrétiens : de sinistres prédictions augmentaient à Grenade le désordre causé par les querelles de plusieurs prétendants. *Boabdil* (Abou-Abdallah) était, depuis l'année 1481, en guerre avec son père, Muley-Hassan, qui lui-même avait chassé le roi Aboul-Hassan. Bientôt un frère de Muley-Hassan, nommé Zagal, profita de ces troubles pour former un troisième parti, et les Maures se déchiraient eux-mêmes, tandis que les chrétiens avançaient toujours. Muley-Hassan mourut au milieu de ces calamités, assassiné peut-être par son frère (1485), et Zagal, après avoir lutté vaillamment pendant quelques années contre les chrétiens, leur livra lui-même pour une somme d'argent les places qu'il possédait encore (1489).

58. CHUTE DE GRENADE. — Boabdil, devenu enfin seul maître d'un royaume épuisé, fut bientôt réduit à sa seule capitale, qu'il défendit avec énergie. Mais Ferdinand vint lui-même presser le siége, accompagné de sa femme Isabelle, princesse pleine de courage, d'activité et d'énergie, qui s'occupait elle-même d'assurer les subsistances, tandis que le roi commandait les troupes. Tous les plus vaillants guerriers de l'Espagne s'étaient réunis devant Grenade sous la conduite de leurs princes, jurant de ne point lever le siége avant d'avoir chassé les infidèles de leur dernier asile. Le camp des assiégeants brillait de tout l'éclat d'une cour magnifique, et les chevaliers rivalisaient de valeur et d'audace pour se distinguer sous les yeux de leurs souverains. Le siége durait depuis plusieurs mois, et l'opiniâtreté de la défense égalait celle de l'attaque, quand un événement désastreux vint un instant relever les espérances des Maures. Le feu ayant pris, par accident, à la tente de la reine, se communiqua rapidement aux tentes voisines, dévora le camp presque tout entier, et jeta le désordre dans l'armée espagnole. Mais la vaillante Isabelle, loin de se décourager, donna l'ordre d'élever aussitôt, à

la place des pavillons détruits, des maisons de bois et de pierre, et la construction d'une ville devant les remparts des Maures apprit à ceux-ci que rien ne lasserait la persévérance de leurs ennemis.

Bientôt la famine obligea les musulmans à accepter une capitulation, honorable du reste pour les vaincus, qui devaient conserver leurs lois, leurs coutumes et le libre exercice de leur culte. Ferdinand et Isabelle entrèrent en triomphe dans Grenade, au commencement de l'année 1492, et se rendirent, accompagnés de toute leur cour, au magnifique palais de l'*Alhambra*, chef d'œuvre de la gracieuse et élégante architecture moresque. Ils offrirent à Dieu leurs actions de grâces, en faisant célébrer une messe sur un autel élevé à la hâte : le culte du Christ fut solennellement rétabli dans ces lieux où il avait été outragé pendant huit cents ans ; et Ferdinand porta depuis cette époque le surnom de *Catholique*.

Tandis que les chrétiens se livraient à toute l'ivresse de la victoire, le roi maure Boabdil quittait sa capitale pour aller se retirer dans la province des Alpujarras. Arrivé sur la cime d'une montagne qui allait lui dérober à jamais la vue de Grenade, il s'arrêta un instant ; et, contemplant cette ville jadis si puissante et si fière, maintenant humiliée sous le joug de ses ennemis, le roi déchu se mit à verser des larmes amères : « *Il te convient, en effet,* lui dit la sultane Zoraïn, *de pleurer comme une femme le royaume que tu n'as pas su défendre en homme.* »

Ainsi finit en Espagne la domination arabe, après avoir duré sept cent quatre-vingts ans. Ferdinand, qui, pendant toute la durée de son règne, devait se signaler par ses ruses et sa mauvaise foi plus que par sa vaillance, ne tint pas longtemps les engagements qu'il avait pris envers les vaincus. Il rendit une loi qui obligeait tous les Maures, âgés de plus de quatorze ans, à recevoir le baptême ou à sortir de l'Espagne. Neuf cent mille habitans du royaume de Grenade aimèrent mieux quitter leur patrie que d'abjurer leur religion, et l'exil de cette population industrieuse et commerçante ruina entièrement une province qui était devenue la plus riche et la plus brillante de toute la péninsule.

39. Principaux événements du règne de Ferdinand. — Le triomphe de Ferdinand sur les infidèles lui valut les félicitations de toute l'Europe chrétienne. La même année, Christophe Colomb donnait un nouveau monde à l'Espagne (voir le chap. VIII). En 1493, la restitution

du Roussillon et de la Cerdagne fut le prix d'une alliance avec Charles VIII, alliance qui n'empêcha pas Ferdinand d'enlever le royaume de Naples aux Français, qui venaient de le conquérir de concert avec lui (1504), et d'entrer dans toutes les ligues qui se formèrent contre la France (voir l'histoire de Louis XII, n° 68). Quelques années auparavant (1496), un événement d'une importance plus grande encore avait présagé pour l'avenir de nouvelles prospérités. Le mariage de *Jeanne*, infante d'Espagne, avec *Philippe le Beau*, fils de l'empereur Maximilien, prépara la réunion de l'Autriche et de l'Espagne, et la puissance future de Charles-Quint.

40. La Castille gouvernée par Ximénès. — Jeanne, délaissée bientôt par son mari qu'elle aimait éperdument, tomba dans une sombre mélancolie qui ne tarda pas à troubler sa raison. La démence d'une fille chérie, la perte de l'infant don Juan, puis d'une seconde fille, reine de Portugal, accablèrent Isabelle d'une douleur qui la conduisit au tombeau. Après la mort de cette grande reine adorée des Castillans, et à qui revient la gloire de presque toutes les belles actions de son époux (1504), Philippe le Beau força Ferdinand à lui rendre la couronne de Castille; mais il mourut laissant deux enfants en bas âge, Charles et Ferdinand.

Ferdinand le Catholique, profitant de la folie de sa fille, parvint à reprendre le gouvernement de la Castille par l'influence du fameux *Ximénès de Cisneros*, archevêque de Tolède. Ce prélat, *dont la pâleur et l'austérité rappelaient les Paul et les Hilarion*, qui, au milieu des grandeurs, observait les règles rigoureuses de saint François, qui n'avait accepté l'archevêché de Tolède que par un ordre exprès du pape, et qui, dans son palais de ministre couchait toujours sur le plancher, ce prélat était l'objet de la vénération des Castillans. Ils aimaient à retrouver en lui la fermeté, l'énergie, la fierté de leur reine Isabelle. Ils supportèrent Ferdinand pour Ximénès, qui excita dans toute l'Espagne une admiration sans bornes, lorsqu'on le vit équiper à ses frais, conduire lui-même en Afrique une flotte contre les Maures, et enlever d'assaut Oran, le repaire des pirates. Deux ans après, Ferdinand, faisant valoir ses droits sur la Navarre, obtint du pape une bulle qui déclarait Jean d'Albret et sa femme Catherine déchus de la dignité souveraine, et il fit en quelques jours la conquête de leur royaume jusqu'aux Pyrénées (1512). Ainsi s'accomplit la réunion de toutes les couronnes d'Espagne sur la tête de Ferdinand le Catholique, tandis que ses armes triomphaient en Italie et que les exploits de Gonzalve de Cordoue lui donnaient le royaume de Naples. Il mourut en 1516, laissant ses vastes États à Charles, son petit fils, héritier présomptif de l'empereur Maximilien, et la régence au cardinal Ximénès.

41. Institutions de Ferdinand le Catholique. — Les grandes qualités de Ferdinand et les éminents services qu'il rendit à sa patrie le mettent au dessus de tous les rois de son temps. L'Espagne lui doit l'établissement de la *sainte Hermandad*, corporation instituée pour mettre fin aux guerres privées et pour poursuivre et réprimer les crimes dans tout le pays. Cette association, fortifiée par les troupes que le roi mit à sa disposition, exerça ses fonctions de haute police avec une grande énergie contre les seigneurs les plus redoutés pour leur insubordination et leur violence. Elle rasa un grand nombre de forteresses, repaires de brigandages, et contribua puissamment à rétablir l'ordre et la sécurité en Espagne. En même temps, Ferdinand savait tourner au profit du pouvoir royal l'influence des ordres militaires, devenus inutiles depuis l'expulsion des musulmans; il parvint à se faire nommer successivement grand maître des ordres de Saint-Jacques de Calatrava et d'Alcantara, et à obtenir du souverain pontife la réunion définitive des grandes-maîtrises à la couronne

Toute la gloire de Ferdinand ne saurait néanmoins le justifier de sa politique astucieuse et perfide à l'égard de la France. On doit lui reprocher aussi d'avoir toléré les rigueurs de l'inquisition, établie ou plutôt réorganisée par Isabelle pour rechercher et punir les hérétiques. Sans doute, ce tribunal redoutable eut un but éminemment utile, celui de maintenir dans la Péninsule l'unité politique et religieuse, de prévenir par des mesures sévères tout esprit de désordre et de révolte. Mais l'importance d'un tel but ne peut excuser les moyens qui furent trop souvent employés pour l'atteindre. Si les supplices, qui étaient la sanction ordinaire des décisions émanées des inquisiteurs, ont banni de l'Espagne le judaïsme et le mahométisme, s'ils l'ont préservée du fléau des hérésies qui ensanglantèrent l'Europe pendant le seizième siècle, on doit déplorer qu'ils aient été ordonnés par les défenseurs d'une religion qui n'est que paix, douceur et charité.

42. Régence de Ximénès. — Avénement de Charles-Quint. — Ferdinand mort, plusieurs nobles contestaient l'autorité du cardinal Ximénès. De la fenêtre de son palais, le ministre leur montre deux mille vétérans rangés en bataille et une formidable artillerie : *Voici mes pouvoirs*, leur dit-il.

Les mécontents se soumirent, et bientôt, tous furent forcés de reconnaître en Ximénès un politique fin et habile dans ses rapports avec les puissances voisines, et en même temps, un administrateur ferme, juste, éclairé, plein d'égards pour les droits de la noblesse, plein de bienveillance pour le peuple, un protecteur zélé de tous les talents, de toutes les entreprises utiles, qui contribuait dignement, par la fondation de plusieurs universités célèbres, aux progrès des lumières et de la civilisation.

C'est alors que le jeune *Charles*, fils de Philippe le Beau, arrive en Espagne avec un cortége de Flamands, qui arrachent le pouvoir à Ximénès mourant, pour le livrer à un jeune homme de vingt ans. Le nouveau roi prétend gouverner sans s'inquiéter des cortès et des libertés de ses royaumes. La fière Espagne est en proie à une fermentation générale : une révolte terrible se prépare ; et pourtant le règne qui commence sous ces effrayants auspices est le règne de *Charles-Quint* (1516).

QUESTIONNAIRE. — § I. 34. Quelle était la situation intérieure de l'Espagne au commencement des temps modernes ? — Quel contraste offraient le caractère des Maures et celui des chrétiens ? — 35. Faites connaître la politique de Jean II. — Comment s'empara-t-il de la Navarre ? — Quel soulèvement eut-il à combattre ? — 36. Qui régnait alors en Castille ? — Quelles étaient les mœurs d'Henri et de sa femme ? — Quelles insurrections et quels troubles agitèrent la Castille ? — Quel événement prépara la réunion de toute l'Espagne ? — Comment Isabelle fut-elle affermie sur le trône de Castille ? — § II. 37. Quand Ferdinand parvint-il au trône d'Aragon ? — Comment éclata la guerre contre les Maures de Grenade ? — Quelle était la situation du royaume ? — 38. *Racontez le siége et la prise de Grenade.* — 39. Quels furent les autres événements principaux du règne de Ferdinand et d'Isabelle ? — 40. Quand moururent Isabelle et son fils ? — Que devint la fille d'Isabelle ? — *Qui gouverna la Castille pendant la minorité des enfants de Philippe et de Jeanne la Folle ?* — Comment la Navarre passa-t-elle entre les mains de Ferdinand ? — Quand mourut-il ? — 41. Faites connaître les principales institutions de Ferdinand le Catholique. — Caractérisez sa politique. — 42. Qu'avez-vous à dire de la régence de Ximénès ? — Quels symptômes menaçants ont signalé l'avènement de Charles-Quint ?

CHAPITRE CINQUIÈME.

ALLEMAGNE ET ITALIE A LA FIN DU XVe SIÈCLE. — CONSTITUTION ANARCHIQUE DE CES DEUX PAYS, QUI, PAR SUITE DE LEURS DIVISIONS, DEVIENDRONT SUCCESSIVEMENT LE CHAMP DE BATAILLE DE L'EUROPE.

SOMMAIRE.

PREMIÈRE PARTIE. § Ier. 43. Le rôle politique de l'Empire reconstitué par Charlemagne a été d'exercer un haut patronage sur l'Europe. Cet ascendant politique a été brisé dans la lutte avec le saint-siége. Les empereurs vont s'efforcer de le ressaisir.

44. Frédéric, faible et incapable, ne montre d'activité que dans l'intérêt de sa maison (1440-1493); il conclut le Concordat germanique, le traité de Presbourg (1491) qui prépare l'annexion de la Hongrie et de la Bohême ; fait épouser Marie de Bourgogne à son fils Maximilien qui gagnera la Franche Comté et l'Artois au traité de Senlis (1493). Le désordre et l'anarchie règnent en Allemagne. Les Autrichiens assiégent l'empereur dans Vienne (1462). Cette ville est prise par Mathias Corvin (1485).

45. Maximilien (1493-1519), prince chevaleresque, veut relever la puissance impériale. Son défaut de persévérance frappe de stérilité la plupart de ses expéditions contre les Suisses et l'Italie, où il lutte tantôt pour, tantôt et plus souvent contre les Français. Il est vainqueur à Guinegate (1513), repoussé du Milanais (1516), et meurt (1519).

46. A l'intérieur, Maximilien fonde la grandeur de la maison d'Autriche ; il gagne Goritz, Gradisca, l'Alsace (1406-1505), veut se faire élire pape ; fait épouser à son fils Jeanne d'Espagne (1496), et fait de nouvelles et utiles conventions relativement aux couronnes de Hongrie et de Bohême.

§ II. 47. L'Allemagne pendant cette période est en état de guerre perpétuelle. Frédéric III publie vainement une paix publique, confirmée par la diète de Worms (1495). La Chambre impériale est créée. L'Autriche a le tribunal suprême appelé Conseil aulique. L'Empire est divisé en dix Cercles (1500, 1512) qui doivent encore compromettre l'autorité centrale de l'Empereur.

48. Les crimes qui attaquent la paix publique et la religion sont réprimés par la Sainte-Vêhme, composée de francs-juges qui sont admis après des épreuves singulières, jugent en secret sans avertir le condamné et le font exécuter par leurs émissaires. Ce tribunal brave l'autorité de l'Empereur qui cherche en vain à le sup-

primer; il doit subsister, au moins dans quelques parties de l'Allemagne, jusqu'à ces derniers temps.

49. La ligue hanséatique a été surtout puissante au milieu de l'anarchie de l'Allemagne. Les grandes découvertes des temps modernes et l'affermissement de l'autorité impériale sont les principales causes de sa prochaine décadence.

DEUXIÈME PARTIE. — § Ier. 50. L'Italie brille par sa civilisation, mais est exposée à mille rivalités et à une anarchie déplorable. L'unité est irrévocablement détruite et les étrangers vont désormais s'y disputer la prépondérance.

51. Les seules milices italiennes sont les condottières qui exercent une influence tyrannique. La guerre devient en Italie un système de ruses, de pièges, de trahisons; les batailles ne sont plus que des parades. — Carmagnole, chef de condottieres, passe du service de Milan à celui de Florence, puis de Venise, et est exécuté par ordre du Conseil des Dix. — Jacques Attendolo, dit Sforza, devient connétable et maréchal à Naples, et gonfalonier de l'Église.

52. François Sforza, fils de Jacques, devenu tout-puissant, se fait nommer duc de Milan à la mort de Visconti (1447), malgré trois grands princes : il conclut avec Venise la paix de Lodi (1454); devient l'allié d'Alphonse de Naples et de Louis XI; acquiert Gênes (1464).

53. Galéas Sforza épouse la belle sœur du roi de France. Pendant la minorité de Jean Galéas (1476), Ludovic le More, son oncle, s'empare du pouvoir: il s'attache à l'alliance française pour se maintenir à Milan et appelle les Français en Italie.

54. Gênes perd son indépendance et passe de la France au Milanais (1464). Venise établit les trois inquisiteurs; elle s'affaiblit à l'extérieur dans sa guerre contre les Turcs, et perd ses possessions de Grèce en même temps que Gênes; acquiert Chypre (1489); mais la découverte du cap de Bonne-Espérance va porter une atteinte fatale à son commerce.

§ II. 55. Florence seule est florissante, prospère et tranquille sous les Médicis. — Sylvestre (1378), puis Jean de Médicis (m. 1429), le père des pauvres, ont fondé la grandeur de leur maison.—Côme de Médicis, le père de la patrie, exerce une autorité presque absolue; il gouverne avec autant d'habileté que de désintéressement.

56. Sous Pierre Ier de Médicis (1468), des divisions troublent Florence. A la mort de Pierre, son fils Julien est assassiné par les Pazzi dans l'église de Santa-Réparata; son frère Laurent échappe; les conjurés sont mis à mort (1478).

57. Laurent le Magnifique est le plus illustre membre de sa famille; il est au dehors l'arbitre de l'Italie; au dedans, il fait briller Florence de tout l'éclat des beaux-arts et y fonde une académie (m. 1492).

58. L'orgueil et la violence de Pierre II (1492) irritent les Florentins. Savonarole, éloquent dominicain, qui a voulu forcer Laurent à rendre la liberté à Florence, annonce que l'Italie va être la proie des Barbares.

§ III. 59. Les papes seuls comprennent la double politique de l'Italie :

lutte contre les progrès des Turcs au dehors, rétablissement de l'unité à l'intérieur. Nicolas V, Calixte III, Pie II (1447-1464), s'efforcent de ranimer le zèle des croisades. Paul II se signale par son activité à l'intérieur et à l'extérieur. La haute politique du saint-siège est abandonnée sous Sixte IV, Innocent VIII et surtout Alexandre VI.

§ IV. 60. Alphonse le Magnanime lutte avec René d'Anjou et l'expulse. Il laisse le trône de Naples à son fils naturel Ferdinand (1458-1494). Naples se sépare de l'Aragon. — Jean d'Anjou s'efforce de renverser Ferdinand. La reine Isabelle se défend courageusement et Ferdinand triomphe (1462); il est menacé par Florence, les Turcs et le pape, et les nobles à l'intérieur; il réprime avec cruauté l'insubordination des seigneurs.

PREMIÈRE PARTIE.

Allemagne.

§ Ier. FRÉDÉRIC III ET MAXIMILIEN.

45. RÔLE DE L'EMPIRE PENDANT LE MOYEN AGE. — La destinée de l'Empire sous Charlemagne et sous Othon le Grand, le digne héritier des hautes pensées de ce grand homme, semblait n'être pas seulement de constituer en Europe une puissante monarchie, mais d'exercer sur tous les peuples un patronage suprême. Le trône impérial devait s'élever au-dessus de tous les trônes des rois, et former comme un centre d'unité au milieu de la division des peuples. La féodalité vint battre en brèche ce grand corps, et le déchirer par lambeaux, de telle sorte que l'Empereur, loin de dominer l'Europe entière, put à peine contenir ses propres vassaux. Son ascendant politique se brisa dans sa lutte contre l'ascendant religieux du pape, et devant la tiare seule s'inclinèrent les couronnes. Mais lorsque l'autorité du souverain pontife commença peu à peu à se restreindre au domaine spirituel, l'Empire sembla s'éveiller de sa torpeur et se rappeler ses prétentions anciennes. Quand le sceptre fut acquis à une illustre maison, fortement appuyée sur son propre patrimoine (maison de Habsbourg), des hommes de génie crurent pouvoir de nouveau poursuivre le plan des Charlemagne et des Othon : telle fut principalement la pensée de Maximilien et de Charles Quint, pensée qu'ils auraient peut-être réalisée sans les crises politiques que suscita la Réforme. D'habiles combinaisons, et plus encore, d'heureuses circonstances s'étaient réunies pour accroître prodigieusement le domaine de la famille d'Autriche, qui, depuis le règne d'Albert II (1438), ne se dessaisit plus du sceptre impérial.

44. Frédéric III (1440-1493). — **Anarchie et désordre en Allemagne.** — Le successeur d'Albert II (1440), *Frédéric III* d'Autriche, prince d'un esprit médiocre et d'un caractère indolent, impuissant à maintenir l'ordre dans ses États, trouva cependant de l'activité pour travailler aux intérêts de sa maison. Il eut la prudence de se concilier l'influence du souverain pontife; il lui demanda encore une fois la couronne impériale (1452), et consentit à remplacer la pragmatique-sanction d'Augsbourg par le *concordat germanique*. A la mort d'Albert II, la Hongrie et la Bohême s'étaient détachées de l'Autriche, érigée en archiduché. Si Frédéric fit de vains efforts pour les regagner par la force, du moins il en prépara la réunion future par le *traité de Presbourg* (1491), qui réservait à sa postérité la succession éventuelle du roi Ladislas. Quelques années auparavant (1477), le mariage de *Maximilien*, fils de l'Empereur, avec Marie de Bourgogne avait consommé une grande faute politique de Louis XI, et avait gagné à la maison d'Autriche les Pays-Bas et la Flandre. La Franche-Comté et l'Artois, dont Louis XI s'était emparé, allaient être sacrifiés (1493) par la folle impatience de son fils, qui les rendit à Maximilien (*traité de Senlis*), pour aller guerroyer plus en liberté au delà des Alpes. Toutefois, à l'intérieur, la puissance impériale avait besoin d'être affermie par une main énergique. L'Allemagne avait été en proie, sous Frédéric III, à toute espèce de contestations et de guerres. La noblesse autrichienne ne craignait pas d'envoyer des lettres de provocation à son suzerain, et un comte palatin du Rhin, mis au ban de l'Empire par Frédéric, ajoutait à son château de Heidelberg une tour qu'il appelait *Trutz-Kaiser* (nargue de l'empereur). En 1462, les Autrichiens, soulevés par le prince Albert, propre frère de l'empereur, l'assiégèrent dans le château de Vienne, et Frédéric, forcé d'implorer les secours de Podiebrad, roi de Bohême, fut réduit à capituler avec les rebelles. Bientôt, il allait voir les Turcs ravager à trois reprises ses États héréditaires (1472, 1476, 1480), et le roi de Hongrie, *Mathias Corvin*, le digne successeur de Jean Hunyade, après une lutte constamment signalée par des victoires, s'emparer de la capitale même de l'Autriche (1485), qu'il conserva jusqu'à sa mort (1490).

45. Maximilien Ier (1493-1519). — **Guerre en Italie, en Flandre.** — Le pouvoir impérial reprit quelque force sous *Maximilien*, successeur de Frédéric III (1493), que sa fierté, sa hardiesse, sa bravoure enthousiaste feraient appeler le dernier représentant de la chevalerie du moyen âge, si François Ier n'était venu après lui. Le désir de faire valoir les anciens droits de suzeraineté de l'Empire sur la Suisse et sur l'Italie le poussèrent à une lutte malheureuse contre les cantons (1499), et à une intervention active dans les guerres de la Péninsule, tantôt comme allié, plus souvent comme ennemi de la France. Après avoir contribué à chasser Charles VIII d'Italie (1496), il combattit contre les Vénitiens avec Louis XII (1508), qu'il abandonna bientôt pour s'allier à l'Angleterre. Le défaut de persévérance frappa tous ses efforts de stérilité. Peu après la brillante victoire de Guinegate (n° 69), remportée en Flandre sur les Français (1513), il termina sa carrière militaire par une vaine menace contre Milan, dont il leva honteusement le siège (1516).

43. Traités qui préparent la grandeur de la maison d'Autriche. — Les succès de la politique intérieure de Maximilien suffisent pour sa gloire. En 1497, à l'extinction de la branche du Tyrol, il réunit tous les patrimoines de la maison d'Autriche ; un pacte de famille lui valut (1500) les comtés de Goritz et de Gradisca ; l'an 1505, il obtint par ses négociations une partie de la Souabe et le landgraviat d'Alsace, détachés des domaines du duc de Bavière. La dignité impériale reprenait un ascendant qu'elle n'avait pas eu depuis bien des siècles. Maximilien osa concevoir l'audacieuse pensée d'obtenir aussi la couronne papale, de réunir ainsi en sa personne les deux plus hautes dignités de la chrétienté, et de réaliser la monarchie universelle (1). Cet étrange projet échoua, et d'autres évènements élevèrent à son apogée la fortune de la maison d'Autriche. On sait qu'en 1496, Philippe le Beau, fils de Maximilien et de Marie de Bourgogne, avait épousé Jeanne, fille de Ferdinand le Catholique et d'Isabelle de Castille, et héritière de leurs domaines (n° 39) : de nouvelles conventions avec la Hongrie accrurent encore l'héritage futur des enfants issus de ce mariage. Louis, fils unique de Ladislas, roi de Bohême et de Hongrie, fut fiancé à la petite-fille de Maximilien. Anne, sœur de *Louis*, dut épouser Charles ou Ferdinand, fils de Philippe le Beau. Sept ans

---

(1) « Des lettres particulières de l'Empereur témoignent que dans une grave maladie du pape Jules II, l'an 1511, il fit des démarches sérieuses pour se faire élire pape en cas de mort du pontife ; mais Jules II revint à la santé. » (Kohlrausch, *Histoire d'Allemagne*.)

après la mort de Maximilien, la mort du roi Louis (1526) allait réunir ses deux couronnes à celle d'Autriche, au moment où l'Espagne, Naples, la Sicile, la Sardaigne, les Pays-Bas, l'Empire, formaient entre les mains d'un prince autrichien une domination plus colossale que celle de Charlemagne.

§ II. VAINS EFFORTS POUR METTRE DE L'ORDRE EN ALLEMAGNE.

47. CHAMBRE IMPÉRIALE. — CONSEIL AULIQUE. — DIVISION EN DIX CERCLES. — Pendant que la maison d'Autriche préparait sa grandeur future par des alliances et des mariages (1), l'Empire s'efforçait, mais sans succès encore, de régulariser sa constitution intérieure, et de rétablir les rapports d'autorité et de subordination entièrement rompus par l'anarchie féodale. L'Allemagne était en état de guerre perpétuelle, depuis que les papes, déchus de leur puissance temporelle, ne pouvaient plus imposer la *paix de Dieu*. Toutes les professions étaient armées les unes contre les autres, et on vit, en 1471, les cordonniers de Leipsick envoyer une déclaration de guerre à l'université de cette ville. Frédéric III publia une *paix publique profane*; vingt-deux villes de Souabe formèrent une ligue pour la maintenir (1488). Sous Maximilien, la *diète de Worms* généralisa cette œuvre partielle (1495); elle décréta une *paix publique perpétuelle*, et établit, sous le nom de *Chambre impériale*, un tribunal souverain destiné à en punir les violations, ou à les prévenir en jugeant les différends des villes et des États. La Chambre impériale pouvait seule prononcer le *ban de l'Empire*, et recevait les appels de tous les tribunaux particuliers des diverses principautés.

L'Autriche avait son *Conseil aulique* (1501) établi à Vienne pour administrer la justice suprême dans les États héréditaires de l'Empereur. Maximilien ne tarda pas à étendre les attributions de ce tribunal, entièrement soumis à son influence, aux dépens de celles de la Chambre impériale. Ces empiétements devaient être plus tard au nombre des causes de la guerre de Trente ans. Enfin les diètes d'Augsbourg et de Trèves (1500, 1512), dans le but de rendre plus facile le maintien du bon ordre et de la police intérieure, divisèrent

---

(1) On fit à cette époque le distique suivant :

Dum pugnant alii, tu, felix Austria, nube :
Nam quæ Mars aliis, dat tibi regna Venus.

l'Empire en dix *cercles* ou cantons. Cette institution modifia d'une manière importante l'état intérieur de l'Empire, en donnant naissance à autant de petites républiques fédératives, qui eurent leurs lois, leurs ressources, leurs intérêts spéciaux, et dont les résolutions particulières firent plus d'une fois opposition aux mesures d'intérêt général, émanées de la grande diète germanique.

48. *La sainte Vehme.* — Rien ne saurait donner une plus juste idée de la constitution anarchique de l'Allemagne à cette époque, que l'inutilité des efforts de Frédéric III et de Maximilien pour soumettre à l'action régulière de l'autorité souveraine le tribunal mystérieux et terrible de la *sainte Vehme*, investi dès le treizième siècle de la connaissance de tous les crimes qui menaçaient la paix publique ou portaient atteinte à la religion.

Ce tribunal était composé de seigneurs de la plus haute noblesse, désignés sous le nom de *Francs-Juges*, qui n'étaient admis à exercer leurs redoutables fonctions qu'après avoir subi des épreuves bizarres ; ils jugeaient les affaires qui leur étaient soumises, dans le secret le plus profond, sans même entendre le plus souvent l'accusé lui-même. — Le président, assis sur un fauteuil, avait devant lui une corde et une épée en signe du droit de vie et de mort qui appartenait au tribunal. Si l'accusé était convaincu de quelque crime, les juges prononçaient la sentence en ces termes : « Qu'il soit
» traité comme un condamné et un maudit, indigne de toute
» justice ou liberté, soit dans les châteaux, soit dans les villes
» ou dans les lieux sacrés. Maudits soient sa chair et son sang !
» Qu'il n'ait jamais de repos sur la terre ; qu'il soit enlevé par
» les vents ; que les corbeaux, les corneilles, les oiseaux de
» proie le poursuivent et le mettent en pièces ! Je voue son
» cou à la corde, son corps aux vautours ; mais que Dieu ait
» pitié de son âme ! »

Personne ne devait avertir le condamné de la sentence prononcée contre lui, fût-il son père ou son frère. Elle n'était connue que des hommes chargés de l'exécuter. Ceux-ci se mettaient aussitôt à la recherche du coupable, et dès qu'ils le rencontraient, ils le pendaient à l'arbre le plus voisin. On laissait sur lui tout ce qu'il portait, et l'on enfonçait un couteau dans le tronc de l'arbre pour faire connaître aux passants que c'était par les ordres de la Sainte-Vehme, que la victime avait été mise à mort.

L'existence de ce tribunal redoutable qui faisait trembler

les seigneurs dans leurs châteaux, comme les pauvres dans leurs chaumières, montre combien étaient profonds les maux auxquels il fallait apporter un pareil remède. Jamais le Conseil des Dix lui-même n'avait rendu des arrêts plus imprévus et plus cruels. Peu à peu, les cours véhmiques avaient étendu leur juridiction redoutable sur toutes les classes de la société, et leurs arrêts s'exécutaient au nom de l'Empereur, qu'elles proclamaient leur chef suprême, mais en bravant son autorité.

Dès que l'ordre commença à se rétablir en Allemagne, des plaintes s'élevèrent de tous côtés contre cette institution barbare qui frappait bien souvent l'innocent avec le coupable. Toutes les tentatives de Frédéric III et de Maximilien n'eurent pour résultat que de la ramener à sa destination primitive. Cependant, elle devait se maintenir jusqu'au dix-huitième siècle, et, dans le pays de Munster, elle ne fut entièrement abolie qu'en 1811 par l'empereur Napoléon.

49. SITUATION DE LA LIGUE HANSÉATIQUE. — Cette grande association industrielle dont nous avons admiré la prospérité merveilleuse pendant le moyen âge, fut d'autant plus puissante en Allemagne, où elle avait son siége principal, que la régularité de son gouvernement contrastait davantage avec les désordres et l'anarchie des États qui l'entouraient (voir notre *Hist. du moyen âge*, n°s 247, 435). Mais les souverains du Nord limitèrent les priviléges qu'ils avaient jadis accordés à la Hanse, à mesure que leur autorité fut plus fortement constituée.

En même temps, l'invention de la boussole, la découverte de l'Amérique et du cap de Bonne-Espérance (chap. VIII) détournaient le commerce vers de riches contrées où les princes aimaient mieux envoyer leurs navires que de les mettre au service des entrepôts de la ligue. Les villes portugaises et espagnoles abandonnèrent le commerce du Nord pour celui du Midi; d'un autre côté, les rois de Danemark, en rivalité avec les villes Hanséatiques, attirèrent dans la Baltique la marine de la Hollande et de l'Angleterre. Dès lors, la Hanse s'affaiblit de jour en jour. Charles Quint, ennemi d'une société qui ne servait pas ses vues ambitieuses, allait en décider la décadence, et la ligue Hanséatique, qui avait vu s'unir à elle tant de grandes villes, « finit comme le Rhin, qui n'est plus qu'un ruisseau quand il se perd dans l'Océan. »

DEUXIÈME PARTIE.

Italie.

§ Ier. LUDOVIC LE MORE. — VENISE ET GÊNES.

50. CONSTITUTION ANARCHIQUE DE L'ITALIE A L'ÉPOQUE DE LA PRISE DE CONSTANTINOPLE. — L'Italie, autrefois la dominatrice du monde, était, à l'époque de la prise de Constantinople, déchue depuis bien longtemps de son ancienne grandeur. Si, fière d'une gloire nouvelle, elle brillait au milieu des nations de l'Europe par l'éclat de la civilisation et des beaux-arts, « car il est dans sa destinée de tenir toujours par quelque endroit le sceptre du monde, » (chap. IX) elle offrait cependant l'affligeant spectacle d'un pays en proie à mille rivalités intérieures, usant ses forces dans des luttes stériles, lorsque de redoutables voisins la menaçaient encore et allaient en faire de nouveau leur champ de bataille. La prospérité précaire de quelques-unes de ses cités ne pouvait y constituer une puissance capable de rallier à elle toutes les autres, de fondre tous les intérêts. Gênes était tombée de son rang; Venise voyait de jour en jour dépérir son commerce et décroître ses possessions; le Piémont s'attachait à une politique étrangère; le Milanais ne se soumettait qu'avec inquiétude à la race usurpatrice des Sforza. L'État romain était le théâtre des querelles sanglantes que se livraient les vassaux insubordonnés du pape; Naples était déchirée par les prétentions rivales des maisons d'Anjou et d'Aragon. La seule Toscane était riche, brillante et tranquille sous la conduite du plus grand de ses citoyens, Côme de Médicis. Parmi ces États divers, l'unité était irrévocablement détruite, et les souverains étrangers tournaient vers eux leurs regards avides, comme vers un riche et facile butin. La maison d'Anjou conservait, pour les transmettre à la couronne de France, ses droits sur le royaume de Naples; l'Aragon, de son côté, s'efforçait de le tenir assujetti; les prétentions de la famille d'Orléans, alliée aux Visconti, menaçaient sourdement l'usurpateur du Milanais; les ennemis communs de la chrétienté les Ottomans, s'avançaient par l'Illyrie vers les Alpes, et l'on vit leurs cavaliers sur les bords de la Piave, tandis que leurs flottes inquiétaient les rivages méridionaux.

51. LES CONDOTTIÈRES. — Pendant les longues luttes que la péninsule avait eu à soutenir contre l'Allemagne, et

durant les sanglantes querelles des Guelfes et des Gibelins (voir *Hist. du moyen âge*, n° 364), plusieurs princes italiens, pour épargner le sang de leurs propres sujets, avaient pris à leur solde des soldats mercenaires, venus de tous les pays d'Europe. Après chaque expédition, ces étrangers, au lieu de retourner dans leurs pays souvent fort éloignés, s'organisaient par bandes sous la conduite des plus braves d'entre eux, vivaient en rançonnant les pays qu'ils traversaient, et se mettaient au service de quiconque leur offrait une paye suffisante.

Le nombre de ces milices indisciplinées s'accrut promptement ; des Italiens avides de pillage s'enrôlèrent dans leurs rangs, et ces aventuriers, qui ne reconnaissaient d'autre autorité que celle de leurs capitaines, ne tardèrent pas à former à peu près seuls les armées d'Italie. Sous le nom de Condottières (*Condottieri*), ils firent la loi à tous les princes et exercèrent dans la péninsule entière une influence tyrannique : « O dou- » leur ! s'écriait à la fin du quatorzième siècle, un auteur » italien, ma mauvaise étoile m'a fait naître dans un temps » où l'Italie est inondée de Barbares de toute espèce ! An- » glais rusés, hardis Bretons, Allemands furieux, Hongrois » sauvages, tous accourent pour ruiner notre pays par la » violence, l'astuce et la trahison, dévastant les provinces et » saccageant les plus nobles cités »

Ces bandes recrutées sans cesse parmi les maraudeurs et les brigands, habituées à fouler aux pieds toutes les lois divines et humaines, faisaient la guerre pour leur compte contre le premier venu quand elles ne trouvaient pas à louer leurs services, et étaient toujours prêtes à quitter celui qui les avait prises à sa solde pour passer du côté de celui qui les paierait davantage. Les guerres faites par de tels misérables ne devinrent qu'une suite de perfidies, de trahisons, de piéges, où l'honneur et la bonne foi n'étaient comptés pour rien. Bientôt même, ces hommes, tantôt enrôlés ensemble, tantôt armés les uns contre les autres, s'accordèrent pour se faire le moins de mal possible, et cessèrent de se combattre sérieusement. Les batailles devinrent des espèces de parades, où l'on ne cherchait qu'à enlever du butin ou à faire des prisonniers pour en tirer une grosse rançon. On cite plusieurs combats où, après une longue mêlée, il ne périt d'autres hommes que ceux qui, étant tombés au milieu des rangs, furent étouffés sous le poids de leurs armures.

Quelques chefs de condottières ayant acquis de l'ascendant sur leurs compagnons par leur habileté et par leur audace, parvinrent à se former des armées nombreuses, et à acquérir la puissance de véritables souverains. — Au commencement du quinzième siècle, le capitaine *Carmagnole*, entré au service du duc de Milan, *Philippe-Marie Visconti*, se fit donner le titre de comte avec un revenu de 40,000 florins; puis, jaloux d'un autre condottière qui partageait la faveur du duc, il se mit à la solde de Florence, et bientôt après de la république de Venise. Il vainquit tous les plus habiles généraux de l'Italie, et entra triomphant dans Venise avec la pompe d'un monarque. Mais le Conseil des Dix, inquiet de la grandeur et de l'ambition toujours croissantes de Carmagnole, le fit saisir à l'improviste, le lendemain même de son triomphe, et l'envoya à l'échafaud.

Vers le même temps, un autre chef de partisans, *Jacques Attendolo*, eut une fortune plus haute encore que celle de Carmagnole, et il la conserva à force de talent et d'énergie. — Quelques aventuriers occupés à chercher des recrues, ayant rencontré dans la campagne le jeune Attendolo qui bêchait la terre, lui proposèrent de s'enrôler avec eux. Le paysan, ne sachant quel parti prendre, jeta sa bêche au milieu des branches d'un arbre, disant qu'il ne quitterait pas le village si elle retombait à terre. La bêche resta suspendue dans les branches, et Attendolo suivit aussitôt les condottières, parmi lesquels il se distingua par sa hardiesse et sa vigueur. Il reçut de ses camarades le nom de *Sforza* (force, violence), et s'éleva bientôt de grade en grade jusqu'au rang de capitaine.

Sa vie dès lors est une série d'aventures étranges et de succès brillants. Il se met au service du roi de Naples, *Ladislas*, qui le nomme connétable et lui donne sept châteaux. A la mort de ce prince, il est jeté dans un cachot; puis, rendu à la liberté, il est nommé par le pape, gonfalonier de l'Église. La reine de Naples, *Jeanne II*, l'appelle à son service en lui offrant le titre de maréchal, et quand il s'agit de savoir en quels termes il prêtera serment à sa nouvelle souveraine, Jeanne s'écrie: « *Demandez-le à lui-même; il a déjà prêté tant de serments à mes amis et à mes ennemis, qu'il doit bien savoir comment on se dégage.* »

52. LE CONDOTTIÈRE FRANÇOIS SFORZA DEVIENT DUC DE MILAN. — Peu de temps après, le célèbre aventurier se noya en traversant une rivière. Ses soldats consternés étaient prêts à se débander; mais *François*, fils de Jacques Sforza, quoique tout jeune encore, parla à ces hommes

indisciplinés avec tant de chaleur et d'adresse, qu'il les maintint sous ses ordres, et se rendit bientôt plus puissant encore et plus redouté que son père. Sa renommée devint si grande dans l'Italie entière, que le duc de Milan, pour obtenir ses secours, ne craignit pas de lui offrir la main de sa fille. Toutefois, croyant n'avoir plus besoin de l'appui du condottière, il refusa de tenir sa promesse. François Sforza jura de punir le duc de sa mauvaise foi, et il se mit au service des Vénitiens et des Florentins, en guerre alors avec les Milanais, tandis que Visconti confiait sa défense à un autre chef de partisans. Après une guerre où les deux armées cherchèrent bien moins à se détruire qu'à piller et saccager les villes et les campagnes, le duc de Milan, voyant toute l'Italie du nord à feu et à sang, se décida enfin, pour mettre un terme à tant de maux, à accepter pour gendre l'heureux aventurier.

Visconti étant mort sans héritier (1447), le capitaine des condottières, bravant les prétentions du duc d'Orléans, de l'empereur d'Allemagne, du roi de Naples, parvint à se faire proclamer duc de Milan, et se fit pardonner sa basse origine à force de talents et de victoires. Il conclut avec Venise une paix honorable à Lodi (1454), et il vit son alliance successivement recherchée par Alphonse, roi de Naples, à qui il donna sa fille, et par Louis XI, qu'il secourut de ses hommes d'armes pendant la guerre du *Bien public*, et qui lui céda la ville de Gênes (1464).

65. LUDOVIC LE MORE. — *Galéas Sforza*, fils de François (1466), épousa la belle-sœur du roi de France; mais il régna despotiquement, et fut tué par des mécontents dans la cathédrale de Milan. Après l'assassinat de Galéas (1476), la domination des Sforza fut fortement ébranlée pendant la minorité de *Jean Galéas*. Gênes recouvra sa liberté, et les ministres du jeune duc furent le jouet des factieux. Enfin, *Ludovic le More*, oncle de Jean Galéas, fit déclarer son neveu majeur, quoiqu'il ne fût âgé que de huit ans, et s'empara du pouvoir en éloignant la mère du jeune prince, qui avait été déclarée régente (1480). Ludovic fit rentrer Gênes sous la domination de Milan. Mais une partie de la noblesse avait offert la seigneurie au roi de France. Pour ne pas armer contre lui un trop puissant rival, Ludovic demanda à recevoir Gênes comme fief de la France (1490). Il avait besoin d'ailleurs de la protection étrangère pour réaliser ses projets. Il avait résolu la perte de son neveu Jean Galéas, dont l'existence gênait son usurpation. Déjà, la cap-

tivité du prince soulevait de violents murmures. Effrayé de ces symptômes menaçants, irrité d'ailleurs contre Pierre II (n° 58) de Médicis par une insulte personnelle, Ludovic ne crut pouvoir assouvir ses désirs de domination et de vengeance qu'au milieu d'un bouleversement universel (n° 66); il appela les Français en Italie.

54. GÊNES ET VENISE. — La chute de Constantinople acheva la ruine de Gênes, qui, lasse des querelles des Fieschi, des Fregosi et des Adorni, transmit la seigneurie au roi de France qui la donna à François Sforza (1458), se soumit à Jean d'Anjou, rival du roi de Naples, puis retomba sous la domination de Milan (1464), tandis que les Turcs lui enlevaient successivement toutes ses possessions à l'Orient. Ce grand événement commença aussi la décadence de Venise. La république s'efforçait de s'affermir à l'intérieur, en resserrant encore sa mystérieuse et redoutable constitution, en concentrant le pouvoir des *Dix* dans le tribunal, plus terrible encore, des *Trois* inquisiteurs d'État, « qui disposaient des *puits* et des » *plombs* (1), pouvaient faire infliger secrètement la mort à » toute personne, même au doge, et jeter la nuit dans les la- » gunes tout noble qui serait coupable d'avoir mal parlé de » la république (1454). » Malgré cette réforme dans le gouvernement, la puissance de Venise tombait à mesure que s'élevait la puissance musulmane. Elle avait grandi jadis par les croisades contre les infidèles; les Turcs l'attaquèrent à titre de représailles, et chacun de leurs progrès lui coûta quelqu'une de ses possessions. Un traité précaire de paix et de bon voisinage, conclu en 1454, fut bientôt rompu par des hostilités nouvelles. L'acquisition de l'île de Chypre, vendue en 1489 par l'héritière de Lusignan, la dédommagea faiblement de la perte d'une grande partie du Péloponèse et de l'isthme de Corinthe, de l'île de Négrepont (1470), de la ville de Scutari (1479), puis enfin de Lépante, de Modon et de Coron (1499-1503), après une grande défaite navale (voir n° 63). Cependant un traité de paix assura aux Vénitiens la liberté de trafiquer dans les ports de la mer Noire, tandis qu'à la suite d'une guerre qui avait divisé toute l'Italie, ils enlevaient aux ducs de Ferrare la Polésine et le territoire de Rovigo. Peut être la république, qui saisissait avec une merveilleuse adresse toute occasion de s'agrandir, eût-elle recouvré le

---

(1) Cachots de Venise, les uns situés dans des caves humides, les autres sous les combles du palais des Doges.

commerce de l'Orient. Mais, à la fin du quinzième siècle, un événement plus fatal peut-être pour elle que la prise de Constantinople détruisit toutes ses espérances : ce fut la découverte d'une route nouvelle vers les Indes, par le cap de Bonne-Espérance. Les productions de l'Inde et de l'Asie méridionale s'écoulèrent désormais par cette voie plus facile et plus sûre; les caravanes cessèrent de multiplier les communications entre le golfe Persique et la Méditerranée : Venise, réduite à peu près au seul commerce des rivages de l'Asie Mineure et de la Syrie, sentit bientôt ses forces maritimes s'épuiser et dépérir, tandis que les guerres des Français en Italie entamaient sa puissance territoriale.

§ II. LES MÉDICIS ET SAVONAROLE.

55. ORIGINE DE LA PUISSANCE DES MÉDICIS. — COSME Ier. — Florence n'avait pas ressenti comme Venise le contre-coup de la chute de Constantinople : cette période fut la plus brillante de son histoire. Seule dans toute l'Italie, elle était riche, brillante et tranquille sous le gouvernement des Médicis. Cette famille à jamais célèbre par les grandes et nobles qualités de plusieurs de ses membres, a eu la gloire de donner son nom à son époque, désignée dans l'histoire sous le titre de *Siècle des Médicis.* — L'an 1378, un commerçant, qui s'était acquis une grande influence par ses richesses et par ses talents, *Sylvestre de Médicis*, mérita d'être nommé gonfalonier, ou chef de la république. Un de ses descendants, *Jean de Médicis*, augmenta par ses vertus, plus encore que par son opulence, l'éclat que Sylvestre avait jeté sur sa famille. Il reçut des Florentins reconnaissants le beau surnom de *Père des pauvres*, et il mourut, selon l'historien Machiavel, plus riche en amour public qu'en fonds de terre ou en argent (1429). « *Mes enfants*, disait-il à ses fils réunis autour de son lit de mort, *ne cherchez rien de plus en grandeur et en dignités, que ce que les lois et la libre volonté de vos concitoyens pourront vous donner : ainsi vous éviterez l'envie et tous les maux qui en sont la suite.* » Cette sage leçon devait être mise à profit par l'aîné des fils de Jean, *Côme de Médicis*, qui fut placé comme son père à la tête du gouvernement, et qui, sans avoir le titre de prince, exerça une autorité presque absolue.

Les immenses richesses que Côme avait acquises par le commerce furent employées à élever des églises et des palais magnifiques, à encourager tous les talents, à accorder aux savants et aux artistes une hospitalité généreuse. Il fit construire de ses deniers, à Jérusalem, un vaste hospice pour recevoir les pauvres pèlerins, et, après plus de trente années d'une glorieuse administration, il reçut le nom de *Père de la patrie*. Aussi modeste qu'il était généreux et habile, il se montrait accessible à tous, recevait les moindres artisans avec autant d'affabilité que les seigneurs, et il disait humblement, quand on lui parlait des grandes choses qu'il avait accomplies : « *J'ai relu mes livres de compte, et j'ai vu que je n'avais pas dépensé en l'honneur de Dieu toutes les sommes dont je me suis trouvé débiteur envers lui.* »

66. **Pierre et Laurent de Médicis. — Conjuration des Pazzi.** — Côme laissa le pouvoir à son fils *Pierre* (1468), qui n'hérita pas de ses grandes qualités. Les factions qui avaient déchiré si longtemps la république de Florence recommencèrent à s'agiter : une famille puissante, celle des *Pazzi*, se mit à la tête de tous les citoyens jaloux de la grandeur des Médicis. Les mécontentements augmentèrent à la mort de Pierre (1469), dont les fils *Laurent* et *Julien*, jeunes gens hautains et violents, signalèrent les premières années de leur gouvernement par des mesures tyranniques et de folles prodigalités. Le chef des Pazzi, nommé *François*, insulté par les Médicis, résolut de venger d'une manière sanglante l'affront qu'il avait reçu.

Ce seigneur forma contre la vie des deux frères un vaste complot dans lequel entrèrent la plupart des membres de sa famille et un grand nombre de nobles florentins. Julien et Laurent, inquiets des menées de leurs ennemis, crurent éviter tout danger en ne sortant plus qu'entourés de gardes et en cessant de visiter, à l'exemple de leurs ancêtres, les citoyens de Florence. Les conjurés formèrent alors le projet de frapper les chefs de la république, quand ils se rendraient à l'église pour assister au service divin.

A quelques jours de là, Julien et Laurent se trouvant ensemble dans l'église de Santa Réparata à une messe solennelle, les conjurés armés de poignards se mêlèrent à la foule qui se pressait dans le temple. Au moment où la cloche donnait le signal de l'élévation, et tandis que tous les fidèles prosternés adoraient l'hostie sainte, les meurtriers se jetèrent sur les deux frères. Julien percé de coups tomba mort sur la place ; Laurent légèrement blessé parvint à se dégager, l'épée à la main, et à gagner la sacristie dont les portes de bronze furent fermées aussitôt sur lui, et le mirent à l'abri des attaques des conjurés.

Le bruit de cet attentat sacrilége se répandit aussitôt dans toute la ville. Le peuple indigné se souleva de tous côtés, se précipita sur les meurtriers, et mit en pièces tous ceux qu'il put atteindre. François Pazzi, grièvement blessé dans cette mêlée, s'était réfugié dans son palais. Les Florentins furieux forcèrent les portes, arrachèrent le malheureux de son lit, le traînèrent tout sanglant à travers la ville, et le pendirent à l'une des fenêtres du palais des Médicis (1478).

57. Laurent le Magnifique, protecteur des arts. — Laurent, échappé comme par miracle à un si terrible danger, et reconnaissant de la protection visible que le ciel lui avait accordée, renonça à toutes les folies de sa jeunesse, et se montra dès lors uniquement occupé du bien et de la grandeur de sa patrie. Il devint le plus illustre des membres de sa famille, et il porta au plus haut degré la gloire de la république florentine. Il assura la paix au dehors par des traités honorables, et devint le conseil et l'arbitre de tous les princes d'Italie.

Au dedans, il rétablit la tranquillité et la concorde, rassembla près de lui les savants, les artistes les plus renommés, enrichit de tous les meilleurs ouvrages une bibliothèque précieuse fondée par son aïeul, et créa dans son propre palais, sous le nom d'*Académie*, une école de peinture où brillèrent les plus beaux talents. Pendant vingt-quatre ans, Florence fut heureuse et florissante sous l'administration de Laurent, qui a mérité, par toutes ses qualités éminentes, d'être désigné dans l'histoire sous le nom de *Magnifique* (1).

58. Savonarole. — Cette période de gloire et de bonheur finit malheureusement avec lui. Les désordres se renouvelèrent sous le fils de Laurent, *Pierre II de Médicis*, et les Florentins mécontents se lassèrent promptement de la domination d'un chef à la fois faible, orgueilleux et violent. Ils commencèrent à désirer, comme les autres peuples de l'Italie, le dangereux appui des étrangers, malgré les avertissements prophétiques de l'éloquent dominicain *Savonarole*. Dans l'exaltation de son patriotisme, Savonarole avait refusé l'absolution à Laurent de Médicis mourant (1492, parce qu'il ne voulait

---

(1) L'épithète de *Magnifique* était un titre donné aux seigneurs de Florence ; mais les historiens, admirateurs des grandes qualités de Laurent, ont changé ce nom insignifiant en un glorieux surnom.

pas s'engager à rendre la liberté à Florence. Prévoyant tous les désastres de la guerre prochaine, l'ardent orateur s'écriait : « *Malheur à toi, mère des arts, belle Italie! Les Barbares vont venir affamés comme des lions... Ils porteront partout le ravage, et la mortalité sera si grande que les fossoyeurs iront par les rues criant : Qui a des morts? et alors, l'un apportera son père et l'autre son fils!* » Ces sinistres prédictions allaient bientôt se réaliser. Cependant, l'Italie presque tout entière, fatiguée des troubles et de l'anarchie à laquelle elle était livrée, espérant que l'arrivée des étrangers la délivrerait au moins de la tyrannie des condottières, l'Italie tressaillit de joie quand elle apprit que le jeune et bouillant roi de France, Charles VIII (n° 66), se préparait à passer les Alpes, pour s'emparer de la couronne de Naples dont il se prétendait héritier légitime.

§ III. POLITIQUE DU SAINT-SIÉGE.

59. EFFORTS DES PAPES POUR RÉTABLIR L'UNITÉ EN ITALIE. — Tandis que Venise, condamnée à l'impuissance, ne tentait même plus d'assujettir à son influence les États de la Péninsule, que Florence jouissait de l'éclat de ses richesses et de sa civilisation, les papes seuls semblaient avoir compris quelle devait être la vraie politique de l'Italie : lutter au dehors contre les fatales conséquences de l'invasion musulmane, et avant tout, rétablir l'unité à l'intérieur, pour préparer la résistance contre les attaques de l'étranger. Plusieurs pontifes profitèrent noblement de leur ascendant suprême pour atteindre ce but. *Nicolas V* (1447-1455) invita les peuples à la croisade et accueillit les savants chassés de Constantinople; *Calixte III* (1455-1458) envoya ses galères contre les rivages des Ottomans; son successeur *Pie II* (Æneas Sylvius, 1458-1464) parvint à rassembler au congrès de Mantoue les représentants de tous les états d'Italie : « Je ne leur dirai » plus *Allez*, s'écriait-il, je leur dirai *Venez;* et quand les » rois verront leur père, le pontife romain, le vicaire de Jé- » sus-Christ, vieux et malade, partant pour la guerre sacrée, » ils rougiront de rester chez eux, ils prendront les armes. » En même temps, persuadé que la prépondérance des étrangers porterait tôt ou tard un coup mortel à l'existence politique de l'Italie, il s'efforçait d'affermir le royaume de Naples contre les entreprises de la maison d'Anjou. Malgré la stérilité des efforts de Pie II, *Paul II* (1464-1471) s'attacha non moins fortement à l'idée de réunir toutes les puissances italiennes pour la défense commune. Déjà, son énergie avait réprimé les excès des seigneurs qui tyrannisaient les populations de l'Italie centrale ; ses secours soutenaient Scanderbeg ; ses négociations suscitaient des ennemis aux Musulmans jusque dans la Tartarie : la mort détruisit tous ses plans. Son successeur *Sixte IV* (1471-1484) s'occupa plus des intérêts de sa famille que de ceux de l'Italie et de la chrétienté. Ses neveux, élevés à toutes les dignités, investis de riches domaines, opprimèrent les États de l'Église, prirent part aux intrigues qui divisaient les petites cours d'Italie, et soutinrent à Florence la conjuration des Pazzi contre les Médicis. La faiblesse d'*Innocent VIII* (1484-1492), livré à des favoris dépravés et ambitieux, achevait d'enlever au souverain pontificat sa mission glorieuse de réorganisation en Italie, quand Dieu permit qu'on vît un *Alexandre VI* (Borgia, 1492-1503) souiller la chaire de saint Pierre de ses crimes et de ses débauches, et, ranimant les discordes civiles, s'alliant aux étrangers, négociant même avec les infidèles, anéantir tous les fruits de l'œuvre si chrétienne et si politique à la fois de ses prédécesseurs.

§ IV. LES ARAGONAIS A NAPLES.

60. LE ROYAUME DE NAPLES EST SÉPARÉ DE L'ESPAGNE. — LUTTE DE FERDINAND D'ARAGON ET DE JEAN D'ANJOU. — Le règne d'*Alphonse le Magnanime*, roi d'Aragon et de Naples, fut presque entièrement rempli par ses luttes avec le duc *René d'Anjou*, qui, après s'être vu maître de presque tout le royaume (1438), retourna en France (1442), ayant perdu toutes ses conquêtes. Un traité avec le pape affermit sur le trône la maison espagnole, et Alphonse, qui avait cherché vainement à étendre sa puissance sur la haute Italie, en faisant la guerre aux Milanais et aux Génois, put laisser du moins la couronne de Naples à son fils naturel *Ferdinand* (1458-1494), tandis que son frère Jean héritait de l'Aragon, de la Sardaigne et de la Sicile (n° 35). L'Italie échappa ainsi à la dépendance de l'Espagne, et Ferdinand devint le représentant du parti italien contre le prince d'Anjou, prétendant étranger. Aussi le pape Pie II reconnut-il le fils d'Alphonse pour l'associer à sa politique nationale.

Toutefois, *Jean d'Anjou*, qui commandait alors à Gênes,

ne renonçait pas aux espérances déjà tant de fois déçues de sa famille. Il fit une descente près de Gaëte, et une rébellion générale de la noblesse napolitaine faillit enlever à Ferdinand tout son royaume. Mais la femme de Ferdinand, l'intrépide *Isabelle*, ramena les Napolitains en se présentant aux révoltés avec ses jeunes enfants, et en les conjurant de sauver les petits-fils du Magnanime. Bientôt Ferdinand lui-même, aidé des secours de François Sforza, duc de Milan, favorisé par le soulèvement de Gênes contre les Français, battit son rival à *Troja* (1462), et signala son triomphe par de cruelles vengeances. Obligé de conjurer les nouveaux dangers d'une lutte contre Florence, d'une tentative des Turcs sur Otrante (1480) et d'une guerre excitée par le pape Innocent VIII, le roi de Naples parut un instant céder à toutes les prétentions des nobles. Ce ne fut que pour mieux assurer la perte des principaux seigneurs, dont il se débarrassa par un horrible massacre. Ceux qui échappèrent allèrent répandre dans toute l'Italie leur haine contre Ferdinand, au moment où les Français songeaient à lui disputer de nouveau son héritage (n° 66).

QUESTIONNAIRE. — Ire PARTIE. § I. 43. Quel fut le rôle politique de l'Empire depuis Charlemagne? — 44. Quel était le caractère de Frédéric III? — Quels furent les résultats de son règne? — Quels événements principaux l'avaient signalé? — 45. Quelles entreprises forma Maximilien, et pourquoi échouèrent-elles? — 46. Quelle fut la politique de Maximilien à l'intérieur? — Comment fonda-t-il la grandeur de la maison d'Autriche? — § II. 47. Donnez une idée de l'anarchie de l'Allemagne à cette époque. — Quelles institutions furent créées pour y rétablir l'ordre? — 48. *Faites connaître la sainte Vèhme.* — *Donnez quelques détails sur son organisation et sa procédure.* — 49. Quelle devait être la cause de la décadence de la ligue Hanséatique? — IIme PARTIE. § I. 50. Donnez une idée générale de la situation de l'Italie. — 51. *Faites connaître les condottières et leurs chefs les plus célèbres.* — 52. Quelle fut la destinée de François Sforza? — 53. Parlez de l'histoire des Sforza après François. — Qu'avez-vous à dire de Ludovic le More? — 54. Que devint la république de Gênes? — Quels efforts fit Venise pour maintenir sa puissance? — Quelles furent les causes de son affaiblissement? — § II. 55. Quelle était la situation de Florence? — Faites connaître l'origine de la grandeur politique des Médicis. — A quel titre et comment gouverna Côme? — 56. Qu'arriva-t-il après la mort de Côme? — *Racontez la conjuration des Pazzi.* — 57. Comment Laurent s'est-il illustré? — Quel surnom lui est resté? — 58. Que savez-vous de Savonarole? — § III. 59. Comment les papes comprirent-ils la politique italienne à cette époque? — Faites connaître leurs efforts patriotiques. — Quand le saint-siége abandonna-t-il ce grand rôle politique? — § IV. 60. Dites quelques mots de la lutte de la maison d'Aragon et de la maison d'Anjou à Naples. — Comment Naples se sépara-t-elle de l'Aragon ? — Comment régna Ferdinand ?

CHAPITRE SIXIÈME.

LES TURCS SOUS MAHOMET II ET SÉLIM.
(1453-1520.)

SOMMAIRE.

61. Mahomet II, après la prise de Constantinople, adopte une habile politique à l'égard des chrétiens ; il soutient une guerre acharnée contre Hunyade Corvin qui défend Belgrade ; il fait la conquête du duché d'Athènes (1456), de la Servie (1458), de la Morée (1463) ; il s'empare de l'empire de Trébizonde, d'une partie de la Bosnie ; il lutte contre Mathias Corvin. Une noble tentative de Pie II pour susciter une nouvelle croisade échoue par la mort de ce pape (1464). Les exploits de Scanderberg arrêtent les Turcs en Albanie jusqu'à sa mort (1467).

62. Mahomet fait la guerre aux Vénitiens ; il assiège et prend Négrepont (1470) ; il soumet l'Albanie vainement défendue par Venise (1478) ; il fait des progrès en Crimée, défait Ouzoun-Hassan, lutte avec les chevaliers de Rhodes. Mahomet II meurt (1481).

63. La querelle de Bajazet et de son frère Djem et l'énergie des Mameluks arrêtent les progrès des Ottomans. Ils recommencent après la mort de Djem. Bajazet s'empare de la Moldavie et de la Croatie et est maître d'une grande partie de la vallée du Danube. Il prend plusieurs villes du Péloponèse aux Vénitiens ; il est menacé par les intrigues de ses fils, abdique et est assassiné (1512).

64. Sélim, parricide et fratricide, fait une guerre d'extermination aux Perses (1514). Forcé par les janissaires de se retirer, il prend la Syrie, puis l'Égypte aux Mameluks vaincus dans plusieurs batailles (1517, 1518). L'Arabie se soumet. Barberousse livre au sultan la souveraineté de l'Algérie.

65. A la mort de Sélim (1520), l'empire ottoman, défendu par les janissaires, soumis au despotisme le plus absolu, s'étend de l'Euphrate et du golfe Persique en Asie, au Danube et à l'Adriatique en Europe, aux cataractes du Nil et à l'extrémité de l'Algérie, en Afrique.

61. CONQUÊTES DE MAHOMET II APRÈS LA PRISE DE CONSTANTINOPLE. — Maître de Constantinople (1453), *Mahomet II* se montra aussi habile politique que vaillant guerrier. Il chercha à s'attirer l'affection des chrétiens en respectant leur culte et leurs usages, et il institua lui-même ur

nouveau patriarche, en lui disant : « Jouis de tous les priviléges que possédaient tes prédécesseurs! » En même temps, il
recevait la soumission des villes voisines de Constantinople, et
se préparait à étendre ses conquêtes. Dès l'an 1456, à la tête
d'une armée de 150,000 hommes, il assiégeait Belgrade, le rempart de la Hongrie. Mais Hunyade Corvin, *le diable des Turcs*,
parvint à se jeter dans la place, repoussa victorieusement les
attaques de l'ennemi, força Mahomet à lever le siége, et mourut au milieu de son triomphe (*Hist. du Moyen âge*, n° 395).
Mahomet répara ses pertes par la conquête du duché d'Athènes
(1456), de la Servie (1458), de Lesbos et de plusieurs îles de
l'archipel. Les divisions de deux princes grecs de la famille des
Paléologues lui livrèrent la plus grande partie de la Morée
(1463 et suiv.). Mais Scanderbeg le repoussa des frontières
de l'Albanie. Mathias Corvin, digne successeur de son père,
lui ferma aussi le chemin de la Hongrie. En même temps, le
pape Pie II, comme Nicolas V avant lui, appelait les chrétiens
à la croisade. Déjà, le rendez-vous des soldats du Christ
était pris à Ancône ; les vaisseaux des Vénitiens attendaient
sur le rivage : le noble vieillard, qui était l'âme de tous ces
préparatifs, mourut tout à coup (1464), et Paul II, son successeur, ne put réaliser une si grande tâche (n° 59).

L'empire grec de Trébizonde avait été enlevé à David
Comnène 1461), et en Europe, les principales villes de la
Bosnie venaient de tomber au pouvoir de Mahomet (1463),
sans avoir reçu aucun secours. Le fils d'Hunyade lui-même,
Mathias Corvin, après de brillantes victoires, abandonna la
cause de la chrétienté pour attaquer le royaume de Bohême
(1468-1478). Scanderbeg seul lutta jusqu'à la fin, et triompha
de toutes les armées musulmanes. « On l'avait vu comme
Alexandre, dont les Turcs lui donnaient le nom, sauter seul
dans les murs d'une ville assiégée. Deux ans après sa mort,
les Turcs se parèrent de ses ossements, croyant devenir invincibles. Encore aujourd'hui, le nom de Scanderbeg est chanté
dans les montagnes de l'Épire. » La mort de ce héros (1467)
allait livrer l'Albanie à Mahomet, qui poursuivait avec une
prodigieuse activité le cours de ses conquêtes.

62. GUERRE CONTRE LES VÉNITIENS. — CONQUÊTE DE
L'ALBANIE. — EXPÉDITIONS DIVERSES. — Les Vénitiens
avaient rompu la paix conclue en 1454 avec les Turcs et
avaient insurgé le Péloponèse. Mahomet, furieux, jura de
détruire la religion chrétienne, et attaqua l'île de Négrepont
avec trois cents vaisseaux et soixante-dix mille hommes. La

capitale fut prise après une courageuse résistance, et livrée aux plus horribles dévastations (1470). Aussitôt Mahomet tourna toutes ses forces contre l'Albanie, que les Vénitiens défendirent plusieurs années contre tous les efforts des Ottomans. Deux fois, Mahomet fut obligé de lever le siége de l'importante place de Scutari, dont la garnison, encouragée par le moine Barthélemy, fit des prodiges de valeur. Enfin, les Vénitiens se lassèrent d'une guerre qui ruinait leur commerce; ils abandonnèrent l'Albanie, qui tomba tout entière au pouvoir des Turcs (1478), et promirent un tribut pour obtenir la libre navigation de la mer Noire (1479). Pendant cette guerre, les possessions génoises en Crimée étaient envahies (1475). Le Tartare Ouzoun-Hassan, gendre de David Comnène, qui s'était armé à la sollicitation du pape et des princes chrétiens, fut vaincu (1473) et obligé de demander la paix. Victorieux de tous côtés, Mahomet envoya ses lieutenants ravager la Styrie, la Carinthie, la Carniole, et tandis que lui-même allait insulter les rivages de l'Italie et s'emparer d'Otrante, cent soixante navires cinglaient vers l'île de Rhodes (1480). Mais le sultan mourut tout à coup, après avoir vu les chevaliers de Saint-Jean braver tous ses efforts, au moment où il arborait les *queues de cheval* sur le rivage d'Asie, pour une expédition dont le but est resté ignoré (1481).

65. RÈGNE DE BAJAZET II. — CONQUÊTE D'UNE PARTIE DE LA VALLÉE DU DANUBE (1481-1512). — Les querelles des deux fils de Mahomet II, *Bajazet II* et *Djem* (Zizim), suspendirent un instant les progrès des Turcs. Djem réclamait la souveraineté de quelques provinces d'Asie. « La fiancée de l'Empire ne peut être partagée entre deux rivaux, » lui répondit Bajazet. La guerre éclata, et Djem, vaincu à deux reprises, fut abandonné de son armée. Toutefois, les Mameluks d'Égypte prirent les armes à la faveur de ces troubles, remportèrent une grande victoire, et forcèrent Bajazet à subir une paix désavantageuse. Djem, tombé entre les mains des chevaliers de Rhodes et livré au pape, venait de mourir en Italie, empoisonné par un émissaire de son frère, ou peut-être par ordre d'Alexandre VI lui-même.

Délivré de la crainte que lui inspirait son rival, Bajazet reprit les projets de ses prédécesseurs contre l'Europe centrale, et envoya ses troupes dans la vallée du Danube où déjà les Turcs s'étaient emparés de la Valachie. L'occupation de la plus grande partie de la Bosnie, de la Croatie, de la Moldavie, rendit les Ottomans maîtres des deux rives du fleuve sur une partie considérable de son cours. Cette expédition fut suivie d'une courte guerre contre les Vénitiens qui se virent forcés de céder au sultan les villes de Lépante, de Modon et de Coron (1499-1503).

Les intrigues de Sélim, l'un des fils de Bajazet, troublèrent la fin de son règne. Exilé par son père, il parvint à soulever les janissaires, et le sultan, las de lutter contre son fils, lui céda volontairement le trône. Sélim, craignant encore pour sa domination usurpée, fit assassiner le malheureux prince dans son exil.

64. RÈGNE DE SÉLIM Ier. — CONQUÊTE DE LA SYRIE, DE L'ÉGYPTE ET D'ALGER (1512-1520). — Le règne du barbare *Sélim*, parvenu au trône par un parricide et affermi par le meurtre de son frère (1512), se passa en expéditions contre l'Orient. Il attaqua successivement les Perses et les Égyptiens, pour les punir d'avoir donné asile à deux de ses neveux. La guerre de Perse fut signalée par d'effroyables massacres. Sélim, attaché à la secte des Sounnites (voir notre *Hist. du Moy. âge*, n° 128) et ennemi mortel des Schiites qui comptaient parmi leurs partisans presque tous les habitants de la Perse, leur déclara une guerre d'extermination. Mais une bataille gagnée par Sélim près de Tauris (1514) lui coûta quarante mille soldats, et les janissaires, effrayés d'un succès si chèrement acheté, le forcèrent à se retirer. Il marcha alors contre les Mameluks, maîtres de la Syrie et de l'Égypte. La victoire d'Alep, où le soudan des Mameluks périt après avoir tué quarante ennemis de sa main, entraîna la soumission de la Syrie (1517). L'Égypte fut envahie aussitôt, et la population indigène s'unit aux Ottomans contre les maîtres du pays. Les Mameluks furent vaincus deux fois et vingt mille d'entre eux furent égorgés de sang-froid après s'être rendus sur parole. L'Arabie épouvantée se soumit presque entière et la ville sainte de la Mecque tomba après Jérusalem au pouvoir du farouche conquérant (1518).

En même temps, l'audace de deux pirates ajoutait encore une vaste province à l'empire Ottoman. Le fils d'un renégat grec, *Horuc Barberousse*, devenu célèbre sur les mers par ses courses aventureuses, se rendit maître de la ville d'Alger (1516) en détrônant le cheik arabe qui l'avait appelé à son secours. Vaincu lui-même et tué par les troupes de Charles-Quint, en 1518, il fut remplacé par son frère, *Kaïreddin Barberousse*, plus habile et plus hardi encore, mais qui, voulant se fortifier contre les attaques des Espagnols, se mit sous la protection de Sélim, en lui offrant la souveraineté d'Alger à la condition d'en conserver le gouvernement.

65. Étendue et puissance de l'empire Ottoman (1520). — De si rapides accroissements de territoire avaient en peu d'années doublé l'étendue de l'empire Ottoman. A la mort de Sélim, il embrassait toute l'Asie occidentale, entre l'Euphrate, les rivages de la mer Noire, ceux de la Méditerranée, de la mer Rouge et du golfe Persique ; l'Europe orientale jusqu'au Danube et à l'Adriatique; l'Afrique septentrionale, depuis le rivage de la mer Rouge et les cataractes du Nil jusqu'aux limites occidentales de l'Algérie.

Toute cette vaste domination, appuyée sur l'énergique constitution du pouvoir le plus despotique, défendue par la milice des janissaires la plus redoutable du monde, passait aux mains d'un des souverains les plus illustres du seizième siècle, bientôt l'allié de François Ier et le rival de Charles-Quint, Soliman II le Magnifique (1520).

QUESTIONNAIRE. — 61. Quelle fut la politique de Mahomet II, maître de Constantinople ? — Par quels héros chrétiens fut-il arrêté ? — Quels nouveaux progrès fit-il cependant en Asie et en Europe ? — 62. Parlez de la guerre de Mahomet II contre les Vénitiens ? — Quand s'empara-t-il de l'Albanie ? — Parlez de son expédition contre la Perse et les chevaliers de Rhodes. — 63. Quel fut le successeur de Mahomet II ? — Quelle rivalité agita l'empire Ottoman ? — Quelle acquisition fit-il sous ce règne ? — 64. Comment Sélim parvint-il au trône et s'y affermit-il ? — Quelle fut sa première expédition ? — A qui enleva-t-il la Syrie et l'Égypte ? — Quel autre pays d'Asie se soumit à lui ? — Par quelles circonstances la ville d'Alger fut-elle réunie à l'empire Ottoman ? — 65. Faites connaître l'étendue de l'empire Turc à la mort de Sélim. — Quels étaient les fondements de sa puissance ?

CHAPITRE SEPTIÈME.

COMMENCEMENT DES GUERRES D'ITALIE. — CHARLES VIII ET LOUIS XII.

SOMMAIRE.

66. Ludovic le More appelle les Français. Charles franchit les Alpes (1494). Les Français entrent en Toscane, à Florence, à Rome (1495), s'allient avec Alexandre VI. Charles VIII entre à Naples. Une ligue se forme pour intercepter le retour de Charles VIII en France (1495). La glorieuse victoire de Fornovo (5 juillet 1495) lui rouvre le passage.

67. Au départ de Charles VIII, Florence a chassé les Médicis. Pise s'est séparée de Florence. — César Borgia fonde une principauté en Romagne. — Ferdinand II règne à Naples avec le secours de l'Espagne. — Ludovic le More se maintient à Milan.

68. Louis XII (1498) répudie Jeanne de France et épouse Anne de Bretagne (1499). — Il continue les guerres d'Italie ; il se ménage des alliances dans ce pays, fait la conquête du Milanais (1499) qui est recouvré, puis de nouveau perdu par Ludovic Sforza (1500). — Louis XII, allié de César Borgia et du pape, s'unit à Ferdinand le Catholique par le traité de Grenade (1500) pour la conquête de Naples. Malgré le succès de l'expédition, des mésintelligences éclatent entre les Français et les Espagnols. Les Français, défaits à Cérignoles (1503), perdent le royaume de Naples. Le triple traité de Blois avec Maximilien, l'archiduc Philippe d'Autriche et le pape Jules II met fin à la guerre (1504). — Le mariage impolitique de la fille de Louis avec Charles d'Autriche, stipulé par le troisième de ces traités, est empêché par la résistance des États-généraux de Tours (1506).

69. Maximilien se prépare à la guerre. — Louis XII punit la révolte des Génois (1507), forme la ligue de Cambrai contre les Vénitiens (1508). Louis XII remporte en personne, sur les Vénitiens, la brillante victoire d'Agnadel (14 mai 1509) suivie de rapides conquêtes ; il s'aliène les Suisses par une économie mal entendue. De redoutables alliances sont formées par le pape Jules II contre les Français. La sainte ligue s'organise à Rome (1511). — Gaston de Foix, duc de Nemours, remporte, après plusieurs succès, la victoire de Ravenne (1512), mais la France entourée d'ennemis, perd la bataille de Novarre (1513), gagnée par les Suisses, et la journée des Éperons (1513). La France est sauvée par les discordes de ses ennemis. Le traité de Londres met fin à la guerre. — Louis XII meurt (1er janvier 1515).

70. Louis XII réduit les impôts, solde les gens de guerre, donne un traitement aux juges, réglemente l'Université, favorise le commerce et l'agriculture, rétablit l'ordre dans les finances par une sévère économie, malgré les dépenses de la guerre. Il crée les parlements de Rouen (1499) et d'Aix (1501); fait rédiger plusieurs Coutumes et publier celle de Paris. — Le cardinal Georges d'Amboise, ministre éclairé et sage, a supprimé le droit de joyeux avénement et secondé toutes les mesures utiles du roi.

71. A la mort de Louis XII, le royaume de Naples appartient aux Espagnols. — Les Médicis sont rétablis à Florence. — Un Médicis est sur le trône pontifical. — Gênes est redevenue indépendante. — Les Sforza sont à Milan. — Les Suisses sont établis sur les frontières italiennes.

COMMENCEMENT DES GUERRES D'ITALIE. — EXPÉDITIONS DE CHARLES VIII ET DE LOUIS XII EN ITALIE. — GOUVERNEMENT DE CE DERNIER PRINCE.

66. LES FRANÇAIS EN ITALIE. — CHARLES VIII. — Presque toute la Péninsule semblait désirer l'arrivée des Français : Venise, pour abaisser la maison d'Aragon ; les Napolitains, pour secouer le joug d'un roi détesté ; Ludovic, pour régner sans crainte, et son captif, Jean Galéas, pour trouver des libérateurs. Le pape Alexandre VI paraissait préférer l'alliance de la France à l'appui incertain des princes de Naples. Les Florentins se lassaient de la domination des Médicis ; Savonarole lui-même désignait les Français comme les ministres de la justice divine (Voir chap. V, n° 58). Aussi, ce fut un ébranlement général quand l'Italie vit apparaître Charles VIII.

Charles, laissant le gouvernement à sa sœur, descendit (1494) en Italie avec trente mille soldats, fut reçu avec enthousiasme à Turin, traversa la Toscane, dont les forteresses lui furent livrées par Pierre de Médicis, acheta l'alliance des Florentins, entra à Rome en triomphe, et se dirigea vers Naples, après avoir reçu du pape Alexandre VI, l'investiture du royaume qu'il allait conquérir. Le roi *Ferdinand II*, abandonné de ses sujets, s'enfuit précipitamment, et Charles fut accueilli avec transport par le peuple napolitain (21 février 1495). Tout à coup, il apprit qu'une ligue s'était formée à Venise entre les Milanais, les Vénitiens, les Espagnols et Maximilien, et il se vit obligé d'opérer sa retraite. Il rencontra à *Fornovo* (Fornoue) une armée de quarante mille hommes qui lui fermait le passage ; il les mit en fuite avec huit mille hommes à peine, et regagna son royaume. Mais la gloire de cette journée ne rendit pas à la France une foule de vaillants soldats, morts inutilement sur la terre étrangère (1495). Naples fut bientôt reprise par le général espagnol *Gonzalve de Cordoue*, et Charles VIII mourut à la fleur de l'âge (1498), après avoir réparé, par un gouvernement sage et paternel, les résultats de sa malheureuse expédition.

67. Etat de l'Italie après l'expédition de Charles VIII. — Lorsque, après la bataille de Fornovo (1495), Charles VIII repassa les Alpes, l'Italie était profondément modifiée. Florence, indignée de l'orgueil et de la lâcheté de Pierre de Médicis, l'avait banni avec ses deux frères (1494), et avait rétabli le gouvernement démocratique sous l'influence de Savonarole, que son inconstante patrie allait bientôt faire mourir sur un bûcher (1498). Pise s'était violemment détachée de Florence, qui la tenait asservie depuis longtemps. L'infâme *César Borgia*, fils naturel d'Alexandre VI, fondait à son profit une principauté importante sur les ruines de tous les fiefs de la Romagne, dont il fit périr les possesseurs par le fer ou par le poison. Naples avait vu remonter sur son trône, après Alphonse II (1494), qui prit la fuite au milieu des préparatifs de la guerre, Ferdinand II (1495), chassé à l'arrivée des Français, puis rétabli avec les secours du roi d'Espagne, dont le général Gonzalve de Cordoue préludait à ses futurs exploits. Venise, qui s'était efforcée d'écraser les Français dans leur retraite, devait s'attendre à des représailles. Ludovic le More, malgré les promesses faites à Jean Galéas, restait sur le trône de Milan ; mais l'avénement de *Louis XII* d'Orléans (1498), héritier des droits de la famille des Visconti, lui suscitait un terrible rival.

68. EXPÉDITIONS DE LOUIS XII EN ITALIE JUSQU'AUX TRAITÉS DE BLOIS. — Louis XII ne put être instruit ni par le triste résultat de l'expédition de Charles VIII, ni par l'exemple des dernières années de ce prince, qui avait acquis une gloire plus pacifique et plus belle par les soins qu'il avait donnés aux affaires du royaume. Lui-même avait commencé de sages réformes, dans toutes les parties de l'administration, lorsque de nouvelles guerres au delà des Alpes l'arrachèrent à ces soins utiles.

Il venait de répudier la fille de Louis XI, la douce et infortunée Jeanne de France, pour épouser Anne de Bretagne, veuve de son prédécesseur, et assurer ainsi définitivement à la France le riche domaine de cette princesse. Louis XII prétendait faire valoir à la fois ses droits, comme duc d'Orléans sur le Milanais, comme roi de France sur le royaume de Naples. Il soumit en vingt jours le Milanais, dont le souverain, Ludovic le More, après avoir reconquis un instant ses États, tomba entre les mains du vaillant la Trémoille. Allié avec César Borgia, fils du pape Alexandre VI, avec le roi d'Espagne, Ferdinand le Catholique, qui devait entrer en partage de ses conquêtes (*traité de Grenade*, 1500), il s'empara sans peine du royaume de Naples (1501), abandonné par son roi *Frédéric II*, oncle et successeur de Ferdinand II (1496-1504). Mais des difficultés ne tardèrent pas à s'élever entre les Français et les Espagnols pour le partage du pays conquis. La guerre éclata, et le duc de Nemours, créé vice-roi de Naples, fut vaincu et tué à *Cérignoles* (1503) par Gonzalve de Cordoue. Les Français, chassés de tout le royaume de Naples, n'y conservèrent que deux forteresses. Vainement, la Trémoille reparut avec une armée nouvelle, vainement, le chevalier *Bayard* s'illustra par des prodiges de valeur sur les bords du Garigliano, où il défendit à lui seul un pont contre deux cents Espagnols ; les Français, qui avaient à la fois contre eux l'habileté et les ruses de Gonzalve de Cordoue, la politique de l'empereur Maximilien et du roi d'Espagne, le patriotisme de Jules II, successeur d'Alexandre VI (1503-1513), furent obligés d'évacuer le royaume de Naples, et Louis XII mit fin à une guerre désastreuse par les *traités de Blois* (1504-1505) avec le pape, le roi d'Espagne et l'empereur Maximilien.

69. SUITE DES GUERRES DES FRANÇAIS EN ITALIE JUSQU'A LA MORT DE LOUIS XII. — Les États de Tours (1506) s'opposèrent au mariage de la princesse Claude de France avec Charles d'Autriche, stipulé dans le traité de Blois Maximilien, irrité, se préparait à commencer la guerre contre le roi de France, quand celui-ci, dans une rapide invasion en Italie, punit la révolte de Gênes, effraya tous ses ennemis, et parvint à conclure avec le pape, l'empereur et le roi d'Aragon, la *ligue de Cambrai*, qui avait pour objet le démembrement de la république de Venise (1508). Vaincus à *Agnadel* (1509) et réduits à leurs lagunes, les Vénitiens parvinrent à détacher de l'alliance du roi de France les Suisses, le roi d'Espagne et le pape Jules II. Celui-ci s'était déclaré l'ennemi irréconciliable de ces étrangers qu'il appelait des barbares, et voulait rallier toute l'Italie à une puissance unie, forte, indépendante sous la suprématie du saint-siége. Le belliqueux pontife, vivement pressé par les Français, fait signer à Rome la *sainte ligue* (1511), à laquelle adhère bientôt le roi d'Angleterre. Louis XII, assailli de tous les côtés, est encore abandonné par Maximilien. En vain la brillante valeur de Gaston, duc de Nemours, relève la fortune française à Bologne, à Brescia; le héros tombe à *Ravenne* (1512), au milieu de ses lauriers; sa patrie reste seule, sans autre alliée que l'Écosse, à lutter contre l'Europe conjurée. La France est menacée surtout par la ligue helvétique, si jalouse jadis de sa liberté, qui ose bien louer au plus offrant les compatriotes, les descendants de Guillaume Tell, de Winkelried. La Trémoille est vaincu à *Novarre* (1513) par les Suisses. A la *journée des Éperons* (bataille d'Enguinegate), l'armée française, surprise par les troupes anglaises et allemandes, s'enfuit sans combattre, laissant aux mains des ennemis, Bayard, Dunois, la Palisse. Jacques IV d'Écosse, le dernier allié de la France, périt à la bataille de Flodden-Field (n° 32, note). Une invasion des Suisses compromet le sort de la France, qui est obligée d'acheter leur retraite. Henri VIII accorde sa sœur en mariage à Louis XII, mais il exige un million d'écus (1514). Par le pacte de Londres, Louis XII est obligé d'aban-

donner toutes ses conquêtes (voir pour les détails le tome II de ce cours, nos 201 et suiv.). La France, qui perd à jamais l'Italie, gagne du moins à ces guerres l'affaiblissement de la féodalité renaissante, et elle peut être consolée de ses revers par la sage et douce administration d'un prince dont la maxime était qu'*un bon pasteur ne saurait trop engraisser son troupeau*, et qui a emporté en mourant le nom de *Père du peuple* (1er janvier 1515).

70. **Administration bienfaisante de Louis XII.** — Louis XII réduisit les impôts à la moitié de ce qu'ils étaient sous Louis XI; il donna une solde aux gens de guerre, afin qu'ils n'eussent aucun prétexte pour faire subir à ses sujets des vexations, qu'il réprima sévèrement; il donna aussi des traitements aux juges, afin de les rendre plus inaccessibles à la corruption, et soumit les magistrats à des examens et à des tribunaux de censure. Il fit un grand nombre de règlements pour l'administration de la justice et pour rétablir l'ordre parmi les membres de l'Église et de l'Université, qui abusaient souvent de leurs priviléges pour troubler l'État. Il favorisa de tout son pouvoir le commerce, que développa la sûreté rendue aux routes, l'agriculture, qui remit en valeur plus du tiers des terres du royaume. Il organisa l'infanterie française, malgré la résistance des nobles. Enfin Louis XII eût été un souverain accompli, si, à l'exemple de Charles VIII, il ne s'était laissé entraîner par la passion des conquêtes à tant de stériles expéditions : encore doit-on lui rendre cette justice, qu'à la suite même de ses entreprises les plus ruineuses, il ne rétablit jamais les impôts qu'il avait supprimés.

Ajoutons que ce fut Louis XII qui érigea en parlement (1499) la cour souveraine de Normandie, nommée jusqu'alors l'*Échiquier*, et qui créa le parlement d'Aix ou de Provence (1501). Il fit aussi continuer la rédaction et la publication des coutumes, et particulièrement, celle des *prévôté et vicomté de Paris*, qui est regardée avec raison comme un progrès accompli dans la législation du royaume.

Les bienfaits de l'administration de Louis XII sont dus en grande partie à son digne et fidèle ministre, le cardinal *Georges d'Amboise*, en qui il trouva un auxiliaire aussi habile que dévoué. Georges d'Amboise se fit chérir du peuple dès les premiers jours de son gouvernement en supprimant le droit de *joyeux avénement*, et sa popularité, égale à celle de Louis XII lui-même, ne fit que s'accroître par l'exercice éclairé et bienfaisant du pouvoir. S'il eut le tort grave de favoriser le goût du roi pour les guerres étrangères, il s'associa à toutes ses vues d'économie et de réforme, et doit partager la gloire de toutes les utiles mesures prises par ce prince.

74. Situation de l'Italie a la fin du règne de Louis XII. — L'Italie avait passé, au milieu de toutes ces vicissitudes, sous l'influence espagnole. A la mort de Louis XII, auquel le traité de Grenade devait assurer une grande partie de l'Italie, le royaume de Naples était tout entier aux mains de Ferdinand le Catholique, maître aussi de la Navarre. La famille des Médicis, chassée à l'arrivée de Charles VIII, avait été solennellement rétablie par le congrès de Mantoue dans la ville de Florence, qui avait fait rentrer Pise sous le joug (1509). Un Médicis, *Léon X*, était sur le trône pontifical (1513), et la principauté de César Borgia, soutenue par les Français, s'était écroulée dès l'avénement de Jules II. Gênes avait repris son indépendance sous un doge de la famille des Frégosi. Venise, épuisée par ses efforts contre la ligue de Cambrai, qui avait armé pour sa perte la moitié de l'Europe (1508), revenait à l'alliance française. Elle ne songeait plus qu'à arrêter les progrès de la puissance du Milanais, que la guerre avait rendu à Maximilien Sforza après l'avoir tant de fois enlevé à sa famille. Enfin, les alliés de Sforza, les Suisses, s'étaient établis sur les frontières italiennes à Lugano, à Locarno, à Bellinzona, pour en disputer l'entrée aux armées françaises.

Questionnaire. — 66. Quelles étaient les dispositions de l'Italie lors de l'entrée de Charles VIII? — Faites le récit sommaire de l'expédition de ce prince. — 67. Exposez la situation des divers États d'Italie après le départ de Charles VIII. — 68. Quels furent les premiers actes du règne de Louis XII? — Quelle conquête fit-il en entrant en Italie? — Avec qui entreprit-il celle du royaume de Naples? — Quelles suites eurent les difficultés qui s'élevèrent entre les deux rois? — Quels traités terminèrent cette première phase de la guerre? — 69. Pourquoi Louis XII forma-t-il une ligue contre les Vénitiens? — Quelle victoire remporta Louis XII? — Comment Louis XII s'aliéna-t-il les Suisses? — Quelles étaient les dispositions du pape Jules II à l'égard des Français? — Quelle ligue le pape forma-t-il contre Louis XII? — Faites connaître les victoires et la fin glorieuse de Gaston de Foix. — Quels désastres éprouva la France après la mort de ce héros? — Comment la France fut-elle sauvée du danger qui la menaçait? — Où mourut le roi d'Écosse, allié de Louis XII? — Quels traités terminèrent les guerres de Louis XII? — Quand mourut Louis XII et quel nom lui fut décerné? — 70. Faites connaître les principaux actes de l'administration de Louis XII. — Comment administra-t-il les finances? — Quel fut le principal auxiliaire de Louis XII? — Comment le cardinal Georges d'Amboise se rendit-il populaire? — Que doit-on lui reprocher? — 71. Exposez successivement la situation des divers États de l'Italie à la mort de Louis XII. — Quelle position avaient prise les Suisses?

CHAPITRE HUITIÈME.

GRANDES INVENTIONS, GRANDES DÉCOUVERTES AU COMMENCEMENT DES TEMPS MODERNES. — AMÉRIQUE. — INDES ORIENTALES.

SOMMAIRE.

§ Ier. 72. L'invention de la poudre à canon et son application de plus en plus générale à l'art militaire produisent dans la tactique une révolution complète. L'emploi des armes à feu transforme le mode et l'aspect des batailles et anéantit la chevalerie.

73. L'imprimerie, introduite à Paris en 1469, protégée par Louis XI et favorisée par ses successeurs, multiplie à l'aide du papier ses productions; elle amène la diffusion universelle des connaissances et devient un puissant instrument de bien et de mal; elle crée la publicité, ce fait immense des temps modernes.

74. L'emploi de la boussole a pour conséquences la découverte du Nouveau-Monde et du cap de Bonne-Espérance, et par suite, une révolution complète dans le commerce maritime.

§ II. 75. La découverte de l'Amérique par Christophe Colomb est préparée par ses études et ses observations. Ses premières propositions sont repoussées. Elles sont accueillies par Isabelle de Castille (1492). Le premier voyage de Christophe Colomb a pour résultat la découverte de l'île de San-Salvador; il fait un retour triomphal en Espagne. La ligne de démarcation attribue aux Espagnols la souveraineté de l'Occident.

76. Colomb fait de nouvelles découvertes dans sa deuxième expédition (1493): il fonde la colonie de Saint-Domingue. D'odieuses calomnies s'élèvent contre Colomb à son retour. — A son troisième voyage, Colomb touche le continent de l'Amérique. Une rébellion éclate à Saint-Domingue. Colomb, jeté dans les fers, subit des injustices odieuses. Après son dernier voyage, il meurt de chagrin (1506); sa sépulture est à Séville.

77. Améric Vespuce donne son nom au Nouveau-Monde. Les établissements des Espagnols se multiplient à Cuba, dans la Floride. De barbares excès signalent leur domination. Les efforts de Barthélemy

de Las-Casas en faveur des indigènes amènent la traite des nègres.
78. Sous le règne de Montézuma, empereur, Cortez débarque au Mexique. Il brûle ses vaisseaux pour se fermer la retraite.
79. Il s'empare de Mexico (1519); il fait prisonnier Montézuma. La résistance de Guatimozin est punie par un affreux supplice (1521). Les vainqueurs se livrent à tous les excès.
80. La domination des Incas au Pérou est attaquée par François Pizarre. Il fait périr Atahualpa (1533) et s'empare du Pérou.
81. La discorde se met entre les vainqueurs. Almagro va au Chili et est tué au retour. L'assassinat de François Pizarre (1541) est suivi de la mort tragique de ses frères. Fernand Cortez meurt dans la disgrâce (1547).
82. L'empire colonial des Espagnols s'étend du Mexique au Pérou ; il est divisé par Charles V en deux grandes vice-royautés, relevant du Conseil supérieur de Séville.
83. Les Portugais ont découvert le cap Noun, le cap Bojador, les Canaries, Madère, le Sénégal, les Açores, la Guinée ; ils ont passé la ligne. Deux hardis voyageurs, Covilham et Payva, pénètrent, l'un en Abyssinie, l'autre dans les Indes par terre.
84. Barthélemy Diaz atteint l'extrémité méridionale de l'Afrique (1486). Il découvre le cap des Tempêtes, appelé par le roi de Portugal cap de Bonne-Espérance.
85. Vasco de Gama double le cap de Bonne-Espérance (1497) et débarque aux Indes (1498) ; il lutte avec intrépidité contre les Maures. — La découverte de la nouvelle route vers les Indes va déplacer le commerce européen.
86. Cabral découvre le Brésil, et fonde un établissement aux Indes. Dans une nouvelle expédition (1502), Gama soutient une lutte acharnée, signalée par la bravoure de Pachéco.
87. Les Vénitiens s'unissent au soudan d'Égypte contre les Portugais. François d'Alméïda s'illustre par ses triomphes et ses conquêtes (1508). Il est nommé vice-roi des Indes Orientales.
88. Alphonse d'Albuquerque s'empare d'Ormouz, de Goa (1510), de Malakka ; il forme des projets gigantesques ; il tombe en disgrâce. De glorieux souvenirs s'attachent à son administration.
89. L'étendue excessive de ses conquêtes épuise le Portugal. L'affreuse tyrannie des Portugais provoque un soulèvement puni par des massacres. Le glorieux gouvernement de Juan de Castro (1545), illustré par ses exploits et ses vertus, arrête la décadence. Saint François-Xavier convertit les Indiens.
90. La licence et la cruauté de la domination portugaise sont portées à leur comble. Louis d'Ataïde, placé dans une situation critique à son avénement, s'en tire par son énergie et ses succès. Après lui, la décadence est complète et rapide.

§ III. 91. Le développement extraordinaire du commerce par suite de la découverte du cap de Bonne-Espérance et de l'Amérique, multiplie les capitaux et développe le crédit par la création et la circulation de valeurs représentatives. La richesse mobilière se forme à côté de la richesse immobilière.

92. La richesse mobilière qui peut être acquise par tous et qui passe de mains en mains avec facilité, prépare l'égalité politique et la transmission fréquente de la propriété territoriale elle-même.

§ Ier. NOUVEAUX ÉLÉMENTS DE CIVILISATION GÉNÉRALE. — DÉCOUVERTE ET USAGE CHAQUE JOUR PLUS FRÉQUENT DE LA POUDRE A CANON, DU PAPIER, DE L'IMPRIMERIE ET DE LA BOUSSOLE.

72. RÉSULTATS DE L'INVENTION DE LA POUDRE A CANON. — Parmi les causes qui ont contribué le plus puissamment à déterminer et à étendre le mouvement prodigieux qui se manifeste au seizième siècle, parmi les faits qui ont donné aux temps modernes leur caractère spécial, il faut certainement placer les grandes découvertes qui ont signalé la fin du moyen âge (voir notre *Hist. du moy. âge*, n°s 437 et suiv.) l'invention de la poudre à canon, de l'imprimerie, de la boussole. — L'invention des armes à feu, dont l'usage était devenu général au quinzième siècle, opéra une révolution complète dans l'art de la guerre et dans la tactique militaire. La vigueur, la dextérité, le courage individuel, cessèrent de décider du sort des batailles. La force matérielle subit la supériorité de l'intelligence; et les armées devinrent des instruments dociles, puissants surtout par les combinaisons du général, qui désormais put décider les querelles des États sans verser à torrents le sang des hommes. — Jusqu'alors, un homme d'armes était à peu près invulnérable avec son bouclier, sa cuirasse, ses gantelets de fer; les traits et les flèches s'émoussaient contre ces remparts vivants. « Les bardes d'acier, caparaçons de buffle, cottes de mailles, dit le seigneur de Tavannes, servaient aux batailles anciennes qui se décidaient avec l'épée et la lance; le peu de péril rendait les combats longs: aussi en Italie, les hommes et les chevaux étaient si bien couverts, que, dans deux cents mêlées, on ne tuait pas quatre combattants en deux heures. Les grands pistolets rendent les bardes inutiles, et la mêlée si périlleuse qu'un chacun en veut sortir.

» Si les armes offensives continuent d'augmenter, ainsi qu'elles font, par les longs pistolets, virolets, mousquets, poudre et balles artificielles, il sera nécessaire d'inventer des défenses. Les cuirasses battues à froid ne peuvent résister à cette force extraordinaire. Ceux qui ne veulent rien laisser à la fortune ont renforcé leurs cuirasses, fabriqué des plastrons doublés de lames; mais ils se rendent incapables de servir dans les combats, étant enchaînés et liés par la pesanteur de leurs armes, et ils deviennent comme des enclumes immobiles, chargeant tellement leurs chevaux, qu'aux moindres accidents ceux-ci succombent dessous. Ceux qui ne s'arment pas à l'épreuve ne veulent pas en venir aux mains ou se retirent bien vite. Il est impossible que les capitaines, sous ces pesants casques et cuirasses, puissent faire leur devoir ; il est difficile à ces gens enfermés de voir, d'ouïr, de galoper selon la nécessité, laquelle voudrait que le général volât et eût en même temps plusieurs corps pour ordonner partout. »

La poudre, qui brisait les armures sur le champ de bataille, triompha de même des châteaux les mieux fortifiés. Un seigneur ne fut plus en sûreté derrière la vaste enceinte de ses remparts couronnés de créneaux. Les tours et les donjons eurent beau s'appuyer sur le roc le plus dur ; il suffit désormais pour les renverser qu'un étroit conduit, pratiqué à petit bruit et dans l'ombre, permît de placer sous l'édifice quelques barils pleins de poudre. La mine fut employée pour la première fois à la prise du château de l'Œuf (à Naples) par le général espagnol Pierre Navarre (1503).

La poudre à canon a fait oublier le feu grégeois, la terreur des combattants au moyen âge, en produisant elle-même des effets bien autrement redoutables. Un des principaux résultats de cette invention fut de porter le coup de mort à la dernière des grandes institutions du moyen âge ; la chevalerie, après avoir amèrement protesté contre ces armes perfides qui dans la main du plus lâche défiaient la force et la vaillance, dut abandonner le champ de bataille.

75. Développements de l'imprimerie. — Son influence. — L'imprimerie eut une influence toute pacifique, mais bien plus importante encore, et jamais gloire ne fut plus méritée que celle de son inventeur, *Guttemberg*. (Voir notre *Hist. du moy. âge*, n° 438.) L'emploi de plus en plus fréquent du papier de chiffon favorisa singulièrement les progrès de l'imprimerie en permettant d'en multiplier indéfiniment les produits. Cette découverte fit grand bruit. Dès 1469, les docteurs de la Sorbonne appelèrent à Paris trois imprimeurs de Mayence, qui avaient travaillé chez Fust, l'associé de Guttemberg. Ceux-ci reçurent un logement dans le collége même de la Sorbonne, et y formèrent leur premier établissement.

Les merveilles de cet art nouveau frappèrent d'étonnement les habitants de Paris. Le peuple, le Parlement lui-même, accusèrent de sorcellerie les imprimeurs, qui se virent menacés d'une condamnation terrible. Mais le roi Louis XI les prit hautement sous sa protection, fit taire ces déclamations insensées, et favorisa de tout son pouvoir les progrès de leur admirable industrie.

Au siècle suivant, l'invention nouvelle était florissante en France, les Colloques d'Érasme s'imprimaient à vingt-quatre mille exemplaires, la famille des *Étienne* s'illustrait dans l'art de la typographie, et François Ier fondait l'imprimerie royale.

Bientôt, par cette voie merveilleuse, l'histoire, la philosophie, la littérature, les sciences, répandirent à profusion leurs œuvres dans le monde. L'imprimerie, dont les résultats n'ont cessé de se développer de plus en plus jusqu'à notre ère, a changé la face de l'univers. Peut-être l'esprit humain s'est-il élevé sans ce secours aussi haut qu'il pourra jamais parvenir : mais ces élans sublimes ont été l'œuvre de quelques intelligences isolées. Désormais, le trésor des lumières est ouvert à tous, l'ignorance se dissipe pour ne plus revenir; et, au lieu d'être la propriété exclusive d'un petit nombre d'individus, la science devient le patrimoine de l'humanité entière. Si l'imprimerie a été trop souvent une arme fatale entre des mains criminelles, elle est aussi l'arme la plus énergique dont puisse se servir la vérité; c'est à la face du monde que le bien et le mal se livrent leur lutte éternelle, et le grand jour en dernier résultat n'est jamais funeste qu'à l'erreur. Enfin, l'imprimerie, mise au service des idées justes de liberté civile et politique, est un redoutable flambeau qui dévoile impitoyablement les abus et les désordres, et qui a rendu à peu près impossible le retour des hideux scandales qui ont si longtemps souillé l'histoire des peuples.

74. Applications de la boussole. — Nous allons exposer avec développement (§ II suivant) les principales conséquences du perfectionnement de la boussole, dont l'usage était devenu universel au quinzième siècle (voir notre *Histoire du moyen âge*, n° 437); nous allons voir le monde s'ouvrir aux génies audacieux qui osèrent affronter des mers inconnues sur la foi de ce guide mystérieux. La découverte de l'Amérique et du cap de Bonne-Espérance, événements politiques d'une portée immense, ont tout à coup déplacé en Europe la puissance et la richesse des peuples, arrachant à Venise, à Gênes, aux villes d'Allemagne, l'immense commerce de l'Orient et du Midi, pour donner une influence extrême aux États de l'Occident, jusque-là réduits à un rôle secondaire.

§ II. CHRISTOPHE COLOMB ET VASCO DE GAMA. — EMPIRE COLONIAL
DES ESPAGNOLS ET DES PORTUGAIS.

75. DÉCOUVERTE DE L'AMÉRIQUE, PAR CHRISTOPHE COLOMB. — Dans les dernières années du quinzième siècle, le génie de *Christophe Colomb* donnait un monde à l'Espagne. Ce fameux navigateur génois, passionné pour les voyages dès son enfance, et l'un des plus habiles géographes de son siècle, se persuada, à force d'observations et d'études, qu'en traversant les mers qui s'étendent à l'occident de l'Europe, il rencontrerait des terres nouvelles, ou trouverait vers les Indes la route maritime qu'à cette époque on cherchait avec ardeur. Repoussé comme un insensé par sa patrie, à laquelle il avait d'abord soumis ses projets, il eut recours au Portugal, où il avait épousé la fille d'un habile marin. La partiale jalousie de ceux qui furent chargés d'examiner ses plans les fit rejeter, malgré la bienveillance de Jean II. Cinq années de sollicitations en Espagne, quoique encouragées par plusieurs seigneurs et par la reine Isabelle, n'amenèrent pas un meilleur résultat. Colomb, écarté comme un importun solliciteur, alors qu'il offrait aux princes un monde entier, Colomb allait tenter sa dernière ressource en s'adressant à l'Angleterre, quand l'enthousiasme général qui suivit la prise de Grenade (1492) fit cesser enfin les inquiétudes des froids protecteurs de Colomb. On lui donne trois vaisseaux, avec le titre héréditaire dans sa famille de grand amiral dans toutes les mers et continents qu'il pourra découvrir.

Colomb trouve à grand'peine quelques marins qui osent le suivre dans son expédition aventureuse. Les uns le raillent comme un fou, les autres le plaignent comme un imprudent qui court à la mort. Mais lui, plein de confiance et de courage, implore la protection du ciel; il reçoit les sacrements, et quitte les côtes d'Espagne au mois d'août 1492. — Il s'avance vers le couchant, observant avec un grand soin et avec une sagacité merveilleuse tous les signes qui peuvent servir à le diriger. Bientôt, la longueur et les dangers d'un voyage sur des mers entièrement inconnues épouvantent son équipage, qui veut le jeter à la mer, au moment où déjà le vol des oiseaux lui annonce qu'il touche au but tant désiré. Colomb obtient trois jours encore : la terre se montre, et les matelots ravis tombent aux pieds de leur guide, qu'ils croient inspiré du ciel. Colomb foule le premier la terre du Nouveau-

Monde, et la consacre en y plantant une croix ; il avait abordé à une île qu'il nomma San Salvador : cette terre avait été son salut.

Plusieurs autres îles, et parmi elles, l'île de Cuba et celle d'Haïti, appelée depuis Hispaniola et Saint-Domingue, sont successivement découvertes. Les ornements d'or que les naïfs habitants de ces contrées échangent contre des objets sans valeur, révèlent aux Espagnols les richesses inouïes du monde qu'ils ont découvert. Colomb bâtit un fort pour prendre possession d'Haïti, et, sept mois et demi après son départ, il revient en Espagne, où il est reçu avec des transports de joie qui tiennent du délire. Il est comblé d'honneurs, nommé amiral et vice-roi du Nouveau-Monde. Bientôt, il repart avec une nouvelle flotte, et le pape, invoqué comme arbitre par les rois de Portugal et d'Espagne, tire sur le globe une ligne de démarcation, qui donne aux Portugais l'hémisphère oriental, et assigne en pleine propriété l'hémisphère occidental à la Castille.

76. Dernières expéditions de Colomb. — Sa disgrâce. — Sa mort. — La deuxième expédition de Colomb (1493) n'est pas moins heureuse que la première ; il découvre les Caraïbes, la Dominique, la Guadeloupe, Antigoa, la Jamaïque, explore la grande île de Cuba, rétablit l'ordre à Saint-Domingue où les Espagnols qu'il y avait laissés avaient commis des excès de tous genres contre les indigènes, et y bâtit une ville à laquelle il donne le nom de sa protectrice Isabelle, et dont il confie le gouvernement à son frère Barthélemy. Mais, hélas ! tous ces succès précédaient de bien près une amère disgrâce. Il trouve à son retour la reine prévenue contre lui par des rapports calomnieux, et s'il se justifie facilement cette fois, le moment approche où ses ennemis obtiendront un nouveau triomphe.

A son troisième voyage (1498), Colomb a découvert l'île de la Trinité, et touché le continent de l'Amérique à l'embouchure de l'Orénoque. Mais de retour à Saint-Domingue, il trouve l'autorité de son frère méconnue et la nouvelle colonie en proie à de funestes dissensions ; il ne peut les apaiser qu'en capitulant avec les rebelles, qui se hâtent d'aller à la cour répandre contre lui d'odieuses imputations. Bientôt, Christophe Colomb est jeté dans les fers par l'infâme *Bovadilla*, envoyé pour examiner sa conduite ; il traverse, enchaîné comme un criminel, cette mer qu'il a parcourue le premier sur des vaisseaux européens, et, ramené en Espagne, il est dépouillé de ce titre de vice-roi des Indes occidentales, qu'il avait si glorieusement mérité.

La reine Isabelle elle-même, la protectrice de Colomb, s'est laissé ébranler par les calomnies et lui a retiré son appui. L'indignation qui éclate dans toute la nation, à la vue des traitements indignes qu'on a fait subir à l'illustre navigateur, oblige ses persécuteurs à lui rendre la liberté ; mais des courtisans envieux l'empêchent de recouvrer ses honneurs et ses biens. « Après vingt ans de services et de fatigue, écrivait-il à son fils, je ne possède pas en Espagne un toit pour abriter ma tête. Si je veux manger et dormir, il me faut aller à l'hôtellerie, et le plus souvent, je n'ai pas de quoi payer mon écot. » Il supportait toutes ces épreuves avec une admirable soumission aux volontés de la Providence : « Accablé par tous mes maux, disait-il, je m'étais endormi, lorsqu'il me sembla entendre une voix qui me parlait ainsi : Homme insensé, lent à croire et à servir ton Dieu ! Depuis ta naissance, il t'a comblé de bienfaits. Il a fait retentir la terre de ton nom. Les barrières de l'Océan te furent ouvertes, et une infinité de pays te furent soumis. Courbe-toi donc vers lui, et reconnais tes fautes, car sa miséricorde est infinie. Ne crains rien, aie confiance. Toutes tes tribulations sont gravées sur une table de marbre, et il t'en sera tenu compte. »

Malgré sa pieuse résignation, Christophe Colomb, miné par le chagrin, mourut dans sa cinquante-neuvième année (1506), au retour d'un dernier voyage, où il avait découvert la Martinique. Il voulut qu'on ensevelît avec lui dans son cercueil les fers dont on avait osé le charger. Son tombeau fut placé dans la cathédrale de Séville, et on y grava ces mots :

> Le roi de Castille et Léon
> Doit un nouveau monde à Colomb.

Par une dernière injustice envers ce grand homme, le Nouveau-Monde reçut son nom d'un aventurier Florentin, *Améric Vespuce* (Amérigo Vespucci), qui, en 1499, suivit avec quelques vaisseaux la route déjà parcourue deux fois par Colomb.

77. NOUVELLES DÉCOUVERTES. — TYRANNIE DES ESPAGNOLS. — Les Espagnols s'étaient établis dans toutes les terres découvertes par Christophe Colomb et par les autres navigateurs (Oléja, les frères Pinson, etc.) qui s'étaient élancés sur ses traces. En 1500, Diaz de Solis découvrait la province d'Yucatan. Le fils de Christophe Colomb, don Diégo,

investi par une réparation tardive du titre de gouverneur d'Hispaniola, envoya en 1511 Diégo de Vélasquez faire la conquête de Cuba. La Floride, qui doit son nom au riant aspect de ses rivages, fut découverte en 1512, par Ponce de Léon, tandis que Balboa, traversant après des efforts inouïs le continent américain, atteignait les bords de la mer du Sud. Mais déjà, les Espagnols abusaient de ces succès merveilleux en faisant peser un joug affreux sur les peuplades soumises à leur empire; l'effrayante dépopulation des pays où ils s'étaient établis attestait la dureté cruelle de leur domination. En vain, plusieurs voix éloquentes, et surtout, celle du célèbre *Barthélemy de Las-Casas*, s'élevèrent en faveur des malheureux indigènes, qui périssaient par milliers, accablés de fatigues et de mauvais traitements. « Il y avait un officier du roi qui reçut trois cents Indiens; au bout de trois mois, il lui en restait trente. On lui en rendit trois cents : il les fit périr. On lui en donna encore, jusqu'à ce qu'il mourût, et que le diable l'emportât » (Las-Casas, cité par Michelet.) Les efforts du dominicain apportèrent peu d'adoucissement au sort des Américains; et, chose étrange, ils amenèrent l'atroce institution de la traite des nègres. Las-Casas, dans son zèle aveugle, avait proposé de les substituer aux indigènes d'Amérique, comme plus capables de résister à de rudes travaux. Depuis cette époque, les vaisseaux européens allèrent acheter aux tribus africaines des prisonniers, des esclaves, des enfants, pour les vendre aux conquérants des riches contrées de l'Amérique. Ce trafic abominable de créatures humaines, conduites sur les marchés comme des animaux domestiques, n'est pas encore entièrement aboli de nos jours.

78. FERNAND CORTÈS AU MEXIQUE. — Cependant, les conquêtes des Espagnols ne s'arrêtaient pas. En 1519, *Fernand Cortès* entreprit la conquête du Mexique, gouverné par *Montézuma*. C'était un royaume puissant, d'une immense étendue. Des villes florissantes par l'industrie et le commerce, défendues par des troupes nombreuses, s'élevaient de tous côtés sur ce vaste territoire. Bien différents des sauvages habitants des îles découvertes par Christophe Colomb, les Mexicains jouissaient, depuis des siècles, d'une civilisation avancée. Ces nouvelles, rapportées par quelques navigateurs, ne firent qu'exciter l'ambition des Espagnols, qui s'étaient habitués à ne craindre aucun danger dans le nouveau monde.

Fernand Cortès partit avec deux bâtiments, six cents hommes environ, dix-huit chevaux, treize mousquets et quatorze petits canons, pour aller conquérir un empire plus vaste que celui d'Alexandre. Plein de confiance et d'enthousiasme, il portait sur ses étendards une croix avec cette devise : *In hoc signo vinces*. Il devait vaincre, en effet, à force de patience, d'habileté et d'audace. — A peine débarqué, il brûla ses vaisseaux pour ne laisser à ses compagnons d'autre moyen de salut que la victoire. Il jeta les fondements de la ville de *Vera Cruz*, où il laissa quelques-uns des siens, et se mit en marche avec le reste de ses troupes, accompagné d'une jeune Indienne qu'il avait fait baptiser sous le nom de *Marina*, et qui lui servit d'interprète. Grâce à l'adresse de cette femme, qui transmettait aux indigènes les menaces et les promesses de Cortès, il parvint à les diviser entre eux et à les armer les uns contre les autres. L'empereur du Mexique, tremblant pour sa domination et considérant les Espagnols comme autant de divinités, vint lui-même au-devant d'eux avec les principaux du pays, et accorda aux étrangers un quartier de la ville de Mexico, sa capitale.

79. Conquête du Mexique par Cortès. — Montézuma et Guatimozin. — Cortès comptait peu sur ces démonstrations d'amitié. Entouré d'une population innombrable qui n'attendait que l'occasion favorable pour l'exterminer avec les siens, il résolut de prévenir le danger par un coup d'une audace incroyable. Il se rendit au palais de Montézuma, comme pour lui offrir ses hommages, le fit saisir tout à coup et charger de chaînes au milieu même de sa capitale et de son armée, et jeta ainsi une consternation inexprimable dans le cœur de tous les Mexicains.

D'autres dangers menaçaient Cortès. Il venait d'apprendre que le gouverneur de Cuba, jaloux de ses succès, envoyait une armée et une flotte pour lui enlever le commandement. Cortès, laissant une garnison à Mexico, court au-devant de ses compatriotes : il gagne les troupes envoyées pour le combattre, et revient en toute hâte à Mexico avec des forces nouvelles.

Ce renfort était plus que jamais nécessaire. Les violences imprudentes des Espagnols avaient exaspéré les Mexicains, lorsque Montézuma mourut accablé de chagrin et de honte. A peine les Espagnols eurent-ils perdu ce précieux otage, qu'ils se virent assaillis de tous côtés par une population furieuse. Il leur fallut battre en retraite à travers mille dangers; ils perdirent leurs chevaux, leurs canons, leur trésor, et, en sortant de Mexico, ils se trouvèrent en présence d'une armée immense qui les attendait de pied ferme. Cortès dut encore cette fois son salut à son intrépidité. Sans laisser aux siens le temps de reconnaître le danger, il s'élança brusquement sur l'ennemi. Sachant que les Mexicains mettaient toute leur confiance dans leur étendard, il se précipita seul sur le chef qui le portait, lui arracha le drapeau, et décida ainsi la victoire.

Cependant un vaillant guerrier, *Guatimozin*, avait succédé à Montézuma, et se préparait à soutenir une guerre acharnée. Mais, au bruit des exploits de Cortès, beaucoup d'Espagnols accoururent pour se joindre à lui; il revint avec une armée plus redoutable mettre le siége devant Mexico. La ville fut bientôt prise et saccagée. Ayant fait prisonnier Guatimozin, Cortès ordonna de l'étendre sur un brasier avec son principal ministre, pour les forcer à livrer le trésor de Montézuma. Le courageux Mexicain supporta avec une fermeté inébranlable cet affreux supplice, et entendant son ministre pousser des cris de douleur : « *Et moi*, lui dit-il, *suis-je donc sur un lit de roses!* » Les Espagnols punirent les Mexicains de leur résistance par les plus horribles massacres, et ils eurent bientôt établi leur tyrannie dans tout le pays (1521).

La plupart du temps, les ministres de la religion s'efforcèrent d'arrêter en Amérique la barbarie des vainqueurs; mais quelquefois aussi, des prêtres fanatiques et ambitieux encouragèrent des excès réprouvés par l'Évangile, et, dans plusieurs contrées, il fallut de longues années pour que les indigènes reconnussent la douceur et la sainteté d'une religion qu'on voulut trop souvent leur imposer par la violence.

80. CONQUÊTE DU PÉROU PAR LES FRÈRES PIZARRE. — Quelques années après, *François Pizarre* et ses trois frères envahirent le Pérou, célèbre comme le Mexique par ses richesses et par le développement de sa civilisation. Les deux fils du dernier *Inca* ou empereur du Pérou, *Huascar* et *Atahualpa*, se disputaient le trône les armes à la main. Ils se hâtèrent de solliciter, l'un et l'autre, le secours de ces hommes qui lançaient le tonnerre et dirigeaient à leur gré des animaux formidables.

Pizarre laissa Atahualpa renverser son frère après une guerre acharnée et se prépara à se rendre maître lui-même du vainqueur à force de perfidie et d'audace. Atahualpa, après avoir reçu Pizarre sans défiance, voulut déployer aux yeux des Espagnols tout l'éclat de sa magnificence; il s'avança en leur présence à la tête d'une armée de trente mille hommes, et entouré du plus brillant appareil. Pizarre, au milieu de la cérémonie, s'approcha de l'inca sous prétexte de lui enseigner les dogmes de la religion chrétienne ; puis, tout à coup, se jetant sur lui avec une poignée d'hommes intrépides, il égorgea une foule de Péruviens et emmena leur chef prisonnier. Il mit en jugement le malheureux Atahualpa, qui fut condamné à mort. Pizarre fit étrangler l'héritier des incas, après s'être fait livrer des richesses incalculables (1533). Chacun des cavaliers reçut, dit-on, deux cent mille livres et les fantassins la cinquième partie de cette somme.

81. Mort tragique de Pizarre. — Disgrace de Cortès. — Le partage du butin jeta la discorde parmi les vainqueurs. *Almagro*, l'un des compagnons de Pizarre, qui venait de découvrir et de conquérir le *Chili*, souleva une partie de l'armée, fut vaincu et mis à mort (1538). François Pizarre, qui avait fondé *Lima* au centre de ses conquêtes, n'en fut pas longtemps paisible possesseur. Il fut assassiné dans son palais par les partisans d'Almagro (1541). Quelque temps après, deux de ses frères furent condamnés et exécutés comme rebelles, et le troisième fut tué par les Péruviens. La mort tragique de la plupart des conquérants du Pérou vengea l'Amérique de leurs excès et de leurs cruautés.

Vers le même temps, l'empereur Charles-Quint (chap. XI) laissait mourir dans la disgrâce Fernand Cortès, victime comme Colomb des calomnies de ses ennemis (1547). L'empereur n'avait pas même daigné écouter ses plaintes. Après avoir vainement sollicité une audience, le conquérant du Mexique fendit un jour la foule qui entourait la voiture de l'empereur, et monta sur le marchepied de la portière : « *Quel est cet homme ?* demanda Charles-Quint. — *C'est*, dit Cortès, *celui qui vous a donné plus de royaumes que vos pères ne vous ont laissé de provinces !* »

82. Organisation de l'empire colonial des Espagnols. — Les colonies de l'Espagne étaient alors réparties sur une immense étendue, des limites du Mexique à celles du Pérou, en comprenant les plus riches et les plus grandes des Antilles. Une multitude d'Espagnols et d'Européens de tous les pays vinrent s'y fixer, et substituer partout une population nouvelle à la population indigène.

Toutes ces vastes possessions furent comprises dans une même organisation administrative, constituée avec succès par le génie de Charles-Quint. Deux grands gouvernements, celui de Mexico au nord, et celui de Lima au midi, confiés chacun à un vice-roi, se partagèrent l'ensemble des colonies. Au vice-roi, réunissant les fonctions civiles et militaires, fut adjoint une audience ou tribunal supérieur, chargé de juger les affaires principales et d'assister le vice-roi comme conseil d'administration. L'augmentation ultérieure du nombre des vice-royautés et des audiences ne changea pas le principe de cette organisation, qui releva d'abord de la Cour supérieure de Séville, puis du Conseil des Indes.

83. DÉCOUVERTES DES PORTUGAIS. — Le Portugal qui avait devancé l'Espagne dans la voie des découvertes (voir notre *Hist. du moy. âge*, n° 361), s'y était avancé rapidement et avait fondé à l'orient un empire presque égal aux immenses conquêtes de l'Espagne à l'occident. On sait que dès le commencement de ce siècle, le prince *Henri de Viseu*, homme d'une grande instruction et d'un génie aventureux, avait envoyé sur les rivages de l'Afrique des vaisseaux munis de boussoles et d'instruments d'observation que lui-même avait perfectionnés. Ces navigateurs dépassèrent de soixante lieues le cap *Non* ou *Noun*, que l'on regardait comme une barrière impossible à franchir (1), et s'avancèrent jusqu'au cap *Bojador*. Bientôt après, furent découvertes les îles *Canaries*, puis l'île de *Madère*, entièrement déserte et couverte de forêts (1419). Charmés de la beauté du climat qui régnait dans ces parages, les Portugais mirent le feu aux bois épais qui rendaient l'île de Madère inhabitable, et après un incendie qui dura, dit-on, sept années, ils y cultivèrent avec le plus grand succès la canne à sucre et la vigne, dont les produits devinrent une branche importante de leur commerce.

Le souverain pontife que les peuples chrétiens considéraient dans le moyen âge comme le maître de toutes les îles de la mer et le souverain des pays inconnus, accorda aux Portugais l'investiture des découvertes qu'ils pourraient faire au delà du cap Bojador (bulle de Martin V). Ceux-ci, encouragés par cette faveur, s'avancèrent hardiment sur les rivages de l'Afrique. Après avoir reconnu le *Sénégal*, les *Açores* (1446), puis la *Guinée*, et atteint la ligne équinoxiale, ils remarquèrent que les côtes d'Afrique allaient toujours en se rétrécissant vers l'orient, et dès lors, ils conçurent la pensée de trouver, en avançant encore, un passage vers les Indes, d'où les Maures d'Afri-

---

(1) Il y avait alors un dicton populaire :
Celui qui voit le cap Non
Rebroussera chemin, ou non.

que rapportaient des richesses inouïes. Leurs espérances furent augmentées par les récits de deux hardis voyageurs, *Pierre de Covilham* et *Alphonse de Payva*, qui s'étaient chargés de pénétrer dans l'Inde par terre. S'étant joints à une caravane arabe qui partait de la ville de Fez (près de Maroc), les deux Portugais arrivèrent à travers toute l'Afrique jusqu'au port d'Aden en Arabie, où ils se séparèrent. Payva passa en Abyssinie, tandis que Covilham continuait sa route jusque dans l'Inde et visitait les villes de Calicut, de Cananor, de Goa, où allaient bientôt aborder les vaisseaux de ses compatriotes. Revenu sain et sauf de ce long et périlleux voyage, il apprit que son compagnon, moins audacieux et moins heureux que lui, était mort au Caire assassiné par deux juifs. Il n'en poursuivit pas moins sa route jusqu'en Abyssinie, où le Négus lui fit le meilleur accueil, et l'éleva aux premiers emplois du pays. Covilham se hâta de faire connaître au roi de Portugal le résultat de ses voyages, l'exhortant à continuer avec ardeur les expéditions maritimes.

84. BARTHÉLEMY DIAZ DÉCOUVRE LE CAP DE BONNE-ESPÉRANCE. — Peu de temps après, un navigateur intrépide, *Barthélemy Diaz*, ne craignit pas de s'aventurer au midi, bien au delà des régions qui avaient été visitées jusqu'alors. Il abordait de temps à autre et envoyait sur la côte des Nègres qu'il avait emmenés avec lui, pour prendre quelques renseignements auprès des naturels du pays; mais il ne pouvait rien obtenir de ces hommes grossiers et farouches, et il lui fallait avancer au hasard. Ses compagnons, effrayés de la longueur du voyage, se révoltèrent contre lui et voulurent le forcer à retourner en arrière; Diaz parvint à les décider à faire encore vingt-cinq lieues, et, avant d'avoir parcouru cet espace, il s'aperçut avec une joie inexprimable qu'il avait dépassé l'extrémité méridionale de l'Afrique (1486).

Il revint après avoir exploré toutes les côtes jusqu'au cap qui termine le continent africain, et qu'il avait nommé le *Cap des Tempêtes*, à cause des ouragans affreux qu'il y avait essuyés : « *A Dieu ne plaise*, s'écria le roi Jean II, *qu'il conserve un nom de si mauvais augure; je veux qu'il soit appelé le* CAP DE BONNE-ESPÉRANCE! »

85. VASCO DE GAMA AUX INDES-ORIENTALES. — La route de l'Inde était ouverte; il ne restait plus qu'à trouver un homme qui osât s'élancer sur ces mers inconnues, et achever l'œuvre commencée par Diaz. — En 1497, un gentilhomme nommé *Vasco de Gama*, marin expérimenté et vail-

lant capitaine, partit avec trois vaisseaux après avoir imploré par des prières solennelles la protection du ciel. Il doubla le cap de Bonne-Espérance malgré de terribles coups de vent, remonta le long des côtes orientales de l'Afrique, en dépit des murmures de son équipage, et reconnut les villes riches et commerçantes de *Mozambique*, de *Mombaze*, de *Mélinde*. Enfin, guidé par un pilote que lui donna le roi de Mélinde, il atteignit les côtes d'Asie, et aborda à *Calicut*, la cité la plus importante de l'Inde (1498). Il débarqua avec quelques hommes au milieu d'une population de Maures et d'Arabes, ennemis acharnés des chrétiens.

Le souverain de Calicut ou *Zamorin* offrit à Gama de l'accueillir avec les honneurs rendus habituellement aux ambassadeurs des plus grandes puissances. L'intrépide Portugais se rendit à cette invitation, mais après s'être mis en garde contre quelque trahison, et avoir prescrit à ses compagnons ce qu'ils auraient à faire dans le cas où il viendrait à être tué. Il traversa Calicut avec douze hommes de son équipage, entouré d'une population immense qui se pressait sur son passage. La curiosité des habitants fit place au mépris, quand on vit le petit nombre des Portugais et les modestes présents qu'ils portaient avec eux. Les Maures tentèrent de surprendre les vaisseaux de Gama. Mais celui-ci montra devant le Zamorin une telle assurance, il sut si habilement et tout à la fois lui faire craindre la puissance du roi de Portugal et désirer son alliance, qu'il parvint à se faire reconduire honorablement jusqu'à son vaisseau.

Échappé par son adresse et son audace à un si grand danger, Gama leva l'ancre en toute hâte, et revint en Europe annoncer sa découverte environ deux ans après son départ (1499).

Le roi de Portugal, *Emmanuel le Fortuné* (1495-1521), transporté de joie au récit de Gama, prit le titre de seigneur et maître de la navigation, de la conquête et du commerce dans l'Éthiopie, l'Arabie, la Perse et les Indes.

86. Progrès des Portugais aux Indes. — La découverte d'une route maritime vers les Indes devait opérer une complète révolution dans le commerce de l'Orient en changeant tout à coup ses voies de communication. Elle porta le coup de mort à la marine vénitienne, qui allait sur les côtes de Syrie recueillir les riches productions que les caravanes seules apportaient auparavant du fond de l'Inde à travers les déserts; et ce fut la nation la plus occidentale de

l'Europe, qui, pendant un siècle, entretint presque exclusivement des relations avec l'Orient.

Les navigateurs portugais, animés par les succès de Gama, s'élancent à l'envi sur ses traces. — En 1500, *Cabral* part avec treize vaisseaux, subit une tempête terrible qui engloutit quatre bâtiments, et sur l'un d'eux Barthélemy Diaz, arrive avec six vaisseaux seulement, oblige les rois de *Cochin* et de *Cananor* à accepter son alliance, et fonde un comptoir à Calicut. Mais à peine s'est-il éloigné, que les Maures, jaloux des Européens et craignant de se voir enlever les profits qu'ils tiraient seuls du commerce de l'Inde, soulèvent la population de Calicut contre la garnison portugaise et l'égorgent tout entière par trahison. A cette funeste nouvelle, le roi charge Gama d'aller venger ses compatriotes. Le Portugais reparaît avec vingt vaisseaux (1502) et bombarde Calicut, tandis que l'intrépide *François Pachéco*, chargé de défendre un petit fort avec cent cinquante hommes, repousse les attaques de cinquante mille ennemis. La bravoure des Européens jette l'épouvante parmi les Indiens, qui sont forcés de poser les armes.

87. L'EMPIRE COLONIAL DES PORTUGAIS AUX INDES EST CONSTITUÉ. — FRANÇOIS D'ALMEÏDA, VICE-ROI. — Toutefois, la guerre ne tarde pas à se rallumer. Les Vénitiens et le *soudan* d'Égypte, dont le commerce est également menacé, s'unissent contre l'ennemi commun, et soulèvent les Indiens de toutes parts. Mais les Portugais sont commandés par un chef aussi habile que courageux, *François d'Almeïda*, qui avec de faibles troupes tient tête à tous ses adversaires. Il détruit la flotte du soudan (1508), triomphe à force d'adresse et d'audace de toutes les tribus indiennes, étend au loin la domination portugaise, envoie son fils *Laurent* reconnaître les îles *Maldives*, de *Ceylan*, de *Madagascar*, et mérite le premier le titre de *vice-roi*. Les petits princes de Cananor, de Cranganor, de Cochin, de Perka, s'étaient soumis; le plus puissant de tous, le zamorin de Calicut, avait vu sa ville détruite et ses armées dispersées. Dès lors, le commerce se fit tout entier au profit du Portugal.

88. EXPLOITS D'ALPHONSE D'ALBUQUERQUE. — Enfin, le grand *Albuquerque* vient achever une œuvre si heureusement commencée. Il s'empare d'*Ormouz*, la clef du golfe Persique, et de la grande ville de *Goa* (1510), où il fixe le siège de la vice-royauté. Le roi de Perse ayant envoyé réclamer aux Portugais le tribut que payaient autrefois les princes

d'Ormouz, Albuquerque montre aux ambassadeurs des boulets et des grenades : « *Voilà*, dit-il, *la monnaie des tributs que paye le roi de Portugal!* » En même temps, il effrayait les peuples de l'ancienne Chersonèse d'Or par la prise de *Malakka*, malgré tous les efforts des Vénitiens, qui, du fond de l'Adriatique, avaient fait transporter sur la mer Rouge tous les matériaux d'une flotte.

Albuquerque, exalté par ses succès, formait des plans gigantesques. Il voulait faire la conquête de la Perse et de tous les royaumes indépendants de l'Inde. Il voulait obliger le roi d'Éthiopie à détourner le cours du Nil en lui ouvrant un passage dans la mer Rouge, et détruire ainsi à jamais la puissance de l'Égypte, qui serait devenue un désert inhabitable. Mais les Portugais ne comprirent pas ses vastes desseins, et le roi Emmanuel, cédant à d'odieuses intrigues, lui enleva la vice-royauté. Albuquerque ne répondit que par une courte lettre, que terminaient ces nobles paroles : « Je ne vous dis rien des Indes, elles vous parleront assez pour elles et pour moi. » Albuquerque mourut peu après (1515), dans une injuste disgrâce, emportant du moins la gloire d'avoir élevé à son comble la grandeur des Portugais dans les Indes, et laissant un profond souvenir de ses vertus parmi les Indiens, qui souvent allèrent à son tombeau demander justice des vexations de ses successeurs.

89. Décadence de l'empire portugais aux Indes. — Le Portugal, qui, ainsi que l'Espagne, ne cherchait qu'à accroître ses lointaines possessions, était trop faible pour exercer une pareille domination au delà des mers : c'était un vaste édifice qui manquait de fondements. De continuelles expéditions maritimes épuisaient ses hommes et ses finances; les tributs des rois soumis ne suffisaient pas même à entretenir les forteresses. La décadence fut prompte après Albuquerque, dont le génie embrassait tout. Les Portugais, malgré leur petit nombre, osaient exercer sur les indigènes une insupportable tyrannie. « Heureusement, disaient les Indiens, Dieu a voulu qu'il y eût peu de Portugais, comme il y a peu de tigres et de lions, pour qu'ils ne détruisissent pas l'espèce humaine. » Plusieurs princes soulevèrent les populations, et à Ormouz il y eut un massacre général des Européens. La vengeance des Portugais, leurs nouveaux excès sous George de Mendès, Sampayo, Nuno d'Acugna, ne firent qu'augmenter la haine des Indiens, tandis que l'énergie et le courage de leurs vainqueurs s'affaiblissaient dans les plaisirs

et la mollesse. Pourtant, un digne successeur des Almeïda et des Albuquerque, *Don Juan de Castro* (1545-1548), releva un instant la gloire de sa patrie dans les Indes. Vainqueur du puissant roi de Cambaye, il délivra la ville de Diu, assiégée par une immense armée, et rentra dans Goa sur un char de triomphe, à la manière des généraux anciens, suivi des chefs et des soldats prisonniers. Seul peut-être de tous les gouverneurs portugais, Castro avait donné l'exemple d'un désintéressement admirable. Atteint d'une maladie mortelle, il donna un grand exemple en jurant sur l'Évangile, devant le conseil assemblé, qu'il n'avait jamais employé à son usage l'argent du roi, ni celui des particuliers. Il expira, l'an 1548, entre les bras de l'apôtre des Indes, saint François Xavier (n° 170), qui avait en dix ans couvert d'églises et de colléges l'Inde portugaise, et pénétré jusqu'au Japon, où des milliers d'infidèles s'étaient convertis à sa voix.

90. GLORIEUSE ADMINISTRATION D'ATAÏDE. — DESTRUCTION DE LA DOMINATION PORTUGAISE. — La mort de Castro fut le signal d'un ébranlement général; les Portugais ne mirent plus de bornes à leur licence et à leurs cruautés, et de dix-neuf vice-rois qui succédèrent à Castro, un seul fut digne de la haute mission dont il était chargé. *Don Louis d'Ataïde* (1569) trouva toutes les puissances indiennes liguées contre la domination portugaise, et ses lâches officiers voulaient abandonner toutes les possessions éloignées pour se renfermer dans Goa : « Compagnons, leur dit Ataïde, je veux tout conserver; et tant que je vivrai, les ennemis ne gagneront pas un pouce de terrain. » Il tint parole. Les rois indiens furent battus de tous côtés; les Européens avaient repris leur énergie sous l'inspiration de leur vaillant chef. On vit un vaisseau lutter trois jours contre la flotte du roi d'Achem. En même temps, l'administration intérieure était sévèrement réformée : une ère nouvelle semblait commencer. Tout cet éclat disparut après Ataïde (1580). En vain, le poëte Camoëns (n° 111) flétrit par une satire sanglante les vices de ses compatriotes, qui ruinaient de plus en plus leur puissance. Cet étonnant empire chancelait de toutes parts, quand la conquête du Portugal par Philippe II consomma sa destruction.

Les Portugais, redevenus indépendants, ne recouvrèrent que quelques débris de leur ancienne domination. « Aujourd'hui, Goa *la dorée*, comme on l'appelait, n'existe plus; Goa, où le vieux Gama termina sa carrière, où le divin Camoëns souffrit et chanta. Près d'elle s'est élevée, sous le même nom, une autre ville, mais pauvre et triste, quoique l'orgueil portugais l'ait décorée du titre de vice-royauté. Il ne reste de la vieille cité que le palais désert des anciens gouverneurs, que cinq ou six églises desservies par quelques religieux. On dirait des prêtres chargés de garder un cercueil. » (Chardin.)

§ III. DÉVELOPPEMENTS DE LA RICHESSE MOBILIÈRE.

91. La richesse mobilière se développe par les capitaux et le crédit. — Parmi les conséquences de la découverte du cap de Bonne-Espérance et de l'Amérique, qui fit naître un monde nouveau à la civilisation et ressuscita pour ainsi dire le vieux monde oriental, l'une des plus considérables assurément est la révolution économique qui s'accomplit rapidement sous l'influence des trésors incalculables apportés des deux hémisphères.

Jusqu'alors, et dans la plupart des États, la propriété territoriale était le seul élément de la richesse. Elle se mesurait à l'étendue des domaines, et résidait par conséquent tout entière entre les mains des seigneurs, qui seuls possédaient les terres fertiles et les vastes forêts exploitées à leur profit par les villains et les serfs. Dans les places commerçantes seulement, dans les cités flamandes et hanséatiques, à Venise surtout, à Gênes et dans les autres villes maritimes, on voyait se former, se développer et se transmettre, de génération en génération, des fortunes indépendantes de toute propriété immobilière, consistant uniquement en capitaux fécondés par l'industrie et le négoce. L'abondance des métaux précieux rapportés de l'Amérique et des Indes, la multiplication des espèces monnayées, mais surtout et bien plus encore, l'extension inouïe des relations et des opérations commerciales, généralisèrent rapidement ce qui n'était jusqu'alors qu'une exception. La richesse mobilière, consistant dans les capitaux, prit une place importante dans la richesse publique ; les capitaux eux-mêmes, qui ne consistaient guère auparavant que dans le numéraire, dont la quantité est toujours plus ou moins restreinte, se développèrent par le *crédit*, qui crée et fait circuler des valeurs de convention pour représenter tous les objets de commerce, et dont l'extension est illimitée. De même qu'on avait vu jadis l'échange des espèces monnayées avec les objets de consommation, remplacer l'échange si difficile et si onéreux de ces objets entre eux, de même on vit, par un progrès nouveau, les *effets* de commerce en général s'adjoindre à leur tour aux espèces pour en éviter le déplacement, et les banques de commerce qui font circuler ces effets se multiplier de toute part, à l'exemple des banques déjà anciennes de Gênes, de Venise, de Gand, de Lubeck, etc.

92. Influence du développement de la richesse mobilière. — Sous l'influence de l'élément nouveau jeté dans la civilisation par le développement de la richesse mobilière, la société tout entière subira une rapide et profonde transformation. A la différence des immeubles réservés à la noblesse, et que les mœurs et les lois maintenaient dans les mêmes familles, les capitaux essentiellement mobiles de leur nature, et passant constamment de main en main, formeront dans la classe bourgeoise des fortunes parfois colossales auxquelles les plus fières maisons devront souvent demander des ressources en attendant qu'elles ne dédaignent plus de leur demander leur alliance. Le travail, l'activité et l'intelligence suffiront, dans tous les rangs, à créer les fortunes nouvelles, éléments et garanties d'une égalité sociale inconnue jusqu'alors. La facilité de la transmission des capitaux réagira sur la transmission des immeubles eux-mêmes en présentant aux seigneurs, souvent accablés sous le poids de propriétés improductives, l'attrait du bien-être, du luxe, de l'élégance que procure la richesse mobilière acquise par l'aliénation des immeubles. Ainsi la propriété territoriale, qui, grâce aux priviléges qu'elle confère encore pour longtemps, demeure la véritable base de l'influence politique, tend à son tour, par l'effet du même mouvement, à se diviser, à se répartir, à se généraliser, et le temps viendra où sa prééminence séculaire diminuant peu à peu, ne subsistera plus qu'à peine dans la législation et disparaîtra entièrement dans les mœurs.

QUESTIONNAIRE. — § 1. 72. Faites connaître les effets de l'invention de la poudre et des armes à feu sur la tactique militaire. — 73. Signalez les progrès de l'imprimerie et la portée de cette grande invention ? — Par quelle autre invention ses développements furent-ils secondés ? — 74. Dites les résultats de la découverte de la boussole. — § II. 75. *Parlez des observations et des premières tentatives de Colomb. — Par qui furent accueillies ses propositions ? — Quelle fut l'issue de son premier voyage ?* — 76. *Racontez les autres voyages, la disgrâce et la mort de Colomb.* — 77. Quels furent les nouveaux progrès des découvertes espagnoles ? — Que savez-vous de Barthélemy de Las Casas ? — 78. *Quel projet forma Cortès et comment en commença-t-il la réalisation ? — 79. Racontez la conquête du Mexique.* — 80. Comment et par qui fut découvert le Pérou ? — 81. Faites connaître les principales circonstances de la conquête du Pérou et les catastrophes qui la suivirent. — 82. Quelle était l'étendue et l'organisation de l'empire colonial espagnol ? — 83. Quelles découvertes et quels voyages ont signalé l'audace des Portugais au quinzième siècle ? — 84. Quand et par qui fut découvert le cap de Bonne-Espérance ? — 85. *Racontez le voyage de Vasco de Gama aux Indes.* — 86. Comment se fonda et se développa la puissance portugaise aux Indes ? — 87. Quelles luttes eut à soutenir Almeïda ? — Quel titre reçut-il ? — 88. *Racontez les exploits, les projets et la disgrâce d'Albuquerque.* — Quels souvenirs a-t-il laissé ? — 89. Quels furent les causes et les progrès de la décadence de la domination portugaise aux Indes ? — Que savez-vous de Castro et de saint François Xavier ? — 90. Qui arrêta un instant encore la décadence ? — Comment s'écroula l'empire portugais ? — § III. 91. Quel fut le grand résultat économique des nouvelles découvertes ? — Qu'entendez-vous par richesse mobilière ? — Comment se développa-t-elle ? — 92. Quel devait être l'effet de ce développement au point de vue politique ? — La richesse immobilière devait-elle conserver son ancienne prééminence ?

CHAPITRE NEUVIÈME.

TABLEAU DE L'ITALIE AU COMMENCEMENT DU XVIᵉ SIÈCLE. LA RENAISSANCE.

—

SOMMAIRE.

§ Iᵉʳ. 93. L'Italie est à la tête de la civilisation européenne. La Lombardie présente des campagnes fertilisées par les irrigations. Milan, capitale d'un duché indépendant, est le berceau d'une grande école de peinture. Gênes la Superbe est remplie de palais de marbre ornés de chefs-d'œuvre.

94. Venise est embellie de palais où l'architecture moresque prodigue ses ornements. Elle a une université, une imprimerie florissantes. — Florence sous les Médicis a une riche bibliothèque et accueille tous les savants. — La cour de Ferrare est la plus brillante de toute l'Italie.

95. Rome est à la tête du progrès littéraire et artistique. La bibliothèque du Vatican s'enrichit de manuscrits. Jules II s'entoure d'hommes éminents, il emploie le génie de Michel-Ange. Léon X forme un musée de chefs-d'œuvre antiques, réunit des artistes célèbres, donne son nom à son siècle. Naples a été conduite dans la même voie par Alphonse le Magnanime qui créa une académie bientôt florissante.

§ II. 96. Les préliminaires du mouvement de la renaissance sont les efforts de l'esprit humain au moyen âge, caractérisés par la grandeur de l'idée ; mais la forme est encore imparfaite. Le retour à l'imitation intelligente des modèles de l'antiquité décide la renaissance.

97. La renaissance est préparée en Italie par le Dante, favorisée par l'arrivée des savants grecs. Elle s'étend dans toute l'Europe. Le quinzième siècle se signale par une recherche active des monuments de la littérature ancienne. Le roi Alphonse de Naples est le protecteur des lettres. Pontanus, Sannazar, brillent à Naples. Pic de la Mirandole est célèbre par sa précocité et sa science prodigieuse. La bibliothèque des Médicis est fondée par Côme.

98. Les savants grecs Bessarion, Argyropyle, Théodore Gaza, etc., se réfugient en Italie. Les papes enrichissent la bibliothèque du Vatican, qui reçoit les débris de celle de Florence. Bembo, Scaliger, Vida, Paul et Alde Manuce cultivent à la fois l'érudition.

99. Le seizième siècle offre les œuvres de poésie nationale de Bembo et des Pétrarquistes, de Rota, de Sannazar, les satires de Berni, les œuvres de l'Arétin dont l'immoralité doit être flétrie.

100. L'Arioste s'illustre par le roman chevaleresque de *Roland furieux*: Le Tasse est l'auteur de la *Jérusalem délivrée*; il est jeté en prison; le triomphe de ce grand poëte ne s'accomplit qu'après sa mort.

101. Parmi les prosateurs, Machiavel publie des œuvres diverses remarquables par leur style ; il développe une immorale politique. Guicciardini est un habile historien.

102. Les chefs-d'œuvre de Donatello dans la sculpture inaugurent le quinzième siècle. L'architecte Brunelleschi ; Pérugin, le suave compositeur; Ghirlandaio, le peintre habile, se signalent à la fois.

103. Bramante (m. 1514) porte à sa perfection l'architecture de la renaissance ; il est l'auteur des plans de Saint-Pierre de Rome.— Palladio construit le palais des doges de Venise.

104. Léonard de Vinci, artiste éminent, fait des tableaux admirables pour François Ier ; il peint la *Cène*, composition sublime. — Raphaël d'Urbin (m. 1520), élève du Pérugin et de Bramante, peint les chambres et les loges du Vatican, des *Saintes Familles*, la *Transfiguration*, chef-d'œuvre de l'art.

105. Michel-Ange (1474-1564) est un peintre, un sculpteur, un architecte de premier ordre. Il décore la chapelle Sixtine, sculpte le *Moïse*, édifie la basilique de Saint-Pierre. Il déconcerte la jalousie de ses rivaux en faisant à leur insu un inimitable chef-d'œuvre. Michel-Ange est poëte en même temps qu'artiste.

106. Le Titien est le chef de l'école vénitienne, remarquable par son magnifique coloris ; cet artiste est d'une fécondité prodigieuse ; il peint la fameuse *Assomption* et fait le portrait de Charles-Quint (1477-1576). Les écoles principales sont l'école florentine (André del Sarto, Salviati, Vasari, le Rosso, après Michel-Ange) ; l'école romaine (Raphaël, Jules Romain) ; l'école bolonaise (les Carraches, le Dominiquin) ; l'école vénitienne (Titien, Tintoret, Paul Véronèse). Le Corrège a un talent original et d'une grâce inimitable.

107. Rubens et Van-Dyck illustrent l'école flamande.—Albert Durer, peintre et graveur, se distingue en Allemagne. — Hans Holbein est en Suisse un célèbre peintre de portraits. — La Réforme arrête le progrès des arts en Allemagne. — La musique religieuse est cultivée avec succès par Palestrina.

108. Le mouvement intellectuel se propage dans toute l'Europe. Les universités d'Allemagne deviennent célèbres; mais la réforme vient mettre obstacle au développement de la littérature. Si l'Italie est supérieure dans les arts, la prééminence lui sera disputée dans les sciences et les lettres.

109. Érasme, esprit fin, érudit, auteur des *Colloques* et de l'*Éloge de la folie*, a une grande influence sur la direction des études; il est ami des savants Guillaume Budée (Français) et Vivès (Espagnol). Le Belge Juste Lipse commente les anciens.

110. Boscan-Almogaver, Mendoça, Montemayor, Herrera, Garcilaso de la Véga, cultivent en Espagne tous les genres de littérature.

111. Les deux grands écrivains de l'Espagne, sont Cervantes, auteur de pièces de théâtre, mais surtout du célèbre roman de *Don Quichotte*, et Lope de Vega qui a composé par milliers des drames et des poésies de tout genre avec un succès prodigieux. Mariana écrit avec talent l'histoire d'Espagne. Le Portugais Camoëns est l'auteur du beau poëme des *Lusiades*.

112. La philosophie entre dans une voie dangereuse. Campanella produit des théories communistes. La politique immorale de Machiavel est corrigée par Thomas Morus. La science du droit reçoit une impulsion prodigieuse des travaux d'Accurse, Balde, Barthole, Dumoulin, Cujas, Godefroy, Favre.

113. La médecine fait des progrès sous l'influence de Fallope et d'Ambroise Paré. Copernic, astronome prussien, étudie tous les travaux de ses devanciers et fonde le système d'après lequel le mouvement de la terre autour du soleil est reconnu. — Galilée confirme en Italie le système de Copernic. — Tycho-Brahé, Danois, fait des observations précieuses.

§ Ier. TABLEAU DE L'ITALIE AU COMMENCEMENT DU SEIZIÈME SIÈCLE. — MILAN, GÊNES, VENISE, FLORENCE, ROME, NAPLES. — JULES II. — LÉON X.

95. L'ITALIE AU COMMENCEMENT DU QUINZIÈME SIÈCLE. — MILAN. — GÊNES. — Au moment où l'Italie, devenue le champ de bataille de l'Europe, était en proie aux calamités de la guerre étrangère et de la guerre civile, elle resplendissait de tout l'éclat des lettres et des arts. Nous avons exposé sa situation politique au commencement du seizième siècle (n° 50), il nous reste à esquisser le tableau de la civilisation dans la péninsule à la même époque.

Milan, redevenue la capitale indépendante d'un beau et vaste duché et la puissance prépondérante sur le continent de l'Italie septentrionale, Milan était digne par ses richesses et sa splendeur de la place qu'elle avait prise à la tête des villes Lombardes. Dans toute l'étendue du duché, les campagnes, couvertes de métairies, sillonnées, par les soins éclairés de Ludovic le More, de canaux d'irrigation, présentaient d'admirables prairies et des champs d'une fertilité prodigieuse. La capitale était le berceau d'une des plus grandes écoles de peinture d'Italie et le siège d'une académie des beaux-arts présidée par Léonard de Vinci (n° 104), et aux environs de Milan, Pavie voyait refleurir son université.

Gênes *la Superbe*, malgré la décadence de sa grandeur commerciale, reprenait son indépendance sous un doge issu de l'une de ses plus illustres familles, et s'enorgueillissait de ses palais de marbre qui s'élevaient en amphithéâtre autour de son vaste port, et qui, à défaut de productions de l'art indigène, allaient s'orner des chefs-d'œuvre achetés à grands frais dans toute l'Italie.

94. VENISE. — FLORENCE. — Venise bordait ses lagunes de ces mille constructions où les caprices de l'architecture moresque s'allient avec tant de grâce aux formes plus sévères de l'art italien, et dont le fameux palais des Doges (n° 103) est resté le type achevé. Elle voyait s'affermir sa nouvelle université, rivale de celle de Padoue, et les chefs-d'œuvre typographiques des *Manuces* (n° 98), les Étienne de l'Italie, faisaient de la grande république maritime un des principaux foyers de l'instruction et des lumières.

Florence, rentrée sous la domination des Médicis, jouissait de toutes les merveilles rassemblées dans son sein par cette illustre famille, elle recueillait les savants de tous les pays, et ouvrait à leurs recherches les trésors de la bibliothèque Laurentienne, rendue chaque jour plus digne de porter le nom du plus grand des Médicis. La cour d'Hercule d'Este à Ferrare, rendez-vous des littérateurs et des poëtes, était la plus brillante de toute l'Italie; et la maison de Gonzague, à Mantoue, rivalisait avec celle de Ferrare.

95. ROME. — JULES II. — LÉON X. — NAPLES. — Rome, qui seule avait conservé les traditions de la vraie politique italienne et qui pendant les premières années du seizième siècle fut à la tête du mouvement national contre les invasions étrangères (n° 59), Rome marchait aussi la première dans la voie de la civilisation. Le souverain pontificat, au milieu de tant de luttes et de travaux, s'appliquait avec un zèle ardent à seconder le mouvement intellectuel qui entraînait alors l'Italie tout entière. L'université de Rome s'était relevée sous Eugène IV. Nicolas V, le fondateur de la bibliothèque du Vatican, l'avait enrichie d'une foule de manuscrits anciens et de

traductions faites avec un soin extrême. Jules II (1503-1513), l'énergique défenseur de l'indépendance italienne, le pontife guerrier, qui s'armait contre les *Barbares* (n° 69), Jules plein d'une égale ardeur pour toutes les gloires de sa patrie, s'entourait des hommes les plus éminents de l'époque, savait comprendre le génie de Michel Ange, et confiait à ce prince de l'art la construction du plus grandiose des monuments modernes, la basilique de Saint-Pierre de Rome.

Léon X (1513-1521), fils de Laurent de Médicis et successeur de Jules II, digne de ce double titre par son amour éclairé des arts, enrichissait la bibliothèque du Vatican, achetait à prix d'or les manuscrits précieux, recherchait sous les ruines de l'ancienne Rome tous ces chefs-d'œuvre de la sculpture qui ont fait de la capitale du monde chrétien le plus riche musée du monde, appelait à lui les artistes les plus célèbres, employait les trésors fournis par toute l'Europe à embellir le premier sanctuaire de la chrétienté, confiait à Raphaël la décoration de ses palais, à Michel-Ange l'ornementation de sa chapelle pontificale; Léon X, en un mot, méritait de laisser son nom à son siècle.

Naples que la domination des étrangers et la lutte incessante des dynasties espagnole et française avaient tenu en arrière du mouvement universel, était entrée à son tour dans la voie du progrès sous Alphonse le Magnanime. Ce prince rapportait de ses guerres, comme le butin le plus précieux, les livres trouvés dans les villes prises; il fondait une académie, foyer des études les plus profondes, où *Pontanus* venait lire la plus pure poésie latine des temps modernes, où Sannazar composait son élégante Arcadie (n° 99), et qui devait se maintenir sous les successeurs d'Alphonse. Du nord au midi, l'Italie entière prenait sa part à la gloire du *siècle de Léon X*.

§ II. RENAISSANCE DES LETTRES ET DES ARTS. — L'ARIOSTE, MACHIAVEL, BEMBO, BRAMANTE, LÉONARD DE VINCI, RAPHAEL, MICHEL-ANGE. — ÉRASME. — COPERNIC.

96. CARACTÈRES GÉNÉRAUX DE LA RENAISSANCE. — En présence de cette splendeur de la civilisation au commencement du seizième siècle, il convient de jeter un coup d'œil en arrière pour en rechercher les origines et demander aux siècles précédents l'explication de ce progrès intellectuel, de ce renouvellement général des lettres et des arts qu'on a appelé la *Renaissance*.

Quelque important qu'ait été alors le mouvement des intelligences, il ne faut pas en dénaturer le caractère en donnant un sens exagéré à ce mot de *renaissance*. Certes, l'esprit humain n'avait pas dormi d'un sommeil de mort dans les temps où de puissants génies comme saint Bernard, Albert le Grand, saint Thomas d'Aquin, avaient, des hauteurs de la science théologique, embrassé dans leurs vastes contemplations toutes les connaissances humaines. Ce n'était pas la pensée qui avait faibli en présence des sublimes objets auxquels elle s'était presque exclusivement attachée pendant le moyen âge. Mais la pureté du goût antique s'était perdue dans les temps de désordre et de barbarie générale, où les lumières ne trouvaient au fond de quelques monastères qu'un asile bien souvent violé par l'ignorance. Les modèles anciens, types admirables de la *forme*, dans les lettres comme dans les arts, avaient été négligés ou étudiés imparfaitement; ils n'avaient donné naissance qu'à cette méthode souvent subtile, qu'on a appelée *scolastique*. Le mérite du quinzième siècle fut de ramener le goût à l'étude des chefs-d'œuvre de l'antiquité, pour préparer toutes les gloires artistiques et littéraires du seizième et du dix-septième siècle.

97. Origine et progrès de la renaissance. — Le quinzième siècle. — Ère de l'érudition. — La renaissance était préparée en Italie depuis que le Dante, entourant la pensée religieuse de toute la magnificence d'une expression déjà épurée par l'étude des anciens, fixait la langue nationale et ouvrait la voie à tant de génies illustres (Voir notre *Hist. du moyen âge*, n° 379). Elle fut favorisée par l'invasion même de la barbarie musulmane, qui chassa vers l'Italie et les pays chrétiens les savants de la Grèce, et elle s'acheva sous la protection des Médicis, du pape Léon X, de François Ier, dont les noms sont restés attachés à leur siècle. De l'Italie, où se firent ses premiers progrès, elle s'étendit bientôt à toute l'Europe occidentale et méridionale. — Le quinzième siècle fut l'ère de l'érudition, dont les recherches savantes préludèrent aux productions plus hardies et plus neuves du génie. Elle fleurit encore pendant tout le seizième siècle, mais désormais éclipsée par d'autres gloires. L'Italie, abandonnant un instant, pour y revenir avec plus d'ardeur et de succès, les traces brillantes de Dante et de Pétrarque, fut le principal siège des études classiques, qui s'y développèrent plus rapidement par l'introduction de l'imprimerie. Depuis Pétrarque, on recueillait avec ardeur les monuments de la littérature ancienne. Les princes favorisaient à l'envi les recherches des savants. Le roi Alphonse de Naples recueillait partout les manuscrits antiques (n° 95). Dans l'université de Ferrare, la munificence des princes de la maison d'Este attirait de toutes parts les littérateurs. A Florence, Côme le Grand se livrait avec passion à la recherche des manuscrits, qu'il faisait rapporter de tous côtés par ses vaisseaux marchands, et léguait à ses descendants cette bibliothèque des Médicis, qui, sous Laurent, était la plus célèbre de toutes celles de l'Europe.

Un des plus ardents protecteurs des lettres, le comte *Pic de la Mirandole*, se plaça lui-même, par ses vastes connaissances, à la tête de tous les savants de son siècle. Génie aussi précoce qu'étendu, il était devenu célèbre dès l'âge de dix ans comme poëte et comme orateur. Abandonnant à ses frères le gouvernement de ses fiefs héréditaires, il parcourut pendant sept années les universités les plus renommées de l'Europe, et étudia avec le plus grand succès toutes les sciences connues de son temps. A l'âge de vingt-trois ans, il se rendit à Rome, annonçant qu'il soutiendrait une thèse *de omni re scibili*. Tant de travaux l'épuisèrent promptement, et il mourut à l'âge de trente-un ans à peine (1494).

98. LES SAVANTS GRECS. — LES ÉRUDITS ITALIENS. — En même temps, les savants chassés de la Grèce, le cardinal *Bessarion* (1395-1472), interprète de la philosophie platonicienne, *Argyropyle*, traducteur d'Aristote, *Théodore Gaza* (v. 1400-1478), habile grammairien, *Chalcondyle* (m. 1424-1511), auquel on doit les premières éditions d'Homère et d'Isocrate, le savant *Constantin Lascaris* (m. 1493), recevaient à Milan, à Florence et à Rome une généreuse hospitalité, qu'ils payaient du tribut de leurs lumières. Un nombre prodigieux de copistes étaient employés par Nicolas V dans la bibliothèque du Vatican, où Léon X réunit les débris dispersés de celle qu'avaient fondée ses ancêtres à Florence. Là étudièrent le cardinal *Bembo*, célèbre comme érudit et aussi comme poëte (n° 99); le cardinal *Sadolet* (1477-1547), auteur de plusieurs traités philosophiques et de lettres latines pleines d'intérêt; le grammairien *Scaliger* (1484-1558), homme d'une érudition immense, dont le fils, plus savant encore, commenta la plupart des auteurs latins, et fut comparé par ses contemporains à Hippocrate et à Aristote; *Vida* (1490-1566), à qui sa *Christiade* valut l'évêché d'Albe, et dont la *Poétique* est souvent citée à côté de celle d'Horace.

Les deux *Alde* et *Paul Manuce*, les célèbres imprimeurs de Venise, servaient également les lettres, et par leurs propres travaux, et par leurs nombreuses éditions de tous les auteurs anciens, qu'ils reproduisaient avec une merveilleuse activité.

99. Poètes italiens au seizième siècle. — Bembo. — Ces vastes travaux, ces laborieuses recherches de tant d'érudits portèrent promptement leurs fruits. « L'Italie rentrant dans la carrière littéraire, forte de cent ans de travaux classiques, et capable de créer à son tour après avoir imité, » produisit tout à coup ses plus beaux génies. Nous avons déjà nommé le cardinal Bembo (1470-1547), chef de l'école des Pétrarquistes, dont les élégantes poésies lyriques ne sont pas le seul titre de gloire. Issu d'une famille patricienne de Venise, entouré de la faveur des princes de Ferrare, puis de celle du pape Léon X, il devint le secrétaire de ce pontife et se montra digne par ses travaux des libéralités dont le combla son illustre patron. Bembo, auteur d'une histoire de Venise, est surtout renommé pour le style de ses ouvrages latins, où il a reproduit avec un remarquable succès la manière cicéronienne. — Tous les genres étaient cultivés à la fois. L'églogue brillait dans les œuvres de *Rota* (1509-1575), dont les poésies marines ont fondé le genre *pittoresque*, et de *Sannazar* (1458-1530), le Virgile chrétien, que son poëme latin *De partu Virginis*, et son poëme italien de *l'Arcadie* ont à juste titre rendu célèbre. A côté des douces poésies descriptives des Napolitains, *Berni* (mort en 1536) laissait échapper ces piquantes satires, où il persiflait avec finesse et gaieté, mais avec une grande licence de langage, les travers de son temps; l'*Arétin* (1492-1557), fils d'une courtisane, versait à flots son ironie amère et sanglante, trop souvent déshonorée par les plus coupables écarts, et son esprit léger et vénal traitait indifféremment des sujets religieux ou immoraux, au gré de ceux qui payaient son talent. L'auteur d'une foule de sonnets obscènes et d'une paraphrase des psaumes de la pénitence devait terminer sa carrière dans les accès d'un fou rire.

100. L'Arioste. — Le Tasse. — L'*Arioste* (1474-1533) releva le genre satirique. La gloire de ce poëte est tout entière dans le roman chevaleresque de *Roland Furieux*, inimitable production de la muse la plus féconde et la plus joyeuse, et auquel on ne peut comparer le *Roland amoureux* de *Boiardo* (mort en 1494), refait par Berni. Bien au-dessus de ces épopées demi-burlesques, apparaît la création la plus belle peut-être de la poésie moderne, la *Jérusalem délivrée*, de l'immortel *Torquato Tasso* (1544-1595), dont on oublie toutes les délicieuses poésies légères, pour ne voir que l'œuvre magnifique où il réveille avec enthousiasme les plus nobles souvenirs des Croisades. Et pourtant, le Tasse fut méconnu, persécuté toute sa vie comme la plupart des grands génies; enfermé pendant neuf ans par le duc de Ferrare dans une maison de fous, il en sortit accablé d'un sombre désespoir qui le poursuivit jusqu'à sa mort. Le pape Clément VIII, rendant enfin hommage à l'illustre poëte, allait renouveler pour lui les pompes du Capitole, quand il mourut emporté par une lente maladie, et une tardive reconnaissance ne déposa que sur son tombeau la couronne triomphale (1595). Jamais mémoire ne fut mieux vengée par l'admiration de la postérité.

101. Prosateurs. — Machiavel. — Parmi les prosateurs, *Machiavel* (1469-1527), le fameux secrétaire de la république florentine, quittant la gaieté ironique de ses comédies et les enseignements de l'immorale politique, peinture trop fidèle d'une société corrompue où il érige en système la perfidie et l'assassinat (n° 112), et qu'il développe dans le livre du *Prince* et dans les *Discours sur Tite-Live*, Machiavel se place quelquefois à côté de Tacite dans son *Histoire de Florence*. *Guicciardini* (1482-1540), auteur de l'*Histoire d'Italie*, célèbre comme guerrier et comme écrivain, est un annaliste plus fécond, plus agréable, mais moins sérieux et moins vrai. *Paul Jove* (1483-1559), auteur d'une histoire générale (de l'an 1494 à l'an 1547), n'hésite pas à mettre sa plume au service de tous ceux qui veulent acheter ses éloges.

102. Les arts au quinzième siècle. — Donatello. — Pérugin. — C'est encore en Italie que nous voyons les beaux-arts renaître et jeter le plus vif éclat. Aux treizième et quatorzième siècles, nous avons vu paraître les peintres *Cimabué* et *Giotto*, et au quinzième, le statuaire *Donatello* (1383-1466) de Florence, dont Michel-Ange admirait avec enthousiasme les œuvres inspirées (Voir notre *Hist. du moy. âge*, n° 380); Donatello fut l'une des gloires de la cour de Médicis, où brillait *Brunelleschi* (1377-1444), architecte et sculpteur, qui éleva le magnifique dôme de la cathédrale de Florence. — En même temps florissaient le *Pérugin* (né en 1446), maître de Raphaël, dont le dessin est d'une grande pureté et les compositions d'une sérénité angélique, quoique son pinceau ait encore de la sécheresse, et *Ghirlandaio*, le maître de Michel-Ange, dont le talent est plus énergique que celui de

Pérugin : les derniers progrès de la peinture étaient préparés.

103. L'ARCHITECTURE ITALIENNE AU SEIZIÈME SIÈCLE. — BRAMANTE. — Au commencement du seizième siècle, l'architecture est représentée par *Bramante* (mort en 1514), qui, étudiant avec un soin infatigable tous les monuments de l'art ancien, remit en honneur le cintre à la place de l'ogive, unit à la sévérité du style grec et romain les grâces du génie italien sans exclure les religieuses inspirations de la pensée du moyen âge, et porta à sa perfection le genre qui a conservé le nom de *renaissance*.

Bramante, l'architecte du Vatican, l'auteur des plans de Saint-Pierre de Rome, a eu la double gloire de former Raphaël et d'inspirer Michel-Ange.

Après cet artiste éminent paraît *André Palladio* (1518-1580) qui bâtit le palais des Doges de Venise, et enfin Michel-Ange, dont le génie prodigieux veut être étudié à part (n° 105).

104. PEINTURE. — LÉONARD DE VINCI. — RAPHAEL. — Le premier qui atteignit la perfection de son art fut *Léonard de Vinci* (1452-1519), qui se distingua à la fois comme peintre, sculpteur, architecte, musicien et poëte. Après avoir dirigé l'école de peinture de Milan, il fut appelé en France par le roi, et reçut à sa cour une hospitalité magnifique. Il exécuta pour François Ier (n° 165) plusieurs tableaux magnifiques que notre Musée possède encore, et il mourut entouré d'honneurs au château d'Amboise, entre les bras du roi lui-même. Son œuvre la plus remarquable est la *Sainte-Cène*, peinte à fresque sur les murs d'un couvent, et qui est peut-être la plus sublime composition que la peinture ait produite.

Vers le même temps, brillait à Rome un artiste qui mourut jeune encore, après avoir acquis par des travaux incomparables une éternelle renommée. *Raphaël Sanzio*, de la petite ville d'*Urbin*, dans les États-Romains, neveu de Bramante et élève du Pérugin, avait à peine dix-sept ans quand il commença à montrer un talent extraordinaire. Les papes Jules II et Léon X le chargèrent successivement de décorer par des peintures à fresque les salles et les galeries du Vatican, qui ont reçu le nom de *Chambres* et de *Loges* de Raphaël. Ces travaux immenses ne l'empêchaient pas d'exécuter un grand nombre de tableaux dont les plus célèbres sont la *Transfiguration de Notre-Seigneur*, qui dispute à la *Cène* de Léonard de Vinci l'honneur d'être le chef-d'œuvre de l'art, et plusieurs *Saintes Familles* dont les figures ont une beauté et une suavité célestes. Il mourut âgé de trente-sept ans [à] peine, au faîte de la gloire (1520).

105. Michel-Ange. — Le rival de Raphaël et l'artist[e] le plus étonnant de cette époque merveilleuse, est le Tosca[n] *Michel-Ange Buonarrotti*, qui fut un peintre, un sculpteu[r] et un architecte de premier ordre (1474-1564). Arraché au[x] loisirs d'une famille patricienne par une vocation irrésistibl[e] pour le dessin, appelé près du pape Jules II par les consei[ls] de Bramante, Michel-Ange s'illustra, pendant une longu[e] carrière, dans tous les genres à la fois.

On le vit chargé en même temps de sculpter le mauso[lée] de Jules II et de décorer de peintures la grande cha[pelle] du Vatican (chapelle Sixtine), s'acquitter de ces deu[x] tâches avec un succès qui mit le comble à sa renommée. [Il] sculpta pour le tombeau du pontife cette fameuse statue d[e] *Moïse*, dont aucune expression ne saurait rendre l'impo[sante] majesté. Il orna la chapelle tout entière de composi[tions] grandioses, exécutées avec une facilité inouïe, dont l[a] plus vaste et la plus admirable est le fameux *Jugement der[nier]*, qui exprime toutes les terreurs de cette redoutabl[e] scène. Irrité de voir le pape, malgré l'extrême rapidité de se[s] travaux, l'accuser de lenteur et de paresse, le fier artiste, après avoir terminé religieusement sa tâche comme il l'avai[t] promis, s'enfuit à Florence sans attendre sa récompense. [Il] ne revint à Rome que quelques années après, sur les instance[s] réitérées du souverain pontife, et ce fut pour diriger, pa[r] l'ordre de Léon X, la construction du monument à la fois l[e] plus beau, le plus riche et le plus colossal de l'Italie, la basi[lique de *Saint-Pierre* avec sa coupole aérienne.

Cependant, l'envie n'épargnait point Michel-Ange, et le[s] artistes, jaloux de sa supériorité universelle, cherchaient [à] rabaisser sa gloire; ils publiaient que ses plus belles sculp[tures] étaient bien au-dessous des moindres statues antique[s] dont on découvrait alors un grand nombre, en fouillant l[e] sol où les Romains avaient élevé jadis tant de palais et d[e] temples. Michel-Ange, dédaignant de répondre, sculpta avec son talent ordinaire une statue représentant l'Amour endormi, et il l'ensevelit dans un endroit où l'on faisait de[s] fouilles, après avoir cassé l'un des bras qu'il conserva secrètement dans son atelier. Peu de temps après, les ouvriers découvrirent cette statue qui fit aussitôt l'admiration générale, et que tous les artistes attribuèrent sans difficulté à quelqu'un des premiers sculpteurs de l'antiquité. Michel-Ange laissa dire, et quand il entendit au milieu de l'enthousiasme universel ses envieux soutenir que jamais il n'exécuterait une œuvre qui approchât de la statue nouvellement découverte : « *Jaloux et menteurs que vous êtes*, s'écria-t-il, *cette statue que vous ne pouvez assez admirer est le dernier de mes propres ouvrages, et la preuve, c'est que voici le bras qui lui manque.* »

Ce grand artiste était aussi un grand poëte, et l'Italie admire parmi ses œuvres et ses poésies pleines de l'esprit le plus facile, des sonnets où se révèle toute la fierté d'un patriotisme digne d'un successeur de Dante et de Pétrarque.

106. LE TITIEN. — PEINTRES DES DIVERSES ÉCOLES ITALIENNES. — Tandis que Raphaël donnait à la peinture la noblesse et la grâce, Michel-Ange la grandeur et l'énergie, une école se formait à Venise, qui devait occuper le premier rang pour la beauté du coloris. — Le plus fameux peintre de l'école vénitienne est le *Titien*, artiste d'une imagination inépuisable et d'une fécondité vraiment prodigieuse. Il vécut presque cent ans (1477-1576), et pendant cette longue carrière, il produisit une foule de compositions d'une fraîcheur et d'un éclat de couleur extraordinaires, dont un grand nombre sont placées parmi les chefs-d'œuvres de la peinture. La plus célèbre est l'*Assomption*, vaste tableau que l'on admire encore à Venise. L'empereur Charles-Quint, qui lui avait fait faire trois fois son portrait, lui rendit un magnifique hommage en disant *qu'il avait reçu trois fois de lui l'immortalité.*

Sous l'influence de ces grands artistes fleurissent les diverses écoles italiennes qui présentent encore une foule de noms célèbres. L'*école romaine*, formée par l'étude des modèles antiques, se distingue par la correction du dessin, la noblesse des compositions, et présente après Raphaël, son chef immortel, *Jules Romain*, disciple chéri de ce grand maître. — L'*école florentine*, qui se fait remarquer par son style grandiose et en même temps harmonieux, nous offre en quelques années, avec Michel-Ange, *André del Sarto* (1488-1530), et ses élèves *François Salviati, George Vasari*, le *Rosso*, qui embellit de ses peintures la grande galerie de Fontainebleau. — Le *Corrège* (1494-1534), qui devait tout son talent à son seul génie, prend une place à part et se distingue entre tous ses contemporains, par la grâce de ses compositions et la beauté merveilleuse de son coloris à la fois brillant et suave. — Citons encore le *Parmesan* (mort en 1540), les trois *Carraches* (Louis, 1554-1619; Augustin, 1558; Annibal, 1560-1609), chefs de l'*école bolonaise*, le *Caravage* (v. 1608), imitateur trop servile de la nature; le *Guide*, dont les compositions un peu monotones sont du style le plus noble (1575-1642); l'*Albane*, poëte autant que peintre; enfin le *Dominiquin* (mort en 1641), élève d'Annibal Carrache, dont les fresques sont à jamais célèbres, et qui, par la variété et la pureté de son talent, serait peut-être le premier des peintres modernes, si Raphaël ne les surpassait tous. — L'*école vénitienne* compte parmi ses plus grands artistes après le Titien: le *Tintoret* (1512-1594), dont la couleur égale parfois celle du chef de son école, et dont le dessin rappelle celui de Michel-Ange; *Paul Véronèse* (v. 1530-1588), artiste patricien, qui a su donner à toutes ses compositions un caractère éclatant de splendeur et de magnificence.

107. LA PEINTURE EN FLANDRE, EN ALLEMAGNE, EN SUISSE. — Tout ce développement des arts était dû à l'invention de la peinture à l'huile, que l'on attribue assez généralement au Flamand *Jean Van Eyk* (dans le quatorzième siècle). L'école flamande, qui la posséda la première, se distingua dès l'abord entre toutes les autres par l'originalité des compositions et la richesse du coloris. A la tête de cette école se placent le fameux *Rubens* (1577-1640), qui a peint tous les genres, mais surtout l'histoire, avec tant de supériorité, et *Van Dyck* (1599-1641), renommé pour ses inimitables portraits.

L'Allemagne a aussi plusieurs écoles; il suffit pour sa gloire artistique d'avoir à nommer *Albert Durer* (mort en 1528), le Michel-Ange de l'Allemagne, célèbre par le degré de perfection auquel il porta la gravure, célèbre par ses talents comme sculpteur, comme peintre, comme mathématicien. « Le génie pittoresque de l'Allemagne atteignit en lui sa plus grande originalité, sa plus haute perfection : il est devenu le symbole de son époque. » (Michiels.) Il serait plus grand encore, si le penchant exagéré de sa nation pour le fantastique ne l'avait souvent entraîné dans un genre faux et bizarre, que ses élèves reproduisirent sans hériter de son inspiration et de sa profonde pensée. Nous ne nommerons que *Lucas Cranach* (1472-1553), qui remplaça quelquefois heureusement l'énergie grandiose de son maître par une touche gracieuse et légère.

La Suisse cite avec orgueil le nom de *Hans Holbein* (1495-1554), estimé surtout pour ses portraits, qui mérita d'être appelé à la cour de Henri VIII, et d'avoir Érasme pour biographe.

Les écoles de Flandre et d'Allemagne déchurent à la fin du seizième siècle. Jalouses de la brillante réputation des peintres italiens, elles perdirent leurs qualités particulières par l'imitation servile des modèles étrangers, sans pouvoir s'en approprier le mérite. L'école flamande-italienne fut bien inférieure à celle de Van Eyk. Après les disciples d'Albert Durer, aucun nom ne brille en Allemagne. La réformation chasse les artistes de cette poétique contrée, et ses fureurs iconoclastes, sous prétexte de proscrire l'idolâtrie, poursuivent à la fois les arts et la religion. « Ce culte rend superflues et les superbes églises, et les statues, et les peintures ; il dépopularise les arts, et leur ôte un de leurs ressorts les plus actifs. » (Ch. Villers.) Le génie s'exile de ces régions de discordes et de ténèbres pour chercher dans les pays où la vieille foi règne encore un asile plus hospitalier (1).

La musique, cultivée jusqu'alors dans le sanctuaire, en est bannie par le calvinisme, qui n'admet dans les temples qu'une psalmodie monotone. Mais le luthéranisme s'empare de ce puissant moyen d'influence sur l'esprit des peuples et multiplie les chants religieux. Au catholicisme appartient la plus grande renommée musicale de cette époque, Palestrina (1529-1594), qu'on a appelé à juste titre le *régénérateur de la musique sacrée*.

108. LA RENAISSANCE DES LETTRES ET DES SCIENCES DANS LES DIVERSES CONTRÉES DE L'EUROPE. — Le mouvement intellectuel qui avait eu son point de départ en Italie, ne tarda pas à se manifester dans toute l'Europe. Il fut accéléré par les progrès de l'imprimerie en Allemagne, et bientôt, les universités de Prague, de Heidelberg, de Cologne, de Leipzick, jouirent d'une réputation méritée ; mais les querelles religieuses, suites fatales de la Réforme, vinrent étouffer tout à coup cet essor de l'esprit humain (chap. X). La France suivit plus heureusement l'impulsion donnée : les souvenirs de Pierre d'Ailly, de Gerson, l'illustre chancelier de l'Université, étaient tout vivants encore : ces grands hommes devaient avoir des successeurs.

Nous étudierons spécialement (chap. XVIII) l'histoire de la civilisation en France et les progrès remarquables de notre littérature nationale, ainsi que ceux de la littérature anglaise, qui atteint dès lors peut-être sa perfection dans les œuvres

---

(1) Ces réflexions sur l'influence de la Réforme sont empruntées à Schœll, écrivain qui n'est pas suspect sur ce sujet.

du génie le plus original dont s'honore l'Angleterre (voir le chapitre XVI ci-après).

Il nous reste à terminer par quelques traits rapides le tableau de la renaissance dans les autres pays de l'Europe. Si l'Italie a une incontestable supériorité dans les arts, la prééminence lui est vivement disputée dans la littérature et dans les sciences, et les pays du Nord nous présentent au milieu de beaucoup de noms remarquables, les noms de deux hommes éminents, *Érasme* et *Copernic*.

109. Érasme. — Parmi les littérateurs qui s'inspirèrent avec le plus de bonheur des souvenirs de l'antiquité, la Hollande cite avec orgueil le nom d'*Érasme*, de Rotterdam (1467-1536), l'un des hommes les plus érudits de son temps, aussi remarquable par la science profonde qu'il montra dans ses traductions et ses œuvres théologiques, que par la finesse d'esprit, l'élégance, la clarté de style, qui brillent dans ses *Colloques* et son *Éloge de la folie*. Ses excellentes éditions des auteurs anciens et ses judicieux systèmes d'études ont exercé une profonde et utile influence sur l'enseignement classique. Érasme fut constamment honoré de la faveur des papes, malgré les satires mordantes dont il poursuivit sans ménagement la partie corrompue du clergé. Il avait pour amis, le Français *Guillaume Budée* (1467-1540), mathématicien, architecte, théologien, helléniste, et l'Espagnol *Vivès* (1492-1540), qui, après avoir étudié à Paris et à Louvain, fut en Angleterre le maître de Thomas Morus et l'instituteur de Marie Tudor, professa avec éclat à l'université d'Oxford, et ramena dans son pays le goût des saines études. Ces trois hommes formèrent le triumvirat de la science. Ils eurent pour digne émule le Belge *Juste Lipse* (1547-1606), secrétaire du cardinal de Granvelle, puis professeur d'histoire à Iéna, à Leyde et à Louvain, qui doit à ses commentaires sur les auteurs anciens, à ses ouvrages de philosophie morale et politique, et surtout à ses études sur le stoïcisme, une réputation méritée.

110. Littérature espagnole. — Auteurs divers. — L'Espagne, dans la même période, offrait une foule de poëtes, qui cultivaient à la fois, comme en Italie, tous les genres de littérature. *Boscan Almogaver* (v. 1500) donnait à la poésie comme à la prose une harmonie nouvelle. *Mendoça* (1503-1575) était tout ensemble guerrier, négociateur, géographe, historien et poëte. *Montemayor* (1520-1562) écrivait un poëme pastoral, bientôt traduit dans toutes les langues.

Christoval de Castellejo maniait la satire avec finesse. *Hernando de Herrera* (1516-1595) s'élevait dans ses odes religieuses ou patriotiques aux plus hautes inspirations lyriques. *Alonzo de Hercilla* (mort vers 1600), guerrier et poëte, célébrait ses propres exploits contre les habitants du Chili dans le poëme de l'*Araucana*, qu'on peut placer à côté de notre Henriade. Le Pétrarque espagnol, *Garcilaso de la Véga*, mort en 1536 les armes à la main, composait au milieu du tumulte des camps de gracieuses églogues et des odes sur les douceurs du repos (1503-1536).

111. CERVANTES. — LOPE DE VÉGA. — MARIANA. — LE CAMOENS. — Mais les deux écrivains les plus originaux de l'Espagne, ceux à qui appartient toute la gloire de ce temps, sont Cervantes et Lope de Véga. Soldat à Lépante, puis captif des Algériens, indigent et méconnu toute sa vie, *Michel de Cervantes* (1547-1616), qui doit sa principale gloire à un roman immortel, fut aussi l'un de ceux qui donnèrent l'essor à l'art dramatique en Espagne. Cervantes a fixé la prose espagnole, et s'est illustré à jamais par cet inimitable *Don Quichotte*, qui battit en brèche avec tant de vivacité, de bon sens et d'esprit, le genre faux et ridicule du roman chevaleresque. *Lope de Véga* (1562-1635), que Cervantes lui-même appelle *le prodige de la nature et le roi de la comédie*, vint jeter par milliers au public enthousiasmé ses épopées, ses comédies sacrées et profanes, ses églogues, ses drames théologiques, ses vies des saints. Embrassant tous les sujets dans son imagination inépuisable, mais ne sachant se plier à aucune des règles de l'art, il fut entouré par ses contemporains d'une admiration sans bornes, que la postérité plus impartiale n'a pas partagée. Toutefois, on ne peut lui refuser l'honneur d'être le premier d'une école à laquelle Molière a emprunté quelques-uns de ses traits les plus gais et les plus brillants, et qui a inspiré plus d'une fois le génie du grand Corneille. Parmi les prosateurs espagnols, citons encore un second *Garcilaso de la Véga* (1530-1568), surnommé l'*Inca*, qui écrivit avec exactitude l'histoire des souverains du Pérou, dont il descendait par sa mère; et le célèbre jésuite *Mariana* (1537-1624), qui offre dans son *Histoire générale de l'Espagne* un des plus beaux monuments du style historique.

En Portugal, le *Camoëns* (mort en 1579), grand et malheureux comme le Tasse, laisse à son pays l'admirable poëme des *Lusiades*, composé dans l'exil, œuvre de patriotisme et de foi autant que de génie poétique, où il exalte la gloire du christianisme, triomphant dans le monde oriental par les découvertes et les exploits de ses concitoyens. Ce grand poëte qui avait erré toute sa vie des rivages du Portugal aux extrémités de l'Inde, mourut à l'hôpital quelques années après avoir publié son immortel poëme.

112. SCIENCES MORALES. — PHILOSOPHIE. — POLITIQUE. — JURISPRUDENCE. — Les sciences s'avancent à pas inégaux pendant le quinzième et le seizième siècle. Quelques-unes commencent à jeter un grand éclat, les autres restent à peu près stationnaires. La philosophie se borne à attaquer la scolastique, à laquelle elle oppose les idées de Platon; et quand elle prend une marche plus libre, un caractère plus original, elle se jette sans méthode et sans guide dans une voie d'observations incertaines, qui la mènent souvent au scepticisme. Érasme et Vivès, en s'attachant à la théologie, s'arrêtent sur cette pente dangereuse, qui entraînera le moine italien *Campanella* (1568-1639), dont les dangereuses utopies sociales ont été à peu près reproduites de nos jours par la secte saint-simonienne.

La politique est réduite en art par *Machiavel* (voir n° 101), qui ne sait pas encore la concilier avec la morale, et l'appuie tout entière sur la ruse et la perfidie. Elle est ramenée aux véritables principes par le vertueux élève de Vivès, le chancelier *Thomas Morus*.

Entre toutes les sciences morales, une seule, celle du Droit, doit d'immenses progrès à une série de prodigieux travaux qui sont encore les principaux monuments juridiques des temps modernes. Le Florentin *Accurse* (1451-1529) résume dans la *Grande glose* les opinions de ses prédécesseurs et spécialement de *Balde* et de *Barthole*, sur le droit romain. *Alciat* de Milan (1492-1550) commence à éclairer l'étude des lois par celle de l'histoire. Bientôt paraissent en France, *Dumoulin*, interprète du droit coutumier, *Cujas* et son rival *Doneau*, dont les travaux pleins d'érudition et de sagacité jettent sur le droit romain des clartés toutes nouvelles; enfin, le savant *Godefroy*, dont l'édition annotée du *Corpus juris* est devenue classique. Au commencement du dix-septième siècle, *Antoine Favre* (mort en 1624), président du sénat de Savoie, se montrera dans ses commentaires sur les Pandectes le digne successeur de tant d'illustres devanciers.

113. SCIENCES PHYSIQUES ET MATHÉMATIQUES. — COPERNIC. — Parmi les sciences naturelles, la science médicale n'est dignement représentée que par l'Italien *Gabriel*

Fallope (1523-1562), qui a enrichi l'anatomie d'observations précieuses; et par le Français *Ambroise Paré* (1518-1590), qui lutte avec énergie contre les rêveries de l'alchimiste suisse *Paracelse* (mort en 1541), précurseur de l'empirique brabançon *Van Helmont* (1577-1644).

L'astronomie s'élève au-dessus de toutes les autres sciences, et c'est dans le seizième siècle peut-être qu'elle fait ses plus importants progrès.

Nicolas Copernic, né en Prusse l'an 1473, et instruit dans toutes les branches des connaissances humaines à l'université de Cracóvie, habile dans la philosophie, la médecine, la peinture, se sentit entraîné par une vocation puissante pour les études mathématiques, et alla en Italie recevoir les leçons des géomètres et des astronomes en renom à cette époque. De retour dans sa patrie, il se livra à une étude approfondie de tous les travaux astronomiques des anciens, de tous les systèmes admis par ses contemporains; discernant avec une sagacité merveilleuse la vérité au milieu de tant d'erreurs, il fonda un système dont il avait trouvé à peine quelque germe dans les ouvrages de ses prédécesseurs et qui devait à jamais détruire toutes leurs vaines hypothèses. Il annonça, contrairement à toutes les opinions reçues, que la terre tournait sur elle-même et tournait en outre avec les diverses planètes autour du soleil, centre immobile du système du monde, et il appuya sur une foule d'observations et de calculs rigoureux cette proposition hardie. Sûr de la vérité de sa découverte, mais craignant de l'exposer aux attaques passionnées de l'ignorance ou de l'envie, il ne voulut la publier qu'à la fin de sa vie, après l'avoir appuyée de démonstrations complètes, et ce ne fut que le jour de sa mort que ses mains défaillantes reçurent le livre où était déposée cette doctrine, fondement désormais inébranlable de la science astronomique (1543).

L'Italien *Galilée* (1564-1642), le véritable inventeur du télescope, soutient au milieu des persécutions, avec une infatigable persévérance, la découverte de Copernic; et, forcé par un tribunal aveuglé de rétracter à genoux sa doctrine du mouvement de la terre autour du soleil, il se relève en s'écriant : « Et pourtant, elle tourne ! »

En Danemark, *Tycho Brahé* (1546-1601), reprenant toutes les observations de Copernic, proclame une théorie qui n'a pas été adoptée par les astronomes, mais qui témoigne des connaissances profondes de son auteur. Malgré les erreurs de Tycho-Brahé, ses travaux, modifiés par de plus exactes expériences, conduisent son disciple, l'Allemand *Kepler* (1571-1631), à la découverte des lois qui président au mouvement des corps célestes.

Descartes et Bacon, au commencement du dix-septième siècle, vont ouvrir une nouvelle ère à la philosophie et aux sciences naturelles. (Voir ci-après les chapitres XVI et XXVIII de ce volume.)

QUESTIONNAIRE. — § I. 93. Quelle était la situation de Milan et de la Lombardie au commencement du seizième siècle? — Comment Gênes avait-elle mérité le surnom de Superbe? — 94. Quel était le caractère des palais de Venise? — Comment Florence s'illustrait-elle dans les lettres et les arts? — 95. Quel rang tenait Rome dans la civilisation italienne? — Dites ce que firent Jules II et Léon X pour les arts et les lettres. — A quel prince faut-il rapporter les progrès de Naples dans les lettres à cette époque? — § II. 96. Quels sont les préliminaires de la renaissance et ses caractères généraux? — 97. Comment avait été préparée la renaissance en Italie? — Quelle impulsion lui donna la prise de Constantinople? — Quel est le caractère intellectuel du quinzième siècle? — Citez les érudits les plus célèbres. — Qu'avez-vous à dire de Pic de la Mirandole? — 98 Quels furent les principaux savants grecs réfugiés en Italie? — Quels savants italiens marchèrent sur leurs traces? — 99. Citez les poëtes nationaux du commencement du seizième siècle. — 100. Qu'avez-vous à dire de l'Arioste et du Tasse? — 101. Quel est le plus illustre prosateur italien de cette époque? — Que doit-on lui reprocher? — Quel historien avez-vous à citer? — 102. Comment se manifesta la renaissance des arts au quinzième siècle? — Citez les grands artistes de cette époque. — 103. Comment Bramante est-il célèbre? — Que fit André Palladio? — 104. *Qu'est-ce que Léonard de Vinci? — Quel est son chef-d'œuvre? — Que savez-vous de Raphael?* — 105. *Donnez quelques détails sur Michel-Ange.* — 106. Quel est le chef de l'école vénitienne? — Quel est son tableau le plus fameux? — Énumérez les diverses écoles italiennes et les peintres les plus éminents du seizième siècle. — 107. Quels sont les deux plus grands artistes de l'école flamande? — Quels peintres s'illustrèrent en Allemagne et en Suisse? — 108. Comment le mouvement intellectuel se propagea-t-il en Europe? — Qu'est-ce qui y mit obstacle? — 109. Faites connaître Érasme. — Avec quels savants et littérateurs était-il en relation? — 110. Énumérez les premiers poëtes espagnols. — 111. Quels sont les deux plus célèbres littérateurs de l'Espagne à cette époque? — Qu'est-ce que le Camoens? — 112. Quelle pente dangereuse entraîna la philosophie? — Quels sont les moralistes célèbres de l'époque? — Quels sont les jurisconsultes les plus fameux du seizième siècle? — 113. De quels noms s'enorgueillit la science médicale? — *Faites connaître Copernic et le principe de son système.* — Quel est le plus illustre astronome italien et le plus illustre astronome danois de cette même époque?

CHAPITRE DIXIÈME.

MOUVEMENT DU PROTESTANTISME.

SOMMAIRE.

PREMIÈRE PARTIE. § Ier. 114. La nécessité d'une réforme dans la discipline de l'Église est reconnue par les théologiens catholiques, les conciles, les papes eux-mêmes. L'opinion du cardinal Julien, du pape Adrien VI est formelle à cet égard.

115. Cette réforme devait consister dans la réforme des mœurs, la destruction des abus, seules nécessaires, en respectant l'immutabilité du dogme. L'entreprise de Luther consista dans une révolte contre l'autorité religieuse, et c'est à lui que doit remonter la responsabilité des malheurs causés par les guerres religieuses.

116. Le pape Léon X épuise le trésor pontifical. Les dominicains font un trafic des indulgences (1517). Luther, chargé de combattre cet abus, attaque le dogme. Ses opinions sont condamnées. Sa révolte se déclare (1520).

117. Luther comparaît à la diète de Worms (1521). Charles V envisage la Réforme comme la rupture de l'unité politique et l'origine des guerres de religion. Luther se cache au château de Wartbourg. La propagation de ses doctrines jette la fermentation dans toutes les classes de la société.

118. Les Sacramentaires ont pour chef Carlostadt. — De grands excès sont commis par les Sacramentaires. — Munzer fonde la secte des Anabaptistes ; ils sont anathématisés par Luther, écrasés par les nobles. — Luther s'attache au parti de la noblesse. — La Prusse est sécularisée (1525). Luther épouse une religieuse.

§ II. 119. Une ligue catholique et une ligue protestante se forment à Torgau et à Dessau. — La diète de Spire amène une protestation célèbre (1529). — La confession d'Augsbourg, rédigée par Mélanchton, est le symbole des protestants. — La confédération de Smalkalde, l'insubordination des protestants, menacent l'autorité de l'empereur.

120. Le traité de Nuremberg (1532) et l'invasion des Turcs suspendent les hostilités. — La guerre civile éclate ; la paix de Cadan l'apaise un instant. — Jean de Leyde soulève de nouveau les Anabaptistes. Leurs excès sont punis par leur entière destruction. — La division se met entre les chefs des réformés : les intérêts politiques l'emportent sur les croyances religieuses. — Le duc protestant Maurice de Saxe, habile politique, s'unit à l'empereur contre ses coreligionnaires.

121. Les protestants récusent à l'avance l'autorité du concile de Trente qui les condamne. — La déposition de l'archevêque de Cologne est suivie du soulèvement du landgrave de Hesse et de l'électeur de Saxe. — De grands avantages sont remportés par Charles V et par son frère Ferdinand, vainqueurs à Muhlberg de l'électeur et du landgrave (1547). — Luther est mort en 1546.

122. La profession de foi conciliatrice d'Augsbourg excite un mécontentement universel. — La trahison de Maurice de Saxe expose Charles-Quint aux plus grands dangers; il prend la fuite. La transaction de Passau (1552) et bientôt le traité d'Augsbourg mettent fin à la guerre civile. Charles V abdique (1556).

Deuxième partie. § Ier. 123 La ligue de Calmar a produit l'abaissement de la Suède qui élit Charles VIII (1448). — Christian Ier est roi de Danemark et de Norvége. — Une lutte s'engage entre la Suède et le Danemark. — Christian, appuyé par le clergé suédois, s'empare de la Suède (1457) malgré les rappels successifs de Charles VIII.

124. Sténon Sture Ier, administrateur, délivre la Suède du joug des Danois (1471). La prospérité règne en Suède. — Jean II est couronné en Danemark (1481), en Norvége, puis en Suède (1497). — Les Danois sont de nouveau expulsés. Swante Nilson Sture (1504) et Sténon Sture II (1512), administrateurs, gouvernent la Suède.

125. Christian II renouvelle les prétentions de sa famille sur la Suède, de concert avec l'archevêque d'Upsal. Une première invasion est repoussée. Une nouvelle invasion (1520) est suivie de la mort de Sténon et de la soumission de la Suède. La résistance de Stockholm est punie par les vengeances atroces des vainqueurs.

126 Gustave Vasa, retenu en captivité, échappe à la tyrannie de Christian; il se réfugie chez les Dalécarliens; il les soulève et remporte divers avantages contre les Danois. Gustave est nommé administrateur, puis roi après la prise de Stockholm (1523) Christian est remplacé par Frédéric de Holstein. Le traité de Malmoë (1524) reconnaît l'indépendance de la Suède.

127. Gustave Vasa introduit le luthéranisme en Suède. Son but est, en favorisant les progrès de la réforme, de s'emparer des biens du clergé. L'assemblée de Vesteras (1527), le concile d'OErebro consomment la révolution religieuse malgré la résistance des populations. Les mesures oppressives de Gustave affermissent la réforme.

128. Gustave abaisse le clergé et la noblesse: il fait régner la paix et la prospérité intérieure; il conclut un traité de commerce avec la Russie et avec la France. La royauté est déclarée héréditaire dans la famille de Gustave par la constitution d'OErebro, confirmée à Vesteras (1540, 1544).

§ II. 129. L'introduction du luthéranisme à la diète d'Odensée en Danemark est favorable à l'aristocratie. Des troubles éclatent pendant le règne de Frédéric Ier (1523-1533), successeur de Christian déposé qui fait de vaines tentatives pour reprendre la couronne.

130. Christian III (1534-1559) triomphe des efforts des évêques pour maintenir le catholicisme. Le fils de Christian II est en vain opposé à Christian III. Celui-ci dépouille le clergé catholique. La no-

blesse acquiert une influence dominante. La déchéance de la Norvège est bientôt consommée par l'établissement du luthéranisme dans ce pays.

Troisième partie. § Ier. 131. La réforme présente différents aspects dans les diverses contrées où elle s'est établie. Son caractère est démocratique en Suisse; elle commence par les prédications de Zwingle dont la doctrine est adoptée à Zurich (1523-1525). Des troubles et des dissensions suivent cette prédication. Luther combat la secte de Zwingle.

132. Une fermentation générale éclate dans les cantons. Des exécutions sanglantes préludent à la formation des ligues catholique et réformée. Zwingle est tué au combat de Cappel (1531). Un traité de paix ne peut faire disparaître les suites funestes de la guerre religieuse.

133. Genève s'est rendue indépendante. Le parti *huguenot* adopte une profession de foi dressée par Farel à Genève. Calvin publie le livre de l'*Institution chrétienne* (1535). Le caractère de son talent et de sa doctrine est l'énergie et la précision. La nouvelle secte a une grande portée politique.

134. Calvin, obligé de quitter la France, est appelé à Genève par Farel (1536). Sa retraite de Genève n'est que momentanée; à son retour (1541) il établit à son profit un gouvernement despotique que signalent des supplices, l'exécution de Servet (1553), une oppression tyrannique, d'actives intrigues au dehors.

§ II. 135. Les Pays-Bas ont été envahis de bonne heure par toutes les sectes réformées. — Marguerite de Parme, catholique dévouée, mais prudente, ne peut empêcher les mesures violentes de Philippe II. Granvelle est son ministre. Une fermentation de plus en plus générale se manifeste. Granvelle combat la secte de Baïus, est nommé cardinal, est rappelé. Une insurrection se prépare.

§ III. 136. La réforme présente en Écosse un caractère démocratique tout différent de celui qu'elle aura en Angleterre. Elle détruit dans ce premier pays toute hiérarchie et toute autorité.

137. L'affaiblissement de l'autorité royale et les divisions politiques pendant la minorité et le règne de Jacques V (1513-1543) favorisent l'introduction de la réforme. Une partie des seigneurs s'y rattachent pour combattre le pouvoir royal. Le cardinal Beaton ne peut la comprimer par ses mesures rigoureuses. La réforme, organisée démocratiquement (presbytéranisme), fait de nouveaux progrès pendant la minorité de Marie Stuart. Beaton est assassiné par les puritains. La guerre civile éclate.

138. Jean Knox établit les dogmes calvinistes en Écosse. Les réformés forment un Covenant contre le catholicisme et la royauté. Jean Knox détruit avec une aveugle fureur tous les monuments de la religion catholique. Les nobles dépouillent le clergé et en gardent les richesses.

Quatrième partie. 139. La première partie du règne de Henri VIII est consacrée à la politique extérieure. La politique flotte entre la France et la maison d'Autriche. Le ministre Wolsey a une grande influence sur les affaires du dehors. Le dévouement de Henri VIII au saint-siège lui mérite le titre de défenseur de la foi (1521).

140. Les projets de divorce de Henri VIII sont appuyés par Wolsey en faveur d'Anne de Boleyn. Elle fait cependant disgracier le ministre. Thomas Cromwell et Cranmer font prononcer le divorce. Henri épouse Anne de Boleyn (1532).

141. Henri est excommunié (1534). Il se déclare chef de l'Église d'Angleterre; ses desseins sont favorisés par la servilité des lords et des évêques anglais qui prêtent le serment de suprématie. Fisher et Thomas Morus sont envoyés au supplice. Les monastères et les églises sont dépouillés par la cour d'augmentation des revenus du roi; tout est dissipé en prodigalités,

142. En vertu du bill des six articles, les luthériens sont persécutés comme les catholiques. Anne meurt sur l'échafaud (1535). Henri épouse Jeanne Seymour. Lambert est mis à mort après une controverse. Henri fait faire un odieux procès à saint Thomas Becket. Anne de Clèves est renvoyée en Flandre. Cromwell meurt sur l'échafaud.

143. Catherine Howard, nouvelle épouse du roi, est envoyée au supplice (1542). Henri épouse Catherine Parr et exerce un despotisme sanglant. Des traités de paix avec la France précèdent de peu de temps la mort du roi (1547).

144. Pendant la minorité d'Édouard le protectorat est confié à Sommerset, qui établit le calvinisme en Angleterre au moyen des persécutions et à l'aide de la lâche adhésion du parlement et du clergé.

145. A l'influence de Sommerset succède l'influence de Warwick. Le testament d'Édouard VI appelle au trône Jeanne Grey (1553), d'un caractère studieux et modeste; son couronnement est bientôt suivi de sa chute et de sa mort.

146. Marie Tudor triomphe. Le mariage de Marie avec Philippe II soumet l'Angleterre à l'influence de ce prince (1554). Le parlement sanctionne le rétablissement de la religion catholique accompagné de nombreuses exécutions. Marie meurt en 1558.

PREMIÈRE PARTIE.

Luther (1517). — Réforme en Allemagne.

§ Ier. ORIGINE ET COMMENCEMENTS DE LA RÉFORME EN ALLEMAGNE.
MARTIN LUTHER.

114 NÉCESSITÉ D'UNE RÉFORME DANS LA DISCIPLINE DE L'ÉGLISE. — Il y avait plusieurs siècles qu'on désirait la réformation de la discipline ecclésiastique : « Qui me donnera, disait saint Bernard, que je voie, avant de mourir, l'Église de Dieu comme elle était dans les premiers jours? » Si ce saint homme a eu quelque chose à regretter en mourant, ç'a été de n'avoir pas vu un changement si heureux. Il avait gémi hautement des maux de l'Église ; il n'avait cessé d'en avertir les peuples, le clergé, les évêques, les papes mêmes. Les désordres s'étaient encore augmentés depuis ; l'Église romaine, la mère des églises, qui durant neuf siècles entiers avait maintenu la discipline ecclésiastique dans tout l'univers, n'était pas exempte de mal ; et dès le temps du concile de Vienne, un grand évêque mit pour fondement de l'ouvrage de cette sainte assemblée, qu'il y fallait *réformer l'Église dans le chef et dans les membres*. Le grand schisme mit plus que jamais cette parole à la bouche non-seulement des docteurs particuliers, d'un Gerson, d'un Pierre d'Ailly, des autres grands hommes de ce temps-là, mais encore des conciles : tout en est plein dans le concile de Pise et dans le concile de Constance. On sait ce qui arriva dans le concile de Bâle, où la réformation fut malheureusement éludée. Le cardinal Julien représentait à Eugène IV les désordres du clergé, principalement de celui d'Allemagne, qui excitaient, disait-il, la haine du peuple contre tout l'ordre ecclésiastique ; il prédisait que si on ne réformait promptement le clergé d'Allemagne, après l'hérésie de Bohême, il s'en élèverait une autre encore plus dangereuse.

« Je crois, ajoute ce grand cardinal, que la cognée est à la racine ; l'arbre penche, et au lieu de le soutenir pendant qu'on le pourrait encore, nous le précipitons à terre. » Il aperçoit une prompte désolation dans le clergé d'Allemagne. Les biens temporels, dont on voudra le priver, lui paraissent comme l'endroit par où le mal commencera. « Les corps, dit-
» il, périront avec les âmes ; Dieu nous ôte la vue de nos pé-
» rils, comme il a coutume de faire à ceux qu'il veut punir :
» le feu est allumé devant nous, et nous y courons. » (Bossuet, *Histoire des Variations*, liv. I.)

Enfin le pape lui-même écrivait à la diète de Nuremberg : « Nous savons que sur le Saint-Siége que nous occupons a régné une grande corruption pendant plusieurs années..... Ainsi, il n'est pas étonnant que la maladie soit passée de la tête aux membres, du pape aux prêtres ; c'est pourquoi nous nous efforçons, autant qu'il nous est possible, de réformer d'abord notre siége, d'où peut-être sort tout le mal ; afin que, puisque la ruine est partie de là pour descendre aux degrés inférieurs, le salut et la vie y prennent aussi leur source. » (Lettres d'Adrien VI, 1522.)

115. EN QUOI DEVAIT CONSISTER LA RÉFORME. — Ainsi, nul ne prétendait nier qu'il n'y eût dans la discipline

de l'Église de criants abus à corriger, de grands scandales à réparer; ainsi le mot de réforme n'était pas nouveau quand Luther (1) vint le faire retentir si fort dans le monde. Mais le changement que l'Église réclamait, c'était la réforme des mœurs de ses ministres, et non l'abolition du ministère; c'était la destruction des abus qui s'étaient glissés dans les pratiques chrétiennes, et non l'anéantissement des pratiques; c'étaient enfin des modifications dans la discipline altérée, et non dans le dogme, qui, au milieu de toutes les révolutions et de tous les ébranlements, s'était conservé pur et immuable, d'après la promesse de Dieu même. Or, Luther, emporté par son esprit fougueux, ne tarda pas à ébranler la doctrine. De réformateur, il devint hérésiarque; et cette réforme qu'il avait si hautement annoncée, il ne fit que la reculer. Ce fut l'Église, dont il se sépara, qui se chargea de l'accomplir. Le concile de Trente en eut la gloire, et, chose remarquable, preuve frappante de l'inaltérable confiance de l'Église en elle-même, en présence des entreprises coupables des prétendus réformateurs, le concile donna pour titre à la plupart de ses décrets : *De la Réforme*.

On est donc autorisé à conclure que les intentions mises en avant par Luther et ses imitateurs ne servaient qu'à couvrir le dessein de s'affranchir de toute règle, de toute soumission à l'Église : leurs cris de liberté furent des cris de révolte, qui excitèrent dans l'Europe des agitations terribles, et vinrent pendant un siècle la bouleverser de fond en comble. Sans doute, au milieu des fureurs des guerres religieuses, nous aurons à déplorer des crimes réciproques, des excès égaux commis par les deux partis. Mais la responsabilité de ces malheurs ne doit-elle pas retomber sur ceux qui ont donné le signal de la guerre, qui ont allumé l'incendie ?

116. Léon X. — Vente des indulgences. — Martin Luther. — Léon X, généreux protecteur des lettres et des arts (voir ci-dessus, n° 95), mais trop ami des

---

(1) Fils d'un simple paysan, il avait montré dès son enfance une très-grande ardeur pour l'instruction. Malgré la pauvreté de ses parents, il était parvenu, grâce à ses efforts et à son travail, à suivre tous les cours de l'université de Wittemberg. Il touchait au terme de ses études, quand un jour, dans une promenade avec un de ses camarades, ayant été forcé par un orage de se réfugier sous un arbre, il vit le tonnerre frapper son ami à ses côtés. Ce malheur lui fit une impression si vive, qu'il résolut aussitôt de quitter le monde et de se retirer dans un couvent pour se consacrer à Dieu.

plaisirs et des fêtes somptueuses, Léon X, ruiné par ses prodigalités et par les dépenses excessives qu'entraînait l'érection de la magnifique basilique de Saint-Pierre, eut recours, pour remplir son trésor, à la désastreuse ressource de la vente des indulgences (1), condamnée par plusieurs conciles. Les moines dominicains, chargés de les distribuer dans toute l'Europe, en firent un scandaleux trafic. Le chef des Augustins, jaloux du privilége conféré à un ordre rival, chargea un de ses moines, *Martin Luther*, professeur à l'université de Wittemberg, d'écrire, non pas contre les indulgences, mais contre la manière dont elles étaient dispensées par les Dominicains (1517). Quelques jours après, Luther faisait paraître un long mémoire, où déjà il manifestait quelques opinions hasardées, mais en protestant sincèrement de sa soumission au Saint-Siége. « Car il ne faut pas croire qu'il eût dès lors le dessein de renverser l'Église romaine, qu'il marchât par des voies tracées d'avance à l'exécution d'un plan prémédité. Luther fut toujours entraîné par les conjonctures. Il entra dans la carrière sans but déterminé : une querelle monastique lui mit la plume à la main : l'orgueil et les circonstances firent le reste. » (Rohrbacher.) La controverse devint de plus en plus violente entre Luther et les Dominicains. Le pape ne s'inquiétait pas d'abord de ces *tracasseries de moines;* et pourtant, après d'inutiles discussions avec le cardinal Cajetan devant la diète d'Augsbourg (1518), avec le savant Jean Eck à Leipsick, le moine si soumis au pape leva l'étendard de la révolte. Il rejeta tout à la fois l'autorité du Saint-Siége et celle de l'Église, le culte des saints, le célibat des prêtres, le dogme de la transsubstantiation, et tous les sacrements, excepté le Baptême et l'Eucharistie. Exaspéré par les anathèmes lancés contre ses erreurs, il répondit par des injures grossières aux avertissements comme aux condamnations du souverain pontife; enfin, il rompit tous les liens qui l'attachaient à l'Église romaine en brûlant les bulles du pape sur un bûcher allumé par les étudiants de Wittemberg (10 octobre 1520).

117. Diète de Worms. — Luther au château de Wartbourg. — L'alarme était donnée : Charles-Quint

---

(1) On entend par indulgence, suivant la doctrine de l'Église catholique, la remission, non pas des péchés, mais des peines qui doivent en être la réparation, et seulement des peines temporaires, de telle sorte qu'on ne peut l'obtenir qu'à la condition de mériter, par un repentir sincère, le pardon des péchés eux-mêmes.

fit sommer Luther de comparaître à la *diète de Worms* (1521) pour y rendre compte de sa doctrine. Luther y vint avec un sauf-conduit de l'empereur, mais il refusa toute rétractation; Charles le déclara schismatique et hérétique, et le mit au ban de l'Empire. « Son regard, qui savait embrasser les grands rapports des peuples entre eux, découvrait à l'avance les conséquences de l'entreprise de Luther : il voyait la division et l'irritation des esprits, la lutte des opinions qui conduit si facilement à lutter avec les armes, et le terrible fléau d'une guerre de religion. Charles croyait pouvoir étouffer le danger dès son principe, en opposant au torrent de l'erreur une barrière inébranlable. Sa qualité d'empereur et de défenseur de l'Église semblait d'ailleurs lui en imposer le devoir. Et s'il avait conservé partout cette invariable et fidèle volonté, si d'autres pensées moins pures ne s'y étaient mêlées, peut-être de grands malheurs auraient été épargnés à l'Allemagne (1). » — Déjà le moine rebelle s'était enfui à la hâte : caché par l'électeur de Saxe dans le château de Wartbourg, qu'il appelait son *Pathmos*, il enflammait par ses écrits le zèle de ses disciples et augmentait le nombre de ses partisans. Les doctrines de Luther s'étaient répandues avec une rapidité inouïe. Déjà plusieurs princes allemands, à l'exemple de Frédérik le Sage, duc de Saxe, se déclaraient pour le novateur, quelques-uns par conviction religieuse, la plupart pour ressaisir leur ancienne influence en ébranlant l'autorité impériale, et recouvrer leurs richesses d'autrefois aux dépens des églises et des abbayes. Le relâchement de la discipline et la corruption des mœurs favorisaient les progrès de l'hérésie dans le clergé lui-même ; de tous côtés, les moines quittaient leurs frocs et leurs couvents.

Ces bruits séditieux, qui retentissaient dans l'Église et dans les hautes classes de la société, se faisaient aussi entendre parmi le peuple, accablé depuis tant de siècles sous le joug de la féodalité. Ces hommes *corvéables et taillables* interprétaient dans un sens tout matériel les mots de liberté chrétienne sans cesse répétés autour d'eux, et prétendaient à une parfaite égalité de droits avec leurs maîtres. Les attaques de Luther contre l'autorité de l'Église furent le signal d'une attaque furieuse contre toute autorité temporelle, d'une lutte générale contre l'ordre établi.

---

(1) Cette citation est empruntée à Kohlrausch, écrivain protestant.

118. Les Sacramentaires. — Les Anabaptistes. —
Luther avait vu se manifester rapidement les fatales conséquences de ses innovations. Les fureurs de *Carlostadt*, le chef des *Sacramentaires*, qui courait d'église en église, brisant les images et renversant les autels, avaient été, dès l'année 1522, le prélude d'excès plus déplorables encore. Une foule de paysans, excités par les paroles fanatiques de *Munzer*, le premier disciple de Luther, ravageaient l'Allemagne en tous sens, forçant toute personne à recevoir un nouveau baptême (d'où ils furent appelés *Anabaptistes*). Munzer attaquait comme une impiété toute différence entre les riches et les pauvres, les princes et les sujets, les prêtres et les simples fidèles, et soutenait l'enthousiasme de ses partisans en leur promettant le secours de tous les anges du ciel. En vain Luther s'efforça par ses écrits, modérés d'abord, bientôt d'une grande violence, de réprimer ceux qu'avaient soulevés ses doctrines ; il fallut, pour terminer la révolte, que la cavalerie des nobles, dont ils envahissaient les biens, les écrasât de toutes parts (1525). Plus de cent mille paysans perdirent la vie dans ce déplorable soulèvement.

Luther se consolait de ces horreurs en citant froidement ces paroles de l'Évangile : *Je suis venu apporter non la paix, mais la guerre*. Toutefois, il se séparait du peuple pour s'attacher aux princes, que leur avidité pour les biens ecclésiastiques disposait en sa faveur ; l'un de ses plus remarquables écrits portait pour titre : *A la noblesse d'Allemagne*. La même année, Albert de Brandebourg, grand-maître de l'ordre des chevaliers Teutoniques, sécularisa son État tout entier, et en fit le duché héréditaire de Prusse (1525). Luther enfin se détermina lui-même à suivre l'exemple que lui donnaient depuis longtemps ses disciples. Le moine augustin épousa, au grand étonnement de l'Allemagne, une religieuse qu'il avait fait sortir de son couvent.

§ II. ALLIANCE DES PROTESTANTS DU NORD DE L'ALLEMAGNE. — MAURICE DE SAXE. — LUTTES DE LA RÉFORME JUSQU'A LA PAIX D'AUGSBOURG.

119. Ligue catholique. — Ligue protestante. — Confession d'Augsbourg. — Sous le drapeau de la religion, deux partis politiques se dessinaient en Allemagne : les catholiques, par la ligue de Dessau, les réformés, par celle de Torgau, se divisèrent en deux camps (1525-1526). En vain Charles-Quint parut-il se déclarer contre les derniers après la victoire de Pavie ; une guerre avec les Turcs l'occupa ailleurs. La diète d'Augsbourg ne changea rien à la position des partis ; et la *diète de Spire* (1529), qui, après avoir condamné les Anabaptistes à la peine de mort, défendait toute innovation ultérieure dans la religion, ne fit qu'amener cette célèbre *Protestation*, d'où est venu le nom qui désigne généralement tous les réformés. L'année suivante, les *Protestants* formulèrent leurs doctrines dans la *Confession d'Augsbourg*, rédigée par Mélanchthon, le plus modéré des amis de Luther ; mais elle ne fut pas longtemps leur unique symbole.

Charles-Quint, irrité de leur constante opposition, répondit par un décret qui les mettait au ban de l'Empire. Les réformés se hâtèrent de se confédérer à *Smalkalde* (1531). Fortifiés par l'alliance du roi de Suède Gustave-Adolphe, et de Frédéric de Danemark, ils protestèrent pour la plupart contre l'élection de Ferdinand, frère de Charles, comme roi des Romains, et refusèrent de se soumettre désormais aux décisions de la Chambre impériale, parce qu'elle avait prononcé contre eux une sentence de restitution des biens enlevés à l'Église.

120. GUERRE CIVILE. — SECONDE GUERRE CONTRE LES ANABAPTISTES. — MAURICE DE SAXE. — Malgré le traité de paix conclu à *Nuremberg*, qui assurait aux luthériens la liberté de leur culte jusqu'à la convocation du prochain concile général (1532), la guerre civile semblait prête à éclater, quand une nouvelle invasion des Ottomans réconcilia un instant l'Allemagne. Une armée immense, où tous les partis envoyèrent leur contingent, refoula les Turcs au delà de leurs frontières. Mais ce danger passé, le plus actif et le plus audacieux des chefs réformés, Philippe, landgrave de Hesse, envahit tout à coup l'Autriche avec vingt mille hommes, et fut vainqueur à Lauffen (1534). Toutefois la *paix de Cadan* réunit encore une fois les catholiques et les protestants contre un ennemi commun. La secte des Anabaptistes se relevait en Allemagne plus nombreuse, plus menaçante que jamais, sous les ordres de *Jean de Leyde*, garçon tailleur hollandais, qui établissait la polygamie, et prêchait la guerre contre ceux qu'il appelait les deux *prophètes du diable*, le pape et Luther. Ces misérables renversaient partout les couvents et les églises, détruisaient tous les chefs-d'œuvre des arts, brûlaient tous les livres, excepté la Bible, et se livraient en même temps aux débauches les plus grossières, d'après l'exemple de leur chef, qu'ils avaient proclamé successeur de David et roi du monde entier. Leurs excès soulevèrent toute l'Allemagne. Ils furent

massacrés pour la plupart dans la ville de Munster, et Jean de Leyde périt dans les plus affreuses tortures (1535).

Les guerres contre la France, la Barbarie et la Turquie firent quelque temps diversion aux troubles intérieurs de l'Allemagne. Déjà la division, conséquence nécessaire des principes du protestantisme, était grande dans le parti de la Réforme. Luther attaquait avec violence son ancien disciple Carlostadt, et Ulric Zwingle, réformateur de la Suisse (voir n° 131). Quant aux princes qui s'étaient déclarés pour les nouvelles doctrines, leur adhésion était déterminée bien plutôt par des intérêts politiques que par leurs croyances religieuses : les ducs catholiques de Bavière se joignaient à la ligue de Smalkalde, tandis qu'un duc protestant, *Maurice* de Saxe, s'attachait au parti de l'empereur (1545).

Ce prince, cousin de l'électeur de Saxe, était un des hommes les plus remarquables de son temps. Jeune encore, « il était doué de ce regard perçant de l'âge mûr, qui saisit les rapports des événements. » Il avait résolu de faire servir les troubles religieux aux intérêts de son ambition ; il s'unissait aux catholiques pour supplanter l'électeur avec leur secours, déterminé à abandonner l'empereur dès qu'il aurait atteint son but et qu'il pourrait marcher indépendant.

121. LE PROTESTANTISME CONDAMNÉ AU CONCILE DE TRENTE. — SUITE DE LA GUERRE CIVILE. — BATAILLE DE MULHBERG. — Cependant le pape annonça l'ouverture d'un concile général, depuis si longtemps promis à l'Allemagne par l'empereur ; mais les protestants, qui l'avaient d'abord demandé avec affectation, déjà le récusaient d'avance, et préféraient avoir raison les armes à la main. En effet, les premiers décrets du concile qui s'ouvrit à *Trente* (1545-1563), conformes à la doctrine perpétuelle de l'Église, sapaient le protestantisme par la base : ils déclaraient canoniques les livres de l'Écriture sainte que les luthériens repoussaient comme apocryphes, donnaient à la tradition de l'Église la même autorité qu'à l'Écriture, reconnaissaient la *Vulgate* comme seule traduction authentique de la Bible, et rétablissaient sur l'eucharistie, sur la confession, sur le purgatoire, sur les indulgences, les dogmes que les réformés avaient prétendu abolir.

Les anathèmes du concile, suivis d'une bulle du pape qui déposait l'hérétique archevêque de Cologne, donnèrent l'alarme à tous les réformés. Une armée considérable fut levée par l'électeur de Saxe et le landgrave de Hesse contre Charles V, qui se montrait prêt à soutenir les décisions du concile et du pape, déclarant au reste dans ses proclamations, « que ses préparatifs n'avaient pas pour objet d'opprimer la religion et la liberté, mais de forcer à l'obéissance quelques princes rebelles, qui, sous le voile de la religion, livraient l'Empire aux discordes et à l'anarchie. » Un cartel envoyé au *soi-disant empereur* fut le signal de la guerre. Charles-Quint, à la tête de quelques troupes, soutint l'effort d'une armée de soixante-dix mille hommes, et, dans une admirable campagne, il réduisit ses ennemis à implorer une suspension d'armes. En même temps, une diversion opérée contre la Saxe par le duc Maurice et le roi Ferdinand achevait de lui assurer l'avantage. Les sauvages cavaliers de Hongrie, qu'avait amenés Ferdinand, répandaient partout l'épouvante. Les fortes villes du nord de l'Allemagne ouvrirent sans résistance leurs portes à l'empereur; enfin l'électeur de Saxe fut fait prisonnier à la décisive *bataille de Mulhberg* (1547), et ses dépouilles récompensèrent la défection de Maurice. Le landgrave de Hesse tomba lui-même entre les mains du vainqueur, et sa captivité mit fin à la guerre.

Luther était mort (1546) avant d'avoir vu la défaite de ses partisans.

Charles-Quint et Ferdinand usèrent durement de la victoire : les Bohémiens révoltés, dont la défaite de Mulhberg anéantissait les espérances, furent punis par la perte de leurs privilèges, au moment où la mort d'un compétiteur redoutable, Jean Zapolski, et l'assistance des Turcs, affermissaient sur la tête de Ferdinand la couronne de Hongrie.

122. Intérim. — Traité de Passau. — Paix d'Augsbourg. — Charles-Quint espéra un instant terminer les querelles religieuses par la soumission des dissidents consternés : mais, fier de sa toute-puissance temporelle, il voulut prendre en main l'autorité spirituelle; le prince séculier prétendit imposer à tous une profession de foi conciliatrice, qui fut appelée l'*intérim d'Augsbourg*. Il mécontenta les protestants, qui crièrent à l'oppression, les catholiques, qui crièrent au scandale. En même temps, il menaçait les libertés politiques de l'Allemagne, par son projet de rendre la dignité impériale héréditaire dans sa maison.

Cependant il ne s'inquiétait pas des murmures, et poursuivait l'exécution de ses plans, chargeant Maurice de Saxe de réduire Magdebourg, qui seule lui opposait une opiniâtre résistance. Mais ce fut Maurice, traître jadis en faveur de Charles-Quint, qui tout à coup mit fin à ses triomphes par une trahison nouvelle. Ses prétentions ambitieuses auraient dû donner l'éveil à l'empereur; mais il aima mieux croire, sur la parole de son jeune ministre Granvelle, *qu'un gros Allemand n'était pas capable de concevoir un plan, sans qu'il fût aussitôt découvert dans tous ses détails;* et il ne s'aperçut pas que son mépris pour les Allemands, sa prédilection pour les Espagnols, causaient un mécontentement général. A peine à la tête des troupes de l'empereur (1551), Maurice, exploitant avec adresse toutes les dispositions hostiles des princes, s'allia secrètement avec le landgrave prisonnier, avec le roi de France, et marcha tout à coup sur Inspruck, où Charles résidait dans une sécurité profonde. Une sédition dans l'armée de Maurice l'arrêta un instant et sauva l'empereur, qui, infirme et malade, s'enfuit à grand'peine au milieu de la nuit et se réfugia dans les montagnes de la Carinthie. Toutefois, il lui fallut rendre la liberté au landgrave, à l'ancien électeur de Saxe, et accepter la *transaction de Passau* (1552). Cette trêve, dont Granvelle avait négocié les principales conditions, fut suivie de la mort de Maurice (1553), et bientôt après, de la *paix d'Augsbourg* (1555), conclue par les soins de Ferdinand, dont la fermeté et la prudence triomphèrent de tous les obstacles.

Ce traité célèbre accordait aux protestants le libre exercice de leur culte, avec le droit d'entrer dans la chambre impériale, et leur maintenait les biens ecclésiastiques dont ils étaient en possession. Malheureusement, il contenait plusieurs points litigieux, qui ne devaient pas tarder à amener de nouvelles querelles.

Ce fut alors que l'Empereur, gémissant de voir se consommer cette fatale division de l'Allemagne contre laquelle il avait lutté toute sa vie, et d'assister à la destruction de sa grande œuvre d'unité politique et religieuse, déposa sa triple couronne, et se retira au fond d'un couvent de l'Estramadure (1556-1558).

Cette main, qui avait tenu le sceptre du monde, s'occupait à des ouvrages d'horlogerie. Un jour, Charles-Quint s'efforçait vainement de mettre d'accord deux montres, qu'il avait faites lui même : « Fou que j'étais ! s'écria t-il ; et je pensais pouvoir régler mieux qu'une horloge tant de peuples parlant divers langages et vivant sous différents cieux ! » (Voir ci-après, n° 162.)

DEUXIÈME PARTIE.

Christian II et Gustave Wasa : la Réforme dans le Nord (1513-1560).

§ Ier. LA RÉFORME EN SUÈDE.

123. RUPTURE DE L'UNION DE CALMAR. — CHARLES VIII, ROI DE SUÈDE. — Tandis que la réforme divisait l'Allemagne en deux camps et mettait pour un siècle entier toutes ses populations aux prises, les événements politiques favorisaient la prompte introduction des doctrines luthériennes dans les États scandinaves, où elles devaient rapidement acquérir la prépondérance. Pour comprendre cette révolution, il faut jeter un coup d'œil sur la situation des États du Nord depuis la rupture de l'union de Calmar.

Cette ligue fameuse, œuvre de la grande reine Marguerite, qui semblait devoir être le fondement inébranlable d'un puissant empire scandinave, n'eut cependant pour résultat que l'assujettissement de la Suède et de la Norvège au Danemark. La Suède protesta contre un pareil abaissement par l'élection de *Charles VIII Canutson Bonde* (1448), qui rompit l'union pour la première fois. *Christian Ier* ou *Christiern* d'Oldenbourg ne régna que sur le Danemark et sur la Norvège, qu'il disputa pendant deux ans au roi de Suède. Celui-ci, élu malgré les prélats suédois, fut assez imprudent pour les braver. Une conjuration se forma dans le clergé en faveur du Danemark. L'archevêque d'Upsal, quittant la crosse pour l'épée, afficha à la porte de la cathédrale une déclaration de guerre contre le roi, et fit proclamer Christian. Canutson, abandonné par tous ses sujets, quitta la Suède, et Stockholm ouvrit ses portes à l'archevêque, qui bientôt après couronna le roi de Danemark à Upsal (1457). Mais l'union de Calmar ne put être solidement rétablie. Christian, qui, selon l'expression d'un contemporain, *cherchait de l'argent dans l'eau, dans la terre et dans l'air*, se rendit odieux par sa rapacité, et fut obligé de quitter Stockholm, qu'il avait dépouillée comme une ville prise. Charles VIII, rappelé, puis chassé une seconde fois, mourut cependant sur le trône.

124. LA SUÈDE SOUS LES ADMINISTRATEURS. — Le neveu de Charles, *Sténon Sture Ier* (1470), avec le simple titre d'administrateur, vainquit à la tête d'une armée de paysans les chevaliers du roi de Danemark, qui fut contraint d'abandonner définitivement ses projets sur la Suède (1471). Sténon profita de quelques années de paix pour faire refleurir dans toute la Suède l'agriculture et le commerce : il fonda une université dans la ville d'Upsal (1476), qui depuis le treizième siècle, possédait une école renommée; et il obtint de Rome l'autorisation d'y faire enseigner la théologie, le droit canon, le droit civil, la médecine et la philosophie. A la mort de Christian (1481), les troubles recommencèrent. Jean II, couronné en Danemark, puis en Norvége, conclut (1483) avec les États de Suède une convention qui avait pour but le rétablissement de l'ancienne union. La Suède se lassait du gouvernement provisoire de l'administrateur, et, malgré les efforts de Sténon, elle proclama Jean II, l'an 1497. L'administrateur parvint à chasser encore une fois les Danois (1501), en faisant un énergique appel à l'esprit national, et après sa mort (1503), les États lui donnèrent pour successeur *Swante Nilson Sture* (1504), ne s'inquiétant pas plus des arrêts lancés par le Danemark que des menaces de l'empereur Maximilien Ier. Bien que favorisé par les dissensions perpétuelles de la Suède et par l'influence du clergé, Jean II ne put empêcher, en 1512, l'élection de *Sténon Sture II*, fils du premier administrateur.

125. CHRISTIAN II, ROI DE DANEMARK, S'EMPARE DE LA SUÈDE. — ATROCES VENGEANCES. — L'année suivante (1513), le trône de Danemark passa à *Christian II*, fils de Jean, qui fit valoir de nouveau les prétentions de sa famille. L'archevêque d'Upsal, Gustave Troll, uni d'intérêts avec le roi de Danemark, souleva quelques villes en sa faveur, tandis que le pape Léon X excommuniait Sténon. Cependant les Suédois, dévoués à leur sage et habile administrateur, repoussèrent un prince déjà connu par son caractère violent et ambitieux, ses inclinations féroces et grossières. Une première attaque des Danois (1518) échoua complétement. Mais l'an 1520, Christian envoya une nouvelle armée plus nombreuse et plus formidable. A la première bataille, Sténon fut tué. La Suède consternée se soumit tout entière. La ville de Stockholm seule où s'était enfermée la veuve de Sténon, animée par les exhortations et les exemples de cette femme intrépide, fit une longue et vigoureuse défense. Toutefois, n'ayant plus d'espoir d'être secourue, elle consentit à capituler aux conditions honorables que lui offrait Christian.

Ce prince, profondément irrité de la résistance qu'il avait éprouvée, dissimulait son ressentiment pour mieux assurer sa vengeance. S'étant fait proclamer par les États d'Upsal souverain légitime de la Suède, il invita les principaux seigneurs suédois à une fête magnifique. Pendant deux jours, ce ne fut que festins, que jeux et que plaisirs. Le troisième jour, le roi fit appeler tout à coup la veuve de l'administrateur, et lui ordonna de rendre compte de la conduite de son mari. Tandis que celle-ci répondait avec autant de noblesse que de courage, des soldats allaient arrêter dans le palais les seigneurs, les évêques même qui s'y étaient rendus sur l'invitation de Christian, et les faisaient comparaître devant un tribunal chargé de les juger ou plutôt de les condamner, sans même leur permettre de se défendre.

Une sentence de mort fut prononcée contre tous les prisonniers, et à peine cet inique procès fut-il terminé, qu'on publia un ordre du roi qui défendait à qui que ce fût de sortir de la ville, sous peine de la vie. Toute la garnison danoise était sous les armes, des canons étaient braqués contre les principales rues ; la ville entière était dans la consternation et se demandait dans quel but on prenait toutes ces mesures sinistres, lorsque soudain on vit les portes du château s'ouvrir, et tous les plus illustres personnages de la Suède, la plupart revêtus encore des marques de leurs dignités, s'avancer entre deux rangs de soldats. Ils marchèrent ainsi jusqu'à la grande place, lieu désigné pour leur supplice. Par un raffinement atroce de cruauté, le roi refusa à ses victimes, malgré toutes leurs supplications, les secours de la religion, et quatre-vingt-quatorze seigneurs furent décapités successivement.

Après cette abominable exécution, Christian, regrettant de n'avoir pu se rendre maître de tous ceux qu'il regardait comme ses ennemis, abandonna la ville à la fureur des soldats. Ces forcenés égorgèrent d'abord les habitants qui étaient accourus sur le lieu de l'exécution ; puis ils se répandirent dans les rues et dans les maisons qu'ils mirent à feu et à sang. Un gentilhomme suédois, qui s'était soumis aux Danois, ayant osé déplorer publiquement les malheurs de son pays, Christian ordonna qu'on l'attachât à un poteau, qu'on lui fendît la poitrine et qu'on lui arrachât le cœur. Enfin, comme s'il ne lui suffisait pas de punir les vivants, le monstre voulut se venger sur les morts eux-mêmes. Il fit déterrer le corps du dernier administrateur, et livra ses restes aux plus odieux outrages.

La veuve de Sténon Sture avait été condamnée à être noyée ;

mais l'amiral danois, épris de cette princesse, lui sauva la vie en offrant au roi une somme considérable.

Pendant plusieurs mois, les soldats de Christian continuèrent à égorger ceux qui leur étaient suspects, ou dont ils convoitaient les richesses. Le *Néron du Nord* publia un édit où il menaçait les paysans, au moindre mouvement qui aurait lieu, de leur faire couper un pied et une main pour les empêcher de se révolter, ajoutant qu'un villageois qui était né pour la charrue et non pour la guerre, pouvait parfaitement se contenter d'une main et d'un pied avec une jambe de bois. Christian quitta la Suède après l'avoir inondée de sang, espérant y avoir à jamais affermi son autorité.

126. GUSTAVE VASA DÉLIVRE LA SUÈDE. — IL EST PROCLAMÉ ROI. — Mais un jeune descendant des anciens rois, *Gustave Vasa*, retenu depuis longtemps en Danemark comme otage, vivait pour être le vengeur de son père assassiné et de sa patrie opprimée. Il s'échappe du château où on le retenait captif, passe en Suède sur un vaisseau de la république de Lubeck, et, caché dans les montagnes de la Délécarlie, où il travaille dans les mines de cuivre parmi les paysans, il attend l'heure de la délivrance. Une femme le découvrit, malgré son déguisement, au collet brodé de la chemise qu'il portait sous ses vêtements de paysan. Les Danois furent avertis, et Gustave, poursuivi de forêt en forêt, de retraite en retraite, trahi enfin par un seigneur auquel il avait demandé asile, ne put s'échapper que par la générosité de la femme même du perfide Dalécarlien. Un domestique fidèle le conduisit chez un curé du voisinage, qui le cacha au fond de son église, dans un endroit où lui seul pouvait pénétrer.

Cependant, une assemblée nombreuse des paysans de la province devait avoir lieu prochainement, à l'occasion des fêtes de Noël, dans la ville de *Mora*. Gustave, las de fuir sans cesse les poursuites de ses ennemis, résolut de chercher son salut dans un coup de main audacieux. — Informé que les Suédois murmuraient de tous côtés contre la tyrannie de Christian, il quitte sa retraite et se présente tout à coup au milieu de l'assemblée de Mora. Il harangue, il anime ses compatriotes; il excite leur haine contre les Danois, leur fait craindre le sort le plus affreux, s'ils ne secouent le joug de leurs ennemis. Transportés par ses paroles, tous demandent des armes, et supplient Gustave de se mettre à leur tête: le vent du nord qui a soufflé pendant tout son discours, leur paraît un signe infaillible de succès; et ce présage augmente encore leur ardeur.

Ils forment sur-le-champ une petite troupe, qui d'abord composée de quelques cavaliers et d'une centaine de fantassins, va se grossir de jour en jour. Gustave, pour ne pas laisser refroidir leur enthousiasme, les mène aussitôt contre le gouverneur de la province, le surprend dans son château, et plante le drapeau national sur les murs de la forteresse. Au bruit de ce succès, les Suédois se soulèvent de toutes parts. Un corps d'armée est battu par ces hommes intrépides et infatigables qui ne boivent que de l'eau et se nourrissent au besoin de pain d'écorces, et les vainqueurs répètent avec allégresse ce chant de victoire : « *Le fleuve de Bruneback est bien profond! nous y avons précipité les Danois.* »

Les armées danoises étaient battues de tous côtés par des troupes irrégulières, qui quittaient leur général plusieurs mois de l'année. Gustave, par son infatigable énergie, avait triomphé de tous les obstacles. Une partie de la noblesse couronna ses succès en le proclamant administrateur (1521). La ville de Stockholm fut forcée de se rendre, après un siège de deux ans, lorsque les vaisseaux de Lubeck eurent bloqué le port, et l'enthousiasme général décerna le sceptre au libérateur du pays (1523). L'union de Calmar était définitivement rompue. Christian II ne conserva pas même ses États de Danemark : ses sujets, las d'obéir à un prince aussi inhabile que cruel, proclamèrent à sa place *Frédéric de Holstein*, qui, l'année suivante, reconnut solennellement l'indépendance de la Suède (traité de Malmoë, 1524).

127. Gustave Vasa introduit le luthéranisme en Suède. — Maître de toute la Suède, Gustave Vasa y introduisit le luthéranisme. Il voyait dans la Réforme un moyen d'affermir la couronne sur sa tête par l'affaiblissement du clergé, qui avait joué un si grand rôle dans les dernières révolutions, et surtout de s'enrichir par la spoliation des biens ecclésiastiques. L'an 1527, une assemblée extraordinaire des États, à *Vesteras*, rompit l'union de l'Église de Suède avec le Saint-Siége, ôta au clergé ses dîmes et sa juridiction, enleva aux prélats les châteaux et places fortes qu'ils avaient entre les mains, et autorisa les seigneurs à reprendre les biens qui avaient été concédés par leurs ancêtres aux évêchés et aux abbayes. Deux ans après, le *concile d'OErebro* établit une liturgie presque semblable à celle de la confession d'Augsbourg (voir ci-dessus, n° 119), tout en conservant la hiérarchie ecclésiastique. Les démonstrations de la bourgeoisie et de la noblesse étouffèrent la résistance du clergé. Cependant ces mesures violentes et injustes ne s'accomplirent pas sans troubles. La Dalécarlie, fidèle à la religion comme à la liberté, repoussa le culte nouveau qu'on voulait lui imposer. Gustave soutint par les armes ses réformes religieuses contre ses premiers et ses plus dévoués partisans, et, vainqueur de tous les obstacles, il se proclama chef suprême de l'Église de Suède (1).

128. Réformes politiques. — Traités avec la Russie. — Du moins Gustave sut tourner cette révolution au profit du pouvoir royal et de la nation. S'il s'empara de treize mille terres ou fermes, s'il préleva souvent au nom du fisc la dîme qu'il avait abolie, s'il battit monnaie avec les cloches des églises, il parvint à rétablir l'ordre dans les finances, il employa son trésor à affranchir la Suède de la dépendance où les villes Hanséatiques retenaient son commerce, à favoriser les progrès de la navigation et de l'industrie, à entretenir une armée régulière et à garnir ses frontières de forteresses. La noblesse, que le roi avait su intéresser à la ruine du clergé, et qui s'était flattée d'en tirer tout le profit, vit son influence fortement ébranlée par les réformes de Gustave. Ce prince rétablit tous les droits de la couronne sur les fiefs accordés aux nobles, et fit payer exactement leurs redevances. L'affaiblissement des grands fut le gage de la tranquillité du pays, qu'ils avaient si souvent agité par leur insubordination et leurs querelles.

Gustave recueillit à l'extérieur comme à l'intérieur les fruits de sa politique. Deux conventions avec la Russie (1526-1537) donnèrent aux Suédois le droit de commercer librement dans tous les États du tzar, et de fonder un établissement à Novgorod; les conférences de *Bromsebro* terminèrent les différends de la Suède et du Danemark; enfin, en 1542, un traité de commerce unit la Suède à la France. La reconnaissance des Suédois déclara la couronne héréditaire dans la famille de Gustave Vasa, par la constitution d'*OErebro* (1540), confirmée à la seconde diète de *Vesteras* (1544), qui proclama de nouveau l'établissement du luthéranisme en Suède. Quelque temps après, à la diète d'*Arboga*,

---

(1) « Si vous ne voulez pas encourir notre disgrâce et une punition sévère, vous obéirez à nos ordres royaux, tant dans les affaires mondaines que dans celles de la religion. » (*Lettre de Gustave Wasa.*)

Gustave fit reconnaître solennellement par les députés de la Suède les droits de son fils Érik.

§ II. LA RÉFORME EN DANEMARK ET EN NORVÈGE.

129. Frédéric I__er__. — Introduction de la Réforme en Danemark. — On a vu la révolution religieuse au seizième siècle fortifier en Suède le pouvoir royal; en Danemark, où elle s'opéra à la même époque, elle eut un résultat tout différent : funeste au souverain, elle fut tout entière à l'avantage de l'aristocratie. *Frédéric I__er__* (1523-1533), le successeur de Christian II déposé (voir n° 126), fit abolir par la *diète d'Odensée* le célibat des prêtres et des religieuses, et ordonna la prédication du luthéranisme. L'établissement de la religion nouvelle fit éclater des troubles de toutes parts. Christian II, soutenu par les secours de Charles-Quint, en profita pour envahir la Norvège, qui le reçut avec enthousiasme (1531); mais il fut battu par les troupes de Gustave, allié de Frédéric, fait prisonnier, et jeté par son rival dans un château-fort, où il languit captif pendant vingt-sept ans.

130. Christian III. — Introduction de la Réforme en Norvège. — Après la mort de Frédéric, les évêques firent un nouvel effort pour prévenir la ruine de la religion catholique en Danemark : à *Christian III* (1534), élevé en Allemagne, étranger aux mœurs de son pays, ils opposèrent le plus jeune fils du dernier roi, qui n'était pas encore prévenu en faveur des luthériens. La noblesse soutint énergiquement le protecteur de la Réforme, et le Danemark fut en proie à la guerre civile. Pour comble de malheur, le royaume fut envahi par les troupes de Lubeck, qui s'était déclarée en faveur de Christian II, et fut ravagé avec une barbarie qui est restée proverbiale. Plusieurs villes, suivant l'exemple de la capitale, ouvrirent leurs portes aux étrangers. Mais Christian III, en mettant le siège devant Lubeck elle-même, força la ville à rappeler ses soldats; il reprit Copenhague (1536), et se vengea des catholiques, alliés de Lubeck, en dépouillant le clergé et en substituant aux évêques des surintendants, chargés de gouverner et d'étendre l'*Église évangélique* de Danemark. Toutefois la noblesse, qui avait fait vaincre le roi, recueillit tous les fruits de la victoire : elle s'empara des biens ecclésiastiques, força Christian III à déclarer solennellement le trône électif, et se fit accorder une autorité souveraine sur les paysans. En même temps, *pour* *tenir les engagements pris envers le sénat et les nobles*, Christian, dans un décret célèbre, décida « que la Norvège était désormais trop déchue de sa puissance pour conserver un roi, et que s'étant montrée à plusieurs reprises ennemie de la couronne de Danemark contre son devoir et ses engagements, elle serait et demeurerait soumise au roi de Danemark, de sorte qu'elle ne serait plus un royaume à part, mais une province danoise, comme le Jutland ou la Scanie. » Bientôt l'établissement du luthéranisme avec les formes et la hiérarchie que ce culte avait adoptées en Danemark, acheva de détruire la nationalité norvégienne.

TROISIÈME PARTIE.
Zwingle et Calvin : la Réforme en Suisse, aux Pays-Bas et en Écosse (1516-1564).

§ Ier. ZWINGLE. CALVIN : LA RÉFORME EN SUISSE.

131. ORIGINE DE LA RÉFORME EN SUISSE. — ZWINGLE. — La réforme luthérienne en Allemagne et dans les États du Nord, favorisée et propagée par les princes, avait eu pour résultat général de soumettre l'Église au souverain, et de placer le domaine spirituel sous la dépendance du pouvoir politique. La réforme calviniste en Suisse, partie du peuple, ainsi qu'on le verra en Écosse (n° 136), sembla dirigée contre le trône; et le but que se proposèrent les plus exaltés de ses partisans fut de substituer le *règne des saints* à celui de tous les rois de la terre.

C'est à l'époque même où la Réforme paraissait en Allemagne, qu'elle vint jeter la division parmi les Suisses, et armer les uns contre les autres ces braves montagnards, dont l'épée ne s'était guère trempée encore que dans le sang de l'étranger. Sous prétexte de réformer les abus qui s'étaient introduits dans la discipline ecclésiastique, *Zwingle*, curé de Glaris, homme instruit, éloquent et enthousiaste, commença vers 1516 à propager une doctrine assez analogue à celle qu'allait prêcher Luther. Le clergé de Zurich, le premier, séduit par la simplicité apparente qu'il introduisait dans la religion aux dépens des dogmes constamment admis par l'Église, adopta les réformes proposées par le novateur (1519). Le grand conseil de Zurich, jugeant une querelle religieuse comme une affaire de police, fit plaider devant lui la cause de l'ancienne et de la nouvelle doctrine (1523); et décidant que Zwingle avait gagné son procès, il publia un édit qui abolissait la messe avec la plupart des cérémonies religieuses, le culte des images et le célibat des prêtres (1524, 1525). Cette déclaration fut le signal des troubles les plus déplorables, et la Suisse fut livrée à tous les désordres. Profitant de l'agitation des esprits, les anabaptistes s'efforcèrent d'introduire en Suisse leurs doctrines anarchiques. Le canton de Zurich, qui avait commencé la guerre contre l'Église, éprouva le premier les désastreuses conséquences de la révolte, et ne put se délivrer d'une secte turbulente qu'en faisant noyer ou brûler ses chefs. Zwingle se voyait en même temps désavoué par les réformés d'Allemagne, et Luther, qui ne voulait d'autre chef que lui-même à la tête des ennemis de l'Église, attaquait avec son emportement accoutumé les *dangereuses et sacrilèges* doctrines de ce rival, qu'il appelait un *réprouvé* et un *serviteur du diable*.

152. Guerre civile. — Mort de Zwingle. — En Suisse, les discussions des réformateurs avec les défenseurs de l'Église excitaient dans les esprits une irritation extrême. Les cantons de Berne, de Schaffhouse, de Bâle, unis à celui de Zurich, avaient embrassé les principes de Zwingle, et voulaient faire disparaître violemment toute trace du catholicisme. Mais les cantons qui avaient proclamé les premiers la liberté de l'Helvétie, restaient énergiquement attachés à cette foi catholique qui jadis avait soutenu leur enthousiasme et électrisé leur courage. A leurs croyances religieuses s'unissaient les plus glorieux souvenirs de l'honneur national. Ury, Schwytz, Unterwalden, soutenus par les cantons de Soleure, de Lucerne, de Zug, de Fribourg, déclarèrent à Zurich et à ses alliés qu'ils étaient prêts à se séparer d'eux, plutôt que d'abandonner la foi de leurs pères. Déjà, les deux partis préludaient à une guerre ouverte par des exécutions sanglantes. Une première lutte à main armée fut presque aussitôt terminée (1528-1529). Enfin, le 30 avril 1530, persuadés que l'hérésie était la seule cause de tous les malheurs de la patrie, les catholiques formèrent une ligue pour l'anéantissement de la Réforme et la défense des doctrines catholiques. Les cantons réformés s'unirent aussitôt, et, après une trêve éphémère, une guerre générale éclata.

Zwingle, qui s'était opposé avec opiniâtreté à tout accommodement avec les catholiques, marcha lui-même à la tête de ses partisans. Les catholiques furent vainqueurs au combat de *Cappel*, et le cadavre du chef des réformés, trouvé sur le champ de bataille, fut écartelé et brûlé de la main du bourreau (1531). Une seconde victoire de l'armée catholique mit fin à cette funeste guerre, et obligea les cantons hérétiques à demander la paix. Mais ce traité, en suspendant les hostilités, ne détruisit pas les semences de haine et de discorde que la querelle religieuse avait jetées dans la Suisse tout entière. Bientôt les réformés eux-mêmes se plaignirent de la violence de leurs pasteurs, de l'influence qu'ils s'arrogeaient sur les affaires, et on en vint à exiger caution des prédicateurs pour s'assurer qu'ils n'attaqueraient pas la paix dans leurs sermons.

155. CALVIN. — SA DOCTRINE. — La Suisse était préparée à recevoir de France l'hérésie calviniste, qui allait s'introduire par Genève, où le fameux émule de Luther, exploitant à son profit les conséquences que la Réforme produisait dans toute l'Europe, devait lui donner un caractère étrange et tout spécial.

Genève venait de s'affranchir, avec l'aide des Suisses, de la suzeraineté des ducs de Savoie (1524), et s'était fortifiée de l'alliance de Berne et de Fribourg (1526). Le parti républicain ou *huguenot* (nom qui fut bientôt donné à tous les calvinistes français) accueillit avec faveur les principes de la Réforme (1533), et força l'évêque à abandonner la double autorité spirituelle et temporelle qu'il avait exercée jusqu'alors. Le 27 août 1535, le gouvernement proscrivit la religion catholique, et proclama une profession de foi dressée par *Farel*, protestant français réfugié à Genève. Bientôt Jean Calvin, chassé de France comme convaincu d'hérésie, allait arriver dans la nouvelle république et consommer l'œuvre de Farel.

Calvin, né à Noyon, en 1509, et destiné de bonne heure à l'état ecclésiastique, s'était imbu des doctrines de Luther, apportées par des docteurs allemands, et prétendait organiser l'Église dissidente de France, qui comptait déjà un grand nombre de membres. Le supplice de quelques hérétiques avait révélé les alarmes de la Sorbonne et du parlement, quand Calvin publia son livre de *l'Institution chrétienne* (1535), où il formulait sa doctrine, différant de celle de Luther principalement en ce qu'elle repoussait entièrement le dogme de la présence réelle, et admettait que la foi sans les œuvres suffit pour le salut. Ce livre, d'un style clair, précis, énergique, eut un succès prodigieux, et devint le symbole de tous les réformés français, jusque-là flottants entre des opinions diverses. Le peuple recevait avec enthousiasme une doctrine qui reposait sur des idées d'égalité absolue; et les seigneurs eux-mêmes, constamment préoccupés des moyens de ressaisir leur influence perdue, pensaient à se servir de ces tendances républicaines comme d'une arme puissante contre le pouvoir royal.

154. CALVIN A GENÈVE. — SON DESPOTISME RELIGIEUX ET POLITIQUE. — Déjà cependant, les rigueurs exercées à l'égard des protestants, qui, aussi intolérants que leurs persécuteurs, renversaient les autels et dépouillaient les églises, avaient déterminé Calvin à quitter la France (voir l'histoire de la Réforme en France, ci-après, n° 175). Il errait en Suisse depuis quelque temps, quand Farel l'appela à Genève. L'auteur de l'*Institution chrétienne* y fut reçu avec transport, et chargé de l'enseignement de la théologie (1536); mais ses prétentions hautaines le firent chasser avec Farel (1538) par le parti des patriotes, que déjà, dans son mépris, Calvin appelait les *libertins*. Il alla prêcher sa doctrine à Strasbourg, où il se maria, à l'exemple de tous les réformateurs et de Zwingle lui-même. On le rappela trois ans après, et il se créa, à force d'énergie et de violences, un pouvoir qui écrasa toute opposition (1541).

On vit à Genève un spectacle bizarre : une jeune république, passionnée pour sa liberté nouvelle, se soumettant aux volontés tyranniques d'un homme qui naguère repoussait toute hiérarchie, même dans l'Église, comme une impiété. Celui qui avait quitté la France pour fuir l'oppression, fit peser sur sa patrie d'adoption le joug d'un fanatisme froid et cruel. Le docteur, qui avait gagné sa popularité en France par une pathétique protestation contre les supplices infligés aux hérétiques, publia des lois écrites *non avec du sang comme celles de Dracon, mais avec un fer rouge*. Ces lois prononçaient contre tous les dissidents les peines les plus terribles. Calvin, se disant dépositaire de la vérité divine, déclarant que son autorité n'était autre que l'autorité de Dieu même, établit une théocratie pure, où l'élément temporel disparaissait dans l'élément spirituel et religieux, dont le chef prétendait étendre son empire sur les pensées comme sur les actes extérieurs, et qui poursuivait également comme coupables de sacrilége ses adversaires en politique et en religion.

Un système d'espionnage fut établi pour éclairer les opérations d'un *tribunal des mœurs*. Des potences furent élevées avec cet écriteau : *Pour qui dira du mal de M. Calvin* (Galiffe). Gruet fut décapité après un mois de tortures inouïes, comme coupable d'insulte envers le réformateur. L'exécution de Berthelier, de Claude, de Comparet, une foule d'exils, de confiscations, signalèrent la victoire de Calvin sur le parti des *libertins*. L'Espagnol *Servet* fut brûlé pour avoir osé émettre dans une ville protestante quelques idées nouvelles sur la Trinité (1553). Par de tels moyens, Calvin maintint Genève dans la soumission : il y régna paisiblement jusqu'en 1564 ; mais en même temps, il ne se faisait pas scrupule de fomenter sans cesse des troubles religieux dans les pays voisins et surtout en France. Genève, ainsi placée à la tête du mouvement réformateur, devait demeurer longtemps le chef-lieu du protestantisme.

§ II. LA RÉFORME DANS LES PAYS-BAS.

135. INTRODUCTION DE LA RÉFORME DANS LES PAYS-BAS. — MARGUERITE DE PARME. — GRANVELLE. — Peu de temps avant la mort de Calvin, les doctrines du fameux réformateur avaient fait de rapides progrès dans les Pays-Bas. Ces provinces, démembrées de la succession de Charles le Téméraire, avaient été apportées en dot à Maximilien d'Autriche, par Marie de Bourgogne. Portées au nombre de dix-sept sous Charles-Quint, par l'accession des pays d'Utrecht, d'Over-Yssel et de Gueldres, elles formaient, en 1549, le comté de Bourgogne, qui, peu après, passa aux mains du roi d'Espagne, Philippe II (n° 162). Déjà, depuis plusieurs années, les Pays-Bas, en relations fréquentes avec l'Allemagne, l'Angleterre et la France, avaient vu les doctrines des luthériens, des anabaptistes, des calvinistes, prendre racine parmi leurs populations. Philippe II confia le gouvernement à sa sœur *Marguerite de Parme*, princesse pleine de prudence et de modération, autant que de dévouement à la foi catholique (1559). Mais le roi d'Espagne avait établi, malgré une opposition générale, un tribunal semblable à celui de l'inquisition, disant *qu'il aimerait mieux ne pas régner que de régner sur des hérétiques;* il avait placé à la tête du conseil de la princesse Marguerite l'ancien ministre de Charles-Quint, *Antoine de Granvelle*, archevêque d'Arras, dont les protestants avaient déjà appris à redouter l'habileté ; enfin, il avait laissé dans ce pays une armée espagnole pour comprimer les soulèvements, au mépris des priviléges de toutes les provinces des Pays-Bas, dont Charles-Quint lui-même avait constamment respecté la constitution. Elles s'alarmèrent des atteintes portées à la fois à leur liberté politique et à leur liberté religieuse. L'établissement, en faveur de prélats espagnols, de plusieurs nouveaux évêchés, dotés avec les biens des anciennes abbayes, et surtout, la publication des décrets du concile de Trente, dont les troupes du roi furent chargées d'assurer l'exécution, mirent le comble au mécontentement. Les réclamations devinrent plus générales et plus vives. Philippe II n'y répondit qu'en nommant Granvelle à l'archevêché de Malines, et en lui faisant accorder le chapeau de cardinal, pour récompenser le zèle qu'il déployait contre la secte de Baius, chancelier de l'université de Louvain, qui prêchait une doctrine assez analogue à celle de Calvin, censurée par la Sorbonne, en 1560, puis condamnée par le pape Pie V en 1567. Toutefois, le cardinal, bientôt abandonné par Marguerite, que *Guillaume*, prince d'Orange, eut l'adresse de prévenir contre lui, fut rappelé en 1564.

Une insurrection politique allait assurer le succès de la révolution religieuse (chap. XVII, n° 196).

§ III. LA RÉFORME EN ÉCOSSE.

136. CARACTÈRE DE LA RÉFORME EN ÉCOSSE ET EN ANGLETERRE. — L'établissement de la Réforme en Angleterre et en Écosse présente des caractères tout différents dans l'un et dans l'autre pays. En Angleterre, le roi lui-même, pour briser tout obstacle à ses caprices cruels et despotiques, provoque une séparation que la politique de ses successeurs s'attache à rendre plus complète, plus définitive, en changeant le schisme en hérésie. La nation semble jouer longtemps un rôle purement passif et suivre sans résistance toutes les vicissitudes des volontés de ses souverains. La Réforme, dans sa première phase, tourne au profit de la royauté en donnant à la couronne la suprématie religieuse comme la suprématie civile; la religion conserve sa hiérarchie et son chef : seulement, le chef est un prince temporel au lieu d'un prince spirituel, et les évêques relèvent du roi au lieu de relever du pape. En Écosse, au contraire, la Réforme est un mouvement populaire dans l'origine, qui détruit toute hiérarchie religieuse, menace toute autorité établie, mais que la noblesse parvient à exploiter à son profit contre le pouvoir royal. Toutefois, cette influence aristocratique n'enlève pas à la révolution son caractère primitif. L'église nouvelle, repoussant même la dignité épiscopale, demeure fondée sur un principe essentiellement démocratique, principe qui doit plus tard réagir en Angleterre avec une terrible énergie.

157. INTRODUCTION DE LA RÉFORME EN ÉCOSSE. — JACQUES V. — MINORITÉ DE MARIE STUART. — L'affaiblissement de l'autorité royale pendant la longue minorité du roi *Jacques V*, monté sur le trône en 1513, favorisa l'introduction de la Réforme en Écosse, où elle prit un caractère de fanatisme et d'enthousiasme plus exalté que dans toute autre contrée de l'Europe. Essentiellement démocratique dans la forme, elle n'en eut pas moins l'appui de plusieurs seigneurs en haine de l'autorité royale, et le parti de la Réforme devint celui des ennemis du trône. La lutte du roi contre les grands recommença sous le drapeau religieux. L'heureuse harmonie rétablie par Jacques IV (n° 52, note) était à jamais détruite. L'ascendant du cardinal *Beaton*, archevêque de Saint-André, homme d'un génie supérieur, mais haï par la noblesse, ne put dominer les partis, et ses mesures rigoureuses contre les réformés augmentèrent encore l'irritation générale. Le mariage de Jacques V avec Marie de Guise (1538), en introduisant en Écosse une influence étrangère, allait être la cause de nouveaux troubles. Vainement le roi crut rallier ses sujets au nom de l'honneur national et de l'amour du pays. Il vit dix mille Écossais mettre bas les armes devant une troupe de cinq cents Anglais, en haine de leur souverain. Jacques V tomba dans une sombre mélancolie; et bientôt, sa mort donna le trône à sa fille Marie, à peine âgée de quelques jours (1542). « La couronne est entrée dans ma famille par une femme, avait dit le prince expirant, et elle en sortira de même. »

Les querelles politiques et les dissensions religieuses redoublèrent pendant la longue minorité de *Marie Stuart*, fille de Jacques V et de Marie de Guise (1542). L'Église nouvelle s'organisa en supprimant les dignités et les insignes du culte catholique et en n'admettant d'autres ministres que les simples prêtres (*Presbytéranisme*). Les presbytériens les plus exaltés formèrent un parti nombreux, et sous le nom de *Puritains*, ils adoptèrent un culte d'une rigidité extraordinaire. Ils prirent un costume de la simplicité la plus extrême, bannirent de leur église toute pompe et toute cérémonie, supprimèrent la musique et les ornements, et n'admirent guère d'autre pratique que la prière et la récitation des Psaumes. Ils ne reconnaissaient pas même de ministres, et ils avaient pour prédicateurs tous ceux d'entre eux, hommes ou femmes, qui, se croyant inspirés de l'Esprit-Saint, venaient débiter leurs rêveries au milieu de la foule. L'Écosse se divisa en deux factions : celle du comte d'Arran, ami de l'Angleterre, celle du cardinal Beaton et de la reine-mère, attachés à la France. Le comte d'Arran, l'ayant emporté d'abord, fit promettre la jeune Marie au fils de Henri VIII. Bientôt la faction rivale reprit le dessus ; mais Beaton, qui avait voulu arrêter les progrès de l'hérésie par des supplices, fut assassiné par les Puritains. Cet événement alluma une guerre civile. Les rebelles, soutenus par Sommerset, gagnèrent la bataille de Pinkey près d'Édimbourg ; mais bientôt, la reine-mère triompha par les secours de la France. Elle se hâta de fiancer sa fille au dauphin François, et de la faire passer en France (1548).

158. Progrès de la Réforme en Écosse. — Jean Knox. — La révolution religieuse continuait en Écosse avec une violence toujours croissante. *Jean Knox*, de Genève (1554), vint y établir un calvinisme ennemi du pouvoir temporel comme du pouvoir spirituel. Le réformateur, excitant le zèle fanatique des populations aussi bien contre les monuments que contre les dogmes du catholicisme, couvrait l'Écosse de sang et de ruines. La reine régente fut obligée de faire marcher une armée contre ces furieux partisans de l'hérésie. Ceux-ci, réunis en confédération par un *covenant*, ou traité contre l'Église catholique, qu'ils appelaient la congrégation de Satan, invoquèrent l'assistance d'Élisabeth (1559). La reine d'Angleterre (n° 185) se hâta de secourir les ennemis du trône écossais et du catholicisme, tandis que les Guises envoyaient quelques troupes à la reine d'Écosse. Mais à la mort de Marie de Guise, il fallut subir un traité par lequel *Marie Stuart*, qui résidait alors en France, renonçait à prendre à l'avenir le titre de reine d'Angleterre, s'engageait à faire sortir d'Écosse les troupes françaises, et confiait l'administration du royaume à un conseil qui devait renvoyer au parlement la décision des affaires religieuses. Les protestants se hâtèrent de convoquer cette assemblée, sans qu'il y eût même un commissaire pour y représenter l'autorité royale. Le parlement proscrivit tout exercice du culte catholique, et prononça contre les infracteurs de cette loi les peines de la confiscation, du bannissement et de la mort. L'Église réformée fut organisée sous le nom d'*Église Presbytérienne*. Knox fit décréter la destruction des abbayes, des cathédrales, des églises, des bibliothèques, et le peuple accomplit avec fureur cette œuvre digne des barbares du cinquième siècle. Le réformateur s'applaudissait de voir ses espérances dépassées. Toutefois, si la noblesse, comme le peuple, s'était constamment unie à lui jusqu'alors, c'était dans le seul but de profiter des dépouilles du clergé catholique. Knox proposa d'affecter au clergé protestant les biens confisqués ; on lui répondit *en ricanant, que les nobles n'allaient pas prendre la truelle pour travailler à la construction de l'Église;* et les plus modérés déclarèrent que ces idées étaient *les rêveries d'une imagination dévote, mais en délire.* Tel était, en Écosse comme en Allemagne, le zèle désintéressé de la plupart des partisans de la Réforme.

QUATRIÈME PARTIE.

Henri VIII : la Réforme en Angleterre. — Édouard VI. — La reine Marie.

§ I*er*. HENRI VIII.

139. PREMIÈRE PARTIE DU RÈGNE DE HENRI VIII CONSACRÉE A LA POLITIQUE EXTÉRIEURE. — La première partie du règne de *Henri VIII*, fils de Henri VII Tudor (1509-1547), consacrée presque entièrement à la politique extérieure, était loin de faire présager une révolution religieuse. En 1512, le pape Jules II l'avait fait accéder à la *sainte ligue* (n° 69). Il battit les Français à la journée de Guinegate, dite *des Éperons*, où toute l'armée française, saisie d'une terreur panique, s'enfuit au premier choc; et, bientôt après, il vainquit les Écossais à Flodden-Field, où périt Jacques IV (n° 32), ami de la France (1513). La politique extérieure était alors entièrement soumise à l'influence du fameux cardinal *Wolsey*. Cet homme, d'un caractère souple et délié, doué d'une activité et d'une adresse égales à son ambition, devait plaire à un prince « qui, dit un vieil historien, avait autant de goût pour se mêler des affaires publiques, qu'un taureau sauvage pour être attelé à la charrue. » Henri, heureux de se décharger sur lui des soins du gouvernement, le nomma successivement aumônier de la Cour, archevêque d'York, et premier ministre. Wolsey, uni au parti de l'empereur, qui lui avait promis la tiare, arma Henri contre la France jusqu'à ce que l'élection du pape Clément VII, à la mort d'Adrien VI (1523), eût appris au ministre quel cas il devait faire des promesses de l'empereur. L'alliance de Henri VIII avec François Ier, après la bataille de Pavie (1527), fut le fruit du ressentiment de Wolsey. Mais le moment était venu où Henri allait s'occuper de ses affaires intérieures plus que des querelles de ses voisins. Jusqu'alors, ce prince s'était montré constamment dévoué au Saint-Siège, interrompant ses soins politiques et guerriers pour réfuter les doctrines de Luther, et mériter le titre de *défenseur de la foi* (1521). Tout à coup, ses passions vinrent rompre violemment un accord qui semblait inébranlable.

140. Catherine d'Aragon répudiée. — Anne de Boleyn. — Henri avait épousé, avec dispense du pape, la sœur de Charles-Quint, Catherine d'Aragon, veuve de son frère Arthur. Dix-huit ans après, son coupable amour pour *Anne de Boleyn*, fille d'honneur de la reine, lui inspira tout à coup des scrupules sur la validité de son mariage. Le cardinal Wolsey eut la faiblesse d'appuyer des projets de divorce, auxquels Clément VII, convaincu de leur injustice et craignant d'ailleurs le ressentiment de Charles-Quint, ne voulut pas accorder son approbation. Wolsey, prélat catholique, désirait, tout en secondant les desseins de son maître, garder des ménagements avec la cour de Rome. Anne de Boleyn craignit ses irrésolutions, et le fit disgracier. Le ministre mourut peu après en disant : « J'ai mérité mon sort en négligeant mes devoirs vis-à-vis de Dieu, pour ne m'occuper que du service de mon prince » (1530). *Thomas Cromwell*, ministre d'État après Wolsey, et le docteur *Cranmer*, récemment élevé à l'archevêché de Cantorbéry pour un mémoire publié en faveur du divorce de Henri, obtinrent à prix d'argent l'assentiment de quelques universités, pour rassurer la conscience du roi. Catherine, après avoir été jugée publiquement, fut chassée du palais de Windsor : le divorce fut prononcé par Cranmer et par le clergé anglais, malgré les efforts de François Ier et de Charles-Quint, et Henri épousa Anne de Boleyn (1532).

141. Schisme de Henri VIII. — Persécution. — Spoliation des couvents. — Le pape Clément VII, sur l'avis presque unanime de ses cardinaux, cassa la sentence de divorce, et frappa d'excommunication le roi et sa nouvelle épouse (1534). Ce coup brisa les derniers liens qui unissaient l'Angleterre au Saint-Siège. Cranmer se hâta de faire publier un acte du parlement qui proclamait le roi *chef suprême de l'Église d'Angleterre, avec plein pouvoir de corriger et amender toutes erreurs, toutes hérésies, tous abus qui pouvaient être réformés et redressés par une juridiction*

ecclésiastique. En même temps, on déclarait coupable de haute trahison et digne de mort toute personne qui attaquerait la légitimité du mariage de Henri et de la reine Anne, ou les droits de leurs descendants. Enfin, le parlement décréta que toutes les ordonnances royales auraient la même force que les bills passés dans les deux chambres. Les évêques anglais ratifièrent sans opposition toutes ces mesures, et prêtèrent entre les mains de Henri le serment de *suprématie.* Un seul osa se prononcer hautement contre le divorce du roi et contre le schisme qui se consommait : c'était *Fisher*, le saint évêque de Rochester, ami du vertueux chancelier *Thomas Morus,* qui s'empressa de résigner ses fonctions. Tous deux furent jetés dans la Tour de Londres. Le pape protesta en nommant Fisher cardinal : « Le pape peut lui envoyer le chapeau de cardinal, s'écria Henri furieux ; mais je ferai en sorte qu'il n'ait point de tête pour le porter ! » La femme de Thomas Morus vint conjurer son mari de céder pour sauver sa vie : « *Ma chère Louise*, répondit le pieux chancelier, *combien pourrais-je vivre encore ? dix ans ? vingt ans au plus ? Qu'est-ce donc que ce peu d'années, pour les échanger contre une éternité tout entière ?* »

Bientôt Fisher et Morus furent condamnés à mort et exécutés pour avoir refusé le serment de suprématie (1535). Ils moururent sur l'échafaud avec le calme et la sérénité des martyrs. Leur supplice fut suivi d'une foule de condamnations barbares que le roi obtenait en menaçant les jurés disposés à l'indulgence de les faire pendre eux-mêmes.

Henri se hâta de recueillir les fruits de son odieux despotisme. Depuis longtemps, l'adroit Cromwell tentait son avidité, en lui offrant l'appât des dépouilles de l'Église, en lui représentant les succès qu'avait obtenus en Allemagne la politique audacieuse des princes. Henri institua une commission nommée *Cour d'augmentation des revenus du roi,* qui ordonna, avec l'abolition des ordres religieux, la confiscation de tous les monastères, de toutes les maisons religieuses, *comme ayant été des asiles de corruption,* et de toutes les châsses des églises, *comme n'étant propres qu'à entretenir la superstition du peuple.* En quelques années, la cinquième partie des propriétés territoriales d'Angleterre et des trésors immenses furent confisqués au profit de la couronne, et dissipés aussitôt en prodigalités insensées.

142. Supplice d'Anne de Boleyn. — Jeanne Seymour. — Anne de Clèves. — Henri VIII, schismatique, n'était pas hérétique pourtant ; il s'honorait toujours du titre de défenseur de la foi ; et, en 1539, il publia le fameux *bill des six articles,* ou *bill du sang,* qui punissait d'emprisonnement ou de mort tous ceux qui refusaient de reconnaître les principaux dogmes de la foi catholique. Les luthériens furent persécutés pour leurs erreurs, comme les catholiques pour leur attachement au Saint-Siége, « et l'on vit les uns et les autres traînés de la Tour à Smithfield sur la même claie. Les premiers étaient brûlés comme hérétiques, les seconds pendus comme traîtres pour avoir nié la suprématie. » Les soupçons d'hérésie qui planaient sur la tête d'Anne de Boleyn contribuèrent peut-être autant que ses prétendues infidélités, à la condamnation de cette infortunée. Elle périt de la main du bourreau après avoir été supplantée par sa suivante *Jeanne Seymour,* comme elle-même avait supplanté Catherine d'Aragon (1536). Un sectaire, le maître d'école Lambert, qui osa soutenir des opinions hétérodoxes sur la présence réelle, fut brûlé par ordre du roi, qui, las d'argumenter avec lui, lui avait donné le choix de se rétracter ou de mourir (1539). Henri mit le comble à sa honte par l'odieux et ridicule procès où saint Thomas de Cantorbéry, mort depuis 1170, fut condamné par contumace, comme coupable de haute trahison, au supplice du feu et à la confiscation de ses biens. Le roi, pour exécuter ce jugement, réduisit en cendres les reliques du saint, et pilla les offrandes accumulées autour de son tombeau. Il ne rougissait plus d'étaler à la face du monde le hideux spectacle de ses excès et de ses cruautés. L'échafaud ou des divorces répétés lui rendaient sans cesse la liberté de satisfaire sa monstrueuse incontinence. A Jeanne Seymour, morte en mettant au monde le prince Édouard (1537), avait succédé *Anne de Clèves.* Henri s'en était épris sur la foi d'un portrait peint par le célèbre Holbein. La vue de la princesse elle-même détruisit une illusion que l'art du peintre avait fait naître, et bientôt, un acte du parlement annula une union qui déplaisait au roi. Cromwell, qui avait été l'instigateur de ce mariage, fut quelques jours après accusé de haute trahison et envoyé à l'échafaud sans avoir été même admis à se défendre.

143. Catherine Howard. — Catherine Parr. — Mort de Henri VIII. — *Catherine Howard,* nièce du duc de Norfolk, qui avait succédé à la princesse de Clèves (1540), et dont l'élévation avait contribué à la chute du ministre Cromwell, périt bientôt, comme Anne de Boleyn, de la

main du bourreau (1542). *Catherine Parr*, la sixième femme de Henri, aurait subi le même sort pour crime d'hérésie, si elle n'avait su détourner la colère du roi par une adroite rétractation. Le sang des seigneurs les plus illustres, les lords Montagu, Courtney, Nevil, Surrey, se mêlait à celui des plus obscures victimes. Il ne semblait plus possible de mettre aucune borne à une autorité qui réunissait le pouvoir temporel et le pouvoir spirituel, à qui le prétexte d'hérésie donnait le droit d'écraser tout récalcitrant. La mort de Henri, qui avait récemment conclu la paix avec la France et l'Europe, délivra l'Angleterre d'une insupportable tyrannie (1547).

Quelque temps auparavant, des démêlés avaient éclaté entre l'Angleterre et l'Écosse. Henri s'était efforcé d'obtenir l'alliance du roi Jacques V (n° 137) en lui offrant la main de sa fille Marie. Jacques, que sa foi et ses intérêts politiques rapprochaient de la France, préféra épouser une fille de François Ier (1536), et en secondes noces, *Marie de Guise* (1538). Le mécontentement de Henri VIII ne tarda pas à faire éclater la guerre. Vainqueur dans la première rencontre, Jacques se vit abandonné bientôt par la noblesse que Henri VIII avait gagnée à son parti. Il mourut en 1542, laissant à sa fille Marie, âgée de quelques jours, un royaume profondément divisé. L'Écosse fut néanmoins comprise dans la paix conclue par Henri VIII avec la France.

§ II. LA RÉFORME EN ANGLETERRE. — ÉDOUARD VI. — LA REINE MARIE.

144. LA RÉFORME S'INTRODUIT EN ANGLETERRE SOUS ÉDOUARD VI. — Le fils de Jeanne Seymour, *Édouard VI*, hérita de la couronne et du titre de défenseur de la foi (1547). Mais le dépôt sacré ne se conserva pas longtemps entre ses mains. Malgré la lutte de Henri contre la Réforme, le schisme d'Angleterre avait préparé ce pays à recevoir l'hérésie. Le jeune Édouard fut élevé dans les principes du calvinisme par *Sommerset*, protecteur du royaume, qui, de concert avec Cranmer, travailla activement à propager les erreurs du protestantisme. Sommerset suspendit l'autorité épiscopale jusqu'à ce que ses commissaires eussent supprimé les anciennes cérémonies du catholicisme, et la populace commença à piller les églises et à détruire les images. Le protecteur fit renouveler le statut qui établissait la suprématie du roi comme chef de la religion, et, à l'appui de ses mesures, il fit prononcer contre les dissidents des arrêts de mort, que le jeune prince ne signait qu'en pleurant. Par une étrange inconséquence, les réformés, qui avaient attaqué le principe d'autorité dans l'Église romaine, s'élevaient avec violence contre tous ceux qui repoussaient l'autorité de leur propre doctrine. Et cependant, le parlement et le clergé anglais, catholiques naguère, se montraient aussi serviles que sous Henri VIII, et approuvaient aveuglément tous les actes du nouveau règne.

145. Mort d'Édouard VI. — Jeanne Grey. — L'influence de Warwick, successeur de Sommerset, ne fut pas moins favorable à la Réforme. L'ambitieux ministre détermina Édouard VI mourant (1553) à léguer sa couronne à *Jeanne* (ou *Jane*) *Grey*, arrière-petite-fille de Henri VII, élevée dans la religion luthérienne, au préjudice des droits de la fille de Henri VIII et de Catherine, *Marie Tudor*, princesse catholique, dont le parlement avait jadis déclaré la naissance entachée de bâtardise. Jeanne fut aussitôt reconnue à Londres, tandis que Marie se faisait proclamer à Norfolk. Mais Warwick, alors duc de Northumberland, qui avait soutenu Jeanne Grey, l'abandonna pour se soumettre à Marie. Au bout de douze jours, l'infortunée princesse, âgée à peine de dix-sept ans, arrachée malgré elle à une vie de retraite et d'étude, avait été jetée du trône dans la Tour de Londres avec son mari lord Dudley, et Marie entrait en triomphe dans la capitale (1553).

146. La reine Marie. — Cette princesse, catholique ardente, allait épouser le fils de Charles-Quint, Philippe, qui fit en Espagne un si terrible usage de l'inquisition. Elle se hâta de replacer sur leurs siéges les prélats catholiques dépossédés, et de jeter Cranmer en prison; elle renouvela tous les anciens rapports de l'Église d'Angleterre avec le Saint Siége, et fit déclarer par le parlement la religion catholique, apostolique et romaine, rétablie en Angleterre. Les chambres des lords et des communes sanctionnèrent sans résistance ce changement nouveau, et un don de douze cent mille couronnes les détermina à consentir au mariage jusqu'alors différé de la reine avec Philippe II (1554).

La politique du roi d'Espagne exigea la mort de Jeanne, l'infortunée rivale de Marie, victime d'ambitions étrangères. Sans doute, il faut attribuer à l'influence de ce prince la plupart des supplices par lesquels Marie *la Sanglante*, comme la nomment les Anglais, crut affermir son œuvre de restauration religieuse. Cranmer périt sur le bûcher, après avoir rétracté des soumissions arrachées par la terreur; plusieurs

MARIE TUDOR.

de ses amis et un grand nombre de protestants de toutes les conditions subirent le même sort. Ces cruautés ne rendirent le règne de Marie ni plus heureux ni plus tranquille : délaissée du froid et sévère Philippe, humiliée par la prise de Calais (chap. XIII), la seule place que les Anglais eussent conservée en France, effrayée des progrès de l'hérésie, malgré les bûchers et les échafauds, elle mourut jeune encore (1558), laissant le trône à sa sœur *Élisabeth*, fille d'Anne de Boleyn.

QUESTIONNAIRE. — 1re PARTIE. § I. 114. Quel était l'état du clergé au commencement du seizième siècle ? — 115. En quoi devait consister la réforme ? — 116. Faites connaître le caractère du pape Léon X. — Qu'entend-on par indulgences ? — A quel ordre religieux appartenait Luther ? — Racontez sa jeunesse. — Comment avait-il été amené à embrasser la vie monastique ? — Comment fut-il conduit à entrer en lutte avec les Dominicains ? — Quelles furent ses premières publications ? — Comment les apprécia d'abord Léon X ? — Quelles furent les parties de la doctrine catholique rejetées par Luther ? — Racontez comment il reçut les bulles d'excommunication lancées contre lui. — 117. Dites quelle fut l'assemblée convoquée pour le condamner. — Chez quel prince Luther trouva-t-il un asile ? — Dans quelle ville ? — Indiquez ce qu'il fit dans cette retraite. — Pourquoi l'hérésie eut-elle tant de partisans ? — 118. Racontez les excès des sacramentaires. — Quelle doctrine prêchait Munzer aux paysans ? — Pourquoi appelle-t-on ses partisans Anabaptistes ? — Quels furent les maux causés par ces hérétiques ? — L'exemple de ces violences fit-il quelque effet sur l'esprit de Luther ? — § II. 119. D'où vient le nom de protestant ? — Qu'appelle-t-on confession d'Augsbourg ? — Nommez la ligue conclue par les protestants. — 120. Quel événement vint suspendre la guerre entre les catholiques et les protestants ? — Quel fut le nouveau chef des Anabaptistes ? — Comment périt-il ? — 121. Où se réunit le concile général ? — Quelles mesures prit-il pour arrêter les progrès de l'hérésie ? — Nommez les princes qui se révoltèrent contre Charles-Quint. — Où furent-ils défaits ? — 122. Quel fut le nouveau chef des protestants ? — Qui avait-il servi antérieurement ? — Dans quelle ville faillit-il faire l'empereur prisonnier ? — Quels étaient les motifs qui animaient les principaux chefs des protestants ? — IIme PARTIE. § I. 123. Rappelez les causes de la rupture de l'Union de Calmar. — Qui régna en Suède et en Danemark après la rupture de l'Union ? — Comment Christian s'empara-t-il de la Suède, et pour quelle cause la perdit-il ? — 124. Les Suédois ne donnèrent-ils pas un nouveau nom à leur chef ? — 125. Qu'était-ce que Christian II ? — Sur qui remporta-t-il une brillante victoire ? — *Qu'arriva-t-il aux États d'Upsal ? — Racontez les horribles cruautés de Christian II.* — Comment fut surnommé Christian II ? — De qui se servit la Providence pour délivrer la Suède ? — *Comment Gustave Vasa parvint-il à s'échapper ?* — 126. *Où Gustave Vasa harangua-t-il ses compatriotes ? — Quelle croyance superstitieuse vint en aide à ses paroles ? — Quel fut le premier succès des Suédois insurgés ?* — Comment Gustave

Vasa parvint-il à délivrer sa patrie? — Nommez la ville qui lui fournit des secours. — Quelle fut la punition de Christian II? — Par qui fut reconnue l'indépendance de la Suède? — 127. Dans quel but Gustave Vasa chercha-t-il à introduire le luthéranisme en Suède? — Comment y parvint-il? — 128. Faites connaître les réformes politiques de Vasa. — Quels furent les succès de sa politique intérieure? — Comment sa dynastie s'affermit-elle? — § II. 129. Quel fut l'effet de l'introduction du luthéranisme en Danemark? — 130. Racontez le règne de Christian III. — Comment s'accomplit la déchéance de la Norvège? — Quel fut pour ce pays le résultat de l'introduction de la réforme? — IIIme Partie. § I. 131. Qui prêcha d'abord la réforme en Suisse? — Zwingle n'était-il pas en désaccord avec Luther? — 132. Quelles conséquences politiques produisit bientôt l'hérésie? — Nommez la bataille qui termina la guerre entre les catholiques et les protestants. — 133. Où était né Calvin? — Dans quel livre développa-t-il ses nouvelles doctrines? — Par quel moyen parvint-il à gagner l'esprit du peuple? — Qui l'accueillit à Genève? — 134. Calvin à Genève se conforma-t-il aux principes qu'il avait soutenus en France? — Comment a-t-on qualifié ses lois? — Pourquoi Gruet fut-il mis à mort? — Comment et pour quelle cause moururent Gruet et Servet? — Que pensez-vous de la conduite de Calvin? — Comment est-elle doublement condamnable? — § II. 135. Qu'entend-on par Pays-Bas? — Quelle princesse en reçut de Philippe II le gouvernement? — Comment la réforme s'y introduisit-elle? — Qu'avez-vous à dire du cardinal de Granvelle? — § III. 136. Quel caractère présenta la réforme en Écosse? — 137. Sous quel règne s'y introduisit-elle? — Quelles conséquences politiques produisit-elle aussitôt? — Que prédit Jacques V? — Faites connaître la situation religieuse et politique de l'Écosse pendant la minorité de Marie Stuart. — Quel crime commirent les puritains? — 138. Quel fut le principal prédicateur de la réforme en Écosse? — Quelle Église établit-il? — Quelles étaient ses sauvages exhortations? — Que firent les nobles en ces circonstances? — 139. Par qui le protestantisme fut-il introduit en Angleterre? — Henri VIII était-il un administrateur fort habile? — Quel était son ministre? — Ce prince se montra-t-il d'abord dévoué à la religion catholique? — Dites le surnom que Henri VIII reçut de Léon X. — 140. Nommez la femme de Henri VIII. — Qu'est-ce qui décida le roi à la répudier? — Racontez la conduite de Wolsey en cette occasion. — Comment mourut-il et dans quels sentiments? — Quels ministres lui succédèrent? — 141. Comment éclata le schisme en Angleterre? — Dites la conduite des évêques anglais. — Nommez les deux premières victimes de la persécution. — Qu'appelait-on le serment de suprématie? — Rapportez la belle réponse de Thomas Morus à sa femme. — Racontez sa mort. — Quelle commission Henri VIII institua-t-il pour l'abolition des ordres religieux? — Indiquez les actes de cette commission. — Qu'appelle-t-on le bill du sang? — 142. Sous quels prétextes Henri VIII fit-il périr Anne de Boleyn? — Racontez le supplice de Lambert. — Par quel acte d'odieuse vengeance le roi mit-il le comble à sa honte? — Qui succéda à Jeanne Seymour? — Comment le roi devint-il amoureux d'Anne de Clèves? — Comment Cromwell fut-il puni d'avoir poussé Henri VIII dans cette voie fatale? — 143. Nommez les deux dernières femmes de ce prince. — Quand mourut-il? — § IV. 144. Quel fut le successeur d'Henri VIII? — Qui fut chargé de la régence? — Comment le protestantisme s'établit-il en Angleterre? — 145. A qui Édouard VI légua-t-il le trône? — Faites connaître le sort de Jeanne Grey. — 146. Qui monta sur le trône après Édouard? — L'Angleterre ne changea-t-elle pas encore une fois de religion? — Qui avait épousé Marie Tudor? — Quelle fut la conduite de Marie?

CHAPITRE ONZIÈME.

RIVALITÉ DE FRANÇOIS 1er ET DE CHARLES-QUINT.

SOMMAIRE.

§ Ier. 147. François Ier (1515) montre un caractère chevaleresque mais imprévoyant; la reine-mère Louise de Savoie est une femme ambitieuse et intrigante; le chancelier Duprat, un ministre cupide et corrompu. — François Ier fait alliance avec l'Angleterre, Venise et Gênes. Son armée passe les Alpes; il remporte la glorieuse victoire de Marignan (13 septembre 1515) sur les Suisses. Bayard arme François Ier chevalier après la bataille de Marignan. Cette victoire donne le Milanais à François Ier, qui conclut une paix perpétuelle avec les Suisses et un concordat avec Léon X; et enfin, après la mort de Ferdinand le Catholique, les traités de Noyon et de Bruxelles (1516) avec Charles d'Autriche et Maximilien.

148. A la mort de Maximilien (1519), François Ier brigue ouvertement la couronne impériale. Charles-Quint est préféré à François Ier par les électeurs. — Le nouvel empereur maître d'une partie de l'Allemagne, des Pays-Bas, Espagne, Naples, Sicile, Amérique, dispose d'une puissance colossale: il gagne l'alliance de Henri VIII disputée au camp du Drap d'or (1520). Le pape Léon X se déclare contre François Ier.

149. L'insurrection des Communeros en Espagne, malgré les succès de don Juan de Padilla, est abattue par la défaite de Villalar (1521) et punie par des supplices.

150. La guerre éclate entre François Ier et Charles V. La Navarre est aussitôt reperdue que conquise. — Le duc de Bouillon, mal soutenu, est dépouillé de ses États. — L'héroïque défense de Bayard dans Mézières, oblige les Impériaux à la retraite. — Lautrec est défait à la Bicoque (1522). Le Milanais est perdu. — La France est abandonnée de tous ses alliés. — Le connétable de Bourbon outragé trahit la France. Les ennemis sont repoussés (1523), mais Bayard est tué (1524). — Bourbon envahit la Provence; il est arrêté par la belle défense de Marseille. — Le Milanais est reconquis. — La funeste bataille de Pavie (1525) est le fruit de la présomption de

François Ier. Le roi est prisonnier en Espagne. Henri VIII s'allie avec la France. François Ier signe le honteux traité de Madrid (14 janvier 1526).

§ II. 151. L'annulation du traité de Madrid à l'assemblée de Cognac fait éclater une nouvelle guerre. L'armée du connétable de Bourbon saccage Rome; lui-même a été tué. — Lautrec envoyé en Italie, abandonné de Doria, meurt en 1528. Le désastre de Landriano (1529) amène la paix de Cambrai (1529) qui assure la domination de Charles-Quint en Italie.

152. Henri VIII, depuis le règne de Maximilien, paraît chercher à maintenir l'équilibre entre la France et l'Empire. Allié, puis ennemi de François Ier, il revient à lui quand la bataille de Pavie a démesurément agrandi la puissance de Charles-Quint.

§ 1er. RIVALITÉ DE FRANÇOIS Ier ET DE CHARLES-QUINT : MARIGNAN, PAVIE; CAPTIVITÉ DE FRANÇOIS.

147. FRANÇOIS Ier. — CAMPAGNE DU MILANAIS. — TRAITÉ DE NOYON. — Une fatale influence semblait entraîner les Français au delà des Alpes. Après tant de revers, Louis XII s'occupait en mourant de nouveaux préparatifs contre le Milanais; l'amour de la gloire y poussa encore *François Ier*, le jeune et enthousiaste successeur de Louis XII (1515). L'inhabileté politique du nouveau roi, prévue par son prédécesseur, se manifesta dès les premiers jours de son règne par la nomination au titre de connétable du duc de Bourbon, seigneur déjà trop redoutable, ainsi que par l'abandon de toute l'administration intérieure à la reine-mère, *Louise de Savoie*, femme intrigante et ambitieuse, et au chancelier *Duprat*, homme avide et corrompu, qui avilit la justice par l'établissement de la vénalité des charges de la magistrature. Déjà, François Ier préparait une nouvelle expédition contre l'Italie, et négociait avec le roi d'Angleterre, le souverain des Pays-Bas, Charles d'Autriche, et la république de Venise. En même temps, une ligue se formait contre lui entre les Suisses, le roi d'Espagne, le pape et le duc Maximilien Sforza. Mais François déconcerta ses ennemis par une rapide invasion en Italie : il alla attaquer près de *Marignan* l'armée suisse qui se défendit pendant deux jours avec fureur, et se retira en laissant quinze mille hommes sur le champ de bataille. Le roi se fit armer chevalier après le combat de la main de *Bayard*, le plus vaillant homme de l'armée. La journée de Marignan (13 septembre 1515), *ce combat de géants, auprès duquel,* disait le vieux maréchal de Trivulce, *tous les autres ne sont* *que jeux d'enfants*, dissipa la ligue formée contre la France et détermina la soumission entière du Milanais. Mais ce succès ne fit qu'engager François Ier dans une voie qui, désastreuse pour ses prédécesseurs, allait bientôt lui devenir non moins fatale à lui-même : il amena tous les revers de ce règne, agité par la rivalité fameuse de la France et de l'Autriche.

La glorieuse campagne du Milanais fut suivie cependant d'un repos de quelques instants, fruit de plusieurs traités : l'un avec la Suisse fut appelé *la paix perpétuelle* de Genève (1516); l'autre avec le pape prépara la conclusion de ce célèbre *Concordat*, qui abolit les élections ecclésiastiques en abandonnant au roi la nomination aux abbayes et aux évêchés, et qui, repoussé par la France entière, ne fut enregistré par le parlement que du très-exprès commandement du roi. Un troisième traité fut signé avec le jeune Charles d'Autriche (n° 42), bientôt Charles-Quint, qui venait de recueillir l'héritage de Ferdinand le Catholique (*traité de Noyon*). Ce traité semblait assurer pour jamais l'union des deux souverains par un mariage qui devait faire du roi d'Espagne le gendre du roi de France (1516). Il reçut, mais en vain, une garantie nouvelle de la sanction de l'empereur Maximilien, qui conclut avec les deux rois une alliance offensive et défensive (*traité de Bruxelles*).

148. Avénement de Charles-Quint. — La paix qui suivit le traité de Noyon ne fut pas de longue durée. A la mort de Maximilien (1519), l'élection impériale excita pour la première fois les prétentions rivales de François Ier et de Charles d'Espagne, et jeta entre eux des semences de haine, dont les fruits devaient être pernicieux pour toute l'Europe. L'Allemagne eut peur de la gloire naissante, de l'ambition déjà connue de François Ier. Elle craignait aussi l'élévation excessive de Charles, héritier de tant de couronnes : mais ce jeune prince de vingt ans, maître d'une partie de l'Allemagne, des Pays-Bas, de l'Espagne, de Naples, de la Sicile, de l'Amérique, savait dissimuler sous les apparences les plus modestes la profondeur de son génie. Nul ne comprit le sens du mot gravé sur son écu : *Nondùm;* et après le refus de l'électeur de Saxe, Frédéric le Sage, Charles-Quint fut proclamé empereur (1520). Il se hâta de s'assurer, par d'adroites marques de déférence, une alliance que François Ier n'avait pu gagner par les magnificences du *camp du drap d'or*, l'alliance de Henri VIII, trop peu fort pour être lui-même le dominateur de l'Europe, assez fort cependant pour donner la domination à celui qu'il voudrait soutenir. *Qui je défends est maître :* c'était sa devise (n° 152). Le pape Léon X, après quelques hésitations, se déclara aussi pour l'empereur. Les Suisses seuls revinrent définitivement à l'alliance de la France (1521).

149. INSURRECTION DES COMMUNEROS EN ESPAGNE. — Cependant l'Espagne, bien que comprimée par l'habile et ferme Ximénès (n° 42), n'avait pas accueilli sans mécontentement un prince étranger à ses mœurs et à ses habitudes, et dont la grandeur faisait craindre à cette fière nation de descendre à un rang secondaire. A peine Charles avait-il quitté l'Espagne pour recevoir la couronne impériale, qu'une révolte dangereuse menaça la monarchie espagnole d'un bouleversement général. Une ligue formidable s'organisa parmi les *Communeros*, contre la noblesse et le pouvoir royal, et promulgua ses décrets au nom de la veuve de Philippe le Beau, *Jeanne la Folle,* dont les insurgés s'étaient emparés. Mais après de brillants succès, couronnés par la prise de Tordesillas et de Valladolid, le chef de la *Germanada* (fraternité), *Juan de Padilla,* fut remplacé quelque temps par un capitaine inexpérimenté, et rappelé trop tard à la tête de l'armée rebelle. Il fut vaincu à *Villalar* (1521), et périt sur l'échafaud. Sa veuve, Maria Pachéco, malgré son héroïque courage, ne put défendre Tolède contre les troupes de Charles-Quint. Le soulèvement populaire fut bientôt étouffé.

150. LUTTE ENTRE FRANÇOIS Ier ET CHARLES-QUINT. — BATAILLE DE PAVIE. — TRAITÉ DE MADRID. — Une belle occasion se présentait à François Ier pour commencer la guerre ; il la saisit avidement, et envahit la Navarre, enlevée à Jean d'Albret par Ferdinand le Catholique (n° 40). Mais il put se repentir d'avoir laissé échapper les alliances dont s'était fortifié son rival. Les Français furent chassés d'Espagne ; l'armée impériale envahit les provinces du Nord, dépouilla le duc de Bouillon, et eût occupé la Champagne entière sans l'invincible défense de Bayard dans la ville de Mézières. En Italie, le brave *Lautrec* fut privé des secours et de l'argent nécessaires par les intrigues de la reine-mère, qui avait déjà eu l'imprudence d'offenser le connétable de Bourbon. Les troupes de Lautrec, irritées de ne pas recevoir leur solde, l'obligèrent à engager, malgré le désavantage de la position, la *bataille de la Bicoque.* Gagnée par Colonna et Pescara, cette journée enleva l'Italie à François Ier, et détruisit ainsi tous les résultats de la victoire de Marignan (1522).

Charles V venait de susciter un nouvel ennemi à la France en faisant donner la tiare à son ancien précepteur Adrien d'Utrecht (Adrien VI), au moment où le connétable de Bourbon, indigné de se voir spolié par la reine-mère de la succession de sa femme, trahissait la France et traitait avec l'empereur. La guerre ne fut plus dès lors pour les Français qu'une série à peine interrompue de revers; l'incapacité de l'amiral Bonnivet, favori de la reine-mère, fit échouer tous les efforts des Français dans le Milanais. Bayard, *le chevalier sans peur et sans reproche*, périt dans la déroute de Romagnano en protégeant la retraite des Français (1524). Frappé à mort, ce preux chevalier se fit porter au pied d'un arbre, et ordonna qu'on lui tournât le visage vers l'ennemi : « *N'ayant jamais tourné le dos devant l'ennemi, je ne veux pas* dit-il, *commencer à la fin de ma vie.* » Ce fut dans cette position qu'il vit arriver auprès de lui le connétable de Bourbon, qui lui témoigna sa douleur de le voir en cet état. « *Monseigneur*, lui répondit Bayard, *il n'y a point de pitié en moi, qui meurs en homme de bien, servant mon roi ; il faut avoir pitié de vous, qui portez les armes contre votre prince, votre patrie, votre serment.* » Le connétable de Bourbon pénétra en Provence jusqu'à Marseille, dont la courageuse résistance permit au roi d'accourir avec une armée et de repousser les impériaux, qu'il poursuivit au delà des Alpes. — Le Milanais retombe au pouvoir de François Ier ; mais ce prince a l'imprudence de diviser ses forces pour envoyer quelques troupes à la conquête du royaume de Naples. Il expie cruellement sa faute par la désastreuse *bataille de Pavie* (1525), qui lui coûte sa liberté, ses meilleurs généraux et ses plus vaillants soldats. Emmené prisonnier en Espagne, il signe, après une captivité de près d'un an, la honteuse *paix de Madrid* (1526), qui arrache à la France la province de Bourgogne, les domaines du duc de Bourbon, et lui enlève tout droit sur la Flandre, l'Artois et l'Italie.

§ II. Prise de Rome par le connétable de Bourbon. — Traité de Cambrai. — Rôle de l'Angleterre dans la lutte de la France et de l'Empire.

151. Prise de Rome et mort du connétable de Bourbon. — Traité de Cambrai. — En vain François Ier élude l'exécution du traité en faisant déclarer par l'assemblée de Cognac qu'il n'est pas au pouvoir du roi d'aliéner les provinces du royaume ; en vain, il maintient dans son parti le roi d'Angleterre, effrayé des progrès de la puissance impériale, que la reine mère a détaché de Charles V, et fait alliance avec le pape, les Vénitiens et les Suisses. La mort du connétable de Bourbon, tué au siége de Rome, n'empêche pas la prise et le sac de cette ville par une armée de brigands qui ruinent de fond en comble la capitale du monde chrétien, et s'emparent de la personne du souverain pontife.

François I*er* envoie en Italie, pour venger cette odieuse profanation, le vaillant Lautrec, qui s'empare d'une partie du Milanais, délivre Rome et va mettre le siége devant Naples. Le célèbre amiral *André Doria* vient seconder les Français en pressant la ville par mer avec une flotte redoutable. Mais François I*er* mécontente imprudemment cet utile allié, dont la défection fait perdre à la France tous les fruits d'une expédition heureuse. La contagion détruit l'armée française après avoir emporté son général, et bientôt, la défaite de Landriano oblige François I*er* à acheter la paix au prix de deux millions d'écus d'or et de l'abandon de toute prétention sur Naples, Milan, les deux Flandres et l'Artois. Telle fut la *paix de Cambrai* ou *paix des Dames*, ainsi nommée parce que ce furent la mère du roi et la tante de l'empereur qui la décidèrent (1529).

15². Rôle de l'Angleterre dans la lutte de la France et de l'Empire. — L'Angleterre, pendant la lutte des deux redoutables antagonistes qui se disputaient le continent, semblait se proposer de défendre avant tout l'équilibre de l'Europe. Attentif à chaque phase de la querelle de l'Autriche et de la France, et fidèle à sa devise (n° 148), Henri VIII prenait parti tantôt pour le roi de France et tantôt pour l'empereur, cédant peut-être en réalité plutôt à la satisfaction de voir son alliance recherchée qu'au désir de tenir la balance égale entre les deux rivaux. Nous l'avons vu, allié du pape et de Maximilien contre Louis XII (n° 139), revenir à l'alliance française lors de l'avénement de François I*er* (n° 147), s'unir ensuite à la politique de Charles-Quint (1520) malgré les séductions du camp du Drap d'or (n° 148). Les succès de l'empereur l'inquiétèrent cependant; et après la bataille de Pavie, il se jeta dans l'alliance française en imposant à Louise de Savoie l'obligation de ne céder à Charles V aucune partie du territoire français.

Cette dernière manifestation, plus qu'une intervention active et réelle, contribua à la formation de cette grande ligue italienne qui permit à François Ier de se refuser à l'exécution du traité de Madrid, mais dont les fautes politiques du roi de France compromirent la salutaire influence.

Les passions de Henri VIII en l'arrachant aux soins de la politique extérieure, allaient dès lors interrompre pour longtemps le rôle important qu'avait joué l'Angleterre.

QUESTIONNAIRE. — § I. 147. Quel fut le successeur de Louis XII ? — Comment François Ier commença-t-il son règne ? — A qui laissa-t-il toute l'influence ? — Quels alliés s'assura t-il et où porta-t-il la guerre ? — Quels ennemis rencontra t-il au delà des Alpes ? — Parlez de la bataille de Marignan. — Quel fut le prix de la victoire de Marignan ? — Quel traité François Ier fit-il avec les Suisses ? — Quel traité rapprocha François Ier du pape Léon X ? — Quelle convention célèbre François Ier conclut-il avec le pape ? — Quelles résistances éprouva-t-elle ? — Quel traité conclut François Ier avec Charles d'Autriche ? — 148. Quels événements donnèrent à François Ier l'occasion de briguer la couronne impériale ? — Qui fut élu empereur ? — Qui avait décidé l'élection de Charles-Quint ? — Quelle était la puissance de ce prince ? — Quelle fut l'origine de la longue rivalité de François Ier et de Charles-Quint ? — Quels alliés François Ier chercha-t-il à se concilier ? — Où eut lieu son entrevue avec le roi d'Angleterre, et quel en fut le résultat ? — 149. Quelle insurrection redoutable Charles V eut il à combattre en Espagne ? — Comment en triompha-t-il ? — 150. Sur quel point commencèrent les hostilités entre François Ier et Charles-Quint ? — Quels événements se passèrent dans le Milanais ? — Quels motifs poussèrent le connétable de Bourbon à trahir sa patrie ? — Quel résultat eurent les tentatives faites pour reprendre le Milanais ? — *Racontez la mort de Bayard, et sa belle réponse au connétable de Bourbon.* — *Quels événements amenèrent la désastreuse bataille de Pavie ?* — Exposez les clauses du traité de Madrid. — § II. 151. Indiquez les principaux événements de la seconde guerre entre François Ier et Charles-Quint. — Comment et à quelles conditions fut conclue la paix de Cambrai ? — Quel autre nom reçut elle et pourquoi ? — 152. Rappelez le rôle joué par l'Angleterre dans la lutte entre la France et l'Empire.

CHAPITRE DOUZIÈME.

SUITE DE LA RIVALITÉ DE FRANÇOIS Ier ET DE CHARLES-QUINT. — SOLIMAN II.

SOMMAIRE.

§ Ier. 153. Soliman le Magnifique (1520-1566) prend Belgrade (1521), fait le siège de Rhodes défendue par les chevaliers de Saint-Jean de Jérusalem et le grand maître Villiers de l'Ile-Adam (1522). Les assiégés se défendent avec héroïsme pendant six mois. Cent mille Turcs périssent. Les chevaliers obtiennent une capitulation honorable et se retirent à Malte.

154. Soliman envahit la Hongrie, tue le roi Louis II à Mohacs (1526), et profite de la querelle de Zapolski et de Ferdinand pour assiéger Vienne qui est défendue victorieusement par le comte de Sals. Une seconde expédition contre Vienne demeure sans succès. L'empire ottoman, bien administré par Soliman, s'est élevé sous son règne à son plus haut degré de prospérité et de puissance. La décadence commence à la fin de ce règne et sera décidée sous celui de Sélim II (1566) par la défaite de Lépante (1571).

155. François Ier fait alliance contre Charles-Quint avec Soliman II. L'empereur a entrepris de détruire les pirates barbaresques dans leurs repaires. En 1535, il attaque Tunis, défait Barberousse, prend une partie de la ville et délivre dix mille captifs.

156. Charles V entreprend avec Doria une expédition contre Alger; les tempêtes détruisent sa flotte et son armée; il revient sans soldats et sans vaisseaux.

§ II. 157. François Ier, allié de Soliman, s'unit aux protestants d'Allemagne; il revendique le Milanais à la mort de Sforza. Charles V envahit la France de trois côtés. La Provence est défendue avec héroïsme par Montmorency. Le pape Paul III fait conclure la trêve de Nice pour dix ans (1538).

158. La trêve est mal observée. Charles-Quint répond à la générosité imprudente de François Ier par des perfidies; il s'allie avec Henri VIII. La flotte française est soutenue par celle de Barberousse. Le duc d'Enghien gagne la bataille de Cérisoles (1544). Les traités de Crespy et d'Ardres terminent la guerre avec Charles V et Henri VIII. François Ier meurt en 1547.

159. François Ier et Charles-Quint ont l'un et l'autre affermi le pouvoir absolu dans leurs États. François Ier a lutté avec plus d'énergie que d'habileté contre la prépondérance de l'Empire. La politique de Charles-Quint a tendu à maintenir l'unité religieuse en Europe et à réaliser la monarchie universelle.

§ Ier. INTRODUCTION DES OTTOMANS DANS LA POLITIQUE EUROPÉENNE. SOLIMAN II : SIÉGE DE VIENNE. — EXPÉDITION DE CHARLES V CONTRE TUNIS ET ALGER.

153. SOLIMAN II. — PRISE DE BELGRADE ET DE RHODES. — La troisième période de la rivalité de Charles V et de François est signalée par un fait remarquable et nouveau, l'introduction des Ottomans dans la politique européenne par l'alliance de la France avec le sultan, alliance dont toutefois le pape Alexandre VI avait déjà donné l'exemple.

Avant de raconter la lutte du puissant empereur d'Allemagne et de l'illustre souverain de la Turquie, il faut exposer en quelques mots les principaux événements du règne de l'un des plus grands hommes qui aient paru sur le trône de Constantinople. — *Soliman le Magnifique* avait succédé à Sélim Ier (1520), au moment où les conquêtes de ce prince venaient de reculer au loin les frontières de l'empire ottoman (n° 65). Jaloux de la gloire de son prédécesseur, il inaugura son règne en s'emparant, après vingt assauts, de la grande ville de Belgrade, qui n'avait plus le vaillant Hunyade pour la défendre (1521); et, brûlant d'anéantir les plus terribles ennemis de l'islamisme, il prépara une expédition formidable contre les chevaliers de Saint-Jean de Jérusalem. Une flotte de trois cents voiles et deux cent mille soldats vinrent, sous les ordres de Soliman, mettre le siége devant la ville de Rhodes (1522).

Le port, entouré de vastes fortifications, était fermé par une chaîne de fer tendue entre les rochers sur lesquels posaient jadis les pieds du fameux colosse. Des murailles d'une grande épaisseur entouraient la ville tout entière. Les chevaliers chargés de la défense étaient en petit nombre, mais tous d'une valeur éprouvée, et ils avaient pour chef le grand maître *Villiers de l'Ile-Adam*, vieux guerrier français dont les exploits étaient célèbres dans l'Europe entière. — A l'approche des Turcs, le grand maître envoya demander des secours à tous les princes chrétiens. Ceux-ci, tout entiers à leurs querelles, restèrent indifférents au péril de ces champions de la chrétienté, et l'on vit seulement les chevaliers dispersés en Italie, en France, en Allemagne, en Angleterre, accourir de toutes parts, à la nouvelle du danger de leurs frères, pour vaincre ou pour mourir avec eux.

Les Turcs commencèrent l'attaque en battant les murailles avec cent pièces de canon, dont plusieurs lançaient des boulets d'une énorme grosseur; et à peine eurent-ils ouvert quelques brèches dans les remparts, qu'ils livrèrent à chaque instant de sanglants assauts. La garnison ne comptait que six mille hommes, parmi lesquels il n'y avait guère que six cents chevaliers; mais tous les habitants combattaient sur les remparts; les femmes apportaient des rafraîchissements pendant la mêlée, et plusieurs d'entre elles vinrent se joindre, les armes à la main, aux défenseurs de la ville. Un seul assaut, repoussé après une lutte acharnée, coûta quinze mille hommes aux assiégeants.

Soliman avait vu les janissaires eux-mêmes fuir devant les chrétiens; désespérant de vaincre ses ennemis, il voulut les anéantir en employant la mine, ce terrible moyen de destruction, inventé tout récemment par l'ingénieur espagnol Pierre de Navarre (n° 72). Un amas de poudre introduit dans une galerie souterraine fit écrouler par son explosion une grande partie des remparts. Une armée entière pouvait passer par cette brèche; mais en marchant à l'assaut, les assiégeants furent arrêtés par une nouvelle muraille que les Rhodiens venaient d'élever pour remplacer la première.

Le siége durait depuis six mois, et cent mille Turcs avaient péri; mais la ville battue par plus de cent vingt mille coups de canon n'était plus qu'un monceau de ruines; la plupart de ses défenseurs étaient tués ou criblés de blessures; les munitions et les aliments commençaient à manquer. L'héroïque Villiers de l'Ile-Adam, touché du sort des habitants qui n'avaient plus ni vivres ni logements, se décida enfin à capituler. Plein d'admiration pour sa valeur, Soliman lui accorda les conditions les plus honorables: le grand maître put se retirer avec le petit nombre de chevaliers qui avaient survécu, emmenant sur ses galères toutes les familles chrétiennes qui voulurent le suivre. « *Ce n'est pas sans quelque peine*, dit Soliman en le voyant s'éloigner, *que j'ai obligé ce chrétien à sortir de sa maison* (1522). »

Villiers de l'Isle-Adam se rendit en Italie, où il fut reçu par le pape Adrien VI avec les plus grands honneurs. L'empereur Charles Quint, qui l'avait laissé sans secours, lui donna pour retraite la petite île de Malte, au milieu de la Méditerranée. Ce rocher nu et stérile fut entouré par ses nouveaux maîtres de remparts imprenables, et, sous le nom de *Chevaliers de Malte*, ces vaillants défenseurs du nom chrétien continuèrent à être la terreur des infidèles.

154. Lutte de Soliman II contre la Hongrie et l'Autriche. — Siége de Vienne. — Après cette mémorable expédition, Soliman reprit le cours de ses conquêtes. A la tête d'une armée innombrable, il envahit la Hongrie et tua le roi *Louis II* à la sanglante bataille de *Mohacs* (1526). Au lieu de s'unir contre les infidèles, *Jean Zapolski*, prince de Transylvanie, et *Ferdinand*, frère de Charles-Quint, se disputèrent le trône les armes à la main. Le sultan profita de ces déplorables querelles pour pénétrer jusqu'en Autriche, et mettre le siége sous les murs de Vienne. Ce fut, à cette nouvelle, une consternation générale. Jamais, depuis l'invasion des Sarrasins en France, l'Europe chrétienne n'avait couru un si grand danger. Mais les assiégés, commandés par le brave *comte de Sals*, opposèrent une résistance si vigoureuse que

Soliman fut obligé de battre en retraite, après avoir brûlé son camp et égorgé ses prisonniers.

Il revint quelques années après; mais cette fois, l'empereur Charles-Quint accourut lui-même au secours de sa capitale, avec cent cinquante mille soldats, catholiques et luthériens. C'était, depuis les croisades, le plus grand effort de la chrétienté contre l'islamisme. Soliman n'osa pas livrer bataille et se retira encore une fois, maudissant la ville de Vienne, la première devant laquelle il eût reculé, et prédisant que cette cité serait toujours fatale aux armes musulmanes (1).

155. SOLIMAN II ALLIÉ DE FRANÇOIS Ier. — EXPÉDITION DE CHARLES-QUINT CONTRE TUNIS. — Toutefois, Soliman conclut avec Ferdinand une paix avantageuse. La soumission définitive de la Moldavie, la conquête des der-

---

(1) En effet les Turcs étaient arrivés au terme de leurs conquêtes. Depuis cette époque, ils consumèrent sans fruit leurs armées dans leurs luttes contre l'Europe chrétienne. La dernière guerre de Soliman fut une expédition contre l'île de Malte qui fut sauvée par le courage du grand maître *La Valette*, digne émule de Villiers de l'Isle-Adam, malgré les efforts de l'habile amiral *Dragut* (1565).

Toutefois, sous Soliman II le Magnifique, l'empire ottoman avait atteint le faîte de sa grandeur. A l'extérieur, les Turcs avaient pris part aux grands démêlés de l'Europe, et avaient plus d'une fois disposé en maîtres de la Hongrie. A l'intérieur, la Turquie jouissait d'une prospérité générale : les embellissements de Constantinople, la fondation d'un grand nombre d'hôpitaux, de bibliothèques et de colléges, la rédaction d'un code de lois plus régulières, avaient glorieusement signalé le gouvernement de Soliman II. Mais déjà sur la fin de ce règne, l'affaiblissement de l'empire, que tant de guerres avaient épuisé, commençait à se faire sentir. Tandis que le vieux sultan, soumis au joug de l'ambitieuse et cruelle Roxelane, préparait de cuisants remords à ses derniers jours, par le meurtre de tous ses enfants du premier lit, il jetait dans l'empire une cause funeste de divisions et de décadence, en ôtant le commandement des armées aux princes de la famille impériale. Dès lors, le gouvernement tomba aux mains des femmes ou des eunuques, et perdit toute son ancienne vigueur.

Sélim II, successeur de Soliman (1566), put enlever aux Vénitiens l'île de Chypre, dont la conquête fut accompagnée d'horribles cruautés ; et ses vaisseaux menacèrent de nouveau les rivages de l'Europe chrétienne. Mais *don Juan d'Autriche*, qui commandait les flottes de Philippe II, des Vénitiens et du pape, anéantit dans le golfe de *Lépante* toute la marine ottomane (1571) ; et tandis que Sélim consterné restait trois jours sans prendre de nourriture, le front dans la poussière, l'Europe triomphante répétait avec le souverain Pontife : *Fuit homo missus à Deo, cui nomen erat Joannes!* Cette terrible défaite porta à la puissance ottomane un coup dont elle ne devait plus se relever.

nières possessions vénitiennes dans l'archipel (1538-1540), la prise de Tunis par Kaïreddin Barberousse (n° 64) que le sultan avait mis à la tête de ses flottes, ajoutèrent un nouveau lustre à la gloire de Soliman, avec lequel François Ier fit un traité d'alliance.

Déjà Charles V, inquiet des progrès de Barberousse sur les côtes de la Méditerranée, avait entrepris de détruire la puissance de ce redoutable corsaire. En 1535, le plus grand amiral de ce siècle, le Génois *Doria* détaché de l'alliance française (n° 151), conduisit en Afrique l'armée de Charles-Quint, commandée par l'empereur lui-même. Barberousse marcha à la rencontre de l'armée aguerrie que l'empereur dirigeait en personne. Mais ses soldats, plus exercés à combattre sur mer que sur terre, ne purent tenir devant les vieilles et courageuses troupes qui avaient fait la guerre dans tous les pays d'Europe. Les musulmans furent mis en déroute ; et, à la nouvelle de cette défaite, dix mille esclaves chrétiens enfermés dans la citadelle de Tunis rompirent leurs fers, se jetèrent sur les fuyards, et en tuèrent un grand nombre. Le port et tout le quartier voisin, emporté d'assaut par les Espagnols, fut mis à feu et à sang, et plus de trente mille infidèles furent impitoyablement massacrés malgré tous les efforts de l'empereur. Charles-Quint délivra une multitude de captifs enlevés par les pirates sur les côtes de la Méditerranée, et il ramena ces infortunés sur ses vaisseaux au milieu des applaudissements et des bénédictions de toute l'Europe.

156. Expédition de Charles-Quint contre Alger. — Barberousse ne tarda pas à se venger de sa défaite en recommençant ses ravages avec plus d'audace que jamais. Il pilla plusieurs villes d'Italie, battit une flotte nombreuse, et combattit avec François Ier contre son puissant rival. — Charles-Quint entreprit alors de détruire le repaire même des pirates en allant attaquer la forte ville d'Alger. Il mit à la voile sur une flotte considérable, commandée par André Doria, désormais attaché au service de l'empereur.

Cette seconde expédition sur les côtes d'Afrique n'eut pas le sort de la première. A peine les chrétiens étaient-ils débarqués non loin des murs d'Alger, qu'une tempête violente dispersa leurs vaisseaux et les priva tout à coup de leurs munitions et de leurs approvisionnements. De terribles ouragans jetèrent le désordre dans l'armée, livrée sans vivres et sans abri aux éléments déchaînés contre elle. Charles-Quint fit de vains efforts pour soutenir le courage des siens en donnant l'exemple de la patience et de l'énergie au milieu des privations les plus cruelles. Les Algériens, profitant de la situation désastreuse des troupes chrétiennes, vinrent de toutes parts fondre sur les soldats épuisés de fatigue et de faim ; ils en égorgèrent un grand nombre, échappant sur leurs rapides coursiers à toutes les poursuites, revenant sans cesse à la charge, et ne laissant aucun repos à leurs ennemis. Charles-Quint fut forcé de se rembarquer en toute hâte avec les débris de ses troupes sur quelques vaisseaux échappés à la tempête, et il revint en Europe sans flotte et sans armée (1541).

§ II. INVASION DE LA PROVENCE. — TRÊVE DE NICE. — BATAILLE DE CÉRISOLES.

157. INVASION DE LA PROVENCE. — TRÊVE DE NICE. — François Ier qui s'était uni à Soliman II contre leur ennemi commun, suscita des ennemis à l'empereur et à son frère Ferdinand, jusqu'au milieu de leurs possessions d'Allemagne, en prenant part à la ligue protestante de Smalkalde. Enfin il était prêt à recommencer la lutte, lorsque l'assassinat d'un agent qu'il avait envoyé à Sforza lui en offrit le prétexte.

Tandis que Charles-Quint était occupé à sa glorieuse expédition contre Tunis (n° 155), le roi de France envahit la Savoie et le Piémont, et allait entrer dans le Milanais, lorsque Sforza mourut sans laisser d'enfants (24 octobre 1535). Cette circonstance rendait à François Ier les droits sur le duché de Milan abandonné par lui au traité de Cambrai. Il les rappela à l'empereur, qui, revenu d'Afrique sans argent et presque sans armée, parvint, à l'aide de vaines promesses, à gagner du temps. Puis, ayant réuni trois armées, Charles attaqua la France à la fois par la Picardie, le Languedoc et la Provence ; mais Montmorency, déployant dans la défense de cette dernière province une indomptable énergie, arrêta l'invasion, en faisant de tout le pays un désert, où l'armée ennemie périt de misère ; celle qui avait pénétré dans le Languedoc y fut exterminée (1536) ; enfin Charles-Quint, attaqué à son tour par les Français dans les Pays-Bas et en Italie, et par les Turcs, leurs alliés, du côté de l'Allemagne, consentit à accepter la médiation du pape. Paul III détermina les deux monarques, encore une fois ruinés par ces nouveaux efforts, à signer à *Nice* (18 juin 1538) une trêve de dix ans, qui laissait au roi de France ses conquêtes dans le Piémont et à l'empereur sa prépondérance en Italie.

158. Bataille de Cérisoles; Paix de Crespy. — La trêve, conclue pour dix ans, fut aussi mal observée que les précédentes, et n'interrompit que trois ans à peine les hostilités. Cette fois, ce ne fut point François Ier qui fut l'agresseur. Ce prince, qui croyait possible de ressusciter au seizième siècle la courtoisie des temps chevaleresques, n'avait pas été désabusé par les traitements odieux que lui avait fait subir pendant sa captivité un rival jaloux. Il eut l'imprudence de croire aux protestations d'amitié de son rival, et de lui laisser traverser la France entière pour aller soumettre les Flamands révoltés. Il fut mal payé de sa générosité. Charles, qui s'était engagé à rendre le Milanais aux Français, nia impudemment ses promesses et eût recommencé aussitôt la guerre, s'il n'eût été arrêté par le mauvais succès de son expédition contre Alger (n° 156). Mais François Ier prit l'initiative pour venger ses ambassadeurs assassinés à Milan. Il souleva à la fois contre son rival et la puissance ottomane, dont il continua à implorer le secours au grand scandale de la chrétienté, et le parti protestant d'Allemagne, toujours en révolte contre l'autorité impériale (1542). L'indignation de l'Europe contre l'union des fleurs de lis et du croissant rendit des alliés à l'empereur. Soutenu par Henri VIII, Charles-Quint reprit les armes avec une énergie nouvelle. La guerre commença par la ruine de Nice, brûlée par les flottes réunies de François Ier et du corsaire Barberousse. Bientôt un jeune héros, digne successeur d'un Gaston de Foix et d'un Bayard, le *duc d'Enghien*, fut vainqueur à *Cérisoles* (1544) de Dugast, l'assassin des ambassadeurs français. D'un autre côté, Charles Quint, qui avait envahi la Champagne, était contraint par la disette de rentrer en Allemagne. La guerre se termina peu après (1544) par les *traités de Crespy* et d'*Ardres*. Il était temps que François Ier et Henri VIII posassent les armes; tous deux moururent la même année (1547).

159. Politique de François Ier et de Charles V. — Charles-Quint et François Ier, tendant avec une égale ardeur à établir à l'extérieur leur prépondérance, s'étaient l'un et l'autre efforcés de fonder dans leurs propres États le pouvoir absolu du souverain. Charles, vainqueur des *communeros* avec le secours des nobles, ne respecta pas même les droits de ceux qui avaient défendu son trône : il fit plusieurs lois sans le concours des cortès, et quand elles eurent osé lui refuser un impôt, il cessa de les réunir, disant qu'ayant le privilége de ne pas payer les impôts, elles ne devaient pas avoir celui de les voter. François Iᵉʳ, qui se vantait d'avoir *mis les rois hors de page*, annula l'influence du parlement en le forçant d'enregistrer ses ordonnances, et en rendant les charges vénales. Pour maintenir l'unité politique en conservant l'unité religieuse, le roi de France persécuta les hérétiques dans ses États, où la Réforme commençait à s'introduire, favorisée surtout par les seigneurs qui allaient s'en faire une arme contre l'autorité royale. Charles-Quint, dans un but pareil, affermit en Espagne le tribunal de l'inquisition comme un des plus solides appuis de l'autorité royale. Mais François n'ayant d'autre but que l'affaiblissement de son rival, soutenait à l'étranger ceux qu'il condamnait en France. Charles-Quint, plus conséquent et plus politique, n'avait pour lui qu'un drapeau et qu'un mot d'ordre ; et, au nom de la foi catholique, il rallia autour de lui la moitié de l'Europe.

QUESTIONNAIRE. — § I. 153. Par quelle expédition Soliman II inaugura-t-il son règne ? — *Racontez le siège de Rhodes.* — Que devinrent après la capitulation les chevaliers de Saint-Jean de Jérusalem ? — 154. Quelle victoire Soliman remporta-t-il en Hongrie ? — Quelles divisions favorisèrent ses attaques ? — Quelle fut l'issue de sa double tentative contre Vienne ? — Qu'avez-vous à dire de son gouvernement et de la situation de la Turquie ? — 155. Quel élément nouveau s'introduisit dans la politique européenne ?—*Racontez l'expédition de Charles V contre Tunis.* — 156. Quelle fut la cause de l'issue de l'expédition contre Alger ?— § II. 157. Quelles alliances contracta François Iᵉʳ ? — Quelle occasion eut-il de reprendre le Milanais ? — Quelle triple invasion la France eut-elle à subir ? — Quelle trêve mit un terme aux hostilités ? — 158. Comment François Iᵉʳ se conduisit-il à l'égard de Charles V ? De quelle manière celui-ci reconnut-il la générosité de son rival ? — Quelle bataille gagna le duc d'Enghien? (1544). — Comment se termina la guerre ? — Quand mourut François Iᵉʳ ? — 159. Caractérisez en quelques mots la politique de François Iᵉʳ et celle de Charles-Quint.

CHAPITRE TREIZIÈME.

HENRI II.

FIN DES GUERRES D'ITALIE. — RENAISSANCE.

SOMMAIRE.

160. Le règne d'Henri II (1547-1559) est la continuation de celui de François Iᵉʳ. Sa faveur est accordée au connétable de Montmorency et à Diane de Poitiers. Une rupture avec l'Angleterre est suivie d'un

traité qui rend Boulogne à la France (1550). Henri II poursuit la tâche de son père. Il combat les Impériaux en Italie; fait un traité avec les princes allemands (1551).

161. Henri II occupe la Lorraine, prend Metz, Toul et Verdun. La belle défense de Metz par le duc de Guise arrête Charles-Quint. La victoire des Français à Renty amène la trêve de Vaucelles (1556).

162. Charles V abdique, partage ses États entre son fils et son frère, et meurt au monastère de Saint-Just (1558).

163. Le renouvellement de la guerre est marqué par la défaite des Français à Saint-Quentin (1557). Le duc de Guise reprend Calais aux Anglais, expulsés définitivement (1558). La prise de Thionville (23 juin 1558) par le duc de Guise est compensée par la défaite des Français à Gravelines (1558). La paix de Cateau-Cambrésis est signée le 2 avril 1559. Henri II est tué par accident dans un tournoi (10 juillet 1559).

164. Le traité de Cateau-Cambrésis a enlevé à la France un grand nombre de places, mais il lui conserve Calais et les Trois-Évêchés. Les guerres d'Italie ont mis la France en rapports continuels avec le pays le plus civilisé de l'Europe et favorisé ses progrès intellectuels. La France y a d'ailleurs joué un noble rôle en protégeant l'Europe entière contre les envahissements de la maison d'Autriche.

§ II. 165. François Ier s'est illustré par la protection qu'il a accordée aux lettres et aux arts ; il s'est entouré d'artistes éminents. Léonard de Vinci est mort à sa cour ; il a acquis des tableaux de Raphaël. L'architecture tient le premier rang dans la renaissance des arts ; elle produit un style nouveau dont les monuments principaux sont : les châteaux de Fontainebleau, Chambord, Chenonceaux, le Louvre. Les artistes les plus célèbres sont : Lescot, Delorme, Goujon, Cousin, Pilon. François Ier a fondé l'imprimerie royale et le collège de France.

166. Comines a inauguré dans l'histoire une ère nouvelle. La littérature se perfectionne sous l'influence de l'étude de l'antiquité. Les œuvres de Calvin offrent de grandes qualités de style. La poésie est cultivée avec succès par Marot et Marguerite de Navarre.

§ Ier. HENRI II ET LE TRAITÉ DE CATEAU-CAMBRÉSIS. — RÉSULTATS DES GUERRES D'ITALIE. — LA PÉNINSULE FERMÉE AUX FRANÇAIS ET OUVERTE AUX ESPAGNOLS. — LA FRANCE ACQUIERT METZ, TOUL ET VERDUN.

160. COMMENCEMENT DU RÈGNE D'HENRI II. — A la mort de François Ier (1547), la couronne de France passa sur la tête d'*Henri II*, qui, gouverné par sa maîtresse Diane de Poitiers et le vieux connétable de Montmorency, suivit en tout point la politique de son père. Une courte guerre avec l'Angleterre, qui amena la restitution de Boulogne à la France

(1550) et les fiançailles de Marie Stuart avec le fils aîné de Henri II, fut bientôt suivie d'hostilités plus importantes avec l'empereur.

La tâche que s'était imposée François Iᵉʳ, en se constituant le protecteur de l'indépendance de l'Europe et l'adversaire de Charles-Quint, n'était pas encore accomplie. L'empereur devait survivre près de vingt ans à son rival, et se donner, de son vivant même, dans son fils, un héritier de ses projets ambitieux. Les princes de l'Italie, menacés de la perte de leurs possessions, et surtout les souverains protestants de l'Allemagne, soulevés contre le despotisme de l'empereur, implorèrent l'appui du successeur de François Iᵉʳ, qui s'empressa de leur accorder ses secours.

La guerre commença presque aussitôt en Italie. Pierre Farnèse, duc de Parme et de Plaisance, ayant été assassiné (1547), Charles-Quint voulut enlever ses États à son fils Octave. Déjà, il s'était emparé de Plaisance et assiégeait Parme, lorsqu'une armée, envoyée par Henri II au secours du jeune duc, força les impériaux à lever le siège, et porta le ravage dans les États du pape Jules II, allié de Charles V (1551).

Après avoir ainsi arrêté les progrès de l'empereur en Italie, Henri II forme une alliance offensive et défensive avec les protestants d'Allemagne (1551), fait frapper des médailles sur lesquelles il se donne le titre de *vengeur de la liberté germanique*, et laissant la régence à *Catherine de Médicis* (qu'il avait épousée en 1533), il part, précédé du connétable, pour aller se joindre à ses confédérés.

161. Conquête de Metz, Toul et Verdun. — Henri s'assure en passant de la Lorraine, que la duchesse, régente au nom de son jeune fils et nièce de Charles-Quint, voulait armer pour la cause de ce dernier. Il lui ôte la régence et fait conduire en France le jeune duc. Il s'empare aussi des trois évêchés de *Metz, Toul* et *Verdun*, qui faisaient partie de l'Empire, et il était déjà entré en Alsace, lorsqu'il apprit que les princes allemands, infidèles à leur alliance, venaient de se réconcilier avec l'empereur au traité de *Passau* (1552), qui proclamait la liberté religieuse. La défection des Allemands laissait tomber sur la France tout le poids de la guerre, et déjà, la gouvernante des Pays-Bas avait fait entrer en Picardie une armée qui saccageait et brûlait tout sur son passage. Bientôt, l'empereur lui-même parut avec une armée de soixante mille hommes. Mais Charles-Quint était abandonné de *la fortune, qui n'aime pas les vieillards*, comme il le disait lui-

même ; sa carrière militaire se termina par des défaites. Il assiége sans succès la ville de Metz, que le duc François de Guise défend héroïquement avec dix mille hommes ; il se venge de ce revers par d'odieux massacres à Thérouanne, à Hesdin ; mais la défaite des troupes impériales à *Renty* (1554) l'oblige à conclure la *trêve de Vaucelles* (1556).

162. Abdication et mort de Charles V. — Alors, affaibli par la maladie, aigri par les revers de ses armes, par les triomphes des ennemis de son trône et de sa foi religieuse, Charles-Quint résolut de finir dans le calme et dans l'obscurité une carrière si brillante et si agitée. Il fit élire son frère *Ferdinand* roi des Romains, abdiqua en faveur de son fils *Philippe II*, et se retira dans le monastère de Saint-Just en Espagne (1556). Là, ce prince qui avait fait trembler toute l'Europe par ses exploits, prit pour demeure une simple cellule, partageant ses journées entre les exercices de la religion et les travaux de mécanique (n° 122).

Cet homme extraordinaire conçut l'étrange projet de se donner, avant de mourir, le spectacle de ses propres funérailles. Il fit tendre de noir l'église de Saint-Just, et dresser au milieu du chœur un cercueil entouré de flambeaux allumés ; puis il fit rassembler tous les moines pour célébrer en grande pompe l'office des morts. Lui-même, couché dans la bière, répondait aux prières des assistants. La cérémonie terminée, il voulut rester quelque temps seul dans son tombeau pour méditer sur les jugements de Dieu. Mais ce lugubre spectacle fit sur lui une impression fatale. Dès la nuit suivante, il tomba dangereusement malade, et il expira au bout de quelques jours (1558).

163. Lutte d'Henri II et de Philippe II. — Paix de Cateau-Cambrésis. — Mort d'Henri II. — Les efforts multipliés du roi de France et des réformés avaient préparé la division de la puissance impériale. Cependant le rétablissement d'une immense monarchie semblait encore à craindre. Philippe II, maître de l'Espagne, des Deux-Siciles, du Milanais et des Pays-Bas, disposant des trésors du Mexique et du Pérou, s'était fortifié par l'alliance de l'Angleterre, dont il avait épousé la reine Marie (n° 146), catholique aussi ardente que lui-même (1554). Délivré des troubles religieux qui déchiraient l'Empire, il pouvait être pour la France un rival terrible. — La guerre éclate de nouveau sur toutes les frontières de la France, entre le fils de François Ier et le fils de Charles-Quint. Le duc de Guise, envoyé au delà des Alpes, ne soutient pas en Italie la réputation qu'il s'est acquise par la défense de Metz, et le connétable de Montmorency perd contre le duc de Savoie, chef de l'armée espagnole, la funeste *bataille de Saint-Quentin*, où périt l'élite de la noblesse française (1557). Mais la résistance héroïque de l'amiral de Coligny dans la ville de Saint-Quentin, arrête les Espagnols et donne au duc de Guise le temps de revenir en France, où il s'illustre par la prise de Calais en plein hiver (1558). Cet exploit mémorable, suivi de la soumission de Guines et du comté d'Oye, enlève aux Anglais les dernières places qui leur restent en France. Toutefois, les succès et les revers se balancent encore ; la prise de Thionville par le duc de Guise est compensée par la défaite du maréchal de Thermes, à *Gravelines* (1558).

— L'épuisement général mit enfin un terme aux hostilités. La paix fut signée, le 2 avril 1559, à *Cateau-Cambrésis*. Le mariage de Philippe avec la fille de Henri parut cimenter leur alliance. Toutefois la querelle des deux nations n'était pas finie, et déjà, Philippe se préparait à regagner en France, par la politique et les intrigues, l'ascendant que la force des armes n'avait pu lui assurer.

Henri II mourut l'année même du traité de Cateau-Cambrésis, blessé mortellement d'un éclat de lance dans un tournoi donné à l'occasion du mariage de sa fille avec le roi d'Espagne. Il laissait le trône à son jeune fils François II, sous la tutelle de sa veuve, la trop fameuse *Catherine de Médicis* (1559).

164. Stipulations du traité de Cateau-Cambrésis. — Résultat des guerres d'Italie. — Le traité de Cateau-Cambrésis, par lequel les deux rois s'étaient restitué mutuellement toutes leurs conquêtes dans les Pays-Bas et la Picardie, laissait à la France Calais et les Trois-Évêchés ; mais elle fermait pour toujours la péninsule aux Français et la livrait à l'influence exclusive de l'Espagne Elle rendait au duc de Savoie ses États, à l'exception de Turin, Pignerol et quelques autres places ; elle restituait la Toscane, livrait Sienne à Côme de Médicis, remettait au duc de Padoue le Montferrat, aux Génois la Corse conquise trois ans auparavant, à l'évêque de Liége le duché de Bouillon ; c'est-à dire qu'elle faisait perdre à la France en tout cent quatre-vingt-dix-neuf villes ou châteaux, *plus que les armes espagnoles n'auraient pu lui enlever après trente ans de succès,* comme le reprochèrent les Guises au connétable de Montmorency, leur ennemi.

Ces reproches étaient fondés sans doute, et cependant ce traité, qui mettait fin, après soixante-six ans de lutte, aux malheureuses guerres d'Italie, laissait la France plus grande et plus puissante qu'elle n'avait jamais été. Ses dernières conquêtes se bornaient, pour ainsi dire, à quatre villes; mais ces villes, en arrondissant son territoire, en fermaient à jamais les portes aux Anglais et aux Allemands. « La France était alors l'État le plus uni et le plus riche de l'Europe, celui où l'autorité royale était le plus forte, la noblesse le plus belliqueuse et le peuple le plus soumis. » Ces guerres d'Italie, qui avaient détourné l'activité nationale de son vrai but, qui avaient coûté à la France des sommes immenses et la fleur de ses armées, avaient cependant admirablement exercé son génie guerrier, et augmenté sa gloire militaire par d'héroïques faits d'armes; elles avaient développé en elle le goût des arts et de toutes les merveilles de la civilisation qui brillaient d'un si vif éclat au delà des Alpes; elles avaient enfin singulièrement accéléré chez elle le mouvement de la renaissance dont il nous reste à faire connaître les beaux résultats.

D'ailleurs la France, au prix de son sang et de ses trésors, avait rendu un incalculable service à la politique européenne. Champion héroïque de tant de peuples divers menacés à la fois par le même colosse, notre pays avait seul mis des bornes à l'accroissement indéfini de cette formidable maison d'Autriche, qui, après avoir asservi l'Allemagne, allait envahir et écraser l'Europe entière. L'appui donné aux princes allemands, en soulevant au centre même des possessions autrichiennes d'énergiques résistances, avait été le principal obstacle à l'accomplissement des vastes projets de Charles-Quint. Tant de luttes et d'efforts, tant de trésors dépensés et de sang répandu, eurent ce grand résultat, d'affaiblir, d'ébranler plus que la France elle-même sa redoutable rivale. La France, comme une digue sans cesse battue par les flots, mais réparée sans cesse, avait arrêté le torrent, et en avait définitivement détourné le cours. Où le génie de Charles-Quint avait échoué sous François Ier et Henri II, l'ambition de Philippe II ne pouvait réussir sous leurs successeurs.

§ II. LA RENAISSANCE EN FRANCE.

165. RENAISSANCE DES ARTS. — Les guerres continuelles des règnes de François Ier et d'Henri II n'avaient pas suffi à l'activité de la France. Tandis que l'ardeur guerrière de la France se signalait au dehors par tant d'éclatants faits d'armes, son génie prenait l'essor dans les régions pacifiques de la littérature et des arts. L'un des plus beaux titres de gloire de François Ier avait été la protection éclairée et efficace qu'il accorda aux lettres et aux arts. L'Italie, où la peinture, la sculpture, l'architecture produisaient alors leurs œuvres les plus magnifiques, exerçait sur notre patrie une influence toute-puissante. Initiée aux merveilles de l'art par ces guerres qui lui coûtèrent tant de sang, la France sut honorer dignement les grands artistes italiens et apprécier leurs chefs-d'œuvre, alors qu'elle ne savait pas encore les imiter. *Rosso* (maître Roux), *le Primatice, Benvenuto Cellini, Salviati*, et plusieurs autres artistes italiens, successivement attirés à la cour de François Ier par sa noble munificence, embellirent de leurs tableaux et de leurs sculptures les demeures royales. L'illustre *Léonard de Vinci* mourut entre les bras du roi dont il avait été l'ami. Ce même prince fit remettre à Raphaël un bassin rempli de pièces d'or, et reçut en retour de ce grand peintre son tableau sublime de *Saint Michel terrassant l'ange des ténèbres*, que l'on peut admirer encore au Musée du Louvre.

Au milieu de ce mouvement universel, ce fut l'architecture qui, dans notre patrie, se signala la première. Avant la fin du quinzième siècle, l'architecture ogivale était en France sur son déclin. L'admiration que réveillèrent les expéditions d'Italie pour l'architecture grecque et romaine porta les artistes français à unir dans leurs monuments ces deux styles si divers, et qu'ils surent marier avec bonheur. Telle fut l'origine de cette architecture de la *renaissance* qu'avaient inaugurée dans notre pays des monuments d'une élégance et d'une harmonie remarquables, tels que les châteaux d'Amboise, de Gaillon. Plus tard, mais encore sous l'inspiration de l'Italie, qui envoya à la France plusieurs de ses meilleurs architectes, *Vignolle, Bellarmati, le Primatice*, etc., l'architecture y fit de nouveaux et rapides progrès.

Parmi les monuments les plus remarquables de cette époque, citons : le vaste et magnifique château de Fontainebleau reconstruit presque entièrement par François Ier, sur les ruines d'une ancienne maison royale, agrandi par Henri II et embelli de chefs-d'œuvre de tout genre ; le château de Saint-Germain ; le château de Chambord, superbe édifice construit d'après les plans du Primatice ; le château de Chenonceaux près d'Amboise.

8.

L'histoire a entouré d'une illustration méritée les noms des architectes de cette époque mémorable, *Pierre Lescot*, le premier architecte du Louvre; *Jean Goujon*, surnommé le *Phidias français*, le *Corrége de la sculpture*; *Philibert Delorme*, qui commença le palais des Tuileries. Énumérons, avec les noms de ces grands artistes, ceux du fameux sculpteur *Germain Pilon* et de *Jean Cousin*, que ses succès dans la peinture et la sculpture à la fois ont fait appeler le *Michel-Ange français*.

Non content d'encourager les savants, les littérateurs, les artistes qu'il recevait en grand nombre à sa cour, François Ier voulait assurer la durée de son œuvre civilisatrice par des institutions permanentes. A lui appartient la gloire d'avoir développé la bibliothèque royale, institué le collége de France pour le haut enseignement, et fondé l'établissement modèle de l'imprimerie royale.

166. RENAISSANCE DES LETTRES. — Une ère nouvelle s'est ouverte avec les temps modernes pour la littérature. Après *Comines*, l'illustre auteur des *Mémoires* sur Louis XI et Charles VIII, qui a introduit dans l'histoire, avec l'originalité du style, la critique sévère et les aperçus profonds, le mouvement littéraire se développe en France sous la triple influence des grandes découvertes de la fin du moyen âge, de la dispersion des savants grecs en Europe, et de la civilisation italienne. La science du droit s'élève, dans les travaux d'illustres jurisconsultes, Dumoulin, Loysel, Cujas (n° 112), à une hauteur inconnue. L'étude de l'antiquité perfectionne jusque la forme littéraire, mais en y introduisant souvent, surtout dans les idées, l'empreinte du paganisme. La philosophie toute chrétienne au moyen âge en offre une preuve frappante et incline promptement vers le scepticisme.

La langue française, substituée au latin dans les actes publics dès 1539, a fait depuis Louis XI de remarquables progrès. Calvin, dans ses œuvres théologiques (n° 133), a déployé toutes les qualités d'un style clair, précis, énergique. Le chroniqueur *de la Mark*, les frères *du Bellay*, donnent à la langue la variété et la souplesse. *Rabelais*, dans ses œuvres bouffonnes jusqu'au cynisme, sème à profusion l'esprit, la verve, la malignité. Les progrès de la poésie ne sont pas égaux à ceux de la prose. Toutefois, *Clément Marot* obtient un immense succès par ses traductions en vers des psaumes, et *Marguerite de Navarre*, sœur de François Ier, égaie la cour par ses rimes élégantes, mais souvent licencieuses. La langue poétique, avant de se fixer, va s'égarer à la suite de Ronsard, dans un genre maniéré, prétentieux et bizarre, où l'imitation de l'antiquité dépasse toutes les bornes, et qui doit retarder d'un demi-siècle le retour au genre simple, naturel, vraiment français, qui sera la gloire du dix-septième siècle. (Voir ci-après chap. XVIII, n° 215, et pour les détails le chap. IV du tome troisième de ce cours.)

QUESTIONNAIRE. — 160. Quel est le caractère du règne de Henri II ? — Quelle acquisition fit ce prince en 1550 ? — Comment recommença la guerre contre les impériaux ? — 161. Quelle remarquable acquisition fit Henri II ? — Comment le duc de Guise s'illustra-t-il ? — Quelle victoire remportèrent les Français et de quelle trêve fut-elle suivie ? — 162. *Donnez quelques détails sur l'abdication, la retraite et la mort de Charles-Quint.* 163. Quelle grande défaite subirent les Français ? — Quelle ville importante fut prise aux Anglais ? — Quels furent les derniers événements de la guerre ? — Quel traité la termina ? — Comment mourut Henri II ? — 164. Faites connaître en détail les stipulations du traité de Cateau-Cambrésis. — Quels furent les résultats divers des guerres d'Italie ? — § II. 165. Comment François Iᵉʳ a-t-il manifesté son zèle pour les lettres et les arts ? — Citez les monuments les plus remarquables de cette époque. — Nommez les artistes français les plus fameux. — 166. Énumérez les écrivains les plus remarquables depuis le règne de Louis XII. — Par qui la poésie fut-elle cultivée avec le plus de succès ?

CHAPITRE QUATORZIÈME.

HISTOIRE DE L'ÉGLISE DANS LA SECONDE PARTIE DU SEIZIÈME SIÈCLE.

(1534-1590.)

SOMMAIRE.

§ Iᵉʳ. 167. Cette période est caractérisée, en face de la réforme protestante, par la convocation du dernier concile œcuménique pour maintenir le dogme, par la création des jésuites pour combattre l'hérésie, par la réforme de la discipline due aux soins des papes.

168. Le concile de Trente, où tout le clergé catholique est représenté, est convoqué par Paul III en 1542, ouvert en 1545, interrompu de 1552 à 1562, clos en 1563. Il condamne le protestantisme, formule et maintient le dogme catholique, pose le principe des réformes dans la discipline.

169. Le créateur de l'ordre des jésuites est Ignace de Loyola, officier espagnol. L'ordre est approuvé par Paul III (1540). Il se propose

la défense de la foi catholique et le triomphe de l'autorité du saint-siége par la prédication, la confession, l'enseignement.

170. Lainez, successeur d'Ignace de Loyola, publie les Constitutions de la Compagnie de Jésus dont le principe est la soumission absolue. — Saint François-Xavier évangélise les Indes, le Japon, et meurt au moment d'entrer en Chine.

§ II. 171. Plusieurs grands papes entreprennent et accomplissent successivement la réforme des abus. Paul III (Alexandre Farnèse) nomme des cardinaux savants et vertueux, réprime les désordres, approuve l'ordre des jésuites, ouvre le concile de Trente, réorganise l'inquisition, fait conclure la trève de Nice (1534-1549).

172. Paul IV (1555-1559), fondateur de l'ordre des Théatins, continue les réformes avec une grande fermeté; il établit, dit-on, la congrégation de l'Index.

173. Pie V (1565-1572) est l'un des caractères les plus élevés et les plus énergiques du siècle. Il rappelle partout le clergé à l'accomplissement de ses devoirs, poursuit rigoureusement l'hérésie, organise la croisade de Lépante. Il a été canonisé.

174. Un pâtre de Montalte, cordelier, puis prélat, devient pape sous le nom de Sixte-Quint (1585). Il rétablit la police en détruisant le brigandage dans les Etats-Romains, réforme l'administration, restaure les finances, embellit Rome, crée des établissements d'instruction; il soutient la Ligue en France. Le seizième siècle a été dans l'Église catholique l'ère d'une véritable réforme.

§ Ier. LE CONCILE DE TRENTE. — CRÉATION DE L'ORDRE DES JÉSUITES.

167. CARACTÈRE DE L'HISTOIRE ECCLÉSIASTIQUE AU SEIZIÈME SIÈCLE. — On a vu les plus saints personnages, les docteurs les plus dévoués à la foi catholique signaler dans la discipline ecclésiastique, au sein même de la cour pontificale (n° 114), des abus et des désordres dont le déplorable règne d'Alexandre VI avait révélé toute la profondeur. La nécessité d'y mettre fin était comprise; l'insurrection religieuse éclatant de tous côtés ne permettait plus de retard. Tandis que les *réformateurs*, apportant un remède pire que le mal, substituaient au relâchement la révolte, détruisaient au lieu de guérir, et renversaient le dogme avec la discipline, c'est un magnifique spectacle que de voir les souverains pontifes et les évêques catholiques, maintenant d'une part contre les attaques de l'hérésie l'immuabilité de la foi dans la dernière des grandes assises de l'Église catholique, et opposant aux efforts de la propagande protestante une nouvelle milice, armée pour regagner ou disputer partout le terrain perdu; corrigeant en même temps avec une rigueur salutaire les abus que le temps et les passions avaient déposés comme la rouille qui s'étend à la surface sans altérer la substance, et qu'une résolution énergique suffisait à faire disparaître. Ces grands faits religieux qui résument toute l'histoire ecclésiastique au seizième siècle sont accomplis, l'un par l'assemblée de l'Église universelle à Trente, l'autre par la création de l'ordre des Jésuites, l'autre enfin, par les travaux d'une série de pontifes éminents, animés du génie qui conçoit, de la volonté qui dirige, de la constance énergique qui accomplit les œuvres les plus hautes et les plus difficiles.

168. LE CONCILE DE TRENTE. — Nous avons dit dans quelles circonstances (n° 121) fut convoqué le dernier concile œcuménique qui se réunit à *Trente* dans le Tyrol. Toutes les nations catholiques y envoyèrent leurs représentants, et l'auguste assemblée se composa de quatre légats, onze cardinaux, vingt-cinq archevêques, deux cent dix-sept évêques (par eux-mêmes ou quelques-uns par mandataires), sept supérieurs généraux d'ordres religieux. Le concile passa en revue tous les éléments du dogme catholique, non pour le modifier, non pour y ajouter, mais pour en déterminer avec précision, en présence des récentes contestations, et le sens et la portée. C'est ainsi qu'anathématisant les hérésies nouvelles et repoussant les doctrines protestantes sur la grâce, qui tendaient à détruire ou le libre arbitre de l'homme, ou la nécessité des secours que l'Église fournit à sa faiblesse, le concile proclama sans distinction l'efficacité égale et indispensable des sept sacrements, qui sont comme les colonnes sur lesquelles s'appuie tout l'édifice de la religion catholique.

Les sessions du concile, après avoir défini l'ensemble du dogme par des décisions souveraines et que devaient admettre sans difficulté toutes les nations catholiques, eurent pour objet, suivant le titre même qu'elles donnèrent à leurs travaux, des réformes importantes dans la discipline et les pratiques religieuses. En cette matière où la foi n'est pas engagée, et qui est soumise à l'influence des temps et des lieux, de sages règles furent posées, mais sans pouvoir être appliquées indistinctement et d'une manière absolue chez tous les peuples. Beaucoup de questions d'application devaient d'ailleurs être tranchées suivant les circonstances par la sagesse des souverains pontifes, dont l'autorité suprême demeura plus que jamais affermie.

Le dix-neuvième concile œcuménique, convoqué en 1542 par le pape Paul III, ouvert en 1545 à Trente, transféré l'année suivante à Bologne, rétabli à Trente en 1551, fut forcé par l'approche des troupes protestantes de suspendre ses séances de 1552 à 1562. Il fut rouvert alors par le pape Pie IV, qui en prononça la clôture l'année suivante.

169. Création de l'ordre des Jésuites. — C'est pendant la durée du concile de Trente que se constitua et s'étendit rapidement cet ordre célèbre, fondé quelques années auparavant pour la défense de la foi catholique dans l'Europe méridionale, qui repoussait la réforme avec autant d'énergie que l'Europe du Nord en favorisait les développements.

Un jeune officier, *Ignace de Loyola*, fut blessé en 1521 au siége de Pampelune. Les exemples de la vie des saints, qu'il n'avait lus que pour charmer les ennuis d'un repos forcé, le firent réfléchir sérieusement sur la dissipation de sa vie passée. Il résolut de se consacrer entièrement à Dieu, et, à peine guéri, il entreprit un pèlerinage à Jérusalem, qui acheva d'enflammer son zèle pour la religion et le salut des âmes. Il résolut, à son retour, de fonder un ordre de chevalerie chrétienne pour la défense de la foi (1534). *François Xavier* (nos 89 et 170) le seconda dans ses projets, et l'an 1540, le pape Paul III les approuva par une bulle. La société nouvelle devait se proposer pour fin de travailler à l'affermissement de la foi et à la propagation du catholicisme, par la prédication, par la pratique des œuvres de charité, par l'instruction et la confession. « Ces religieux, dit l'auteur protestant Mac Kintosh, devinrent les champions d'élite de l'Église contre ses nouveaux ennemis. Au lieu d'imiter les moines illettrés qui décriaient la science comme étant la source des hérésies, ils prirent part au mouvement général qui portait le genre humain vers les belles-lettres, et ils les cultivèrent avec un succès brillant. Ils furent les premiers réformateurs de l'éducation en Europe. » Leurs colléges, devenus en peu de temps extrêmement nombreux dans la plupart des contrées du monde chrétien, acquirent une réputation immense.

170. Constitutions des Jésuites. — Missions de saint François Xavier. — Saint Ignace de Loyola fut le premier supérieur ou *général* de l'ordre. Le Castillan Lainez, après l'avoir assisté dans tous ses travaux, lui succéda en 1558 et prit une part active aux délibérations du concile de Trente. Ce fut lui qui publia les *Constitutions* fameuses qui ont toujours été regardées comme un chef-d'œuvre de force et d'habileté. Le principe essentiel de la règle des jésuites, qui impose le triple vœu de chasteté, de pauvreté, d'obéissance, et se propose pour but général le triomphe de l'autorité du saint-siége, est le renoncement complet de tout membre de l'ordre à sa volonté propre, et la soumission la plus absolue aux ordres des supérieurs, qui emploient chacun suivant ses aptitudes particulières observées avec le plus grand soin, et discernées généralement avec une sagacité extraordinaire. Cet ordre nouveau, dont nous n'avons ici à envisager que les travaux originaires et non les développements ultérieurs, satisfit complètement, à l'époque de sa création, aux besoins qui l'avaient fait naître, et le succès dépassa toutes les espérances de ses fondateurs. A la mort de saint Ignace, l'ordre, divisé en cinquante provinces, s'étendait sur l'Espagne, le Portugal, l'Autriche, la Bavière, l'Italie, la France même, toutes les colonies espagnoles et portugaises, et envoyait de nombreux missionnaires en Orient et en Occident, du Brésil et des rivages de l'Afrique jusqu'au Japon.

Parmi les missionnaires jésuites, aucun n'acquit une réputation plus haute et plus méritée que François Xavier, placé par l'Église au nombre des saints. Cet homme héroïque qui, dès 1534, avait fait vœu de travailler à la conversion des infidèles, s'embarqua en 1541 pour les Indes où il demeura près de dix ans, prêchant l'Évangile aux indigènes avec un zèle et un succès merveilleux, et faisant de Goa le chef-lieu d'une chrétienté florissante. Saint François Xavier passa au Japon où il convertit plus de trois mille idolâtres, et il mourut épuisé par les fatigues de l'apostolat, au moment où il allait pénétrer en Chine (1552).

§ II. SAGES RÉFORMES A LA COUR PONTIFICALE. — PAUL III, PAUL IV, PIE V, SIXTE V.

171. Paul III. — L'histoire des sages réformes opérées à la cour pontificale n'est autre que celle des personnages éminents qui se succédèrent pendant la seconde partie du seizième siècle sur la chaire de Saint-Pierre. Le successeur de Clément VII, dont on connaît les efforts pour défendre contre Henri VIII la cause de la reine Catherine indignement abandonnée par son criminel époux, fut Alexandre Farnèse élevé au souverain pontificat sous le nom de *Paul III* (1534-1549). Ce pape, doué d'une haute intelligence et d'une égale énergie, entoura le saint-siége de cardinaux aussi distingués par leurs vertus que par leurs talents, fit régner à sa cour des mœurs sévères, réforma les tribunaux ecclésiastiques, poursuivit impitoyablement le fléau de la simonie, et entouré de l'estime des plus modérés parmi les docteurs protestants, il eût peut-être obtenu un rapprochement de la plupart d'entre eux sans la résistance intéressée des princes dont l'influence politique dépendait du succès de la Réforme. Les œuvres de ce laborieux pontificat furent aussi nombreuses qu'importantes. Paul III approuva l'ordre des Jésuites (1540), convoqua et ouvrit le concile de Trente (1542-1543), rétablit sur des bases nouvelles le tribunal antique de l'Inquisition pour extirper les hérésies du siècle. On le vit enfin, reprenant par l'influence de son caractère ce pouvoir modérateur exercé avec tant d'éclat au moyen âge par le saint-siège, se faire l'arbitre des démêlés de Charles V et de François Ier (1538), et amener les deux rivaux à conclure une trêve de dix ans (voir n° 157).

172. PAUL IV. — Bientôt parut sur le saint-siège un homme d'une vertu austère qui, sous le nom de *Caraffa*, avait créé vers 1524, au moment de la réforme de l'ordre des Franciscains et de celui des Camaldules, l'ordre des Théatins, qui, sans revenus et sans quêtes et ne vivant que d'aumônes apportées par la piété des fidèles, visitaient les malades, consolaient les prisonniers, assistaient les condamnés et prêchaient dans les villes et dans les campagnes. Le prieur des Théatins devenu le pape *Paul IV* (1555-1559), continua avec énergie la réforme des abus, tandis qu'il s'efforçait d'abaisser l'influence espagnole au profit de l'indépendance italienne. On lui attribue l'établissement de la congrégation de l'*Index* pour l'examen des ouvrages que déjà l'imprimerie répandait à profusion.

173. PIE V. — Après le pontificat de *Pie IV*, qui vit finir le concile de Trente et en confirma les canons (1563), Pie V (1565-1572), qui mérita d'être mis au nombre des saints, se montra le continuateur courageux et infatigable de Paul IV. Prieur de l'ordre des Dominicains, il avait fait refleurir dans cette congrégation célèbre la discipline et les mœurs, quand il fut appelé au souverain pontificat, à l'âge de plus de soixante ans. Sa sévérité inflexible égale à sa piété ardente, n'épargna aucun désordre et aucun abus. Partout, le clergé régulier et séculier fut rappelé à l'exact accomplissement de ses devoirs; le collége germanique, dirigé par les jésuites, s'ouvrit pour former des prêtres et des missionnaires; l'inquisition redoubla ses rigueurs pour l'extirpation de l'hérésie dans la péninsule. En même temps, Pie V, relevant le drapeau des croisades,

armait tous les peuples de la chrétienté contre la puissance ottomane devenue sous Soliman II plus formidable que jamais, et la flotte rassemblée à sa voix allait triompher à Lépante sous les ordres de don Juan d'Autriche (1571).

174. Sixte-Quint. — Le nom de *Sixte-Quint* couronne le seizième siècle. Gardeur de pourceaux dans son enfance, à Montalte, près d'Ascoli, Félix Peretti entra à l'âge de seize ans dans l'ordre des Cordeliers (1537), mérita par sa science une chaire de droit canon à Rimini, devint procureur, puis vicaire général de son ordre, et avait été élevé enfin à l'archevêché de Fermo, quand mourut le pape Grégoire XIII (1585). Agé de soixante-cinq ans, il feignit, dit-on, de graves infirmités pour ne pas inquiéter des ambitions rivales; et, élu pape, Sixte-Quint jeta ses béquilles, déployant sur le trône pontifical toute l'énergie, toute la vigueur de la jeunesse (1585-1590). Le vertueux mais faible Grégoire XIII avait laissé les États de l'Église en proie à l'audace des bandits qui étaient devenus la terreur des campagnes et avaient trouvé des complices jusque dans la noblesse romaine. Sixte V, par des mesures aussi habiles que sévères, parvint à rétablir la police, et, bravant les résistances et les murmures, il mérita les félicitations des ambassadeurs de la chrétienté pour avoir rétabli la sécurité dans les domaines pontificaux et réorganisé entièrement l'administration publique. En même temps, il restaurait les finances par une économie rigoureuse, et tout en consacrant des sommes importantes à la fondation d'une bibliothèque et d'une imprimerie, à l'embellissement de Rome, où une magnifique fontaine a conservé son nom, il laissait cinq millions d'écus d'or dans le trésor pontifical. Nous verrons ce pape célèbre, mêlé à toutes les grandes affaires de l'Europe, soutenir en France les efforts de la ligue (n° 183). L'Église lui doit la réforme d'un grand nombre d'ordres religieux ramenés sous son pontificat à la sainteté de leurs institutions.

Avec le seizième siècle s'achevait sous l'énergique impulsion du saint-siége le rétablissement de la discipline ecclésiastique. Les gloires du dix-septième siècle étaient dignement préparées.

Questionnaire. — § I. 167. Quel est le caractère de l'histoire ecclésiastique dans la seconde partie du seizième siècle? — Quels grands faits présente-t-elle? — **168.** Exposez les phases diverses du concile de Trente. — Quels furent les principaux objets de ses décisions? — **169.** Par qui et dans quelles circonstances fut fondé l'ordre des Jésuites? — Quel but se proposa Ignace de Loyola? —

170. Indiquez le principe des constitutions des Jésuites. — Dites quelques mots des missions de saint François Xavier. — § II. 171. Quelle œuvre se proposèrent les papes à cette époque? — Que fit Paul III dans l'ordre religieux et politique? — 172. Qu'avez-vous à dire de Paul IV? — 173. Comment Pie V a-t-il mérité d'être canonisé? — Quel était son caractère? — Quel fut son grand acte politique? — 174. Dites ce que vous savez sur la jeunesse et l'avénement de Sixte Quint. — Quelle œuvre administrative accomplit-il? — Quelle part prit-il à la politique européenne?

CHAPITRE QUINZIÈME.

LA RÉFORME EN FRANCE.

SOMMAIRE.

§ Ier. 175. La Réforme fait ses premiers progrès en France sous François Ier; elle est exploitée par les nobles comme un instrument de résistance et de lutte contre le pouvoir royal. Les dispositions premières de François à l'égard du luthéranisme sont une complète indifférence; il reçoit un favorable accueil à la cour. L'audace insolente des réformés provoque un premier édit contre eux et bientôt des supplices. Les Vaudois sont exterminés.

176. Sous Henri II, l'impunité est laissée aux seigneurs protestants. Des rigueurs sont exercées contre les sectaires obscurs en vertu de l'édit de Châteaubriand (1554). Les progrès du calvinisme à Paris donnent lieu à l'édit d'Écouen. De grandes calamités sont préparées à la France par la Réforme.

§ II. 177. L'influence politique se partage entre les Guises, de la maison de Lorraine, parents de la reine Marie Stuart, parmi lesquels sont le grand duc de Guise et le cardinal de Lorraine, chefs du parti catholique; et les Bourbons, princes du sang royal, descendants de saint Louis, dont l'un, Louis de Condé, vaillant et audacieux, sera le chef du parti protestant.

178. François II (1559), époux de Marie Stuart, est faible de caractère; il subit l'influence des Guises. Le supplice d'Anne du Bourg irrite les protestants. La vaste conspiration des réformés à Amboise est découverte et punie (1560). — Catherine de Médicis appelle au pouvoir Michel l'Hôpital qui publie l'édit conciliateur de Romorantin. François II meurt en 1560.

179. Le règne de Charles IX commence sous la régence de Catherine de Médicis qui convoque les États-généraux; elle publie contre les réformés l'édit de juillet 1561. — Le colloque de Poissy est suivi du tolérant édit de janvier 1562 qui mécontente tous les partis. — Le massacre de Vassy est le premier acte de la guerre civile, fomentée par l'étranger, signalée par les cruautés de Montluc et du baron des Adrets. Les protestants perdent la bataille de Dreux suivie de l'assassinat de François de Guise (1563).

180. Les guerres de religion continuent malgré la pacification d'Amboise. Condé est vaincu avec les protestants à Saint-Denis (1567). La paix de Longjumeau (1568) est bientôt rompue. Condé est tué à la bataille de Jarnac (1569). — La défaite de la Roche-Abeille est réparée par l'éclatante victoire des catholiques à Montcontour.

181. La paix de Saint-Germain obtenue par l'habileté de Coligny est favorable aux réformés. Le mariage de Henri de Béarn paraît sanctionner la paix, il ne sert qu'à préparer l'épouvantable massacre de la Saint-Barthélemy (24 août 1572) qui commence par l'assassinat de Coligny et s'étend dans toute la France. L'Hôpital meurt de douleur. Charles IX expire, déchiré par d'affreux remords (1574). Henri d'Anjou, roi de Pologne, revient en France à la hâte.

§ III. 182. Les factions déchirent la France à l'avénement d'Henri III. Les politiques et Montmorency ont formé un nouveau parti que soutient le duc d'Alençon Henri de Guise est plein de talent et d'ambition. Catherine, qui le craint, conclut la paix de Monsieur qui favorise l'organisation du parti huguenot. La Sainte Ligue se forme pour la défense de la foi catholique. Les catholiques s'allient avec l'Espagne, les protestants avec l'Angleterre.

183. Pour balancer la puissance des Guises, Henri III se déclare chef de la Ligue. — Les huguenots se soulèvent de nouveau. La France est divisée en deux grands partis religieux et politiques. La Cour offre un spectacle honteux de démoralisation, un hideux mélange de dévotion, de débauche et de superstition, de bravoure et de galanterie. Le duc d'Anjou meurt (1584). La puissance et l'audace des Guises redoublent. — Henri de Navarre, héritier du trône, mais hérétique et repoussé par les Guises, paraît sur la scène politique (1585). Il est frappé par une bulle du pape, ainsi que le prince de Condé. — La guerre des trois Henri éclate (1586). — La ligue des Seize se forme à Paris sous l'influence du duc de Guise. La bataille de Coutras (1587), gagnée par Henri de Navarre, est compensée par les succès d'Henri de Guise qui fait une entrée triomphale à Paris (1588). — Le peuple chasse les Suisses de Paris à la journée des Barricades. — Paris est le centre de la république catholique.

184. Le roi convoque les États-généraux de Blois (1588), où il ordonne l'assassinat des Guises. La Ligue et les divers corps de l'État refusent toute obéissance à Henri III. — La royauté des Valois est morte avec Catherine de Médicis. — Le duc de Mayenne est déclaré lieutenant-général du royaume. - Henri III se rapproche du roi de Navarre (1589). — La guerre civile change de nature. — Les deux rois arrivent à Saint-Cloud. Henri III est assassiné par Jacques Clément (1er août 1589); en lui finit la race des Valois.

§ Ier. LA RÉFORME EN FRANCE.

175. CARACTÈRE DE LA RÉFORME EN FRANCE. — SES PREMIERS PROGRÈS SOUS FRANÇOIS Ier. — La Réforme qui, en France comme en Suisse, fut d'abord un mouvement populaire, ne tarda pas à être exploitée par les nobles, qui

s'en firent une arme redoutable contre la royauté. La féodalité, dont la puissance, si rudement ébranlée par Louis XI, déclinait de jour en jour, saisit avec empressement le moyen de recommencer une lutte acharnée. La bourgeoisie et le peuple ne tardèrent pas à prendre parti contre le protestantisme avec d'autant plus d'énergie qu'ils le virent soutenu par une classe dont ils repoussaient l'influence et détestaient les priviléges. Il faut donc reconnaître, à l'honneur de notre pays, que la nation française resta profondément attachée à la foi de ses pères, et que la Réforme eut réellement en France bien moins le caractère d'une révolution religieuse que celui d'une grande insurrection politique.

Les opinions luthériennes s'introduisirent en France quelques années à peine après leur apparition en Allemagne, et François Ier vit leurs premiers progrès avec indifférence. La traduction des Psaumes en vers français par le protestant *Marot* eut un grand succès à la cour. Calvin dédia au roi son livre de l'*Institution chrétienne* (voir nº 133); François entretint des relations amicales avec Mélanchthon et avec les réformés de la Suisse, et il laissa sa sœur, la reine Marguerite de Navarre (nº 166), accueillir avec empressement les sectateurs de la Réforme. Les doctrines de Calvin surtout ne tardèrent pas à faire de rapides progrès; mais les protestants, enhardis par ces premiers succès, ayant osé afficher des emblèmes insultants pour la foi catholique dans les rues, les places, et jusque sur la porte de la chambre du roi (1), celui-ci s'irrita de leur audace, et ordonna de poursuivre rigoureusement les hérétiques. Plusieurs sectaires périrent sur le bûcher, et le 29 janvier 1535 un premier édit fut publié pour l'extirpation et l'extermination de la secte luthérienne et autres hérésies.

Dès lors, les rigueurs et les supplices se suivirent à des intervalles plus ou moins éloignés, suivant l'impression que des considérations toutes politiques faisaient sur l'esprit du roi. Après avoir, sur la sollicitation des protestants d'Allemagne, ses alliés, suspendu pendant quatre ans l'exécution d'un arrêt du parlement de Provence, qui ordonnait la destruction des *Vaudois*, il sanctionna en 1545 cette sentence terrible, et la Provence fut mise à feu et à sang. Toutefois, le protestantisme, favorisé par la sœur du roi, gagnait sans cesse de nouveaux partisans parmi les seigneurs, qui échappaient, grâce

---

(1) Théodore de Bèze.

à leur influence à la cour, aux mesures rigoureuses dirigées contre des sectaires obscurs.

176. LA RÉFORME SOUS HENRI II. — Après la mort de François Ier, beaucoup de gentilshommes continuèrent à pratiquer librement le culte nouveau, tandis que les ministres du protestantisme étaient emprisonnés ou brûlés en grand nombre. En 1549, Henri II termina une procession solennelle par le supplice de quatre luthériens, qui périrent en sa présence sur un bûcher. Les persécutions ne faisaient qu'exciter l'intérêt et la pitié en faveur des réformés, dont le nombre s'accroissait de jour en jour. En 1552, tandis que Henri II resserrait son alliance avec les protestants d'Allemagne (n° 160), il ordonnait de tous côtés contre ceux de France les poursuites les plus actives, qui furent prescrites avec une rigueur nouvelle par l'*édit de Châteaubriand* (27 juin 1554).

Les protestants n'en parvinrent pas moins à établir dès l'année suivante, à Paris même, leur première église, et bientôt, on vit dans la capitale des processions de plusieurs milliers de personnes conduites par des seigneurs du plus haut rang, le prince de Condé et le roi de Navarre à leur tête. Cette résistance ouverte et séditieuse provoqua la publication de l'*édit d'Écouen* (1559), qui prononçait la peine capitale contre tous les hérétiques; et Henri II mourut, en ordonnant le supplice d'Anne Du Bourg, membre du parlement, qui avait osé combattre les mesures ordonnées contre les sectateurs des doctrines nouvelles.

Nous touchons au moment où la lutte théologique va devenir une lutte à main armée, où la France sera déchirée à son tour par ces désastreuses guerres civiles, accompagnées de toutes les horreurs du fanatisme qui ont déjà désolé l'Allemagne et l'Écosse.

L'orage a grossi sourdement sous les règnes de François Ier, d'Henri II. L'insolente insubordination des grands annonce que la crise approche; elle va éclater sous le règne de François II, qui a épousé en 1558 la jeune reine d'Écosse, *Marie-Stuart* (n° 138).

§ II. GUERRES DE RELIGION. — FRANÇOIS II. — CHARLES IX. —
LES BOURBONS ET LES GUISES.

177. LES BOURBONS ET LES GUISES. — Le rôle principal sur la scène politique va appartenir pendant près d'un demi-siècle à deux familles qui, l'une à la tête du parti catholique, l'autre à la tête du parti protestant, se disputeront l'influence par leurs intrigues à la cour, par les armes sur les champs de bataille : les Guises, princes de la maison de Lorraine, et les Bourbons.

La maison de Lorraine, se prétendant issue de Charlemagne, possédait un crédit et une popularité très-grande quoique de date toute nouvelle. Sans parler du duc régnant de Lorraine, beau-frère du roi François II, ni de la reine régente d'Écosse (n° 137), mère de Marie Stuart, six frères, oncles de cette jeune reine de France, composaient alors cette puissante maison. L'aîné de tous, le *grand duc* de Guise, comme on l'appelait, réunissait au courage personnel et à l'habileté militaire, dont il avait donné des preuves éclatantes (n°s 161, 163), une rare capacité pour les affaires; ses exploits lui avaient assuré une popularité qu'entretenaient ses avantages extérieurs et le brillant cortége dont il marchait toujours entouré. Son frère, le cardinal de Lorraine, avait mérité par une vaste érudition le haut rang qu'il occupait dans l'Église, et n'était pas moins éloquent orateur qu'administrateur habile. Champions déterminés de la foi, et devenus ainsi les chefs du parti catholique, les Guises avaient contracté une intime alliance avec le roi d'Espagne Philippe II, auquel les unissait naturellement la communauté d'intérêts et de politique.

Supérieurs aux Guises par l'illustration de leur race, mais inférieurs par leur crédit et leurs talents, venaient, auprès de la famille royale, les princes du sang de la maison de Bourbon-Vendôme, issus de Robert, comte de Clermont, sixième fils de saint Louis, et séparés par vingt et une générations et par un espace de trois cents ans de ce trône, auquel le fils de l'un d'eux devait cependant parvenir. Ruinée par les vicissitudes de la fortune, qui avait successivement desséché tous les rameaux aînés de sa branche et par la confiscation des biens du connétable de Bourbon, cette maison était singulièrement déchue de son ancienne puissance. Le chef de la famille, *Antoine*, duc de Vendôme, devenu, par suite de son mariage avec *Jeanne d'Albret*, prince de Béarn et roi de Navarre, était un prince d'un esprit faible et inconstant, d'une médiocre capacité; son frère *Charles*, archevêque de Rouen, fut ce cardinal de Bourbon que nous verrons la Ligue opposer à son neveu Henri IV (n° 203); enfin, un troisième frère, *Louis*, prince de *Condé*, galant et spirituel, impétueux et plein de valeur, professait les opinions nouvelles avec un zèle qui, joint à sa qualité de prince du sang, le firent choisir pour chef par toute la noblesse calviniste.

178. Règne de François II (1559-1560). — **Conjuration d'Amboise.** — *François II*, monté sur le trône à l'âge de quinze ans, également faible de corps et d'esprit, laisse tout le pouvoir au puissant duc de Guise et au cardinal de Lorraine, oncles de la reine Marie Stuart. Le parti des réformés, irrité de l'exécution d'Anne Du Bourg (voir n° 176) et de la rigueur avec laquelle les Guises font exécuter les édits contre les calvinistes, mécontent surtout d'être écarté du gouvernement, trame une vaste conspiration dont les chefs sont le prince de Condé et l'amiral de Coligny. Les Guises, avertis à temps, conduisent le roi dans le château fort d'Amboise, tandis que leurs troupes dispersent les bandes des rebelles (1560). Cette *conjuration d'Amboise*, punie par de nombreux supplices, est la première étincelle des guerres de religion.

La reine-mère, Catherine de Médicis (n° 160), inquiète de la fermentation générale qui succède à cette tentative de révolte, essaye d'apaiser les esprits en appelant au pouvoir le sage et vénéré *Michel l'Hôpital*, qui, par l'*édit de Romorantin* (mai 1560), affranchit la France du joug de l'inquisition, et annonce la convocation des États-généraux. Mais de nouveaux complots se forment contre les Guises, qui méditent l'assassinat du roi de Navarre et du prince de Condé, les chefs les plus dangereux des réformés. François II laisse en mourant son royaume livré aux plus déplorables divisions.

179. Règne de Charles IX. — **Troubles politiques et religieux.** — **Première guerre de religion.** — Tandis que la veuve du jeune roi, Marie Stuart, retourne en Écosse, le règne de *Charles IX*, frère de François II, commence sous la régence de Catherine de Médicis. Pour parer aux embarras financiers et politiques qui assiégent le gouvernement, Catherine convoque les États-généraux à Orléans et fait nommer le roi de Navarre lieutenant général du royaume. Mais les Guises, qui voient l'influence leur échapper, suscitent de nouveaux troubles en faisant prononcer des mesures plus rigoureuses contre les réformés (*édit de Saint-Germain*, juillet 1561), et en annonçant leur résolution de les faire exécuter les armes à la main. Vainement, le chancelier l'Hôpital essaye de prévenir la conflagration qui s'approche par une solennelle réunion (*colloque de Poissy*), où les plus célèbres théologiens catholiques et protestants, le cardinal de Lorraine et Théodore de Bèze à leur tête, sont appelés à discuter publiquement les questions religieuses les plus importantes. Ces conférences restent sans résultat, et *l'édit de janvier* (1562), par lequel l'Hôpital autorise le libre exercice du protestantisme dans les campagnes, au lieu de rapprocher les esprits, redouble l'irritation des catholiques et l'insubordination du parti protestant.—Le *massacre de Vassy*, suite déplorable d'une querelle entre quelques huguenots de Champagne et l'escorte du duc de Guise, est le premier acte d'une lutte que les alliances des catholiques avec l'Espagne, des protestants avec l'Angleterre, vont rendre plus irréconciliable et plus acharnée. Montluc, parmi les catholiques, le baron des Adrets, dans le parti protestant, se signalent par d'épouvantables cruautés. La prise de Rouen est le premier succès des catholiques; bientôt la ville de *Dreux* voit les armées en présence et les catholiques vainqueurs (1562). Le duc François de Guise est nommé lieutenant général du royaume, mais il est assassiné au siége d'Orléans par le calviniste Poltrot de Méré (1563); il sera remplacé par son fils, aussi habile peut-être et plus ambitieux que lui.

180. Suite des guerres de religion. — Batailles de Saint-Denis, Jarnac, Montcontour. — La mort du duc de Guise est l'occasion d'une nouvelle tentative de conciliation aussi inutile que les précédentes (*pacification d'Amboise*). Les catholiques s'indignent des concessions faites aux réformés; ceux-ci n'en profitent que pour se fortifier contre le pouvoir royal et pour se préparer à de nouvelles luttes. Condé rompt tout à coup la trêve, ose tenter d'enlever le roi et s'avance jusqu'aux portes de Paris avec l'armée protestante, que la *bataille de Saint-Denis* oblige à la retraite (1567); mais de tous côtés des soulèvements éclatent à la voix des chefs protestants, maîtres des principales villes du Midi, et Catherine de Médicis est obligée de conclure la *paix de Longjumeau* (1568), qui n'est en réalité qu'une suspension d'armes.

Bientôt la disgrâce de l'Hôpital annonce que Catherine, irritée de la résistance des protestants, a abandonné à jamais la politique de conciliation, dont les événements, il faut l'avouer, semblaient démentir l'efficacité. Elle va lutter désormais contre les ennemis du catholicisme et de la royauté par la perfidie autant que par la force.— Le parti protestant s'est fortifié de l'alliance de la reine de Navarre, Jeanne d'Albret, la mère de Henri IV, et proclame le prince de Condé sous le nom de *Louis XIII, premier roi chrétien de France;* mais le rebelle est vaincu et tué à *Jarnac* par le duc d'Anjou, frère du roi

(1569). Bientôt la victoire éclatante de *Moncontour* venge les catholiques d'un léger revers éprouvé à *la Roche-Abeille.*

181. Paix de Saint-Germain. — La Saint-Barthélemy. — Fin du règne de Charles IX. — Mais les talents et l'activité de l'amiral Coligny paralysent tous les efforts et tous les succès des catholiques, et déterminent la reine à conclure la *paix de Saint-Germain* (1570), qui accorde aux réformés quatre forteresses pour leur sûreté, et le droit d'être admis aux fonctions publiques. Ils se félicitent de voir le mariage de leur nouveau chef, le jeune *Henri de Béarn*, avec *Marguerite*, sœur de Charles IX, sanctionner une paix qui va leur permettre de reprendre l'influence, quand le massacre de la *Saint-Barthélemy* leur découvre trop tard le piége tendu par la lâche trahison de Catherine de Médicis. Le 24 août 1572, jour de la fête de saint Barthélemy, à deux heures du matin, l'amiral de Coligny est assassiné par les émissaires du duc de Guise : aussitôt, le massacre des protestants commence dans tous les quartiers de la capitale, et se continue pendant trois jours. Téligny, gendre de Coligny, Caumont de la Force, La Rochefoucauld, Antoine de Clermont, et un grand nombre d'autres seigneurs huguenots sont au nombre des victimes. Le roi de Navarre et son cousin, le prince de Condé, ne sauvent eux-mêmes leur vie qu'en abjurant la religion protestante.

De Paris, le carnage s'étendit dans les provinces par les ordres de la cour, qui ne furent que trop fidèlement exécutés en bien des endroits, et qui coûtèrent la vie à soixante mille protestants. Au milieu de ces scènes d'horreur, on se console en lisant la noble réponse du vicomte d'Orthès, gouverneur de Bayonne, qui écrivit à Charles IX : « J'ai » communiqué le commandement de Votre Majesté à ses » fidèles habitants et gens de guerre de la garnison ; je n'y ai » trouvé que bons citoyens et fermes soldats, mais pas un » bourreau. C'est pourquoi eux et moi supplions très-hum- » blement Votre Majesté de vouloir employer en choses pos- » sibles, quelque hasardeuses qu'elles soient, nos bras et nos » vies. » Les gouverneurs de la Bourgogne, de la Provence, de la Normandie, s'étaient aussi refusés à l'exécution de ces ordres barbares, qui bientôt furent révoqués. Le chancelier de l'Hôpital mourut de douleur après cette catastrophe, au moment où les huguenots reprenaient les armes pour venger le meurtre de leurs coréligionnaires. Peu après, Charles IX mourut lui-même, dévoré de chagrins et de remords, laissant le trône à son frère, le duc d'Anjou, qui venait d'être proclamé roi de Pologne (1574).

§ III. henri iii.

182. Henri III (1574-1589). — La Ligue. — Influence de la politique étrangère. — *Henri III* revint de Pologne pour recueillir l'héritage de son frère, au moment où les haines les plus vives et l'acharnement des factions livraient tout le royaume à un effroyable désordre. Entre les catholiques et les protestants s'était formé un troisième parti composé de tous les amis de la puissante famille de Montmorency, et des catholiques modérés qui déploraient les cruautés exercées contre les réformés. Trop faibles cependant pour rester isolés, les *Politiques* (tel était le nom du nouveau parti) s'allièrent aux huguenots et eurent bientôt pour chefs le jeune prince de Condé, le duc d'Alençon, frère d'Henri III, et le roi de Navarre. Les hostilités continuèrent avec plus de violence, tandis que le nouveau roi partageait son temps entre d'infâmes débauches et des bouffonneries scandaleuses. Catherine de Médicis, impuissante à lutter contre tous ses ennemis, et craignant de susciter de nouveaux dangers en livrant les armées royales au jeune duc de Guise, *Henri le Balafré*, fut réduite à conclure la honteuse *paix de Monsieur* (1576), par laquelle elle abandonnait aux huguenots de nouvelles places de sûreté au midi, au centre, au nord, et brisait l'unité nationale, en établissant au sein de la France une sorte de république ennemie du gouvernement royal.

A cette organisation des protestants, les catholiques, se regardant comme trahis par la cour, opposèrent des mesures du même genre. Ils formèrent pour la défense de la religion et de la royauté cette *Ligue* fameuse, analogue dans son principe à celles qui s'étaient formées en Allemagne et en Suisse, mais bientôt exploitée par les factions. Aucun moyen ne devait coûter aux deux partis pour se nuire réciproquement, et l'un des principaux et des plus désastreux résultats de cette division de la nation française fut un déplorable asservissement de la France à la politique étrangère. Depuis la mort d'Henri II, Philippe II d'Espagne, encouragé par le pape, s'était constitué le protecteur du parti catholique, afin de le dominer en resserrant son union avec les Guises. Il trouva dans la Ligue un instrument sûr et facile pour l'exécution de ses desseins ambitieux. Les secours qu'il lui prodigua, les garnisons qu'il envoya dans les places menacées par les huguenots, la soumirent complétement à son influence. Les calvinistes, de leur côté, obtinrent l'appui intéressé d'Élisabeth, l'ennemie de Philippe II et des protestants d'Allemagne. On allait voir les armées étrangères sillonner de toutes parts le sol français. — Tout le règne du faible Henri III ne fut qu'une série d'oscillations entre ces partis divers.

183. PUISSANCE DES GUISES. — JOURNÉE DES BARRICADES. Pour annuler l'influence du duc de Guise, qui prétendait s'emparer du pouvoir avec l'appui de la Ligue, Henri III s'en déclara le chef (1576), et révoqua aux États de Blois les derniers édits de pacification. Un nouveau soulèvement des huguenots fut le signal d'un épouvantable désordre. Les édits de pacification, en se multipliant, n'avaient plus pour résultat que de déconsidérer l'autorité souveraine. La royauté s'avilissait encore par le spectacle hideux de démoralisation, de cruauté, de superstition que la cour étalait sans pudeur. La mort du frère d'Henri III, héritier de la couronne, vint éveiller de nouvelles ambitions et faire naître des dissensions nouvelles (1584). Les Guises avaient déjà formé le projet de s'emparer de la couronne; leur audace s'augmenta encore avec leurs espérances, en voyant que désormais le plus proche parent du roi était Henri de Navarre, prince hérétique, bientôt déclaré, par le pape Sixte-Quint (1585), excommunié et déchu. Henri répondit à la bulle du pape en s'alliant avec les protestants d'Angleterre, de Suisse et d'Allemagne, et la guerre des *trois Henri* éclata (1586), au moment où Henri de Guise organisait à Paris, contre l'autorité royale, la *Ligue des Seize*. Les avantages remportés par le duc de Guise, malgré la victoire d'Henri de Navarre à *Coutras* (1587), augmentent sa popularité et son pouvoir. Les Parisiens le reçoivent en triomphe, et Henri III, qui veut rétablir son autorité dans la capitale, voit ses gardes tués ou désarmés, et les Suisses chassés dans la *journée des Barricades*. Il est réduit à prendre la fuite, laissant le pouvoir au duc de Guise, qui ne dissimule plus ses vues ambitieuses, et parle hautement des prétendus liens de sa maison avec celle des Carlovingiens. Paris est le centre d'une république catholique, sous la suprématie du duc de Guise.

184. ASSASSINAT DES PRINCES DE GUISE. — MEURTRE D'HENRI III. — Henri traite avec le vainqueur pour préparer sa vengeance. Bientôt le lâche assassinat d'Henri de Guise et du cardinal de Lorraine aux *États généraux de Blois*

(1588), où ils ont osé abreuver le roi d'humiliations, est le signal d'une crise nouvelle, au moment où la mort de Catherine de Médicis laisse Henri sans appui contre les factions déchaînées. La Sorbonne déclare le peuple français délié de son serment de fidélité; les Seize, vendus à Philippe II, organisent un nouveau gouvernement et déclarent *le duc de Mayenne*, frère du Balafré, *lieutenant général de l'État royal de France*.

Dans cette situation désespérée, Henri III se rapproche du roi de Navarre, héritier présomptif du trône, et cette alliance rattache les réformés à la cause de la royauté, tandis que la Ligue devient l'appui de la faction démocratique. La noblesse presque tout entière se rallie autour des deux rois qui se préparent à assiéger Paris à la tête de quarante mille hommes, quand Henri III est assassiné à Saint-Cloud par un moine fanatique nommé *Jacques Clément* (1589).

QUESTIONNAIRE. — § I. 175. Quel fut le caractère de la réforme en France? — Quand s'introduisit-elle? — Quels furent ses premiers progrès? — Quelles furent les premières mesures de rigueur contre les réformés? — 176. Quelle fut la politique d'Henri II à l'égard des réformés? — Qu'est-ce que l'édit de Châteaubriand et l'édit d'Écouen? — § II. 177. Caractérisez les Guises et les Bourbons? — De quels partis furent-ils les chefs? — 178 A qui appartint l'influence sous François II? — Quelle fut la première entreprise des protestants contre la royauté? — Quel avait été le rôle du prince de Condé? — Quelle conduite continua-t-il à tenir? — Quel homme illustre Catherine de Médicis appela-t-elle au gouvernement? — Quand mourut François II? — 179. Quel fut le caractère du règne de Charles IX? — Quels furent les premiers actes de Catherine de Médicis? — N'essaya-t-elle pas de réunir les catholiques et les protestants? — Qu'est-ce que le massacre de Vassy? — Quelles furent les conséquences de ce massacre? — Quel fut le caractère de la guerre civile et religieuse? — Quelles furent les pertes des deux partis à la bataille de Dreux? — Comment mourut le duc de Guise? — 180. Parlez de la pacification d'Amboise et de ses suites. — Quelles causes firent de nouveau éclater les hostilités? — Quels furent les événements de cette seconde guerre? — Par quelle paix la seconde guerre civile fut-elle terminée? — Signalez la réaction catholique qui s'opéra alors. — Quels furent les causes et les premiers événements de la troisième guerre? — Quelles batailles la signalèrent? — 181. Quelles conditions obtinrent les réformés à la paix de Saint-Germain? — *Racontez le massacre de la Saint-Barthélemy.* — Comment le roi de Navarre et le prince de Condé sauvèrent-ils leur vie? — Le carnage s'étendit-il dans les provinces? — Faites connaître la belle réponse du vicomte d'Orthès à Charles IX. — Comment mourut l'Hôpital? — Quel effet produisirent ces massacres sur les calvinistes? — Comment mourut Charles IX? — § III.

182. Comment Henri III monta-t-il sur le trône? — Dans quel état trouva-t-il la France à son arrivée? — Quels étaient les principaux chefs du parti des calvinistes et des politiques réunis? — Qui était le chef du parti opposé? — Par quel traité se termina la cinquième guerre de religion? — Comment se forma la Ligue? — **183.** Quelle conduite tint le roi à l'égard de la Ligue? — A quelle occasion éclatèrent les projets du duc de Guise, et au moyen de quelle coalition s'efforça-t-il d'arriver à son but? — Donnez une idée de l'état des mœurs à la cour d'Henri III. — Quelles furent les conséquences de la mort du duc d'Anjou? — Qui était l'héritier naturel du trône? — Comment éclata la guerre des trois Henri? — Par quelle victoire se signala Henri de Navarre? — Quelle popularité et quelle audace donnèrent à Guise ses succès? — Quelle ligue avait-il organisée dans Paris? — Quel événement amena la journée des Barricades? — Quelle puissance la journée des Barricades donna-t-elle à Guise? — **184.** Quand se réunirent les États de Blois? — Qu'arriva-t-il aux États de Blois, et par quel crime Henri III essaya-t-il de ressaisir son autorité? — Quelles furent les conséquences de cet attentat? — A qui Henri III eut-il alors recours? — Quel événement empêcha les deux rois de poursuivre leurs succès? — Quelle branche de la famille royale finit avec Henri III?

CHAPITRE SEIZIÈME.

ANGLETERRE ET ÉCOSSE. — ÉLISABETH ET MARIE STUART.

(1558-1603.)

SOMMAIRE.

§ Ier. **185.** Élisabeth succède à Marie (1558); elle proclame le rétablissement du protestantisme et obtient une nouvelle apostasie du Parlement; elle ne peut vaincre la résistance des évêques catholiques. La secte anglicane offre la hiérarchie catholique unie aux dogmes de Calvin. Élisabeth prend des mesures cruelles contre les dissidents.

186. Marie Stuart, veuve de François II, quitte la France (1561) pour revenir en Écosse. L'opposition violente de Jean Knox suscite des troubles. Marie épouse Henri Darnley (1565). L'assassinat de Rizzio est suivi de celui de Darnley (1567). Marie épouse le comte de Bothwell, assassin présumé de Darnley.

187. Marie Stuart ne peut empêcher l'expulsion de Bothwell. Les rebelles exigent l'abdication de Marie (1567); elle s'enfuit en Angleterre. Élisabeth la retient captive (1568). Le régent Murray l'accuse. D'inutiles tentatives en faveur de Marie ne font que hâter son procès et sa condamnation.

188. Marie meurt sur l'échafaud avec un admirable courage (1587).

— Jacques VI, fils de Marie Stuart, se déshonore par sa lâche conduite vis-à-vis d'Élisabeth.

189. La puissance maritime de l'Angleterre se développe rapidement. Élisabeth engage une lutte contre Philippe II. L'*invincible Armada* de ce prince est détruite par les tempêtes (1588). Le comte d'Essex ravage les colonies espagnoles et prend Cadix (1596).

§ II. 190. Élisabeth favorise les découvertes de Drake, Cavendish, Davis. Raleigh colonise la Virginie. L'autorité royale est à son apogée. — Élisabeth détruit toute liberté religieuse, supprime et fait remplacer le jury par la Chambre étoilée, annule l'influence du Parlement, sait maintenir les finances en développant la prospérité du pays; mais l'excès de son autorité prépare une réaction terrible.

191. Élisabeth envoie d'Essex réprimer une révolte de l'Irlande. A son retour, il se révolte et la reine le fait exécuter. Elle meurt de chagrin (1603).

§ III. 192. La littérature anglaise présente un caractère extrêmement original. Shakespeare, auteur de drames et de comédies célèbres, d'abord braconnier et palefrenier, puis acteur de bas étage, est l'Homère de l'Angleterre (v. 1564-1616).

193. François Bacon (1561-1626), homme ambitieux et ministre cupide, est un philosophe éminent. Il crée une méthode à jamais célèbre qui, fondée sur l'observation et l'induction, prépare pour l'avenir tous les progrès des sciences; il n'est pas compris par ses contemporains.

§ I**er**. ANGLETERRE ET ÉCOSSE. — ÉLISABETH ET MARIE STUART. — L'ARMADA DE PHILIPPE II. VICTOIRE D'ÉLISABETH.

185. ELISABETH (1558). — ETABLISSEMENT DE L'ANGLICANISME. — La fille d'Anne de Boleyn, que les catholiques regardaient comme illégitime, était protestante autant par politique peut-être que par conviction. A peine arrivée au trône, elle abolit tous les actes de Marie avec l'assentiment des chambres. Jamais assemblée nationale ne joua un plus triste rôle que le parlement anglais à cette époque Schismatique, hérétique, catholique au gré de ses princes, il se soumit sans résistance aux volontés d'Élisabeth. Les chambres qui, sous Henri VIII, avaient proclamé la suprématie spirituelle du roi en maintenant la foi catholique, qui, sous Édouard, avaient adopté l'hérésie, pour la rejeter à l'ordre de Marie, décrétèrent sous Élisabeth l'établissement définitif de la Réforme, et, comme toujours, à peu près à l'unanimité (1559). Les évêques catholiques seuls s'honorèrent par une commune et inébranlable résistance; mais le clergé inférieur céda presque tout entier. La reine fit justice des oppositions par des dépositions d'abord, puis par des exils et des confiscations; enfin elle renouvela l'édit *de hæretico comburendo*, et l'on vit les bûchers se relever contre les dissidents. Élisabeth avait adopté plutôt les doctrines de Calvin que celles de Luther. Ce fut sur les principes du calvinisme qu'elle fonda l'*Église Anglicane* ou *Haute-Église*, bien distincte toutefois du Presbytérianisme, qui proscrit l'épiscopat. La hiérarchie ancienne fut conservée, mais elle se rattacha à la couronne; et une femme fut déclarée chef suprême de la religion.

186. Retour de Marie Stuart en Écosse. — Darnley. — Bothwell. — Marie Stuart, devenue l'épouse de François II, avait ainsi réuni sur sa tête les deux couronnes de France et d'Écosse. Elle perdit la première par la mort de son mari, et ne put quitter sans verser des larmes *le plaisant pays de France*, pour aller régner sur un peuple sauvage et rebelle (1561). A peine avait-elle paru au milieu de ses sujets, que, malgré sa bonté, sa douceur, ses grâces, malgré la prudence de ses premiers actes, tous se déchaînèrent contre celle qu'ils appelaient une idolâtre indigne de commander à des chrétiens. Jean Knox (n° 138), dans ses prédications, ne la nommait que Jézabel, et les intrigues de la jalouse Élisabeth ne cessaient d'entretenir l'irritation des esprits. Il fallut à Marie deux ans d'efforts et d'une patience inouïe, pour se faire enfin tolérer dans ses propres États. Élisabeth voulait lui donner pour époux lord Leicester, afin de mieux établir en Écosse l'influence de l'Angleterre. Marie préféra un mari écossais. Mais son union avec *Henri Darnley*, son cousin (1565), fut une nouvelle occasion de troubles et de malheurs. Darnley, qui, sous des dehors séduisants, cachait une âme basse et corrompue, ne tarda pas à prodiguer à la reine les outrages et les violences. L'assassinat du musicien *David Rizzio*, favori de la reine, que Darnley fit tuer en sa présence, acheva de le rendre aussi odieux que méprisable à sa femme (1567). Malheureusement le comte de *Bothwell*, homme plus vil encore et plus ambitieux que Darnley, parvint à surprendre la confiance de la reine : quelques services réels lui avaient mérité de hautes distinctions; il osa prétendre à la main de sa souveraine. Marie refusa un divorce. Quelques jours après, tandis qu'elle assistait aux noces d'une de ses suivantes, l'explosion d'une mine ensevelit Darnley sous les ruines de son habitation. Bothwell fut généralement accusé de ce crime. Le reste de la vie de Marie Stuart, sa mort surtout, empêchent de croire qu'elle ait été complice de ce lâche forfait. Mais cette femme passionnée, ardente et légère, montra dans toute sa conduite vis-à-vis de Bothwell autant d'imprudence que de faiblesse ; elle le fit absoudre par un tribunal, auquel on ne donna pas même le temps de recevoir les accusations et les preuves apportées par le père de la victime ; et toutes les calomnies se déchaînèrent contre la reine, quand, par le plus inconcevable aveuglement, elle donna sa main au meurtrier. Cette faute causa la perte de l'un et de l'autre.

187. Fuite de Marie Stuart. — Sa captivité. — A peine un mois s'était-il écoulé, que la guerre civile avait éclaté en Écosse, que Bothwell s'était fait chasser du royaume à cause de sa tyrannie, et que Marie était tombée au pouvoir des rebelles, qui l'enfermèrent au château de Lochleven. Lord Douglas la força de signer un acte par lequel elle résignait la couronne en faveur de son fils *Jacques VI*, âgé d'un an. Bientôt elle parvint à s'échapper, reprit les armes, fut vaincue encore, et, pour échapper à ses sujets, elle s'enfuit en Angleterre : c'était se livrer à sa plus mortelle ennemie.

Élisabeth aussitôt lui fit faire son procès (1568). Le régent Murray, frère de Marie, et un grand nombre de lords écossais vinrent l'accuser : aucune preuve sérieuse du crime qu'on lui reprochait ne put être établie contre elle. Mais en vain Marie repoussa les imputations calomnieuses de ses ennemis, en vain plusieurs princes s'intéressèrent à son sort : l'enthousiasme général qu'excitait sa beauté, les complots imprudents de Norfolk, de Babington et d'autres seigneurs, qui, touchés des charmes et des malheurs de la reine d'Écosse, payèrent de leur vie leurs efforts pour la délivrer, ne firent qu'accroître la haine jalouse d'Élisabeth. La captivité de Marie, après un jugement qui n'avait pu la déclarer coupable, était une iniquité monstrueuse. Élisabeth la laissa languir vingt ans dans sa prison, disant avec une hypocrite pitié : *Pourrais-je tuer le tendre oiseau qui s'est réfugié dans mon sein !* enfin elle signa l'arrêt de mort de celle qu'elle osait appeler encore *sa chère sœur*.

188. Mort de Marie Stuart. — Lâche conduite de son fils. — Si l'infortunée reine avait montré, pendant sa jeunesse, une déplorable légèreté, elle expia toutes ses fautes par la sublime résignation de ses derniers moments. *« Je sais que mon crime est ma sainte religion, disait-elle ; mais c'est pour moi une source de consolations et d'espérances ; je serai heureuse de verser mon sang pour sa gloire. »* Elle écrivit à Élisabeth une lettre touchante, pour implorer la liberté de ses serviteurs et demander que son

ÉLISABETH. — MARIE STUART.

corps fût transporté en France, à côté de celui de sa mère. — Le jour de l'exécution étant venu, on dressa un échafaud dans une salle du château de *Fotheringay*. Marie avait instamment réclamé un confesseur qui lui fut impitoyablement refusé. Elle pria qu'on voulût bien au moins lui donner un crucifix. « *Madame*, lui dit durement le comte de Kent, *il faut avoir le Christ dans le cœur et non dans la main.* » Marie répondit avec douceur : « *Pour l'avoir plus sûrement dans le cœur, il est bon de l'avoir sous les yeux.* » Elle monta sur l'échafaud avec un grand courage, consolant ses domestiques qui fondaient en larmes, protestant de son innocence et pardonnant à ses ennemis. Quand la tête de la victime fut tombée, le doyen de Pétersborough prononça la formule ordinaire : « *Ainsi périssent tous les ennemis de la reine Élisabeth!* » Une seule voix répondit : « *Amen!* » au milieu des sanglots de tous les assistants (1587).

Élisabeth osa affecter une vive douleur à la nouvelle d'une exécution qu'elle avait ordonnée ; mais le but de sa criminelle politique était atteint. Pendant l'orageuse minorité de Jacques VI, l'Écosse avait été presque constamment soumise à l'influence anglaise sous la régence de Murray, frère naturel de Marie Stuart, puis de Lennox, successeur de Murray assassiné. Jacques, devenu majeur (1577), craignit d'augmenter les embarras de son gouvernement par une rupture avec l'Angleterre. Il ne fit rien pour sauver sa mère, il ne fit rien pour la venger. Cette lâche condescendance flétrira à jamais le nom de Jacques VI ; mais elle devait lui valoir un second sceptre à la mort d'Élisabeth.

189. L'armada de Philippe II. — Victoire d'Élisabeth. — La fin du règne de cette princesse n'est qu'un enchaînement de prospérités. Au dedans, rien ne résistait à sa puissance souveraine, qu'elle avait constamment refusé de partager en se donnant un époux (n° 190). A l'extérieur, sa politique était partout triomphante. Élisabeth, par son génie et sa persévérance, éleva à son plus haut période la grandeur de l'Angleterre. Déjà, elle avait lutté avec avantage contre Philippe II, dont la flotte avait été battue par l'amiral Drake lorsqu'une plus redoutable attaque se prépara : une flotte immense, équipée dans les ports d'Espagne, se dirigea vers les côtes d'Angleterre pour débarquer une armée sous les murs de Londres (1588). Mais Élisabeth n'eut pas même à la combattre : *l'invincible armada*, comme l'appelait Philippe II dans son orgueil, fut détruite par la tempête ; les vaisseaux anglais n'eurent qu'à en disperser les débris (n° 200). Cette catastrophe porta un coup mortel à l'Espagne, dont la puissance maritime déclina rapidement. Élisabeth envoya ses marins ravager les colonies espagnoles, et l'an 1596, le comte d'Essex se rendit maître de la ville de Cadix.

§ II. APOGÉE DE L'AUTORITÉ ROYALE EN ANGLETERRE.

190. TOUTE-PUISSANCE D'ÉLISABETH. — APOGÉE DE L'AUTORITÉ ROYALE. — En même temps, Élisabeth favorisait de tout son pouvoir les entreprises des navigateurs, et plusieurs découvertes importantes ont signalé les voyages de Drake, de Cavendish, de Davis, de Raleigh, qui donna à une contrée de l'Amérique septentrionale le nom de Virginie, en l'honneur de la reine vierge. La France, la Hollande, la Russie, recherchaient l'alliance de l'Angleterre; toute l'Europe applaudissait à la gloire de *la belle vestale assise sur le trône d'Occident* (SHAKSPEARE).

A l'intérieur, le gouvernement avait pris la forme de l'absolutisme le plus complet, souvent le plus impitoyable. Le despotisme de Henri VIII était dépassé. En matière religieuse, des édits, dont la rigueur égalait celle des lois de Marie (n° 185), frappaient tous les *non-conformistes*, c'est-à-dire, non-seulement les catholiques, mais les diverses sectes protestantes qui n'adoptaient pas les formes et les doctrines de l'Église anglicane. En matière politique, la Chambre étoilée qui jugeait sans l'assistance de jurés, et condamnait sur la déposition d'un seul témoin, avait de fait remplacé le jury, cette précieuse garantie de la justice anglaise, et était devenue un terrible instrument d'oppression et d'arbitraire. La voix du Parlement n'osait se faire entendre devant l'impérieuse souveraine qui envoyait en prison tout député assez hardi pour élever une opinion contraire aux volontés de la couronne. La sévère économie que la reine sut garder dans l'emploi des finances la dispensait de recourir à des subsides, et ses habiles mesures financières, l'inauguration de la Bourse, la protection accordée au grand commerce, les dispositions sur les assurances maritimes, contribuaient à augmenter sa richesse en même temps que celle du pays. Mais l'exagération même de la puissance royale préparait une réaction; les ressorts tendus à l'excès n'étaient pas loin de se rompre: le despotisme d'Élisabeth avait semé les germes d'une révolution.

191. FIN DU RÈGNE D'ÉLISABETH. — Malgré tout son

génie, Élisabeth céda souvent à l'influence de ses favoris; et de coupables passions furent plus d'une fois les principaux mobiles de sa politique intérieure. Sa dure conduite envers les catholiques et les intrigues de Philippe II excitèrent en Irlande (1599) une révolte qu'elle put comprimer, mais qui lui coûta le plus cher de ses courtisans. Le comte d'Essex, envoyé contre les Irlandais, trouva à son retour une ligue puissante formée contre lui par plusieurs seigneurs. Furieux de voir la reine peu disposée à le soutenir, il se révolta contre elle, fut arrêté, et exécuté sur-le-champ par ordre d'Élisabeth. Le supplice du favori, ordonné dans un accès de colère, jeta bientôt la reine dans une tristesse profonde, qui la conduisit au tombeau en 1603.

§ III. SHAKESPEARE ET BACON.

192. SHAKESPEARE. — La gloire du règne d'Élisabeth est encore rehaussée par l'éclat de la littérature anglaise à cette époque, qui présente un caractère singulièrement remarquable. A la différence de celle de la plupart des pays de l'Europe, elle doit peu à l'étude des anciens, et c'est dans son propre génie et les souvenirs chevaleresques du moyen âge qu'elle puise d'immenses ressources. L'Angleterre cite un nom qui à lui seul suffirait à l'illustration littéraire de toute une époque : à la fin du seizième siècle, elle assiste aux débuts de *William Shakespeare* (v. 1564-1616), tour à tour braconnier, palefrenier, souffleur de théâtre, comédien ambulant, enfin auteur dramatique de premier ordre ; Shakespeare, esprit inculte et sauvage, mais d'une incroyable vigueur, qui dans la seule observation de la nature trouve tous les tableaux de mœurs si pittoresques et si joyeux qui animent ses comédies, tous les ressorts énergiques, toutes les peintures simples et touchantes quelquefois, souvent sublimes et terribles, presque toujours si vraies, de ses drames ; œuvres grandioses auprès desquelles toute imitation pâlit, essai et perfection d'un genre étrange, qui prête au génie des forces inouïes, mais qui écrase toute médiocrité : Shakespeare est l'Homère de l'Angleterre.

Bien loin de l'auteur de *Macbeth*, d'*Othello*, d'*Hamlet*, du *Roi Léar*, de *Richard III*, etc., nommons: Ben Johnson (1574-1637) dont les comédies ne manquent ni d'esprit ni de gaieté; *John Fletcher* (1576-1625) et *Francis Beaumont*, unis pour la composition d'un grand nombre de pièces qui eurent beaucoup de succès, et qui font quelquefois oublier la faiblesse de leur style par l'intérêt de l'intrigue; citons enfin *Edmond Spencer* (1553-1598), tant vanté par ses contemporains, mais qui n'imita qu'avec un médiocre talent les poésies pastorales et les romans poétiques de l'Italie.

195. François Bacon. — L'Angleterre avait applaudi au talent de ses premiers poëtes, mais elle avait méconnu le génie d'un penseur illustre qui, devançant la marche de la civilisation, semble égaré au sein de la société du seizième siècle; c'est *François Bacon* (1561-1626) mal apprécié comme philosophe par ses contemporains trop grossiers pour le comprendre, et dont l'influence ne se révèle qu'à la fin du siècle suivant. Sa destinée, ainsi que celle de notre grand Descartes, est d'ouvrir une ère nouvelle à la philosophie et aux sciences, par les voies de l'observation, de l'expérience et d'une prudente induction. Le traité *De dignitate et augmentis scientiarum*, et le *Novum organum*, les deux plus célèbres ouvrages de Bacon, contiennent l'exposition de sa méthode. Secondées par ce guide puissant, toutes les études expérimentales feront des progrès immenses, quelques-unes seront totalement changées. L'histoire, en rendant hommage au génie de Bacon, voudrait pouvoir oublier les hontes de sa vie. Fils d'un chancelier d'Angleterre et dévoré d'ambition, il ne craignit pas, pour gagner la faveur d'Élisabeth, de publier une apologie de la mort du comte d'Essex qui avait été son protecteur, et, devenu sous le règne du successeur de la grande reine chancelier à son tour, il encourut une condamnation infamante pour avoir vendu à prix d'argent des places et des priviléges.

QUESTIONNAIRE. — § I. 185. Nommez la princesse qui succéda à Marie. — Comment Élisabeth nomma-t-elle la nouvelle religion ? — Quel fut l'hérésiarque dont elle adopta les doctrines ? — Existe-t-il une hiérarchie dans l'église anglicane ? — Quelle différence voyez-vous entre l'Eglise d'Ecosse et l'Eglise d'Angleterre ? — 186. Donnez quelques détails sur la jeunesse de Marie Stuart. — Indiquez les causes de ses malheurs. — Nommez le prince qu'épousa d'abord la reine d'Écosse. — Comment mourut-il ? — Qui accusa-t-on de sa mort ? — Par quelle légèreté la reine donna-t-elle prise aux calomnies de ses ennemis ? — Comment Marie Stuart perdit-elle son royaume ? — Où l'enferma-t-on ? — 187. Comment parvint-elle à s'échapper ? — Quelle conduite tint envers elle Élisabeth ? — Quelle basse passion animait cette dernière princesse ? — 188. Racontez les derniers moments de Marie Stuart. — Comment subit-elle son supplice ? — Où fut-elle mise à mort ? — Qui était le fils de Marie Stuart ? — Quelle fut sa conduite dans cette circonstance ? — 189. Faites connaître les grandes qualités d'Élisabeth. — Son règne jeta-t-il un vif éclat?— Qu'appela-t-on l'invincible Armada?— § II. 190. Quels navigateurs s'illustrèrent sous ce règne? — Donnez une idée du despotisme d'Élisabeth à l'égard de la religion, de la justice, de l'administration. — Que préparaient ces abus d'autorité? — 191. Quels événements amenèrent le supplice d'Essex, puis la mort d'Élisabeth?—§ III. 192. Quel est le caractère principal de la littérature anglaise?— Faites connaître l'histoire et le génie de Shakespeare.— 193. Qu'avez-vous à dire de Bacon comme philosophe? — Quels reproches a-t-il mérités?

CHAPITRE DIX-SEPTIÈME.

ESPAGNE. — PAYS-BAS. — RÈGNE DE PHILIPPE II.

SOMMAIRE.

§ Ier. 194. L'Espagne, les Deux-Siciles, Milan, les Pays-Bas, la Franche-Comté, les Indes Occidentales, forment les immenses États de Philippe à son avénement (1554, 1555, 1556). Son mariage lui livre les ressources de l'Angleterre. Il forme les plus vastes projets religieux et politiques. Il consacre toute son énergie et ses ressources à réaliser l'unité catholique de l'Europe. Pour vaincre les obstacles à la réalisation de ses plans, il développe l'inquisition. Il lutte avec les pirates barbaresques.

§ II. 195. Granvelle est remplacé dans les Pays-Bas par le duc d'Albe (1566). — Unis par le compromis de Bréda, les gentilshommes flamands présentent des réclamations énergiques et sont repoussés dédaigneusement avec le nom de *Gueux*.

196. Leur soulèvement est signalé par le pillage et la destruction des églises catholiques. — L'arrivée du duc d'Albe en Flandre (1567) provoque des émigrations, la démission de Marguerite, le supplice d'Egmont et de Horn. — Le Conseil des Troubles ordonne des exécutions sanglantes.— Don Carlos meurt en prison.

197. Louis de Nassau défait les Espagnols à Groninghen (1568), mais les Gueux marins et les Gueux des bois ne peuvent longtemps résister au duc d'Albe. — Le prince d'Orange, ambitieux, froid, habile, se retire en Allemagne et revient provoquer une nouvelle insurrection des Pays-Bas signalée par la prise de Briel. Guillaume est nommé *Stathouder* par quatre provinces (1574).

198. La continuation des hostilités est marquée par des cruautés. — Don Louis de Requesens ne peut vaincre l'énergie de la république naissante. Les provinces du midi y adhèrent par le traité de Gand. — L'arrivée de don Juan d'Autriche dans les Pays-Bas y jette l'effroi. — Les insurgés sont sauvés par la mort de don Juan (1578). — Le traité d'Utrecht unit les sept provinces du Nord. — La déchéance du roi d'Espagne est prononcée à l'assemblée de la Haye.

§ III. 199. **Philippe II s'empare du Portugal.** — Le trône de Portugal, après le règne aventureux de Sébastien (1557-1578) et celui du cardinal Henri, demeure vacant (1580). Des prétendants nombreux discutent leurs titres. — Antonio de Crato est chassé par Philippe II, qui soumet toutes les possessions portugaises. Sa puissance a atteint des proportions colossales. — L'assassinat de Guillaume d'Orange (1584) compromet l'existence des Provinces-Unies.

200. Philippe II lutte contre Maurice d'Orange et le grand pensionnaire Barnevelt. Les exploits d'Alexandre Farnèse jettent la consternation dans les Provinces-Unies. Élisabeth engage les hostilités contre l'Espagne sur terre et sur mer. La destruction de l'*invincible armada* (1588) ne fait que provoquer de nouveaux efforts de Philippe II.

201. La diversion de la France compromet les succès de Farnèse plus encore que la résistance héroïque de Maurice. — Farnèse meurt (1592). — Les nouvelles victoires de Maurice, malgré le traité de Vervins (1598), affermissent l'indépendance des Provinces-Unies qui est assurée par la trêve de douze ans (1609). Les Pays-Bas sont soumis au despotisme cruel de Maurice.

202. L'Espagne à la fin du règne de Philippe II est complétement épuisée (1598). Toutefois, les sentiments des Espagnols à son égard sont ceux de l'admiration et du regret, mais il a tout compromis en exagérant tout.

§ Ier. ESPAGNE. — VASTES PROJETS DE PHILIPPE II.

194. CARACTÈRE DE PHILIPPE II. — SES VASTES PROJETS. — L'abdication de Charles-Quint avait donné à son fils le royaume de Naples et de Sicile avec le duché de Milan (1554), la souveraineté des Pays-Bas (1555) et celle de la Franche-Comté, enfin la couronne d'Espagne (1556) et toutes ses immenses possessions dans les Indes occidentales. Le mariage de Philippe avec Marie Tudor mit à sa disposition les forces de l'Angleterre (1554). Quoique privé du patrimoine de la maison d'Autriche, il avait encore une puissance colossale. Ce prince, animé d'un zèle ardent pour la foi catholique, en même temps que dévoré d'une ambition sans bornes, consacra avec une persévérance inouïe toutes ses richesses, toutes ses armées, toutes les ruses de la politique, toute l'énergie d'un inflexible caractère, toutes les ressources enfin de son vaste empire et de son génie, à réaliser un double dessein : écraser dans l'Occident les ennemis de la foi catholique, hérétiques ou musulmans, et établir sa suprématie sur toutes les nations de l'Europe; accomplir, en un mot, les gigantesques projets où avaient échoué tous les efforts de Charles-Quint. Son fils devait succomber lui-même dans une lutte inégale; car il soulevait contre la monarchie espagnole non-seulement les États protestants, mais aussi les royaumes catholiques, dont il menaçait l'indépendance.

Philippe II prétendait avant tout maintenir dans ses propres domaines l'unité religieuse. Après la paix de Cateau-Cambrésis, il revint en Espagne, pour ne plus guère quitter son magnifique palais de l'Escurial, fondé en mémoire de la victoire de Saint-Quentin. Aussitôt il s'occupa de fixer les règles constitutives de l'inquisition et d'en redoubler les rigueurs, tandis qu'il envoyait ses vaisseaux lutter dans la Méditerranée contre les flottes barbaresques commandées par l'habile amiral Dragut. Les premiers germes de l'hérésie furent extirpés dans la Péninsule; mais la Réforme avait fait des progrès bien autrement dangereux dans les Pays-Bas.

§ II. SOULÈVEMENT DES PAYS-BAS. — LES GUEUX. — GUILLAUME DE NASSAU. — INDÉPENDANCE DES PROVINCES-UNIES.

195. PROGRÈS DE LA RÉFORME DANS LES PAYS-BAS. — Nous avons vu ailleurs (n° 135) les événements qui avaient signalé l'administration conciliante de Marguerite de Parme devenue plus rigoureuse sous l'influence du cardinal de Granvelle. Le rappel de ce ministre obtenu par l'habileté de Guillaume d'Orange fut loin de produire les résultats qu'il semblait promettre; car la nomination d'*Alvarès de Tolède, duc d'Albe* (1566), en remplacement de Granvelle, apprit aux seigneurs flamands que vainement ils avaient espéré un changement dans la politique espagnole. Unis par le *compromis de Bréda*, alliance formée sous l'influence du prince d'Orange et des comtes d'Egmont et de Horn, ils présentèrent de nouveau leurs griefs à la gouvernante, dont toutes les mesures prudentes et douces échouaient contre l'obstination de Philippe. Quatre cents gentilshommes simplement vêtus se présentèrent devant Marguerite, pour lui faire connaître leurs sujets de plaintes. En voyant leur costume modeste, un conseiller de la duchesse s'écria tout haut qu'il ne fallait avoir aucun égard à la demande de ces *gueux*.

196. SOULÈVEMENT DES PAYS-BAS. — Les nobles flamands s'emparèrent avec empressement du nom que leur avait donné le mépris des Espagnols, et parcoururent les villes et les campagnes avec une écuelle et une besace au cou, excitant le peuple à la révolte. Cet appel ne fut que trop entendu. Dans tout le Brabant et dans toute la Flandre, les monuments du culte catholique furent pillés et renversés par la populace. En trois jours, quatre cents églises furent détruites. Alors parut en Flandre, pour punir cette violente insurrection, le terrible duc d'Albe, également célèbre par ses talents et par ses cruautés (1567). A l'approche de ce général, cent mille Flamands allèrent porter dans les pays voisins leur industrie et leurs richesses; Marguerite donna sa démission, et aussitôt les provinces se couvrirent d'échafauds. *Il faut prendre les gros poissons avant le menu fretin*, disait le duc d'Albe. Les têtes des comtes d'Egmont et de Horn tombèrent avec celles d'une foule d'autres victimes, poursuivies et condamnées par le fameux *Conseil des Troubles*, appelé par les Brabançons le *conseil de sang*. Quarante mille personnes perdirent leur fortune ou leur vie. Le prince d'Orange ne put échapper à la mort qu'en quittant son pays et en abandonnant tous ses biens. En même temps, le propre fils de Philippe II, le malheureux don Carlos, depuis longtemps objet de la haine de son père, était condamné à mort pour s'être montré favorable à la cause des Pays-Bas, et périssait dans un cachot, peut-être par l'ordre de Philippe lui-même (1).

197. Les Gueux. — Guillaume de Nassau. — Le prince d'Orange appela ses compatriotes à la vengeance : son frère Louis de Nassau vainquit les Espagnols à Groninghen (1568); mais lui-même, après une campagne où le duc d'Albe déploya contre lui une habileté merveilleuse, vit son armée s'anéantir en détail, et malgré les secours des *Gueux marins* et des *Gueux des bois*, il fut obligé de s'enfuir en Allemagne. Toutefois, Granvelle avait raison de dire à Philippe que « rien n'était fait, puisque le *Taciturne* (c'est ainsi qu'il appelait le prince d'Orange) n'était pas pris. » Cet homme froid, ambitieux et habile, qui avait quitté par politique le luthéranisme pour le catholicisme, le catholicisme pour le calvinisme, poursuivait avec une infatigable persévérance l'exécution de ses plans. Pendant que Philippe II luttait péniblement en Espagne contre les Maures des Alpujarras, ces derniers ennemis du christianisme dans la Péninsule, Guillaume souleva de nouveau les Pays-Bas contre l'insolence et la tyrannie du duc

---

(1) Telle est l'opinion généralement admise. Cependant M. de Falloux, dans son intéressante *Histoire de saint Pie V*, prétend démontrer par des documents authentiques, que don Carlos, atteint d'une véritable aliénation mentale, expira à la suite d'une longue maladie, et que Philippe fut entièrement étranger à la mort de son fils.

d'Albe, qui redoublait ses impitoyables rigueurs, et avait osé élever au milieu d'Anvers un monument où il était représenté foulant aux pieds des esclaves.

198. INDÉPENDANCE DES PROVINCES-UNIES. — L'an 1572, la prise de la ville de Briel par deux cent cinquante insurgés fonde la république des Provinces-Unies. Les quatre provinces de Hollande, de Zélande, de Frise, d'Utrecht, se déclarent en faveur de Guillaume, et lui donnent le titre de *Stathouder* (1574).

Vainement le fils du duc d'Albe, Frédéric de Tolède, se signale par d'éclatants succès; les cruautés épouvantables qui souillent ses victoires, déterminent les insurgés à tout souffrir plutôt que de capituler avec un inexorable ennemi; et bientôt le rappel du duc d'Albe, dont les talents et l'ambition ont inquiété Philippe, enlève au prince d'Orange son plus redoutable adversaire. *Don Louis de Requesens*, d'un caractère doux et conciliant, mais faible et irrésolu, inaugure pourtant son gouvernement par la défaite et la mort de deux princes, Ludovic et Henri de Nassau, au combat de Nimègue. Mais l'héroïque résistance des habitants de Leyde fait connaître l'énergie de la république naissante. Les Espagnols ayant sommé les habitants d'ouvrir leurs portes : « *Ne comptez pas que nous nous rendrons*, répondirent ceux-ci, *tant que vous entendrez un chien aboyer. Quand nous les aurons tous dévorés, il nous restera encore notre bras gauche à manger, tandis que nous nous servirons du bras droit pour combattre.* » Ils se décidèrent à rompre les digues qui retenaient les eaux de la mer, inondèrent toute la province, et forcèrent ainsi les Espagnols à battre en retraite. Bientôt la mort du gouverneur fut pour les insurgés le signal de nouveaux succès. La *pacification de Gand* (1576) venait d'assurer à Guillaume le concours des provinces méridionales, quand l'arrivée de *don Juan d'Autriche*, célèbre par la fameuse victoire de Lépante sur les infidèles (en 1571, voir n° 173), menaça d'anéantir son œuvre. Les seigneurs des provinces du midi, jaloux de l'autorité de Guillaume, se séparèrent de lui sous prétexte de chercher un plus puissant défenseur, et se livrèrent à l'archiduc Mathias.

La mort prématurée du héros de Lépante sauva Guillaume (1578), qui, l'année suivante, réunit, par le *traité d'Utrecht*, les sept provinces du nord (1) en un seul corps dont il fut le

---

(1) Gueldre, Hollande, Zélande, Utrecht, Over-Yssel, Frise, Groninghen.

chef (1579). Plusieurs villes dans les autres provinces accédèrent à la confédération. Ainsi fut constituée définitivement la république des Provinces-Unies, qui adopta solennellement le culte calviniste. Deux ans après, les États, assemblés en grande pompe à la Haye, déclarèrent le roi d'Espagne déchu de la souveraineté des Pays-Bas, et ordonnèrent qu'on leur prêterait serment de fidélité.

§ III. DÉCADENCE ANTICIPÉE DE L'ESPAGNE, MALGRÉ LA CONQUÊTE DU PORTUGAL.

199. PHILIPPE II S'EMPARE DU PORTUGAL. — Cependant une couronne nouvelle dédommageait Philippe II de cette perte. Le Portugal, après s'être enrichi paisiblement durant un siècle, par des expéditions maritimes, sous Jean II, Emmanuel le Fortuné (voir n° 85), et Jean III (1521-1557), pendant le règne duquel fut découvert le Japon, vit tout à coup sa prospérité interrompue par les projets romanesques et l'audace téméraire de Sébastien (1557-1578). Ce prince, ne songeant qu'à recommencer les croisades contre les infidèles, se fit tuer (1578) dans une bataille contre le roi de Maroc. Le trône demeura vacant à la mort du vieux cardinal don Henri, oncle et successeur de Sébastien (1580). Un grand nombre de prétendants se présentèrent à la fois. Philippe II, laissant ses compétiteurs faire discuter leurs titres par les facultés de théologie et par les universités, soutint ses droits les armes à la main, et envoya le duc d'Albe en Portugal. Ce général soumit le royaume entier en trois mois, et chassa le prieur *Antonio de Crato*, le plus redoutable de ses adversaires, qui alla implorer des secours en Angleterre et en France, pendant que Philippe se faisait proclamer en Portugal, et reconnaître dans le Brésil, dans les colonies d'Afrique et dans les Indes. Jamais homme n'avait réuni une domination pareille à cette puissance qui, de l'Orient à l'Occident, embrassait l'univers. Élisabeth n'osa pas engager la guerre en faveur du prieur de Crato, au moment où les armées de Philippe II triomphaient dans les Pays-Bas, dont la révolte semblait devoir être promptement comprimée. L'inhabileté de l'archiduc Mathias et du duc d'Alençon, frère du roi de France, élus successivement par une partie des États, et surtout la mort du prince Guillaume d'Orange, assassiné par Balthazard Gérard (1584), préparèrent les succès d'*Alexandre*

Farnèse, duc de Parme, qui avait remplacé don Juan à la tête des troupes espagnoles.

200. Lutte de Philippe II contre Maurice d'Orange et contre l'Angleterre. — *Maurice*, élu après la mort de son père, à l'âge de vingt ans à peine, par l'influence du grand pensionnaire *Barnevelt*, ne put empêcher la défaite des armées de la république, ni la prise d'Anvers, dont Farnèse s'empara en jetant une digue dans le courant rapide de l'Escaut, comme autrefois Alexandre dans les flots de la mer devant Tyr. La confédération des provinces du nord offrit dans son effroi la souveraineté à la France, qui refusa, puis à l'Angleterre. Élisabeth saisit enfin cette occasion d'engager la lutte avec le puissant ennemi de sa foi et de sa puissance. Elle envoya dans les Pays-Bas son favori Leicester, tandis que l'amiral Drake allait de tous côtés inquiéter les colonies de l'Espagne, et troubler son commerce sur les mers de l'Orient et de l'Occident. En même temps, Philippe dirigeait contre l'Angleterre le plus formidable armement qui eût jamais étonné l'Europe. Cent cinquante vaisseaux d'une grandeur inouïe, portant la fleur de la noblesse espagnole et le grand poëte Lope de Véga, qui devait chanter la victoire, se préparèrent à cingler vers la Tamise, pour s'emparer de Londres et commencer la conquête de l'Angleterre (n° 189). Mais la flotte décorée du nom d'*invincible armada*, fut détruite par les tempêtes (1588). « J'avais envoyé combattre les Anglais et non l'Océan. Que la volonté de Dieu soit faite ! » dit Philippe à la nouvelle de ce désastre ; et l'opiniâtre monarque fit partir une seconde expédition, tout en continuant avec activité la guerre contre les Provinces-Unies, et en fournissant des secours à la *Ligue* contre le parti huguenot, que soutenaient en France les subsides d'Élisabeth (n° 184).

201. Exploits de Maurice. — Paix de Vervins. — Trêve de douze ans. — Déjà Philippe, comptant sur un prochain triomphe, parlait de *sa bonne ville de Paris* ; mais toute l'habileté de Farnèse, obligé de partager son temps et ses forces entre les Pays-Bas et la France (n° 204), de lutter à la fois contre deux ennemis aussi redoutables que Henri IV et Maurice, ne put, malgré des succès brillants, empêcher le triomphe définitif de l'un ni de l'autre. Le stathouder se couvrit de gloire dans les trois campagnes de 1590-91-92, où il se montra digne de son vaillant adversaire. La prise de Bréda, de Deventer, de Nimègue, de Groninghen, fut couronnée par la belle défense de Maurice dans Ostende, dont le siége coûta plus de cinquante mille hommes aux Espagnols. La mort du duc de Parme (1592) fut le signal de la défaite de l'Espagne, qui, toutefois, persista encore quelques années à épuiser ses soldats et ses trésors pour une cause désormais perdue. En 1596, la France et l'Angleterre s'unirent par le *traité de la Haye* à la nouvelle république, qui affermit sa puissance par les victoires de Turnhout (1597) et de Nieuport. Quand la *paix de Vervins* (1598) enleva aux Provinces-Unies l'alliance de la France, elles étaient en état de se défendre elles-mêmes. En 1609, à la suite de nouveaux avantages remportés par leur habile stathouder, il fallut leur accorder la *trêve de douze ans*, qui les détacha irrévocablement de la monarchie espagnole. Ce traité eût mis le comble à la gloire de Maurice, s'il n'eût déshonoré son triomphe en envoyant au supplice le vénérable Barnevelt, son bienfaiteur, et en faisant peser sur les Provinces-Unies un rigoureux despotisme (1619).

202. Mort de Philippe II. — Épuisement de l'Espagne. — Philippe II était mort l'année même du traité de Vervins, laissant l'Espagne, qu'il avait reçue si puissante, également épuisée d'hommes et d'argent, et à la veille de sa décadence (voir ci-après, chap. XXIII). Il fut regretté pourtant des Espagnols, qui admiraient sa fierté, sa gravité imposante, sa fermeté inébranlable. « Mais si Philippe eut de hautes pensées, de vastes et nobles projets, il outra toutes choses, la religion, le pouvoir, l'ambition. Son zèle fut du fanatisme, son autorité de la tyrannie, sa passion d'agrandissement une fureur. Ses ennemis l'ont surnommé le *démon du Midi*, et il faut avouer que, faute de modération dans ses idées, il fut le mauvais génie de son temps, dont il aurait pu être le héros. » (Ragon.)

Questionnaire. — § I. 194. De quels États se composait l'empire de Philippe II? — Quel était le caractère de ce prince? — Quels étaient ses projets? —§ II. 195. Indiquez les causes de la richesse des Pays-Bas. — Comment le protestantisme s'y était-il introduit? — Nommez la princesse chargée du gouvernement des Pays-Bas. — Quel était alors l'état des esprits? — Quels seigneurs se mirent à la tête des mécontents? — Dites le nom qu'on leur donna à la cour de Marguerite. — 196. Comment comprima-t-on l'insurrection? — Quel fut le général envoyé par Philippe II dans les Pays Bas? — Quel fut le tribunal établi contre les rebelles? — Quelles en furent les plus célèbres victimes? — 197. Racontez la mort de don Carlos. — Quel était le plus redoutable ennemi de Philippe II dans les Pays-Bas? — Rappelez les paroles de Granvelle à ce sujet. —

198. Comment se fonda la république des Provinces-Unies ? — Quelle fut la première ville où elle s'établit ? — Qui en fut le chef ? — Racontez le siége de Leyde — Nommez les nouveaux généraux de Philippe II dans les Pays-Bas. — Quelles furent les clauses du traité d'Utrecht (1579) ? — § III. 199. Quel nouveau royaume Philippe II avait-il ajouté à ses États ? — Comment périt Guillaume d'Orange ? — Qui lui succéda ? — 200. Racontez la lutte de Maurice et de Farnèse. — Quelle fut l'issue de la lutte de Philippe avec l'Angleterre ? — 201. Quels furent les nouveaux exploits de Maurice ? — Comment la république fut-elle définitivement reconnue ? — 202. Quel fut le résultat du règne de Philippe II ?

CHAPITRE DIX-HUITIÈME.

FRANCE. — HENRI IV.

SOMMAIRE.

PREMIÈRE PARTIE. § Ier. 203. A la mort d'Henri III (1589), Henri IV est l'héritier du trône. Sa religion divise les partis à son égard. Le cardinal de Bourbon est proclamé. Les prétentions de Philippe II sont soutenues par les intrigues et les armes. Mayenne est vaincu à Arques par Henri IV (1589). La Ligue et l'Espagne sont vaincues à Ivry (1590).

204. La résistance acharnée des Seize dans Paris est secondée par Alexandre Farnèse. L'ambition des seigneurs met l'anarchie dans toute la France. Henri qui assiége Paris fournit des vivres à ses adversaires et étend son autorité sur les provinces. Le Comité des *Dix* à Paris ne fait qu'accroître les désordres dans la capitale.

205. Henri IV abjure solennellement le protestantisme (1593); il publie une amnistie générale. Henri IV entre à Paris (1594). Sa politique à l'égard des seigneurs obtient par des négociations leurs soumissions successives.

206. Mayenne est réduit à l'alliance espagnole. La victoire de Fontaine-Française amène la soumission de Mayenne (1595). La reddition d'Amiens est suivie de la paix avec l'Espagne. Une grande augmentation du territoire français a lieu sous ce règne.

207. Par l'édit de Nantes (1598), le libre exercice du culte est accordé aux protestants. Cet édit contient toutefois des dispositions imprudentes et dangereuses.

§ II. 208. Secondé par Sully, Henri IV rétablit l'ordre dans les finances et diminue les impôts. Il fait fleurir l'agriculture; il réprime les exactions des financiers et la licence des gens de guerre dont la paye est régularisée.

209. Les manufactures sont encouragées; le canal de Briare construit; les routes réparées; la marine fait des découvertes. La vénalité des charges est modérée par la paulette; le duel interdit, etc.

210. Sully reste constamment investi de l'amitié et de la confiance du roi. C'est un des plus grands ministres, des plus habiles administrateurs de France.

211. Henri IV forme le projet de réaliser la paix perpétuelle en Europe en réunissant tous les États chrétiens dans une grande république fédérative; mais il lui faut d'abord achever l'abaissement de la maison d'Autriche. Henri IV favorisé par les circonstances, appelé comme arbitre par plusieurs puissances, se prépare à accomplir cette première partie de son plan.

212. Henri est assassiné le 14 mai 1610 par l'exécrable Ravaillac. Sa mort plonge la France dans le deuil.

DEUXIÈME PARTIE. — § Ier. 213. Montaigne (1533-1592) est un philosophe sceptique, mais un incomparable écrivain par la richesse du style, la vivacité des peintures, l'originalité de l'expression. Charron, son ami, reste bien au-dessous dans le *Livre de la Sagesse*, d'ailleurs excellent traité de morale. — Montluc écrit avec verve ses mémoires militaires, la Bible du soldat, suivant Henri IV.

214. Amyot (1513-1593), traducteur des *Vies* de Plutarque, a heureusement uni l'érudition au génie français. Il a laissé un chef-d'œuvre de naïveté et d'harmonie simple et élégante à la fois.

§ II. 215. Ronsard (1524-1585) est le chef d'une école que l'exagération de son enthousiasme pour les Grecs et les Romains, entraîne dans une imitation affectée et sans goût de l'antiquité. Il a un succès immense, mais son influence ne lui survit pas longtemps.

216. Régnier, admirateur de Ronsard, revient cependant à la vraie poésie française et écrit des satires d'un style ferme, spirituel, incisif, plein de verve et de talent. — Malherbe (1555-1628), qui manque d'imagination, est cependant le véritable modèle de l'harmonie sage, réglée et pure. Il a trouvé le rhythme véritable de la poésie française, et son autorité sera respectée de la postérité.

PREMIÈRE PARTIE.

Règne de Henri IV.

§ Ier. HENRI IV ACHÈVE DE RUINER PAR SES SUCCÈS LA PRÉPONDÉRANCE DE L'ESPAGNE ; IL TERMINE EN FRANCE LES GUERRES DE RELIGION ET RÉTABLIT LE POUVOIR ROYAL.

205. HENRI IV. — BATAILLES D'ARQUES, D'IVRY. — Par la mort d'Henri III (1589), Henri de Navarre cessait d'être un chef de faction, et se présentait comme le légitime successeur du dernier des Valois. Toutefois la Ligue entière continua à repousser un prince hérétique, et une grande partie des seigneurs réunis au camp de Saint-Cloud refusèrent de lui prêter serment de fidélité. Les promesses qu'il fit pour retenir près de lui les catholiques, déterminèrent beaucoup de pro-

testants à l'abandonner ; et cette défection générale l'obligea à lever le siége de Paris. Parmi les catholiques, les uns avec Mayenne proclamèrent le vieux *cardinal de Bourbon*, sous le nom de *Charles X*, les autres, inspirés par les Seize, appuyèrent de tout leur pouvoir les prétentions de Philippe II, qui réclamait la couronne de France pour sa fille Isabelle, du chef de sa femme Élisabeth, sœur de Henri III. La mort du cardinal de Bourbon, survenue neuf mois après, ne changea en rien l'état des affaires, et Henri IV dut en appeler à son bon droit et à son épée.

Bientôt il a vaincu près d'*Arques* (1589) l'armée du duc de Mayenne, quatre fois plus nombreuse que la sienne. Les secours qu'il reçoit de la reine d'Angleterre lui permettent de reprendre l'offensive, et la brillante victoire d'*Ivry* (1590), où les troupes de la Ligue et de l'Espagne sont taillées en pièces, fait briller à la fois la valeur et la bonté d'Henri IV. « *Enfants*, avait dit Henri à ses soldats avant la bataille, *si vous perdez vos enseignes, cornettes ou guidons, ralliez-vous à mon panache blanc ; vous le trouverez toujours au chemin de l'honneur et de la victoire.* » Il paya en effet de sa personne comme un simple soldat. « *Main basse sur l'étranger*, s'écriait Henri, *mais sauvez les Français.* »

204. SIÉGE DE PARIS. — Le roi revient sous les murs de la capitale, qui est bientôt réduite à toutes les horreurs de la famine. Henri, par un exemple unique dans l'histoire, fournit lui-même des aliments aux assiégés, et si sa magnanimité ne peut désarmer l'aveugle haine des Seize, elle lui concilie l'admiration des Parisiens et prépare son triomphe. Toutefois l'invasion rapide d'une nouvelle armée espagnole, commandée par l'habile duc de Parme, *Alexandre Farnèse*, oblige Henri à s'éloigner un moment des murs de Paris et permet à Mayenne d'y introduire des vivres et des renforts. Henri, renonçant à prendre d'assaut la capitale, tente de l'amener à la soumission en s'emparant de tout le pays d'alentour et en étendant son autorité sur les provinces.

Mais l'ambition des seigneurs s'est réveillée au milieu de l'anarchie universelle ; les plus puissants se séparent des deux partis et combattent pour leur propre compte, cherchant à se créer des principautés indépendantes avec le secours des armées étrangères qui inondaient alors le sol de la France. Tandis que Henri cherche à retenir, par des promesses plus que par la force, ses alliés incertains, Mayenne se voit lui-même obligé de lutter à Paris contre la turbulence des factieux. Ceux-ci, impatients de toute autorité, instituent le sanglant *comité des Dix*, pour sévir contre les modérés de tous les partis; mais ils ne peuvent empêcher la discorde qui s'était mise parmi les Ligueurs de pénétrer jusque dans le sein des États-généraux, assemblés à Paris par Mayenne (janvier 1593). La proposition faite par les envoyés espagnols, d'élire pour reine la jeune infante d'Espagne, révolta tous ceux qui conservaient encore quelques sentiments patriotiques, et ouvrit les yeux à ceux mêmes des Ligueurs qui avaient été jusque-là dupes de la politique espagnole. Les États, auxquels le Parlement longtemps muet se joignit bientôt, déclarèrent qu'ils n'avaient pas de procuration pour renverser la loi fondamentale du royaume, et repoussèrent vivement toute élection d'une princesse ou d'un prince étranger. Le supplice de quelques-uns des plus exaltés ne fit qu'augmenter le désordre, et Henri, fortifié par les secours de l'Angleterre, put de nouveau pousser les hostilités à la faveur des divisions de ses ennemis.

205. ABJURATION D'HENRI IV. — SOUMISSION DES SEIGNEURS. — RÉTABLISSEMENT DU POUVOIR ROYAL. — Dans ces circonstances, un pamphlet célèbre vint jouer un grand rôle au milieu des hésitations des partis, et donner à l'opinion publique une impulsion décisive. La *Satire Ménippée*, en déversant le ridicule sur la Ligue, sur la corruption de ses prédicateurs vendus à l'Espagne, et sur les manœuvres des chefs de ce parti, contribua puissamment à sa ruine.

Il ne restait plus qu'un seul grand obstacle qui éloignât encore Henri IV du trône : c'était sa religion; et son abjuration solennelle à Saint-Denis (1593) contribua plus que ses victoires à faire cesser les résistances. La conversion d'Henri fut suivie d'une trêve dont il profita pour acheter la soumission de quelques-uns des chefs de cette féodalité renaissante qui s'était élevée pendant les guerres civiles. Enfin la nouvelle d'une amnistie générale, qui comprenait même la faction des Seize, désarma les ennemis les plus acharnés du roi, et le 22 mars 1594, il entra dans Paris, qui fut aussitôt évacué par les troupes espagnoles.

Toutefois la lutte n'était pas encore terminée ; il fallut arracher successivement, plus encore par des transactions et des négociations onéreuses que par la force des armes, une grande partie des provinces du royaume, occupées par de puissants seigneurs, qui se proclamaient à peu près indépendants, sous la protection de l'Espagne. Uniquement préoccupés de leur intérêt personnel, ils profitèrent des embarras dont le roi était assailli pour lui vendre chèrement leur soumission, et obtenir en échange de leurs provinces de hautes dignités ou des sommes considérables. Mais Henri aimait mieux qu'il lui en coûtât deux fois plus et négocier avec chacun en particulier, que de traiter avec un seul chef, qui par là même serait toujours considéré comme la tête d'un parti au milieu de l'État. La politique hardie et persévérante du roi ne tarda pas à faire disparaître l'effet de concessions accordées aux exigences du moment, et l'apaisement de la guerre civile conduisit promptement, sous la main ferme d'Henri IV, au rétablissement du pouvoir absolu.

205. Expulsion des Espagnols. — Traité de Vervins. — Les habiles mesures du roi eurent bientôt réduit à un isolement presque complet le duc de Mayenne, à qui il ne resta plus que l'appui des Espagnols. La sanglante victoire de *Fontaine-Française* (1595), remportée par Henri à la tête de quelques centaines de cavaliers, obligea Mayenne lui-même à faire sa soumission. Mais la guerre étrangère continua encore pendant trois campagnes, jusqu'à ce que la reddition d'Amiens, reprise (1597) aux Espagnols qui s'en étaient emparés par stratagème, et plusieurs avantages signalés, eurent déterminé Philippe II à conclure la *paix de Vervins* (1598). Ce traité rendit à la France ses frontières tant de fois entamées pendant les guerres civiles, et enleva aux Espagnols toutes les places qu'ils possédaient encore.

L'avénement seul d'Henri IV avait ajouté au territoire français les importantes provinces du royaume de Navarre; bientôt une querelle avec le duc de Savoie, qui avait noué des intelligences avec plusieurs seigneurs français, allait se terminer par la cession de la Bresse, du Bugey et du pays de Gex, cession qui porta jusqu'au Rhône la frontière de France (1601).

207. Édit de Nantes. — L'année même du traité de Vervins, Henri IV, pour mettre un terme à tous les désordres qui depuis si longtemps désolaient le royaume, avait publié le fameux *édit de Nantes*, qui assura aux protestants le libre exercice de leur culte et l'admission à tous les emplois. Cet acte, il faut le dire, dépassa les bornes d'une sage et prudente tolérance, et prépara de nouvelles dissensions civiles, en maintenant l'existence de ces principautés calvinistes arrachées à la faiblesse des Valois, dont les seigneurs allaient bientôt se faire un rempart contre l'autorité royale.

Toutefois, la sage administration du roi, et surtout l'habileté de son ministre *Sully*, éloignèrent ces conséquences funestes. Henri employa les douze dernières années de son règne à guérir la plupart des plaies du royaume.

§ II. RÉFORMES DE HENRI IV ; SES PROJETS. — SULLY.

208. RÉTABLISSEMENT DES FINANCES. — DÉVELOPPEMENT DE L'AGRICULTURE. — RÉFORMES DANS L'ADMINISTRATION. — Henri profita, pour réaliser ses plans, du pouvoir absolu que la force des armes avait mis entre ses mains, sans tenter de convoquer les États-généraux, dont la réunion, au milieu de toutes les passions ennemies qui fermentaient encore, aurait été plus dangereuse qu'utile. Secondé par Sully, il rétablit l'ordre dans les finances au moyen d'une sévère économie, acquitta toutes les dettes de l'État, qui ne s'élevaient pas à moins de trois cent trente millions. Malgré les charges énormes auxquelles il avait à satisfaire, les impôts les plus onéreux au peuple, les tailles et les gabelles, furent considérablement diminués. L'agriculture devint, grâce à la protection accordée à ceux qui s'y livraient, plus florissante que jamais. Ses produits augmentèrent à tel point que la France, redevenue le grenier de l'Europe, trouva dans le commerce des grains une source nouvelle de richesses. Ainsi fut pleinement justifiée cette parole de Sully : « Le labourage » et le pâturage sont les deux mamelles dont la France est » alimentée, les vraies mines et trésors du Pérou. »

La sollicitude d'Henri IV embrassa toutes les parties de l'administration. Il réprima avec une grande sévérité les exactions des financiers ; afin d'ôter tout prétexte aux pillages des gens de guerre, il assura le paiement exact de leur solde, et leur donna une preuve de sollicitude en créant, pour ses soldats et officiers invalides, un hôpital militaire, noble pensée, qui devait recevoir de son petit-fils un développement si magnifique et si digne de la grandeur de la France.

209. LES ARTS FAVORISÉS. — LA JUSTICE RÉTABLIE. — Quoique les arts industriels fussent encore peu appréciés, même par l'habile Sully, à une époque où l'on éprouvait bien plus le besoin de vaillants soldats que d'ouvriers habiles, cependant les manufactures furent encouragées ; des fabriques

de soieries, de tapisseries, de glaces, de verreries, furent créées, ou prirent d'importants accroissements. L'établissement du canal de *Briare* ouvrit une nouvelle voie au commerce et aux approvisionnements de la capitale. Paris s'embellit de somptueux édifices. Le *pont Neuf* fut achevé; la longue galerie qui unit le *Louvre*, l'ancien palais des rois, avec celui des *Tuileries*, élevé par Catherine de Médicis, fut commencée; sur tous les points du royaume, les places fortes furent relevées et armées d'une redoutable artillerie, les arsenaux furent augmentés, les grandes routes réparées et plantées d'ormes ou d'arbres fruitiers; enfin, la culture du mûrier et l'éducation des vers-à-soie, assurèrent à l'une de nos plus précieuses industries un immense développement.

La marine, quoique moins favorisée, ne fut cependant pas négligée, ainsi que le prouve l'extension donnée aux établissements français dans les deux Amériques. C'est en effet du règne d'Henri IV que datent la colonisation de la Guyane et celle du Canada, où furent jetés (1608) les fondements de la ville de Québec.

En même temps, les abus que tant de troubles et de violences avaient introduits dans l'administration de la justice étaient sévèrement réprimés. La vénalité des charges, que l'état des finances ne permettait pas d'abolir, fut modérée par l'institution de la *paulette*, qui rendit les offices de judicature héréditaires dans les familles, moyennant le paiement d'une somme annuelle. Le duel fut interdit sous peine de mort (1602 et 1609), et la même peine menaça les banqueroutiers; rien n'échappait au génie du grand roi et à la vigilance de son ministre.

240. SULLY. — S'il faut blâmer Henri IV de s'être abandonné trop souvent à la passion du jeu et à celle des femmes qui l'entraînaient à de honteuses faiblesses, il faut reconnaître du moins que jamais elles n'exercèrent aucune influence sur le choix des sages conseillers dont il eut le rare talent et le bonheur de s'entourer. Nous avons déjà nommé le grand *Sully*, le plus habile et le plus fidèle ministre qu'aucun souverain ait jamais possédé, et le coopérateur le plus actif de son roi dans l'exécution de tant de choses grandes et utiles. Ce n'est pas le moindre mérite d'Henri IV que d'avoir su conserver sa confiance à ce digne ministre, en dépit de toutes les jalousies qu'excitait sa faveur; l'histoire s'est plu à conserver un mot qui prouve de quelle considération il aimait à entourer cet ami fidèle, et quelle affection délicate il lui portait. A la fin d'une explication relative à de mensongères accusations portées contre lui, Sully s'était jeté aux pieds de Henri : « Relevez-vous, Sully, s'écria vivement le bon roi ; ceux qui nous voient vont croire que je vous pardonne. » — Au nom de Sully, il faut ajouter, parmi ceux qui illustrèrent le règne d'Henri IV, ceux du chancelier Sillery et du président Jeannin, et ceux des ministres Bellièvre et Villeroy, qui rappellent à la fois de grands talents et de grandes vertus.

211. Grands projets d'Henri IV. — Plan de réorganisation de l'Europe. — Non content d'avoir réorganisé l'administration en France, Henri nourrissait la haute pensée de remanier dans l'intérêt de la civilisation la politique européenne. Son projet, vraiment digne de sa grande âme, n'était rien moins que d'assurer aux États chrétiens le bienfait de la paix perpétuelle, en les réunissant tous en une vaste république fédérative, composée de quinze États. La république chrétienne devait avoir une diète représentative chargée de régler les différends qui s'élèveraient entre ses membres, afin de maintenir invariablement la paix. Elle devait aussi réunir les forces et l'argent nécessaires pour expulser de l'Europe les Turcs et même les Russes, qui à cette époque n'avaient pas encore pris place dans la famille européenne.

Pour arriver à la réalisation de ce plan, il fallait avant tout exercer à l'intérieur une autorité incontestée, et acquérir au dehors une influence supérieure, en anéantissant la prépondérance dont jouissait la trop puissante maison d'Autriche. Le premier objet était atteint, le second paraissait sur le point de l'être.

Henri IV avait déjoué au dedans les intrigues coupables de plusieurs seigneurs, et effrayé les plus audacieux par le supplice de Biron, plusieurs fois rebelle ; au dehors, il se voyait appelé à juger comme arbitre les contestations du pape et des Vénitiens, de l'Espagne et des Provinces-Unies ; il se préparait par ses alliances en Allemagne et dans toute l'Europe, à porter le dernier coup à la puissance de la maison d'Autriche. Les complications et les rivalités que fit naître en Allemagne, à la même époque, l'ouverture de l'importante succession de Clèves et de Juliers (voir 240), offraient à Henri IV une heureuse occasion de s'immiscer dans les affaires de ce pays. De grands événements semblaient au moment de s'accomplir.

212. Assassinat d'Henri IV. — Déjà Henri IV avait mis sur pied trois armées, et, laissant la régence à la reine, qu'il avait fait sacrer solennellement, il se préparait à partir lui-même pour aller prendre le commandement de celle de ces armées qui devait pénétrer en Allemagne, lorsqu'il tomba sous le poignard d'un assassin.

Ravaillac, d'exécrable mémoire, saisissant le moment où le carrosse du roi se trouvait arrêté dans la rue de la Ferronnerie par un embarras de voitures, s'élance sur celle d'Henri IV, et lui porte deux coups de couteau qui lui donnent la mort (14 mai 1610). — C'était la dix-neuvième tentative d'assassinat dirigée contre un prince auquel on n'avait à reprocher d'autre crime que d'avoir enchaîné les passions furieuses qui bouleversaient la France à son avènement. Quelques vieux ligueurs et quelques mécontents applaudirent, dit-on, à cet abominable attentat; l'Autriche et l'Espagne s'en réjouirent; mais la France entière pleura le *bon Henri*, et plusieurs personnes moururent de douleur en apprenant la perte de cet excellent prince.

DEUXIÈME PARTIE.

Littérature française dans la seconde partie du seizième siècle.

§ Ier. ÉCOLES LITTÉRAIRES DE LA FRANCE : MONTAIGNE, AMYOT.

215. MONTAIGNE. — CHARRON. — La littérature dont nous avons constaté les progrès déjà remarquables au commencement du seizième siècle (n° 166), fait un pas décisif en avant dans la dernière moitié de ce siècle. La prose française compte des écrivains de premier ordre et des livres qui sont demeurés au nombre des chefs-d'œuvre du langage.

Lorsque, au quinzième siècle, l'antiquité, grâce aux efforts des chefs de l'Église elle-même, sortit enfin de ses ruines, ce furent les ouvrages de Sénèque, dernière expression de la philosophie ancienne dans son développement le plus brillant et le plus pur, qui servirent de point de départ à la philosophie moderne. Ce philosophe fut le modèle et le guide de *Montaigne*, que Mézeray appelle le *Sénèque chrétien*, et Pasquier *un autre Sénèque en notre langue*.

Dans l'auteur des *Essais* (1533-1592), il faut distinguer le philosophe et l'écrivain. Philosophe, il est sceptique et pyrrhonien pur. Il veut prouver la vanité des opinions les plus accréditées, et, soumettant toutes choses à sa malicieuse critique, *il se gaudit sur l'oreiller du doute*. La morale des

Essais (publiés en 1580) est douce et quelquefois légère comme le caractère de l'écrivain. Sa libre et forte imagination se joue au milieu d'une foule innombrable de souvenirs empruntés à tous les âges. Quant au style, Montaigne a pris une place à part, il n'a pas de modèle comme il n'aura pas d'imitateur. « Ces coupes savantes, dit M. Villemain, ces mots pleins d'idées. ces phrases où, par la force du sens, l'auteur a trouvé l'expression qui ne peut vieillir et deviné la langue, voilà ce qu'il n'a pas reçu de son idiome rude et grossier, mais ce qu'il lui a donné par son génie. Cet homme n'a point de supérieur dans l'art de peindre par la parole. Ce qu'il pense, il le voit, et, par la vivacité de ses expressions, il le fait briller à tous les yeux. » (*Éloge de Montaigne.*)

Charron, fils d'un libraire de Paris (1541), intimement lié avec Montaigne, composa, sous l'inspiration de cette liaison, son livre *de la Sagesse* (1601), excellent traité de morale pratique. « Charron, esprit aussi régulier, aussi méthodique que le génie de Montaigne était libre et capricieux, » dit M. Saint-Marc Girardin, est loin d'atteindre l'exquise finesse, la gracieuse naïveté et l'énergique précision de son modèle.

Le genre historique est cultivé avec succès par un digne continuateur de la Mark et des frères du Bellay (n° 166). Dans ses *Mémoires*, d'un style d'ailleurs animé et facile, l'ardent et passionné général catholique, *Blaise de Montluc* (1502-1577), auquel le fanatisme des guerres civiles semble avoir entièrement ôté la conscience du bien et du mal, ne dissimule ni ses rigueurs ni ses cruautés, et ne rougit pas d'avouer qu'il avait la réputation *d'aimer à jouer de la corde;* il laisse du reste éclater en ses écrits, avec *humeurs et complexions de Gascogne*, une ardeur d'esprit militaire qui fera appeler ce livre par Henri IV *la Bible du soldat.*

214. Amyot. — En même temps, l'influence des études classiques sur le style se fait sentir de la manière la plus heureuse dans les œuvres de *Jacques Amyot* (1513-1593), d'abord professeur de grec à l'université de Bourges, puis précepteur des fils d'Henri II. Sa traduction des *Vies de Plutarque*, publiée en 1559, offre une naïveté, une harmonie, une souplesse de langage qui en ont fait un véritable modèle littéraire. Rabelais, en donnant droit de bourgeoisie française à un grand nombre de mots grecs et latins, en les jetant avec profusion au milieu d'une foule de vieilles expressions remises en lumière, en avait fait un riche mais bizarre mélange. Dans le style d'Amyot, toute confusion a disparu ; tout y est fondu, tout s'y marie heureusement. Un autre progrès s'est encore opéré. « Du grec, Rabelais avait mis dans notre langue les mots ; Amyot y a transporté le tour et la phrase. Ce parler vif et court qui a disparu sous la phrase savante et parfois pompeuse du siècle de Louis XIV, Amyot l'offre dans sa grâce première et sa fraîcheur naïve. Tours simples et heureux, expressions pittoresques, images vives et naturelles, Amyot a toutes les qualités de la diction, tous les mérites d'un grand écrivain. Singulière destinée d'une traduction, de devenir une œuvre originale, un des premiers et des plus durables monuments de notre langue ! » (M. CHARPENTIER.)

§ II. RONSARD; MALHERBE.

215. RONSARD. — La poésie, moins heureuse que la prose, n'avait pas encore produit d'œuvre du premier ordre. L'enthousiasme pour l'antiquité s'y fit d'abord sentir d'une manière plus étrange que féconde, et d'immenses efforts devaient aboutir à des résultats que le goût français n'a pas sanctionnés. Abandonnant l'école légère et badine de Marot et de Marguerite de Navare (n° 166), la génération nouvelle, versée dans l'étude des anciens, pleine d'admiration pour les mâles beautés de la poésie grecque et latine, prit en pitié le vieil esprit français, méprisa son style naturel et naïf et traita sa simplicité de bassesse. Au lieu de tenter l'accord de l'érudition antique et de l'esprit français, au lieu de prendre exemple sur Rabelais, qui étudia l'antiquité et garda l'originalité gauloise, les réformateurs imaginèrent de tout changer, et le caractère de notre langue et le génie de notre littérature. (M. SAINT-MARC GIRARDIN.)

A la tête des hardis novateurs, s'éleva soudain l'auteur de la *Franciade*, Ronsard (1524-1585), que ses contemporains proclamèrent le *premier des poëtes* depuis Auguste. Jamais auteur ne fut entouré de plus d'hommages. Comme Voltaire, il régna sur son siècle; sa réputation devint européenne, et le Tasse s'estima lui-même heureux de lui soumettre ses premiers essais. Réunis autour de lui, les autres poëtes de la *Pléiade*, souvenir classique des poëtes grecs réunis à la cour des Ptolémées, formaient son cortége, où nous remarquerons seulement *Jodelle* (1532-1573), que ses tragédies avec des chœurs, imitées des Grecs, font considérer comme le créateur du théâtre français. Sans doute, Ronsard eut le mérite de rendre à notre poésie de la vigueur, de l'éclat et de la pompe, et plusieurs de ses odes ne manquent ni de verve, ni d'élégance; mais ces œuvres *façonnées d'après l'antique*, maladroitement imitées par les disciples de cette école, violent les règles du goût et méconnaissent entièrement le génie facile et souple de la langue française qui doit, au dix-septième siècle, allier la noblesse et la grâce, la pompe et le naturel.

216. Malherbe. — Régnier. — La poésie française ne pouvait rester longtemps égarée dans cette voie; le retour fut prompt et décisif. Une courte et heureuse transition est marquée par les œuvres de *Régnier* (1573-1613), qui se proclamait un des admirateurs de Ronsard, et dont cependant les vers, frappés au type du vieil esprit français, rappellent Villon. La politique avait inspiré la satire du seizième siècle, sanglante et implacable dans d'Aubigné, vive et mordante dans la Ménippée; celle de Régnier, caustique, mais légère, s'attaque seulement aux préjugés et aux ridicules de son époque, mais avec tant de justesse et de bonheur que ses portraits sont encore ressemblants aujourd'hui.

> Enfin Malherbe vint, et le premier en France,
> Fit sentir dans les vers une juste cadence;
> D'un mot mis à sa place enseigna le pouvoir,
> Et réduisit la muse aux règles du devoir.
> Par ce sage écrivain la langue réparée
> N'offrit plus rien de rude à l'oreille épurée;
> Les stances avec grâce apprirent à tomber,
> Et le vers sur le vers n'osa plus enjamber.

Malherbe, il faut le reconnaître (1555-1628), manque d'imagination : il semble ne s'inquiéter que de la forme et du dehors de la poésie. Mais aussi, quelle précision et quelle clarté de style! Par quel instinct de génie a-t-il trouvé ce rhythme harmonieux ignoré jusqu'alors, et que l'oreille reconnaît aussitôt comme le rhythme naturel de notre langue! Voilà enfin la poésie française, celle qui ne sera pas *vaincue du temps* et qui ne *cédera pas à ses outrages!* (M. Saint-Marc Girardin.)

Malgré les critiques amères de Régnier, l'autorité de Malherbe devait être respectée par ses successeurs.

Questionnaire. — 1re partie. § I. 203. En quel état se trouvait la France à l'avénement d'Henri IV? — Quels droits avait-il au trône? — Qui fut proclamé roi par les Ligueurs? — Quelle fut la première victoire remportée sur Mayenne par Henri IV? — Quelle victoire

RÈGNE D'HENRI IV.

confirma celle d'Arques, et quelles paroles Henri adressa-t-il à ses soldats avant la bataille ? — Quelle fut sa conduite dans ce combat ? — 204. Racontez le siége de Paris, et la disette à laquelle cette ville fut bientôt réduite. — Par quelles actions Henri montra-t-il alors sa clémence ? — Comment fut-il forcé de lever le siège de Paris ?— Combien de temps se continua encore la guerre, et quels en furent les principaux événements ? — Que se passa-t-il aux États-généraux de 1593 ? — 205. Où Henri IV fit-il son abjuration et quel en fut le résultat ? — Comment Henri entra-t-il dans Paris ?— Quel écrit contribua au succès d'Henri IV ? — La soumission de Paris au roi mit-elle fin à la guerre civile ? — 206. Quelle victoire remporta encore Henri IV sur le duc de Mayenne, et quel en fut le résultat ? — Comment Henri IV acheta-t-il la soumission des derniers rebelles ? — Quelle guerre restait-il encore à terminer ? — Quels furent les événements de la guerre avec le roi d'Espagne et comment se termina-t-elle ? — 207. Qu'avez-vous à dire de l'édit de Nantes ? — Quelle acquisition la France fit-elle en donnant la paix à la Savoie ? — § II. 208. Par quel ministre fut-il secondé dans son administration, et comment rétablit-il l'ordre dans les finances ? — Quels progrès fit l'agriculture sous le règne d'Henri IV ? — Quelle opinion avait Sully de l'agriculture ? — 209. Avec quelle sollicitude Henri IV s'occupait-il de son peuple ? — Quels encouragements accorda-t-il aux arts industriels ? — Quel canal fut ouvert par Henri IV ? — De quels monuments embellit-il la ville de Paris ? — Les provinces n'eurent-elles pas aussi leur part dans ces utiles travaux ? — Quelles colonies furent fondées sous le règne d'Henri IV ? — 210. Quel reproche l'histoire fait-elle à Henri IV ? — Faites connaître le grand Sully, et les rapports de confiance et d'affection d'Henri IV avec ce fidèle ministre. — Quels noms doit-on encore citer parmi ceux qui illustrèrent le règne d'Henri IV ? — 211. Exposez le plan de réorganisation européenne qu'avait formé Henri IV. — Quelles circonstances semblaient en favoriser la réalisation ? — 212. Comment mourut Henri IV ? — Comment fut accueillie la nouvelle de cette catastrophe ? — IIe PARTIE. § I. 213. Quel est le caractère de la littérature française à la fin du seizième siècle ? — Qu'avez-vous à dire de Montaigne ? — En quoi doit-il être surtout admiré ? — Que savez-vous de Charron ?... de Montluc ? — 214. Quels sont les principaux mérites littéraires d'Amyot ? — § II. 215. Qu'est-ce que la poésie présente de singulier à cette époque ? — Quelle entreprise tenta Ronsard ? — Quels succès obtint-il ? — 216. Quel poëte satirique remarquable paraît vers la fin du seizième siècle ? — Qui a fixé définitivement le rhythme de la poésie française ? — Faites connaître les qualités de Malherbe.

CHAPITRE DIX-NEUVIÈME.

ANGLETERRE. — JACQUES Ier. — CHARLES Ier.

SOMMAIRE.

§ Ier. 217. L'Angleterre à l'avénement des Stuarts est fatiguée du despotisme des Tudors. La nation aspire à recouvrer ses libertés. Elle n'est contenue que par la gloire du règne d'Élisabeth. Une lutte va s'établir entre l'autorité royale et les traditions de liberté.

218. Jacques Ier montre un caractère composé de pédantisme et de faiblesse (1603-1625); il est accueilli par des préventions défavorables. Sa politique est partiale et inhabile. Il manifeste une odieuse intolérance à l'égard des catholiques. La conspiration des poudres menace le roi et le parlement (1605).

219. Les prétentions du roi à l'autorité absolue se concilient mal avec les nécessités que crée l'épuisement du trésor. Les mesures de Jacques excitent le mécontentement du parlement. Les principes démocratiques répandus par le presbytérianisme dans toute l'Angleterre commencent à agiter les esprits.

220. La politique de Jacques Ier est faible et humiliante à l'égard des puissances étrangères. L'affaiblissement de l'influence anglaise en Allemagne indigne la nation. Le favori Villiers, duc de Buckingham exerce toute l'influence. La seule gloire de Jacques Ier est la civilisation de l'Irlande. La situation de l'Angleterre à la mort de Jacques est critique (1625).

§ II. 221. Le règne de Charles Ier (1625-1649) est inauguré par la défaite de la flotte anglaise. La pétition des droits (1628) manifeste les vœux de la nation. Charles y répond par la prorogation du parlement et des mesures violentes et illégales. Les rigueurs contre les *non-conformistes* sont suivies de l'assassinat de Buckingham (1628).

222. Le despotisme inhabile de Charles Ier provoque de nombreuses émigrations. Malgré l'hostilité des Écossais contre l'anglicanisme, il veut y établir cette secte. Les Écossais forment une ligue pour la défense de leurs libertés. Charles Ier est réduit à convoquer de nouveau le parlement (1640).

§ Ier. L'AUTORITÉ ROYALE ENTRE EN LUTTE CONTRE D'ANTIQUES TRADITIONS DE LIBERTÉ SOUTENUES PAR L'ESPRIT NOUVEAU DE LA RÉFORME. — JACQUES Ier.

217. ÉTAT DE L'ANGLETERRE A L'AVÉNEMENT DES STUARTS. — Les Tudors, arrivant au trône d'Angleterre après une désastreuse époque de trouble et d'anarchie, au moment où ce pays soupirait après l'ordre et le repos, y avaient établi sans peine le plus complet despotisme. La volonté du prince avait dominé, et pour ainsi dire annulé tous les pouvoirs. Peu à peu cependant, la nation, perdant le souvenir de ses vieilles querelles et de ses anciens malheurs, songea à ses libertés perdues. Pendant un demi-siècle encore, elle obéit sans murmure à une femme ; mais cette longue et passive soumission d'un grand peuple n'était plus fondée que sur son admiration pour le génie et pour la gloire. Le sceptre devait sa force à son éclat, et le pouvoir royal s'ébranla dès que son prestige s'évanouit.

Avec le dix-septième siècle commence une lutte, où l'autorité royale, portée à un excès dangereux et imprudemment agressive, sera battue en brèche par d'antiques traditions de liberté, que soutient l'esprit nouveau du protestantisme, entraîné par les tendances démocratiques (n° 219). La réforme, qui a été entre les mains des rois un puissant instrument de domination absolue, va se retourner contre eux et devenir un redoutable levier de révolution.

218. Jacques Ier. — Son caractère. — Ses fautes politiques. — L'avénement de Jacques d'Écosse au trône d'Angleterre (1603) fut accompagné de sinistres présages. Les Anglais virent avec peine sur leur trône un roi écossais, entouré d'Écossais, un théologien subtil et exercé, instruit en tout, excepté dans l'art de régner, et à qui son pédantisme a mérité, de la part de notre Henri IV, le surnom de *Maître Jacques* ; un souverain jaloux de son autorité, et pourtant gouverné par des favoris ; un prince enfin, timide jusqu'à pâlir devant une épée nue, et dont le plus grand plaisir était d'assister à des combats de coqs. Jacques Ier, accueilli par ces préventions défavorables, devait se conduire avec une extrême réserve. Il mécontenta ses sujets d'Angleterre par la faveur qu'il accorda aux Écossais ; ceux d'Écosse, par son projet d'unir les deux nations rivales. Les presbytériens murmuraient de sa partialité pour les anglicans ; après de longues discussions avec leurs docteurs, il les renvoya en concluant que le presbytérianisme s'accommodait avec la royauté *comme le diable avec Dieu*, et qu'il aviserait.

Les catholiques attendaient au moins quelque tolérance du fils de Marie Stuart. Jacques renouvela contre eux tous les statuts tyranniques d'Élisabeth, et ordonna que les amendes auxquelles les lois les condamnaient seraient payées rétroactivement. Par cette mesure, des seigneurs opulents furent réduits tout à coup à la misère. La fameuse *conspiration des poudres* (1), qui devait envelopper dans une ruine commune et le roi et le parlement, faillit manifester d'une manière terrible le ressentiment de plusieurs d'entre eux (1605).

219. Hostilité du parlement. — Influence du presbytérianisme. — Jacques Ier n'en devint pas plus sage ; il choqua sans ménagement la susceptibilité du parlement lui-même, par ses prétentions à une autorité sans limites comme sans contrôle, par ses imprudentes proclamations sur le droit divin des rois. Cependant ses prodigalités le mettaient souvent à la merci de ce même parlement. Les ressources que ses prédécesseurs avaient trouvées dans la spoliation du clergé, avaient été bientôt épuisées ; et les biens envahis, augmentant peu à peu les domaines des seigneurs, avaient rendu à l'aristocratie féodale sa vigueur primitive. Jacques, réduit à demander des subsides, n'en avait pas moins déchiré les registres des parlements, et déclaré qu'il n'avait recours à eux que par respect pour d'anciens usages. Mais les représentants de la nation, qui sentaient leur force, commençaient à manifester un esprit inquiétant d'insubordination et d'indépendance. Les principes démocratiques du presbytérianisme, qui fermentaient dans tout le pays, favorisaient l'ascendant des communes, et agitaient les rangs inférieurs de la société : l'orage grondait de toutes parts.

220. Abaissement de l'Angleterre vis-à-vis de l'étranger. — Jacques, que sa faiblesse et son impéritie dans le gouvernement avilissaient aux yeux de ses sujets, aurait dû se relever du moins en soutenant au dehors la dignité de l'Angleterre. C'était ainsi que les Tudors avaient établi et maintenu leur domination. Jacques abandonna leur glorieuse politique, et se réduisit à un rôle humiliant. Son attachement imprévoyant à la paix lui fit perdre le rang qu'avait tenu Élisabeth, comme chef de tous les protestants d'Europe et de tous les adversaires de l'Espagne. Il laissa l'Autriche enlever la Bohême à son gendre Frédéric V, l'électeur palatin (voir

---

(1) Quelques mécontents résolurent de faire périr le roi quand il se rendrait au parlement, et dans ce but, ils cherchèrent à remplir de poudre à canon les caves du palais de l'assemblée, pour le faire sauter avec toutes les personnes qui y seraient réunies. Cet épouvantable projet fut découvert à temps, et les coupables punis par de cruels supplices.

le récit de la guerre de Trente ans, n° 242), et engagea à regret avec l'Espagne une lutte sans résultats. Il mourut en 1625, léguant à son fils Charles un trône dont les bases étaient ébranlées, des théories intempestives sur le pouvoir absolu, les embarras d'une guerre commencée imprudemment et sans ressources pour la soutenir, enfin la fatale influence de l'insolent *Villiers, duc de Buckingham*, son favori et son ministre. Jacques I*er* n'avait eu qu'une vraie gloire, celle de civiliser l'Irlande, et de faire plus pour elle en quelques années que ses prédécesseurs n'avaient fait en quatre siècles.

§ II. RÈGNE DE CHARLES I*er* JUSQU'A LA CONVOCATION DU LONG PARLEMENT.

221. AVÉNEMENT DE CHARLES I*er*. — SYMPTÔMES DE RÉVOLUTION. — La marche des idées d'indépendance et de révolte fut rapide sous le règne de *Charles I*er (1625-1649), doublement suspect par son mariage avec une catholique, *Henriette* de France, sœur de Louis XIII, et son aveugle attachement pour Buckingham. La défaite de la flotte anglaise, envoyée, sous les ordres du favori, au secours des protestants de la Rochelle (1627), affaiblit encore l'autorité du roi, qu'avaient menacée les principes du libre vote et de la liberté individuelle, mis en avant de nouveau au parlement dans la fameuse *petition des droits*. Obligé par un refus de subsides de sanctionner cet acte (1628), Charles prorogea le parlement, et essaya de remplir son trésor sans le concours d'une assemblée dont les dispositions hostiles l'épouvantaient; mais les taxes illégales, les impôts arbitraires, les amendes odieuses auxquels il fut contraint d'avoir recours, indisposèrent toutes les classes à la fois. Mal secondé par la noblesse, inquiet des progrès des communes, le roi s'efforça de s'attacher du moins le clergé anglican en persécutant les *non-conformistes*. On les condamna au pilori, à d'énormes amendes, à l'emprisonnement perpétuel. Le désordre ne fit qu'augmenter, et l'assassinat de Buckingham par *Felton*, puritain fanatique, révéla dans toute sa violence l'irritation populaire (1628).

222. POLITIQUE IMPRUDENTE DE CHARLES I*er*. — LE COVENANT D'ÉCOSSE. — Charles fut obligé de retenir par force une foule d'Anglais qui quittaient leur patrie pour fuir son gouvernement vexatoire : l'ordre qui interdisait les émigrations fut publié au moment où un vaisseau allait mettre à la voile pour emporter à jamais *Olivier Cromwell!* Ainsi la Providence se joue des vains projets des hommes. La politique de Charles ne faisait qu'ajouter à ses embarras des obstacles nouveaux. Il voulut introduire la religion anglicane en Écosse (1637) : c'était soulever contre lui tous les presbytériens. « Désormais la réforme presbytérienne, ennemie de la réforme anglicane, trouva le trône entre elle et l'épiscopat ; elle attaqua le trône. »

Les Écossais s'unirent par un *covenant* (1638) pour la défense de la religion, des lois, des libertés de leur pays; l'armée, envoyée contre eux, refusa de combattre ses frères (1639). Le roi, par désespoir, convoqua le parlement (1640). Ce fut ce *long parlement* qui devait consommer la révolution.

QUESTIONNAIRE. — § I. 217. Quel était l'état de l'Angleterre à l'avénement des Stuarts ? — Quels symptômes de révolution allaient bientôt se manifester ? — 218. Nommez le successeur d'Élisabeth. — Comment l'appelait Henri IV ? — Faites connaître le caractère de ce prince. — Par quelles mesures s'attira-t-il la haine de tous les partis ? — Qu'est-ce que la conspiration des poudres ? — 219. Quelle était la cause de la lutte du parlement et du roi ? — Quelles étaient les conséquences des prodigalités du roi ? — 220. Quelle fut la politique de Jacques Ier à l'étranger ? — Quel sentiment excitait-elle en Angleterre ? — Quelle fut la seule gloire de ce prince ? — § II. 221. Quels griefs les Anglais avaient-ils contre Charles Ier ? — Quels faits inaugurèrent son règne au dedans et au dehors ? — Comment se conduisit-il à l'égard des dissidents ? — Comment mourut Buckingham ? — 222. Quels furent les effets de la politique imprudente de Charles Ier ? — Qu'arriva-t-il lors des émigrations ? — Quel projet forma Charles à l'égard de l'Écosse ? — Quelles en furent les conséquences ?

CHAPITRE VINGTIÈME.

RÉVOLUTION DE 1688. — CROMWELL.

SOMMAIRE.

223. Le *long parlement* (1640) refuse au roi des subsides. Charles se fait battre par les Écossais à la bataille de Newborn. Le beau caractère et l'administration habile du ministre Strafford ne peuvent désarmer à son égard la haine des partis. Ils obtiennent sa condamnation et sa mort (1641). Une insurrection éclate; le roi est forcé de quitter Londres (1642).

224. Les commencements de la guerre civile manifestent tout l'enthousiasme du parti parlementaire. Le colonel Cromwell se distingue à la tête des *Saints*. La lutte est inaugurée par la défaite des *Cavaliers* à Newbury (1643). Les exploits de Montrose contre les covenantaires ne peuvent relever la cause royale qui est abattue par la deuxième bataille de Newbury et celle de Marston-Moor (1644).

225. Les indépendants et Cromwell sont vainqueurs à Naseby (1645). Charles Ier est livré par les Écossais (1649); il tombe aux mains de Cromwell. L'accusation de Cromwell est pour lui une occasion de triomphe.

226. Les progrès de l'esprit anarchique inquiètent Cromwell lui-même; il réprime les *Niveleurs*; il triomphe du soulèvement des Écossais et fait subir des purgations au parlement.

227. Le *Rump* prononce la condamnation de Charles Ier sous l'influence de Cromwell; le roi meurt sur l'échafaud avec un courage héroïque, le 30 janvier 1649.

§ II. **228.** Le Rump prononce l'abolition de la royauté et l'établissement de la république. Le brave Montrose est pris et mis à mort. Charles II rentré en Angleterre, est défait à Worcester (1651); il fuit au milieu de mille dangers. La réunion de l'Écosse à l'Angleterre est prononcée. L'acte de navigation porte un coup fatal au commerce de la Hollande.

229. Le Rump est chassé de Westminster. Cromwell est proclamé protecteur (1653). Le caractère de Cromwell est un mélange de ruse et de fermeté, d'adresse et d'audace. Son gouvernement est tolérant, ferme et habile.

230. L'Angleterre sous ce gouvernement s'élève à un haut degré de gloire; Cromwell fait d'utiles traités avec les Provinces-Unies (1654), avec la France, avec la Suède. Les succès de l'amiral Blake rendent la marine anglaise redoutable à l'Espagne. Les alarmes et remords de Cromwell jusqu'à sa mort sont la punition de ses crimes (1658).

§ Ier. ANGLETERRE. — RÉVOLUTION DE 1648.

223. LE LONG PARLEMENT. — SUPPLICE DE STRAFFORD. — Convoqué au moment où la fermentation était universelle en Angleterre, où la guerre civile éclatait en Écosse, le parlement refusa de nouveau les subsides demandés par le roi. Charles prorogea les chambres et voulut tenter lui-même la fortune des armes; mais il alla se faire battre par les Écossais à Newborn. Le parlement, convoqué de nouveau, menaça plus directement la royauté par la condamnation inique du comte de *Strafford, l'un des plus grands hommes qui aient honoré l'Angleterre.* (Hume.) Ennemi infatigable des *entrepreneurs de la misère publique*, Strafford avait eu la gloire de calmer toutes les dissensions de l'Irlande, d'en régulariser le gouvernement, d'y rétablir l'union, la justice et la paix, *sans qu'un catholique pût se plaindre que sa foi lui eût coûté un cheveu de la tête.* Mais il était poursuivi avec acharnement par les ennemis du trône comme l'un de ses plus fermes soutiens. Les chambres exigèrent qu'il fût mis en jugement. Charles, sur les instances de Strafford lui-même, eut la faiblesse de signer sa condamnation (1641). Il ne voyait pas que le coup porté contre son fidèle ministre l'atteignait lui-même, et qu'il avait signé son propre arrêt.

L'année suivante, le parlement s'alliait aux Écossais révoltés, accusait faussement le roi du massacre des protestants en Irlande, le déclarait déchu de toutes ses prérogatives, et le forçait à quitter Londres, pour lever à Nottingham l'étendard royal et commencer la guerre civile (1642).

224. **Commencement de la guerre civile. — Cromwell. — Bataille de Newbury.** — Le parti du parlement avait l'avantage de l'enthousiasme et du nombre; de toutes parts, des volontaires venaient augmenter son armée; beaucoup de familles se privaient d'un repas par semaine, pour en offrir la valeur au parlement, qui rendit cette taxe obligatoire pour la capitale et ses environs. Les troupes parlementaires que commandaient le comte d'Essex, Fairfax et Cromwell, vainquirent à *Edge-Hill* (1642) et à *Newbury* (1643) les *Cavaliers*, c'est-à-dire les nobles qui s'étaient levés pour le roi. Le colonel Cromwell s'illustrait entre tous dans les rangs des parlementaires, et ses soldats, que leur exaltation religieuse avait fait appeler les *Saints*, méritaient aussi par leur valeur le nom de *Côtes-de-fer*. Un instant la fortune sembla ramenée sous les drapeaux de Charles par la victoire des troupes royales sur le comte d'Essex, et par les exploits héroïques de *Montrose*, « l'un de ces hommes que l'on ne retrouve que dans Plutarque » (de Retz), qui, à la tête des montagnards écossais, battait de tous côtés les *Covenantaires*. Charles marchait sur Londres, où la terreur était grande. La seconde bataille de *Newbury*, où il fut défait lui-même, et celle de *Marston-Moor*, perdue par le prince Rupert, commandant des troupes royales, anéantirent toutes les espérances du malheureux roi (1644).

225. **Bataille de Naseby. — Charles Ier prisonnier de Cromwell.** — Déjà les presbytériens, auteurs de la révolution, étaient dépassés; inquiets de voir leur influence le céder à celle des *Indépendants* et de leur chef Cromwell, ils entamèrent des négociations avec le roi, et l'on put croire

à un rapprochement; mais tout fut rompu par une grande victoire des indépendants à *Naseby*, qui assura le pouvoir à leur parti (1645). Charles Ier s'était réfugié dans le camp des Écossais : « l'assemblée ecclésiastique décida qu'un prince ennemi du *Covenant* ne pouvait être admis dans le royaume des *Saints;* les saints d'Écosse vendirent leur roi aux saints d'Angleterre pour 800,000 liv. sterl. » (Lally-Tollendal.)

Cromwell parvint à tirer le roi des mains des presbytériens pour le livrer à l'armée (1647). Les communes, irritées de son audace, l'accusèrent solennellement. « Cromwell tomba à genoux, fondant en larmes avec une véhémence de paroles, de sanglots et de gestes, qui saisit d'émotion et de surprise tous les assistants : il se répandit en pieuses invocations, en ferventes prières, appelant sur sa tête, si quelque homme était plus fidèle que lui à la chambre, toutes les condamnations du Seigneur... Tel fut son succès, que lorsqu'il se rassit, l'ascendant avait passé à ses amis, et que, s'ils l'eussent voulu, la chambre eût envoyé ses accusateurs à la Tour comme calomniateurs. » (M. Guizot.) Après cette scène étrange, il se hâta d'assurer son avantage en faisant entrer les troupes indépendantes à Londres, pour y dominer en maître. En même temps, la fuite de Charles dans l'île de Wight le livrait à la discrétion de Cromwell.

226. LE RUMP-PARLEMENT. — Après avoir triomphé du parti révolutionnaire le plus modéré avec l'aide de ses fanatiques partisans, Cromwell eut à craindre d'être renversé lui-même par les effrayants progrès de l'esprit anarchique; les *Niveleurs* menaçaient de laisser loin derrière eux les indépendants et leur chef. Cromwell sut les réprimer en faisant condamner et exécuter devant l'armée un des plus exaltés; puis il les gagna à son parti en les menant battre les Écossais qui, dans leur tardif repentir, se soulevaient en faveur du roi (1648).

Déjà Cromwell était tout-puissant; il fit demander par son armée victorieuse le jugement du roi, et brisa la résistance du parlement, en le réduisant par des *purgations* successives à cinquante-trois membres. Cette assemblée mutilée, qui reçut du mépris public le nom de *rump* (croupion), nomma un tribunal pour juger le roi.

227. JUGEMENT ET SUPPLICE DU ROI. — Charles déclina la compétence de la cour, et refusa de répondre : il fut jugé par contumace, et condamné à mort comme traître, tyran et meurtrier. Et pourtant, quand il fallut signer l'ordre

du supplice, on eut grand'peine à rassembler les commissaires. « Cromwell, presque seul, gai, bruyant, hardi, se livrait aux plus grossiers accès de sa bouffonnerie accoutumée. Il barbouilla d'encre le visage de Henri Martyn, assis près de lui. Le colonel Ingoldsby, son cousin, inscrit au nombre des juges, mais qui n'avait pas siégé à la cour, entra par hasard dans la salle. Cromwell, s'emparant d'Ingoldsby avec de grands éclats de rire, lui mit la plume entre les doigts, et, lui conduisant la main, le contraignit de signer. On recueillit enfin cinquante-neuf signatures ; plusieurs noms étaient tellement griffonnés, soit par trouble, soit à dessein, qu'il était presque impossible de les distinguer (1). »

Charles Ier marcha au supplice, supportant avec un héroïque courage les lâches insultes de ses ennemis, qui osèrent lui cracher au visage. Il mourut le 30 janvier 1649, sur un échafaud dressé en face de son palais de White-Hall.

§ II. PROTECTORAT DE CROMWELL.

228. LA RÉPUBLIQUE PROCLAMÉE. — CHARLES II BATTU A WORCESTER. — A la mort de Charles Ier, le gouvernement était au pouvoir du *rump parlement*, ou plutôt d'un conseil d'officiers, qui se hâtèrent d'abolir la chambre des pairs et la monarchie : la république fut proclamée. *L'an 1 de la liberté anglaise* (1649) fut signalé par le supplice de plusieurs seigneurs attachés au parti du jeune *Charles II*; et Cromwell, nommé gouverneur d'Irlande, s'efforça d'y établir le protestantisme par les violences et les dévastations. L'Écosse cependant avait accueilli le roi fugitif et déclaré la guerre à la république d'Angleterre ; mais le brave Montrose, livré par trahison, fut condamné à être pendu et écartelé (1650). Cromwell lui même battit l'armée écossaise à Dunbar; l'année suivante, il rencontra à *Worcester*, Charles II, qui avait pénétré en Angleterre et s'était fait couronner à Scone (1651). Le régicide remporta une victoire complète. Charles, échappé, après mille dangers, à la poursuite de ses ennemis, se réfugia en France.

Cromwell revint à Londres jouir de son triomphe. L'Écosse, par un acte du parlement, fut réunie à l'Angleterre; la république anglaise fut reconnue par toutes les puissances de l'Europe. Pour punir la Hollande, qui seule restait attachée

---

(1) M. Guizot, *Révolution d'Angleterre.*

au parti des Stuarts, Cromwell fit passer le fameux *acte de navigation*, qui portait un coup fatal au commerce de la Hollande, en fermant les ports de l'Angleterre à tout autre vaisseau qu'aux vaisseaux anglais; et les victoires des flottes anglaises forcèrent les Hollandais à s'y soumettre.

229. Protectorat de Cromwell. — Sa politique. — Cromwell voyait le Rump s'alarmer de ses projets ambitieux; il se débarrassa bientôt de ce frêle obstacle : ses mousquetaires chassèrent honteusement de Westminster les députés des communes. Cromwell, qui avait présidé lui-même à cette scène scandaleuse, fit nommer aussitôt, par le conseil des officiers, un parlement de cent quarante-quatre fanatiques, qui gouvernèrent quelques mois, et qui bientôt, comme il l'avait prévu, lui remirent l'autorité souveraine, avec le titre de *Protecteur de la République d'Angleterre, d'Écosse et d'Irlande* (1653).

Le protectorat de Cromwell fut glorieux pour l'Angleterre. Cet homme, « d'une profondeur d'esprit incroyable, hypo-
» crite raffiné autant qu'habile politique, capable de tout en-
» treprendre et de tout cacher, également actif et infatigable
» dans la paix et dans la guerre, qui ne laissait rien à la for-
» tune de ce qu'il pouvait lui ôter par conseil et par pré-
» voyance; cet esprit remuant et audacieux qui semblait né
» pour changer le monde; cet homme enfin à qui il fut
» donné de tromper les peuples et de prévaloir contre les
» rois (1), » Cromwell fit respecter au dehors la puissance de l'Angleterre, en même temps qu'à l'intérieur, il faisait régner l'ordre et la paix. Ce fanatique, ce régicide sut être tolérant en religion comme en politique; il laissa à chacun la liberté de suivre en particulier la foi qu'il adopterait dans sa conscience, et plusieurs royalistes furent appelés par lui aux premières dignités.

230. Grandeur de l'Angleterre sous son gouvernement. — Sa mort. — En 1654, Cromwell termina la guerre avec les Provinces-Unies, par un traité où le grand pensionnaire de Hollande, Jean de Witt, s'engageait à ne pas recevoir les Stuarts, et à exclure du stathoudérat le jeune prince d'Orange Guillaume III. La France, gouvernée alors par Mazarin, fit alliance avec le protecteur, tout en donnant asile au fils de Charles Ier, et livra Dunkerque à l'Angleterre. Christine la Grande, reine de Suède, reçut le portrait de

---

(1) Bossuet, *Oraison funèbre de Henriette de France*.

Cromwell en gage de son amitié. L'Espagne, malgré ses humbles sollicitations, ne put éviter une guerre malheureuse. L'amiral Blake parut avec une escadre dans la Méditerranée, où, depuis les croisades, aucune flotte anglaise n'avait osé pénétrer; il triompha partout, et força l'Espagne à offrir des réparations et à céder la Jamaïque à l'Angleterre.

Au milieu de toute cette gloire, Cromwell vivait dans les alarmes, poursuivi par les reproches de sa conscience et par les libelles de ses ennemis, déchiré par les inquiétudes et par les remords. Il mourut le jour anniversaire de ses deux plus grandes victoires (3 septembre 1658), *condamné à une renommée éternelle.* (Pope.)

QUESTIONNAIRE. — § I. 223. A qui Charles Ier fit-il la guerre? — Quelle condition le parlement lui imposa-t-il? — Dites l'admirable dévouement de Strafford. — Indiquez les funestes conséquences de la faiblesse de Charles Ier. — 224. Qui se mit à la tête des révoltés contre Charles Ier? — Comment s'appelaient les partisans de Cromwell? — Nommez le général qui combattait pour Charles Ier. — 225. Dites les principaux succès de Cromwell. — Quel fut le résultat de l'accusation portée contre Cromwell? — Comment le roi fut-il livré aux Anglais? — 226. N'y avait-il pas un parti encore plus exalté que les indépendants? — Comment Cromwell le réprima-t-il? — Quel fut le dernier effort des royalistes? — Comment Cromwell traita-t-il le parlement? — Dites le nom donné aux chambres ainsi mutilées. — 227. Racontez le jugement et la mort de Charles Ier. — § II. 228 Quel fut le gouvernement établi à la mort de Charles Ier? — Cromwell ne remporta-t-il pas une victoire sur Charles II? — Quel pays réunit-il à l'Angleterre? — Qu'entend-on par l'acte de navigation? — 229. Comment Cromwell se débarrassa-t-il du parlement-croupion? — Quel titre se fit-il donner? — Ne changea-t-il pas de conduite une fois arrivé au pouvoir? — 230. Quel fut l'état de l'Angleterre sous le protectorat de Cromwell? — Comment finit-il sa carrière?

CHAPITRE VINGT-ET-UNIÈME.

LOUIS XIII ET RICHELIEU.

SOMMAIRE.

§ Ier. 231. Le dix-septième siècle est l'ère du pouvoir absolu en France et de la prépondérance de la France en Europe. A l'avénement de Louis XIII, Marie de Médicis est chargée du gouvernement (1610) avec un conseil de régence; ses favoris sont le maréchal d'Ancre et Léonore Galigaï. Les seigneurs se font livrer les principaux gouvernements par le traité de Sainte-Ménehould.

232. Aux États-généraux de 1614, Richelieu se distingue. — Le roi épouse Anne d'Autriche, ordonne l'assassinat de Concini remplacé par le favori Albert de Luynes. Les insurrections réitérées des huguenots ébranlent le trône; la République est proclamée par eux.

233. Au moment de la première défaite des protestants, Richelieu, cardinal, est appelé au ministère (1624) et s'assure tout le pouvoir par l'indolence du roi. Le triple but de la politique de Richelieu est l'abaissement des protestants, des seigneurs et de la maison d'Autriche; il l'atteindra malgré les obstacles qu'il doit rencontrer. Le mariage de la sœur du roi avec le roi d'Angleterre, un traité avec les protestants, sont les premiers actes du gouvernement de Richelieu.

§ II. 234. Richelieu effraye les grands seigneurs par le supplice de Chalais. Gaston, frère du roi, factieux, inconstant et lâche, se soumet. La haute noblesse est exclue de l'Assemblée des notables. — La guerre contre les protestants recommence; elle est signalée par le siége et la prise de la Rochelle, le traité d'Alais (1629) et la défaite définitive des protestants.

235. L'insubordination des seigneurs est déconcertée à la journée des dupes (1632). L'exécution de Marillac, de Montmorency, la soumission définitive de Gaston, le supplice de Cinq-Mars et de Thou réalisent le second but de Richelieu : l'abaissement de la noblesse.

236. Richelieu renverse le pouvoir des grands seigneurs dans leurs gouvernements par la création des intendants chargés de l'administration civile.

§ III. 237. La lutte de Richelieu contre la maison d'Autriche a commencé en Italie. Dans une première campagne, Richelieu bat les Espagnols (1629); dans une seconde, il défait le duc de Savoie, triomphe des troupes autrichiennes et espagnoles et fait conclure le traité de Chérasco qui empêche les deux branches de la maison d'Autriche de se rejoindre en Italie.

238. Richelieu prend par les négociations et par les armes la part la plus active et la plus glorieuse à la période suédoise, puis à la période française de la guerre de Trente ans (renvoi au chapitre suivant). Il meurt (1642) et Louis XIII le suit dans la tombe (1643).

§ Ier. L'AUTORITÉ ROYALE CONSERVE LA PRÉÉMINENCE EN FRANCE.— RICHELIEU ET LOUIS XIII.

231. AVÉNEMENT DE LOUIS XIII. — RÉGENCE DE MARIE DE MÉDICIS. — CONCINI. — Le dix-septième siècle est l'ère du pouvoir absolu dans la monarchie française et de la prépondérance de la France sur toute l'Europe, double résultat de la politique de Richelieu et de Louis XIV.

L'assassinat d'Henri IV laissa le trône à un enfant de neuf ans (1610), et le gouvernement à la reine *Marie de Médicis*, qui fut immédiatement déclarée régente. Pour aider la reine dans l'administration, le parlement nomma un conseil général de régence composé des princes du sang, des ducs d'Épernon, de Guise et de Mayenne, et des ministres du feu roi. Mais bientôt Marie de Médicis cessa de le consulter, et écarta Sully des affaires pour accorder toute sa confiance à Léonore Galigaï, sa sœur de lait, et à son mari, le Florentin Concini, plus connu dans l'histoire sous le nom de *maréchal d'Ancre*. Le prince de Condé, plusieurs autres princes et grands seigneurs se retirèrent de la cour. Pour prévenir une guerre civile, la régente leur abandonna, par le traité de Sainte-Ménehould, les gouvernements les plus importants (1614), et s'engagea à convoquer les États-généraux.

252. États-généraux de 1614. — De Luynes. — L'assemblée se réunit à Paris au mois d'octobre, quelques jours après que Louis XIII, âgé de quatorze ans, eut fait proclamer sa majorité par le parlement. Ces États, où l'on vit encore le *Tiers-État* paraître à genoux, furent les derniers tenus en France avant ceux de 1789, où ce même Tiers-État devait renverser l'ancienne monarchie. Après de longues et inutiles discussions, où Armand du Plessis de *Richelieu* se distingua comme orateur du clergé, les députés se séparèrent, réclamant dans l'administration de la justice et des finances, des réformes qui ne furent jamais accomplies. Bientôt, le mariage du jeune roi avec Anne d'Autriche, fille du roi d'Espagne Philippe III, excita l'inquiétude des seigneurs et des protestants, et fut le prétexte de nouveaux soulèvements. Vainement Concini, d'accord avec la reine mère et avec Richelieu, qu'elle avait appelé au conseil, fait arrêter le prince de Condé, chef des rebelles, et envoie trois armées qui les pressent de toutes parts. Les seigneurs parviennent à s'emparer de l'esprit du jeune roi lui-même, qui, cédant aux conseils d'un nouveau favori, *Albert de Luynes*, fait assassiner Concini, enferme la reine-mère au château de Blois, et exile Richelieu à son évêché de Luçon.

Marie de Médicis, bientôt délivrée par les seigneurs, se jette dans leur parti, et les troubles recommencent jusqu'à ce que la défaite du *pont de Cé* oblige les rebelles à conclure une paix éphémère par l'entremise de Richelieu (1620).

Une année s'était à peine écoulée, que les huguenots reprenaient les armes, après avoir formulé hautement leurs plans de révolte et d'indépendance, par la rédaction des *lois fondamentales de la république réformée de France et de*

Béarn (1621). De Luynes, nommé successivement duc, pair et connétable, n'use de son pouvoir que pour accumuler dans sa maison les biens et les dignités ; et les protestants, encouragés par la retraite de l'armée royale devant Montauban, soulèvent contre lui les provinces du Midi.

253. RICHELIEU MINISTRE. — SES PROJETS. — Mais la mort du duc de Luynes annonce une ère nouvelle. Les protestants, vaincus par le prince de Condé et le connétable de Lesdiguière, qui ont remplacé le favori dans la confiance du roi, sont obligés d'accepter une paix désavantageuse à Montpellier, au moment où Richelieu, nommé cardinal, est appelé au ministère (1624).

Aussitôt, l'indolent Louis XIII abandonne définitivement le pouvoir, qu'à peine il a pris en main. Le roi disparaît derrière le ministre, et Richelieu peut poursuivre sans obstacle la réalisation de ses trois grandes pensées : l'abaissement de la maison d'Autriche, la soumission des protestants et la destruction du pouvoir féodal de la noblesse. Les nobles et les protestants feront le plus souvent cause commune pour défendre leur influence ; et, au milieu des guerres étrangères, la France aura à lutter à l'intérieur contre d'infatigables ennemis. Mais Richelieu triomphera de tous les obstacles par l'énergie et l'habileté de sa politique.

Dès l'année 1625, il se concilie l'Angleterre, en donnant au roi Charles Ier la sœur de Louis XIII ; il organise une ligue formidable contre la maison d'Autriche, combat les protestants en armes dans le Poitou et la Bretagne, et ne traite avec eux (1626) que pour se préparer à leur porter des coups plus décisifs et réduire d'autres ennemis.

§ II. LE PROTESTANTISME CESSE D'ÊTRE UN PARTI POLITIQUE. — ABAISSEMENT DES GRANDS. — CRÉATION DES INTENDANTS.

254. RICHELIEU TRIOMPHE DES PROTESTANTS. — Bientôt le supplice du comte de Chalais, la captivité du grand-prieur de Vendôme, l'exil de plusieurs seigneurs, et la soumission de Gaston, frère du roi, épouvantent la haute noblesse, qui se voit exclue de *l'assemblée des notables*, où Richelieu réalise d'importantes réformes dans les finances, le commerce, la marine. L'année suivante, le ministre ose attaquer la Rochelle, ce boulevard de la *république* des réformés, qui ont regagné l'appui de l'Angleterre et recommencé les hostilités. Le cardinal, après un an d'efforts inouïs, jette devant ce port une digue, qui ferme toutes les communications de la ville avec la mer; et le succès de cette prodigieuse entreprise, comparable à celle d'Alexandre devant Tyr, oblige les assiégés à rendre leurs armes. Au bruit de cet exploit, Montauban, Privas et toutes les places protestantes ouvrent leurs portes. Richelieu a la gloire de mettre un terme aux guerres de religion, par le *traité d'Alais* (1629), qui assure aux protestants le libre exercice de leur culte, mais leur enlève toutes leurs forteresses et supprime leurs assemblées. Les protestants, anéantis comme parti politique, avaient désormais cessé de former un État dans l'État.

235. ABAISSEMENT DES GRANDS. — La défaite des protestants présageait celle de la noblesse, retardée un instant par les guerres extérieures. Mais à peine Richelieu a-t-il été lui-même en Italie battre les troupes de l'Autriche, de l'Espagne, du duc de Savoie (n° 237), qu'il revient en France se livrer tout entier à la politique intérieure. La noblesse, irritée du supplice de deux seigneurs qui ont osé violer publiquement les lois contre le duel, s'est liguée de nouveau pour la défense de ses priviléges, et a gagné à son parti la reine Anne, Gaston, frère du roi, le chancelier et le maréchal de Marillac. La *journée des dupes*, suivie de l'exil de la reine et de ses complices, voit échouer tous leurs desseins (9 mai 1632), et désormais, Richelieu ne reculera devant aucune rigueur pour faire respecter son pouvoir.

Gaston, qui a tenté un nouveau soulèvement, est forcé de quitter la France; le maréchal de Marillac est exécuté; le duc de Montmorency, chef d'une des premières familles du royaume, pris les armes à la main, porte sa tête sur l'échafaud, ainsi que plusieurs autres seigneurs. Gaston accepte le pardon que lui offre le cardinal, et abandonne pour toujours la cause de la féodalité (1634), qui ne tentera plus désormais que d'impuissants efforts. Le comte de Soissons périra, en 1641, après une victoire inutile à *la Marfée;* et la conspiration de *Cinq-Mars*, qui osera entreprendre de supplanter le puissant ministre, sera punie par le supplice de cet imprudent seigneur et de son ami de Thou (1642).

236. CRÉATION DES INTENDANTS. — Richelieu avait affermi son triomphe sur la féodalité par une réforme administrative dont les conséquences furent considérables. A côté des gouverneurs choisis originairement dans les plus grandes familles et qui s'étaient rendus par le fait presque tous héréditaires dans leurs grands gouvernements, devenus pour eux de véritables fiefs, le ministre plaça des *intendants*, officiers nommés par le roi qui pouvait les révoquer à son gré, et dont les fonctions embrassaient les diverses branches de l'administration (1635). Ces fonctionnaires, qui représentaient directement l'autorité royale éclipsée au contraire par le pouvoir des gouverneurs, dessaisirent peu à peu ceux-ci de toutes leurs attributions civiles, ne leur laissèrent guère que le commandement des troupes et affaiblirent notablement leur influence sur les populations en relevant par là même celle du souverain. Cette institution fit faire un grand pas vers l'unité nationale en rendant impossible le rétablissement de ces petites principautés presque indépendantes, dont Henri IV, en montant sur le trône, était obligé naguère de marchander et de payer chèrement la soumission douteuse. Cette grande et décisive mesure avait été précédée et préparée par l'abolition des charges de connétable et de grand amiral qui donnaient aux plus grands seigneurs une autorité souveraine sur la flotte et sur l'armée.

En même temps, la démolition d'un grand nombre de forteresses en punition des révoltes de leurs maîtres enlevait aux seigneurs leurs plus redoutables moyens de résistance. L'influence féodale s'anéantissait : la main du roi était partout.

§ III. ABAISSEMENT DE LA MAISON D'AUTRICHE.

237. LUTTE EN ITALIE CONTRE LA MAISON D'AUTRICHE. — TRAITÉ DE CHÉRASCO. — Avant que la complète soumission des protestants et l'entière répression des conspirations et des révoltes de la nouvelle féodalité eussent laissé à Richelieu la libre disposition de toutes les forces de la France, il avait commencé à mettre à exécution ses projets de politique extérieure, dont l'abaissement des deux branches de la maison d'Autriche devait être le résultat. L'une des branches de cette puissante famille occupait le trône impérial et possédait la Bohême et la Hongrie avec la plus grande partie de l'Allemagne, et l'autre dominait sur l'Espagne, les Pays-Bas, la Franche-Comté et l'Amérique. La lutte s'était engagée depuis longtemps déjà en Italie contre l'Espagne. Pendant que le cardinal s'emparait de la Rochelle, les Espagnols qui avaient su assurer des communications directes entre leur duché de Milan et la province autrichienne du Tyrol, par l'occupation de la Valteline, avaient cherché à enlever à un prince français, le duc de Nevers, Charles de Gonzague, la succession de son parent, le duc de Mantoue et de Montferrat. Une première expédition de Richelieu au delà des Alpes eut pour résultat de faire lever aux Espagnols le siège de Casale (1629). Mais l'Autriche ayant à son tour envahi l'Italie, pendant que Richelieu achevait la ruine des protestants, celui-ci, devenu principal ministre, repassa les Alpes avec le titre de *lieutenant général*, châtia le duc de Savoie, qui s'était uni aux ennemis de la France, et malgré les efforts des armées espagnoles et autrichiennes combattant ensemble contre la France, Richelieu termina les hostilités par le traité de *Chérasco*, qui livrait à la France Pignerol, avec les passages des Alpes, assurait au duc de Nevers la possession de Mantoue et du Montferrat, et empêchait les deux branches de la maison d'Autriche de se rejoindre en Italie.

258. LUTTE CONTRE LA MAISON D'AUTRICHE PENDANT LA GUERRE DE TRENTE ANS. — MORT DE RICHELIEU ET DE LOUIS XIII. — Ce premier et important résultat n'est que le présage de succès bien autrement décisifs. Tout entier désormais à la pensée d'étendre au dehors la puissance de la France, à la faveur des guerres qui mettent en feu la moitié de l'Europe, agissant par ses négociations autant que par ses armes, Richelieu soulève les hérétiques d'Allemagne, appelle les Suédois contre les Autrichiens, arme la Hollande, et appuie contre l'Espagne le Portugal révolté. Nous raconterons dans le chapitre suivant les grands événements qui appartiennent à la période suédoise et à la période française de la guerre de Trente ans, et dont nous n'avons à indiquer ici que les résultats. Déjà les armées françaises, malgré quelques échecs, ont occupé l'Artois, la Lorraine, l'Alsace, la Savoie, le Roussillon, la Catalogne; et l'épée de la France est prête à frapper les plus mémorables coups, quand Richelieu meurt, laissant le pouvoir au cardinal *Mazarin*, son ami et son confident (4 décembre 1642).

Louis XIII ne tarda pas à suivre dans la tombe le ministre qui avait régné sous son nom (14 mai 1643).

« Richelieu, dit Montesquieu, fit jouer à son monarque le second rôle dans la monarchie et le premier dans l'Europe : il avilit le roi, mais il illustra le règne. »

QUESTIONNAIRE. — § I. 231. Quel était l'état du royaume à l'avénement de Louis XIII? — Comment la régence fut-elle remise à Marie de Médicis? — Comment en exerça-t-elle les pouvoirs? —

Quel ministre choisit-elle? — 232. A quel âge Louis XIII fut-il déclaré majeur? — Que firent les États-généraux de 1614? — Que devint Concini? — Qui eut-il pour successeur? — Quelle dignité obtint de Luynes? — 233. Faites connaître le ministre célèbre qui remplaça de Luynes. — Quelle tâche Richelieu avait-il à accomplir? — Quel moyen prit-il pour y arriver? — § II. 234. Comment éclata de nouveau la guerre contre les protestants? — Faites connaître la conduite de Richelieu au siége de la Rochelle, et la manière dont il s'en empara. — Quel fut le résultat de la prise de la Rochelle? — Par quel traité fut terminée la guerre, et quelles en étaient les conditions? — 235. Quel objet se proposa le cardinal de Richelieu dans sa politique extérieure? — Sur quelles contrées dominaient les deux branches de la maison d'Autriche? — Indiquez les divers moyens employés par Richelieu pour affaiblir cette maison. — 236. Quelle institution contribua puissamment à abaisser la haute noblesse? — Quels résultats avait amenés la guerre à la mort du cardinal? — Vit-il son plan entièrement accompli? — Quelle autre entreprise Richelieu menait-il de concert avec sa lutte contre les protestants? — Faites connaître quelques-unes des victimes des rigueurs du cardinal. — Quel sort éprouva Marillac? — Quelle condamnation encourut le duc de Montmorency? — Qu'est-ce qui donna lieu à la condamnation de Cinq-Mars et de son ami le jeune de Thou? — En quel état se trouvait la féodalité à la mort du cardinal de Richelieu? — § III. 237. Parlez de la première et de la seconde expédition de Richelieu en Italie. — 238. Quelle part Richelieu prit-il encore à la politique européenne? — Louis XIII survécut-il longtemps à son habile ministre?

CHAPITRE VINGT-DEUXIÈME.

ALLEMAGNE. — GUERRE DE TRENTE ANS.

SOMMAIRE.

§ Ier. 239. La guerre de Trente ans est la dernière lutte armée du protestantisme et du catholicisme. Les causes de division laissées par la paix d'Augsbourg se sont développées. — La politique de Ferdinand Ier après son avénement est tolérante (1556-1564). Il évite les mesures de rigueur. Sa modération et sa prudence sont imitées par Maximilien II (1564-1576).

240. Le règne de Rodolphe II, prince d'une complète incapacité (1576-1612), est signalé par de nouvelles mesures de rigueur dont le résultat est la formation des ligues protestantes de Heilbronn et de Halle. L'affaiblissement de l'empire augmente par les intrigues de Mathias que soutient l'union évangélique. La succession de Juliers amène de nouvelles causes de divisions. — La ligue catholique de Wurtzbourg s'organise.

241. Les principales clauses des Lettres de Majesté favorables aux réformés de Bohême enchaînent la liberté de l'empereur; leur prétendue violation provoque un soulèvement des Bohémiens au profit de Mathias, qui devient empereur à la mort de Rodolphe (1612) Les embarras du nouvel empereur sont extrêmes. Une insurrection de la Bohême éclate contre lui. Les gouverneurs autrichiens sont jetés par les fenêtres (1618).

242. Les commencements de la guerre de Trente ans ont lieu au moment de l'avénement de Ferdinand II (1619). L'électeur palatin Frédéric V est proclamé par les protestants bohémiens, et Betlem Gabor en Hongrie. La défaite de Frédéric à Prague (1620) entraîne la soumission de la Bohême. Les mesures de rigueur prises par Ferdinand terminent la période palatine.

243. La période danoise commence par l'alliance de Christian IV de Danemark avec les protestants. Le comte de Waldstein lève une armée à ses frais et défait les protestants. La victoire du général catholique Tilly à Lutter, les nouveaux succès de Waldstein déterminent la paix de Lubeck (1629). L'édit de restitution châtie les protestants. D'affreuses dévastations exercées par l'armée de Waldstein font encourir à ce général la disgrâce de l'empereur.

244. La période suédoise est inaugurée par l'entrée de Gustave-Adolphe, roi de Suède, en Allemagne (1630); sa tactique impétueuse déconcerte tous les plans de Ferdinand qui redouble ses rigueurs contre les protestants. La ruine de Magdebourg par Tilly épouvante l'Allemagne. Les Impériaux sont vaincus à Leipsick par Gustave-Adolphe.

245. Tilly meurt. Waldstein est généralissime. La victoire et la mort de Gustave-Adolphe à Lutzen (1632) ne mettent pas fin à la guerre.

246. La période suédoise continue après la mort de Gustave-Adolphe sous la régence d'Oxenstierna. — L'alliance de la Suède et de la France menace l'empereur qui s'affaiblit par l'assassinat de Waldstein. (1634). Cependant la bataille de Nordlingen, gagnée par les Autrichiens, amène la paix de Prague (1635).

247. La période française commence. Richelieu se déclare ouvertement; Bernard de Saxe-Weymar et Banner commandent ses armées; le dernier remporte la victoire de Wittstock.—Ferdinand III monte sur le trône (1637). Les succès temporaires des impériaux sont arrêtés par les exploits de Bernard. La mort de ce général est suivie de celle de Banner, de Richelieu, de Louis XIII. La lutte continue entre Piccolomini et Mercy d'une part, Torstenson et Wrangel de l'autre.

248. Le règne de Louis XIV est inauguré par le triomphe du duc d'Enghien à Rocroy (1643) et les succès des Français en Italie. Les manœuvres rapides de Torstenson mettent le comble à ses exploits. Après sa mort le duc d'Enghien défait Mercy à Fribourg (1644), le tue à Nordlingen (1645). Les succès de Turenne et de Wrangel sont suivis de la victoire de Condé à Lens. La conclusion de la paix de Westphalie a lieu après de longues négociations (1648).

§ II. 249. Le traité de Westphalie agrandit les possessions de la France qui acquiert définitivement l'Alsace, et celles de la Suède;

il opère diverses modifications de territoires en Allemagne. L'indépendance des Provinces-Unies et de la Suisse est reconnue. Les clauses relatives à la situation des protestants d'Allemagne mettent les calvinistes au même rang que les luthériens et règlent la situation des protestants sur le pied de l'année 1624 appelée décrétoire ou normale. Une composition mixte est donnée à la chambre impériale et au conseil aulique. Le traité consacre l'extension du droit de suffrage et l'augmentation des pouvoirs de la diète. L'influence du conseil aulique s'affaiblit.

250. Les résultats immédiats du traité de Westphalie sont de rendre la monarchie universelle définitivement impossible, d'augmenter le morcellement de l'Allemagne fractionnée en trois cent soixante États, de consommer l'affaiblissement de l'Empire et sa ruine totale comme corps politique.

251. Le résultat général est la réalisation de la politique suivie par la France et l'Angleterre. Le système de politique générale pratiqué pendant le moyen âge à la faveur de la suprématie pontificale a dû cesser par les causes qui avaient rendu désormais impossible l'exercice de l'arbitrage des papes.

252. Le système d'équilibre est régulièrement organisé d'après le principe constitutif d'une balance de pouvoirs capable de garantir les nations plus faibles contre l'ambition des plus fortes. La constitution germanique est organisée en barrière contre la maison d'Autriche. La tendance du nouveau système est de prévenir les guerres et d'augmenter le rôle de la diplomatie.

253. De grands obstacles à la réalisation complète de l'équilibre européen naissent des vices du traité de Westphalie. Les rapports religieux et naturels des peuples ne sont pas suffisamment respectés. L'équilibre est établi sur des bases toutes matérielles. Il n'est pas organisé pour les puissances du Nord. Ces défauts graves du système nouveau sont des causes de guerres et de crises ultérieures.

§ Ier. ALLEMAGNE. — GUERRE DE TRENTE ANS.

259. CAUSES DE LA GUERRE DE TRENTE ANS. — FERDINAND Ier. — MAXIMILIEN II. — La guerre de Trente ans fut la dernière et la plus terrible des grandes luttes à main armée du catholicisme et du protestantisme en Europe.

Les germes de division que la paix d'Augsbourg avait laissés entre les catholiques et les protestants s'étaient développés lentement, mais constamment, pendant toute la seconde moitié du seizième siècle, période de l'agrandissement de la Réforme aux dépens de la puissance des successeurs de Charles-Quint en Allemagne. Le frère du grand empereur suivit une politique tout opposée à celle de son neveu Philippe, roi d'Espagne. *Ferdinand Ier* (1556-1564), d'un caractère naturellement doux et modéré, était d'ailleurs mal affermi dans la Bohême et la Hongrie, et menacé par les perpétuelles attaques des Turcs. Il avait réprimé vigoureusement les révoltes des hérétiques bohémiens pendant le règne de Charles V; mais, appelé au trône impérial à la suite de l'abdication de son frère, il craignit avant tout de se créer de nouveaux ennemis, et évita toutes les mesures de rigueur. Après d'inutiles efforts pour ramener les dissidents à l'Église catholique, il laissa leurs sectes se multiplier, se diviser à l'infini, se contentant de leur opposer l'influence toute morale que commençaient à exercer les jésuites.

Maximilien II (1564-1576) imita sa modération et sa prudence; les discordes religieuses s'apaisèrent peu à peu, et l'Empire ne fut troublé que par une guerre contre le prince de Transylvanie, et par une lutte contre les Turcs, que Maximilien termina en 1568 par une paix avantageuse.

240. Règne de Rodolphe II. — Ligues Protestantes et Catholiques. — Le règne de *Rodolphe II* (1576-1612) mit fin à la tranquillité générale. L'incapacité d'un prince qui, au lieu de s'appliquer aux affaires de l'Empire, cherchait à lire l'avenir dans les astres, fit retomber l'Allemagne dans toutes ses discordes. Il fallut en revenir aux mesures rigoureuses pour vaincre les résistances des princes réformés. L'archevêque de Cologne, qui voulait séculariser ses États, contre les clauses de la paix d'Augsbourg, fut dépossédé; les villes d'Aix-la-Chapelle et de Donawerth, où la Réforme prétendait s'établir par la violence, furent mises au ban de l'Empire. Aussitôt, les protestants de toute l'Allemagne renouvelèrent à Heilbronn (1594), puis à Halle (1608), leur ancienne union, pour résister aux entreprises de l'Empereur; tandis que, parmi eux, les princes du Palatinat ne craignaient pas de faire passer violemment leur duché du luthéranisme au calvinisme, et de chasser plusieurs milliers de fonctionnaires qui refusaient de se prêter à leurs odieux caprices.

En même temps, une guerre malheureuse contre les Turcs (1606) affaiblissait l'Empire, que les projets ambitieux de l'archiduc Mathias, frère de Rodolphe, menaçaient d'un démembrement. L'an 1608, Mathias, soutenu par *l'union évangélique*, parvint à se faire céder la Moravie, l'Autriche et la Hongrie. Enfin, la succession de Clèves et de Juliers (1609), disputée par plusieurs princes protestants et catholiques, vint jeter au milieu de cette confusion une nouvelle cause de querelles. Toute l'Allemagne se divisa en deux camps. La confédération catholique de Wurtzbourg s'organisa en face des ligues protestantes, et déjà les hostilités commençaient, quand la mort du roi de France, Henri IV, qui s'était déclaré contre la maison d'Autriche, les suspendit tout à coup.

241. Lettres de Majesté. — Mathias, empereur. — Défénestration de Prague. — Mais la ruine de Rodolphe ne fut pas retardée longtemps. Pour apaiser les troubles sans cesse renaissants, il avait publié les fameuses *lettres de Majesté*, qui reconnaissaient formellement la confession religieuse de la Bohême, et déclaraient nulle toute ordonnance postérieure qui tendrait à les modifier elles-mêmes. Les Bohémiens eurent bientôt trouvé quelque violation à ce traité insensé, qui enchaînait indéfiniment l'exercice de l'autorité souveraine. Ils se soulevèrent et donnèrent leur sceptre à l'archiduc *Mathias*. L'infortuné Rodolphe en était réduit à sa couronne impériale, quand il mourut, léguant au frère qui l'avait dépouillé d'inextricables embarras (1612).

Les amis de Mathias rebelle devinrent pour la plupart ennemis de Mathias empereur. La destruction imprudente de deux temples protestants en Bohême, malgré les lettres de Majesté, provoqua un soulèvement, et le comte de Thurn, chef des révoltés, fit précipiter quatre gouverneurs autrichiens par les fenêtres du château de Prague (1) (1618).

242. Ferdinand II. — Période Palatine de la guerre de Trente ans. — Ce fut le signal de la guerre. Mathias, qui l'avait engagée, mourut presque aussitôt et laissa sa déplorable succession à *Ferdinand II* (1619-1637). Les protestants bohémiens donnèrent la couronne à *FrédériV*, électeur palatin et gendre du roi d'Angleterre; la Hongrie se livrait à *Betlem Gabor*, prince de Transylvanie.

Frédéric hésita longtemps à se mettre à la tête des rebelles. Mais sa femme, pleine d'ambition et d'énergie, lui dit en se jetant à ses pieds : « Vous avez pu devenir le mari de la fille d'un roi, et vous n'osez pas accepter la couronne que tout un peuple vient vous offrir! Pour moi, j'aimerais mieux ne manger que du pain et être reine, que de vivre dans les délices et n'être que femme d'électeur. » Vaincu par ses instances, Frédéric prit enfin le commandement des insurgés, et déclara la guerre à l'empereur. En même temps, Ferdi-

---

(1) Cet événement est désigné dans l'histoire sous le nom de *défénestration de Prague*.

nand II, entouré d'ennemis, faillit être pris dans Vienne. Mais le duc de Bavière et la ligue catholique d'Allemagne se déclarèrent en sa faveur ; le calviniste Frédéric V, abandonné des luthériens, qu'il irritait par des violences et des persécutions, méprisé de tout son parti, dont il dissipait les finances en fêtes et en prodigalités, perdit par sa négligence et sa lâcheté la *bataille de Prague* (1620) : il donnait tranquillement un festin à l'ambassadeur d'Angleterre, pendant que ses soldats se faisaient tuer pour lui. Il ne sut pas même conserver le Palatinat. Ferdinand partagea entre ses alliés les dépouilles du vaincu, qui alla cacher en Hollande la honte de sa défaite. Pour punir la révolte de la Bohême, l'empereur y rétablit solennellement la religion catholique, bannit les ministres protestants, et déchira les lettres de Majesté. Sept cents nobles furent dépouillés de leurs biens, et près de trente mille familles furent expulsées du pays pour cause de religion. Ces mesures rigoureuses terminèrent la *période Palatine* de la guerre de Trente ans.

243. Période Danoise. — Waldstein. — Tilly. — Bientôt commença une seconde période, où les Danois jouèrent le rôle principal. Les protestants, inquiets de la puissance de Ferdinand, appelèrent à leur secours Christian IV, roi de Danemark (1625). Ferdinand, pour ne pas se mettre sous la dépendance de la ligue catholique d'Allemagne, dont les troupes avaient seules jusqu'alors soutenu le poids de la guerre, donna le commandement au célèbre comte de *Waldstein* (ou *Wallenstein*), le plus riche et le plus puissant seigneur de la Bohême. Waldstein se chargea de lever lui-même et d'entretenir à ses frais une armée de cinquante mille hommes, à condition qu'il en aurait le commandement absolu et nommerait tous les officiers. La ligue catholique avait confié ses troupes à *Tilly*, homme dur et farouche, mais infatigable à la guerre, ne craignant ni les peines ni les privations, et aussi terrible pour ses ennemis que sévère pour ses propres soldats.

Les protestants eurent aussi à leur tête d'habiles généraux dont le plus célèbre fut le comte *Ernest de Mansfeld*. Ce seigneur, d'abord catholique et attaché au parti de l'empereur, se fit protestant par ambition, et devint un des ennemis les plus redoutables de l'Autriche. Comme les capitaines des condottières en Italie, on le vit, à la tête d'une armée d'aventuriers levés dans tous les pays, ravager les possessions autrichiennes, et s'unissant aux Danois qui avaient envahi l'Allemagne (1625), déployer contre Ferdinand une activité prodigieuse. Mais il devait périr dès le commencement de la guerre sans avoir pu vaincre les armées impériales.

Les talents militaires de Mansfeld et de Bernard de Saxe-Weimar, joints aux Danois, n'empêchèrent pas une seconde défaite du parti protestant. Tilly remporta une grande victoire à *Lutter* sur le roi Christian IV, qui s'enfuit au delà de l'Elbe. Le nouveau chef des protestants allemands, *Christian de Brunswick*, impie et cruel comme un chef de bandits, semait la terreur dans les pays catholiques où il pillait toutes les églises, et fondait les vases sacrés pour en faire une monnaie avec cette inscription : « *Ami de Dieu, ennemi des prêtres.* » Mais vainement ce chef intrépide, qui, blessé au bras, se le faisait couper au son des trompettes, appela sous ses drapeaux tous les hommes avides de sang et de pillage. Waldstein envahit le Meklembourg, la Poméranie, le Holstein, et ne put être arrêté que par l'héroïque résistance de Stralsund (1628). Le roi de Danemark, tremblant pour ses propres états, conclut à Lubeck une paix humiliante (1629).

Ferdinand, encore une fois vainqueur, traita sévèrement l'Allemagne ; l'*édit de restitution* des biens ecclésiastiques fut lancé contre les protestants, qui durent rendre à leur destination primitive tous les couvents et tous les biens ecclésiastiques sécularisés depuis la paix de religion. Waldstein, chargé d'exécuter les ordres de l'empereur, livra l'Allemagne à la merci de ses soldats. Ce fut une effroyable dévastation, et les plaintes des alliés mêmes de Ferdinand le forcèrent à disgracier Waldstein. L'empereur s'était privé de son meilleur général, quand les Suédois et *Gustave-Adolphe*, qui venaient de s'illustrer par trois guerres glorieuses contre le Danemark, la Russie et la Pologne, se précipitèrent sur l'Allemagne.

244. Période Suédoise. — Gustave-Adolphe. — *Ce roi de neige fondra au soleil du midi*, disait Ferdinand à la nouvelle de l'invasion. Mais si les hommes du Nord déconcertèrent la routine allemande en commençant la guerre en plein hiver, ils ne furent pas moins redoutables l'été suivant, et l'impétueuse rapidité de leurs mouvements rendit inutile tout le système de défense adopté par l'Empereur. « S'emparer des places fortes en suivant le cours des fleuves, assurer la Suède en fermant la Baltique aux Impériaux, leur enlever tous leurs alliés, cerner l'Autriche avant de l'attaquer : tel fut le plan de Gustave-Adolphe. S'il eût marché droit à Vienne, il n'apparaissait à l'Allemagne que comme un conquérant étranger ; en chassant les Impériaux des États du nord et de l'occident qu'ils écrasaient, il se présentait comme un champion de l'Empire contre l'Empereur. » (MICHELET.)

Ferdinand, « qui avait d'abord semblé un prince très-juste, dit Richelieu, mais que les artifices de l'Espagne avaient détourné de son naturel, » prononça d'avance une sentence de mort contre tous ceux qui prêteraient assistance aux ennemis, et fit exécuter ses menaces avec une impitoyable rigueur. Le sac de la ville de Pasewalk, qui fut le théâtre d'épouvantables vengeances, fut bientôt suivi de la ruine de Magdebourg. *Il faut bien que mes soldats se dédommagent de leurs peines!* dit le farouche Tilly en ordonnant le pillage. La destruction de cette grande et riche cité, qui fut réduite en cendres après avoir été livrée à toutes les fureurs d'une armée sans discipline et sans frein, déchaînée par son propre chef, ne fit qu'attirer sur Tilly l'exécration générale, et augmenter le nombre de ses ennemis.—Vaincu par les Suédois à la sanglante *bataille de Leipzick* (1631), il ne put empêcher Gustave-Adolphe de traverser comme un torrent les électorats de Trèves, de Mayence, du Rhin, les provinces d'Alsace et de Bavière, et il mourut de ses blessures en défendant les bords du Lech (1632).

245. BATAILLE DE LUTZEN. — Ferdinand, sans armée, sans général, dut recourir à Waldstein. L'orgueilleux sujet exigea une autorité militaire au moins égale à celle de son souverain. Nommé généralissime de toutes les troupes de la maison d'Autriche, il put interdire à l'empereur l'entrée de son camp; il reçut le pouvoir de conférer seul des grades dans l'armée, et d'exercer dans tout l'Empire les droits de confiscation et de grâce. A ce prix seulement, il consentit à reprendre le commandement. Bientôt les deux plus grands généraux de leur siècle furent en présence, hésitant l'un et l'autre à compromettre leur réputation d'invincibles. Enfin Gustave-Adolphe attaqua le premier, pour défendre l'électeur de Saxe, son allié. Au moment d'engager la bataille près du village de *Lutzen*, en Saxe, le roi de Suède se jeta à genoux devant toute son armée pour implorer la protection du ciel, puis il donna le signal, et fondit sur les Impériaux avec une rapidité foudroyante. Déjà l'armée de Waldstein commençait à s'ébranler, lorsque le roi de Suède tomba dans la mêlée, atteint d'un coup de feu, tiré, dit-on, par un traître. Le bruit de sa mort se répandit aussitôt, mais il ne fit qu'accroître l'ardeur des Suédois, qui jurèrent de le venger, et continuèrent le combat avec un acharnement inouï. A la fin du jour, Waldstein fut forcé de battre en retraite, laissant les Suédois rendre en paix les derniers honneurs au héros qui les avait tant de fois conduits à la victoire (16 novembre 1632).

246. Suite et fin de la période suédoise après la mort de Gustave-Adolphe. — La Suède conserva le rôle glorieux que lui avait donné Gustave. Le génie du chancelier Oxenstierna et l'alliance de la France empêchèrent la dissolution de la ligue protestante. Richelieu, qui s'était engagé à payer à Gustave-Adolphe un million deux cent mille livres par année pour l'entretien de son armée, renouvela le traité avec Oxenstierna, qui fut nommé directeur de la confédération. D'habiles capitaines, formés à l'école de Gustave-Adolphe, continuèrent la guerre. — Cependant Waldstein vivait dans ses vastes domaines avec toute la splendeur d'un souverain. Son château de Prague, orné avec un luxe royal, était gardé par de nombreuses sentinelles. Des pages choisis parmi les enfants des plus nobles familles d'Autriche et de Bohême accompagnaient partout le puissant seigneur, et lorsqu'il allait en voyage, une foule de carrosses attelés de six chevaux transportaient sa suite, plus nombreuse que celle d'un monarque. Il attendait l'occasion d'accabler les Suédois, et peut-être, celle de se rendre tout à fait indépendant de l'empereur. Ferdinand II s'en débarrassa, comme Henri III du duc de Guise (1634); trois assassins le tuèrent dans un festin, aux cris de : *Vive Ferdinand! Vive la maison d'Autriche!* — Malgré la mort de cet illustre capitaine, une victoire de l'archiduc Ferdinand releva le parti impérial, et la paix de *Prague* (1635) suivit de près la bataille de *Nordlingen*. Les Suédois n'étaient pas assez forts pour lutter seuls; mais la France allait paraître sur le champ de bataille, et terminer glorieusement la guerre.

247. Période française jusqu'à la mort de Louis XIII. — Richelieu, qui depuis longtemps soutenait les Suédois de ses secours, se déclara ouvertement contre l'Espagne et l'Autriche; il mit sur pied cinq armées à la fois, et acheta les services de *Bernard de Saxe-Weimar*, le meilleur général de Gustave-Adolphe. *Banner*, autre général suédois, ouvrit la campagne par la victoire de *Wittstock*. En même temps, à Ferdinand II succédait *Ferdinand III*, prince plus tolérant et plus modéré; mais la guerre allumée de toutes parts ne pouvait s'éteindre tout d'un coup. Un instant, les Impériaux reprirent l'avantage en Allemagne, et la frontière française des Pays-Bas fut entamée. L'armée ennemie surprit la ville de Corbie et jeta l'épouvante dans la capitale, tandis que la fortune en Italie semblait favorable aux Espagnols. (Voir l'*Histoire de France*, tome III de ce Cours.) Mais les exploits de Bernard, qui, vainqueur de quatre armées, emporta Fribourg et l'imprenable place de Brisach, et surtout la révolution de Portugal (1640), qui vint occuper ailleurs les forces de l'Espagne, rendirent au parti français toute sa supériorité, quoique le duc de Weimar eût péri au milieu de ses triomphes (1639). La mort de Richelieu et celle de Louis XIII (1643), précédées de celle du brave et habile Banner (1641), n'arrêtèrent pas ces succès.

248. Victoires de Condé et de Turenne. — Fin de la guerre. — La guerre, en Allemagne, était soutenue de part et d'autre avec une admirable habileté par *Piccolomini* et *Mercy*, généraux de l'Empereur, *Torstenson*, *Wrangel*, élèves de Gustave-Adolphe, et *Turenne*, associé d'abord aux succès de Bernard et de Banner, bientôt chargé seul du commandement des troupes françaises.

Aussi ce fut un beau jour pour notre patrie que celui où le jeune *duc d'Enghien*, qui sera bientôt le *grand Condé*, apparaissant au milieu de ces fameux tacticiens, détruisit à *Rocroy* « ces vieilles bandes vallonnes, italiennes et espagnoles, qu'on n'avait pu rompre jusqu'alors » (1643). Cette mémorable bataille inaugurait glorieusement le règne de Louis XIV. Pendant que les victoires de Turin, de Casal et d'Ivrée assuraient le triomphe des Français en Italie, le paralytique Torstenson étonnait l'Allemagne par la foudroyante rapidité de ses manœuvres, vengeait à Leipzick la mort de Gustave-Adolphe, s'emparait du Holstein et du Jutland, envahissait la Moravie et l'Autriche après la victoire de Jancowitz, et allait peut-être à lui seul mettre fin à la guerre, quand sa mort sauva l'empereur. Il fallut un nouvel effort de la France pour amener enfin la paix, que l'Europe appelait de tous ses vœux. Mercy, après une résistance de trois jours, fut forcé dans les lignes de *Fribourg* par le duc d'Enghien (1644), et l'année suivante battu et tué à *Nordlingen* par son heureux ennemi. Enfin les succès de Turenne, vainqueur avec Wrangel à Sommershausen, et la célèbre victoire de *Lens*, remportée par Condé sur l'archiduc Léopold (1648), fixèrent les hésitations des plénipotentiaires. La *paix de Westphalie*, dont les préliminaires avaient été arrêtés à Hambourg dès 1641, abandonnés, puis repris à Munster quatre ans après, fut enfin signée à *Munster* et à *Osnabruck* (1648) par les représentants de la France, de l'Allemagne, de l'Autriche et de la Suède. L'Espagne seule continua la guerre.

§ II. TRAITÉ DE WESTPHALIE. — L'ALSACE RESTE A LA FRANCE. — L'ALLEMAGNE, QUI COMPTE PLUS DE 360 ÉTATS, EST DE TOUTES PARTS OUVERTE A L'ÉTRANGER, MALGRÉ L'AUTORITÉ IMPÉRIALE, QUI N'EST PLUS QU'UN VAIN NOM HÉRÉDITAIRE DANS LA MAISON D'AUTRICHE.

249. PRINCIPALES DISPOSITIONS DU TRAITÉ DE WESTPHALIE. — Les dispositions du fameux traité de Westphalie eurent un triple objet : régler la situation politique des puissances qui avaient pris part à la guerre, déterminer la position des protestants d'Allemagne et leurs rapports avec les catholiques, fixer la constitution intérieure de l'Empire.

Il assura à la France la souveraineté des Trois Évêchés (Metz, Toul, Verdun), conquis depuis Henri II, et de toute l'Alsace, récemment soumise et qui lui resta définitivement; à la Suède, une grande partie de la Poméranie, l'archevêché de Bremen et l'évêché de Verden, plusieurs autres villes et bailliages, avec trois voix aux diètes de l'Empire. L'électeur de Brandebourg, dépossédé de la Poméranie, eut en échange l'archevêché de Magdebourg, les évêchés sécularisés de Halberstadt, de Minden et de Camin. Le fils de Frédéric, l'ancien électeur palatin (n° 242), recouvra le bas Palatinat, et un huitième électorat fut érigé en sa faveur. La maison de Mecklembourg obtint les évêchés de Schwérin et de Ratzebourg, et deux canonicats dans la cathédrale de Strasbourg. Les autres petits États d'Allemagne reçurent diverses indemnités. Enfin, l'indépendance des Provinces-Unies et de la Suisse, à l'égard de l'Empire, fut formellement reconnue.

Le traité étendit aux calvinistes la jouissance des droits accordés aux luthériens par la paix d'Augsbourg. Du reste, la transaction de Passau (1552) et la paix de religion de 1555 (voir n° 122) furent adoptées comme bases de la décision des griefs religieux; et l'état public des différents cultes dut être en général remis par toute l'Allemagne sur le pied où il était le 1er janvier de l'an 1624, qui fut appelé *année décrétoire* ou *normale*. Tous les biens ecclésiastiques dont les protestants étaient en possession à cette époque furent laissés entre leurs mains. La chambre impériale dut être composée à l'avenir de vingt-quatre protestants et de vingt-six catholiques : le conseil aulique lui-même reçut six membres de la religion réformée.

Le droit de suffrage fut formellement assuré aux princes et États d'Allemagne dans toutes les délibérations sur les affaires d'intérêt général ; l'empereur, accordant une prérogative qu'il n'avait jamais reconnue jusqu'alors, déclara qu'aucune décision au sujet de la paix, de la guerre, des contributions, des levées de troupes, ne serait prise sans le libre consentement de la diète germanique. Le conseil aulique fut assujetti aux règlements établis pour la chambre impériale.

250. Résultat immédiat du traité de Westphalie. — Morcellement irrémédiable de l'Allemagne par suite de l'anéantissement du pouvoir impérial. — Telles étaient les principales dispositions du traité de Westphalie, dont le résultat immédiat fut de délivrer à jamais les peuples d'Europe de la crainte d'une monarchie universelle en préparant la ruine de l'Empire comme corps politique. L'isolement et la faiblesse des innombrables souverainetés d'Allemagne devinrent en même temps irrémédiables. Depuis cette époque, il y eut en Allemagne plus de trois cent soixante États souverains, la plupart pauvres et sans force, que les étrangers purent désormais soudoyer selon leurs intérêts. L'autorité impériale, destinée à réunir en un seul corps tous ces éléments divers, se vit réduite, après avoir tenté de dominer toute l'Europe, à n'être plus qu'un vain nom héréditaire dans cette maison d'Autriche, désormais déchue de son imposante et passagère grandeur. Battu en brèche un siècle entier, et par la réforme nouvelle et par la féodalité antique, le pouvoir impérial était tombé en poussière et l'unité germanique anéantie à jamais.

« Aussi l'Allemagne, qui jusqu'au dix-septième siècle n'a pas vu la guerre étrangère dépasser ses frontières, l'aura maintenant presque toujours dans son sein. Exposée aux attaques de toutes parts, dénuée de frontières naturelles nettement déterminées, sans autorité supérieure pour rallier ses forces disséminées, sans communauté de religion et d'intérêt, elle expiera, par une guerre éternelle, sa haine pour l'unité politique : elle deviendra le champ de bataille de l'Europe. Russes, Anglais, Français, s'y donneront rendez-vous pour vider leurs querelles et s'indemniser, s'ils le peuvent, à ses dépens. Tel sera le prix de l'ambition de tous ces princes, qu'elle n'a pas voulu réduire de bonne heure au rang de gentilshommes sans armées ni forteresses. (Le Bas. *Allemagne*.)

251. Résultats généraux. — Quant à ses résultats généraux, le traité de Westphalie est remarquable surtout en ce qu'il est le résultat et l'expression complète d'une politique entrevue par la France et par l'Angleterre dans la lutte contre la maison d'Autriche, essayée par Élisabeth pendant les guerres religieuses, comprise par Henri IV, et surtout poursuivie avec autant d'habileté que de persévérance par Richelieu et Mazarin. Un système tout nouveau était substitué à celui qui avait réglé les rapports des nations pendant le moyen âge. Alors, au milieu du désordre d'une société en travail de sa constitution, les souverains, impuissants les uns contre les autres, impuissants contre leurs propres sujets, les peuples eux-mêmes, dénués de la protection d'un ordre légal régulièrement établi, avaient invoqué constamment l'autorité qui, seule au monde, offrait un caractère de fixité et de supériorité, l'autorité des souverains pontifes. Ainsi s'était établi l'arbitrage suprême des papes. Cet arbitrage était possible, il était utile, il fut un bienfait pour l'humanité, tant qu'il s'agit de régler les différends de peuples que leur division et leur faiblesse rendaient souvent incapables de terminer eux-mêmes leurs querelles. Il ne put désormais être considéré que comme une magnifique, mais impraticable utopie, du moment où quelque prince d'Europe fut assez fort, ou pour pouvoir braver les décisions d'un tribunal dont la puissance était toute morale, ou pour tenir le juge lui-même sous sa dépendance, ainsi que l'avait tenté Charles-Quint.

252. LE SYSTÈME D'ÉQUILIBRE RÉGULIÈREMENT ORGANISÉ. — « Alors, les grands souverains, hors d'inquiétude du côté de leurs vassaux, avaient commencé à étendre leurs vues au dehors, à former des projets d'agrandissement et de conquête : alors aussi, la politique dut faire de nouveaux progrès, et les ressorts qu'elle mit en œuvre opérèrent l'influence des diverses puissances les unes sur les autres. Celles qui, jalouses de leur indépendance, craignaient pour leur liberté, conçurent l'idée *d'une balance de pouvoirs capable de les garantir de l'oppression, ainsi que des entreprises des princes ambitieux;* de là les fréquentes ambassades, les négociations multipliées, les guerres devenues générales par le concours des puissances qui se croyaient nécessitées d'y prendre part, enfin les projets de barrière qui occupèrent toutes les cours. La maison d'Autriche, qu'un concours de circonstances heureuses avait rendue assez puissante pour être soupçonnée d'aspirer à une monarchie universelle, fut la première contre laquelle on crut devoir diriger les ressorts de cette nouvelle politique. La constitution germanique, réorganisée par la paix de Westphalie, se trouva par là érigée en barrière contre les autres puissances, et ce traité devint la source de toute la politique moderne (1). » Le *système d'équilibre*, système éminemment défensif et conservateur, eut ainsi pour double objet de maintenir les justes rapports des peuples grands ou petits entre eux, en mettant obstacle au développement excessif d'une puissance, et de tendre de plus en plus à prévenir les guerres, en substituant à la force des armes l'art de la diplomatie.

253. OBSTACLES A LA RÉALISATION COMPLÈTE DE L'ÉQUILIBRE EUROPÉEN. — Mais l'application fut loin de répondre à cette grande et noble théorie. Le traité de Westphalie n'atteignit qu'imparfaitement son but, parce qu'il ne fonda pas sur les bases les plus solides et les plus naturelles l'équilibre qu'il devait établir entre les peuples. Dans leur dessein de balancer l'influence des États d'Allemagne, les négociateurs ne se préoccupèrent que de leurs rapports purement physiques, sans songer aux rapports de caractère, de génie, de religion, bien autrement importants encore ; et sacrifiant à leurs calculs les droits les plus légitimes, ils unirent violemment, en vue de certaines convenances géographiques, des peuples entièrement divisés d'intérêts et de croyances. Ainsi un grand nombre de diocèses catholiques furent livrés à des princes protestants, et l'on vit, par une combinaison insensée, les églises d'Osnabruck et de Lubeck alternativement destinées à un évêque luthérien et à un évêque catholique. « La pensée d'équilibre pour les États devint de plus en plus matérielle ; ce fut une estimation exacte des ressources, un mesurage des produits des empires, et une supputation du nombre des sujets et des soldats. Toutes les fois qu'un peuple s'arma, son voisin prit aussi les armes ; et ce fut presque l'unique raison des relations entre les peuples, tandis que les forces intellectuelles et morales ne furent comptées pour rien, parce qu'on ne pouvait les mesurer. L'intelligence délaissée abandonna tout cet échafaudage, qui ne pouvait subsister que par elle (2). »

Telle fut la raison des guerres sanglantes qui devaient éclater au dix-huitième siècle, et des crises religieuses et politiques qui de nos jours troublent encore le centre de l'Europe. D'ailleurs, l'équilibre organisé pour le Midi ne fut jamais

---

(1) Koch, *Histoire des traités de paix.*
(2) Kolhrausch, *Histoire d'Allemagne.*

qu'incomplétement établi dans le Nord, dont on n'apercevait pas encore les grandes destinées. Et de là, l'accroissement prodigieux d'une puissance qui, par la plus grande iniquité politique des temps modernes, l'anéantissement de la Pologne, et par ses envahissements successifs, menace de renverser un système, fruit de tant de luttes et d'efforts, au moment où il tend à se régulariser enfin.

QUESTIONNAIRE. — § I. 239. Où faites-vous remonter les causes de la guerre de Trente ans? — Dites quelques mots du règne de Ferdinand Ier et de Maximilien II. — 240. Quelles fautes commit l'empereur Rodolphe? — 241. Comment l'agitation recommença-t-elle en Allemagne? — Qui se mit à la tête des rebelles? — Qu'est-ce que les lettres de Majesté? — Qu'entend-on par la défénestration de Prague? — 242. Quel fut le prince opposé par les Bohémiens à l'empereur Ferdinand II? — Racontez la première période de la guerre de Trente ans. — 243. Quel fut le nom de la seconde période? — Nommez les chefs des deux partis. — Comment se termina la période danoise? — 244. Qui était Gustave-Adolphe? — Rappelez le nom donné à la troisième période de la guerre de Trente ans. — Quelle était la principale qualité de Gustave-Adolphe? — Racontez le sac de Magdebourg. — Où mourut Tilly? — 245. Donnez une idée de l'orgueil de Waldstein. — Racontez la bataille de Lutzen et la mort du roi de Suède. — 246. Comment mourut Waldstein? — Qui succéda à Gustave-Adolphe? — Comment s'appelle la quatrième période de la guerre de Trente ans? — 247. Quel fut le successeur de Ferdinand II? — 248. Nommez les nouveaux généraux catholiques et protestants? — Énumérez les victoires remportées par le duc d'Enghien. — § II. 249. Quelles furent les principales dispositions du traité de Westphalie? — Quelle conquête conserva la France? — Sur quel pied furent mis les États catholiques et protestants? — 250. Donnez une idée du morcellement de l'Allemagne. — Que devint la puissance impériale? — Quelle devait être la situation de l'Allemagne vis-à-vis de l'étranger? — 251. Quel avait été le pivot de la politique européenne au moyen âge? — Quel système nouveau devait y être substitué? — 252. Donnez une idée du système d'équilibre. — 253. Quels obstacles devaient empêcher la réalisation de l'équilibre européen et en compromettre les effets?

CHAPITRE VINGT-TROISIÈME.

LA FRANCE ET L'EUROPE A L'ÉPOQUE DE LA MINORITÉ DE LOUIS XIV.

(1643-1661.)

SOMMAIRE.

§ Ier. 254. La régence est déférée par le parlement à Anne d'Autriche (1643). Mazarin est premier ministre; il déploie une finesse et une habileté extraordinaires; il gagne la faveur de la reine et s'efforce de concilier tous les partis.

255. La jalousie des Importants, le mécontentement du peuple à la suite de nouveaux impôts, provoquent les troubles de la Fronde. Le parlement est à la tête du mouvement secondé par Turenne, Beaufort, Gondi (bientôt cardinal de Retz). Le traité de Rueil (1649) termine la première période.

256. Condé passe aux Frondeurs et s'allie à l'Espagne. Turenne revient au parti de la reine; ce dernier triomphe. Mazarin termine la guerre de la Fronde (1653). Condé reste uni à l'Espagne et est vaincu avec eux par Turenne à la bataille des Dunes suivie de la paix des Pyrénées (1659).

257. Le traité des Pyrénées couronne la politique de Mazarin inaugurée par celui de Westphalie. — Le premier a donné à la France l'Alsace, Brisach, Pignerol; le second réunit le Roussillon, la Cerdagne, l'Artois; il stipule le mariage de Louis XIV avec l'infante Marie-Thérèse, avec renonciation à la succession d'Espagne. — Mazarin a dilapidé les finances et s'est enrichi démesurément; il meurt en 1661.

§ II. 258. L'Europe septentrionale renferme quatre États : 1° le Royaume-Uni de Grande-Bretagne et d'Irlande, comprenant l'Angleterre, l'Écosse avec les Orkney et les Shetland, l'Irlande; puis les colonies de l'Amérique du Nord, quelques Antilles et factoreries dans les Indes ; — 2° le royaume de Danemark, dont la Norvège est une vice-royauté, et qui a perdu toute la Gothie, l'Halland et la Scanie ; — 3° la Suède, augmentée de ces dernières provinces et de presque toutes celles que baigne la Baltique au S. et à l'E.: Poméranie, Livonie, Esthonie, Ingrie, Carélie, etc.; — 4° l'empire de Russie, privé des trois dernières provinces, mais accru aux dépens des khans mongols, notamment de la Sibérie.

259. L'Europe centrale comprend six États: la France, avec la Navarre, augmentée des Trois-Évêchés, de l'Alsace, de la Bresse, du Bugey, etc., Pignerol, Roussillon, Cerdagne, Artois, diverses places

sur la frontière du nord, duché de Carignan ; ses colonies sont la Nouvelle-France et une partie des Antilles en Amérique; — 6° la Suisse, composée de treize cantons, ayant conquis Vaud, Thurgovie, et s'étant associé Saint-Gall, Grisons, Valais, Genève ; — 7° les Provinces-Unies ou Hollande, composées des sept provinces du nord des Pays-Bas, et possédant d'immenses colonies ; — 8° l'Allemagne, comprenant trois cent soixante États souverains, divisée en dix cercles : Autriche, Bourgogne, Bas-Rhin, Haute-Saxe, Franconie, Bavière, Souabe, Haut-Rhin, Westphalie, Basse-Saxe; l'Autriche a la Hongrie, la Bohême, l'Illyrie, la Dalmatie, etc.; — 9° la Prusse, grand-duché accru de Clèves, d'une partie de la Poméranie, etc.; — 10° la Pologne avec la Lithuanie, ayant acquis la Pomérellie, l'Ermeland, Smolensk, Tchernigov, l'Ukraine, le duché de Mazovie, et dont relevait la Courlande.

260. L'Europe méridionale contient dix-sept États . 11° le Portugal, n'ayant plus que quelques colonies en Afrique et en Asie, mais le Brésil en Amérique; — 12° l'Espagne, réunissant toute la péninsule, sauf le Portugal, puis la Sardaigne, la Sicile, Naples, le Milanais, la Franche-Comté, les Pays-Bas sauf l'Artois; possédant en outre les Philippines, les Canaries, etc., les Grandes Antilles, les Florides, le Mexique, la Terre-Ferme, le Pérou, le Chili, la Plata ; — 13° le duché de Savoie avec Saluces ; — 14° Monaco ; — 15° Gênes dépouillée de ses comptoirs ; — 16° Mantoue ; — 17° Venise, avec la Polésine de Rovigo, n'ayant plus que les îles Ioniennes et Candie assiégée par les Turcs ; — 18° Modène ; — 19° Parme et Plaisance ; — 20° Massa-Carrara ; — 21° Lucques ; — 22° le grand-duché de Toscane ; — 23° Piombino ; — 24° les États de l'Église ; — 25° Saint-Marin ; — 26° Malte ; — 27° l'empire Ottoman, s'étendant du lac Balaton en Hongrie et de la mer Adriatique, jusqu'au delà du Tigre ; des contrées au nord de la mer Noire jusqu'au sud des États barbaresques, de l'Égypte et de l'Arabie.

§ III. 261. L'Espagne, épuisée et appauvrie, ne se relève pas sous Philippe III, indolent et incapable (1598-1621). Le pouvoir est au duc de Lerme dominé par Rodrigue Caldéron. Philippe est obligé de conclure la trêve de douze ans avec les Hollandais (1609) et de reconnaître leur indépendance. Les restes de la nation mauresque sont expulsés.

262. Sous Philippe IV (1621-1665), l'Espagne gouvernée par Olivarès, fait un immense effort pour reprendre son ancien rang. Elle lutte avec toute l'Europe pendant la guerre de Trente ans. Elle est menacée par un triple soulèvement. La Catalogne est en armes pendant plus de douze ans.

263. Une conjuration se forme en 1640 par suite de l'irritation du Portugal contre Michel de Vasconcellos. Un enthousiasme extraordinaire éclate contre les Espagnols. Le palais est envahi, Vasconcellos est égorgé.

264. Jean IV de Bragance est proclamé roi et couronné. La France et la Hollande soutiennent le Portugal que l'Espagne ne peut plus réduire désormais.

265. Masaniello soulève le peuple de Naples contre les Espagnols, est

proclamé roi du peuple, montre un orgueil insensé, répand le carnage et l'incendie, est assassiné (1647). Le duc de Guise appelé à Naples, ne peut s'y maintenir. Naples revient à l'Espagne.

266. Après la paix des Pyrénées (1659), la lutte contre le Portugal recommence. La bataille de Villaviciosa sous Alphonse VI assure l'indépendance du Portugal (1665), qui est reconnue par l'Espagne (1668).

267. Les Espagnols qui ont perdu leurs colonies orientales, perdent encore celles d'Amérique. La république du Paraguay, civilisée et dirigée par les jésuites, présente un spectacle remarquable de prospérité, mais qui sera éphémère. Le Brésil, revenu au Portugal, est languissant.

268. Venise a un gouvernement ferme à l'intérieur et lutte vigoureusement, mais sans succès, contre les Turcs. — Gênes, redevenue indépendante, est attachée à la politique espagnole. — Milan reste soumise à l'Espagne. — La Toscane sous les Médicis, devenus grands-ducs, commence à être infestée par les bandits. — Rome voit dépérir l'agriculture et les finances. — Le royaume des Deux-Siciles perd son caractère national sous le joug espagnol. — La Savoie seule prépare sa future grandeur. D'abord en lutte avec la France, elle s'est rapprochée sous Victor-Amédée Ier (1630-1637).

269. L'unité de l'Allemagne se détruit de plus en plus par suite des débats sur les effets du traité de Westphalie. — Les protestants, par la formation du corps évangélique, s'isolent du reste de l'empire sous Ferdinand III (1637-1657). — La confédération rhénane se forme pour balancer l'agrandissement de la maison d'Autriche qui s'incorpore définitivement la Hongrie sous Léopold Ier (1658-1705). — Frédéric-Guillaume obtient en 1657 la pleine et entière souveraineté du duché de Prusse-Brandebourg.

§ IV. 270. Gustave-Adolphe, héros et victime de la guerre de Trente ans (1611-1632), a élevé la Suède à un rang où elle se soutient sous Christine (1632-1654), reine savante, bel esprit, romanesque, qui, après un règne glorieux au dehors, abdique, se fait catholique. voyage dans l'Europe, assassine son écuyer à Fontainebleau, meurt à Rome.

271. Charles X (1654-1660) fait la guerre à la Pologne, à la Russie, au Danemark dont il se fait livrer la moitié par le traité de Roskild, veut partager la Pologne, soulève des ennemis de toutes parts, et meurt, laissant la Suède épuisée par tant d'efforts. — La guerre est terminée à l'avénement de Charles XI par les traités avantageux de Copenhague, d'Oliva, de Kardis (1660-1661).

272. Le Danemark, malgré ses revers, doit une grande prospérité à la sagesse de son gouvernement sous Frédéric II, Christian IV (1588-1648), Frédéric III (1648-1670). — La loi royale rend la couronne héréditaire et le pouvoir absolu.

§ V. 273. La constitution polonaise a été fixée, après le glorieux traité de Thorn (1466) sous Casimir IV à la diète de Pétrikau (1467). — Les États sont composés du sénat et de la chambre des nonces qui partagent avec le roi le pouvoir législatif. La royauté reste élective. La noblesse a tous les priviléges et empiétera de plus en plus sur l'autorité royale.

274. Les fils de Casimir IV sont : l'un, Ladislas Ier, roi de Bohême et de Hongrie; l'autre, Jean-Albert, roi de Pologne; l'autre, Alexandre, grand-duc de Lithuanie, puis roi de Pologne (1501). Ce dernier confirme la constitution polonaise.

275. Sous Sigismond Ier, l'insubordination de la noblesse et l'introduction du luthérianisme livre la Pologne à la discorde. Sigismond reconnait Albert de Brandebourg duc de la Prusse orientale sécularisée (1625).

276. Sous Sigismond II (1548-1572), la Livonie et la Lithuanie sont incorporées à la Pologne; mais l'influence des nobles grandit et menace.

277. Le droit d'élection, suspendu en fait sous les Jagellons, est remis en application (1572). Les *pacta coventa* augmentent le pouvoir de la diète au préjudice de l'autorité royale. — Henri de Valois est élu (1573); il s'enfuit pendant la nuit (1574).

278. La Pologne brille encore d'un grand éclat sous Étienne Bathori (1575-1586), qui s'empare d'une grande partie de la Russie.

279. La décadence se manifeste sous Sigismond III, roi de Suède et de Pologne, qui est chassé de Suède par Charles IX.

280. La décadence est plus rapide sous Ladislas, qui soutient une lutte terrible contre les Cosaques. — Sous Jean-Casimir (1648), le *liberum veto* est mis en usage.

281. Charles X de Suède envahit la Pologne. Jean Casimir perd plusieurs provinces et abdique en prédisant le partage de la Pologne (1669).

§ VI. 282. Richard Cromwell, protecteur (1658), abdique au bout de quelques mois. Le général Monk fait rappeler Charles II (1660).

283. Charles II publie à Bréda une trompeuse amnistie. Les rigueurs les plus impolitiques jettent le trouble et la division dans tout le royaume. L'acte d'uniformité opprime les consciences. Les émigrations se multiplient. Une ère de crises et de périls commence.

284. La Hollande, république gouvernée par des États-généraux et un stathouder héréditaire, a conquis son territoire sur la mer et acquiert des richesses et une puissance considérable par sa marine et son commerce. Ses colonies s'étendent dans toutes les Indes Occidentales au préjudice des Espagnols et des Portugais. Les Hollandais colonisent Surinam et Curaçao en Amérique.

§ Ier. MAZARIN ET LA FRONDE. — LES TRAITÉS DE WESTPHALIE ET DES PYRÉNÉES PRÉPARENT LA GRANDEUR DE LOUIS XIV.

254. MINORITÉ DE LOUIS XIV. — MAZARIN. — A la mort de Louis XIII (1643), la couronne passe sur la tête d'un enfant de moins de cinq ans, et la régence est déférée à sa mère, Anne d'Autriche, par le parlement, qui, pour la seconde fois, exerçait ainsi le rôle de *tuteur des rois*, et s'ap-

prêtait à poursuivre le cours de ses usurpations législatives. Le règne de *Louis XIV* s'annonce, au dehors, par de brillantes victoires, qui rendront la France arbitre des destinées de toute l'Europe. (Voir ci-dessus, n° 248.) Cependant, ce règne, qui doit être le triomphe de la monarchie absolue, commence, au dedans, par une période de troubles et d'anarchie.

Aussitôt après la mort de Richelieu, Louis XIII avait appelé à son conseil le cardinal Mazarin (n° 238), prélat italien, qui avait passé du service du pape à celui du roi de France. Ami et confident de Richelieu, chargé de ses missions les plus difficiles, Mazarin se trouvait naturellement appelé à continuer le système politique de son prédécesseur; mais *c'était le renard succédant au lion*. Doué d'une finesse et d'une habileté peu communes, d'un sens exquis et d'une admirable pénétration, Mazarin avait compris combien il lui importait de ne point accepter l'héritage de haines que Richelieu laissait après lui. Prévoyant la mort du roi, qui ne pouvait tarder longtemps, et sentant que c'était pour la prochaine minorité qu'il lui importait de se ménager le pouvoir, il n'avait rien négligé pour se réconcilier avec tous les ennemis de la cour. Un caractère affable, un esprit fécond en expédients, des formes douces et polies lui permirent de tenter avec succès la difficile entreprise de calmer les passions en servant d'intermédiaire entre les partis. Il voulut détendre tous les ressorts, tout adoucir, gagner partout de la reconnaissance, et cependant ne causer aucune secousse, n'amener aucun brusque changement de système. Cette politique habile lui réussit d'abord, et lorsque arriva la mort de Louis XIII, il se trouva prêt à se charger seul du pouvoir, qu'il avait jusque-là partagé avec deux secrétaires d'État. Il eut l'adresse de gagner toute la confiance et même toutes les affections de la régente, qui le déclara premier ministre, malgré toutes les intrigues de la faction des *Importants*, composée de quelques seigneurs, à la tête desquels figurait un petit-fils d'Henri IV, le duc de Beaufort, qui avait aussi l'ambition de gouverner l'État.

255. COMMENCEMENT DE LA GUERRE DE LA FRONDE. — Malgré toute l'habileté de Mazarin, sa qualité d'étranger, qui le rendait odieux au peuple, les mécontentements des seigneurs déçus dans leur espérance de recouvrer par la mort de Richelieu leur influence perdue, enfin, les embarras des finances mal administrées par Mazarin, ne tardèrent pas à

susciter des difficultés et des complications redoutables. La création de quelques charges nouvelles et de taxes sur les denrées qui entraient dans Paris (1647), donna lieu aux premières discussions graves entre la cour et le parlement, qui, cessant de s'occuper du soin de rendre la justice, se mit à la tête du parti politique opposé au cardinal. C'est alors que fut tenté l'établissement de cette *monarchie parlementaire*, qui, « dans son règne d'un moment, eut pour magistrat Matthieu Molé, pour prélat le cardinal de Retz, pour héroïne la duchesse de Longueville, pour héros populaire le beau duc de Beaufort, surnommé le *Roi des Halles*, et pour généraux Condé et Turenne. Mais cette monarchie neutre, qui n'était ni la monarchie absolue, ni la monarchie tempérée des États, cette monarchie, qui ne voulait ni la servitude ni la liberté, qui n'aspirait qu'au renversement d'un ministre fin et habile, cette monarchie, à la suite de quelques princes brouillons et factieux, passa vite. »

La lutte entre la cour et le parlement, entre les *Mazarins*, qui soutenaient le cardinal, et les *Frondeurs*, qui attaquaient son administration, dura cinq années (1648-1653), pendant lesquelles les deux partis se combattirent par des bons mots et des railleries autant au moins que par les armes. L'arrestation, par ordre de la reine, du vieux conseiller Broussel et de deux autres membres du parlement, devint le signal de la guerre. Le peuple de Paris, qui voyait en eux ses défenseurs, se souleva en leur faveur. Des barricades furent dressées, le jour même où l'on chantait le *Te Deum* pour la victoire de Lens (26 août 1648). La cour s'enfuit à Saint-Germain et trouva un défenseur dans le grand Condé : les Parisiens et le parlement avaient pour eux le maréchal de Turenne, le duc de Beaufort, le duc de la Rochefoucauld, et Gondi (bientôt le fameux cardinal de *Retz*), neveu et coadjuteur de l'archevêque de Paris. La lutte se continua avec des succès variés. Ceux de la Fronde furent dus surtout aux secours qu'elle reçut des Espagnols, qui reprirent le rôle qu'ils avaient joué au temps de la Ligue.

256. Suite et fin de la guerre de la Fronde. — Le siège de Paris par Condé fut bientôt suivi du *traité de Rueil* (1649), qui apaisa un instant les troubles de la Fronde. L'arrestation (1650) du prince de Condé, qui n'a pas tardé à se rendre odieux à la cour par ses exigences hautaines; son alliance (1652) avec l'Espagne, que Turenne abandonne pour rentrer dans le parti de la reine; les savantes campagnes (1652 et 1653) de ces deux généraux, qui, l'un à la tête des troupes royales, et l'autre à la tête des Espagnols et d'une portion des Frondeurs, se poursuivent et se combattent jusque dans le faubourg Saint-Antoine, sont les principaux événements de la guerre civile. Enfin, le rappel définitif de Mazarin après deux retraites, est suivi de son triomphe sur tous ses ennemis, qui termine la guerre de la Fronde (1653). — Les seigneurs qui s'étaient alliés à la bourgeoisie tournèrent à leur profit le mouvement commencé par elle, en changèrent le caractère et le firent avorter. « Au lieu d'être une tentative du peuple pour obtenir des garanties de liberté, la Fronde ne fut plus que la dernière campagne de l'aristocratie contre la royauté. » (Lavallée.)

Cependant toutes les ambitions n'étaient pas satisfaites. Condé resta uni aux Espagnols, qui l'avaient nommé leur généralissime, et continua les hostilités ; mais Turenne l'obligea (1654) à lever le siège d'Arras, et, quatre ans après (1658), il gagna sur lui la célèbre bataille des *Dunes*, près de Dunkerque, qui amena (1659) la signature de la *paix des Pyrénées*.

257. Les traités de Westphalie et des Pyrénées préparent la grandeur de Louis XIV. — Le traité des Pyrénées, dernier acte remarquable de la politique extérieure de Mazarin, achève dignement l'œuvre commencée par l'habile ministre au traité de Westphalie. La paix de 1648 (n° 249) avait profité à la France, moins encore peut-être par des agrandissements notables de territoire (acquisition de l'Alsace et du Sundgau, de Philippsbourg, Vieux-Brisach et Pignerol, les clefs de l'Allemagne et du Piémont), que par l'accroissement immense de l'influence française en Europe : juste et magnifique récompense de l'énergique persévérance de son gouvernement à poursuivre l'exécution des hardis projets d'Henri IV repris par Richelieu.

La paix des Pyrénées fut comme le couronnement de cette politique si haute et si nationale. Ce traité confirma la réunion à la France du Roussillon, de la Cerdagne, de la plus grande partie de l'Artois conquis par Richelieu, du duché de Carignan, et d'une importante ligne de forteresses le long de la frontière du nord. La Lorraine fut rendue à son duc sous certaines réserves, qu'il n'accomplit pas, et qui autorisèrent la France à garder provisoirement le duché. Enfin, Condé obtint son pardon.

Le traité stipulait, pour sceller la réconciliation des deux cours, le mariage de Louis XIV avec l'infante *Marie-Thérèse*, fille du roi d'Espagne, Philippe IV. Cette princesse devait apporter en dot à son époux cinq cent mille écus d'or, et renonçait d'ailleurs à toute prétention à l'héritage de son père. Mais l'adroit Mazarin avait eu soin de subordonner l'effet de cette renonciation au paiement exact et intégral de la dot qu'il savait que l'Espagne ne pourrait point acquitter. Il préparait ainsi, sans donner l'éveil aux puissances, la réunion de la monarchie espagnole à la monarchie française, ou du moins, l'avénement d'un descendant de Louis XIV au trône d'Espagne.

Ce mariage, dont les conséquences politiques devaient être si importantes, fut célébré quelques mois après la conclusion de la paix des Pyrénées (1660).

Ce traité fut suivi de la mort de Mazarin, qui, justement célèbre par les talents qu'il déploya dans la politique extérieure et par les services qu'il rendit à la France dans ses rapports avec l'Europe, n'a pas mérité une renommée pareille par son administration intérieure. Il mourut le 9 mars 1661, laissant, assure-t-on, une fortune de cinquante millions, qui, dit un historien, a plus souillé sa mémoire que celle de Richelieu ne l'a été par ses cruautés. Mais le triomphe du pouvoir royal par l'apaisement des factions au dedans, la prépondérance de la France établie au dehors, avaient préparé la grandeur de Louis XIV.

§ II. SITUATION DE L'EUROPE ET LIMITES DES ÉTATS EN 1661.

258. SITUATION ET LIMITES DES ÉTATS DE L'EUROPE SEPTENTRIONALE EN 1661. — La paix de Westphalie (1648) avait arrêté définitivement les grandes divisions politiques de l'Europe, dont les limites éprouvèrent peu de modifications pendant les onze années qui séparent la paix de Westphalie de celle des Pyrénées. Le nombre de ces divisions principales se trouva fixé alors à vingt-sept; savoir, quatre dans l'*Europe Septentrionale*, six dans l'*Europe Centrale*, et dix-sept dans l'*Europe Méridionale*.

Les quatre États de l'Europe Septentrionale étaient de l'ouest à l'est : 1° le royaume-uni de *Grande Bretagne et d'Irlande*; 2° celui de *Danemark et Norvège*; 3° celui de *Suède*; et 4° l'empire de *Russie*.

I. GRANDE-BRETAGNE. — Les possessions du royaume-uni de la Grande-Bretagne et d'Irlande comprenaient en 1661 :

1° Le royaume d'ANGLETERRE, avec les îles de *Man*, d'*Anglesey*, de *Scilly*, de *Wight*, et les îles *Normandes*, sur la côte de France.

2° Le royaume d'Écosse, auquel étaient alors réunies toutes les îles qui l'entourent; c'est-à-dire, outre les *Western*, les *Orkney* et les *Shetland*, acquises dans la seconde moitié du quinzième siècle.

3° Le royaume d'Irlande enfin, que les persécutions religieuses et les cruautés commises par les deux partis avaient réduit à l'état le plus déplorable.

4° Les Colonies Anglaises se composaient d'établissements importants dans les deux Indes, mais surtout dans l'Amérique Septentrionale, où s'étaient formés successivement, de l'an 1607 à l'an 1632, les colonies de la *Virginie* proprement dite, de la *Caroline* et du *Maryland*, et, plus au N., celles du *Massachussets* (Boston), du *Maine*, du *New-Hampshire*, de *Rhode-Island* et du *Connecticut*.—Plus au N. encore, les Anglais possédaient le *Labrador* et *Terre-Neuve* avec le *banc* de ce nom.

Dans les *Antilles* ou *Indes Occidentales*, l'Angleterre possédait : — *Saint-Christophe* ; — la *Barbade* ; — *Antigoa* ; — la *Providence* ; — et les *Bermudes*.

Enfin, dans les *Indes Orientales*, les Anglais s'étaient vus chassés par les Hollandais de plusieurs établissements. Ils n'avaient guère que quelques factoreries sur la côte de Malabar et le comptoir de *Bantam* dans l'île de Java.

II. Danemark et Norvège. — Le Danemark, dont la *Norvège* était devenue une vice-royauté en 1531, crut trouver dans la guerre de trente ans une occasion de faire aussi rentrer la *Suède* sous son joug; mais il y perdit, en 1645, tout ce qui lui restait dans l'ancien royaume de *Gothie*, ainsi que les îles de *Gottland* et d'*OEsel*. Enfin, la paix de Copenhague, en 1660, lui enleva les provinces de *Halland* et de *Scanie*.

III. Suède. — Le royaume de Suède avait acquis, outre les provinces de Gothie, Halland, Scanie, et les îles Gottland et OEsel, presque toutes les provinces que baigne la mer Baltique au S. et à l'E. et notamment :—l'archevêché de *Brême* et l'évêché de *Verden* ; — le port de *Wismar* ; — la plus grande partie de la *Poméranie*, et les îles de *Rugen*, d'*Usedom* et de *Wollin* ; — la *Livonie* et l'*Esthonie*, enlevées à la Pologne ; — enfin l'*Ingrie* et la *Carélie*, enlevées à la Russie.

IV. Russie. — L'*Empire de* Russie, ainsi nommé depuis que Ivan III, en 1492, et son fils Vasili IV, monté sur le trône en 1505, avaient pris les titres de *seigneur* et de *tzar de toutes les Russies*, s'était considérablement accru depuis la chute de Constantinople. Non contents d'incorporer définitivement à la *Grande Principauté* les domaines de tous les princes apanagés, les républiques de *Novgorod*, de *Pskof* et de *Viatka*, avec la partie orientale de la *Laponie*; les tzars avaient encore enlevé aux Mongols le khanat de *Kazan*, celui d'*Astrakhan*, le pays des *Tartares-Nogaïs*, entre le Volga et le fleuve Oural : acquisitions qui avaient donné le dernier de ces fleuves et la mer Caspienne pour limites S. E. à l'empire de Russie, qui s'agrandit encore, à la même époque, de toute la *Sibérie*, autre khanat mongol. La Russie venait toutefois d'abandonner à la Suède, l'Ingrie et la Carélie.

259. SITUATION ET LIMITES DES ÉTATS DE L'EUROPE CENTRALE. — Les six États compris dans l'Europe Centrale étaient de l'O. à l'E. : la *France*, la *Suisse*, les *Provinces-Unies*, l'empire d'*Allemagne*, la *Prusse* et la *Pologne*.

V. FRANCE. — La paix de Westphalie et celle des Pyrénées avaient confirmé à la FRANCE les conquêtes des premières années du règne de Louis XIV. et celles de ses prédécesseurs ; c'est-à-dire : à l'E. : — les TROIS-ÉVÊCHÉS (*Metz, Toul* et *Verdun*) et provisoirement le reste de la Lorraine ; — 2° l'ALSACE, avec le *Sundgau*, ainsi que la ville et le territoire du *Vieux-Brisach*, sur la rive droite du Rhin, mais à la réserve de *Strasbourg* et de quelques autres seigneuries ; — 3° la BRESSE, le BUGEY, le VAL-ROMEY, le pays de GEX, la ville de *Pignerol*, l'une des clefs des Alpes. — Au S., le ROUSSILLON et la CERDAGNE. — Du côté du N., outre *Calais*, — l'ARTOIS, — toute la lisière méridionale de la FLANDRE et du HAINAUT, et plusieurs places du Luxembourg ; — la principauté de *Sédan* et *Raucourt* ; — enfin, le duché de CARIGNAN. — Le royaume de *Navarre* était réuni au royaume de France depuis l'avénement de Henri IV. — La France, réunie tout entière sous le sceptre du *grand roi*, se trouvait désormais assez forte pour défier l'Europe et la combattre longtemps avec succès.

Hors du territoire européen, la France avait acquis en Amérique l'ACADIE (aujourd'hui Nouvelle-Écosse). La NOUVELLE-FRANCE (aujourd'hui le Canada). — Dans les Antilles, la partie N. O. de la grande île de *Saint-Domingue*, la *Martinique*, la *Guadeloupe*, etc., etc.

VI. SUISSE. — La CONFÉDÉRATION HELVÉTIQUE se composait de treize cantons, savoir : — 1. SCHWYZ. — 2. URI. — 3. UNTERWALDEN. — 4. LUCERNE. — 5. ZURICH. — 6. GLARIS. — 7. ZUG. — 8. BERNE. — 9. FRIBOURG. — 10. SOLEURE. — 11. BALE. — 12. SCHAFFHAUSEN ou *Schaffouse*. — 13. Enfin, APPENZELL.

Ces treize cantons avaient conquis le pays de VAUD, la THURGOVIE, *Bellinzona*, et quelques places d'Italie. Ils avaient pour associés et alliés la ville de SAINT-GALL, — la république des GRISONS, — la VALTELINE, en Italie ; *Mulhouse*, en Alsace ; le HAUT et le BAS VALAIS, et enfin *Genève*.

VII. PROVINCES-UNIES ou HOLLANDE. — La république des PROVINCES-UNIES était composée des sept provinces septentrionales des Pays-Bas, savoir : — I. Celle de GRONINGUE ; — II. la FRISE ; — III. l'OVER-YSSEL ; — IV. la HOLLANDE, capitale *Amsterdam*, la plus grande, la plus riche et la plus belle ville des Provinces-Unies ; — V. la ZÉLANDE ; — VI. la province d'UTRECHT ; — VII. enfin, la GUELDRE. — La Hollande possédait un grand nombre de colonies dont on parlera ci-après (n° 284).

VIII. ALLEMAGNE ET AUTRICHE. — L'ALLEMAGNE, comprenant une multitude d'États souverains dont le nombre dépassait 360, était divisée en dix cercles, savoir : — I. le cercle d'AUTRICHE, comprenant les États héréditaires de cette maison (Autriche, Styrie, Istrie, Carinthie, Carniole), qui possédait en outre la Bohême avec la Moravie et la Silésie, la partie N. O. de la Hongrie, l'Illyrie, une partie de la Croatie et de la Dalmatie, de la Souabe, etc.; — II. le cercle de BOURGOGNE, composé de la portion de l'héritage des ducs de Bourgogne restée à cette même maison d'Autriche, et réduit par l'émancipation des *Provinces-Unies ;* — III. le cercle du BAS-RHIN, renfermant les États des *trois électeurs ecclésiastiques* et de *l'électeur Palatin ;* — IV. le cercle de HAUTE-SAXE, formé des électorats de *Saxe* et de *Brandebourg ;* — v. le cercle de FRANCONIE, comprenant cette province et le *Haut-Palatinat ;* — VI. cercle de BAVIÈRE ; — VII. le cercle de SOUABE ; — VIII. le cercle du HAUT-RHIN, au S. de celui du Bas-Rhin ; — IX. le cercle de WESTPHALIE ; — X. Enfin le cercle de BASSE-SAXE, comprenant toute la partie centrale de l'Allemagne septentrionale.

La *Prusse* et la *Bohême* avaient refusé de se laisser comprendre dans cet arrangement, auquel la *Hongrie* est toujours restée étrangère.

IX. PRUSSE. — Ce duché, sécularisé en faveur d'Albert de Brandebourg, était devenu un des États importants de l'Europe, et s'était accru du duché de *Clèves* et des comtés de *La Marck* et de *Ravensberg*, d'une partie de la *Poméranie*, dont le reste avait été échangé avec les évêchés de *Halberstadt*, de *Minden* et de *Kammin*.

X. POLOGNE. — Ce royaume, toujours réuni au grand-duché de Lithuanie, qui y avait été définitivement incorporé en 1569, avait fait, depuis le quinzième siècle, d'importantes acquisitions, savoir : — 1° les provinces de POMÉRELLIE et d'ERMELAND, avec les villes de *Thorn, Culm, Marienbourg, Danzig* et *Elbing*, désignées sous le nom de *Prusse Occidentale*, ou *Prusse Polonaise*; — 2° les provinces de SMOLENSK et de TCHERNIGOV, dans le S. O., conquises sur les Russes ; — 3° une partie de l'UKRAINE, plus au S. E., conquise sur les *Cosaques*, qui venaient de se séparer de la Pologne. L'*Esthonie* et la *Livonie*, cédées, en 1561, par l'ordre de Livonie à la Pologne, qui venait, comme nous l'avons dit, de les abandonner à la Suède, en 1636. — La Pologne avait fait une acquisition plus durable, en 1526 : celle du duché de MAZOVIE, cap. *Varsovie*. — Le duché de COURLANDE relevait du royaume de Pologne.

260. SITUATION ET LIMITES DE L'EUROPE MÉRIDIONALE. — Les dix-sept États du midi de l'Europe, en 1661, étaient le *Portugal* et la *Monarchie espagnole* dans la péninsule Espagnole ;

et le midi de l'Italie, où se trouve le royaume des *Deux-Siciles*, dépendant de celui d'Espagne; le duché de *Savoie*, la principauté de *Monaco*, la république de *Gênes*, le duché de *Mantoue* avec le *Montferrat*, la république de *Venise*, le duché de *Modène* avec celui de *Reggio*, celui de *Parme* et *Plaisance*, la principauté de *Massa-Carrara*, le duché de *Lucques*, celui de *Toscane*, la principauté de *Piombino*, les *États de l'Église*, et la république de *Saint-Marin*, dans l'Italie centrale ; l'ordre de *Malte*, dans l'île de ce nom ; et l'*Empire Ottoman* au S. E. de l'Europe, et s'étendant sur une partie de l'Asie et de l'Afrique.

XI. PORTUGAL. — Ce royaume avait recouvré par la révolution de 1640, son indépendance et ses anciennes limites, mais en Europe seulement, car ses ennemis avaient profité de son asservissement pour lui enlever une très-grande partie des contrées qu'il avait découvertes et soumises.

En *Afrique*, les Portugais ne possédaient plus que quelques comptoirs sur la côte de Guinée ; — une souveraineté plutôt nominale que réelle sur les royaumes de *Loango*, de *Congo*; — *Sofala*, capitale du royaume du même nom. — *Mozambique, Quiloa, Monbaza, Mélinde*, etc., etc.

En Asie, les Portugais ne conservaient plus qu'un petit nombre d'établissements, dont les principaux étaient : — *Ormus* ou *Ormouz* (jusqu'en 1662) ; — *Diu, Daman, Bombay, Goa, Cochin* dans l'Hindoustan ; — et *Macao* sur les côtes de Chine.

En *Amérique*, les Portugais possédaient l'immense contrée du *Brésil* ou *Nouvelle-Lusitanie*, dont une partie toutefois avait été envahie par les Hollandais.

XII. ESPAGNE. — La MONARCHIE ESPAGNOLE, agrandie des possessions du royaume de *Grenade*, et de toute la partie Espagnole du royaume de *Navarre*, et comprenant la péninsule espagnole tout entière, à l'exception du *Portugal*, et en outre les îles *Baléares*, continuait à posséder les îles ou royaumes de SARDAIGNE et de SICILE, celui de NAPLES, le MILANAIS, la FRANCHE-COMTÉ, enfin les PAYS-BAS, composés des provinces méridionales moins l'*Artois* réuni à la France (n° 259), savoir, du S. E. au N. E.: les duchés de LUXEMBOURG, de LIMBOURG, de la GUELDRE MÉRIDIONALE ; le comté de NAMUR, le comté de HAINAUT ; le duché de BRABANT ; le marquisat d'ANVERS ; la seigneurie de MALINES ; et le comté de FLANDRE.

Les colonies de l'Espagne s'étendaient dans toutes les parties du monde alors connu.

En *Asie*, elle possédait, au N. de l'archipel des Indes, les deux groupes des îles *Philippines* et des *Marie-Anne*.

En *Afrique*, plusieurs places fortes ou *présides* (*Ceuta, Melilla*, etc.), sur la côte septentrionale de l'empire de Maroc, et *Oran*, dans la régence d'Alger ; — le riche et fertile archipel des îles des CANARIES.

Dans le *Nouveau-Monde*, les Espagnols s'étaient attachés à

coloniser les grandes Antilles, savoir : Cuba ; — Haïti ; — Puerto-Rico ; — la Jamaïque. — En outre, les Espagnols, sur le continent américain, possédaient, à l'époque qui nous occupe, d'immenses territoires ; savoir : — 1° les Florides ; — 2° le Mexique ou la *Nouvelle-Espagne*, immense empire qui comprenait toutes les parties S. O. de l'Amérique septentrionale ; — 3° la Terre-Ferme, nom donné par Colomb à la vaste contrée qui occupe tout le N. de l'Amérique méridionale ; — 4° le Pérou, vaste empire, situé au S. O. de la Terre-Ferme ; — 5° le Chili, au S. du Pérou ; — 6° enfin les provinces de La Plata, qui s'étendent du pied des Andes aux rivages de l'Océan Atlantique. — Tel était cet immense empire sur lequel le soleil ne se couchait jamais, comme le disait un de ses rois, mais qui a dû sa rapide décadence à cette étendue même, et aux richesses trop faciles qu'il fournissait à ses maîtres.

XIII. Savoie. — Les ducs de Savoie, dépouillés quelque temps de la plus grande partie de leurs États, les avaient tous recouvrés à l'époque qui nous occupe, à l'exception de la *Bresse*, du *Bugey*, du *Val-Romey*, du pays de *Gex*, et de la forteresse de *Pignerol*, cédés à la France, mais en échange desquels ils avaient recouvré le marquisat de *Saluces* et obtenu quelque territoire dans le Montferrat.

XIV. Monaco. — Les princes de Monaco, dont les faibles États se trouvaient enclavés dans le comté de Nice, possédaient en France le duché de *Valentinois*.

XV. Gênes. — Cette république, affranchie, en 1523, par André Doria, avait perdu ses possessions en Orient.

XVI. Mantoue. — L'ancien margraviat de Mantoue avait été élevé au rang de duché par Charles-Quint.

XVII. Venise. — Cette république, qui avait gagné aux guerres d'Italie la *Polésine de Rovigo* et avait perdu les villes de la *Romagne*, s'était vu enlever par les Turcs toutes ses possessions sur le continent et dans les îles de l'ancienne *Grèce*, à l'exception des îles *Ioniennes*, sur la côte occidentale de la Morée, et de quelques autres îles peu importantes dans l'Archipel. Elle avait aussi perdu celle de *Chypre*, et défendait avec peine contre les Turcs les dernières places fortes de l'île de *Candie*, dont la capitale ne devait succomber, en 1668, qu'après une glorieuse défense.

XVIII. Modène. — Les duchés de Modène et de *Reggio* formaient avec les principautés de *Carpi* et de *Corregio*, tous les domaines de la maison d'Este, qui avait perdu le duché de *Ferrare*, rentré sous l'autorité immédiate du saint-siége.

XIX. Parme et Plaisance. — Ces villes, anciennes possessions des ducs de Milan, avaient été érigées en duché par le pape Paul III.

XX. Massa-Carrara. — Le margraviat de Massa était toujours uni à celui de *Carrara*, qui avait été élevé au rang de principauté.

XXI. Lucques. — Petite république indépendante.

XXII. Toscane. — La république Florentine avait été remplacée par le duché, devenu le *grand-duché de Toscane*, qui s'était augmenté de *Sienne*, et d'une partie de l'île d'*Elbe*.

XXIII. Piombino. — Petite principauté indépendante.

XXIV. États de l'Église. — L'État Ecclésiastique avait recouvré *Ravenne* et plusieurs autres villes de la *Romagne* restituées par les Vénitiens, *Ferrare* par la maison d'Este. — *Bologne* et le puissant duché d'*Urbin*.

XXV. Saint-Marin. — Petite république enclavée au milieu des États de l'Église.

XXVI. Malte. — L'île de Malte était possédée avec celles de *Gozzo* et de *Comino*, par les chevaliers de Saint-Jean de Jérusalem.

XXVII. Empire Ottoman. — Cet empire avait pris, depuis l'an 1453, d'importants accroissements ; mais il avait dépassé les bornes qu'il devait conserver, et l'achèvement de la conquête alors commencée de l'île de *Candie* devait être son dernier succès. Au milieu du dix-septième siècle, il s'étendait depuis les rives du lac Balaton, au cœur de la Hongrie, et depuis les mers Adriatique et Ionienne à l'O., jusqu'au delà des rives du Tigre à l'E. Du côté du N., ses possessions entouraient tous les rivages de la mer Noire et de la mer d'Azof, et couvraient les deux versants du Caucase ; vers le S. enfin, elles s'étendaient jusqu'aux frontières méridionales d'Alger, de Tripoli, de Tunis, d'Égypte et jusqu'aux extrémités de la grande péninsule de l'Arabie.

§ III. Décadence de l'Espagne, de l'Italie et de l'Empire.

261. État de l'Espagne a la mort de Philippe II. — Philippe III (1598-1621). — Le duc de Lerme. — La mort de Philippe II (1598) laissait l'Espagne dans l'état le plus déplorable. « Cette monarchie superbe, qui au commencement du siècle avait pris un rang si glorieux au milieu des autres empires, et qui avait épouvanté l'Europe par toutes les ressources de sa richesse et de sa puissance, se soutenait à peine par les souvenirs de son ancienne grandeur. » La guerre terrestre et maritime avait dévoré ses trésors et sa population, détruit l'agriculture en changeant les campagnes en déserts, ruiné le commerce par les désastres de la marine, l'industrie par l'appauvrissement général. L'Espagne ne devait pas se relever sous un prince pacifique, mais indolent, dont la piété ne se joignait à aucun talent politique. *Philippe III* (1598-1621), incapable de porter le fardeau du pouvoir, s'en déchargea sur son ministre le *duc de Lerme*, gouverné lui-même par un homme d'obscure origine, mais plein d'adresse et d'ambition, *Rodrigue Calderón*. Tandis que la cour était occupée tout entière des intrigues des favoris, Philippe, qui n'aimait la paix que par faiblesse, voyait les Hollandais augmenter de jour en jour leur puissance par leur activité et leur courage, lutter avec une infatigable énergie contre les troupes espagnoles, et envoyer leurs flottes dépouiller dans les Indes les colons portugais, sujets de l'Espagne (n° 284). Il fallut, en 1609, conclure la *trêve de douze ans*, par laquelle Philippe reconnaissait l'indépendance des Provinces-Unies et leur concédait le libre commerce de l'Asie et de l'Amérique. En même temps, l'expulsion des débris de la nation mauresque, tout en délivrant l'Espagne d'anciens ennemis domestiques souvent en révolte, lui portait un coup fatal en privant l'État de plus de deux cent mille sujets, qui emmenèrent avec eux l'industrie, les richesses et l'abondance. Les enfants de quatre ans et au-dessous purent seuls être laissés en Espagne. Une partie de cette population, réduite au désespoir, se souleva contre un ordre tyrannique, et fut massacrée par l'armée espagnole; le reste fut embarqué de vive force, et un grand nombre furent dépouillés et tués en touchant le rivage d'Afrique. Philippe III était sorti de son oisiveté pour soutenir quelques luttes maritimes contre les Turcs, quand il mourut en 1624, laissant la couronne à son fils *Philippe IV*.

262. Philippe IV (1621-1665). — **Olivarès.** — **Guerre générale.** — Le règne de ce prince n'est pas sans éclat ni sans gloire. C'est un effort prodigieux, mais désespéré, de l'Espagne, pour reconquérir, les armes à la main, la place qu'elle a tenue naguère à la tête des peuples : elle ne fera plus qu'épuiser tout ce qui lui reste de forces. Le comte-duc *d'Olivarès*, favori du jeune roi, annonça par la condamnation et le supplice de Caldéron, qu'il suivrait une politique toute différente de celle des ministres qui l'avaient précédé. L'Espagne réorganisa les vieilles bandes qui avaient fait trembler le monde, et elle revint fière et menaçante sur les champs de bataille, jetant le défi à la Hollande, à l'Allemagne, à l'Italie, à la France et à l'Angleterre. A peine les trêves conclues avec les Provinces-Unies furent-elles expirées, que la guerre se ralluma avec fureur. Mais l'Espagne avait contre elle la politique du cardinal de Richelieu, plus redoutable encore par l'habileté des intrigues que par la force des armes. Tandis que Philippe prenait parti pour l'empereur Ferdinand II pendant la guerre de Trente ans, Richelieu, tout en envoyant ses armées victorieuses sur les frontières de Flandre, d'Espagne et d'Italie (voir la période française de la guerre de Trente ans, n° 247), déterminait ou favorisait

PHILIPPE IV. — INSURRECTION DU PORTUGAL. 273

un triple soulèvement dans la Catalogne, le royaume de Naples, le Portugal.

Les Catalans, irrités de voir Olivarès fouler aux pieds leurs priviléges, répondirent par une révolte générale aux consultations théologiques qu'on opposait à leurs prétentions, égorgèrent leur vice-roi (1640), se soutinrent par les secours de la France contre les efforts de l'Espagne, et ne cédèrent qu'après douze ans aux armes de don Juan d'Autriche, fils naturel de Philippe IV.

265. INSURRECTION DU PORTUGAL. — JEAN IV. — ALPHONSE VI. — L'insurrection du Portugal eut pour l'Espagne des suites irréparables. Les Portugais ne s'étaient jamais façonnés au joug de leurs voisins; depuis longtemps, ils n'attendaient qu'une occasion pour ressaisir leur indépendance, lorsque éclata la fameuse conjuration de 1640. Le ministre *Michel de Vasconcellos*, chargé, sous le titre de *secrétaire*, de lever des impôts au profit de l'Espagne, avait excité une irritation profonde dans tout le pays par sa dureté et ses violences. Un grand nombre de seigneurs résolurent de rendre l'indépendance à leur pays en plaçant sur le trône *Jean*, duc de *Bragance*, parent des anciens rois, et en mettant à mort Vasconcellos (1640).

Une vaste conjuration s'organisa sous la direction de *Pinto*, intendant de la maison du duc de Bragance, homme aussi énergique et intrépide que son maître était faible et irrésolu. Pinto décida, non sans peine, le duc à se mettre à la tête du complot qui devait lui donner un trône. Au jour fixé, les conjurés se répandirent, l'épée à la main, dans la ville de Lisbonne, appelant aux armes le peuple et les bourgeois et criant: *Vive le duc de Bragance, roi de Portugal!* Les soldats espagnols, surpris par cette attaque imprévue, furent forcés pour la plupart de poser les armes; et les bandes de conjurés, se grossissant à chaque instant sur leur passage, redoublèrent d'ardeur et d'audace. Nul ne montrait plus d'enthousiasme qu'un prêtre venu d'un bourg voisin de Lisbonne. Il marchait à la tête des insurgés, tenant un crucifix d'une main et une épée de l'autre; il excitait le peuple d'une voix terrible à fondre sur ses oppresseurs, et tout en parlant, il chargeait lui-même les Espagnols.

Cependant les assaillants étaient arrivés aux portes du palais où résidait le ministre. Ils en forcèrent aisément l'entrée, renversèrent à coups de poignard le premier commis du secrétaire, non moins détesté que son maître, et s'avancèrent jusqu'à l'appartement de Vasconcellos. Celui-ci se trouvait alors avec un capitaine d'infanterie, qui se jeta bravement au-devant de la porte pour arrêter les conjurés. Il soutint avec intrépidité le choc de ses premiers adversaires ; mais bientôt blessé au bras, ne pouvant plus tenir son épée, il se jeta par une fenêtre et fut assez heureux pour échapper à la mort.

Aussitôt les conjurés entrent en foule dans la chambre du secrétaire ; on le cherche partout, on renverse les lits, les tables ; on enfonce les coffres pour le trouver, chacun veut avoir l'honneur de lui porter le premier coup.

Cependant il ne paraissait point, et les conjurés tremblaient qu'il n'eût échappé à leur vengeance, lorsqu'une vieille servante, menacée de la mort, fit signe qu'il était caché dans une armoire ménagée dans l'épaisseur de la muraille. On l'y trouva enseveli sous un monceau de papiers. Un des assaillants lui tira un coup de pistolet, et à l'instant, il fut percé de mille coups d'épée. Les conjurés jetèrent le cadavre sanglant par la fenêtre en s'écriant : « *Le tyran est mort! Vive Jean IV, roi de Portugal!* »

264. AVÉNEMENT DE JEAN IV. — INDÉPENDANCE DU PORTUGAL. — Le peuple répondit par des acclamations aux cris des conjurés, et mit en pièces le corps de Vasconcellos. Aussitôt, le duc de Bragance qui, sans oser se mêler au combat, attendait sur l'autre rive du Tage l'issue de la journée, arriva sur une petite barque, à la nouvelle du succès, et monta, au milieu de la place même de Lisbonne, sur un trône dressé en toute hâte.

Ainsi fut renversée en un seul jour la domination des Espagnols, établie en Portugal par le puissant Philippe II. La France et la Hollande, en guerre avec l'Espagne, s'empressèrent d'envoyer des secours à ses nouveaux ennemis, et les Portugais s'apprêtèrent à défendre vaillamment l'indépendance qu'ils avaient reconquise.

Philippe IV ne s'inquiéta pas d'abord de ces événements. Olivarès en lui apprenant cette révolution si rapide et si inattendue lui avait dit : « *Sire, c'est une bonne nouvelle. La folie du duc de Bragance vous vaudra douze millions que vous lui confisquerez. — Eh bien!* répondit tranquillement le roi d'Espagne, *qu'on mette ordre à cette affaire.* » Mais la présomptueuse confiance du roi et du ministre fut cruellement punie : ni la force ni la ruse ne purent triompher de l'insurrection, et il fallut bientôt renoncer à l'espoir de reprendre le Portugal.

265. Insurrection du royaume de Naples. — Masaniello. — Quelques années après, une révolution plus étrange encore vint enlever pour quelque temps à la monarchie espagnole une autre partie de ses domaines. Une émeute ayant éclaté à Naples contre les receveurs des impôts, un simple pêcheur âgé de vingt-cinq ans, nommé *Masaniello* (Thomas Anielo), se mit à la tête des mécontents, appela tout le peuple aux armes et se rendit maître de la ville. Le vice-roi espagnol, assiégé dans son palais par une foule immense, fut forcé de remettre l'autorité au chef des insurgés qui se fit proclamer *roi du peuple* (1647).

Mais ce triomphe imprévu remplit Masaniello d'un orgueil insensé. Comme autrefois Rienzi, il se crut maître du monde, et se livra aux extravagances et aux cruautés les plus révoltantes. Pendant sept jours, il déchaîna tous les vagabonds, tous les bandits du pays, leur ordonna de mettre le feu aux demeures de tous ceux qu'il croyait ses ennemis, et fit décapiter une foule de nobles qu'il accusait de soutenir les Espagnols. *Il tuait par des signes et incendiait par ses regards,* dit un historien italien, *et partout où il se tournait, il faisait couper des têtes et porter des torches.* Un pareil gouvernement ne tarda pas à exciter l'horreur des Napolitains eux-mêmes, et Masaniello fut assassiné au milieu d'une émeute (1647). La ville de Naples cependant continua à repousser la domination des Espagnols; elle demanda l'appui de la France qui lui envoya pour souverain le *duc de Guise*. Mais ce prince léger et incapable n'ayant pu se maintenir, la ville retomba bientôt au pouvoir de l'Espagne.

266. Lutte de l'Espagne contre le Portugal. — Au milieu de toutes ces agitations, les armées espagnoles unies à celles de l'empereur prenaient une part active à la guerre de Trente ans (n° 248). La paix de 1648 termina seulement la querelle de l'Espagne avec les Provinces-Unies; pendant onze ans encore, Olivarès, qui n'avait pas adhéré au *traité de Westphalie,* profita des troubles intérieurs de la France et de la trahison d'un grand nombre de seigneurs, de Condé lui-même, pour continuer la lutte. Mais Turenne combattait pour la France (voir n° 256), et il fallut conclure, en 1659, *le traité des Pyrénées*, dont l'Espagne ne retira d'autre avantage que la pacification de la Catalogne. — Philippe IV reprit alors la guerre contre le Portugal. La valeur de ses troupes, l'habileté de son général don Juan d'Autriche, ne purent rien contre la résistance obstinée des Portugais, soutenus par tous les ennemis des Espagnols : ceux-ci furent battus à *Extremoz* et à *Villa-Viciosa* (1665) sous le règne d'*Alphonse VI*, successeur de Jean IV (en 1656). Cette dernière victoire assura l'indépendance du Portugal et la souveraineté de la maison de Bragance, que trois ans après, le roi d'Espagne fut contraint de reconnaître, au moment où *Pierre*, frère d'Alphonse VI (1668), venait de monter sur le trône.

Philippe IV était mort de douleur à la nouvelle de la bataille de Villa-Viciosa.

267. Situation des colonies espagnoles. — La république du Paraguay. — En Orient, les Hollandais (n° 284) avaient enlevé à l'Espagne la plus grande partie des Indes, quand la révolution de 1640 vint lui ravir ce qu'elle y possédait encore. Dans le Nouveau-Monde, la monarchie espagnole possédait toujours un vaste territoire (n° 260), que les guerres européennes ne menaçaient pas encore, mais qui déjà ne tenait plus à l'Espagne que de nom. La décadence de la métropole n'était pas propre à ranimer la stagnation des colonies.

La vie cependant se manifestait encore au sein de l'Amérique du Sud, et la naissance de la fameuse *république du Paraguay* révélait un sublime effort de la religion et de la civilisation, unies pour le bonheur des hommes. A la fin du seizième siècle, les Jésuites avaient fondé au milieu des peuplades sauvages les premières de ces *réductions*, dont le nombre augmenta rapidement, et dont la réunion forma une sorte d'état théocratique, où l'administration civile et religieuse était réunie entre les mains des missionnaires. Quoi qu'on ait pu dire des moyens mis en usage par les Pères pour former les Indiens aux coutumes européennes, il est certain que l'emploi des pompes solennelles et des pratiques extérieures a toujours été la seule manière de frapper l'imagination et de dominer l'intelligence des nations primitives ; il est certain aussi que l'isolement et la séparation absolue des autres tribus sauvages pouvaient seuls rompre et transformer les habitudes des nouveaux convertis. En peu d'années, des villes et des bourgades s'élevèrent, les champs furent défrichés et cultivés, les arts et l'industrie fleurirent : la république chrétienne, constituée par les vertus et les talents de quelques missionnaires, « confirma, dit Chateaubriand, cette vérité connue de Rome et de la Grèce, que c'est avec la religion, et non avec des principes abstraits de philosophie, qu'on civilise les hommes et qu'on fonde les empires. »

Le Portugal, détaché de l'Espagne en 1640, n'avait sauvé que quelques débris de ses possessions aux Indes-Orientales; à l'Occident, ses possessions du Brésil avaient été peu à peu conquises par les Hollandais (1624-1640). Ceux-ci furent chassés (1654) par les habitants, et les Portugais redevinrent maîtres du pays; mais ils ne surent pas tirer parti de cet avantage, et fondèrent toutes leurs spéculations sur un misérable commerce de contrebande.

268. SITUATION DE L'ITALIE. — La décadence de l'Italie, dont le nord et le midi appartenaient encore à l'Espagne, n'était pas moins évidente que celle de cette dernière puissance. — Venise, il est vrai, continuant à soutenir en Orient une lutte vigoureuse contre les Turcs, devait encore à l'énergie de son gouvernement et à l'activité de son commerce une partie de son ancienne puissance et de son éclat d'autrefois; mais Gênes qui, depuis le quinzième siècle, avait subi et secoué six fois le joug de la France et de Milan et était enfin redevenue indépendante, s'était entièrement attachée à la politique espagnole et cherchait vainement à se dédommager par son commerce sur les côtes d'Espagne et d'Afrique, de la perte de ses nombreux comptoirs d'Orient. — Milan, longtemps soumise à la domination de l'Espagne, achevait de perdre les traditions et les souvenirs de son antique indépendance. — La république de Florence, devenue le patrimoine des Médicis sous le nom de grand-duché de Toscane, était le rendez-vous des savants de l'époque, Galilée, Torricelli, Viviani, mais son territoire s'amoindrissait par la faiblesse de Ferdinand de Médicis, et les bandits détruisaient la sécurité des campagnes. — Rome voyait dépérir son agriculture, et ses finances tomber dans un désordre profond, malgré l'éclat dont brillait la cour pontificale. — Le royaume des Deux-Siciles, soumis à un joug dont la raideur contrastait avec ses instincts et ses mœurs, perdait peu à peu sa physionomie nationale et s'apprêtait à passer indifféremment d'une domination à l'autre. — Un seul État avait acquis une puissance réelle et indépendante de toute influence étrangère: c'était la Savoie. Les grandes guerres de l'Europe favorisèrent l'accroissement de cette principauté longtemps obscure. Le duc *Charles-Emmanuel le Grand*, maître du Piémont, des duchés de Savoie et d'Aoste et du comté de Nice, faillit un instant compromettre la prospérité naissante de ses États par une rupture avec la France, qui lui ravit Pignerol (n° 237). Mais l'avénement de *Victor-Amédée Ier*,

beau-frère de Louis XIII, changea (1630) la politique de la Savoie, et lui mérita sa part de gloire dans la guerre de Trente ans.

269. Etat de l'Empire. — Conséquences du traité de Westphalie. — Corps évangélique. — Confédération rhénane. — Les conséquences du traité de Westphalie, dernier résultat de la politique de Richelieu, se développent dans l'intérieur de l'Allemagne sous *Ferdinand III* (1637-1657) et *Léopold I*^{er} (1658-1705). La paix de Westphalie a relâché pour jamais les liens de l'ancienne suzeraineté de l'Empereur ; la couronne impériale est tombée dans l'héritage des princes d'Autriche, et ils cherchent à s'en prévaloir, bien plus pour étendre leurs propres domaines que pour relever la dignité du corps germanique. L'unité de l'Allemagne se détruit de plus en plus pendant les débats qui s'élèvent sur des points restés indécis dans le traité de Westphalie, jusqu'à la conclusion du dernier *recès*. Elle reçoit une rude atteinte de la création du *Corps évangélique* (1653). Cette institution sépare en quelque sorte les protestants du reste de l'Empire, et la France contribue à isoler les différentes puissances allemandes en traitant avec chacune d'elles en particulier.

L'avènement de l'archiduc *Léopold I*^{er} (1658) joignit cependant la Hongrie à l'Autriche, et la *diète de Presbourg* confirma cette réunion, qui dure encore aujourd'hui. Mais en même temps, les princes du sud-ouest de l'Allemagne formaient la *Confédération Rhénane* pour contre-balancer l'ascendant nouveau que menaçait de prendre la famille impériale. L'Autriche perdit depuis cette époque son influence sur l'Espagne, que la France lui arracha au commencement du dix-huitième siècle ; parfois, elle avait encore à lutter sérieusement contre les Turcs, et elle voyait la province de Transylvanie soumise plus souvent à la suprématie ottomane qu'à celle de l'Empire.

Pendant que l'orient de l'Allemagne était agité par les dernières guerres contre les infidèles, toute la partie occidentale était le théâtre des gigantesques expéditions de Louis XIV (n° 297). La Suède, alliée de la France, inquiétait les provinces voisines de la Poméranie : elle n'était arrêtée dans ses progrès que par l'électeur de Brandebourg, *Frédéric-Guillaume*, surnommé le *grand électeur*, qui obtint par le traité de Wehlau (1657) la pleine et entière souveraineté de son duché et préparait de loin l'établissement de la monarchie prussienne (n° 346).

§ IV. ÉPUISEMENT DE LA SUÈDE.

270. Gustave-Adolphe. — Christine. — L'illustre *Gustave-Adolphe* (1611-1631), vainqueur de la Russie et de la Pologne au début de son règne, héros et victime de la guerre de Trente ans (voir ci-dessus, n° 244), avait placé la Suède à un rang que jamais elle n'avait occupé encore parmi les nations de l'Europe ; sa mort ne l'en fit pas descendre. Longtemps elle demeura la puissance prépondérante du Nord, jusqu'à ce que l'ambition de ses rois, en cherchant à l'élever plus haut encore, eût épuisé, dans des luttes stériles, des forces qui lui manquèrent au moment décisif où le génie d'un tzar, tirant la Russie de sa barbarie, élevait le colosse formidable qui, grandissant toujours, menace aujourd'hui d'écraser l'Europe.

Gustave-Adolphe ne laissait qu'une fille âgée de six ans (1632) : c'était la célèbre *Christine*. Le chancelier *Oxenstierna* garda la direction des affaires, et continua avec habileté la politique du dernier roi, pendant la minorité de cette femme extraordinaire, déjà habituée par son père au bruit du canon, et qui bientôt étonna la Suède par ses talents, sa fermeté, son instruction profonde. Tandis que ses généraux faisaient triompher en Allemagne le drapeau suédois (n° 246), et préparaient le traité de Westphalie (1648), tandis que le Danemark était forcé de livrer à la Suède, par la paix de *Bromsebro* (1645), des îles importantes et la libre navigation des détroits, Christine songeait à répandre parmi ses sujets la civilisation et les lumières. A sa cour, jusqu'alors ignorante et barbare, elle réunissait tous les savants de l'Europe, Descartes, Grotius, Saumaise à leur tête. Les conseillers de son père admiraient sa sagacité ; les hommes les plus instruits s'étonnaient de ses connaissances. Elle fit plus pour les arts et les sciences qu'aucun des princes contemporains. Son amour pour l'étude, joint à une grande passion pour tout ce qui semblait étrange et romanesque, l'eut bientôt dégoûtée du trône. Lasse de vivre au milieu d'un peuple lourd et grossier, qui ne s'enthousiasmait qu'au bruit des armes, Christine remit la couronne à son cousin Charles-Gustave. En 1654, elle abdiqua aux États d'Upsal, malgré les instances d'Oxenstierna, et quitta son royaume, disant qu'elle avait enfin retrouvé sa liberté, et se promettant de n'y plus revenir. L'Europe vit cette princesse, qui se fit catholique par calcul ou par caprice, l'année même de son abdication, se rendre à Rome pour y admirer les chefs-d'œuvre des arts, traverser la cour brillante de Louis XIV, souiller le palais de Fontainebleau par l'assassinat de Monaldeschi, son écuyer et son amant, essayer deux fois de reprendre sa couronne, prétendre au trône de Pologne, et terminer son errante carrière dans la capitale du monde chrétien (1689).

271. Charles X (1654-1660). — **Guerres contre la Pologne, la Russie, etc.** — **Épuisement de la Suède.** — Charles-Gustave, couronné sous le nom de *Charles X*, comprit autrement le rôle d'un successeur de Gustave-Adolphe. Le roi des Polonais Jean-Casimir, déjà occupé par une guerre sérieuse contre la Russie, avait osé manifester des prétentions au trône de Suède. Charles X envahit tout à coup la Pologne avec 60,000 soldats. Élève du fameux Torstenson (voir la guerre de Trente ans, n° 248), il eut bientôt chassé son rival. La Pologne se soumit, et l'année suivante l'électeur de Brandebourg, Frédéric-Guillaume, rendit hommage au vainqueur pour le duché de Prusse (1655). Trois victoires en trois jours (*bataille de Varsovie*, 19-20-21 juillet 1656) avaient affermi sa conquête, quand tout à coup le tzar, jusque-là ennemi des Polonais, se déclara pour Jean-Casimir, et Charles X, pressé de toutes parts, fut forcé d'abandonner la Pologne. Il crut se dédommager en attaquant le Danemark. Au mois de janvier 1658, après avoir conquis en partie les États de Frédéric, il passa le détroit du Belt sur la glace, combattit sans relâche malgré les rigueurs excessives de l'hiver, malgré des privations de toute espèce, s'empara successivement de toutes les îles, et, par le *traité de Roskild*, se fit céder la moitié du Danemark et une partie de la Norvège (1658).

Enivré par ce rapide triomphe, Charles ne mit plus de bornes à ses projets et à son ambition : il proposa le partage du Danemark à l'Angleterre, et le démembrement de la Pologne au Brandebourg et à l'Autriche, qui déclarèrent alors que *les temps barbares où l'on avait vu anéantir la nationalité d'un peuple étaient heureusement bien éloignés !* Malgré tous ces refus, Charles X voulait, dit-on, après s'être emparé de la navigation de la Baltique, aller en Italie renouveler les conquêtes d'Alaric. Mais le doigt de Dieu avait marqué le terme de ses succès et de sa vie. En vain, il s'efforce de comprimer le soulèvement du Danemark, et met le siége devant Copenhague ; en vain, il s'obstine à combattre la moitié de l'Europe conjurée contre lui, et repousse toutes les propositions de paix : il meurt (1660), laissant à son fils *Charles XI*, âgé de cinq ans, un trône ébranlé de toutes parts.

Les habiles et vigoureuses mesures de la régence sauvèrent la Suède ; quoique épuisée par tant d'efforts, elle put terminer la guerre par trois traités glorieux : celui de *Copenhague* avec le Danemark, d'*Oliva* avec la Pologne, l'Empire et le Brandebourg (1660), de *Kardis* avec la Russie, traités par lesquels elle se fit accorder ou confirmer la cession des provinces de Scanie, de Halland, de Livonie, d'Esthonie, et de Carélie, qui affermirent et étendirent même ses frontières, mais ne purent remédier à l'appauvrissement du pays, à la diminution de la population, suites fatales de tant de guerres.

272. Prospérité du Danemark. — Établissement de la monarchie absolue. — Les revers du Danemark dans ses luttes avec la Suède et les sacrifices que lui imposa le traité de Copenhague (n° 271), furent réparés par le sage gouvernement de ses souverains qui faisaient régner à l'intérieur la prospérité et la civilisation. Le Danemark se plaçait par ses lumières en tête de toutes les nations du nord de l'Europe. *Frédéric II* avait multiplié les écoles dans les villes et dans les villages, fondé des universités célèbres par la science et le talent de leurs professeurs ; il avait enrichi son royaume par l'exploitation des mines de la Norvège. Malgré la part malheureuse qu'il prit à la guerre de Trente ans (n° 241), *Christian IV* (1588-1648), héritier des projets de son père, avait favorisé l'établissement d'un grand nombre de manufactures, étendu le commerce maritime, protégé les sciences et les lettres au milieu du bruit des armes. Pleins de reconnaissance pour les bienfaits du pouvoir suprême, pleins de confiance dans une autorité qui ne s'exerçait que dans l'intérêt général, les Danois s'efforcèrent d'assurer à jamais la prospérité publique en consolidant le trône. La fameuse *loi royale*, votée, sous le règne de *Frédéric III*, dans une assemblée générale des États, rendit héréditaire la couronne auparavant élective, et déclara que les rois, seuls chefs souverains que les sujets dussent reconnaître sur la terre, seraient au-dessus de toutes les lois humaines, et n'auraient dans les affaires ecclésiastiques, comme dans les affaires civiles, d'autre juge que Dieu seul (1660). Depuis cette époque, le Danemark, jadis agité si souvent par les discordes intestines, jouit d'une tranquillité qui ne fut guère troublée jusqu'à nos jours.

§ V. DÉCADENCE DE LA POLOGNE.

273. Constitution du gouvernement Polonais. — Pour comprendre la décadence de la Pologne au milieu du dix-septième siècle, il faut suivre les modifications de son gouvernement, et les péripéties de son histoire depuis la fin du quinzième siècle, où, arrivée à l'apogée de sa grandeur, elle était devenue la puissance prépondérante du nord.

Le roi *Casimir IV*, qui eut la gloire d'incorporer à la Pologne, par le fameux *traité de Thorn* (1466), la plus grande partie des États de l'ordre Teutonique, organisa définitivement le gouvernement polonais en y introduisant le mode de représentation nationale déjà adopté par plusieurs nations européennes. La *diète générale*, réunie pour la première fois d'une manière régulière à Pétrikau, en 1467, sous la présidence du roi, fut composée de deux chambres, celle du sénat, où siégeaient les évêques et les palatins réunis aux sénateurs, et celle des nonces ou députés des provinces, des districts et des villes. Casimir fit poser en règle, que *le roi ne ferait aucune loi sans le consentement des États*. C'était détruire sans retour le pouvoir absolu du monarque, et là, il y avait un progrès sans doute. Mais des vices profonds se révélaient dans la constitution ; malgré la succession de fait établie dans la maison de Jagellon, la couronne était élective de droit, et, à chaque vacance, le nouveau roi était nommé dans la diète, où la noblesse assistait en corps. Seule appelée à délibérer sur tous les intérêts de l'État, dans les assemblées générales où elle était représentée par les nonces, l'aristocratie avait seule le droit de cité, les dignités civiles et ecclésiastiques, les prérogatives de tout genre. Elle avait obligé le grand Casimir IV lui-même, pendant la durée de son règne, à promettre par serment aux Polonais le maintien de leurs droits et de l'intégrité de leurs priviléges, et elle avait menacé de refuser obéissance au roi s'il accueillait les réclamations des Lithuaniens, ses premiers sujets. Sous les fils de Casimir, cette aristocratie devait encore augmenter son influence par des empiétements nouveaux, et établir enfin cette fatale nécessité du consentement unanime sur les affaires les plus importantes, qui, en devenant une des lois fondamentales de l'État, devait être une cause perpétuelle de luttes violentes et de ruine.

274. Règne de Jean-Albert et d'Alexandre Ier. — Les fils de Casimir IV durent à la renommée de leur père d'être appelés à plusieurs trônes étrangers. *Ladislas*, élu roi de Bohême (1471), conserva sa couronne en dépit de Mathias Corvin ; il succéda à Mathias lui-même en Hongrie, l'an 1490. *Jean-Albert*, son frère, hérita en 1492 du trône de Pologne, tandis qu'un autre fils de Casimir, *Alexandre*, gouvernait les Lithuaniens. Les deux États voisins furent encore une fois séparés, mais seulement pour quelques années. Le règne d'Albert fut signalé par de nouveaux envahissements de la noblesse. Les simples bourgeois furent exclus par la diète de la propriété territoriale, et ceux qui possédaient des immeubles furent contraints de les vendre. Après la mort du faible Albert, qui avait laissé les Tartares et les Turcs envahir impunément son royaume, la Pologne recouvra toute sa force par la réunion de la Lithuanie, sous le règne d'Alexandre, que les Polonais appelèrent à leur tête en 1501. Alexandre soutint noblement la gloire de sa famille; il travailla à la civilisation de son royaume, en s'entourant d'étrangers distingués par leurs talents et leur savoir. Mais ses barbares sujets se hâtèrent de mettre des bornes aux libéralités dont il comblait ses illustres hôtes, par une loi appelée *statutum alexandrinum*, qui, confirmant et étendant les institutions de Casimir, investissait formellement les chambres du droit de voter et d'asseoir les impôts, de déclarer la guerre, de faire battre monnaie, de surveiller les pouvoirs judiciaires et de contrôler l'administration des domaines royaux. Alexandre couronna son règne par une guerre heureuse contre les Tartares, et mourut (1506) en recevant la nouvelle d'un éclatant triomphe remporté par le vaillant *Michel Glinski*.

275. SIGISMOND Ier (1506-1548). — **LA RÉFORME EN POLOGNE — ÉTABLISSEMENT DU DUCHÉ DE PRUSSE.** — — Le frère d'Alexandre, *Sigismond Ier* (1506), élu successivement en Lithuanie et en Pologne, vit s'élever contre lui Glinski, le vainqueur des Tartares. Cet homme puissant et ambitieux, cité devant le sénat pour avoir voulu se rendre indépendant en Lithuanie, chercha son salut dans la révolte, et alla implorer le secours des Russes contre sa patrie.

Une victoire remportée sur le tzar Vasili à Orsza ne put rendre à Sigismond la ville de Smolensk, tombée au pouvoir de l'ennemi. En même temps, le roi voyait croître l'insubordination de la noblesse, qui commençait à changer l'armée elle-même en assemblée délibérante, et s'arrogeait le droit de vie et de mort sur les paysans. Bientôt l'introduction du luthérianisme en Pologne, malgré l'énergique opposition de Sigismond, vint livrer le pays à de nouvelles dissensions. Albert de Brandebourg, le grand-maître des chevaliers Teutons, se déclara en faveur de la Réforme. Ce changement de religion devait, d'après les traités, rendre à la Pologne les terres possédées par l'ordre Teutonique. Pour éviter une guerre, Sigismond reconnut Albert duc héréditaire de la *Prusse orientale*, à condition qu'il rendrait hommage au roi de Pologne (1525). Mais désormais, les deux États étaient divisés d'intérêt comme de religion; et Sigismond constituait lui-même, à côté de sa patrie, une puissance rivale, qui, appuyée sur l'Allemagne, devait sortir un jour de son obscurité pour la ruine de la Pologne. Toutefois, il ne vit pas ce résultat éloigné; et il mourut après avoir sauvé à son pays les malheurs d'un interrègne, en faisant couronner son fils *Sigismond II-Auguste* (1548).

276. Sigismond II (1548-1572). — Réunion de la Livonie et de la Lithuanie. — Des intrigues de palais agitèrent le commencement de ce règne, remarquable par un nouvel accroissement du territoire polonais. Les chevaliers Porte glaive de Livonie, qui s'étaient rendus indépendants de l'ordre Teutonique (1421), reconnurent la souveraineté de la Pologne (1561). Elle conserva la Livonie malgré tous les efforts du tzar Ivan IV, qui perdit une grande bataille en 1564. L'abandon solennel des droits particuliers de Sigismond-Auguste sur la Lithuanie consomma définitivement l'union de ce duché avec la Pologne (1569). Toutefois, la gloire du règne de Sigismond II cachait bien des germes de décadence : l'influence des nobles croissait de jour en jour, et ils osaient dire à Sigismond dans une assemblée générale : *Nous nous estimons aussi heureux d'abaisser la hauteur des rois qui méprisent les lois, que d'honorer ceux qui les respectent.*

277. Rétablissement de l'élection. — Affaiblissement du pouvoir royal. — L'extinction de la famille des Jagellons (1572) allait affaiblir encore le pouvoir royal. L'exercice du droit d'élection, à peu près interrompu sous cette dynastie, que l'admiration et l'amour des Polonais avaient maintenue sans interruption sur le trône, se rétablit avec toutes ses funestes conséquences, dès que la mort de Sigismond ouvrit de nouveau l'arène à toutes les ambitions, à tous les intérêts personnels. Il se présenta un grand nombre de candidats, dont les principaux étaient l'archiduc Ernest d'Autriche, Henri de Valois, le tzar Ivan IV, et le roi de Suède Jean III. La *diète de convocation*, réunie à Varsovie (1573), commença par déclarer qu'à l'avenir le roi ne pourrait plus désigner son successeur, qu'il ne pourrait faire la guerre sans le vote de la diète, qu'il serait tenu de réunir tous les deux ans l'assemblée générale des États, qu'il ne pourrait se marier sans l'agrément du sénat. En cas d'inobservation de ces règles fondamentales, les sujets devaient se considérer comme déliés du serment de fidélité. Telles furent les clauses principales des *pacta conventa*, qui posèrent, avant la nouvelle élection, les principes du gouvernement. Après de longues hésitations et des discussions violentes entre le parti des catholiques et celui des réformés, les premiers l'emportèrent, et firent nommer *Henri de Valois*, frère du roi de France. Ce prince, obligé d'accepter les *pacta conventa*, se lassa bientôt d'une royauté dépouillée de tout son prestige; il s'enfuit pendant la nuit, à la nouvelle de la mort de son frère, qui l'appelait au trône de France (1574).

278. Étienne Bathori (1575-1586). — Règne glorieux. — L'alarme fut grande à cette brusque disparition du souverain. Un messager envoyé immédiatement le rejoignit à Vienne; mais il fut sourd à toutes les instances du sénat, et il fallut recourir à une nouvelle nomination. Les troubles de la dernière élection se renouvelèrent; enfin le choix tomba sur *Étienne Bathori*, duc de

Transylvanie, qui épousa la princesse Anne Jagellon, sœur du roi Sigismond-Auguste (1575).

Un illustre règne allait commencer : la Pologne, à la veille de sa décadence, put se croire un instant revenue à ses plus beaux jours. Elle recouvra tout son ascendant parmi les puissances du Nord, sous un prince dont les talents politiques égalaient la valeur, dont l'invincible fermeté et la sage tolérance surent triompher de toutes les discordes intestines. Ivan IV le Terrible, qui avait envahi les frontières de la Pologne et pénétré en Livonie (1579), fut repoussé et poursuivi jusque dans ses États. Les Russes, charmés de l'humanité de Bathori, se soumettaient de toutes parts. Le tzar ne fut sauvé que par l'intervention du souverain pontife, qui détermina le roi de Pologne à signer le traité de *Kiverova-Horka* (1582). Étienne avait fondé la grande université de Vilna, dont il confia la direction aux jésuites, et favorisa dans tous ses États les progrès des sciences et des arts. Il mourut au moment où il se disposait à profiter des discordes qui suivirent la mort d'Ivan IV, pour reprendre ses projets contre la Russie (1586).

279. Sigismond III (1587-1632). — La Pologne, en perdant ce grand prince, quitta le rôle brillant qu'elle avait joué jusque-là dans l'Europe septentrionale. Le nouveau roi *Sigismond III* (1587), héritier du trône de Suède, avait à concilier les intérêts de la Suède luthérienne et de la Pologne catholique, qui se disputaient la province de Livonie. Son avénement en Pologne, au lieu de calmer les haines des deux peuples, ne fit qu'augmenter leur rivalité. Un oncle de Sigismond s'empara de la couronne de Suède, sous le nom de Charles IX, en faisant proclamer la déchéance du roi catholique. La guerre éclata entre les deux pays, et malgré une grande victoire dont les Polonais ne surent pas profiter (1605), elle continua presque sans interruption pendant tout le règne de Sigismond. Ce prince ne réussit ni à recouvrer la Suède, ni à s'assurer le sceptre de Russie, offert à son fils Ladislas. Enivré par leurs premiers succès, les Polonais irritèrent les Moskovites par leurs violences, et furent forcés de se retirer après avoir brûlé Moskou. La guerre contre les Suédois venait de finir par une trêve conclue avec le nouveau roi de Suède (n° 243), Gustave-Adolphe, quand Sigismond mourut en 1633.

280. Ladislas (1632-1648). — **Jean-Casimir.** — **Les Cosaques se séparent de la Pologne.** — La décadence, manifeste sous Sigismond III, continue rapidement sous ses successeurs. Son fils *Ladislas*, élu par la diète, termina la querelle avec la Russie par la paix de Viasma (1634), et renouvela la trêve avec la Suède ; il semblait devoir rendre à la couronne de Pologne tout son antique éclat ; mais une guerre terrible contre les Cosaques (ou Kosaks), dont la noblesse polonaise voulait faire des vassaux, replongea le royaume dans un abîme de malheurs. Ce peuple, brave et passionné pour la liberté, repoussa avec indignation les mesures tyranniques de la diète polonaise. Un habile chef, *Chmielnicki*, proclamé attaman, rassembla autour de lui une armée innombrable, et lutta avec un courage infatigable contre le successeur de Ladislas, *Jean-Casimir* (élu en 1648).

Les Cosaques, vaincus dans la grande bataille de Berestesko, qui dura dix jours entiers (1651) et leur coûta trente mille hommes, reprirent cependant l'avantage et obtinrent un traité honorable. Mais craignant de voir renaître un joug qui leur était devenu odieux, ils se livrèrent à la Russie (1654). Cette défection, qui changeait en ennemis les plus vaillants auxiliaires de la nation polonaise, devait être une des principales causes de sa ruine. Au moment où les fautes de la Pologne élevaient ainsi sa rivale, on voyait dans une assemblée solennelle un noble, usant pour la première fois du droit absurde et fatal du *liberum veto*, dissoudre la diète par sa seule volonté, au milieu des dangers de la guerre étrangère (1652).

281. Affaiblissement de la Pologne. — Abdication de Jean-Casimir. — Ces funestes symptômes de décadence encourageaient tous les ennemis de la Pologne. Attaqué à la fois par les Russes et par le roi de Suède Charles X (n° 274), Jean-Casimir fut forcé de quitter son royaume, et, dans son désespoir, il offrit sa couronne à l'empereur, qui ne daigna pas l'accepter. Déjà Charles X disait aux seigneurs, en leur montrant la garde de son épée : *Mon élection, la voilà*. Jean-Casimir, abandonné de tous, en appela au ciel : il mit son royaume sous la protection de la sainte Vierge, et l'enthousiasme religieux ranima le sentiment national. Casimir conserva son trône. Mais la paix d'*Oliva*, qui termina la guerre avec la Suède (n° 274), l'obligea de céder la Livonie et l'Esthonie (1660) ; le duc de Prusse, son feudataire infidèle, le força de reconnaître, par les traités de *Vehlau* et de *Bromberg*, la souveraineté de ses États (1657) ; les attaques réunies des Moskovites et des Cosaques, malgré la défense acharnée de la Pologne, lui enlevèrent Smolensk et l'Ukraine ; enfin, le *liberum veto* l'empêcha d'épargner au royaume les périls d'une élection, en assurant la couronne au fils du grand Condé. Une guerre civile mit le comble aux malheurs de ce règne. Jean Casimir abdiqua (1669), laissant sa patrie plus que jamais déchirée par les dissensions politiques et religieuses, et donnant à la diète assemblée ce prophétique avertissement : « Si

» vous ne vous hâtez de remédier aux malheurs que vos pré-
» tendues élections libres attirent sur le pays, ce noble royaume
» deviendra la proie des étrangers. Le Moskovite nous arra-
» chera les provinces russiennes et la Lithuanie : le Brande-
» bourgeois s'emparera de la Prusse et de Posen ; et l'Au-
» triche, plus loyale que ces deux puissances, sera obligée de
» faire comme elles : elle prendra Krakovie et la petite Po-
» logne. » Cette prédiction ne s'est que trop réalisée !

§ VI. DIVISIONS DE L'ANGLETERRE. — RICHESSE ET PUISSANCE
DE LA HOLLANDE.

282. **ABDICATION DE RICHARD CROMWELL.—RETOUR
DE CHARLES II.** — L'Angleterre, encore en proie aux agitations d'une première révolution, allait en préparer une seconde par ses divisions et ses querelles intestines. A la mort
d'Olivier Cromwell (n° 230), son fils *Richard* (1658), fut reconnu protecteur de la république d'Angleterre, d'Écosse et
d'Irlande ; mais cet homme, qui n'avait ni l'ambition ni les talents de son père, ne put porter son lourd héritage de crimes
et de gloire : forcé de dissoudre le parlement, qui seul le soutenait, il abdiqua quelques mois après son avènement.

La réaction royaliste se préparait. « Après bien des mouvements, des chocs et des secousses, il fallut se reposer dans le
gouvernement même que l'on avait proscrit. » (Montesquieu.)
Le *Rump* (n° 226), rétabli à Londres, fut bientôt remplacé par
un nouveau parlement, qui reçut dans son sein les membres
qui autrefois avaient refusé de juger le roi. La présence du
général royaliste *Monk*, à la tête d'une armée qui lui était dévouée, mit fin aux dernières hésitations des chambres. Au
mois de mai 1660, Charles II fut proclamé solennellement.

283. **TROUBLES ET DIVISIONS. — RIGUEURS IMPOLI-
TIQUES DU ROI.** — Le roi revint en Angleterre au milieu de
l'enthousiasme universel, et l'amnistie (*déclaration de Bréda*)
qu'il publia aussitôt acheva de lui rallier tous les partis ; mais
sa popularité ne fut pas de longue durée. Charles avait déclaré qu'il accordait un pardon général à tous ses sujets, sauf
ceux que le parlement jugerait à propos d'excepter de cette
grâce ; qu'il rendait la liberté aux consciences, et défendait
qu'aucune personne fût inquiétée pour ses opinions religieuses. On ne tarda pas à reconnaître combien ces concessions
étaient dérisoires. Le roi ne se borna pas à envoyer au sup-

plice les juges de Charles I*er*, qui avaient été formellement exceptés de l'amnistie ; le parlement recula les effets de cet acte jusqu'en 1671, prononçant des confiscations et des amendes énormes pour tous les crimes commis jusque-là, et déclarant que *quiconque intercéderait même pour les enfants d'un condamné, devrait être condamné lui-même*. Bientôt, les échafauds se dressèrent de toutes parts dans l'Écosse, à laquelle on refusa d'étendre l'amnistie ; et le supplice odieux du marquis d'Argile, arrêté par trahison lorsqu'il venait prêter serment de fidélité au roi, apprit à tous que le temps de la vengeance n'était point passé. En même temps, l'*acte d'uniformité* anéantissait tout espoir de tolérance religieuse. La nécessité de l'ordination épiscopale imposée à tous les ministres, et l'obligation d'accepter les prières communes rédigées pour le rit anglican, frappaient à la fois les presbytériens et les catholiques. La démission de deux mille ministres *non-conformistes* (*Saint-Barthélemy des presbytériens*) protesta vainement contre le triomphe de l'épiscopat (24 août 1662), et les émigrations recommencèrent comme sous le règne de Charles I*er*, jusqu'à ce que le roi effrayé suspendît ces mesures rigoureuses par un *acte d'indulgence*. Cette réaction n'apaisa que quelques instants les rivalités et les discordes politiques et religieuses dont nous verrons se manifester bientôt les plus graves conséquences.

284. **Richesse et puissance de la Hollande.** — La Hollande, au contraire, cette jeune république pleine d'ardeur et d'énergie, dont l'indépendance avait été solennellement reconnue par l'Espagne en 1648, déployait une activité prodigieuse, et s'établissait sur tous les rivages.

Gouvernée par une assemblée composée des députés des villes et des provinces, et nommée les États-généraux, elle avait pour chef héréditaire un prince de la maison de Nassau, qui portait le titre de *Stathouder*, et qui était tout à la fois gouverneur général, capitaine général et grand amiral. Les Hollandais, qui, par leur laborieuse industrie, par leur persévérance infatigable, avaient conquis le sol marécageux de leur pays sur la mer, étaient devenus, par leur habileté dans la marine, et par l'esprit d'ordre qui les caractérise, les facteurs du monde entier, ils avaient acquis, grâce à leur économie et à l'adresse de leur politique, des richesses incalculables, des possessions importantes dans toutes les parties du monde, et par suite, une puissance telle, qu'ils osèrent braver celle du grand roi et parvinrent à l'humilier.

Dès la fin du seizième siècle, Cornélius Hotmann avait été reconnaître les îles de la Sonde. En 1602, les États-généraux fondèrent la *compagnie des Grandes-Indes*. Investie du droit de paix et de guerre avec l'Orient, du pouvoir d'élever des forts et d'entretenir des garnisons, elle établit ses comptoirs dans les Moluques (1607-1623), fertiles en muscade, en girofle, en épices de tout genre; dans les Célèbes, où abondent l'or et les tortues aux précieuses écailles; dans les îles de Sumatra et de Java, où les montagnes recèlent l'émeraude, le rubis et le diamant. Pendant que le roi d'Espagne leur défendait, *sous peine du fouet*, de trafiquer dans son empire des Indes, les Hollandais prenaient Cananor et Cochin, ces vieilles conquêtes du Portugal, l'île de Ceylan (1658), riche par la cannelle, et l'importante ville de Malakka (1641). Batavia, bâtie dans l'île de Java, était l'entrepôt de tout ce commerce, le centre de tout ce mouvement et de toute cette puissance; l'établissement fondé en 1650 au cap de Bonne-Espérance en était le boulevard. La Hollande n'avait eu à craindre en Orient que la concurrence des Anglais, redoutables d'abord par l'appui de la Perse, mais bientôt accablés par les attaques simultanées de la Hollande, de la France et du Grand-Mongol. En Amérique, les Hollandais parvinrent à s'emparer de Curaçao (1634), colonie espagnole, et de Surinam (1660), exploité depuis vingt ans par des Anglais. La *paix de Bréda* leur assura cette possession, dont, à force de patience et de travaux, ils changèrent le sol malsain et meurtrier en une terre féconde, où la *compagnie des Indes Occidentales* éleva bientôt la ville de Para-Maribo (1673).

QUESTIONNAIRE. — § I. 254. Qui succéda à Louis XIII et sous la régence et le ministère de qui? — Quelle fut l'origine de la guerre de la Fronde? — 255. Racontez les principaux faits de la guerre de la Fronde jusqu'au traité de Rueil. — 256. Quels événements s'accomplirent en France jusqu'au traité des Pyrénées?—257. Quelles furent les principales dispositions du traité des Pyrénées? — Exposez les conséquences de ce traité et de celui de Westphalie. — § II. 258. Faites connaître les États de l'Europe septentrionale en 1661. — 259. Énumérez ceux de l'Europe centrale. — 260. Quels étaient ceux de l'Europe méridionale? — Dites les modifications récentes des uns et des autres. — § III. 261. En quel état Philippe II laissait-il l'Espagne? — Qui eut le pouvoir sous Philippe III? — 262. Qui gouverna sous Philippe IV? — Quels étaient les plans d'Olivarès? — Quels soulèvements éclatèrent? — Qu'arriva-t-il en Catalogne? — 263. Racontez *la conjuration de 1640 en Portugal.*— 264. *Comment Jean de Bragance fut-il proclamé et s'affermit-il?* —265. Faites le récit de l'insurrection napolitaine. — Quel en fut le héros? —

266. Comment se termina la lutte de l'Espagne et du Portugal? — 267. Quel était l'état de la puissance coloniale de l'Espagne?— Parlez du Paraguay. — 268. Dites quelques mots de chacun des États principaux d'Italie, Venise, Gênes, Milan, la Toscane, Rome, les Deux-Siciles. — Parlez spécialement de la Savoie. — 269. Quelles furent en Allemagne les suites du traité de Westphalie? — Comment l'unité germanique se détruisit-elle de plus en plus? — § IV. 270. Que savez-vous de Gustave-Adolphe? — *Donnez quelques détails sur Christine.* — 271. Quels vastes projets forma et exécuta Charles X? — Quels en furent les résultats pour la Suède? — Quels traités terminèrent toutes les guerres à l'avénement de Charles XI? — 272. Qu'avez-vous à dire du Danemark pendant cette période? — § V. 273. Quel traité célèbre a conclu Casimir IV? — Sur quelles bases a-t-il fondé la civilisation polonaise? — Quel vice présentait-elle déjà? — 274. Que devinrent les fils de Casimir IV? — 275. Quelles causes de divisions agitèrent la Pologne sous Sigismond Ier? — 276. Quels faits marquent le règne de Sigismond II? — 277. Quand l'exercice du droit d'élection recommença-t-il? — Qu'est-ce que les pacta conventa? — Qui fut élu en 1573? — 278. Que savez-vous sur Etienne Bathori? — 279. Quels signes de décadence avez-vous à signaler sous Sigismond III? — 280. Quelle guerre acharnée éclata sous Ladislas et Jean Casimir? —281. Quelle prédiction fit ce prince? — Quel droit funeste s'était établi sous son règne? — § VI. 282. Comment finit le protectorat de Richard Cromwell? — Comment fut rappelé Charles II? — 283. Quelle fut la politique de Charles II à son avénement et quels en furent les résultats? — 284. Faites le tableau de la grandeur de la Hollande à cette époque.

CHAPITRE VINGT-QUATRIÈME.

ADMINISTRATION DE LOUIS XIV. — MINISTÈRE DE COLBERT.

SOMMAIRE.

§ Ier. 285. Louis XIV prend en main les rênes du gouvernement (1661). Sa volonté forte, son amour de la gloire, son talent de choisir les hommes sont les traits les plus saillants de son grand caractère.

286. Colbert, petit-fils d'un marchand de laines, déploie au ministère les plus rares qualités pour toutes les parties de l'administration.

287. Colbert réorganise les finances en rétablissant l'ordre dans la perception, en instituant les états de prévoyance ou budgets, en réduisant le nombre des privilégiés, en étendant les aides, en punissant les malversations. Un grand nombre de routes sont ou-

vertes ou réparées. Riquet exécute le canal du Languedoc. Le port marchand de Cette est creusé.

§ II. 288. L'agriculture est encouragée par des mesures protectrices. Colbert s'applique surtout à développer l'industrie et le commerce. Il établit un système protecteur de douanes pour favoriser l'industrie nationale. Les manufactures de toutes sortes se multiplient rapidement.

289. Diverses ordonnances sont rendues pour donner l'essor au commerce. Les compagnies des Indes, de l'Afrique et du Nord sont créées. Des institutions de contrôle assurent la loyauté du commerce.

290. L'exemption du droit de fret, les primes, encouragent la marine marchande. La marine militaire est créée. Le système des classes ou inscription maritime pourvoit au recrutement des équipages. Le port militaire de Rochefort est creusé, ceux de Toulon et de Brest sont agrandis. Les colonies se multiplient en Afrique et en Amérique.

§ III. 291. Le grand conseil accomplit de remarquables travaux législatifs, savoir : les ordonnances civile (1667), des eaux et forêts (1669), criminelle (1670), de commerce (1673), de marine (1681); le Code noir (1685) et beaucoup d'autres règlements.

292. Louis XIV mérite le nom de Grand en réunissant tous les genres de gloire. La France brille alors de tout l'éclat des lettres et des arts. (Renvoi au chap. XXVIII.)

§ Ier. LOUIS XIV. — MINISTÈRE DE COLBERT. — ADMINISTRATION INTÉRIEURE.

285. MAJORITÉ DE LOUIS XIV. — CARACTÈRE DU JEUNE MONARQUE. — Louis XIV, devenu majeur depuis plusieurs années, sentit en lui trop de fierté et d'énergie pour accepter le rôle passif et humiliant auquel avait été réduit son père. A la mort de Mazarin (1661), les chefs des diverses administrations se présentèrent devant le roi et lui demandèrent à qui ils devaient s'adresser désormais pour les affaires de l'État. — *A moi*, répondit le jeune monarque, qui ne tarda pas à prouver la vérité de cet augure prononcé par Mazarin, *qu'il y avait en lui de l'étoffe pour faire quatre rois et un honnête homme.* Aussitôt, il prend les rênes de l'État, et ramène tout à lui seul. Après Richelieu, qui a brisé la féodalité et le protestantisme, après la guerre de la Fronde, qui a démontré l'impuissance du parlement, le pouvoir royal s'élèvera à son apogée sous un prince doué d'une volonté forte, d'un vif amour de la gloire, surtout d'un sentiment extraordinaire de sa dignité et de la grandeur de l'État qu'il personnifie en lui-même (1). Il possède d'ailleurs, au plus haut degré, la première, la plus essentielle qualité pour le souverain d'une grande monarchie, cet art royal de s'entourer de grands hommes, de reconnaître leurs services, de les utiliser, de les rassembler autour de soi pour s'entourer de tout l'éclat de leur génie : c'est un *Colbert* qui rétablira les finances tombées dans une affreuse confusion ; un *Condé*, un *Turenne*, un *Luxembourg*, un *Villars*, qui compteront autant de victoires que de batailles ; un *Vauban*, qui fermera les frontières aux invasions par des fortifications admirables ; un *Louvois*, qui organisera, par de savantes réformes, ces invincibles armées, terreur de toute l'Europe ; un *Duquesne*, un *Tourville*, un *Jean-Bart*, dignes chefs de cette redoutable marine, si merveilleusement créée par Louis XIV. Servi par de tels hommes, appuyé sur la nation la plus forte, la plus unie, la plus confiante en son chef et en elle-même, le grand roi osera prétendre à la domination de l'Europe.

286. **Ministère de Colbert.** — La première place dans le récit du grand règne appartient au ministère de Colbert dont l'excellente administration fut la base des entreprises les plus hautes et surtout les plus durables qu'ait accomplies Louis XIV. « Sire, avait dit au roi Mazarin sur son lit de mort, je vous dois tout, mais je crois m'acquitter en quelque manière en vous donnant *Colbert*. » Ce fut en effet une des bonnes fortunes, comme une des gloires de Louis XIV, d'avoir eu pendant vingt-deux ans pour ministre ce petit-fils d'un marchand de laine de Reims. Doué de vastes connaissances, d'un esprit solide, d'une volonté de fer, d'un caractère élevé mais sévère jusqu'à la dureté, enfin de l'habileté nécessaire pour faire adopter ses idées et ses plans à un maître jaloux, qui croyait *qu'on lui ôtait sa gloire quand sans lui on en pouvait avoir*, il parvint successivement à mettre dans ses attributions, outre les finances, le commerce, les manufactures, les beaux-arts, l'administration intérieure du royaume et même la marine, qu'il plaça entre les mains de son fils.

287. **Administration intérieure. — Finances. — Travaux publics.** — Lorsque Colbert entra aux affaires, les dilapidations du ministère de Mazarin avaient élevé à 450 millions la dette de l'État, et le désordre de l'administration financière était tel, que sur 84 millions d'impôts, il n'en arrivait que 32 dans les coffres du trésor, dont les dé-

---

(1) *L'État, c'est moi*, disait Louis XIV.

penses montaient à 52 millions. Dès l'année suivante, le revenu surpassa la dépense de 45 millions, et, malgré des réductions considérables opérées sur les impôts les plus onéreux, il finit par s'élever jusqu'à 117 millions, sans que la nation se trouvât grevée au delà de ses forces. Ce résultat merveilleux était dû aux mesures aussi habiles que fécondes du digne successeur de Sully ; un état de prévoyance fut dressé pour fixer à l'avance le montant des recettes et des dépenses, et fut l'origine de nos budgets si réguliers et si complets. Les bourgeois qui s'étaient soustraits aux impôts par des titres de noblesse usurpés, furent ramenés à l'obligation de payer la taille ; les contributions indirectes ou aides auxquelles tous contribuaient sans distinction de classe, furent sensiblement augmentées ou étendues à des denrées nouvelles. Une chambre de justice fut chargée de rechercher et de punir rigoureusement les malversations des percepteurs de l'impôt.

Il est vrai qu'outre les réformes introduites dans l'administration, Colbert employa aussi des moyens violents, surtout à l'égard des financiers, qui avaient profité des désordres antérieurs, et à l'égard des détenteurs de rentes acquises à vil prix et qu'il remboursa sur le pied de l'achat, au mépris des engagements contractés par l'État. Mais si les moyens ne furent pas exempts de blâme, les résultats sont dignes de la plus grande admiration.—La création et l'entretien d'un grand nombre de routes nouvelles, la réparation des anciennes, l'ouverture du *canal du Languedoc*, cette œuvre grandiose de l'ingénieur *Riquet*, qui coûta près de trente-cinq millions, facilitèrent la circulation. Le port de Cette, sur la Méditerranée, fut creusé à l'extrémité orientale du canal qui communiquait par la Garonne avec l'Océan. De grands travaux de canalisation et de desséchement furent entrepris de toutes parts.

§ II. INDUSTRIE. — COMMERCE. — MARINE MARCHANDE ET MILITAIRE.

288. ENCOURAGEMENTS A L'AGRICULTURE, A L'INDUSTRIE, AU COMMERCE. — L'agriculture reçut de puissants encouragements par l'abaissement des tailles au profit des familles nombreuses, l'établissement de haras pour améliorer les races de chevaux, le desséchement d'un grand nombre de marais. L'industrie surtout prit un essor extraordinaire, sous la double influence et d'un système de douanes qui, en empêchant par des prohibitions ou en limitant par des droits d'entrée, l'introduction des objets fabriqués à l'étranger, assurèrent à nos manufacturiers nationaux le bénéfice exclusif de la vente de leurs produits dans le royaume, et de primes ou subventions accordées, soit pour la mise en activité de nouveaux métiers, soit pour un travail intelligent et assidu. La culture du mûrier se propagea dans le midi et dans le centre de la France; les fabriques de drap de Sédan, d'Abbeville, de Louviers, celles de soieries et d'étoffes brochées de Lyon, de Tours, de Nîmes, celle de tapisseries aux Gobelins, où huit cents ouvriers copiaient les chefs-d'œuvre de la peinture, celle de porcelaine à Sèvres, de glaces à Saint-Gobain, furent créées ou rétablies; il en fut de même d'un grand nombre de manufactures de toiles, de papier, d'horlogerie; de la fabrication des bas au métier, dont le secret fut acheté des Anglais, et d'une foule d'autres industries.

289. Développement du commerce. — Le commerce prit d'immenses accroissements par suite des facilités et des avantages que lui assurèrent diverses ordonnances, ayant pour but de favoriser soit l'importation, soit l'exportation, de certaines marchandises, la création d'entrepôts et de chambres d'assurances, la franchise accordée au port de Marseille, et plus tard, à celui de Dunkerque, racheté à l'Angleterre au prix de 5 millions de livres (plus de 9 millions de francs) (1662), la création des quatre compagnies des *Indes Orientales* et *Occidentales*, de l'*Afrique* et du *Nord*, enfin la multiplication des colonies. Parmi les services éminents rendus au commerce par Colbert, il faut placer les institutions organisées pour assurer par un contrôle efficace des marchands les uns sur les autres la probité des opérations et l'intégrité des produits; institutions qui garantirent au commerce français dans toutes les parties du monde une renommée malheureusement compromise de nos jours.

290. Marine marchande et militaire. — Création du système des classes. — La marine marchande, objet d'une sollicitude aussi active qu'éclairée, fit des progrès inouïs. L'exemption du droit de fret imposé aux étrangers, un système de primes tant pour l'exportation que pour l'importation des denrées, et même pour la construction des navires, stimula à la fois et les armateurs et les constructeurs par l'appât de bénéfices assurés. Aussi vit-on les quatre compagnies privilégiées lancer en peu de temps une foule de navires destinés aussi aux voyages au long cours, tandis que la navigation des côtes ou cabotage multipliait à l'infini ses légers bâtiments. — En même temps, une importante marine militaire fut créée. Pour en assurer le recrutement, Colbert institua le *système des classes* ou inscription maritime qui assujettit encore aujourd'hui les populations de nos côtes à fournir des recrues aux équipages des vaisseaux de l'État, et qui les distribue à cet effet d'après l'âge et la position de famille, en plusieurs catégories, qui sont appelées successivement et dans la mesure des besoins de la marine. La flotte royale, qui ne se composait en 1661 que de dix-huit vaisseaux, en comptait cent dix en 1667 ; et en 1680, ce nombre était plus que doublé. — Par les soins de Colbert, le port de Rochefort fut creusé ; ceux de Toulon et de Brest agrandis, et cinq arsenaux et chantiers de construction pourvurent à tous les besoins de cette formidable marine.

La fondation ou le rétablissement de nombreuses colonies et de comptoirs dans les Indes, à Madagascar, à Bourbon, à Cayenne, aux Antilles et au Canada, fut le prompt résultat de l'accroissement des ressources navales de la France. De telles forces, confiées aux amiraux les plus habiles et les plus hardis, allaient élever la puissance maritime du royaume presque au niveau de sa puissance continentale (1).

---

(1) Colbert organisa tout d'abord, sur un plan grandiose, une compagnie des Indes, qui, abandonnant des prétentions funestes sur Madagascar, dont le climat malsain tuait tous les Européens, fixa le siége de ses opérations dans les Indes Orientales et s'établit à Pondichéry (v. 1679). Dès ses premiers pas, elle trouva d'utiles auxiliaires, et Louis XIV put montrer avec orgueil les ambassadeurs du roi de Siam, envoyés pour obtenir son alliance. Cependant, un retour de fortune réduisit bientôt les possessions françaises à la ville de Pondichéry, qui tomba elle-même au pouvoir des Hollandais, mais fut rendue aux Français par le traité de Ryswick (1697). Ce fut seulement en Occident que la France obtint de constants succès. Colbert acheta ou fonda en peu de temps les colonies de la Martinique, de la Guadeloupe, de Sainte-Lucie, de Grenade, de Marie-Galande, de Saint-Barthélemy, de Sainte-Croix (1651-1663). Quelque temps auparavant (1608), *Champlain* avait fondé Québec sur les bords du Saint-Laurent, au milieu des peuplades canadiennes ; il agrandit la colonie française en prenant part à toutes les luttes des sauvages ; et le cercle de nos possessions s'élargit promptement autour de la capitale, à l'arrivée d'une foule d'aventuriers, qui venaient s'enrichir par le commerce des pelleteries et la pêche de la morue, à Terre-Neuve. Tout en luttant sans cesse contre les Iroquois et les Hurons, les Français, avant la fin du siècle, s'étaient rendus maîtres de la Louisiane ; l'Acadie avait été unie au Canada, malgré les efforts des Anglais, qui disputaient à la France les pêcheries de Terre-Neuve. Mais le traité

§ III. LÉGISLATION. — ÉPOQUE LA PLUS GLORIEUSE DES LETTRES FRANÇAISES.

291. GRANDS TRAVAUX LÉGISLATIFS. — A côté de ces magnifiques résultats, réalisés dans l'administration, l'industrie, le commerce, il faut placer des œuvres législatives qui sont au nombre des monuments les plus durables du règne de Louis XIV. Un *grand conseil* auquel assistait souvent le roi lui-même, et dans lequel on vit siéger, sous la présidence du chancelier *Séguier*, les conseillers d'État *d'Aligre*, *Voisin*, *Pussort*, *Boucherat*, *Machault*, le premier président *Lamoignon*, les avocats généraux *Bignon* et *Omer Talon*, et plusieurs autres savants magistrats et jurisconsultes, fut chargé de revoir et de coordonner successivement toutes les parties de la législation. Ces travaux comparables à ceux de Justinien, produisirent les fameuses ordonnances civile et crimi-

---

de Ryswick fit sentir ses effets jusque sur les bords du Saint-Laurent, et affermit toutes les colonies de la France.

Dans les Antilles, les Français avaient dû l'acquisition d'une partie de l'île de Saint-Domingue à la fameuse société des *Flibustiers*. Ces hardis aventuriers, qui remplirent le monde oriental du bruit de leurs incroyables faits d'armes, s'étaient établis, au commencement du dix-septième siècle, dans un coin de Saint-Domingue, où ils vivaient pour la plupart des bœufs sauvages et du butin qu'ils faisaient sur leurs voisins. Les colons espagnols, désespérant de les vaincre, les forcèrent à quitter l'île en exterminant eux-mêmes tous les bœufs sauvages, pour ôter aux flibustiers leur principale ressource. Alors ceux-ci armèrent de petits bâtiments pour la piraterie, et on les vit, sur des barques sans pont, attaquer et prendre tous les jours des vaisseaux dont le choc seul eût suffi pour les couler à fond. Soixante-ou quatre-vingts hommes armés jusqu'aux dents abordaient les bâtiments, quels qu'ils fussent, et l'équipage devait se rendre ou périr. Un de leurs chefs les plus audacieux fut l'Anglais *Morgans*, qui prit d'assaut les villes de Porto-Bello et de Panama, défendues par de fortes garnisons, et parvint à réunir sous ses ordres une flotte de trente-sept voiles. Ces hommes, auxquels plusieurs seigneurs français ne dédaignèrent pas de commander, firent une guerre terrible aux Espagnols, et leur enlevèrent d'incalculables richesses, qu'ils partageaient entre eux avec une rigoureuse égalité, et qu'ils consumaient dans les orgies plus vite qu'ils ne les avaient gagnées. En 1664, la France les reconnut pour s'assurer leurs services, et le traité de Ryswick les confirma dans leurs possessions de Saint-Domingue : ce fut l'époque de la plus grande prospérité de cette étrange association, dont plusieurs causes allaient amener la décadence.

nelle, véritables codes dont plusieurs parties sont encore en vigueur, et d'autres ont été presque littéralement transportées dans notre droit moderne. Ce sont : l'*ordonnance civile* de 1667 qui réglait la procédure ; celle des *eaux et forêts*, base de notre code forestier (1669) ; l'*ordonnance criminelle*, qui réglait la poursuite des crimes et des délits, mais conservait dans la pénalité les supplices atroces du moyen âge (1670) ; l'*ordonnance du commerce* préparée par Colbert, l'un de ses plus beaux titres de gloire et dont toutes les nations ont proclamé la sagesse (1673) ; la fameuse *ordonnance de la marine*, reproduite en partie dans notre code de commerce et rédigée, dit le préambule, « dans le but si important de fixer la jurisprudence des contrats maritimes, de régler la juridiction des officiers de l'amirauté et les principaux devoirs des gens de mer, d'établir une bonne police dans les ports, côtes et rades du royaume (août 1681), » ordonnance dont les dispositions adoptées par la plupart des nations forment encore le droit maritime de l'Europe : l'ordonnance sur l'esclavage ou *code noir*, appliquée jusqu'à l'abolition de l'esclavage dans nos colonies (1685). Il faudrait signaler en outre une foule de règlements, dont quelques-uns subsistent encore, sur diverses industries particulières, l'approvisionnement de Paris, le dessèchement des marais, les attributions des officiers ministériels, etc., etc. Ces lois réformèrent et régularisèrent, en les complétant, les ordonnances de Moulins et d'Orléans, comme celles de Justinien avaient coordonné les œuvres des grands jurisconsultes de Rome et les édits des empereurs ; elles ont régi la France jusqu'en 1789, sans pouvoir toutefois introduire dans l'administration de la justice une uniformité à laquelle s'opposaient encore la force des coutumes locales et les traditions du régime féodal.

292. ÉPOQUE LA PLUS GLORIEUSE DES LETTRES FRANÇAISES. — Louis XIV a mérité le nom de *Grand*, que lui donnèrent ses contemporains, par les efforts heureux qu'il fit pour réunir tous les genres de gloire. Prince guerrier, il révèle à la France le secret de sa force, en prouvant qu'elle pouvait braver les ligues de l'Europe jalouse ; législateur, il montre dans la rédaction de ses ordonnances une pénétration et une sagesse qui les feront adopter dans la plupart des États de l'Europe ; administrateur habile, il crée un grand nombre d'institutions propres à développer en France toutes sortes de prospérités ; enfin, protecteur éclairé des lettres et des arts, il ne laisse pas un savant distingué, quelque éloigné qu'il soit

de la France, sans que ses gratifications l'aillent trouver jusque chez lui, quand il ne parvient pas à l'attirer dans ses États. « *Quoique le roi ne soit pas votre souverain*, écrivait en son nom Colbert au Hollandais Isaac Vossius, *il veut néanmoins être votre bienfaiteur.* » En France, les nobles encouragements de Louis XIV contribuèrent puissamment à faire éclore cette multitude de chefs-d'œuvre dont nous ferons connaître plus bas les auteurs (voir chap. XXVIII), et auxquels le siècle de Louis XIV doit d'avoir été mis au nombre des grands siècles littéraires. La littérature et les arts entourent le trône de Louis XIV d'un incomparable éclat, et inaugurent dans l'histoire de l'esprit humain une période à jamais célèbre dont aucune autre n'a jamais surpassé ni peut-être égalé la gloire. La France domine l'Europe par le génie comme par les armes; elle cite avec orgueil les noms des plus illustres d'entre les orateurs (Mascaron, Fléchier, Bossuet, Fénélon), les philosophes (Descartes, Pascal, Malebranche), les moralistes (Nicole, la Rochefoucauld, la Bruyère), les poëtes (Corneille, Racine, Molière, Boileau, la Fontaine), en même temps que ceux des plus fameux guerriers.

QUESTIONNAIRE. — § Ier. 285. Comment Louis XIV prit-il en main les rênes de l'État ? — *Faites connaître les traits principaux de son caractère.* — 286. Quel fut le plus grand ministre de Louis XIV ? — *Quelles étaient les qualités de Colbert ?* — 287. Que fit Colbert pour rétablir les finances? — Quels résultats obtint-il ? — Quels grands travaux publics furent exécutés sous son administration ? — § II. 288. De quelle manière Colbert protégea-t-il l'agriculture, surtout l'industrie et le commerce ? — Donnez une idée du système protecteur. — 289. Comment se développa le commerce ? — 290. Comment fut favorisée la marine marchande ? — Comment fut créée et recrutée la marine militaire ? — Quels ports furent creusés ou agrandis ? — § III. 291. Quelles sont les principales ordonnances rédigées par le grand conseil ? — Quels divers objets ont-elles réglés ? — A quels travaux législatifs peut-on les comparer ? — 292. Comment Louis XIV mérita-t-il le nom de Grand ? — En quoi son siècle est-il particulièrement célèbre ?

CHAPITRE VINGT-CINQUIÈME.

RÈGNE DE LOUIS XIV (SUITE). — LOUVOIS. — GUERRES JUSQU'AU TRAITÉ DE NIMÈGUE.

SOMMAIRE.

293. Louvois, successeur de le Tellier, dirige les armements et organise les campagnes jusqu'en 1686. Ce ministre est doué d'un génie vaste et profond, mais dur et hautain.

294. Il crée plusieurs corps nouveaux, perfectionne l'artillerie, introduit la baïonnette, améliore le matériel, prépare les approvisionnements militaires et les arsenaux, règle l'avancement d'après les services. On doit lui reprocher des excès commis au dehors et même à l'intérieur où son influence devient également prépondérante.

295. Louis XIV montre une fierté extraordinaire dans ses rapports avec l'étranger, prend le pas sur l'Espagne (1662), refuse le salut au pavillon anglais, exige des réparations du pape. — Louis XIV inquiète l'Europe par la revendication de diverses provinces en vertu du droit de dévolution. La guerre éclate avec les Pays-Bas. Les Pays-Bas et la Franche-Comté sont envahis. La Hollande suscite une ligue contre la France. Le traité d'Aix-la-Chapelle termine la guerre en assurant la Flandre française à Louis XIV (1668).

296. La guerre de Hollande commence par le passage du Rhin (1672) et l'invasion de la Hollande. La guerre se poursuit sur terre et sur mer. L'inondation de la Hollande détermine la retraite des Français. Une première coalition est déconcertée par les exploits de Turenne contre Montécuculli. Une deuxième coalition plus redoutable se forme à la Haye entre la Hollande, l'Empire, le Danemark et l'Angleterre (1673).

297. La France triomphe sur terre et sur mer par les exploits de Condé, de Turenne, du roi lui-même sur terre, de Duquesne sur mer contre Ruyter. La mort de Turenne (1675) et la retraite de Condé ne mettent pas fin aux succès de la France. Les nouvelles victoires des armées et des flottes françaises amènent la paix de Nimègue (1678). Le territoire français est définitivement augmenté de la Flandre et de la Franche-Comté ; c'est l'apogée de la grandeur de Louis XIV.

298. Condé et Turenne se sont illustrés par des qualités également éminentes mais opposées, dont le tableau a été admirablement tracé par Bossuet dans l'oraison funèbre du grand Condé.

299. Le héros de l'armée de mer est Duquesne, qui, chargé de commander un vaisseau à dix-sept ans, s'est distingué au service de la

Suède, puis a lutté victorieusement contre Ruyter, le plus habile amiral hollandais.

300. Le génie militaire est élevé à sa perfection par Vauban, également habile à prendre et à défendre les places; c'est lui qui a organisé la défense de toutes les frontières, spécialement de celle du Nord, la plus ouverte; on lui doit le port de Dunkerque; il a perfectionné toutes les parties de l'artillerie.

293. INFLUENCE PRÉPONDÉRANTE DE LOUVOIS. — Aux travaux de l'administration intérieure, aux soins de la paix confiés au génie de Colbert, il faut nous hâter d'ajouter les puissants et heureux efforts accomplis pour rendre la France supérieure, dans la guerre, à toutes les nations voisines. Ce fut la tâche d'un homme de génie, *Louvois* (1641-1686), fils du ministre de la guerre Le Tellier, et qui, associé avant l'âge de quinze ans aux travaux de son père, se rendit en peu d'années capable de présider avec une supériorité incontestable à ces formidables armements destinés à balancer les forces de l'Europe entière. L'influence de Louvois, due tout entière à son activité, à sa prévoyance, à son habileté, s'accrut avec les guerres qui finirent par absorber toute l'attention de Louis XIV. Malgré son caractère orgueilleux et dur, il devait se maintenir trente ans au pouvoir, et toujours plus nécessaire au milieu de luttes et de dangers sans cesse renaissants, diriger avec la guerre toute la politique du grand roi. Louvois, auquel revient pour une grande part la gloire militaire de cette époque, et dont l'influence finit par devenir dominante au dedans comme au dehors, doit aussi porter la responsabilité des impitoyables rigueurs qui ont signalé plus d'une fois les expéditions accomplies par ses ordres et les mesures de politique intérieure elles-mêmes.

294. ORGANISATION MILITAIRE. — Ce fut Louvois qui, en créant les compagnies de grenadiers, les régiments de hussards, de bombardiers, d'artilleurs, les compagnies de mineurs et un corps d'ingénieurs, en introduisant l'uniforme et la marche régulière, en perfectionnant le système de l'artillerie, en généralisant l'usage de la baïonnette, terrible dans des mains françaises, organisa ces redoutables armées qui ont porté si haut la gloire de notre patrie. Il remédia en partie aux abus qui régnaient dans la distribution des grades accordés à la naissance et à la faveur, en exigeant pour l'avancement des officiers, des services rendus et des années passées dans les camps. Ce fut encore lui qui créa l'administration militaire, qui le premier réunit pour le service des

armées des magasins de vivres et d'habillements et des trains d'équipages; par ses soins enfin s'élevèrent des hôpitaux militaires, des casernes, des arsenaux, et une artillerie de seize cents pièces de canon hérissa les remparts de toutes nos places de guerre. Louvois put mettre sur pied, dès 1667, une armée de cent trente-cinq mille hommes qui fut portée à quatre cent quarante-cinq mille vers la fin du siècle. — Tels furent les fondements de cette puissance qui permit à Louis XIV de braver l'Europe.

295. GUERRE POUR LE DROIT DE DÉVOLUTION. — TRAITÉ D'AIX-LA-CHAPELLE. — Louis XIV annonce, dès l'abord, cette fière et inflexible politique qui présidera à toutes ses relations avec les nations étrangères. Il prend le pas sur l'Espagne; il exige une réparation solennelle du pape Innocent X, qu'il accuse de n'avoir pas fait suffisamment respecter la dignité de l'ambassadeur de France; il défend à sa marine d'accorder le salut au pavillon anglais. A la mort de Philippe IV (1665), malgré la renonciation faite par Marie-Thérèse de tous ses droits à la succession d'Espagne, il réclame, en vertu d'un prétendu *droit de dévolution*, les provinces du Brabant, du Hainaut, du Limbourg. Il appuie ses prétentions par les armes, attaque en personne les Pays-Bas, prend, avec beaucoup d'autre places, la grande ville de Lille que Vauban fortifiera pour la France (1667). Bientôt le grand Condé envahit la Franche-Comté. Déjà Besançon et Dôle sont tombés en son pouvoir, lorsqu'une ligue, conclue par le grand pensionnaire de Hollande, Jean de Witt, entre les Provinces-Unies, l'Angleterre et la Suède, détermine Louis XIV à conclure le traité d'*Aix-la-Chapelle*, par lequel il rend la Franche-Comté, mais garde définitivement la Flandre française (1668).

296. GUERRE DE HOLLANDE. — LIGUE DE LA HAYE. — Le ressentiment de Louis XIV contre les Hollandais, qui l'ont arrêté au milieu de ses succès, fait éclater une nouvelle guerre. Louis achète l'alliance de l'Angleterre et marche lui-même contre la Hollande à la tête d'une armée de 120,000 hommes, accompagné de Turenne, de Condé, de Luxembourg, de Vauban et de Louvois. La Hollande n'a à lui opposer qu'une faible armée, commandée par un général de vingt-deux ans, Guillaume III, prince d'Orange. Louis XIV opère le fameux *passage du Rhin*, célébré par Boileau, après avoir emporté toutes les places voisines du fleuve. Une terrible bataille navale, livrée, par l'amiral hollandais Ruyter, aux flottes réunies de France et d'Angleterre, les empêche d'aborder

en Zélande ; mais l'armée de terre s'avance triomphante jusqu'aux environs d'Amsterdam, et Louis repousse avec dédain les prières des Hollandais, qui implorent la paix. Alors le désespoir inspire aux vaincus une résolution héroïque qui sera leur salut. Par l'ordre de Guillaume, nommé stathouder, les digues qui défendent la Hollande contre les eaux de l'Océan sont percées de tous côtés ; et l'armée française est forcée d'évacuer le pays, changé en une vaste mer (1672).

Cependant l'empereur, l'électeur de Brandebourg, les princes de Brunswick et de Hesse, effrayés de l'ambition de Louis XIV, s'allient avec la Hollande. Cette première coalition, déconcertée par les exploits de Turenne contre l'électeur et contre l'habile *Montécuculli*, général des impériaux, est suivie d'une ligue plus redoutable, formée à *la Haye* (1673) entre les Provinces-Unies, l'empereur, le roi d'Espagne, le roi de Danemark et plusieurs princes allemands. Le roi d'Angleterre lui-même abandonne la France au moment où, malgré les efforts de Turenne et de Condé, Montécuculli a opéré sa jonction avec le prince d'Orange.

297. Triomphe de la France sur terre et sur mer. — Paix de Nimègue. — Louis XIV déploie contre tant d'ennemis une activité et une énergie merveilleuses. Il envoie Condé contre le prince d'Orange, Turenne contre les impériaux, Schomberg contre les Espagnols, et lui-même reprend la Franche-Comté. Turenne, qui a été dévaster le Palatinat, par ordre de Louvois, revient délivrer, après une admirable campagne, l'Alsace entière, envahie par les armées allemandes. En même temps, l'amiral Duquesne disperse dans la Méditerranée la flotte espagnole, et Ruyter est repoussé de la Martinique. La France avec ses seules forces a vaincu la moitié de l'Europe.

La campagne de 1675, inaugurée par de nouveaux triomphes, est tristement signalée par la mort de Turenne tué à *Salzbach*, au moment où il est sûr de vaincre Montécuculli. Le vieux Condé, qui est venu remplacer son glorieux émule, quitte lui-même le commandement après avoir repoussé l'ennemi qui a envahi les frontières. Mais les succès de la France ne se ralentissent pas. Louis XIV en personne prend Valenciennes et Cambrai. Les maréchaux de Luxembourg et d'Humières sont vainqueurs à *Mont-Cassel* et à *Saint-Omer*. Duquesne remporte deux victoires navales près de *Stromboli* et d'*Augusta*, sur Ruyter, le fameux amiral hollandais qui meurt de ses blessures quelques jours après ce dernier combat; puis il anéantit les flottes combinées de l'Espagne et de la Hollande près de *Palerme* (1676). Le maréchal de Créqui triomphe à *Cokesberg* et à *Fribourg* (1677). Les Hollandais, qui voient leurs colonies attaquées de toutes parts et leur commerce ruiné par les flottes françaises, demandent la paix malgré les efforts de Guillaume, dont l'autorité grandit pendant la guerre. Le *traité de Nimègue* (1678), auquel accèdent tous les princes allemands (1679), assure à la France la Flandre et la Franche-Comté définitivement enlevée à l'Espagne. Louis XIV, vainqueur de l'Europe, salué du nom de *Grand*, entouré de l'admiration presque idolâtrique des plus beaux génies des temps modernes, Louis XIV est à l'apogée de sa grandeur.

298. Condé, Turenne. — Au moment où vient de se terminer le rôle des deux hommes de guerre les plus célèbres du siècle de Louis XIV, rappelons les principaux traits de ces grandes figures, en empruntant à Bossuet le magnifique tableau où il les a réunis toutes les deux, comme pour les faire briller davantage par le rapprochement de leurs qualités tout à la fois si éminentes et si opposées.

« Ç'a été dans notre siècle un grand spectacle, dit l'illustre
» orateur, de voir dans le même temps et dans les mêmes
» campagnes, ces deux hommes que la voix commune de
» toute l'Europe égalait aux plus grands capitaines des siècles
» passés. L'un paraît agir par des réflexions profondes, et
» l'autre par de soudaines illuminations; celui-ci, par consé-
» quent, plus vif, mais sans que son feu eût rien de préci-
» pité; celui-là, d'un air plus froid, sans jamais avoir rien de
» lent, plus hardi à faire qu'à parler, résolu et déterminé au
» dedans, lors même qu'il paraissait embarrassé au dehors.
» L'un, dès qu'il parut dans les armées, donne une haute
» idée de sa valeur, et fait attendre quelque chose d'extraor-
» dinaire, mais toutefois s'avance par ordre et vient comme
» par degrés aux prodiges qui ont fini le cours de sa vie;
» l'autre, comme un homme inspiré, dès sa première bataille,
» s'égale aux maîtres les plus consommés. L'un, par de vifs
» et continuels efforts, emporte l'admiration du genre hu-
» main et fait taire l'envie; l'autre jette d'abord une si vive
» lumière, qu'elle n'osait l'attaquer. L'un, enfin, par la pro-
» fondeur de son génie et les incroyables ressources de son
» courage, s'élève au-dessus des plus grands périls, et sait
» même profiter de toutes les infidélités de la fortune; l'autre,
» **et par l'avantage d'une si haute naissance et par ces grandes**

» pensées que le ciel envoie, et par cet instinct admirable
» dont les hommes ne connaissent pas le secret, semble né
» pour entraîner la fortune dans ses desseins et forcer les
» destinées. Et pour que l'on vît toujours dans ces deux
» hommes de grands caractères, mais divers, l'un, emporté
» d'un coup soudain, meurt pour son pays comme un Judas
» Machabée ; l'armée le pleure comme son père, et la cour et
» tout le peuple gémit, sa piété est louée comme son courage,
» et sa mémoire ne se flétrit pas par le temps; l'autre, élevé
» par les armes au comble de la gloire comme un David,
» comme lui meurt dans son lit, en publiant les louanges de
» Dieu, et en instruisant sa famille, et laisse tous les cœurs
» remplis, tant de l'éclat de sa vie que de la douceur de sa
» mort. »

299. DUQUESNE. — Auprès des grands généraux de l'armée de terre, il faut placer le héros de l'armée de mer, le fameux *Duquesne*. Fils d'un habile marin de Dieppe, chargé à dix-sept ans du commandement d'un vaisseau, et bientôt devenu célèbre par ses exploits, il fut appelé, à la fin de la guerre de Trente ans, par le roi de Suède, allié de la France, et s'éloignant du théâtre des troubles de la Fronde, où tant de grands hommes allaient jouer un si déplorable rôle, Duquesne alla soutenir dans les mers du Nord l'honneur de la marine française. De retour en France, il équipa une flotte à ses frais, battit les Anglais et les Espagnols qui venaient au secours de Bordeaux en révolte, et mérita par tant de hauts faits le grade de chef d'escadre. Seul, il parut digne d'être opposé au plus habile marin de ce siècle, Ruyter, qui périt dans la lutte contre son vaillant adversaire (n° 297). Bientôt nous verrons Duquesne, chargé par Louis XIV d'exercer ce haut patronage que le grand roi s'était attribué sur la chrétienté entière, délivrer la Méditerranée des plus dangereux pirates, les foudroyer deux fois dans leurs repaires, et briser les fers des chrétiens captifs. Glorieuse destinée, qui devait se terminer au moment où le règne de Louis XIV brillait encore de tout son éclat, deux ans après la mort du grand Condé (1688).

300. VAUBAN. — Comme l'armée de terre, comme la marine, le génie militaire avait alors son plus illustre représentant dans *Vauban*, le premier ingénieur des temps modernes. Remarqué par Mazarin, qui, devinant son mérite, le fit entrer au service du roi, le jeune Vauban se signala en dirigeant le siége de plusieurs places dans la campagne de

1658. Louis XIV, qui aimait les siéges, s'attacha dès lors Vauban, auquel revient presque toute la gloire des expéditions entreprises par le roi en personne. Conduisant les attaques avec une précision, une sûreté merveilleuse, on le vit faire tomber à coup sûr les plus redoutables remparts et faire ouvrir à Louis XIV, en peu de jours, les portes de Douai, de Lille, de Valenciennes, de Cambrai, de Mons, de Namur, et de tant d'autres places de guerre.

Non moins habile dans la défense que dans l'attaque, Vauban doit surtout sa gloire aux fortifications toujours admirées qu'il éleva principalement dans le nord de la France. Le royaume, dépourvu de ce côté de limites naturelles, mal protégé par quelques forteresses d'une importance secondaire, était ouvert à toutes les attaques, à toutes les invasions de l'étranger. — Vauban conçut et exécuta une véritable ceinture de fortifications, commençant aux citadelles de Strasbourg et de Kehl, aboutissant à Lille, dont la citadelle est un des chefs-d'œuvre du grand ingénieur, et enfin à Dunkerque. Cette dernière ville, à peine achetée aux Anglais, fut mise par Vauban en un formidable état de défense, en même temps que disposée avec un art prodigieux pour abriter nos vaisseaux dans un port de création nouvelle. A l'est, Vauban fortifia plusieurs places dans le Jura, les Alpes, les Pyrénées; sur les côtes, il améliora le port d'Antibes, agrandit celui de Toulon, fortifia celui de Brest, traça le plan de celui de Cherbourg. Plus de quatre cents places construites ou réparées sont les glorieux monuments de son infatigable activité.

Vauban avait imaginé les parallèles qui conduisent les soldats au pied des remparts, le tir à ricochet, qui démonte les batteries les mieux abritées, les cavaliers de tranchée pour protéger l'artillerie des assiégeants, les boulets creux pour renverser les défenses de terre, et une foule d'autres perfectionnements dans l'art des siéges dont il fit tant de fois la brillante et infaillible expérience. Nommé maréchal de France en 1703, il mourut en 1707, après avoir rehaussé encore sa gloire par la modération de son caractère, ses généreux projets de réforme en matière d'impôts, et ses efforts en faveur de la tolérance religieuse.

QUESTIONNAIRE. — **293.** Par qui furent dirigés les armements et les opérations militaires sous Louis XIV ? — Quel était le caractère de Louvois? — **294.** Que fit-il pour augmenter les forces militaires de la France? — 295. Quelles dispositions Louis XIV montra-t-il dans ses rapports avec l'étranger? — Donnez quelques exemples de sa fierté vis-à-vis des autres puissances. — Quel fut le prétexte de la guerre de Flandre? — Quels avantages les Français remportèrent-ils dans les Pays-Bas et dans la Franche-Comté? — Comment l'Europe répondit-elle aux premiers succès de Louis XIV? — Comment se termina cette guerre et quels résultats eut-elle pour la France? — 296. Quelle fut la cause de la guerre entre la France et la Hollande? — Comment commença la guerre? — Faites connaître les principaux événements de la campagne de 1672. — Comment la Hollande fut-elle sauvée? — 297. Quelle coalition se forma contre la France? — Comment Louis XIV sut-il y résister? — Dites quels furent les exploits de Turenne, de Condé, de Schomberg, de Duquesne, du roi lui-même en 1674 et 1675. — Quelle fut la dernière campagne de Turenne? — Quelle fut la dernière campagne de Condé? — Indiquez rapidement les succès du roi et des généraux sur terre et sur mer dans les campagnes suivantes. — Faites connaître la paix qui fut conclue en 1678. — Quels en furent les résultats pour la France? — 298. Dites les principaux traits du parallèle fait par Bossuet entre Condé et Turenne. — Comment ces deux généraux étaient-ils également grands avec des qualités opposées? — 299. Faites connaître les premiers exploits de Duquesne, et les principales circonstances de sa carrière maritime. — 300. *Donnez quelques détails sur Vauban et ses admirables travaux de fortifications.*

CHAPITRE VINGT-SIXIÈME.

FRANCE ET ANGLETERRE.

LOUIS XIV. — CHARLES II, JACQUES II. — RÉVOLUTION DE 1688.

SOMMAIRE.

§ Ier. 301. La politique de Louis XIV est désormais marquée d'une exagération funeste. La révocation de l'édit de Nantes (1685), en interdisant d'une manière absolue le culte réformé, prive la France de plus de 500,000 habitants et est suivie des dragonnades et de la révolte des Camisards cruellement réprimée.

302. Louis XIV inquiète toute l'Europe par les annexions qu'opèrent les Chambres de réunion (acquisition de Strasbourg, etc.); il montre dans ses rapports avec le pape, Gênes, etc., une intolérable arrogance. La ligue d'Augsbourg se forme contre lui; il tient l'Angleterre sous sa dépendance en fournissant des subsides à Charles II.

§ II. 303. Charles II accroît les embarras de son gouvernement; il est soumis à l'influence de la duchesse de Cleveland, nomme le ministère de la *cabale*, reçoit les subsides de Louis XIV, adopte le bill du test pour écarter les catholiques des emplois (1673), s'unit un instant aux ennemis de Louis XIV.

304. Les puritains se soulèvent (1679), sont vainqueurs à London-Hill, mais vaincus à Bothwell. Le prétendu complot papiste donne lieu à des exécutions de partisans du frère du roi. Les chambres sont de plus en plus hostiles à ce prince. Les subsides de la France sont les seules ressources de Charles II.

§ III. 305. Les partis se divisent nettement en *tories*, partisans du duc d'York, et *whigs* ou libéraux. Le cruel Jefferies est chargé de poursuivre les ennemis du trône. La conjuration de Montmouth et de plusieurs grands seigneurs est punie par l'exécution des principaux coupables. Charles II meurt en 1685.

306. Jacques II se montre d'abord tolérant et modéré; bientôt, il punit impitoyablement une nouvelle conjuration de Montmouth. Jefferies devient l'effroi de l'Angleterre.

307. Le perfide Sunderland entraîne Jacques II à des mesures impolitiques. Il favorise ouvertement la religion catholique; un édit de tolérance ne fait qu'irriter les anglicans. Le clergé s'unit à la noblesse contre le roi.

§ IV. 308. Les troubles sont fomentés par le gendre de Jacques II, Guillaume de Nassau. Il traite Jacques d'usurpateur au nom de la souveraineté nationale; il suscite la ligue d'Augsbourg, arme une flotte, gagne les officiers anglais. Anne, fille du roi, va rejoindre sa sœur en Hollande (1688). Jacques II quitte l'Angleterre. Le Parlement déclare le trône vacant, nomme Guillaume protecteur, puis roi, conjointement avec Marie, son épouse.

§ V. 309. Locke est l'apologiste de la révolution de 1688. Ce philosophe, disciple de Bacon, attribue aux sensations l'origine de toutes les idées dans l'*Essai sur l'entendement humain*, et prépare les voies au matérialisme.

310. Locke, publiciste, dans son traité du gouvernement civil, pose en principe la souveraineté du peuple, la liberté, l'égalité civile, le vote national de l'impôt, la séparation des pouvoirs; il est le précurseur de J.-J. Rousseau.

§ Ier. RÉVOCATION DE L'ÉDIT DE NANTES ET POLITIQUE DE LOUIS XIV
A L'ÉGARD DE L'ANGLETERRE.

301. RÉVOCATION DE L'ÉDIT DE NANTES. — La période dont nous commençons l'histoire est caractérisée par les entreprises exagérées d'un roi qui, exalté par des succès inouïs, enivré par une gloire presque surhumaine, et poussant tout à l'extrême, tendit à l'intérieur, au delà de toute mesure, les ressorts du gouvernement, et souleva au dehors les obstacles contre lesquels sa puissance devait enfin se briser.

Cette époque est inaugurée par une mesure à jamais déplorable, dont les conséquences se firent sentir de la manière la plus funeste sur l'état intérieur du royaume, et réagirent même sur la politique extérieure. On sait que, par l'édit de Nantes, Henri IV avait concédé aux protestants, outre des droits entièrement justifiés, des prérogatives dangereuses qu'expliquait seule la difficulté des circonstances. Mais ces prérogatives qui tendaient à constituer en France un État protestant avaient été pour la plupart détruites par Richelieu, et il ne subsistait guère de l'édit de Nantes que les dispositions qui établissaient la liberté des cultes et l'égalité civile et politique entre les catholiques et les réformés. Au lieu de modifier divers points particuliers, suivant les besoins du moment, Louis XIV résolut de détruire d'une manière absolue le principe même de l'édit. Cédant à de fatales influences, et surtout aux instances de madame de Maintenon, aux vives exhortations de Louvois, aux conseils du vieux ministre le Tellier et du père Lachaise, son confesseur, il se laissa entraîner à signer une ordonnance qui interdisait aux réformés tout exercice de leur religion, même dans les maisons particulières (1685). Tous les ministres du culte protestant furent bannis du royaume, et défense fut faite aux autres religionnaires de sortir de France, sous peine des galères. Cependant, plus de cinq cent mille réformés quittèrent le sol français, afin de se soustraire aux violences exercées, dans les provinces où le calvinisme conservait de nombreux sectateurs, par les soldats envoyés pour appuyer de leurs armes les prédications des missionnaires catholiques (*dragonnades*). Ils transportèrent en Allemagne, en Angleterre et en Hollande le siége de leur industrie. — On doit aussi regarder comme une des conséquences de cette déplorable mesure la révolte des Camisards, pour la répression desquels on employa des mesures qui rappelèrent les horreurs de la guerre des Albigeois. Ces résultats s'accomplissaient au moment même où l'ambition du roi allait susciter contre son royaume affaibli les plus formidables hostilités qu'il eût encore eu à combattre.

302. POLITIQUE DE LOUIS XIV A L'ÉGARD DE L'ANGLETERRE. — CHAMBRE DE RÉUNION. — Après la paix de Nimègue, Louis XIV n'avait plus mis de bornes à ses prétentions et à ses projets. Continuant la conquête pendant la paix, il fit déclarer par les *chambres de réunion* l'incorporation à la France d'un grand nombre de villes qu'il regardait comme des dépendances des provinces soumises. Il répondit aux réclamations des princes en envoyant une armée s'emparer de Strasbourg. L'Espagne, qui osa recommencer la guerre, perdit avec la forte ville de Luxembourg ce qui lui restait encore dans les Pays-Bas et fut obligée de subir une trêve de vingt ans (1684). Le bombardement d'Alger (1682), repaire des pirates barbaresques, et de Gênes (1684), qui avait donné des secours aux Algériens, la conduite hautaine et violente de Louis XIV à l'égard du pape Innocent XI (1687, 1688), ajoutèrent encore aux craintes qu'inspiraient à toute l'Europe la puissance et l'ambition du grand roi. — Une ligue fut formée à *Augsbourg* entre l'empereur, les rois d'Espagne et de Suède, la plupart des princes allemands, et le duc de Savoie (1686). Mais il manquait à cette coalition nouvelle l'adhésion du roi d'Angleterre, qui, entraîné malgré lui dans la guerre à laquelle avait mis fin le traité de Nimègue, s'était empressé de revenir à l'alliance française. C'était depuis longtemps un des ressorts les plus puissants de la politique extérieure de Louis XIV que l'influence qu'il était parvenu à acquérir sur l'Angleterre en profitant habilement des moyens que lui fournissait la déplorable prodigalité de Charles II. Dès l'année 1662, il s'était fait céder, à prix d'argent, Dunkerque et Mardick, et il n'avait cessé d'offrir au faible et imprévoyant Charles II les subsides que lui refusait l'hostilité du parlement. A peine ce prince se fut-il détaché de la coalition européenne, que le besoin d'argent, joint à son impopularité croissante, lui rendit doublement nécessaires les secours de Louis XIV, désormais certain de n'avoir rien à redouter de son royal pensionnaire.

Ainsi l'adroite générosité du grand roi avait sous sa dépendance l'Angleterre, dont une révolution devait seule changer la politique.

Il importe de jeter un coup d'œil sur les faits qui depuis près de vingt années préparaient ce renversement.

§ II. CHARLES II.

303. SUITE DU RÈGNE DE CHARLES II. — NOUVEAUX EMBARRAS DANS LE GOUVERNEMENT. — Depuis les débuts malheureux d'un règne qui s'annonçait sous de tristes auspices (n° 283), Charles II n'avait cessé d'aggraver par sa faiblesse les difficultés du gouvernement. Le seul homme vertueux et économe dans la cour pervertie de Charles, le chancelier Clarendon, fut exilé par l'influence d'une favorite,

la duchesse de *Cleveland*, « femme prodigue, rapace, dissolue et vindicative. » (Hume.) Il fut remplacé par des hommes tirés de tous les partis, que le roi crut devoir réunir en un ministère pour rallier à lui toutes les opinions (1669). Cet assemblage d'éléments hétérogènes fut flétri par le bon sens populaire du nom de *Cabal* (1), et ne fit qu'apporter dans le gouvernement de nouvelles causes de désordre.

Charles II augmentait encore le mécontentement général en revenant, malgré l'opposition des chambres, à l'alliance de Louis XIV, dont les pensions pouvaient seules rétablir ses finances délabrées. Pour obtenir l'amitié de la France, il s'était engagé secrètement à rétablir la religion catholique en Angleterre, et à s'unir à Louis pour la conquête de la Hollande (1672). Mais ses tendances vers le catholicisme excitèrent de violents murmures. Charles, pour regagner la confiance de l'Angleterre, abolit l'acte d'indulgence, et adopta le fameux *bill du test* (1673), qui excluait des emplois tous les catholiques (2) ; il priva même de son titre d'amiral, Jacques d'York, son frère, nouvellement converti. A ce prix, Charles obtint quelques subsides. En vain, il prorogea bientôt le parlement pour briser une opposition nouvelle ; il lui fallut céder au vœu général, et se déclarer pour la Hollande contre la France ; mais il était trop tard, et le traité de Nimègue (1678), par lequel Louis XIV venait d'imposer la paix à toute l'Europe, mit fin à ses préparatifs.

304. SOULÈVEMENT EN ECOSSE. — COMPLOT PAPISTE. — HOSTILITÉ PLUS VIVE DU PARLEMENT. — Cependant une sourde agitation se manifestait autour du trône ; elle éclata en Écosse par la guerre, en Angleterre par les conspirations. Les puritains d'Écosse, las des vexations du duc de Lauderdale, commissaire du roi, se soulevèrent (1679) et vainquirent les troupes anglaises à *London-Hill*. La bataille de *Bothwell*, gagnée par Montmouth, fils naturel de Charles II, mit fin à la révolte, mais non aux embarras du roi.

Une prétendue conspiration, le fameux *complot papiste*, fut révélée par un fourbe nommé Titus Oates, qui accusa les jésuites et les catholiques d'Angleterre d'avoir voulu assassi-

---

(1) Mot formé par la réunion des initiales des noms de tous les ministres : Clifford, Ashley, Buckingham, Arlington et Lauderdale.

(2) Ce bill obligeait tout officier public de jurer qu'il ne croyait pas à la transsubstantiation du corps de Notre-Seigneur dans le sacrement de l'Eucharistie.

ner le roi et mettre le duc d'York sur le trône. Cette audacieuse imposture fut accueillie malgré son évidente absurdité, et servit de prétexte pour mettre à mort un grand nombre des plus fidèles partisans de Jacques. — Le parlement devenait de plus en plus hostile au frère du roi. En 1679, les communes dressèrent contre lui un bill d'exclusion et d'exil. Charles fut obligé de dissoudre le parlement, en déclarant qu'il en appelait à la nation contre la violence des communes; et pour se débarrasser d'une opposition perpétuelle, il lui fallut renoncer à tous les subsides pour se contenter de ses revenus particuliers et d'une pension qu'il continuait à recevoir de la France (n° 302). Le parlement venait d'adopter, pour mettre un terme aux mesures arbitraires du roi, le fameux acte d'*habeas corpus*, encore en vigueur aujourd'hui, d'après lequel tout prisonnier, eût-il été envoyé en prison par le roi et son conseil, doit être traduit devant le juge pour être remis en liberté, si l'on ne produit pas dans les vingt-quatre heures une cause légale d'emprisonnement.

§ III. OPPOSITION DE L'ARISTOCRATIE ET DU CLERGÉ ANGLAIS. — JACQUES II.

305. PARTIS OPPOSÉS DES WHIGS ET DES TORIES. — CONSPIRATIONS. — MORT DE CHARLES II. — Les dernières années du règne de Charles II furent loin d'être tranquilles. Les partis étaient de plus en plus nettement divisés par la grande question de la succession, et commençaient à se désigner par des noms devenus célèbres. Ceux qui voulaient l'exclusion du duc d'York, se prétendant seuls patriotes et amis de la liberté, accusaient leurs adversaires d'être les fauteurs du pouvoir arbitraire, et ils les flétrirent du nom de *Tories* (c'est-à-dire bandits et pillards); ceux-ci leur rendirent la pareille en les appelant *Whigs* (nom donné aux brigands d'Écosse). Ces noms désignent encore les deux partis politiques qui divisent aujourd'hui l'Angleterre, celui des libéraux (whigs) et des royalistes (tories). Les tories parvinrent à faire rejeter par la chambre des lords la déclaration de la chambre des communes qui écartait le duc d'York de la succession au trône (1680).

Cette satisfaction parut insuffisante au roi. Pour frapper de terreur les ennemis de son trône, il mit à la tête de la justice criminelle *Georges Jefferies*, de sanglante mémoire, qui, corrompant ou intimidant les juges, arma à son gré les tribunaux contre les victimes désignées par l'inimitié de la cour. En même temps, le roi annonçait la prétention de suspendre les libertés accordées aux différents bourgs du royaume par leurs chartes communales pour se rendre maître des élections et composer à son gré la chambre des communes. En attendant, il gouvernait sans convoquer le parlement. Ces mesures tyranniques excitèrent une irritation nouvelle. Une double conspiration fut ourdie à la fois en Angleterre et en Écosse par les whigs, à la tête desquels étaient Shaftesbury et le duc de Montmouth (1683). Mais elle fut découverte par un agent subalterne et entraîna la perte de ses principaux auteurs. Shaftesbury alla mourir en exil. Le comte d'Essex, Russel, Sidney et plusieurs autres seigneurs furent condamnés par l'influence de Jefferies, et mis à mort comme convaincus de complicité; Montmouth obtint sa grâce par ses révélations et ses prières.

Le duc d'York, sorti triomphant du danger, exerça dès lors sur le gouvernement la plus grande influence. Charles mourut bientôt après sans laisser d'enfants légitimes (1685). « Pensionnaire de l'étranger, il avait perdu comme souverain toute puissance indépendante; et, par les extorsions, par les jugements iniques de ses tribunaux, par les actes arbitraires qui déshonorèrent son règne, il avait préparé la chute définitive de sa dynastie.

506. JACQUES II. — NOUVELLES CONSPIRATIONS. — SUPPLICES. — *Jacques II* (1685-1688), avec de grandes qualités, n'avait ni assez de fermeté, ni assez de génie pour soutenir un trône chancelant.

Les premières mesures du nouveau roi furent inspirées par la tolérance et la modération, et le parlement, convoqué après une interruption de quatre ans, lui témoigna quelque confiance; mais ces heureux commencements se changèrent bientôt en funestes symptômes. Une nouvelle conspiration fut tramée par Montmouth, qui s'allia avec le duc d'Argile pour s'emparer de la couronne. Si leur supplice dut paraître le juste châtiment de leur crime, la recherche impitoyable de leurs complices et l'exécution d'une multitude d'accusés, par arrêt des cours d'assises que présidait le sanguinaire Jefferies, ne firent qu'inspirer de la pitié pour les coupables et de la haine contre le pouvoir. « J'ai commencé aujourd'hui ma besogne contre les rebelles, écrivait Jefferies aux ministres du roi, et j'en ai dépêché quatre-vingt-dix-huit. » Dans une autre séance, deux cent quarante-quatre accusés furent condamnés en masse. Les têtes des victimes étaient exposées sur le bord des routes et jusque sur le seuil des églises. Jefferies avait été récompensé de son zèle par la dignité de chancelier.

307. Ministère de Sunderland. — Fermentation générale. — En même temps, Jacques s'abandonnait aux conseils du perfide *Sunderland*, son ministre, qui l'engageait, pour le perdre, à favoriser sans réserve la religion catholique. Les murmures éclatèrent de toutes parts, quand on vit le roi admettre les catholiques aux emplois malgré le bill du *test*, laisser paraître à sa cour des moines avec l'habit de leur ordre, recevoir solennellement le nonce du pape, et casser le parlement, parce qu'il refusait de voter l'abolition du bill contraire aux catholiques. Jacques crut apaiser les mécontentements en proclamant la liberté de conscience, qu'il étendit aux puritains et aux quakers. Cette mesure, qui paraissait devoir produire un salutaire effet, n'eut que des résultats funestes : les anglicans s'inquiétèrent, et le clergé refusa nettement de publier l'édit de tolérance. L'arrestation de sept évêques ne put vaincre cette opposition, et leur acquittement fut un nouvel échec pour l'autorité du roi : les transports de joie qui accueillirent la sentence des juges durent apprendre à Jacques II quelles étaient les dispositions populaires. Celles des nobles étaient plus hostiles encore ; déjà un grand nombre n'aspiraient plus qu'à renverser un prince catholique.

§ IV. Révolution de 1688, avec l'aide de la Hollande. — Guillaume de Nassau.

308. Révolution de 1688. — Fuite de Jacques II. — Avénement de Guillaume III. — Depuis longtemps *Guillaume*, prince d'Orange et gendre de Jacques II, fomentait les troubles en Angleterre, et prêtait son appui à tous les ennemis du roi. Il répondit aux sollicitations des seigneurs qui l'appelaient en Angleterre, par un mémoire où il traitait Jacques II d'usurpateur, *parce que la volonté nationale repoussait du trône un catholique*, et où il soutenait que le jeune prince de Galles n'était qu'un enfant supposé (1688). Jacques espéra qu'une guerre entre la France et la Hollande le débarrasserait de ce redoutable ennemi. Guillaume sut opposer à Louis XIV la ligue d'Augsbourg (n° 302), et équipa une flotte, destinée, disait-il, à combattre la France, mais qui aborda bientôt en Angleterre (5 nov.). La désertion se mit dans l'armée de Jacques II commandée en grande partie par des officiers vendus à Guillaume; la garde écossaise refusa de combattre; l'amiral Darmouth envoya dire qu'il ne répondait plus de la flotte; un grand nombre de villes ouvrirent leurs portes aux partisans de Guillaume. Le ministre Sunderland entretenait depuis longtemps des intelligences avec lui. La princesse Anne elle-même, seconde fille du roi, alla rejoindre sa sœur Marie, femme du prince d'Orange.

Le roi perdit toute sa fermeté dans ce moment critique; après avoir refusé d'assembler un parlement qui seul peut-être eût pu le sauver, il quitta Londres, et peu après l'Angleterre. Le parlement déclara que ce prince ayant violé les lois fondamentales et abandonné le royaume, le trône devenait vacant, et il nomma Guillaume protecteur (1688). Bientôt après (22 février 1689), il déféra la couronne à *Guillaume III*, prince d'Orange, *conjointement avec Marie*, son épouse, mais en laissant au prince seul l'administration des affaires. Un bill régla l'ordre de la succession, et fut accompagné d'une *déclaration des droits*, qui complétait l'ancienne *pétition des droits* en déterminant la prérogative royale. Ainsi fut consommée *la glorieuse révolution*, comme la nomment encore aujourd'hui les Anglais.

§ V. LOCKE. — NOUVEAU DROIT POLITIQUE.

509. LOCKE. — La révolution de 1688, qui brisait violemment le principe de l'hérédité monarchique et qui substituait, du moins pour un moment, l'exercice de la souveraineté nationale à l'application du dogme de la légitimité, la révolution de 1688, eut un habile apologiste dans un philosophe célèbre, *Jean Locke*, exilé en Hollande à la fin du règne de Jacques II, et revenu en Angleterre avec Guillaume. Locke (1632-1704), disciple de Bacon, en s'appuyant exclusivement en philosophie sur les données fournies par l'observation des phénomènes de la sensation, a donné aux esprits une tendance funeste. Le célèbre auteur de l'*Essai sur l'entendement humain* et des *Pensées sur l'éducation des enfants*, sans être matérialiste lui-même, a conduit un grand nombre de penseurs au matérialisme. Ce fut un déplorable système que « celui qui, s'armant des principes de Bacon, voulut tirer de l'expérience et du monde des sens ce qui ne pouvait y être contenu : la loi de la vie et des actions, l'ensemble des croyances religieuses et l'espérance, et qui rejeta avec un froid mépris

tout ce que l'expérience sensible paraissait ne point confirmer sur-le-champ » (Schlegel). On n'avait pas compris cette parole de Bacon lui-même : *La philosophie qui s'arrête à la superficie des choses conduit à l'incrédulité et à l'athéisme.*

310. Nouveau droit politique. — La politique de Locke plus élevée que sa philosophie mérite une tout autre appréciation. Au moment où, en France, notre illustre Bossuet, dans sa politique tirée de l'Écriture sainte, préconisait le pouvoir absolu et le droit divin des rois, Locke, dans son *Traité du gouvernement civil*, érigeant en théorie la souveraineté du peuple, soutenait hardiment que tout gouvernement doit être accepté par les gouvernés et qu'il n'y a de législation obligatoire que celle qui émane du consentement de la nation.

Ce livre remarquable où sont en germe les principales idées de Jean-Jacques Rousseau, s'attache essentiellement à repousser l'absolutisme comme incompatible avec toute société bien organisée, à présenter au contraire la liberté et l'égalité civile comme les conditions essentielles de tout bon gouvernement, quelle que soit d'ailleurs la forme spéciale qui lui soit donnée; il proclame enfin la nécessité du libre vote de l'impôt par les représentants de la nation, et de la séparation du pouvoir exécutif et du pouvoir législatif, seule garantie du maintien des libertés publiques.

Ces théories, réalisées pour la plupart dans la constitution anglaise, et qui étaient comme le mot d'ordre de la révolution de 1688 (n° 308), furent récompensées magnifiquement par Guillaume, qui appela le philosophe publiciste à de hautes fonctions. Contraires au principe même du gouvernement de la France, elles expliquent l'ardente hostilité dont Louis XIV poursuivit une révolution qui en était le triomphe.

QUESTIONNAIRE. — § I. 301. Quel est le caractère de la politique de Louis XIV à partir du traité de Nimègue ? — Qu'avez-vous à dire de la révocation de l'édit de Nantes et de ses suites? — 302. Que firent les chambres de réunion? — Quelle attitude montra Louis XIV à l'égard des étrangers ? — Quelle ligue se forma contre lui ? — Quelle était sa politique à l'égard de l'Angleterre? — § II. 303. Parlez des nouveaux embarras de Charles II. — Quel ministère singulier forma-t-il ? — Quelle mesure prit-il contre les catholiques? — Quelle était sa situation politique vis-à-vis de la France ? — 304. Racontez les soulèvements et les complots qui signalèrent le règne de Charles II. — Quelle était l'attitude du parlement? — § III. 305. Comment se divisèrent les partis? — Quelle nouvelle conjuration se forma? — 306. Comment commença le règne de Jacques II? — Quelle conspiration éclata et comment fut-elle punie? — 307. Quelle fut l'influence de Sunderland ? — Quels furent les résultats de la politique de Jacques ? — § IV. 308. Qui fomentait les troubles d'Angleterre ? — *Racontez les différentes circonstances de la révolution de 1688.* — Qui succéda à Jacques II ? — § V. 309. Quel fut l'apologiste de la révolution ? — Quelles étaient les doctrines philosophiques de Locke ? — 310. Exposez les doctrines politiques de ce philosophe. — Pourquoi Louis XIV devait-il être particulièrement hostile à la révolution anglaise ?

CHAPITRE VINGT-SEPTIÈME.

FIN DU RÈGN DE LOUIS XIV.
(1688-1715.)

SOMMAIRE.

§ Ier. 311. L'adhésion de l'Angleterre fortifie la ligue d'Augsbourg après la révolution de 1688. Louis XIV soutient la cause de Jacques II. Tourville perd la bataille de la Hogue (1692). Luxembourg lutte avec gloire contre Marlborough dans les Pays-Bas ; Catinat est vainqueur à Staffarde et à la Marsaille. Louis XIV prend Namur. Luxembourg bat Guillaume à Nerwinden, etc. (1693). Tourville et d'Estrées sont vainqueurs sur mer au cap Saint-Vincent (1693).

312. Le désordre des finances après Colbert (m. 1683), l'incapacité de Villeroi après Luxembourg, arrêtent les progrès de nos armes, malgré les efforts de Vendôme en Espagne, de Catinat en Italie, de Duguay-Trouin, Jean-Bart sur mer. Par la paix de Ryswick, Louis XIV reconnaît Guillaume et ne garde que Strasbourg (1697).

§ II. 313. L'Espagne est tombée depuis l'avénement de Charles II (1665) dans une complète décadence. La rivalité du père Nithard et de don Juan a agité la régence. Les puissances d'Europe se disputent par avance la succession du roi.

314. Les intrigues et les négociations se multiplient autour de Charles II qui finit par remettre la décision au pape Innocent XII. Sur l'avis du pape, Charles II fait un dernier testament en faveur de Philippe d'Anjou ; il meurt (1700).

315. Philippe V est proclamé dans tous les vastes États de l'Espagne. Une nouvelle ligue se forme contre la France. La guerre est dirigée par le prince Eugène, Marlborough et Heinsius. Vendôme à Luzzara, Villars à Friedlingen (1702) triomphent d'abord. La révolte des Cévennes présage des désastres.

316. Les Français sont vaincus à Hœchstedt (1704), à Ramillies (1706) pendant que Philippe V perd une partie de l'Espagne et de l'Italie. Lille est prise (1708), mais Berwick rétablit Philippe V par la victoire d'Almanza. L'année 1709 commence par une affreuse

TRAITÉ DE RYSWICK.   317

disette, suivie de la défaite de Malplaquet. Vendôme est vainqueur à Villa-Viciosa (1710). Villars sauve la France à Denain (1712). Les traités d'Utrecht (1713) et de Rastadt (1714) terminent la guerre.

§ III. 317. Les grands généraux de ces derniers temps sont Luxembourg, élève de Condé, le tapissier de Notre Dame (1628-1695); Villars, habile négociateur et audacieux général (1653-1734); Catinat, l'émule de Turenne.

318. Vendôme a le génie et l'élan, mais il lui manque l'activité (1654-1712). Berwick, fils naturel de Jacques II, est un général accompli, quoique de second ordre. Tourville est avec Duquesne, le plus habile marin de France à cette époque.

319. La France est agitée par les querelles des jansénistes et des jésuites. Louis XIV perd ses fils et petits-fils; il ne lui reste que le duc de Bourgogne. Il meurt laissant les finances obérées, la France fatiguée par un despotisme excessif et affaiblie par des efforts démesurés.

§ Ier. SUITES DE LA RÉVOLUTION DE 1688 POUR LA POLITIQUE GÉNÉRALE DE L'EUROPE. — TRAITÉ DE RYSWICK.

311. SUITES DE LA RÉVOLUTION DE 1688 POUR LA POLITIQUE GÉNÉRALE DE L'EUROPE. — Les puissances qui composaient la ligue d'Augsbourg (n° 302), étaient celles que la France était habituée à vaincre. Mais la coalition trouva bientôt des forces toutes nouvelles dans l'alliance de l'Angleterre, que Guillaume d'Orange venait d'enlever à Jacques II (1688), après que la révocation de l'édit de Nantes eut ajouté encore au nombre des ennemis de Louis XIV tous les protestants obligés de quitter la France. — Louis qui voit dans la cause de Jacques II détrôné celle de la royauté même, fait de puissants efforts pour le rétablir sur le trône (chap. XXXII, § I). Mais l'amiral de *Tourville*, obligé par un ordre exprès du roi d'engager un combat inégal, perd, après la plus glorieuse résistance, la grande bataille navale de *la Hogue* (1692), qui commence la décadence de la marine française et anéantit à jamais les espérances de Jacques II. Sur terre, la guerre continue avec des succès divers entre le duc de *Marlborough*, chef des troupes alliées, et le maréchal de *Luxembourg*, qui venge à *Fleurus* (1690) et à *Leuze* (1691) la défaite d'Humières à Valcourt, tandis qu'en Italie le brave *Catinat* s'illustre par la victoire de *Staffarde* et la prise d'un grand nombre de places fortes. Bientôt Louis XIV en personne va prendre *Namur*, après un siège fameux, regardé comme le chef-d'œuvre de Vauban (n° 300); Luxembourg défait Guillaume d'Orange à *Steinkerque*, puis à *Nerwinden* (1693); Catinat, réduit un instant à

la défensive par l'affaiblissement de son armée, remporte la victoire de *la Marsaille* qui lui livre tout le Piémont ; enfin, les amiraux de Tourville et d'Estrées couronnent de mémorables succès en battant les flottes anglaise et hollandaise près du *cap Saint-Vincent* (1693), pendant que les corsaires français, parcourant toutes les mers à la suite de Tourville, causent au commerce des ennemis d'incalculables dommages.

312. Épuisement de la France. — Paix de Ryswick. — Mais la France était épuisée par les efforts gigantesques qu'elle était obligée de renouveler sans cesse. Depuis la mort de Colbert (1683), le désordre s'était remis dans les finances que des ministres incapables ne savaient administrer qu'à l'aide d'expédients tyranniques et désastreux. — Le digne successeur de Condé et de Turenne, Luxembourg, mort en 1695, était remplacé par Villeroi, aussi habile courtisan qu'inepte général, qui signala par plusieurs revers la première année de son commandement. Vainement, les escadres françaises sous les ordres de *Duguay-Trouin*, *Jean-Bart*, *Forbin*, soutenaient par de merveilleux exploits l'honneur de notre marine; vainement le *duc de Vendôme* en Espagne, et Catinat en Italie, réparaient par leurs victoires les résultats des fautes de Villeroi. Louis XIV se crut obligé de cesser une guerre qui absorbait toutes les ressources de la France, et de conclure le *traité de Ryswick* par lequel il abandonnait les conquêtes faites depuis la paix de Nimègue, à l'exception de Strasbourg, et reconnaissait Guillaume comme roi d'Angleterre (1697). Mais déjà, il pensait à se dédommager par une nouvelle entreprise des sacrifices imposés à son orgueil.

§ II. GUERRE DE LA SUCCESSION D'ESPAGNE.

313. Complète décadence de l'Espagne sous Charles II. — La succession de l'Espagne depuis longtemps déjà attirait l'attention et éveillait les convoitises des princes de l'Europe. Après Philippe IV avait commencé (1665), par une longue et orageuse régence, le triste règne de *Charles II*. Un jésuite, le père *Nithard*, confesseur de la reine, grand inquisiteur, et *don Juan* d'Autriche, oncle du roi, se disputèrent le pouvoir, que ce dernier ne craignit pas de réclamer les armes à la main. Don Juan, à la tête des soldats de l'Aragon, de la Catalogne et de l'Andalousie, fit renvoyer le père Nithard (1669), exiler la reine, et mourut au moment où il commençait à se faire pardonner son ambition en rétablissant l'ordre et la tranquillité dans l'État (1679). Dès lors, la décadence se déclara de toutes parts sous le gouvernement le plus débile, le plus pusillanime. Au dépérissement de l'agriculture, de l'industrie, du commerce, on opposait une foule de pragmatiques, qui, par des remèdes précaires et incertains, ne faisaient qu'augmenter le mal. En même temps, les puissances étrangères convoitaient déjà la couronne d'un prince qui paraissait devoir mourir sans laisser d'héritier. Tandis que l'Espagne assemblait ses jurisconsultes et ses théologiens pour décider la grande question de la succession, Louis XIV commençait par mettre la main sur la Flandre et la Franche-Comté. Malgré les efforts de la triple et de la quadruple alliance, il annonçait à l'Europe entière que la force ne lui ferait pas abandonner les prétentions de sa maison au trône d'Espagne (voir n° 257).

314. NÉGOCIATIONS POUR LA SUCCESSION D'ESPAGNE. — La querelle changea de face après le *traité de Ryswick* (1697). Ce fut par les négociations et les intrigues que tous les cabinets de l'Europe se disputèrent une proie que la santé chancelante de Charles II rendait de plus en plus certaine. Un projet de partage, qui devait morceler la monarchie espagnole entre le prince de Bavière, le dauphin de France et l'archiduc d'Autriche, fut rompu par la mort du prince de Bavière. Bientôt le malheureux Charles II, harcelé par les intrigues des ambassadeurs de France et d'Allemagne, épouvanté par les apparitions mystérieuses dont les émissaires du parti allemand troublaient son faible cerveau, épuisé par ses propres irrésolutions, abandonna la décision souveraine au pape Innocent XII, qui prononça en faveur de la France. Charles mourut après avoir fait un testament qui déclarait Philippe de Bourbon, duc d'Anjou, héritier de toute la monarchie espagnole (1700). Avec lui s'éteignit en Espagne la branche autrichienne, qui avait occupé le trône pendant près de deux siècles, depuis l'avénement du grand Charles-Quint jusqu'à la mort de l'imbécile Charles II.

315. GUERRE DE LA SUCCESSION D'ESPAGNE. — PHILIPPE V. — Le duc d'Anjou, petit-fils de Marie-Thérèse et de Louis XIV, était appelé au trône d'Espagne, à condition qu'il renoncerait à tous ses droits sur la couronne de France (1700). Le jeune roi fut proclamé sous le nom de *Philippe V*, à Madrid, dans les Pays-Bas, à Milan, à Naples et dans les

deux Amériques. Mais la haute fortune du prince français souleva dans toute l'Europe les alarmes les plus vives, quand on vit Louis XIV annuler par lettres patentes la renonciation du roi d'Espagne à ses droits éventuels sur la France. Aussitôt une ligue se forme à *la Haye* entre l'empereur, l'Angleterre, les Provinces-Unies, les électeurs palatins, de Hanovre et de Brandebourg (1701). Toutes les forces de cette redoutable coalition allaient être dirigées contre la France par trois hommes de génie, le prince français *Eugène* de Savoie-Carignan, repoussé par les dédains de Louis XIV, le duc de *Marlborough*, général anglais, et *Heinsius*, grand pensionnaire de Hollande. Louis XIV, dirigé désormais par les conseils de madame de *Maintenon*, avait vu disparaître les grands hommes qui avaient triomphé de toute l'Europe, et ne savait plus guère les remplacer que par d'incapables courtisans.

Pendant les premières années de la guerre, les succès de Vendôme à *Luzzara*, et de *Villars*, proclamé maréchal par ses soldats sur le champ de *Friedlingen* (1702), compensèrent les défaites de Villeroi. Mais le soulèvement des paysans des Cévennes, exaspérés par la rigueur des impôts et des persécutions religieuses, fut le présage d'une période de désastres.

316. Désastres des armées françaises. — Paix d'Utrecht. — Eugène et Marlborough remportèrent une victoire décisive à *Hœchstedt* (1704), où Villars avait triomphé l'année précédente : la France se vit menacée d'une invasion, tandis que l'archiduc Charles, proclamé à Vienne roi d'Espagne, enlevait à Philippe V la moitié de la péninsule et que les Anglais s'emparaient de Gibraltar. Bientôt Villeroi perd contre le duc de Marlborough la désastreuse bataille de *Ramillies* (1706), qui enlève à la France la Flandre espagnole; la défaite de Turin chasse les Français d'Italie, et Villars est réduit à lutter sur les frontières. La bataille d'*Oudenarde* (1708) est suivie de la prise de Lille, vainement défendue par le brave *Boufflers*. En Espagne seulement, le maréchal de *Berwick* obtient quelques succès; il rend à Philippe V, par la victoire d'*Almanza*, les royaumes de Valence et d'Aragon.

L'année suivante (1709) vient mettre le comble aux malheurs de la France, désolée par un terrible hiver et une épouvantable famine. Louis XIV s'humilie jusqu'à implorer la paix; mais, révolté des conditions ignominieuses que prétendent lui imposer ses ennemis, il appelle la nation à un dernier et héroïque effort. La lutte recommence avec une fureur nouvelle. A *Malplaquet*, la bataille la plus sanglante de toute la guerre, Villars n'abandonne le champ de bataille à Eugène et à Marlborough qu'après leur avoir tué dix-sept mille hommes (1709). Cette glorieuse défaite présage la fin des revers de la France. Au moment où Louis XIV se prépare à marcher lui-même aux frontières avec les débris de sa noblesse décimée, Vendôme remporte en Espagne la grande victoire de *Villa-Viciosa* (1710), et les intrigues politiques qui agitent l'Angleterre enlèvent le commandement à Marlborough, le plus dangereux ennemi de la France. Le prince Eugène, qui s'est avancé à quelques marches de Paris, est battu par une audacieuse manœuvre de Villars à *Denain* (1712). Cette victoire sauve la France et décide la conclusion de la *paix d'Utrecht* (1713) et *de Rastadt* (1714), déjà préparée dans les préliminaires de Londres (1711). Louis XIV pouvait accepter sans déshonneur un traité qui, en lui enlevant quelques colonies et les places occupées par ses troupes dans les Pays-Bas, maintenait son petit-fils sur le trône d'Espagne et restituait à ses alliés les États qu'ils avaient perdus pendant la guerre.

§ III. LUXEMBOURG, VILLARS, CATINAT, VENDÔME, BERWICK, TOURVILLE.

317. LUXEMBOURG, VILLARS ET CATINAT. — Pendant les guerres de la dernière partie du règne de Louis XIV, nous avons vu paraître sur la scène des généraux, spirituellement appelés la *monnaie de M. de Turenne* (Mme de Sévigné), et qui, sans avoir le génie du héros de Rocroy ou du vainqueur des Dunes, s'en étaient montrés cependant à des titres divers les dignes successeurs. — *Luxembourg* (1628-1695), de la grande famille des Montmorency, formé à l'école de Condé, dont il était aide de camp à la bataille de Lens, et qui lui avait transmis quelques-unes de ses héroïques qualités, se distingua par son talent à diriger de grandes armées, à embrasser de vastes plans de campagne couronnés par ces brillants succès dont les trophées lui valurent le nom de *tapissier de Notre-Dame*. — *Villars* (1653-1734), aussi habile négociateur que général hardi et heureux, Villars, dont la victoire de Denain a rendu le nom immortel, avait mérité l'honneur inouï de recevoir de ses soldats sur le champ de bataille le titre de maréchal de France, et celui peut-être plus grand encore, de voir ratifier par le roi le plus jaloux de son autorité, cette élection populaire. Il rendit des services moins éclatants, mais non moins utiles, en terminant par d'heureuses négociations la guerre fatale des Camisards, et en prenant une part active au congrès qui prépara la paix d'Utrecht. — *Catinat* (1637-1712), l'illustre roturier, avocat dans sa jeunesse, et élevé par son seul mérite au niveau de tous les grands généraux du siècle, rappelait par sa modestie, sa persévérance, sa science profonde de l'art militaire, les vertus et les talents de Turenne; il sut se résigner avec une fermeté stoïque à la disgrâce qui fut le seul prix de ses glorieux services.

318. VENDOME, BERWICK, TOURVILLE. — *Vendôme* (1654-1712), dont le caractère offre avec celui de Catinat le plus frappant contraste, homme corrompu dans ses mœurs, ennemi du travail, incapable d'efforts soutenus, avait le coup d'œil rapide et sûr du génie qui emporte la victoire, mais ne peut en fixer les résultats. Arrière-petit-fils d'Henri IV et de Gabrielle d'Estrées, il avait la bonhomie, l'abandon, la gaieté de son illustre aïeul, et se faisait adorer des soldats; mais une invincible indolence paralysait en lui des qualités qui en auraient fait un héros. — De race royale comme Vendôme, Fitz-James, duc de *Berwick* (1671-1734), fils naturel de Jacques II, naturalisé Français après la ruine irrémédiable de la cause paternelle, s'est placé par ses talents à côté de Villars et de Catinat, dont il réunissait à un degré remarquable les mérites divers.

Sur mer, *Tourville* (1642-1701) est le digne continuateur de Duquesne, dont il avait l'activité, l'audace, l'expérience profonde de son art. S'il perdit la bataille de la Hogue, livrée malgré son avis par l'ordre formel de la cour, il n'en reçut pas moins à la suite de cette glorieuse défaite le titre de maréchal, et dans son admirable campagne de 1693, il sut causer à l'Angleterre des dommages inouïs.

Tels sont les principaux acteurs de ces dernières guerres, dont le succès, sous tant de généraux habiles, aurait égalé peut-être celui des premières campagnes de Louis XIV, si trente années de combats n'avaient épuisé par avance les ressources, les finances et les armées du pays.

319. DERNIÈRES ANNÉES DU RÈGNE DE LOUIS XIV; SES RÉSULTATS. — Tout semblait se réunir pour attrister les derniers moments du grand roi. Aux malheurs de la guerre, aux querelles intestines, aux disputes acharnées des *jansénistes* et des jésuites, qui devaient se prolonger pendant une grande partie du dix-huitième siècle, vinrent se joindre

pour lui les pertes domestiques les plus cruelles : le dauphin, son fils, élève de Bossuet ; son petit-fils, le duc de Bourgogne, élève de Fénélon, qui donnait les plus belles espérances; l'épouse de ce jeune prince et l'aîné de leurs fils ; enfin le duc de Berry, le plus jeune des petits-fils du roi, enlevés coup sucoup, l'avaient précédé dans la tombe, qui engloutit ainsi, en moins de quatre ans, quatre générations royales. Louis XIV, sur son lit de mort, se fit amener le jeune dauphin, fils du duc de Bourgogne, qui allait lui succéder : *Mon enfant*, lui dit-il, *vous allez être un grand roi. Ne m'imitez pas dans le goût que j'ai eu pour la guerre. Tâchez d'avoir la paix avec vos voisins... Tâchez de soulager vos peuples, ce que je suis assez malheureux de n'avoir pu faire.* Le grand roi n'avait que trop mérité le reproche qu'il se faisait ainsi à lui-même. Les pays qui entourent la France, et surtout le Palatinat du Rhin, avaient été horriblement dévastés par la guerre, et la dette de l'État s'élevait, à la mort de Louis XIV, à deux milliards soixante-deux millions. Une partie de cette dette énorme provenait, il est vrai, des dépenses considérables occasionnées par la construction du château de *Versailles* et d'une foule d'autres monuments dont s'honore aujourd'hui la France, et parmi lesquels il faut citer l'*hôtel des Invalides*.

L'éclat du grand règne marqué par tant de merveilles dans la littérature, les arts, la législation, les institutions d'utilité publique, semblait s'éclipser pour ne laisser voir que les traces profondes que tant de guerres et d'agitations avaient laissées après elles. Mais ce qui a été peut-être plus funeste à la France que des blessures, qui, après tout, se cicatrisent vite, c'est l'abus du pouvoir royal et les fausses mesures de Louis XIV en matière religieuse; c'est son mépris pour les institutions du pays et son intervention violente et despotique dans les affaires de l'Église et de la foi. « Cet esprit d'oppression et de persécution intempestive prépara l'opposition violente et passionnée qui distingua si malheureusement la littérature et la philosophie françaises dans le dix-huitième siècle, et en fit de grandes et dangereuses forces politiques » (Schlegel).

QUESTIONNAIRE. — § I. 311. Quelles furent les suites de la révolution de 1688 pour la politique générale de l'Europe? — Quels généraux combattirent pour la ligue d'Augsbourg et pour la France? —Quels furent les premiers faits de la guerre terrestre et maritime en 1692, 1693? — 312. Quel général incapable succéda à Luxembourg? — Quels événements amenèrent la paix de Ryswick? — Quelles en furent les conditions principales? — § II. 313. Faites connaître l'état de l'Espagne pendant la minorité de Charles II. — La situation de ce pays s'améliora-t-elle après la majorité de ce prince? — Quelle circonstance excita l'ambition de toutes les puissances d'Europe? — 314. Donnez une idée des négociations et des intrigues qui s'agitèrent autour de Charles II. — Quelle décision dernière prit ce prince? — 315. Comment Philippe V parvint-il au trône? — Quelle guerre cet événement provoqua-t-il? — Par quels succès commença-t-elle? — 316. Faites savoir quelles défaites les Français éprouvèrent depuis l'an 1704. — Quelles victoires remportèrent-ils? — Comment se termina la guerre de la succession? — § III. 317. Rappelez les principaux faits d'armes et dépeignez le caractère de Luxembourg... de Villars... de Catinat. — 318. Qu'avez-vous à dire de Vendôme et de Berwick? — Qui était Tourville? — 319. Que savez-vous des malheurs qui frappèrent Louis XIV à la fin de son règne? — En quel état laissait-il la France? — Quelles dispositions s'y manifestaient?

CHAPITRE VINGT-HUITIÈME.

COUP D'OEIL SUR LE XVIIᵉ SIÈCLE. — PROGRÈS GÉNÉRAL DES LETTRES, DES SCIENCES ET DES ARTS.

SOMMAIRE.

§ Iᵉʳ. 320. La langue poétique a été formée par Malherbe le lyrique. — Pierre Corneille (1606-1684) élève la poésie dramatique à toute sa hauteur (*le Cid, les Horaces, Cinna, Polyeucte, le Menteur*, etc.). — Racine est moins sublime et moins énergique, mais plus parfait et plus harmonieux (*Andromaque, Britannicus, Iphigénie, Phèdre, Esther, Athalie, les Plaideurs*, etc.); il montre un grand talent de prosateur; il meurt dans la disgrâce. — Molière, le génie peut-être le plus original du siècle de Louis XIV, est sans rival dans la comédie (*le Misanthrope, Tartuffe, les Femmes Savantes, l'Avare, le Bourgeois Gentilhomme, les Précieuses*, etc.). — Regnard est le premier de nos auteurs comiques après Molière.

321. La Fontaine s'est immortalisé par son incomparable talent de fabuliste. — Boileau, l'arbitre du goût dans son siècle, est l'auteur des *Satires*, de l'*Art poétique*, du *Lutrin*, bien supérieurs à ses *Odes*.

322. Descartes (1596-1650), le père de la philosophie moderne, fonde toute sa méthode sur l'observation et proclame la séparation absolue de la foi et de la raison. — Malebranche, célèbre oratorien, attribue toutes les idées à l'action directe de Dieu. — Les solitaires de Port-Royal, Arnauld, Sacy, Nicole, etc., sont de l'école de Descartes. — Pascal (1623-1652), le plus célèbre de tous, est un génie

également supérieur dans les mathématiques, la philosophie, la polémique (*Pensées, Lettres Provinciales*). — La Rochefoucauld et La Bruyère sont d'ingénieux moralistes.

323. L'éloquence religieuse est la plus grande gloire du siècle. Bossuet, évêque de Meaux (1627-1704), le plus grand et le plus universel des génies de l'époque, est l'auteur incomparable du *Discours sur l'Histoire universelle*, de la *Connaissance de Dieu et de soi-même*, de l'*Histoire des Variations*, des *Méditations* et des *Élévations*, des *Sermons*, des *Oraisons funèbres*, etc., etc. — Fénélon (1631-1715), archevêque de Cambrai, est illustre comme philosophe, moraliste, publiciste, littérateur de premier ordre. *Télémaque* est un chef-d'œuvre de morale politique. — Bourdaloue (1632-1704), jésuite, est un prédicateur célèbre par son énergique éloquence.

324. Dans des genres divers il faut citer madame de Sévigné, dont les *Lettres* sont le modèle du genre; madame de la Fayette, auteur de romans estimés; le conteur Perrault; les savants et érudits Moréri, Mabillon, Baluze, Saumaise, Rapin, Santeuil, Jouvenci, Dacier, etc.

325. L'Académie française est fondée en 1635 par Richelieu; elle trace les règles de la langue et compose le dictionnaire.

§ II. 326. La littérature anglaise cite parmi les prosateurs du dix-septième siècle le philosophe Locke (1632-1704); parmi les poëtes, Milton (1608-1674), l'immortel auteur du *Paradis Perdu;* Abraham Cowley; Dryden, remarquable par la variété de ses œuvres; Samuel Butler, auteur du poëme d'*Hudibras*.

327. L'Allemagne, après la guerre de Trente ans, subit toutes les conséquences fatales de la Réforme : division, ruine, dévastation universelle. — Le génie de Leibnitz (1646-1716) se manifeste par ses vastes connaissances, ses controverses, ses efforts pour rétablir l'unité religieuse.

328. Le panthéisme de Spinosa (1632-1677) est exposé dans son *Éthique*. — Hugo Grotius (1583-1645) publie de remarquables œuvres sur le droit des gens. — Un grand développement des sciences morales et politiques a lieu en Hollande où paraissent Vossius, Vinnius, Jean Voet.

329. L'afféterie et la faiblesse de la littérature italienne augmentent de plus en plus. — En Espagne la variété, l'intérêt, l'élévation, distinguent les œuvres dramatiques et spirituelles de Caldéron. Antonio de Solis est un bon historien.

§ III. 330. L'influence de Bacon se manifeste par les progrès des sciences. — Torricelli invente le baromètre. — Le génie universel de Newton s'exerce sur toutes les sciences (1642-1727); il enseigne la théorie de la gravitation. — Flamsteed et Grégory, Cassini, Viviani, Riccioli, Grimaldi se distinguent en astronomie. Le géomètre Huyghens fait de nombreuses découvertes. — Le génie de Denis Papin, inventeur de la machine à vapeur, est méconnu.

331. Les sciences naturelles comptent d'habiles observateurs : les botanistes français Tournefort et Vaillant, l'Anglais Willoughby; les médecins Harvey, Swammerdam, Boerhaave. Les découvertes de

Leibnitz, Newton, Napier, font faire de grands progrès aux mathématiques.

§ IV. 332. Nicolas Poussin (1594-1665) s'illustre dans l'histoire et le paysage historique; Champagne est un talent facile et distingué; Pierre Mignard est un grand peintre de portraits; Eustache Lesueur (1617-1655) est le premier des peintres français par la pureté et la noblesse de son talent; Le Brun adopte un genre grandiose; Claude Lorrain porte le paysage à sa perfection; l'art commence à dégénérer avec Jouvenet.

333. L'imitation vive et énergique de la nature est le caractère de l'école espagnole: Vélasquez, Murillo (1608-1682), Ribera. L'école hollandaise est illustrée par Rembrandt (1606-1674), Wouvermans, le Bamboche; l'école flamande par les Téniers (David le vieux, David le jeune), Van der Meulen. La décadence de l'école italienne est rapide malgré le talent de Salvator Rosa.

334. Puget, auteur de Milon de Crotone, est le plus grand sculpteur français. Il faut citer encore Girardon, auteur du mausolée de Richelieu; Coysevox, des Chevaux ailés des Tuileries; les deux Coustou. La sculpture est en décadence dans l'Italie; on peut citer encore le Bernin. — François Mansard invente la mansarde. Jules Mansard est l'architecte de Versailles, de Marly, du dôme des Invalides, etc. Le Nôtre, fameux dessinateur de jardins, a créé ceux de Versailles, des Tuileries, etc. — La colonnade du Louvre est élevée par Perrault. Versailles est le chef-d'œuvre de l'architecture sous Louis XIV.

335. Un nouveau changement dans la direction du commerce maritime s'opère au préjudice de l'Espagne et du Portugal, et à l'avantage de l'Angleterre et de la Hollande. Le développement du commerce et de l'industrie en France est favorisé par la législation commerciale.

§ Ier. LA LITTÉRATURE FRANÇAISE AU DIX-SEPTIÈME SIÈCLE.

320. POÉSIE DRAMATIQUE. — CORNEILLE. — RACINE. — MOLIÈRE. — Le dix-septième siècle, qui a vu briller tant de grands princes, d'illustres capitaines, d'habiles diplomates, qui a été témoin de tant d'événements mémorables et de progrès décisifs dans la politique moderne, le dix-septième siècle est aussi l'une des grandes périodes de l'histoire des lettres et des arts (1). Ici encore c'est à la France qu'appartient le premier rang: après avoir fait plier l'Europe sous le poids de ses armes, elle l'éblouit par ses chefs-d'œuvre.

Après les harmonieux essais de Malherbe (n° 216) et de Racan, il fallait un homme qui se plaçât par l'effort de son génie dans une région plus haute, et qui, à la fois grand poëte et grand écrivain,

---

(1) Nous n'avons pas à revenir ici sur la situation politique de l'Europe, qui a été retracée au chap. XXIII.

POÉSIE DRAMATIQUE.

vivifiât d'un souffle puissant les éléments divers rassemblés par ses devanciers. Cet homme de génie, ce poëte créateur, ce fut *Pierre Corneille*.

Après de médiocres débuts, l'année 1636 voit paraître *le Cid*, et l'art dramatique est constitué en France.

Aux tracasseries jalouses de Richelieu, Corneille répond par des chefs-d'œuvre. *Les Horaces, Cinna, Polyeucte*, la comédie du *Menteur*, *Rodogune* (1629-1646), sont accueillis avec enthousiasme et fondent la gloire immortelle du *grand Corneille*. « Il fut pour le théâtre ce que Malherbe avait été pour le genre lyrique. *Le Cid* a fixé la langue de la tragédie, le *Menteur* a créé celle de la comédie. Corneille a peint l'héroïsme sous toutes ses faces, et il n'y a pas une âme élevée dont il n'ait fortifié la vertu et retrempé le caractère. »

La poésie dramatique, l'une des plus grandes gloires du dix-septième siècle, avait été placée si haut par le grand Corneille, qu'il semblait presque impossible de lui faire faire de nouveaux progrès : ce fut pourtant le mérite de *Racine* (1639-1699), qui, sans atteindre peut-être la même élévation que son rival, le surpassa par l'inimitable harmonie de langage qu'il sut joindre à la grâce et au pathétique. Il manifesta tout son talent dans la tragédie d'*Andromaque* (1667), se soutint ou grandit encore dans *Britannicus* (1667), *Bérénice* (1670), *Bajazet* (1672), *Mithridate* (1673), *Iphigénie* (1674) ; il couronna sa carrière théâtrale en donnant à la France la tragédie de *Phèdre* (1677), et sa vie poétique en composant pour les jeunes filles élevées à Saint-Cyr par madame de Maintenon, *Esther* (1689) et *Athalie* (1691), œuvres dans lesquelles l'inspiration prophétique a trouvé son plus sublime interprète.

Racine, plein de gaieté et de fine ironie dans sa comédie des *Plaideurs*, s'est montré dans ses *Lettres* et *Discours* académiques, dans son *Abrégé de l'histoire de Port-Royal*, presque aussi habile écrivain en prose qu'en vers.

Dans la comédie de caractère, *Molière* (1622-1673), le génie le plus original peut-être du siècle de Louis XIV, le profond et ingénieux observateur du cœur humain, Molière est resté sans rival. Ses trois chefs-d'œuvre, *le Misanthrope, Tartuffe* et *les Femmes Savantes*, ont donné à la comédie toute la force, toute l'élévation qu'elle peut atteindre. Un génie constamment fécond et varié, une verve intarissable, animent les comédies tant de fois applaudies du *Bourgeois gentilhomme*, du *Malade imaginaire*, de l'*Avare*, des *Précieuses ridicules*, etc., portraits toujours frappants de vérité après tant de changements dans les usages et les mœurs.

Regnard (1647-1709), le premier de nos poëtes comiques après Molière, se livra au théâtre pour y peindre les aventures romanesques qui avaient rempli sa jeunesse. Ses principales pièces, *le Joueur, le Distrait, le Légataire universel*, ont une réputation méritée;

mais rarement on y découvre une intention morale, et l'auteur semble n'avoir d'autre but que de plaire et d'égayer.

321. Genres divers de poésie. — La Fontaine. — Boileau. — Les autres genres de poésie ne sont pas cultivés avec moins de succès. *Jean la Fontaine* (1621-1695), glorieux émule d'Ésope et de Phèdre, qu'il surpasse toutes les fois qu'il les imite, marque l'*apologue* du sceau de son inimitable génie ; il lui donne un caractère de naïveté, de finesse et de profondeur dont nul autre n'a retrouvé le secret.

La poésie didactique, la satire, l'épître revendiquent à la fois Nicolas *Boileau*, surnommé *Despréaux* (1636-1711), l'ami et le guide des plus grands poëtes de son temps, et qui mériterait d'être appelé l'*Horace français*, si à un jugement d'une rectitude admirable, à un goût délicat et sûr, à une raison lumineuse, il eût joint, comme l'illustre ami de Virgile, l'enthousiasme et l'énergie du poëte lyrique. « Boileau est l'homme de goût par excellence ; il en est l'oracle et l'arbitre : c'est là sa mission et sa gloire... Il déclare sa mission par ses *Satires*, sa compétence par l'*Art poétique*, sa supériorité par le *Lutrin*. Il critique, il enseigne, il pratique » (Géruzez).

322. Philosophie et théologie. — Une école philosophique et une école de théologie qui exercèrent l'une et l'autre une grande influence sur leur siècle, se formèrent simultanément : le cartésianisme et Port-Royal.

René *Descartes*, en latin *Cartesius* (1596-1650), le père de la philosophie moderne, quitta jeune encore la carrière des armes pour la retraite et la réflexion. Pénétré du danger des hypothèses dans les études métaphysiques, il n'accepta pour base de la certitude que l'évidence. *Je pense, donc je suis :* telle est l'idée fondamentale du fameux *Discours sur la méthode*, des *Méditations sur la philosophie première*, des *Principes de philosophie*. En littérature, le *Discours sur la méthode* a une importance considérable ; il fixe véritablement la langue du dix-septième siècle, dont il est un des plus remarquables monuments. En philosophie, c'est la séparation absolue du domaine de la foi et de celui de la raison. — Cette doctrine fut aussitôt l'objet des attaques violentes de quelques philosophes, de l'adhésion non moins vive de plusieurs. — Parmi les principaux disciples de Descartes, on peut nommer le père *Malebranche* (1638-1715), de l'Oratoire, génie profond et original qui, dans son ouvrage de la *Recherche sur la vérité*, soutint qu'il fallait attribuer toutes nos idées à l'action immédiate de Dieu sur notre intelligence ; puis Arnauld, Bossuet, Fénélon, Nicole, et la plupart des penseurs de Port-Royal.

Des hommes d'une vertu sévère, quelques-uns d'un talent supérieur, s'étaient retirés dans la solitude de Port-Royal des Champs, pour se préserver, par le travail et la pénitence, de la corruption du siècle. Ils produisirent, le plus souvent en commun, d'excellents ouvrages qui ont survécu à la ruine du monastère : la *Logique* et la *Grammaire*, la *Méthode grecque* et la *Méthode latine*, les *Racines grecques*, etc. Dans une sphère plus élevée, *de Sacy* publia d'excellents commentaires sur la *Bible*; le grand *Arnauld* écrivit le livre de *la Fréquente communion*, le fameux traité de *la Perpétuité de la foi*, auquel travailla aussi Nicole. *Tillemont* composa une *Histoire ecclésiastique*. *Nicole* est surtout connu par l'excellent ouvrage intitulé : *Essais de morale et instructions théologiques*. Enfin *Blaise Pascal* (n° 330), fils d'un président à la cour des aides de Clermont, laissant pour la retraite les plaisirs d'une vie dissipée et mondaine, écrivit ces sublimes *Pensées*, cent fois interrompues par les maladies, fragments inachevés d'un magnifique ouvrage, où l'on trouve pourtant et les observations les plus profondes sur la nature humaine, et les preuves les plus frappantes de la divinité du christianisme.

Les querelles qui s'élevèrent à l'occasion des doctrines de *Jansénius*, ardemment défendues par les solitaires de Port-Royal, compliquées d'une lutte acharnée contre les Jésuites qui aboutit à la destruction du monastère, suscitèrent d'innombrables ouvrages depuis longtemps oubliés, mais qui ont laissé toutefois un monument impérissable : les célèbres *Lettres provinciales* de Pascal, chef-d'œuvre de verve, d'ironie mordante, et quelquefois d'entraînante éloquence, et dont l'admirable style a définitivement fixé la langue française.

Des moralistes ingénieux, profonds quelquefois, s'attachent au côté le plus pratique de la philosophie et étudient avec soin tous les travers de l'esprit et du cœur humain. Le duc *François de la Rochefoucauld* (1605-1680) est l'auteur de ce livre des *Maximes*, où l'amour de soi est érigé en principe de toutes les actions humaines. — *Jean de Labruyère* (1644-1696) est célèbre par ses *Caractères*, ouvrage non moins remarquable par la perfection du langage que par la finesse des observations.

323. ÉLOQUENCE. — « L'éloquence religieuse, voilà l'immortelle couronne du siècle de Louis XIV. Dans l'antiquité, le plus grand intérêt, la plus puissante affection, c'était la liberté; dans le dix-septième siècle, ce fut la religion » (M. VILLEMAIN).

Mascaron (1634-1703), prêtre de la congrégation de l'Oratoire, puis évêque de Tulle, s'était fait, comme prédicateur, une réputation immense, malgré l'affectation et l'enflure qui déparent trop souvent son style, quand un homme parut, dont l'incomparable génie devait éclipser toutes les renommées. — *Jacques-Bénigne Bossuet* (1627-1704), né à Dijon, fut élevé au collège de Navarre. Chargé de l'éducation du dauphin en 1670, membre de l'Académie en 1671, il fut appelé en 1681 à l'évêché de Meaux. Bossuet, historien supérieur dans ce chef-d'œuvre qu'il composa pour l'éducation d'un prince, le *Discours sur l'histoire universelle*, philosophe profond dans son livre de la *Connaissance de Dieu et de soi-même*, et dans son *Traité du libre arbitre*, apologiste invincible de la foi catholique et adversaire triomphant de la Réforme dans son *Histoire des variations des églises protestantes*, dans ses *Avertissements aux protestants*, qui sont presque des prophéties, et dans ses *Lettres à Leibnitz* pour la réunion des églises dissidentes; théologien plein de force et d'onction dans son *Exposition de la doctrine de l'Église*, qui arracha Turenne à l'erreur, dans ses *Méditations sur l'Évangile* et ses *Élévations sur les mystères*, œuvres sublimes composées pour d'obscures religieuses; orateur sans rival, dont la parole puissante rencontre, dans des *Sermons* préparés à peine, les plus brillants effets d'éloquence, sans les chercher jamais, et s'élève dans les *Oraisons funèbres*, magnifiques de grandeur et de majesté, à une hauteur que n'atteignit aucun des plus fameux orateurs de l'antiquité; Bossuet est le plus grand et le plus universel de tous les grands hommes de son siècle.

Fléchier (1632-1710), remarquable surtout comme écrivain, par l'heureux choix des mots, l'harmonie du style, l'abondance et le mouvement des périodes, a acquis par ses *Oraisons funèbres* une réputation méritée.

Dans un genre différent, *Bourdaloue* (1632-1704), prédicateur dont s'enorgueillit l'ordre des Jésuites, dédaignant tous les artifices du langage, atteignit l'éloquence par la seule énergie de sa pensée, par la seule force de son raisonnement.

Fénélon (François de Salignac de la Mothe) (1631-1715), qu'une controverse théologique devait mettre aux prises avec Bossuet, et qui accepta le triomphe de son illustre adversaire avec une soumission évangélique plus belle encore que la victoire, Fénélon, plein d'une grâce entraînante dans ses œuvres théologiques, a abordé avec une égale supériorité de style et de raison la philosophie et la littérature, la morale et la politique; il suffit de nommer la *Démonstration de l'existence de Dieu*, le traité *De l'éducation des filles*, les *Dialogues sur l'éloquence*, *Télémaque*, ingénieuse exposition des devoirs d'un roi, chef-d'œuvre de morale politique qui lui valut la disgrâce de Louis XIV, les *Mémoires sur la guerre de la succession d'Espagne* (1701), et quelques *Lettres particulières*, où il signale, avec autant d'énergie que de pénétration, les abus du gouvernement absolu, et les remèdes qu'y devraient apporter des institutions sagement libérales.

324. GENRES DIVERS DE LITTÉRATURE. — Il nous reste, pour terminer le tableau de la littérature en France au dix-septième siècle, à nommer quelques écrivains qui dans des genres divers montrent souvent un talent remarquable : — Le cardinal *de Retz*, *Richelieu*, *Mazarin*, *Bassompierre*, madame de *Motteville*, dont les *Mémoires* jettent les plus vives clartés sur l'histoire du siècle. — Madame de *Sévigné* (Marie de Rabutin-Chantal) (1627-1696), célèbre par ses *Lettres* pleines d'esprit, de naturel et de grâce. — Madame de *la Fayette* (1632-1693), auteur de romans qui eurent un immense succès. — *Charles Perrault* (1628-1703) plus célèbre par ses *Contes des fées*, si populaires encore, que par son *Parallèle des anciens et des modernes*.

Au milieu de tout cet éclat de la littérature nationale, quelques esprits distingués cherchèrent dans les études purement classiques une gloire modeste, mais durable. — *Moréri, Mabillon, Baluze*, l'abbé de *Fleury* ont acquis une grande réputation par leurs travaux d'érudition et d'histoire. — *Saumaise* laissa près de cent quarante ouvrages, imprimés ou manuscrits, ayant la plupart pour objet la littérature grecque ou latine. — Le jésuite *Rapin* écrivit plusieurs ouvrages en vers latins dont le plus estimé est le poëme des *Jardins*. — *Santeuil*, esprit bizarre, plein de verve et d'originalité, composa un grand nombre d'hymnes dont quelques-unes ont été adoptées dans les bréviaires français. — Le père *Jouvenci*, de la compagnie de Jésus, publia d'excellentes éditions des poëtes latins, et des ouvrages d'éducation dont Rollin a fait l'éloge. — A la fin du siècle brille un illustre couple d'érudits : *André Dacier* (1651-1722), qui fut secrétaire perpétuel de l'Académie Française, et madame *Dacier* (1651-1720), plus savante encore que son mari, célèbre surtout par sa traduction de l'Iliade et de l'Odyssée.

325. L'ACADÉMIE FRANÇAISE. — Une institution célèbre, que nous avons nommée plusieurs fois, était venue dès la première partie du dix-septième siècle exercer sur la littérature française une influence considérable, l'Académie française, qui se donna la mission, trop absolue peut-être, de rompre avec le passé et de tracer la loi de l'avenir. — Après plusieurs essais infructueux, une association s'était formée entre quelques beaux esprits qui devaient discuter les questions intéressantes de grammaire et de poésie. Richelieu, instruit de l'existence et des plans de la société, pour ne pas laisser une institution indépendante, même dans le domaine littéraire, lui imposa sa protection, au grand regret de la plupart des membres de la réunion. Les statuts furent dressés aussitôt sous l'approbation du cardinal (1635). L'institution naissante eut à triompher d'une opposition fort vive de la part du parlement, lequel n'enregistra qu'au bout de deux ans et demi, et après trois lettres de jussion, les lettres patentes accordées par le roi.

Parmi les premiers membres de l'Académie, on remarque Valentin Conrart, le premier secrétaire perpétuel, Racan, de Balzac, Voiture, le chancelier Séguier, *Vaugelas* (1585-1650), l'impitoyable grammairien, Perrot d'Ablancourt, Olivier Patru, qui fit le premier discours de réception, Jean Chapelain, le dur versificateur, etc.— Corneille n'y fut reçu qu'en 1647. — Ce corps savant s'occupa aussitôt de sa grande œuvre législatrice. La rédaction du *Dictionnaire de l'Académie* fut commencée et confiée au patient et puriste Vaugelas. Bientôt allait se former d'une réunion particulière de quelques membres de l'Académie française, l'*Académie des inscriptions et belles-lettres*. Chargée dès 1663 de la tâche modeste de composer des inscriptions et des devises pour les bâtiments publics, elle ne reçut qu'en 1712 ses lettres patentes et son organisation définitive.

§ II. ÉTAT DES LETTRES AU DIX-SEPTIÈME SIÈCLE DANS LES DIVERSES CONTRÉES DE L'EUROPE.

326. LITTÉRATURE ANGLAISE.—L'Angleterre vient la première après la France, et s'illustre aussi par des œuvres immortelles. Dans la prose, nous avons nommé et apprécié, après Bacon (n° 193), Locke, le célèbre auteur de l'*Essai sur l'entendement humain*, qui est le philosophe et le publiciste le plus remarquable de l'Angleterre à cette époque (n° 309). — La poésie anglaise se maintient au rang où l'a placée Shakespeare (n° 192). Malgré les bouleversements de la révolution dont il est un des plus fanatiques partisans, *Milton* (1608-1674) donne à sa patrie, au milieu de ses libelles politiques, son *Paradis perdu*, dont le sujet sublime offre à l'imagination ardente du poëte les scènes à la fois les plus élevées et les plus gracieuses, les plus énergiques et les plus douces, mais manque quelquefois d'action et d'intérêt. Le *Paradis reconquis*, poëme en quatre chants, qui fait la suite du *Paradis perdu*, ne saurait lui être comparé, et mérite l'oubli où il est tombé. — *Abraham Cowley* (1618-1667), dont les odes sont louées par Milton lui-même, jouit parmi ses contemporains d'une popularité immense. Souvent inspiré par la littérature française, *Dryden* (1631-1701), que les Anglais placent immédiatement après Milton, se signale par une prodigieuse variété de talent, et brille surtout dans le genre descriptif. L'Angleterre lui doit aussi d'excellents modèles de traduction poétique et de critique littéraire. *Samuel Butler* (1612-1680) est célèbre par le poëme burlesque d'*Hudibras*, composition pleine de verve et d'esprit, qui rendit un immense service à la royauté, en attaquant par le ridicule le fanatisme religieux et politique du presbytérianisme exalté.

327. ÉTAT DE L'ALLEMAGNE APRÈS LA GUERRE DE TRENTE ANS. — LEIBNITZ. — En Allemagne, les divisions, les troubles perpétuels, suites fatales de la Réforme, entravaient encore tous les efforts du génie. « Qu'on se figure les dévastations inouïes dont ce malheureux pays devint la proie, les guerres des paysans de Souabe et de Franconie, celle des anabaptistes de Munster, celle de la ligue de Smalkalde contre Charles-Quint, enfin la lutte épouvantable qui dura jusqu'au traité de Westphalie, et même après ce traité, jusqu'à son entière exécution. L'Empire fut changé par elles en un vaste cimetière, où deux générations furent englouties, où les villes n'étaient que des ruines fumantes, des monceaux de cendres, où les écoles étaient désertes et sans maîtres, l'agriculture détruite, les manufactures incendiées. Qu'on y ajoute encore que, sur cette terre désolée, les esprits étaient aigris, désunis, exaspérés par leurs longues divisions. Catholiques, luthériens, calvinistes, anabaptistes, moraves, tous s'accusaient les uns les autres et s'attribuaient les douloureuses plaies de la commune patrie, de cette patrie non-seulement déchirée par ses propres enfants, mais livrée si longtemps aux bandes de l'Espagne, de l'Italie, aux fanatiques de la Bohème, aux hordes turques, aux armées françaises, suédoises, danoises, qui toutes à l'envi y avaient porté le carnage et la désolation d'une lutte qui avait les caractères d'une guerre civile et religieuse. Il faut à un pays un bien long espace de temps pour se remettre d'une telle commotion et d'une ruine aussi profonde. Aussi, voyons-nous la nation allemande, après avoir fait de très-grands pas durant la paix, retomber durant une partie du dix-septième siècle dans une sorte de stupeur, dans une inculture presque totale (1). »

Ce tableau sombre, mais exact, donne l'idée de ce que devait être l'état intellectuel de l'Allemagne à la suite de la guerre de Trente ans. Cependant, elle peut opposer un nom à celui de tous les penseurs du dix-septième siècle ; elle voit naître dans son sein un métaphysicien illustre, le grand *Leibnitz* (1646-1716), également supérieur dans toutes les branches des connaissances humaines. Historien de la maison de Brunswick, réformateur de la science du droit, publiciste versé dans toutes les questions politiques de son temps, il est surtout célèbre comme mathématicien (voir § suivant) et comme philosophe. Bien qu'élevé dans les principes de la Réforme, ce penseur éminent témoigne constamment une inclination évidente pour le catholicisme. Leibnitz, qui, au milieu de ses spéculations scientifiques, entretenait une correspondance active avec Bossuet pour amener la réunion des communions chrétiennes, Leibnitz eut la double gloire, et d'avoir combattu victorieusement les écarts les plus dangereux de la pensée par ses savantes et profondes controverses contre *Bayle*, le sceptique auteur du *Dictionnaire historique et critique,* Locke le sensualiste, Spinosa le panthéiste (voir n° 328 ci-après), et d'avoir donné à la philosophie allemande un caractère si frappant de spiritualisme.

328. SPINOSA, GROTIUS, ETC., EN HOLLANDE. — Le Hollandais *Spinosa* (1652-1677), adversaire de Leibnitz, s'égarait dans les abîmes d'une doctrine tout opposée, ce semble, au matérialisme, mais qui conduit en réalité aux mêmes résultats. Séduit par la fausse idée de l'unité absolue de l'univers, il en vint à ne plus distinguer Dieu du monde, à refuser à tous les êtres une existence et une individualité propres; il arriva par le *panthéisme,* dont il résume les principes dans son fameux traité de l'*Éthique,* à détruire toute religion avec la liberté de l'homme, et à effacer la

---

(1) Villers, *Influence de la réformation.*

différence essentielle du bien et du mal, en déclarant que l'immoralité, le mensonge, ne sont que de vaines apparences. — La Hollande pouvait s'enorgueillir à plus juste titre des travaux de *Hugo Grotius* (1583-v. 1645), littérateur, historien, érudit, théologien, mais surtout publiciste illustre, qui consacrait tout son génie à opposer aux préceptes du machiavélisme, trop généralement appliqués alors, une politique fondée sur la justice et la morale. Dans son beau traité du *Droit de la paix et de la guerre*, il a jeté les bases de la théorie du *Droit des gens*.

Illustre dans toutes les branches des sciences morales et politiques, la Hollande possède encore au dix-septième siècle : *Vossius* (1577-1649), historien, théologien, érudit, qui doit surtout sa réputation à de remarquables ouvrages sur la rhétorique, la poétique et la grammaire ; et enfin deux profonds jurisconsultes, dignes continuateurs de la grande école du seizième siècle, *Vinnius* (1588-1657), auteur d'un excellent *Commentaire des Institutes* de Justinien, *Jean Voet*, issu d'une famille distinguée par son érudition, et qui a obtenu une juste renommée par une savante exposition de la doctrine des Pandectes.

329. LITTÉRATURES ITALIENNE ET ESPAGNOLE. — L'Italie abandonne la supériorité littéraire qu'elle a conservée sur toute l'Europe pendant le quinzième et le seizième siècle. Après tant de chefs-d'œuvre, elle ne produit plus que de langoureuses pastorales, des madrigaux affectés, et la pernicieuse action de cette littérature altérée se fait sentir en France même, jusqu'à ce que Molière en fasse justice par sa comédie des *Précieuses ridicules*.

La prose et la poésie espagnole se maintiennent plus longtemps et s'élèvent à une plus grande hauteur, à cause du naturel et de l'originalité de leur caractère. A Lope de Véga a succédé *Calderón de la Barca* (1600-1687), fécond comme lui, comme lui chéri du public espagnol, d'abord, pour la variété, l'élégance, l'intérêt de ses compositions dramatiques, plus tard, pour l'élévation et la pureté des cantiques qu'il anime par une symbolique toute chrétienne ; il sait presque toujours les dégager de ces fictions mythologiques dont le génie des modernes s'est embarrassé trop longtemps. Calderón est par excellence le poëte du christianisme. Avec lui, la poésie espagnole a fait son plus beau, mais son dernier effort. En même temps, *Antonio de Solis* (1610-1686) publie avec un immense succès une histoire de la conquête du Mexique, qui lui a mérité d'être mis par Voltaire au-dessus de Mariana lui-même.

§ III. ÉTAT DES SCIENCES AU DIX-SEPTIÈME SIÈCLE.

330. PHYSIQUE ET ASTRONOMIE. — Bacon a donné l'essor au génie des sciences comme à la philosophie ; sans faire lui-même d'importantes découvertes, il a laissé une méthode à laquelle les sciences naturelles doivent les progrès immenses qu'elles ont faits dans les derniers temps. La physique, malgré les travaux de notre grand *Descartes*, qui applique l'algèbre à la géométrie, et découvre la loi de la réfraction, a peu avancé encore dans la première moitié du dix-septième siècle; mais bientôt, l'Italien *Torricelli* (1608-1647) invente le baromètre, dont *Pascal* (n° 322), physicien de génie, et *Mariotte*, expérimentateur habile, développeront le principe, en calculant la pesanteur de l'air. Le grand *Isaac Newton* (1642-1727), dont le nom appartient à la fois à la philosophie, aux mathématiques, à la physique, à l'astronomie, formule les lois des forces d'attraction et de répulsion, qui le conduiront à son système du monde. L'astronomie, de plus en plus appuyée sur l'expérience, achève de se dégager des erreurs et des vaines suppositions qui ont si longtemps entravé sa marche. Digne successeur des Copernic, des Kepler, des Galilée, Newton aperçoit et détermine les causes et les règles du mouvement et de l'équilibre des corps célestes; la *théorie de la gravitation universelle* (1) détruit l'arbitraire hypothèse des tourbillons, imaginée par Descartes. *Flamsteed* et *Grégory*, compatriotes de Newton, continuent ses observations et complètent son œuvre. — L'Italie se montre l'émule de l'Angleterre. *Dominique Cassini* (1625-v. 1712), chef d'une illustre famille d'astronomes, conquise à la France par Colbert; le Florentin *Viviani* (1622-1703), géomètre, physicien et astronome; les jésuites *Riccioli* et *Grimaldi*, soutiennent la gloire de la patrie de Galilée. — En Hollande, *Huyghens* (1629-1695), appliquant la géométrie à la mécanique et à l'astronomie, fait une foule de découvertes d'une utilité pratique, et mérite d'être nommé par la France un des premiers membres de la naissante *Académie des sciences* (fondée en 1666). Notre patrie eût pu éclipser ou du moins égaler toutes ces gloires, si elle n'eût pas méconnu le génie de *Denis Papin* (1650-1710), qui le premier sut véritablement appliquer la force d'expansion de la vapeur, et prépara les merveilles de l'industrie moderne.

331. SCIENCES MATHÉMATIQUES. — SCIENCES NATURELLES. — Les mathématiques avaient depuis longtemps leurs règles et leurs bases; avant Bacon, elles étaient déjà constituées. Leur marche continue, sûre et ferme, de plus en plus féconde en applications. Les philosophes et les savants, Descartes et Pascal à leur tête, les cultivent avec une égale ardeur. Le grand Leibnitz étend leur domaine par la découverte du *calcul différentiel;* Newton, par celle d'une importante formule algébrique, qui a retenu son nom (*binome de Newton*); l'Écossais *Napier* ou *Neper* (1550-1617), par l'exposition de la théorie des *logarithmes*.

_____

(1) C'est-à-dire de l'attraction exercée par tous les corps les uns sur les autres.

Guillaume *Delisle* (1675-1726), professeur de géographie du jeune roi Louis XV, trace d'excellentes cartes géographiques qui, appuyées sur des observations astronomiques, opèrent dans la science une révolution complète.

Les sciences naturelles surtout ont pris un développement subit ; d'habiles observateurs recueillent de toutes parts les matériaux que les grands naturalistes du dix-huitième siècle réuniront en système. Déjà, en France, le célèbre botaniste *Tournefort*, après avoir parcouru l'Orient par ordre de Louis XIV, et rapporté une foule de plantes inconnues avant lui, essaie la première classification régulière des végétaux (1658-1708). *Sébastien Vaillant* (1669-1722), directeur du jardin des Plantes, fondé par Richelieu, ébauche le fameux système de classification réalisé par Linnée. L'Anglais *Willoughby* (1635-1676) écrit une histoire estimée des oiseaux et des poissons. Son compatriote, le médecin *Harvey* (1578-v. 1658), découvre la circulation du sang, et peut être considéré comme le fondateur de la science médicale des temps modernes. *Swammerdam* (1637-1680), célèbre par ses études microscopiques, et le savant *Boerhaave* (mort en 1738), tous deux Hollandais, cherchent dans l'étude de l'anatomie les vrais principes de l'art de guérir.

Toutes les nations de l'Europe s'avancent, quoique à pas inégaux, dans la carrière des sciences ; toutes offrent des noms illustres, excepté pourtant l'Espagne et la Russie : dans la première, le génie commence à s'éteindre ; dans la seconde, il n'a pas apparu encore.

§ IV. LES BEAUX-ARTS AU DIX-SEPTIÈME SIÈCLE.

332. LA PEINTURE EN FRANCE. — Encouragés par la noble protection du monarque et de ses ministres, les arts comme la littérature obtinrent au dix-septième siècle de merveilleux succès. Notre patrie cessa de demander à l'Italie ses artistes, et nos compatriotes enfantèrent des œuvres immortelles. Nommons parmi les peintres : *Vouet* (1582-1649), qui obtint une grande réputation par ses portraits au pastel ; *Nicolas Poussin* (1594-1665), chef de l'école française, formé à Rome par l'étude des grands maîtres, également supérieur dans l'histoire et le paysage historique ; Philippe de *Champaigne* (1602-1674), élève du Poussin, dont le pinceau facile produisit une multitude de tableaux estimés ; Nicolas *Mignard* (1608-1668), qui fut chargé par Louis XIV de décorer plusieurs salons des Tuileries ; son frère, Pierre *Mignard* (1610-1695), qui a peint la coupole du Val-de-Grâce et une des galeries de Versailles, et à qui ses portraits, plus remarquables par la grâce que par la vérité, ont valu une grande renommée ; Eustache *Lesueur* (1617-1655), le *Raphaël français*, qui, après avoir composé un grand nombre de tableaux d'église, chefs-d'œuvre, pour la plupart, mourut à trente-huit ans, poursuivi par la jalousie de ses rivaux, dont aucun n'égala la grâce, la vigueur et la noblesse de son style; *Lebrun* (1619-1690), chargé par Louis XIV des peintures de la grande galerie de Versailles, homme d'un talent éminent, mais pourtant inférieur à Lesueur, qu'il persécuta de tout son pouvoir. — Le paysage atteignit aussi un haut degré de perfection dans les œuvres de *Claude le Lorrain* (1600-1682), si remarquable par la richesse de ses compositions et la beauté de son coloris. — Après ces grands peintres, l'art entre dans une voie de décadence à peine sensible d'abord, mais qui bientôt deviendra plus rapide. *Jouvenet* (1647-1717), peintre d'histoire et de portraits, appartient encore à la glorieuse école du dix-septième siècle.

333. L'ÉCOLE ESPAGNOLE ET L'ÉCOLE HOLLANDAISE. — ÉCOLE FLAMANDE. — L'Espagne est au moment de sa plus grande célébrité artistique, et le talent de ses peintres pendant le dix-septième siècle doit peut-être placer son école au-dessus de toutes les écoles de l'Europe à cette époque. Citons *Moralès le divin*, dont jamais le pinceau n'essaya un sujet profane; *Vélasquez*, élève d'Herrera le vieux et chef d'une nouvelle et illustre école (1599-1660); *Murillo* (1608-1682), le plus célèbre de tous, qui doit surtout sa gloire à ses succès dans la peinture sacrée; *Joseph Ribera*, surnommé l'*Espagnolet* (1586-1656), qui alla étudier en Italie. Leurs œuvres, si remarquables par un coloris sévère mais inaltérable, le sont plus encore peut-être par la variété des compositions, tantôt d'une énergie effrayante, horrible même, tantôt d'une grâce admirable, presque toujours empreintes de la plus vive expression de la foi religieuse, et, ce qui est leur principal caractère, reproduisant la nature avec une incroyable fidélité.

L'école hollandaise est illustrée par *Rembrandt* (1606-1674), ce génie mâle et sauvage, qui a tiré du clair-obscur des effets magiques et inconnus avant lui, et, dans un tout autre genre, par *Wouvermans* (1620-1668), excellent peintre d'animaux, ainsi que par le *Bamboche*, qui emprunte aux scènes de la campagne ses compositions gracieuses et animées. L'école flamande se forme sous l'influence des deux *Téniers* (David le vieux, 1582-1649; David le jeune, 1610-1694), ces joyeux reproducteurs des fêtes villageoises. *Vander-Meulen* (né vers 1634) se rend célèbre par ses paysages historiques. L'école italienne est déjà en décadence, et à la fin du dix-septième siècle, *Salvator Rosa* (1615-1673), sombre et souvent terrible dans ses compositions, également supérieur dans le paysage et l'histoire, soutient presque seul son antique honneur. — La France brille au-dessus de toutes les autres nations par la sculpture et l'architecture, qui déclinent dans toute l'Europe.

334. SCULPTURE ET ARCHITECTURE. — Avec les prodiges de la peinture, les chefs-d'œuvre de la statuaire se multi-

pliaient pour embellir les résidences royales, les palais des princes, et surtout le parc et le château de Versailles, splendide résidence créée par le grand-roi. — *Puget* (1622-1694), né à Marseille, et dont le chef-d'œuvre est *la Mort de Milon de Crotone*, fut à la fois ingénieur, architecte et statuaire; *Girardon* (1630-1715), de Troyes en Champagne, éleva le *mausolée de Richelieu*, à la Sorbonne: *Coysevox* (1640-1720) est l'auteur des chevaux ailés, placés à l'entrée des Tuileries; on doit au ciseau de Nicolas et de Guillaume *Coustou* (1658-1733) de belles statues qui décorent les jardins de Marly et de Versailles, et quelques-unes des plus gracieuses sculptures du jardin des Tuileries.

Les palais auxquels étaient destinés ces chefs-d'œuvre s'élevèrent entourés de leurs magnifiques jardins, sous l'inspiration d'habiles architectes dont les noms sont à jamais célèbres. *François Mansard* (1598-1666), inventeur de cette sorte de toiture brisée qu'on appelle *mansarde*, en souvenir de son auteur, bâtit les châteaux de Berny, de Blois, de Maisons, etc. Son neveu et son élève, Jules Hardouin *Mansard* (1645-1708), acquit une réputation plus grande encore, et fut chargé des travaux les plus importants du règne de Louis XIV. Les châteaux de Marly, du grand Trianon, de Versailles, l'hôtel des Invalides, la place Vendôme, la place des Victoires, sont ses principaux titres de gloire. *Claude Perrault* (1613-1688) donna les plans du nouveau Louvre et de son admirable colonnade, de l'Observatoire de Paris, etc. — *Le Nôtre* (1613-1700) conquit une réputation immense dans un art qu'il a véritablement créé; il a dessiné les jardins de presque tous les châteaux royaux, de Versailles, des Tuileries, de Saint-Cloud, de Saint-Germain, de Fontainebleau, etc.

L'Académie de peinture et de sculpture, asile et récompense de toutes les renommées artistiques, avait été fondée par Mazarin dès 1648, et fut définitivement constituée en 1655.

En Italie, la sculpture et l'architecture sont au-dessous du rang qu'elles avaient tenu dans le seizième siècle. Toutefois, cette patrie des beaux-arts peut s'enorgueillir du vaste talent de *Bernini* (le cavalier Bernin, 1598-1680), surnommé *le Michel-Ange moderne*, habile à la fois dans la peinture, la sculpture, l'architecture, et dont tous les souverains de l'Europe se disputaient les ouvrages.

§ V. ÉTAT DU COMMERCE EN EUROPE.

335. ÉTAT DU COMMERCE AU XVII° SIÈCLE. — La direction du commerce maritime, complétement changée au préjudice des républiques d'Italie, par la découverte du cap de Bonne Espérance et de l'Amérique, subit au dix-septième siècle une nouvelle modification, par suite des événements politiques accomplis en Europe. L'Espagne et le Portugal perdent à leur tour ce qu'ils ont enlevé aux Vénitiens et aux Génois. La décadence de ces deux puissances, l'affaiblissement de leur marine, la perte de leurs colonies profitent entièrement à l'Angleterre et à la Hollande, dont l'importance commerciale s'accroît de jour en jour. Tandis que l'Espagne borne à peu près son activité au transport des métaux précieux exploités par ses colonies d'Amérique, la Hollande va recueillir les épices des îles de l'Océanie et les trésors de l'Indo-Chine; ses marins fournissent toute l'Europe de harengs salés ou fumés, qu'ils ont découvert le moyen de conserver et de transporter au loin. La pêche maritime contribue à la fois à enrichir le pays et à former sur ses côtes une nombreuse population d'excellents matelots. Le commerce de l'Angleterre a pris une immense extension sous Cromwell, qui a publié le fameux *acte de navigation* pour disputer à la Hollande le courtage de l'Europe. Les peuples du Nord se contentent de l'exportation des produits de leur sol, et principalement des excellents bois de sapin destinés aux constructions navales, des fers de la Suède et de la Norvège, et des fourrures recherchées que procurent la martre et l'hermine de la Russie, de la Pologne, de la Sibérie.

La France, sous l'impulsion du génie de Colbert, acquiert tout à coup une très-grande importance commerciale et industrielle. Les manufactures de draps de Sédan, de tapis d'Aubusson et des Gobelins, de porcelaines de Sèvres, de glaces de Saint-Gobain, de soieries de Lyon, s'établissent ou se développent. Une marine marchande chaque jour plus florissante reçoit les produits des nombreuses colonies de la France, transportés précédemment par les Hollandais et les Anglais. La noblesse qui, d'après les préjugés du temps, ne pouvait sans déroger faire ouvertement le commerce, lui fournit des capitaux en versant ses fonds dans les sociétés en commandite. Plusieurs lois importantes, et surtout la fameuse ordonnance de marine de 1682, règlent, d'après les plus sages principes, le commerce terrestre et le commerce maritime. Tout en France est digne du grand siècle et du grand roi. (Voir notre Histoire de France.)

QUESTIONNAIRE. — § I. 320. Quel est le caractère du génie de Corneille? — Quelles sont ses œuvres principales? — Citez les principales œuvres de Racine. — Quelles sont les plus célèbres comédies de Molière? — Nommez un autre poëte dramatique. — 321. Quelles sont les œuvres de la Fontaine et de Boileau? — 322. Faites connaître Descartes et ses opinions. — Quels sont les plus célèbres solitaires de Port-Royal, et quels sont leurs ouvrages? — A quel propos furent composées les Lettres provinciales? — Faites connaître la Rochefoucauld et la Bruyère. — 323. Faites connaître Bossuet. — Quelles sont les œuvres les plus célèbres de ce grand homme? — Quels sont les autres prédicateurs célèbres du siècle? — Quelles sont les œuvres de Fénélon? — 324 Nommez les plus célèbres érudits. — Quels noms distingue-t-on dans les autres genres de littérature? — 325. Par qui et dans quel but fut fondée l'Académie française? — Parlez de ses premiers travaux. — § II. 326. Quel fut le plus célèbre philosophe anglais de cette époque? — Quel fut le plus grand poëte anglais? — Citez quelques autres poëtes. — 327. Faites connaître l'état de l'Allemagne après la guerre de Trente ans.—Donnez une idée du vaste génie de Leibnitz.—328. Quels publicistes et quels jurisconsultes remarquables présente la Hollande? 329. Quel est le caractère de la littérature italienne? — Qu'avez-vous à dire de la littérature espagnole? — § III. 330. Quelle influence agit sur les progrès des sciences? — Quels sont les astronomes et les physiciens les plus illustres? — 331. Quels sont les progrès des sciences naturelles au dix-septième siècle?... de la médecine?... des mathématiques? — § IV. 332. Nommez les grands peintres français du dix-septième siècle. — Quels sont les artistes les plus éminents? — 333. Caractérisez l'école espagnole. — Que savez-vous de l'école hollandaise, de l'école flamande? — 334. Faites connaître les principaux sculpteurs français et leurs œuvres. — Quel était l'état de l'architecture en France? — Quelle était la situation de la sculpture et de l'architecture en Italie? — § V. 335. Dites ce que vous savez sur l'état du commerce et de la navigation dans l'Europe à cette époque.

CHAPITRE VINGT-NEUVIÈME.

LA RÉGENCE ET LOUIS XV.

SOMMAIRE.

§ Ier. 336. Le parlement défère la régence au duc d'Orléans pendant la minorité de Louis XV (1715) après avoir annulé le testament de Louis XIV. Les commencements de la Régence sont déshonorés par la corruption des mœurs. Le Régent a pour favori l'infâme Dubois, archevêque, puis cardinal.

337. Le Régent adopte le système financier de Law fondé sur le papier-monnaie. Un agiotage effréné conduit à la banqueroute.

338. La politique extérieure de la régence est habile et heureuse malgré l'influence de l'Angleterre. Les prétentions de Philippe V au trône de France, les intrigues d'Albéroni, sont déjouées par la triple union, la quadruple alliance. La conspiration de Cellamare est découverte. Une première guerre se termine par la défaite de l'Espagne.

§ II. 339. A la fin de la régence, le duc de Bourbon est un instant ministre. La sagesse et l'économie du ministre Fleury (1726) rétablissent l'ordre intérieur. La rivalité d'Auguste III et de Stanislas Leckzynski, compétiteurs au trône de Pologne, fait éclater la guerre entre la Pologne, la Russie, l'Allemagne, l'Italie, l'Espagne, la France; elle est marquée par les succès de Berwick et de Villars.

340. Le traité de Vienne amène un remaniement territorial de l'Europe (1735). Les duchés de Lorraine et de Bar sont annexés à la

France. La pragmatique sanction garantit la succession d'Autriche à la descendance féminine de Charles VI.

§ III. 341. Fleury meurt en 1743. Les contestations pour la succession de Charles VI font éclater une guerre entre Marie-Thérèse et l'électeur de Bavière que soutient la France. Louis XV gagne en personne, avec l'aide du maréchal de Saxe, la célèbre bataille de Fontenoy (11 mai 1745). Les exploits du maréchal de Saxe amènent la paix d'Aix-la-Chapelle (1748). La marine française a été détruite.

342. La guerre de Sept ans, engagée pour des querelles de peu d'importance entre la France et l'Angleterre, met l'Europe en feu. Frédéric II défait nos généraux sur terre, tandis que l'Angleterre enlève toutes nos colonies. D'Assas s'illustre par son dévouement héroïque (1760). Le Pacte de famille rapproche toute la famille des Bourbons.

§ IV. 343. Aux Indes-Orientales, Lally-Tollendal n'a pas pu défendre nos colonies et meurt sur l'échafaud. En Amérique, la bataille de Québec nous fait perdre le Canada.

344. Le traité de Paris rend à la France Pondichéry, Belle-Isle ; mais lui enlève définitivement ses plus importantes possessions coloniales (1763). L'Angleterre est reine des mers.

345. La fin du règne de Louis XV est marquée par des infamies. Le roi est gouverné par madame de Pompadour, puis par madame Dubarry. Le ministre Choiseul a réorganisé la marine ; il est remplacé par des ministres avides et incapables ; les finances sont entièrement désorganisées. Louis XV meurt détesté (1774).

§ Ier. LA RÉGENCE ET LOUIS XV. — LAW.

356. RÉGENCE DU DUC D'ORLÉANS. — DUBOIS. — Louis XIV venait de fermer les yeux, laissant le trône à son arrière-petit-fils *Louis XV*, âgé de cinq ans (1715). Aussitôt son neveu *Philippe*, duc d'Orléans, qu'il avait repoussé du gouvernement à cause du scandale de son irréligion et de l'immoralité de sa conduite, se fit nommer régent par le parlement, au mépris des dernières volontés du grand roi. Ainsi commença cette trop fameuse Régence, qui prépara la révolution française, en désorganisant les finances, en perdant le crédit public et en favorisant, par d'ignobles exemples, la plus effroyable dépravation des mœurs. Le Régent prit pour confident et bientôt pour ministre l'infâme *Dubois*, complice de ses débauches. Cet homme osa, pour faire oublier la bassesse de sa naissance, prétendre aux premières dignités ecclésiastiques. Il se fit nommer archevêque de Cambrai, et obtint le chapeau de cardinal du souverain pontife, dont il avait réussi

à gagner un instant la faveur en abandonnant le parti des jansénistes et en faisant enregistrer par le parlement la bulle *Unigenitus*, qui condamnait leurs doctrines (1720). En même temps, le duc d'Orléans, pour combler l'énorme dette que laissait Louis XIV, se livrait à de désastreuses opérations financières.

337. SYSTÈME DE LAW. — Après plusieurs mesures aussi injustes qu'inutiles, après la réduction arbitraire de la dette publique, le Régent adopta enfin (1716) un système financier proposé par un aventurier écossais nommé *Law* (on prononce Lass). Au moyen de la création d'une banque et d'un *papier-monnaie* qui devait être reçu comme du numéraire, il promettait de rembourser les dettes de l'État, d'augmenter le revenu et de diminuer les impôts. A la banque d'escompte de Law fut jointe une compagnie de commerce ayant pour objet de mettre en valeur les pays situés sur les rives du Mississipi (Louisiane) et du Sénégal, qu'on annonçait comme contenant d'immenses richesses; le privilége exclusif du commerce avec la Chine et les Indes devait encore augmenter considérablement les bénéfices de l'entreprise, et, par conséquent, des porteurs du papier-monnaie de Law. La nation tout entière, partageant les illusions du Régent, accueillit ce *système* avec un aveugle enthousiasme; l'émission du papier-monnaie s'éleva à des sommes immenses; mais les bénéfices promis ne se réalisèrent pas, et une honteuse banqueroute (1720) plongea dans la misère et le désespoir un grand nombre de familles. Il faut reconnaître toutefois que le système de Law produisit un résultat d'une importance inappréciable dans la politique du monde : c'est l'introduction du *crédit*, qui, comme l'écrivait encore au Régent Law retiré à Venise après sa disgrâce, « a plus apporté de changement entre les puissances de l'Europe que la découverte des Indes, et dont les peuples ont un besoin si absolu, disait-il, qu'ils y reviendront malgré eux, et quelques défiances qu'ils en aient. » L'état financier du monde a aujourd'hui complétement justifié cette prédiction de Law.

338. POLITIQUE EXTÉRIEURE DE LA RÉGENCE. — GUERRE AVEC L'ESPAGNE. — A l'extérieur, cependant, malgré l'influence que l'Angleterre exerça sur nos affaires par le moyen de Dubois, la politique de la Régence fut en général habile et heureuse. Philippe V, roi d'Espagne, infidèle à ses engagements, prétendait au trône de France. Son ministre, le cardinal italien *Albéroni*, qui avait supplanté dans

la confiance du roi l'adroite et ambitieuse princesse des Ursins, s'efforçait de relever l'Espagne de son état d'infériorité et de la replacer au rang qu'elle avait occupé sous Philippe II. Il songeait à détruire en Italie la domination de l'Autriche, qui avait conquis Naples en 1707, puis obtenu la Sicile par le traité de 1713 ; et il agissait en France pour préparer les esprits en faveur de Philippe V. Ses intrigues furent déjouées par la conclusion du traité de la *triple union* entre l'Angleterre, la Hollande et la France (1717), suivi bientôt après de la *quadruple alliance* (1718), formée par l'accord de l'Autriche avec les trois puissances. Vainement, Albéroni opposa à cette ligue redoutable des négociations avec la Turquie, la Russie et la Suède ; vainement, il lança sur la Méditerranée une flotte puissante et s'empara de la Sicile et de la Sardaigne, tandis que son ambassadeur *Cellamare* ourdissait une conjuration contre le duc d'Orléans, de concert avec les mécontents de France, à la tête desquels était le duc du Maine, fils naturel de Louis XIV. Cette violation du droit des gens fut punie par le renvoi de Cellamare. La guerre commencée glorieusement par l'Espagne n'eut pour elle qu'une malheureuse issue ; sa flotte fut détruite par celle des Anglais sur les côtes de la Sicile, que les Espagnols furent obligés d'évacuer, et l'entrée du maréchal de Berwick en Espagne força Philippe V d'adhérer à la quadruple alliance en renvoyant Albéroni (1720).

§ II. MINISTÈRE DE FLEURY.

559. **MINISTÈRE DU CARDINAL DE FLEURY. — BONNE ADMINISTRATION. — GUERRE GÉNÉRALE.** — La fin de la régence (1723) fut promptement suivie de la mort de Dubois et du duc d'Orléans, que Louis XV, devenu majeur, avait nommé premier ministre. Le duc de Bourbon, qui remplaça le duc d'Orléans (1723), ne sut que s'attirer l'animadversion générale par sa hauteur égale à son incapacité, et amener une nouvelle rupture avec Philippe V en renvoyant la jeune infante d'Espagne fiancée à Louis XV, qui épousa *Marie Leckzynska*, fille de Stanislas Leckzynski (chap. XXXI), roi détrôné de Pologne (1725). Enfin l'avénement du sage abbé de *Fleury* au ministère sembla promettre au royaume des jours de paix et de repos assurés par une politique conciliante au dehors, par une sévère économie dans l'administra-

tion intérieure (1726). L'abbé de Fleury, ancien précepteur du roi, qui lui fit donner le chapeau de cardinal, et dont les soixante-treize ans n'avaient pas refroidi l'ambition, sut du moins la justifier par des mesures, dont la sagesse aurait cicatrisé les plaies de l'État, si le désordre des finances (voir n° 337) n'eût depuis longtemps creusé l'abîme dans lequel devait s'engloutir la monarchie : la prudence du vieux ministre ne fit qu'éloigner les dangers qui la menaçaient.

Son habileté arrêta aussi (1727) les hostilités qu'avait fait éclater le renvoi de l'infante d'Espagne ; mais la mort d'Auguste II, rétabli sur le trône de Pologne depuis la défaite de Charles XII, vint tout à coup rallumer du nord au midi une guerre générale (1733).

Louis XV voulut rendre le sceptre à son beau-père Stanislas Leckzynski ; mais les suffrages de la diète tombèrent en partie sur *Auguste III*, fils du dernier roi, que soutenaient l'empereur Charles VI et l'impératrice Anne de Russie. Stanislas échoua dans une première tentative contre la Pologne (1734), vit Danzig, où il s'était fortifié, tomber au pouvoir des Russes, et s'enfuit à travers mille dangers, poursuivi par des ennemis barbares, qui avaient mis sa tête à prix. La France alors tourna toutes ses forces contre Charles VI, cet autre ennemi de son protégé ; la Lorraine fut occupée d'abord, et malgré la mort de Berwick et de Villars, les deux derniers débris des armées victorieuses de Louis XIV, la cause française triompha en Allemagne comme en Italie, où les Espagnols s'étaient déclarés en sa faveur. La soumission de Naples et de la Sicile par l'infant don Carlos, qui s'y fit proclamer roi, décidèrent Charles VI à la paix.

340. TRAITÉ DE VIENNE. — L'empereur subit les conditions que lui imposa la France par le *traité de Vienne* (1738), que le cardinal de Fleury eut la gloire de conclure, sans l'intervention de l'Angleterre ni de la Hollande. Don Carlos fut reconnu roi des Deux-Siciles, l'empereur céda une partie du Milanais au roi de Sardaigne, Charles-Emmanuel, allié des Français. Stanislas, pour qui la guerre avait été entreprise, renonça au trône de Pologne, et en fut dédommagé par les duchés de Lorraine et de Bar, qui après sa mort durent être irrévocablement unis à la France. Le duc de Lorraine dépossédé, François, gendre de Charles VI, dut se contenter de la Toscane et d'une pension payée par Louis XV. Enfin la France se chargea solennellement de la garantie de cette fameuse *Pragmatique-Sanction*, qui devait assurer la succes-

sion d'Autriche à la descendance féminine de Charles VI, pragmatique déjà reconnue par la plupart des princes de l'Europe, mais qu'*une armée de cent mille hommes*, disait le prince Eugène, *eût mieux garantie que cent mille traités*. Cette parole se vérifia à la mort de Charles VI.

§ III. GUERRE DE LA SUCCESSION D'AUTRICHE ET GUERRE DE SEPT ANS (1).

541. GUERRE DE LA SUCCESSION D'AUTRICHE. — La mort frappa (1743) le cardinal de Fleury dans sa quatre-vingt-dixième année, au moment où la guerre venait de se rallumer en Allemagne, par suite des contestations qui s'élevèrent, au sujet de la succession de l'empereur Charles VI, entre sa fille l'archiduchesse Marie-Thérèse (n° 349) et l'électeur de Bavière. La France s'étant, ainsi que la Suède et l'Espagne, déclarée pour ce dernier, eut à soutenir, avec les Espagnols, les Suédois et les Bavarois, une lutte redoutable contre l'Autriche, l'Angleterre, la Sardaigne et la Russie. Louis XV pénétra, à la tête d'une nombreuse armée, dans les Pays-Bas autrichiens, où le maréchal de Saxe, le plus habile de ses généraux, remporta la fameuse victoire de *Fontenoy* (11 mai 1745), suivie de la conquête des Pays-Bas. En parcourant le champ de bataille de Fontenoy, couvert de quinze mille ennemis tués et d'un nombre considérable de blessés, Louis XV dit au Dauphin, qui l'accompagnait : « Méditez sur cet affreux spectacle, mon fils; qu'il vous apprenne à ne pas vous jouer de la vie de vos sujets et à ne jamais prodiguer leur sang dans des guerres injustes. Qu'on ait soin de tous les Français blessés comme de mes enfants, ajouta-t-il; qu'on prenne soin même des ennemis. » Belles paroles qui justifient le titre de *Bien-Aimé*, que les Français avaient décerné à ce prince l'année précédente, pendant la maladie qui avait failli le conduire au tombeau, et qui fit éclater dans toute la France la vive affection qu'on lui portait. De nouvelles victoires remportées à *Rocoux* (1746) et à *Laufeld* (1747) par le maréchal de Saxe, et la prise, après une héroïque défense, des forteresses de *Berg-op-Zoom* et de

---

(1) Le récit de ces deux guerres, où l'Autriche et la Prusse jouèrent le principal rôle, appartient plus particulièrement à l'histoire de la rivalité de la Prusse et de la maison d'Autriche. Nous nous bornons donc ici au détail des faits qui concernent plus spécialement la France, renvoyant pour les autres au § II du chapitre suivant.

Maestricht, forcèrent les ennemis à demander la paix, qui fut signée à *Aix-la-Chapelle* (18 octobre 1748). Les brillants succès obtenus dans cette guerre se trouvèrent compensés par la destruction de la marine française aux désastreux combats du *cap Finisterre* et de *Belle-Ile*, et par un énorme accroissement de la dette publique.

342. GUERRE DE SEPT ANS. — Quelques années seulement séparèrent cette guerre glorieuse de la fatale *guerre de Sept ans*, qui embrasa l'Europe entière, et qui porta à l'ancienne monarchie, humiliée à la fois sur terre et sur mer, un coup dont elle ne devait pas se relever. La première rupture eut pour cause des contestations de peu d'importance, qui s'élevèrent (1755) entre la France et l'Angleterre, au sujet de leurs possessions respectives dans l'Amérique septentrionale. Bientôt après, des intrigues de cour entraînèrent la France dans une alliance avec l'Autriche, la Russie et la Saxe, contre le roi de Prusse, Frédéric II (n° 348) auquel s'allièrent l'Angleterre et le Hanovre. La cour de Louis XV, où régnaient la corruption et l'intrigue, ne sut opposer que des généraux incapables à cet habile capitaine, qui gagna sur le maréchal de Soubise (6 novembre 1757) la funeste bataille de *Rosbach*. Elle coûta la vie à dix mille Français, et fut bientôt suivie des défaites de *Crevelt* (1758) et de *Minden* (1759). Dans le même temps, l'Angleterre achevait de détruire notre marine, et nous enlevait toutes nos colonies en Amérique, en Asie et en Afrique. Au milieu de tant de désastres, trop rarement compensés par quelques succès, citons pour l'honneur de la France, l'héroïque dévouement du brave d'*Assas* (1760). Saisi par les Hanovriens, qui allaient surprendre le camp des Français, il voit toutes leurs baïonnettes croisées sur sa poitrine et prêtes à le percer s'il dit un seul mot. Fidèle à son devoir, il s'écrie : *A moi, Auvergne ! ce sont les ennemis*, et tombe percé de mille coups ; mais par ce dévouement sublime, il sauve l'armée française. La guerre continua encore pendant trois ans, au moyen de l'alliance qui, sous le nom de *Pacte de famille* (1761), réunit toutes les branches de la maison de Bourbon qui régnaient en France, en Espagne, en Italie.

§ IV. TRAITÉ DE PARIS. — PERTE DE NOS COLONIES.

343. PERTE DE NOS COLONIES. — Les dernières années de la guerre de Sept ans furent désastreuses pour nos

colonies et notre marine. L'Angleterre, qui avait déclaré la guerre à l'Espagne aussitôt après le Pacte de famille, arma contre elle le Portugal, afin de l'obliger à se défendre chez elle. La France, mal secondée par sa nouvelle alliée, dut renoncer à protéger ses possessions au delà des mers.

Aux Indes Orientales, le vaillant et habile Dupleix (voir chap. XXXII), qui était parvenu à établir la puissance française dans les plus importantes principautés de l'Inde, avait été remplacé par l'Irlandais *Lally-Tollendal*, qui, soit inhabileté, soit plutôt manque de soldats et d'argent, laissa échapper une à une toutes les conquêtes de Dupleix. En 1761, lord Clive avait fait passer sous la domination de la Grande-Bretagne le Bengale, le Bahar, Orissa, etc., avec dix millions d'habitants; Pondichéry, que Lally défendit héroïquement avec sept cents hommes contre vingt-deux mille, fut pris enfin, et cette catastrophe consomma la ruine de la puissance française dans les Indes. Le supplice inique de l'infortuné général ne put replacer la France au rang d'où il l'avait laissé tomber.

En Amérique, les désastres n'étaient pas moins grands. Le Canada nous était enlevé après la terrible bataille de *Québec*, où périrent à la fois le général français Montcalm, et le général anglais Wolf, qui put saluer avant d'expirer la victoire de son armée. Les colonies des Antilles, celles du Sénégal étaient occupées en même temps par l'ennemi.

544. Traité de Paris. — Ce fut dans ces circonstances déplorables qu'une paix, devenue indispensable, mit enfin un terme aux hostilités sur terre et sur mer. Le 10 février 1763 fut signée la paix de Paris, l'un des plus désastreux traités dont notre pays ait eu à gémir. La France, qui avait perdu toute sa marine, fut obligée d'abandonner aux Anglais le Canada et l'Acadie, le cap Breton, la Grenade, les colonies du Sénégal, tandis que l'Espagne leur cédait encore la Floride. Louis XV ne recouvra dans les Indes que Pondichéry et quelques comptoirs, avec Gorée au Sénégal. En Amérique, il obtint à grande peine le droit de pêche sur le banc de Terre-Neuve, avec la faculté de faire sécher la morue sur l'îlot de Miquelon, où il fut interdit d'ailleurs de fonder aucun établissement. Minorque, conquise en 1756 (voir n° 354), fut restituée en échange de Belle-Isle. Enfin les fortifications de Dunkerque durent être de nouveau démolies.

La France ne retirait de la guerre de Sept ans que l'appauvrissement et l'humiliation. L'Angleterre devenait la reine des mers.

345. Fin du règne de Louis XV. — La fin du règne de Louis XV n'est plus marquée que par des profusions incroyables et des infamies qui dépassèrent, s'il est possible, celles de la Régence. Tandis qu'une lutte acharnée, terminée par l'expulsion de la compagnie des jésuites (abolie par le pape Clément XIV, en 1773), déchirait le parlement et le clergé, Louis XV s'abandonnait entièrement aux volontés d'une favorite, madame *de Pompadour*, et laissait tous les soins du gouvernement au ministre *Choiseul* (chap. XXXIII), qui du moins soutenait énergiquement au dehors l'honneur de la France et parvenait en quelques années à réorganiser la marine. A la mort de madame de Pompadour (1764), on vit un roi de France, oubliant jusqu'à sa dignité d'homme, aller chercher dans son sérail du Parc-aux-cerfs d'infâmes voluptés, et accorder sa confiance à une femme tirée de la classe la plus abjecte de la société (madame du Barry). Au ministère de Choiseul, exilé par les intrigues de cette misérable créature, succède (1770) l'influence de d'Aiguillon, de Maupeou, qui détruit les parlements, et de l'abbé Terray, dont la déplorable administration, jointe aux prodigalités insensées du roi, accroît incessamment le déficit des finances et rend bientôt le mal sans remède. Louis XV meurt en 1774, poursuivi jusqu'au tombeau par les outrages mérités de ce même peuple qui lui donnait jadis le surnom de Bien-Aimé.

Questionnaire. — § I. 336. Qui fut chargé de la régence pendant la minorité de Louis XV? — Quel était le favori du régent? — Quel fut l'état des mœurs à la cour? — 337. Donnez une idée du système de Law. — 338. Quelle fut la politique extérieure du Régent? — Faites connaître les intrigues de l'Espagne. — A quel résultat aboutirent-elles? — § II. 339. Qui fut ministre après la régence? — Quel ministre succéda à Bourbon? — A quels démêlés donnèrent lieu les affaires de Pologne? — Quelle part la France y prit-elle? — 340. Quelles furent les conditions principales du traité de Venise? — § III. 341. A quelle occasion éclata la guerre de la succession d'Autriche? — *Quelle bataille célèbre y gagna Louis XV?* — Quels furent les résultats de la guerre? — Quel traité y mit fin? — 342. Quelle fut la cause de la guerre de Sept ans? — Quel fait remarquable avez-vous à citer? — Quels désastres éprouva la France? — Quel traité célèbre conclut-elle? — § IV. 343. Faites connaître les événements qui amenèrent la perte des colonies en Asie... en Amérique. — 344. Quelles furent les dispositions principales du traité de Paris en ce qui concerne la France? — 345. Dites quelques mots de la fin du règne de Louis XV. — Quel ministre releva la marine? — Par qui fut-il remplacé?

CHAPITRE TRENTIÈME.

LA PRUSSE ET L'AUTRICHE AU DIX-HUITIÈME SIÈCLE.

SOMMAIRE.

§ Ier. 346. Le duché de Prusse, sécularisé par Albert de Brandebourg, prend un grand accroissement à la fin du dix-septième siècle sous Frédéric-Guillaume (1640-1688), le Grand-électeur. — La Prusse prend de nouveaux développements sous Frédéric Ier qui prend le titre de roi en 1701.

347. La puissance militaire de la Prusse est organisée par Frédéric-Guillaume, le roi-sergent, qui forme une excellente armée (1713-1740). Les conséquences de l'administration de ces deux derniers princes sont la grandeur future de leur royaume.

§ II. 348. Le but de la politique de Frédéric II est l'achèvement de l'œuvre de ses prédécesseurs (1740-1786). Son scepticisme philosophique, ses goûts littéraires, son activité, son énergie infatigable, en font un personnage à part, aussi grand politique que grand homme de guerre.

349. A l'avénement de Marie-Thérèse de nombreux prétendants à la couronne impériale se présentent. La guerre commence par l'invasion soudaine de Frédéric II en Silésie et la victoire de Molwitz (1741). Charles VII est couronné empereur.

350. La cause de Marie-Thérèse semble désespérée. Son héroïque énergie excite le dévouement et l'enthousiasme des Hongrois. — Les traités de Breslau et de Berlin avec Frédéric II la débarrassent de cet ennemi terrible. L'armée pragmatique de Georges II est victorieuse à la bataille de Dettingen (1743). Une trêve est conclue entre Marie-Thérèse et Charles VII.

351. Une deuxième phase de la guerre commence. Frédéric II reprend les armes et s'allie à la France. A la mort de Charles VII (1745), Marie-Thérèse fait élire empereur François, son époux. Les victoires de Frédéric II amènent le traité de Dresde. La victoire de Fontenoy (1745), remportée par le maréchal de Saxe, est suivie de la retraite des troupes anglaises.

352. Les succès des Anglais sur mer et les négociations avec la Hollande et avec l'Angleterre déterminent la paix d'Aix-la-Chapelle, dont les principales conditions sont la restitution réciproque des conquêtes et l'abandon de la Silésie à la Prusse.

353. La puissance de la Prusse est à son apogée. La cour brillante de Frédéric II réunit tous les littérateurs illustres. La Prusse fleurit par le développement de la littérature, des arts, de l'indus-

trie, du commerce, de l'agriculture, la réforme de la législation. L'état florissant de l'armée prussienne est la suite d'une révolution dans l'art militaire.

354. Le commencement de la guerre de Sept ans est marqué par l'alliance de la Prusse et de l'Angleterre ; de la France, l'Autriche, la Saxe, la Russie, la Suède. Un changement s'est opéré dans la politique européenne. Frédéric envahit la Saxe. Les Français prennent Port-Mahon.

355. Frédéric II soutient une lutte héroïque contre la France et l'Autriche. Défait à Kollin (1757), sa situation est critique malgré sa victoire à Rosbach. Son énergie le soutient dans les revers. Vainqueur aux batailles de Leuthen, de Zorndorf (1758), il est vaincu à Kunersdorf (1759). L'invasion de la Prusse est arrêtée par la désunion des ennemis de Frédéric.

356. Les colonies françaises sont conquises par les Anglais, malgré le pacte de famille, traité entre les diverses branches de la maison de Bourbon. Le Portugal prend part à la guerre. De nouveaux revers réduisent la Prusse à un état désespéré.

357. Après la mort de l'impératrice de Russie, le czar Pierre III se rapproche de la Prusse. La paix entre la Prusse, la Russie et la Suède (1762) est signée à Saint-Pétersbourg; la paix entre la France, l'Angleterre, l'Espagne et le Portugal, à Paris ; puis entre l'Autriche, la Saxe et la Prusse, à Hubertsbourg (1763).

258. Les plus tristes suites de cette guerre sont pour la France, qui voit se consommer la perte de ses colonies envahies par l'Angleterre. La puissance de la Prusse est fondée malgré les pertes immenses éprouvées par Frédéric II. La situation de son royaume après la guerre de Sept ans est déplorable.

359. Les deux partis catholique et protestant, représentés par l'Autriche et la Prusse se partagent l'Allemagne qui doit maintenant la paix à sa division. La rivalité des deux puissances continue toutefois. Frédéric II répare les suites de la guerre de Sept ans et commence le partage de la Pologne. Marie-Thérèse y prend part pour balancer ses progrès ; elle meurt (1780) laissant une haute renommée. Frédéric II, arbitre de l'Allemagne, meurt au faîte de la gloire en 1786.

§ Ier. CRÉATION DU ROYAUME DE PRUSSE.

346. CRÉATION DU ROYAUME DE PRUSSE. — Depuis que le grand maître de l'ordre Teutonique, Albert de Brandebourg, avait abjuré la religion catholique et fondé le *duché de Prusse*, cet état, faible à l'origine, s'était peu à peu agrandi. A la fin du dix-septième siècle, *Frédéric-Guillaume* (1649-1688), profitant des guerres engagées contre la Suède et contre la France, avait conquis plusieurs provinces, peuplé ses domaines en accueillant les protestants chassés par

Louis XIV, enrichi ses sujets en favorisant le commerce et l'industrie, établi d'importantes manufactures dans la ville de Berlin sa capitale, et enfin, formé une armée considérable, mieux équipée et mieux armée que celle d'aucune autre nation de l'Europe. Tous ces services rendus à son pays lui firent décerner le surnom de *Grand-électeur*; et son fils, *Frédéric I*ᵉʳ, justement fier des progrès de sa puissance, prit en 1701 le titre de *roi de Prusse*, qui devait lui être reconnu au traité d'Utrecht.

Dès lors, la Prusse s'était affermie dans l'ombre, profitant des troubles religieux des pays voisins pour recueillir les mécontents de toutes les nations; cherchant à se créer, par la vigueur de son organisation intérieure, une force tout artificielle que ne lui donnaient ni sa situation, ni sa richesse, ni ses frontières.

547. Frédéric-Guillaume Iᵉʳ. — Le roi-sergent. — Le fils de Frédéric Iᵉʳ, *Frédéric-Guillaume I*ᵉʳ (1713-1740), s'appliqua surtout à développer ses forces militaires en établissant dans son armée une discipline inflexible. Négligeant toute dépense de luxe, vivant avec la plus extrême simplicité, ne s'accordant aucune jouissance inutile, il traitait les autres avec la même sévérité que lui-même. Il porta, dit-on, presque toute sa vie les mêmes boutons de cuivre, qu'il faisait remettre à ses habits neufs quand les vieux étaient usés, et il ne souffrait à la cour aucune parure, même dans la toilette des dames. La reine et ses filles s'étant un jour fait coiffer avec élégance par un habile perruquier français, Frédérik-Guillaume n'eut pas plutôt aperçu cette coiffure inaccoutumée qu'il entra dans une violente colère. Il fit saisir le malheureux Français, l'accabla de coups de bâton, le força à raser les cheveux de ses filles, et dit à la reine qui se jetait à ses pieds pour l'apaiser : « *Retirez-vous, madame, et sachez que si je ne vous traite pas comme ces impertinentes, c'est qu'il serait inconvenant que la reine de Prusse eût la tête tondue.* »

Ce prince passait ses journées entières à dresser lui-même ses soldats et principalement ceux qui composaient le corps d'élite, appelé régiment des *Grenadiers*, qu'il avait formé avec tous les hommes les plus grands et les plus robustes de son royaume et des pays voisins. Ces géants exécutaient sous ses ordres toutes les manœuvres avec une merveilleuse précision; il les corrigeait lui-même à coups de canne pour les moindres fautes, et mérita ainsi le surnom de *roi-sergent*. Il mourut en laissant à son fils une armée parfaitement organisée, et un trésor abondamment rempli par les épargnes qu'il avait accumulées pendant vingt-sept ans de règne (1713-1740). Le levier qui allait remuer l'Europe était prêt, il ne fallait plus que le bras d'un *Frédéric II* pour le faire agir.

§ II. RIVALITÉ DE LA PRUSSE ET DE LA MAISON D'AUTRICHE. — FRÉDÉRIC II ET MARIE-THÉRÈSE.

348. AVÉNEMENT DE FRÉDÉRIC II. — SON CARACTÈRE. — Le nouveau roi avait passé sa jeunesse à cultiver les lettres et les arts, se délassant de ses travaux en faisant des vers et de la musique, malgré les reproches de son père qui n'estimait que les exercices du corps et disait avec humeur: « *Mon fils n'est qu'un bel esprit et un petit maître qui gâtera tout ce que j'ai fait.* » Mais sous le bel esprit se cachait un génie de premier ordre.

« Frédéric Ier, en faisant de la Prusse un royaume (écrit Frédéric II lui-même), a jeté un véritable appât à tous ses successeurs, car il semble leur dire: Je vous ai acquis un titre, c'est à vous de vous en rendre dignes; j'ai posé les bases de votre grandeur, c'est à vous d'achever l'ouvrage (1). » Ces mots expliquent tout le règne de Frédéric II (1740-1786). L'élévation de son pays fut un but qu'il poursuivit sans relâche, auquel il consacra toutes ses pensées, toute sa vie; et il était capable de l'atteindre. Prince bel esprit, railleur et sceptique comme un disciple de Voltaire, admirateur enthousiaste du philosophisme matérialiste et immoral, type parfait de son époque avec toutes ses idées partiales et exclusives, il avait en même temps un jugement rigoureusement logique, une incroyable activité d'esprit et de corps, et surtout une qualité qui à elle seule lui eût mérité le surnom de Grand, l'énergie de la volonté : « il voulut être brave ; il voulut faire de la Prusse un des premiers États de l'Europe ; il voulut être législateur ; il voulut que ses États se peuplassent : il vint à bout de tout. » (Michelet.)

349. ÉTAT DE L'ALLEMAGNE. — FRÉDÉRIC II COMMENCE LA GUERRE. — L'occasion était merveilleusement propice pour tenter quelque grande entreprise. A la mort de l'empereur Charles VI, la pragmatique donnait le trône

---

(1) *Histoire de la maison de Brandebourg*, par Frédéric II.

Marie-Thérèse, sa fille (1740); mais le délabrement où Charles laissait l'Empire, le mauvais état de son armée et de ses finances, encouragèrent les prétentions des princes de l'Europe. Auguste III, électeur de Saxe et roi de Pologne, Charles-Albert, électeur de Bavière, tous deux alliés à la maison d'Autriche, réclamèrent la couronne impériale; Philippe V, roi d'Espagne, demandait la Bohême et la Hongrie. La France appuyait l'électeur de Bavière. Tout présageait une conflagration générale. Frédéric, qui avait des prétentions sur la Silésie, ne perdit pas un instant. Pendant que les compétiteurs de Marie-Thérèse se combattaient avec des mémoires et des consultations, Frédéric faisait ses préparatifs avec ce secret qui déconcerta tant de fois l'adresse des diplomates; et tout à coup, partant, comme il fit toujours, avant qu'aucun ambassadeur, qu'aucun courtisan même ne pût savoir son projet, il envahit la Silésie. L'admirable discipline de son armée lui valut pour son coup d'essai la victoire de *Molwitz* (1741). Ce triomphe décida les politiques européens. La France se déclara pour Frédéric, malgré ses engagements envers Marie-Thérèse, malgré les efforts du pacifique Fleury; l'Espagne, la Bavière et la Saxe s'unirent à elle contre l'Autriche. Georges II d'Angleterre, qui craignait pour le Hanovre, promit de rester neutre. La pragmatique était oubliée. Bientôt les armées de Louis XV eurent conduit à Prague l'électeur de Bavière, qui se fit proclamer empereur sous le nom de *Charles VII* (1742), pendant que le roi de Prusse s'établissait en Moravie.

350. Revers de Marie-Thérèse. — Sa fermeté. — Suspension d'armes. — « J'ignore si bientôt il me restera une ville dans mon royaume pour faire mes couches, » écrivait Marie-Thérèse à sa belle-mère, la duchesse de Lorraine. Sa cause en effet paraissait désespérée : la jeune princesse la releva à force d'héroïsme. Obligée de quitter Vienne, elle va en Hongrie, assemble les ordres de l'État à Presbourg; elle paraît tenant son fils entre ses bras : « Abandonnée par mes amis, persécutée par mes parents, dit-elle, je n'ai plus de ressource que dans votre fidélité, votre courage et ma constance. Je remets entre vos mains le fils et la fille de vos rois... » A ces mots, les palatins tirent leurs sabres et répondent avec enthousiasme : « *Moriamur pro rege nostro Mariâ Theresâ !* » En quelques jours, Marie-Thérèse avait une armée, et bientôt ses troupes emportaient d'assaut la capitale de la Bavière. L'Angleterre et la Hollande se décidèrent à lui envoyer

quelques secours. Frédéric venait de gagner encore la bataille de Czaslau. Cet échec détermina Marie-Thérèse à conclure un accommodement, et le *traité de Breslau et de Berlin*, par lequel elle abandonnait la Silésie, la débarrassa d'un ennemi toujours victorieux : le roi de Pologne, alarmé de la puissance de Frédéric, posait en même temps les armes (1743). L'Angleterre prit enfin une part active à la guerre ; tandis que ses marins allaient conquérir ou ravager les colonies françaises, Georges II paraissait en Allemagne avec son armée *pragmatique*, composée d'Anglais et de Hanovriens. Il battit les Français à *Dettingen*, et fit conclure un traité qui rattacha la Sardaigne à l'Empire, moyennant la cession de quelques villes en Italie ; la grande alliance formée contre l'Autriche était dissoute (1743). Les Français, repoussés de Bohême, d'Autriche, de Bavière, repassèrent le Rhin ; et Charles VII, épuisé, demanda une suspension d'armes à sa rivale.

354. Deuxième phase de la guerre. — Bataille de Fontenoy. — Cependant le triomphe de Marie-Thérèse n'était pas encore assuré. Frédéric II, inquiet de l'ascendant que ces événements promettaient à l'Autriche, reprit les armes l'année suivante, après s'être allié à Francfort avec la France, l'électeur palatin et l'empereur Charles VII (1744). Il envahit la Bohême, tandis que les Français rentraient en Allemagne, et recommençaient glorieusement la guerre (1744). Cependant Charles VII, dont la cause avait soulevé tant de discordes, mourut l'année suivante, et son fils abandonna ses prétentions par un traité avec Marie-Thérèse, qui se hâta de faire élire empereur *François*, duc de Lorraine, son époux (1745). La guerre, désormais sans objet, semblait devoir finir aussitôt ; mais elle était trop vivement engagée entre l'Empire, la Prusse et la France.

A peine Frédéric, trois fois vainqueur des impériaux, venait-il de faire signer à l'électeur de Saxe le *traité de Dresde* (1744), que les Français s'illustrèrent par de nouveaux succès dans l'Italie et dans les Pays-Bas. Le grand fait d'armes de cette guerre fut la bataille de *Fontenoy* (n° 341), où le roi Louis XV en personne, secondé par le fameux *maréchal de Saxe*, battit complètement le duc de Cumberland, fils du roi d'Angleterre (1745). La prise de Tournai, de Gand, d'Oudenarde, d'Ostende, furent les fruits de cette victoire (1747). La diversion opérée par l'invasion de Charles-Édouard, petit-fils de Jacques II, en Angleterre, força Georges II à rappeler ses troupes. Le triomphe des Français fut désormais assuré sur le Rhin, et sans doute, l'Autriche eût été contrainte d'implorer promptement la paix, si plusieurs défaites au midi n'avaient obligé l'armée française elle-même à évacuer l'Italie, où elle abandonna la ville de Gênes aux impériaux.

352. Paix d'Aix-la-Chapelle. — Ses clauses principales. — Les hostilités pourtant ne furent guère prolongées que pendant une année. Les succès des Anglais sur mer ruinaient la marine de la France ; ses colonies lui échappaient une à une, et l'intervention plus active de la Russie menaçait de changer la fortune des armes. Louis XV accueillit les ouvertures pacifiques de la Hollande, qui tremblait de voir la prise de Maestricht ouvrir son territoire aux armées victorieuses de la France. L'Angleterre suivit l'exemple de son alliée, et la paix se conclut à *Aix-la-Chapelle* (1748). Louis XV, sans rien demander pour lui-même, fit tout pour ses alliés ; il assura le royaume des Deux-Siciles à don Carlos, fils du roi d'Espagne ; il fit donner plusieurs villes d'Italie à don Philippe, frère de don Carlos, et maintint le roi de Prusse dans la possession de la Silésie. Du reste, les puissances belligérantes s'étaient restitué mutuellement leurs conquêtes. L'ordre de succession en faveur de la postérité de Charles VI d'Autriche et de la maison de Hanovre fut de nouveau réglé et garanti. Chaque prince, après cette paix sans résultats, se demanda pourquoi il avait fait la guerre : le roi de Prusse seul avait eu un but, et l'avait atteint.

353. Puissance de la Prusse. — Institutions de Frédéric II. — C'était alors la période la plus brillante du règne de Frédéric II. A peine le traité d'Aix-la-Chapelle lui eut-il acquis définitivement la Silésie, qu'il s'efforça par tous les moyens de faire disparaître les traces sanglantes de la guerre. Entouré de poëtes et de philosophes, passionné lui-même pour la littérature et la musique, qui occupaient ses courts loisirs, il rétablit l'Académie des sciences et des arts, fondée sous les auspices de Leibnitz, et tombée en décadence ; il voulut que dans tous les cours on ne parlât que la langue française, pour laquelle il avait une grande prédilection ; il bâtit plusieurs villes, qu'il enrichit par des manufactures de toute espèce ; il encouragea la navigation et le commerce : il fit dessécher de vastes marais, et établit une colonie nombreuse sur un sol immense, envahi jusqu'alors par les continuels débordements de l'Oder ; il rendit par

l'agriculture la vie et la prospérité à ses provinces dévastées et désertes; il régularisa l'administration en publiant, avec le secours du chancelier *Cocceji*, un code, imparfait sans doute, mais qui est pourtant une des œuvres législatives les plus importantes des temps modernes; surtout, il donna à sa puissance un inébranlable fondement par la savante constitution de son armée. Ses principes de stratégie, appliqués partout après lui, opérèrent une révolution dans l'art militaire. Ses troupes, exercées à la plus sévère, à la plus infatigable discipline, étaient devenues les plus redoutables de toute l'Allemagne. Il fit bientôt une nouvelle épreuve de leur supériorité.

Marie-Thérèse se montrait la digne émule pendant la paix de celui qu'elle avait si glorieusement combattu pendant la guerre. Secondée par François, son époux, elle se faisait adorer en Autriche par sa sollicitude pour les besoins de ses sujets, sa bienfaisance inépuisable, ses soins intelligents pour le développement des lettres et des arts; et l'Autriche, dans son admiration pour les vertus de sa souveraine, lui décernait le beau nom de *mère de la patrie*.

554. Alliance de la France avec l'Autriche, et de la Prusse avec l'Angleterre. — Guerre de Sept ans. — Plusieurs différends, que le traité d'Aix-la-Chapelle avait laissés indécis, venaient de mettre les armes aux mains de la France et de l'Angleterre. (Voyez l'histoire de France, n° 342.) Georges II, pour préserver le Hanovre d'une invasion, se rapprocha de la Prusse. Ce fut le signal d'un changement complet dans le système politique de l'Europe. La France et l'Autriche, ennemies depuis trois siècles, s'unirent étroitement par le *traité de Versailles* (1756). La Saxe, la Russie et la Suède adhérèrent bientôt à cette alliance, et cinq puissances s'armèrent à la fois contre un état à peine constitué, à qui l'appui de la seule Angleterre offrait peu de ressources pour une guerre continentale.

Les diplomates partageaient déjà dans leurs combinaisons les provinces prussiennes. Frédéric II ne pouvant conjurer le péril, voulut le prévenir; il s'y jeta en désespéré. Il fondit sur la Saxe sans déclaration de guerre, écrasa les Autrichiens à la première bataille, força les troupes saxonnes à se rendre, et occupa toute la Saxe. Mais les Français, de leur côté, avaient commencé la guerre par la victoire navale de Minorque et la prise de Port-Mahon.

555. Lutte héroïque de Frédéric II contre la

FRANCE ET L'AUTRICHE. — Les exploits de Frédéric ne firent qu'attirer contre lui des forces plus considérables. Vaincu pour la première fois à *Kollin* par le maréchal Daun, général de l'armée d'Autriche (1757), qui prit ou tua quatorze mille Prussiens, obligé de quitter la Bohême qu'il avait envahie, après avoir perdu ses meilleurs soldats, pressé par quatre armées, autrichienne, russe, suédoise, française, Frédéric ne put réparer de tels désastres par la victoire de *Rosbach*, remportée en une demi-heure sur le prince de Soubise (n° 342). Les alliés redoublèrent d'efforts, et bientôt la cause du roi de Prusse sembla désespérée. Toutefois, son étonnante énergie le soutint, et prêt à livrer une bataille qui allait décider de son sort, il disait gaiement à un soldat qui abandonnait ses drapeaux : « *Combats encore un jour pour moi, et si cela ne va pas mieux nous déserterons ensemble!* » Le lendemain, il avait pris à *Leuthen* une éclatante revanche sur le maréchal Daun, général des Autrichiens. Lors même que la fortune lui était contraire, l'admirable discipline de ses soldats atténuait ses revers et rendait stériles les victoires de ses ennemis.

Mais malgré sa persévérance, malgré le dévouement et la résignation inouïe de ses sujets, il voyait s'épuiser ses ressources, tandis que ses adversaires multipliaient leurs attaques. « *Ce sont des travaux d'Hercule qu'il faut recommencer sans cesse,* » écrivait-il au marquis d'Argens. Vainement la terrible bataille de *Zorndorf*, la plus sanglante de toute cette guerre (1758), coûta aux Russes près de vingt mille hommes, et les força de rétrograder jusqu'en Pologne. Les succès du duc de Broglie et de Daun réduisirent Frédéric à la défensive, et bientôt les Russes, reparaissant sur le champ de bataille, vengèrent à *Kunersdorf* leurs anciennes défaites. L'armée prussienne était anéantie ; la Prusse entière, jusqu'à Berlin, était ouverte au vainqueur. Frédéric lui-même, accablé par un tel revers, semblait abandonné de toute son énergie : il écrivait à son ministre : « Les suites de la bataille seront plus terribles que la bataille même. Je ne survivrai pas à la ruine de la patrie. Adieu pour toujours ! » Dans une pareille extrémité, il fut sauvé par la désunion de ses adversaires. Mécontent de l'inaction des Autrichiens, le général russe Soltikoff refusa de poursuivre le cours de ses succès et la Prusse fut évacuée tout à coup.

356. **FIN DE LA GUERRE DE SEPT ANS.** — Les Français, battus dans plusieurs rencontres, étaient vainqueurs à Clos-

tercamp (1760), où mourut l'héroïque *chevalier d'Assas*. Mais les hostilités sur le continent détournaient leur attention de la guerre maritime, qui était entièrement à l'avantage de l'Angleterre; presque tous les établissements des Français aux Indes, en Afrique, aux Antilles, la Guadeloupe, la Martinique, Grenade, le Canada lui-même, tombèrent en son pouvoir. Le *Pacte de famille*, qui unit pour leur défense commune les diverses branches de la maison de Bourbon, en France, en Espagne, en Italie, vint trop tard pour exercer sur les destinées de l'Europe une influence décisive (1761). Tout le continent était en feu, le Portugal lui-même descendait sur le champ de bataille, et attaquait l'Espagne avec le secours de l'Angleterre. Mais en même temps, celle-ci abandonnait Frédéric, qu'elle avait jusqu'alors soutenu de ses subsides, au moment où la Prusse, épuisée par tant de combats, ne luttait plus qu'avec des efforts inouïs. Frédéric avait vu pendant quelques jours sa capitale au pouvoir de l'ennemi; la forte ville de Colberg venait de céder après une longue et vigoureuse résistance; les armées combinées de la Russie et de l'Autriche s'avançaient de conquête en conquête.

357. Traités de Saint-Pétersbourg, de Paris et d'Hubertsbourg. — Un événement inattendu changea tout à coup la face des affaires. La mort de l'impératrice Élisabeth de Russie, ennemie acharnée de Frédéric, trompa tous les politiques de l'Europe, et renversa une infinité de plans laborieusement combinés. Pierre III, ne consultant que son admiration pour le roi de Prusse, rappela ses troupes au moment où Frédéric se voyait de nouveau réduit à la position la plus critique; il signa avec lui le *traité de Saint-Pétersbourg* (1762), auquel accéda bientôt la Suède, qui n'avait joué qu'un rôle assez malheureux dans le cours de la guerre. Cette double paix ne tarda pas à amener la conclusion du *traité de Paris* entre la France, l'Angleterre, l'Espagne et le Portugal (1763), et de celui d'*Hubertsbourg* entre Marie-Thérèse, l'électeur de Saxe et le roi de Prusse.

Sept campagnes meurtrières qui avaient amassé sur l'Allemagne autant de maux que la guerre de Trente ans elle-même, n'eurent d'autre résultat que de remettre les choses dans l'état où elles étaient auparavant.

358. Résultats de la guerre de Sept ans. — Les plus déplorables fruits de la guerre furent pour la France, qui avait perdu toute sa marine, et fut obligée d'abandonner à l'Angleterre presque toutes ses colonies (n° 344). Elle ne

conserva aux Indes Orientales que des établissements de médiocre importance. Le roi de Prusse, après beaucoup de revers, était parvenu encore une fois à réaliser ses projets. Il avait placé son pays au premier rang, il avait détruit à jamais l'unité de l'Allemagne et la suprématie autrichienne, en fondant une puissance rivale. Frédéric, sorti glorieusement d'une lutte contre toute l'Europe, était le héros de son siècle.

Toutefois, cet avantage était durement compensé, pour la Prusse elle-même, par des pertes immenses : « On ne peut » se représenter la situation où se trouvait le royaume après » la guerre de Sept ans, que sous l'image d'un homme criblé » de blessures, affaibli par la perte de son sang, et près de » succomber sous le poids de ses souffrances. La noblesse » était dans un état complet d'épuisement, le petit peuple » ruiné, nombre de villages brûlés, beaucoup de villes détruites. Une anarchie complète avait bouleversé tout l'ordre » de la police et du gouvernement. En un mot, la désolation » était générale... L'armée n'était pas dans une meilleure » situation, dix-sept batailles avaient fait périr la fleur des » officiers et des soldats. Les régiments étaient délabrés, et » composés en partie de déserteurs ou de prisonniers. L'ordre avait disparu, et la discipline était relâchée au point » qu'un vieux corps d'infanterie ne valait pas mieux qu'une » nouvelle milice (1). »

359. Fin du règne de Marie-Thérèse et de Frédéric II. — Depuis le triomphe de Frédéric II et la réunion de la Silésie à la Prusse, l'Allemagne avait entièrement changé d'aspect ; les deux partis, catholique et protestant, qui, depuis l'origine de la Réforme, luttaient au sein de l'Allemagne, avaient désormais deux représentants de puissance à peu près égale. L'unité de l'Empire était devenue impossible, et ses deux fractions ne tendaient plus qu'à s'isoler l'une de l'autre : ce fut par une division complète que l'Allemagne retrouva la paix que son union lui assurait autrefois. Toutefois, la rivalité de la Prusse et de la maison d'Autriche continua jusqu'à la mort de Marie-Thérèse et de Frédéric II. Tandis que l'un et l'autre s'occupaient à l'envi de réparer les maux de la guerre de Sept ans, de faire refleurir dans leurs États le commerce et l'agriculture, de multiplier les universités et les établisse-

---

(1) *Histoire de mon temps*, par Frédéric II. — Consulter l'*Histoire de Frédéric le Grand*, par M. Paganel.

ments d'instruction, de rétablir les finances et d'améliorer la législation, une fatale pensée d'ambition réunit un instant les deux puissances ennemies pour commencer l'œuvre inique du partage de la Pologne (chap. XXXI) de concert avec la Russie. Mais Frédéric reprit son rôle vis-à-vis de la maison d'Autriche dès qu'il s'agit pour elle d'acquérir la succession de l'électeur de Bavière, qui aurait réuni en un seul territoire non interrompu les immenses domaines de l'Autriche des frontières de la Turquie jusqu'au Rhin. Marie-Thérèse, qui depuis la mort de son mari François de Lorraine régnait sous le nom de son fils Joseph II (1765), ne put l'emporter cette fois encore sur la politique prussienne, et quelques possessions dans le voisinage du Tyrol ne purent la dédommager de se voir obligée d'abandonner au duc des Deux-Ponts l'héritage de l'électeur de Bavière (1779). Marie-Thérèse mourut l'année suivante, laissant une renommée dont sa complicité dans le partage de la Pologne pour suivre les progrès d'une puissance rivale a seule altéré l'éclat. Douée du génie d'Élisabeth et de Catherine sans avoir leurs vices, grande par son caractère, invincible par sa fermeté, elle a égalé par son génie son illustre rival et l'a dépassé par ses vertus. Frédéric, pour lequel l'habileté politique était la seule vertu comme la seule gloire, jouit encore plusieurs années des brillants résultats de tant d'efforts. Il sut arrêter les projets formés de nouveau par Joseph II sur la Bavière, et il mourut en 1786, après avoir porté pendant quarante-six ans sans faiblir un instant le poids d'une lourde couronne, et *ne cessa de régner que la veille de sa mort.*

QUESTIONNAIRE. § I. 346. Quels furent les agrandissements successifs du duché de Prusse? — Nommez le premier roi de Prusse? — 347. Faites connaître le caractère du roi Frédéric-Guillaume Iᵉʳ? — Dites comment il faisait observer la discipline dans son armée. — § II. 348. Par quelles qualités se distinguait Frédéric II? — Que doit-on lui reprocher principalement? — 349. A qui Frédéric II déclara-t-il la guerre? — Rappelez la première victoire qu'il remporta. — Qui se déclara le compétiteur de Marie-Thérèse? — 350. Comment l'impératrice fit-elle appel au dévouement des Hongrois? — 351. Qui fit-elle proclamer empereur? — Nommez le peuple allié de Marie-Thérèse? — Quelle fut la grande victoire remportée par les Français? — 352. Comment se termina cette guerre? — 353. De quelle manière Frédéric II et Marie-Thérèse employèrent-ils les loisirs de la paix? — 354. Dites comment la politique des principaux États fut tout à fait changée. — Quel nom donne-t-on à la guerre qui éclata? — 355. Quelle est la défaite qu'essuyèrent alors les Français? — Quels revers éprouva Frédéric II? — 356. A la suite de quelle bataille Frédéric II se crut-il perdu? — Quelle nouvelle preuve donna-t-il de la fermeté de son caractère? — 357. Comment se termina la guerre de Sept ans? — 358. Quelle fut la puissance qui profita surtout de ces guerres? — Dépeignez la situation de l'Allemagne après la guerre de Sept ans. — 359. Comment se terminèrent le règne de Marie-Thérèse et celui de Frédéric II?

CHAPITRE TRENTE-UNIÈME.

SUÈDE, RUSSIE ET POLOGNE.
CHARLES XII. — PIERRE LE GRAND. — CATHERINE II.

SOMMAIRE.

§ Ier. 360. La puissance suédoise est à son apogée sous Charles XI, bon administrateur, habile politique, qui est investi par la déclaration de 1682 du pouvoir absolu (1660-1697).

361. Une révolution se prépare dans le Nord par l'abaissement de la Suède et l'agrandissement de la Russie. Charles XII, roi à quinze ans, est entouré de puissances ennemies (1697).

362. Le tzar Pierre s'allie à Auguste de Pologne et à Frédéric de Danemark contre Charles XII. Celui-ci prend l'offensive, débarque en Danemark, effraye le roi de Pologne, passe en Russie, bat les Russes à Narva (1700), revient en Pologne, renverse Auguste qu'il remplace par Stanislas Leckzynski (1704), envahit la Saxe, et conclut la glorieuse paix d'Alt-Randstadt (1706).

363. Les Russes prennent Narva (1704); mais le général Levenhaupt et Charles XII remportent de nouveaux succès (1706). Sur les conseils de Mazeppa, Charles XII s'enferme dans l'Ukraine; il est vaincu par Pierre le Grand à Pultava (1709).

364. Charles XII se réfugie en Turquie. Auguste rentre en Pologne. Les Danois et les Russes remportent de nombreux succès. Les Turcs enfin armés par Charles XII mettent Pierre le Grand dans la situation la plus critique sur les bords du Pruth. Le tzar sauvé par la présence d'esprit de la jeune Catherine, signe une paix humiliante (1711); mais les Suédois perdent la plupart de leurs possessions au sud et à l'est de la Baltique, et Stanislas est détrôné.

365. Charles XII, après s'être opiniâtré à rester en Turquie, revient en traversant toute l'Allemagne sans s'arrêter, se jette dans Stralsund, s'y défend héroïquement et repasse en Suède (1715).

366. Il va en plein hiver faire le siège de Frédérikshall en Norvège et est tué dans la tranchée (1718). Le baron de Gœrtz est exécuté.

La Suède subit une paix désavantageuse avec la Prusse et le Danemarc. La paix de Nystadt avec la Russie lui enlève la Livonie, l'Esthonie, l'Ingrie, la Carélie (1721). La Suède tombe au rang de puissance secondaire.

§ II. 367. Ivan III (1462-1505) a fondé l'unité et l'indépendance de la Russie. — Ivan IV (1533) introduit un grand nombre de réformes utiles, porte avec vigueur le titre de tzar, organise l'armée, crée les strélitz, favorise le commerce, s'efforce de civiliser la Russie, mais montre une effroyable férocité.

368. Mikhaïl Romanoff a fondé en 1613 une glorieuse dynastie; après un règne prospère, il laisse le trône à Alexis (1645) qui réforme la législation et améliore l'administration de la justice. — Féodor (1676-1682) abaisse la noblesse en détruisant une partie de ses priviléges et prépare le règne de Pierre le Grand.

369. La Russie est encore plongée dans des ténèbres profondes. Le nouveau règne commence par une minorité orageuse. Pierre a reçu de sa sœur Sophie une éducation grossière. Elle soulève contre lui les strélitz; Pierre réprime la révolte et s'empare du pouvoir, en laissant un vain titre à son frère, l'imbécile Ivan VI.

370. Pierre (1682-1725), malgré les vices de son éducation, a une volonté puissante, un génie élevé, une persévérance infatigable. Il se propose pour but la civilisation et la prépondérance de la Russie. Il est aidé par l'habile Genevois Lefort qui forme ses premiers régiments. Il organise une armée où il veut parcourir tous les grades. Le Hollandais Brandt construit ses premiers vaisseaux.

371. Pierre prend Azov aux Turcs (1696). Il fait un traité avec la Chine; il entreprend un voyage d'observation en Europe; il s'arrête en Hollande, travaille avec les charpentiers de Saardam, étudie les sciences, visite l'Angleterre, l'Allemagne; ramène des officiers, des savants, des ouvriers en Russie. Il trouve les strélitz soulevés (1698) et punit la rébellion avec une extrême barbarie.

372. Il se déclare chef de la religion, attaque les priviléges de la noblesse, proscrit les anciens costumes, introduit, malgré toutes les résistances, les mœurs et les coutumes de la civilisation européenne.

373. Au dehors, Pierre le Grand établit la prépondérance de la Russie par ses succès contre les Suédois que couronne en 1721 le traité de Nystadt (renvoi au n° 366).

374. Pierre fonde Saint-Pétersbourg sur la Néva avec une promptitude merveilleuse (1703); il en fait une forte et belle capitale; il est salué du nom de Grand.

375. Pierre fait un nouveau voyage en souverain avec l'impératrice; il s'arrête longtemps à Paris; visite le tombeau de Richelieu. Au retour, il met à mort son fils (1718). Il révise la législation russe; il ne peut vaincre ses fougueuses passions; il meurt en 1725.

376. L'œuvre de Pierre le Grand se continue sous ses successeurs. Catherine I**re**, avec l'aide de son favori Mentchikoff, exerce son influence sur la politique étrangère, prend part au traité de Vienne. — Pierre II (1727) envoie en Sibérie Mentchikoff dont les prétentions n'ont plus de bornes.

SUÈDE ET RUSSIE.

377. La branche féminine des Romanoff monte sur le trône avec Anne (1730). Une constitution lui est imposée, mais elle l'abolit bientôt et rétablit le pouvoir absolu. La rivalité du ministre Biren et du général Munich agite la Russie. Ce dernier conclut la glorieuse paix de Belgrade. — Ivan VI succède à Anne (1740). Biren, puis Munich sont envoyés en Sibérie.

378. Le favori Lestocq gouverne sous Élisabeth Petrowna. La paix d'Abo donne à la Russie le reste de la Finlande (1743). Élisabeth prend part à la guerre de Sept ans. — Pierre III lui succède (1762); il est assassiné par sa femme Catherine.

§ III. 379. Catherine II (1762-1796), partagée entre l'amour du plaisir et l'amour de la gloire, emploie tous les moyens pour le succès de ses projets ambitieux au dehors. A l'intérieur, elle n'agit que dans l'intérêt de sa vanité, et laisse la plupart de ses entreprises inachevées.

380. La guerre éclate avec la Turquie sous Mustapha III (1768), allié aux Tartares. Les Russes envahissent la Moldavie et la Valachie. La flotte turque est incendiée à Tchesmé. L'existence de la Porte-Ottomane est menacée de toutes parts. Catherine envahit la Crimée. Elle lui est cédée par le traité de Kainardji (1774), qui donne un droit d'intervention aux Russes en matière religieuse.

381. Catherine affecte les prétentions les plus menaçantes pour la Turquie dans son voyage en Crimée. La Russie et l'Autriche attaquent ensemble la Turquie soutenue par la Suède. Les Turcs sous Sélim III éprouvent partout des revers. L'intervention de la Prusse en leur faveur amène la paix d'Iassy (1792). La Géorgie est vassale de la Russie. La Turquie est en pleine décadence.

§ IV. 382. Auguste II a fait de vains effort pour contenir l'insubordination de la noblesse. De nouveaux troubles éclatent à la mort d'Auguste (1733). Après l'avénement et la chute de Stanislas, la Pologne se divise sous Auguste III en deux factions, l'une qui veut l'hérédité, l'autre le maintien de la constitution. L'antagonisme des deux partis augmente sous Radziwill d'une part, Poniatowski de l'autre. La tzarine intervient sous prétexte de protéger ses coreligionnaires ; elle s'allie avec la Prusse. La diète sous la pression des baïonnettes russes élit Stanislas-Auguste Poniatowski (1764).

383. L'influence tyrannique de l'impératrice Catherine II sur la Pologne se manifeste de plus en plus. La tzarine fait une violente opposition aux réformes. Les violences de Repnin sont favorisées par la lâche complicité de Poniatowski. La confédération de Bar se forme pour repousser l'intervention de la Russie. Celle-ci commence une guerre atroce contre la Pologne. Des réparations sont exigées par Catherine.

384. Les dispositions indifférentes des puissances européennes à l'égard de la Pologne la livrent aux entreprises de ses puissants voisins. Aucune ne s'oppose à l'accord de la Russie, de l'Autriche et de la Prusse pour le démembrement de ce pays (1772). Le premier partage est consommé par un traité entre les trois puissances ratifié par la diète (1773).

385. Par suite d'une nouvelle intervention de la Russie dans les af-

faires de la Pologne, le conseil des trente-six administre l'État.— Frédéric-Guillaume prend parti pour les Polonais et rend une prospérité éphémère à la Pologne. L'influence du parti national amène l'abolition du *liberum veto*. L'hérédité du trône est proclamée (1791).

386. La Russie organise en sa faveur la confédération de Turgovie. La Prusse abandonne la Pologne. L'Autriche exprime des regrets hypocrites. Une rupture ouverte éclate avec la Russie qui est secondée par Poniatowski. La Russie et la Prusse démembrent une seconde fois la Pologne (1793) avec l'adhésion de Poniatowski.

387. La Pologne engage une dernière lutte contre la Russie. Kosciusko est généralissime des troupes polonaises. Le siége de Varsovie est levé. Souwaroff entre en Pologne Kosciusko est fait prisonnier. Souwaroff exerce d'horribles vengeances. La Russie, l'Autriche et la Prusse se partagent toutes les provinces polonaises (1795). Poniatowski abdique et se retire en Russie.

388. Les succès de la Russie à l'extérieur sont arrêtés par les prodigalités de Catherine pour ses favoris. Les tentatives de plusieurs imposteurs sont réprimées. La révolte d'Imelin Pougatcheff et des Cosaques n'est apaisée qu'au bout de deux ans. Une honteuse corruption règne à la cour de Catherine. La tzarine forme une confédération des puissances du Nord, intervient dans la guerre d'Amérique ; elle fait un voyage triomphal ; elle meurt en 1796.

§ Ier. DERNIER EFFORT DE LA RUSSIE. — CHARLES XI.

360. CHARLES XI. — Les trois traités de *Copenhague*, d'*Oliva* et de *Kardis*, conclus par les soins d'une régence habile, avaient signalé l'avénement de Charles XI en étendant de tous côtés le territoire de la Suède. Le règne de Charles XI (1660-1697) est l'apogée de la grandeur suédoise. Unie le plus souvent à la France, la Suède exerça sur toute l'Europe une influence médiatrice ; elle s'acquit une belle gloire en réconciliant, à Bréda, la Hollande et l'Angleterre, et en préparant la paix de Saint-Germain en Laye (1679).

Peu après s'accomplit en Suède une importante révolution. Les États, las des troubles continuels auxquels l'insubordination des nobles livrait le royaume, abolirent les priviléges qui exemptaient la noblesse de tous les impôts, et proclamèrent la monarchie absolue. « Toutes les formes du gouvernement, dit la déclaration de 1682, ne seront plus considérées comme liant le roi, qui pourra les changer selon son bon plaisir. S'il arrive qu'il gouverne avec le consentement du sénat, ce ne sera qu'en vertu de son bon et juste discernement. » Charles n'usa de ce suprême pouvoir que pour rétablir l'ordre dans les finances et l'administration, où les dissensions et les guerres avaient jeté une inexprimable confusion. Toutes les dettes furent payées en peu d'années ; la flotte fut réorganisée, et dès l'an 1694, on n'eut plus besoin de subsides que pour les cas extraordinaires. Toutefois cette prospérité intérieure ne se prolongea pas au delà du règne de Charles XI, et la révolution qui venait de s'accomplir ne produisit pas longtemps en Suède des fruits de tranquillité et de paix comme dans le Danemark, dont le gouvernement venait de subir une modification pareille. A Charles XI succédait (1697) un jeune prince, dont le génie belliqueux allait mettre en feu toute l'Europe septentrionale.

561. Avénement de **Charles XII** en Suède. — Le dix-huitième siècle voit s'accomplir dans le nord de l'Europe une révolution qui renverse tous les rapports des nations septentrionales, déplace la suprématie parmi elles, et, préparant un changement plus grand encore, amène sur la scène politique un État à peine remarqué jusqu'alors, qui va y saisir le premier rôle. Cette révolution commence par l'abaissement de la Suède et se termine par la ruine de la Pologne : à l'aurore du dix-huitième siècle paraît Pierre le Grand ; à son déclin, Catherine II.

La Suède, régénérée par l'administration réparatrice de Charles XI, conservait encore le rang élevé où l'avait placée Gustave-Adolphe, quand le jeune roi *Charles XII* monta sur le trône (1697). La main puissante de son père avait pu comprimer à la fois la Russie, la Pologne, le Danemark ; mais toutes ces puissances allaient se lever à la fois pour accabler un roi de quinze ans. Le successeur de Sobieski (1697), Auguste II, électeur de Saxe, convoitait la Livonie ; le roi de Danemark, Frédéric IV (1699), voyait avec impatience le Holstein aux mains des Suédois. Plus vastes et plus redoutables étaient les projets du jeune tzar de Russie, qui devait être Pierre le Grand (voir ci-après, § 11).

562. Exploits de **Charles XII**. — Paix d'Alt-Randstadt. — Stanislas Leckzynski, roi de Pologne. — Pierre, dont nous étudierons plus loin l'étonnant caractère et les œuvres prodigieuses, avait conçu le projet de reprendre à la Suède tous les rivages orientaux de la Baltique, et bientôt, il eut formé une coalition avec les deux princes ennemis de Charles XII, Auguste de Saxe, devenu roi de Pologne, et Frédéric de Danemark. Les Suédois apprirent à la

fois que les Danois dévastaient le Holstein et que les Saxons envahissaient la Livonie.

Le jeune roi se hâte de régler le gouvernement, et il quitte la Suède pour fondre d'abord sur le Danemark. Il aborde dans l'île de Séeland à la tête de ses troupes, sous le feu des ennemis (1700). Charles, qui n'avait pas encore fait la guerre, entendait pour la première fois siffler les balles autour de lui : « *Qu'est-ce que ce petit bruit?* dit-il à ceux qui l'entouraient. — *Sire, ce sont les balles que l'on vous tire.* — *Eh bien !* s'écrie-t-il gaiement, *ce sera désormais ma musique.* » En six semaines, il a forcé le roi de Danemark à évacuer le Holstein et à faire la paix. Auguste de Pologne, découragé par la vigoureuse résistance des Suédois, allait abandonner la Livonie, quand Pierre envoya une ambassade au roi de Suède pour lui déclarer la guerre. Aussitôt, Charles XII passe en Russie, et sa première campagne se termine par la victoire de *Narva*, où trente mille Moscovites se rendent à un petit nombre de Suédois (30 novembre 1700). Pendant que Pierre, instruit par sa défaite, travaille avec une infatigable ardeur à se créer une armée, une artillerie, une flotte, Charles, persuadé qu'il sera toujours à temps pour vaincre les Russes, laisse un ennemi qu'il dédaigne, et tourne toutes ses forces contre la Pologne. Auguste, défait partout, opposant vainement à la force les négociations et les intrigues, est contraint d'abandonner le trône à *Stanislas Leckzynski*, que Charles fait élire par la diète polonaise (1704); il voit la Saxe elle-même envahie par le vainqueur, et il subit la paix d'*Alt-Randstadt*, par laquelle il renonce au titre de roi de Pologne, et reconnaît son rival (1706).

363. **Premiers succès des armées russes. — Bataille de Pultava.** — Les Russes étaient battus encore par les généraux suédois, mais ils allaient apprendre à vaincre à force d'être vaincus. Pierre, s'arrachant aux fatigues de la guerre pour jeter au milieu des marais de la Néva les fondations de Saint-Pétersbourg (1703), reçoit la nouvelle des premiers succès de ses troupes, fruits d'une énergique persévérance, et la prise de Narva (1704) venge un ancien affront. Toutefois, le général Levenhaupt défait, l'année suivante, l'armée du tzar. Les Russes sont chassés de la Courlande et de la Lithuanie (1706), et Charles, plein de confiance dans sa fortune, se prépare à en finir avec la Russie, annonçant qu'il ira traiter avec le tzar à Moskou : « *Mon frère Charles veut faire l'Alexandre,* dit Pierre ; *mais il ne trouvera pas en moi*

un Darius. » Bientôt, il a battu lui-même le général Levenhaupt ; et en même temps, par un aveuglement inconcevable, son ennemi, s'abandonnant tout entier aux conseils du Cosaque *Mazeppa* (1), s'enfonce dans les déserts de l'Ukraine (1708).

La disette, les maladies, les fatigues, avaient détruit la moitié de l'armée suédoise, quand Pierre le Grand vint attaquer Charles XII sous les murs de *Pultava* (1709). Là, s'évanouirent toutes les espérances du héros suédois, qui, après des prodiges de valeur, fut forcé de s'enfuir avec quelques centaines de cavaliers, jusque sur le territoire ottoman.

564. CAMPAGNE ET PAIX DU PRUTH. — DÉFAITES DES SUÉDOIS ET DE LEURS ALLIÉS. — Tous les ennemis de Charles reprenaient courage, pendant que le malheureux roi de Suède, réfugié auprès du pacha de Bender, s'efforçait de soulever la Porte ottomane contre la Russie. Auguste protesta, les armes à la main, contre la paix d'Alt-Randstadt et rentra dans Varsovie ; le roi de Danemark envahit la Scanie ; le tzar lui-même s'empara de la Livonie et de la plupart des ports de la Baltique. Cependant, il allait encore subir une rude épreuve. Charles était parvenu enfin à armer les Turcs, et deux cent mille hommes entraient en Russie. Pierre vint à leur rencontre ; mais, enveloppé sur les bords du Pruth, dénué de vivres, sans espoir de secours, il allait être forcé de se rendre, et voyait avec désespoir tous les fruits de sa laborieuse carrière

---

(1) Cet homme avait eu dans sa jeunesse les aventures les plus extraordinaires. Né d'une famille pauvre, il fut obligé de se mettre au service d'un noble polonais, près duquel il passa plusieurs années ; mais il fit à son maître une injure sanglante, et celui-ci, pour se venger, l'attacha tout nu sur le dos d'un cheval sauvage. L'animal s'enfuit avec son fardeau à travers les plaines et les bois, entraînant le malheureux Mazeppa, qui, brisé de fatigue, déchiré par les broussailles, ne fut bientôt qu'une plaie. Le cheval, poursuivi par les loups, se dirigea, en redoublant de vitesse, vers les déserts de l'Ukraine où il avait été élevé, et, après plusieurs jours, il tomba lui-même épuisé, en atteignant son pays natal. Quelques Cosaques aperçurent Mazeppa expirant sur la terre et toujours attaché à son coursier. Ils le délièrent, pansèrent ses plaies et le rappelèrent à la vie. Mazeppa ne tarda pas à se faire remarquer au milieu des tribus guerrières de l'Ukraine par son audace et ses talents, et bientôt, il fut proclamé *Hetman* ou chef suprême des Cosaques.

La course de Mazeppa sur le cheval sauvage a fourni à l'un de nos plus grands peintres, Horace Vernet, le sujet de deux tableaux bien connus.

anéantis en un jour : il fut sauvé par l'adresse et la présence d'esprit de *Catherine*, jeune esclave qu'il avait élevée au rang de tzarine, et qui acheta la paix à force de présents. Il fallut encore céder la ville d'Azov, et raser plusieurs forteresses voisine de la Turquie (1711).

Mais les sacrifices que coûta au tzar la *paix du Pruth*, furent bientôt compensés par ses succès contre les Suédois. Tandis que Charles XII s'obstinait à rester en Turquie, les Russes, les Danois et les Polonais avançaient de conquêtes en conquêtes. Stanislas était obligé de fuir lui-même en Turquie. Bremen, Werden, Stettin, l'île d'Aland, Abo, capitale de la Finlande, venaient de tomber au pouvoir des ennemis. Enfin la flotte des Suédois était vaincue pour la première fois par la flotte russe.

365. Retour de Charles XII. — Siége de Stralsund. — Cependant le sultan, fatigué des plaintes de Charles XII qui ne cessait de lui reprocher d'avoir laissé échapper le tzar sur les bords du Pruth, lui avait enjoint de quitter ses États. Mais l'opiniâtre roi de Suède voulut rester malgré ses hôtes, et il soutint follement dans sa maison, avec quelques serviteurs, un siége contre une armée entière. Enfin, le bruit des victoires de Pierre le Grand, et surtout l'ennui qui le dévorait, le décidèrent à partir pour revoir son royaume. Cet homme extraordinaire, que les Turcs avaient surnommé *la tête de fer*, traversa toute l'Allemagne sans s'arrêter, courant la poste nuit et jour, et arriva pendant la nuit à *Stralsund*, la dernière ville importante que les Suédois possédassent encore en Poméranie. Après avoir fait ainsi plusieurs centaines de lieues, il prit à peine le temps de se reposer, quoiqu'il eût fallu couper ses bottes pour en faire sortir ses jambes gonflées par la fatigue, et il se prépara à défendre la ville que menaçaient les troupes russes et danoises. Il déploya pendant ce siége un courage héroïque. Un jour qu'il dictait une lettre, une bombe, perçant le toit de la maison où il se trouvait, vint tomber près de lui et éclata avec un fracas terrible. La plume tomba des mains de son secrétaire effrayé : « *Qu'est-ce que la bombe a de commun avec ce que je vous dicte?* s'écria le roi. *Continuez.* » La ville, battue de tous côtés par l'artillerie ennemie, n'était plus qu'un monceau de cendres, quand Charles XII l'abandonna enfin pour repasser en Suède sur une petite barque (1715); mais ce n'était que pour entreprendre de nouvelles conquêtes.

366. Siége de Frédérikshall. — Mort de Char-

LES XII. — DÉCADENCE DE LA SUÈDE. — Impatient de tirer vengeance du roi de Danemark, son premier ennemi, Charles, entraînant tout par son incroyable énergie, arma de nouveau ses populations épuisées, et quoiqu'on fût en plein hiver, il alla mettre le siège devant *Frédérikshall*, au milieu des montagnes et des glaces de la Norvège. Là, cet homme indomptable, malgré un froid qui faisait mourir chaque jour plusieurs soldats, se mêlait sans cesse à toutes les manœuvres de ses troupes et montrait plus d'activité que jamais. Ayant entendu parler d'une femme qui s'était habituée à ne prendre d'autre nourriture que de l'eau, et avait ainsi vécu plusieurs mois, il voulut essayer lui-même combien de temps il pourrait vivre sans manger, et se priva pendant cinq jours entiers de toute espèce d'aliments, sans cesser de mener sa vie ordinaire et de prendre part à tous les travaux du siège. Cependant, il touchait à la fin de son aventureuse carrière. Un jour qu'il visitait les tranchées avec trois ou quatre officiers, dans un endroit découvert, et observait attentivement les remparts ennemis, on le vit tout à coup tomber à terre en poussant un profond soupir. Ses officiers se hâtèrent de le relever; mais il était mort : une balle avait percé son chapeau et lui avait traversé la tête (1718).

La mort inattendue de Charles XII acheva d'affermir la grandeur du tzar, et d'assurer le triomphe des ennemis de la Suède qui, par un fatal aveuglement, envoyait au supplice son plus habile homme d'État, le baron de *Gœrtz*. Il lui fallut acheter la paix par les plus dures concessions. Elle céda le duché de Brémen au Hanovre (1719), au roi de Prusse Stettin et l'île d'Usedom; au roi de Danemark une partie du Schleswig ou Sleswig (1720); enfin le tzar, en ravageant les côtes de la Finlande, força les Suédois à accepter le traité de *Nystadt* (1721), qui livrait à la Russie toutes les îles depuis Viborg jusqu'à la Courlande, avec les provinces de Livonie, d'Esthonie, d'Ingrie et de Carélie. La Suède épuisée par ses gigantesques efforts était tombée désormais du haut rang qu'elle avait occupé à celui de puissance secondaire (1).

---

(1) Une révolution venait de s'opérer en Suède pour consommer l'abaissement de ce pays. Par respect pour la mémoire du dernier roi, que la nation vénérait comme un grand homme, elle avait mis sur le trône la sœur de Charles XII, *Ulrique-Éléonore*, femme de Frédéric, landgrave de Hesse (1719); mais ce fut sous la condition de ratifier un acte solennel, qui opérait dans le gouvernement un changement im-

§ II. GRANDEUR DE LA RUSSIE. — PIERRE LE GRAND. — FONDATION DE SAINT-PÉTERSBOURG.

367. RÉFORMES D'IVAN III ET D'IVAN IV. — Tout autre était la destinée de la Russie qui s'élevait tout à coup au-dessus de tous les États du Nord, après avoir accompli à peine pendant des siècles quelques obscurs progrès. La Russie, livrée à la barbarie, avait fait plusieurs fois de puissants mais stériles efforts pour conquérir sa place parmi les nations européennes.

Au quinzième siècle, Ivan III Vasiliévitch (1462-1505) était parvenu à soustraire la grande principauté de Russie à la suprématie des Mongols et à réduire tous les princes apanagés qui se disputaient le pouvoir. Ce prince habile ne se contenta pas de fonder l'unité et la grandeur de sa patrie ; il s'efforça de la civiliser en appelant à sa cour d'illustres étrangers. Son mariage avec la princesse Sophie attira près de lui plusieurs artistes grecs ; et Ivan, fier du succès de son œuvre de gloire et de régénération, ajouta l'aigle impériale à deux têtes aux armes de Moskou, avec cette légende : *Le grand-prince, par la grâce de Dieu, souverain de toute la Russie.*

La Russie s'élevait parmi les peuples du Nord : elle était montrée à ses destinées.

Après Vasili IV, qui prit le titre de *tzar* (1533), parut un homme étrange, dont le caractère ne ressemble à aucun autre qu'à celui d'un de ses successeurs, Pierre le Grand : mélange bizarre de qualités héroïques et de vices grossiers, d'idées élevées et de méprisables passions ; mémoire illustrée par des exploits brillants, des institutions admirables, flétrie par des débauches et par d'atroces cruautés. *Ivan IV*, las d'une minorité troublée par les désordres et par l'ambition de sa mère, inquiétée par les prétentions turbulentes des boyards, et menacée par les attaques de Sigismond de Pologne, déclara, dès l'âge de quatorze ans, qu'il voulait être seul maître (1544). De sanglantes exécutions vengèrent les affronts prodigués à son enfance, et firent respecter son pouvoir. Les premiers actes de son gouvernement manifestèrent son habileté ; des

---

mense : la constitution de 1719 donna la puissance législative à la diète, la puissance exécutive au sénat ; le roi ne fut plus que le premier des sénateurs et des généraux. Il n'y eut désormais en Suède ni unité, ni force, ni grandeur.

réformes utiles furent introduites, une foule d'abus dans le gouvernement, dans l'administration, furent corrigés. Le clergé fut épuré, et le code imparfait laissé par Ivan III fut revu avec prudence et discernement. En même temps, Ivan IV s'efforçait de faire participer ses sujets aux bienfaits de la civilisation européenne, en établissant quelques relations avec des savants étrangers, en attirant près de lui des artistes, des ingénieurs, des officiers d'Allemagne.

Mais bientôt, aigri par quelques revers, Ivan révéla toute la féroce énergie d'un indomptable caractère. Ce prince, qui dans son enfance prenait un barbare plaisir à pousser son cheval contre des femmes et des vieillards, fut l'un des tyrans les plus odieux dont l'histoire ait gardé le souvenir. On vit dans ses dernières années, Ivan, mêlant les pratiques de la dévotion à la débauche, les actes de la plus lâche barbarie aux mortifications de la pénitence, quitter le trône et s'ensevelir dans la retraite, puis tout à coup, reprendre le sceptre et l'épée pour verser à flots le sang de ses sujets. Toujours entouré d'une garde nombreuse, ne rêvant que conspirations et révoltes, il sacrifiait au plus léger soupçon de fidèles serviteurs ; il faisait massacrer des familles, des populations entières, déclarées sans preuve coupables de rébellion. Il fit en un jour noyer huit cents femmes, et plus d'une fois, il remplit lui-même les fonctions de bourreau. C'était alors un proverbe en Russie : *Proche du tzar, proche de la mort.* Le tzar se punit lui-même de toutes ces cruautés par le meurtre de son fils, qu'il tua de sa propre main dans un moment de fureur. Dès lors, la vie d'Ivan *le Terrible*, déchirée par d'affreux remords, ne fut plus qu'une douloureuse expiation de ses crimes. Il mourut bientôt après sous un habit monastique (1584).

Chose étrange ! sa mort fut pleurée comme celle d'un bon prince. C'est que, malgré une tyrannie sans exemple, il avait rendu d'immenses services à sa patrie ; c'est qu'il l'avait entourée d'une splendeur dont elle n'avait jamais joui jusqu'alors. Il laissait la Russie forte au dedans, respectée au dehors ; il l'avait enrichie par l'industrie et le commerce ; il avait fondé le port d'Arkhangel, introduit l'imprimerie dans ses États, étendu sa domination sur la Sibérie, qui fut conquise et livrée au tzar par le cosaque *Jermak* (1580-1583), et qui devait être définitivement unie à la Russie par Féodor Ivanovitch, successeur d'Ivan IV. Il avait établi les premières relations commerciales avec la Grande-Bretagne et la France. La fière Élisabeth lui donnait le titre d'empereur, et un traité avait été conclu à Moskou entre les deux puissances. Enfin la Russie devait encore à Ivan l'organisation de l'armée, la substitution des armes à feu aux arcs et aux flèches, qui étaient seuls en usage avant lui, et l'institution de la fameuse milice des *Strélitz* (Streltsi), qui formèrent un corps de troupes régulières et permanentes.

368. LES ROMANOFF. — NOUVELLES RÉFORMES. — Une longue période d'anarchie vint compromettre tous ces résultats, et la Russie ne rentra dans la voie du progrès qu'à l'avénement de l'illustre famille des Romanoff, qui occupe encore aujourd'hui le trône impérial.

Mikhaïl Romanoff, appelé au trône par une assemblée solennelle, en 1613, mourut trop tôt pour la Russie, après avoir assuré la prospérité et la paix d'un État qu'il avait reçu déchiré par les discordes civiles et la guerre étrangère (1645).

Alexis, fils de Mikhaïl, s'efforça de suivre la voie qui lui était tracée, malgré les difficultés que lui suscitèrent l'ambition rivale de la Pologne et les entreprises des factieux. Favorisant de tout son pouvoir les progrès de la civilisation, il appelait les étrangers, établissait des manufactures, employait les prisonniers de guerre à défricher les terres incultes. Un des actes les plus glorieux de son règne fut la réunion en un seul corps de lois de toutes les coutumes qui régissaient les différentes parties de l'empire. Tous les ordres de l'État, boyards, prêtres et citoyens, furent appelés à concourir à cette œuvre législatrice, qui, bien que profondément empreinte de la barbarie de l'époque, introduisait des réformes utiles. Les femmes ou les filles insultées eurent droit à une réparation beaucoup plus forte que les hommes, qui peuvent se protéger eux-mêmes. L'impôt pour la rançon des prisonniers porta même sur les biens de la couronne et du clergé. Les juges furent tenus de terminer sans délai les différends qui viendraient à s'élever même entre des étrangers : c'étaient des lueurs d'égalité civile et de droit des gens.

Féodor, successeur d'Alexis (1676-1682), était digne d'achever l'œuvre de régénération entreprise par son père. Tandis que ses armées chassaient les Turcs de l'Ukraine et les obligeaient à demander la paix, Féodor préparait de nouvelles réformes dans ses États. Mais la faiblesse de sa santé interrompit l'exécution de tous ses projets : il mourut au moment de fonder une académie sur le modèle de l'Académie française. Il avait détruit une cause perpétuelle de conflits et de discordes, et assuré la prépondérance de la puissance souveraine sur les nobles, en brûlant tous les titres qui constataient leurs privilèges. Le règne de Pierre le Grand était préparé.

569. **Première période du règne de Pierre le Grand en Russie.** — Le règne de *Pierre Alexiévitch* commença toutefois (1682) par une orageuse minorité, période de troubles, de désastres, de ténèbres. Malgré les efforts persévérants de plusieurs tzars depuis Ivan III, malgré les réformes récentes des deux derniers princes, Alexis et Féodor, la Russie était encore plongée dans une barbarie profonde ; c'était une société tout entière que le nouveau souverain avait à fonder ; mille difficultés surgissaient de toutes parts, et les premiers événements accomplis autour de lui ne semblaient pas présager sa future grandeur. L'ambitieuse Sophie, sœur du dernier tzar, avait proclamé à la fois ses deux frères, pour mieux dominer un empire partagé. L'imbécile *Ivan* I lui inspirait peu de crainte ; mais à peine vit-elle les naissantes lueurs du génie de Pierre, qu'elle excita elle-même, parmi les strélitz, une révolte dont il faillit être victime. Ce fut pourtant cette crise qui termina les pénibles préludes du plus illustre règne de l'histoire russe. Pierre montra tout à coup une vigueur qu'on ne lui connaissait pas : il punit de mort les chefs des séditieux, relégua Sophie dans un monastère, exila le ministre Galitzin, et ne laissa à son frère qu'un vain titre, qui ne l'empêcha pas lui-même de gouverner seul (1689).

570. **Portrait de Pierre le Grand. — Ses projets.** — Un jeune prince, élevé dans l'ignorance par l'odieuse ambition de sa sœur, adonné au vice et à la débauche, porté à tous les excès, a déjà conçu le projet de réformer l'empire. C'est qu'il est doué d'une puissance incroyable de volonté, par laquelle il renversera tous les obstacles, sans cependant pouvoir jamais se vaincre entièrement lui-même. La nature a donné à Pierre un corps robuste, une taille athlétique, un coup d'œil juste, un désir insatiable de connaître, une activité de corps et d'esprit qui suffira à l'immensité de sa tâche... Il triomphera de l'ignorance en faisant briller les résultats des sciences et des arts, de la superstition par le ridicule, de l'opiniâtreté par une opiniâtreté plus grande encore. Au reste, la Providence elle-même lui a préparé les voies (1). Son règne commence au moment où l'Asie, en proie à mille révo-

---

(1) Chopin, *Histoire de Russie*.

lutions, n'a plus contre la Russie, qu'elle a dominée pendant si longtemps, que des menaces impuissantes. Le tzar pourra consacrer toutes ses forces à faire entrer sa nation dans la société européenne. — Aidé par les talents du Genevois *Lefort*, homme entreprenant et audacieux comme lui, Pierre accomplit des prodiges. Tout était à créer : il créa tout, et tout par lui-même. L'insubordination des strélitz continuait à menacer le trône : Pierre entreprit l'organisation d'une armée réglée pour remplacer cette dangereuse milice; de nouveaux régiments furent bientôt équipés, exercés, disciplinés par Lefort, que le tzar avait nommé général, et sous lequel il voulut parcourir tous les grades militaires, depuis celui de tambour : ainsi il apprenait l'obéissance à ses sujets. Jamais la Russie n'avait eu de flotte : Pierre trouve par hasard une vieille chaloupe anglaise; il la fait réparer, manœuvrer devant lui, et conçoit l'idée d'une marine. Par ses ordres, un Hollandais, *Brandt*, construit deux petites frégates, et aussitôt le tzar confie à Lefort ces faibles bâtiments, en le nommant amiral d'une flotte qui n'existe encore qu'en projet : c'était promettre à la Russie qu'elle aurait bientôt une puissante marine.

571. Premier voyage de Pierre le Grand. — Déjà la prise de la ville turque d'Azov (1696), qui livrait à Pierre un port sur la mer Noire, lui avait donné la mesure de ses forces naissantes. Un traité avec l'empereur des Chinois avait été son premier essai dans la diplomatie. Mais il sentit qu'il ne ferait rien dans sa barbare patrie sans les lumières et les secours de l'Europe civilisée. Non content d'envoyer plusieurs jeunes seigneurs russes s'instruire dans les pays étrangers, il réalisa le plan le plus extraordinaire qu'ait jamais formé un souverain : il quitta son trône, et partit à la suite d'une ambassade que dirigeait Lefort, pour apprendre lui-même jusqu'aux métiers dont il voulait doter sa nation (1697). L'industrieuse Hollande l'arrêta d'abord : ce fut là que, retiré dans le village de Saardam, il se fit inscrire au rôle des charpentiers constructeurs de vaisseaux, sous le nom de Pierre Mikhaïlof. Les Hollandais, mis promptement à l'aise par la simplicité de ses mœurs et la conformité des occupations, l'appelaient familièrement Peterbas ou maître Pierre. Le jeune souverain, après avoir manié la hache et l'équerre, fumait et buvait avec les autres ouvriers. Il devint en peu de temps l'un des plus habiles. En même temps, un bourgmestre lui apprenait la physique et les mathématiques. Bientôt la Russie posséda un vaisseau de guerre construit par le tzar et les jeunes gens de sa suite. Pierre passa en Angleterre afin d'y observer à loisir les manufactures de tout genre; il traversa l'Allemagne pour y étudier la discipline militaire. Il revint en Russie entouré d'ouvriers de toute espèce, de matelots, d'officiers, de savants, qu'il avait attachés à son service dans tous les pays qu'il avait traversés.

Cependant, la sauvage Russie, qui traitait ses innovations d'impiétés et de sacriléges, lui préparait une étrange réception, et applaudissait tout entière à la révolte des strélitz, soulevés par la princesse Sophie. Pierre apparut à l'improviste, au moment où l'Écossais Gordon venait d'exterminer une partie des rebelles (1698). L'affreuse punition des coupables apprit à la Russie que le tzar, dans son contact avec la civilisation européenne, n'avait rien perdu de la barbarie de son caractère national. Il abattit lui même la tête d'une foule de strélitz, dont le supplice égayait ses festins. Alors, il commença ouvertement une réforme générale, que la Russie consternée n'essaya plus de repousser.

372. RÉFORMES RELIGIEUSES ET POLITIQUES. — La souveraine influence du clergé plia devant celle du tzar. A la mort du patriarche, Pierre se déclara chef de la religion, comme autrefois Henri VIII en Angleterre; il abattit la résistance de l'ordre le plus redoutable de l'État; il réforma à son gré la discipline religieuse; et quand le peuple en fut venu à voir sans murmurer son souverain assis sur le siége vénéré du patriarche, le tzar put tout oser. Bientôt sa main hardie eut ébranlé les priviléges de la noblesse, enlevé aux gouverneurs une autorité jusqu'alors absolue. Tout ce qui pouvait maintenir les mœurs anciennes fut défendu : une ordonnance proscrivit les longues barbes, et substitua le costume européen à la robe orientale. Plusieurs se firent bâtonner et se soumirent à tous les outrages avant de renoncer aux coutumes de leurs ancêtres; le gouverneur d'Archangel fut fusillé pour sa résistance aux réformes. Cependant peu à peu la nation russe perdit sa physionomie asiatique, pour prendre, à l'ordre du maître, le caractère européen. Déjà tout l'empire avait changé de face; tout était modifié, perfectionné, jusqu'au calendrier ancien, qu'il fallut abandonner à son tour; déjà tous les produits de la civilisation, de l'industrie européenne, brillaient au sein de la Russie. Il restait encore à l'élever comme puissance au-dessus des nations du Nord : c'est l'œuvre de la seconde moitié du règne de Pierre le Grand.

373. Succès de la politique de Pierre le Grand.
— On a vu comment Pierre le Grand, apprenant à vaincre à force d'être vaincu, avait su se créer une armée, une artillerie, une flotte militaire, lutter, d'abord avec infériorité, puis à armes égales, enfin avec succès contre les vaillantes troupes suédoises, et remporter pour prix de tant d'efforts les trophées de Pultava (n° 363). Pierre atteignait dans cette mémorable journée le but de son opiniâtre persévérance ; mais toujours fidèle, même dans son triomphe, au système qui avait dirigé toute sa conduite, il se fit conférer, sur le champ de Pultava, le grade de général-major et de contre-amiral.

Bientôt, la flotte russe parvenait à son tour à vaincre la flotte suédoise, et le tzar, réalisant un de ses plus importants projets, assurait à son peuple la navigation de la Baltique, en se faisant céder la plus grande partie des côtes de cette mer (traité de Nystadt, 1721).

374. Fondation de Saint-Pétersbourg. — Une des plus hautes pensées de Pierre le Grand se révèle dans la situation même de la nouvelle capitale qu'il veut donner à son empire régénéré. Pour l'arracher à l'influence de Moskou, ce berceau des traditions asiatiques, Pierre le Grand choisit sur le golfe de Finlande, à l'embouchure de la Néva, un site dont il pourra faire à la fois un port pour sa marine naissante, une ville en relation facile avec l'Europe civilisée. En 1703, il en jette les fondements entre des rochers et des marais, sous un ciel morne et triste, au sein d'une nature ingrate et désolée. Au bout d'un an, la ville de *Saint-Pétersbourg* est debout, défendue par une citadelle, munie de quais et de larges rues, pourvue d'institutions de police et de salubrité. C'est dans cette ville, sa plus merveilleuse création, qu'il sera accueilli au retour de Pultava par l'enthousiasme de ses sujets, par les félicitations des ambassadeurs de toutes les cours ; c'est dans cette ville, vivant témoin de son génie, que l'admiration de son peuple lui décernera le surnom de *Grand*.

Au moment où les aventureuses destinées de Charles XII allaient échouer misérablement dans la tranchée de Frédérikshall (n° 366), Pierre le Grand, après avoir achevé son œuvre guerrière, affermissait en même temps ses institutions à l'intérieur et ses conquêtes au dehors. Triomphant de tous ses ennemis, il voulut faire un nouveau voyage en Europe avec sa femme Catherine, et revoir cette fois en souverain les contrées qu'il avait parcourues sous le modeste costume d'un ouvrier. Cependant, toujours ennemi d'une vaine pompe et occupé uniquement de ce qui pouvait être utile à son pays, il se dérobait autant que possible aux fêtes fastueuses qui lui étaient préparées, et employait son temps à visiter les établissements publics. A Saardam, il fit voir à Catherine, dans la maison qu'il avait habitée, les meubles grossiers qu'il avait fabriqués jadis de ses propres mains. A Paris, où il s'arrêta le plus longtemps, il demeura dans un simple hôtel : « *Je ne suis qu'un soldat*, disait-il aux envoyés du duc d'Orléans, alors régent de France pendant la minorité de Louis XV ; *du pain et un pot de bière me suffisent pour ma nourriture.* » Lorsqu'on lui montra dans l'église de la Sorbonne le mausolée du cardinal de Richelieu : « *Grand homme*, s'écria-t-il en embrassant sa statue avec transport, *je te donnerais volontiers la moitié de mon empire pour apprendre de toi à gouverner l'autre.* »

575. **Fin du règne de Pierre le Grand.** — Le retour de Pierre le Grand fut tristement marqué par la mort violente de son fils Alexis. Ce jeune prince, opiniâtrément attaché aux anciennes et grossières coutumes de son pays, périt en prison après un procès dérisoire, sacrifié par la politique d'un souverain qui tremblait pour la durée de son œuvre sous un tel successeur (1718). Le tzar, qui venait d'ajouter à son titre le nom d'*empereur*, signala ses dernières années par une paix glorieuse avec la Perse, qui céda à la Russie plusieurs provinces. Pierre le Grand mourut en 1725, après avoir donné un code complet à la Russie, et terminé l'organisation du gouvernement en décidant que l'empereur aurait le droit de désigner son successeur. — Vainqueur des innombrables obstacles qu'il avait rencontrés dans sa grande et laborieuse entreprise, il fut dominé jusqu'au dernier moment par ses propres passions, que la pensée du jugement de la postérité lui donnait seule la force de vaincre quelquefois. Irrité contre un sénateur, il voulait le précipiter dans la Néva. *Tu peux me noyer*, s'écria le Russe, *mais ton histoire le dira.* La colère de Pierre le Grand tomba à ce seul mot. Sa femme *Catherine*, qu'il avait fait couronner, l'année précédente, impératrice de toutes les Russies, lui succéda par l'influence du favori *Mentchikoff*.

576. **Catherine Ire, Pierre II en Russie.** — L'œuvre de Pierre le Grand s'accomplit sous ses successeurs, malgré les médiocres talents des princes qui occupèrent le trône jusqu'à l'avénement de Catherine II. L'impulsion donnée se continuait, les germes de force et de civilisation se dévelop-

paient, et pendant un demi-siècle la Russie vécut de la vie de Pierre le Grand (1). *Catherine Ire* (1725-1727), fidèle à la politique de son illustre époux, fit sentir l'influence de la Russie dans la politique étrangère : le *traité de Vienne* unit les cabinets de Saint-Pétersbourg, de Vienne et de Berlin, puis de Madrid, pendant que l'*alliance de Hanovre* rapprochait la France, l'Angleterre et le Danemark. A l'intérieur, l'habile mais impérieux Mentchikoff se chargeait de poursuivre la réforme commencée par Pierre le Grand.

Catherine mourut bientôt (1727), laissant la couronne à *Pierre II*, fils du malheureux Alexis Pétrovitch, et le pouvoir réel au favori, qui ne mit plus de bornes à ses prétentions et à son audace. Cet homme, que Pierre le Grand avait tiré de la boutique d'un pâtissier, et qui avait dû à ses talents sa prodigieuse élévation, crut pouvoir faire plier devant sa fortune le pouvoir impérial lui-même. Pierre se fatigua de son insolente tutelle, et le puissant Mentchikoff alla languir en Sibérie au milieu de tous ces exilés dont les dépouilles l'avaient enrichi naguère. Pierre mourut peu après, en 1730.

377. La tzarine Anne. — Biren et Munich. — Ivan VI. — Après lui, le sceptre passa dans la branche féminine des Romanoff à l'avénement de la tzarine *Anne*, nièce de Pierre le Grand. Le conseil suprême avait fait jurer à la princesse une constitution qui ravissait au souverain le droit d'établir les impôts, de faire la paix ou la guerre, de prendre aucune résolution importante sans l'agrément d'une assemblée nationale. Anne, à peine sur le trône, anéantit, malgré ses serments, cet essai prématuré de gouvernement constitutionnel, et regagna, à force d'adresse et de fermeté, toutes les prérogatives du pouvoir absolu. Mais toute l'autorité fut aux mains du favori *Biren*, nommé grand chambellan, duc de Courlande, et dont le crédit ne put être contre-balancé que par celui du général *Munich*. Biren, pour l'éloigner de la cour, le chargea de soutenir Auguste III de Pologne contre son rival Stanislas, puis, de pacifier l'Ukraine, de refouler les Tartares dans leurs déserts, et d'enlever aux Turcs la plupart des villes de la Crimée. Le *traité de Belgrade* (1739) effaça la honte de la paix du Pruth. Biren, « dont le seul mérite était de manier un cheval avec grâce et de plaire à sa souveraine, » usait insolemment de sa toute-puissance : vingt-cinq mille

---

(1) M. de Ségur.

personnes avaient été déjà envoyées par lui en exil ou au supplice, quand Anne, en mourant, lui laissa la régence pendant la minorité de son petit-neveu *Ivan VI*, qu'elle avait appelé au trône par testament (1740). La grandeur de Biren survécut peu au règne de sa protectrice. Munich le fit enlever violemment de son palais et conduire dans le fond de la Sibérie, l'asile de toutes les ambitions trompées, où Munich lui-même, sous le règne suivant, devait rejoindre sa victime.

578. Élisabeth Pétrowna. — Pierre III. — Bientôt Ivan fut remplacé par *Élisabeth Petrowna* (1741), fille cadette de Pierre le Grand, femme indolente et voluptueuse, que l'adresse de son favori *Lestocq*, plus que ses intrigues personnelles, avaient portée à l'empire. Malgré l'infamie des mœurs privées de l'impératrice, son gouvernement ne fut pas sans gloire. Quelques jours avant son avénement, le schah de Perse *Thamas-Kouli-Khan* lui avait envoyé en Russie un ambassadeur, escorté de seize mille hommes et de vingt pièces de canon, pour solliciter sa main et s'assurer l'alliance de la Russie. Elle conclut avec les Suédois la *paix d'Abo* (1743), qui lui valut toute la Finlande, et compléta le traité de Nystadt. La guerre de Sept ans (n° 355), où Élisabeth prit souvent avec succès le parti de l'Autriche contre la Prusse, commença à faire connaître les troupes russes dans l'Europe centrale.

Cependant l'impératrice hâtait sa fin par ses débauches, auxquelles elle mêlait les pratiques de la superstition la plus outrée. Avant sa mort, son neveu, Pierre de Holstein, avait épousé Catherine, fille du duc d'Anhalt. Cette femme, déjà condamnée deux fois pour ses désordres, et deux fois épargnée par l'indulgence de son époux, le récompensa, quand il fut sur le trône (janvier 1762), par des infidélités nouvelles. L'infortuné *Pierre III* avait à peine régné quelques mois, n'intervenant dans la politique européenne que pour pacifier l'Allemagne (voir n° 357), lorsque sa femme le détrôna et le fit assassiner, pour échapper à sa juste vengeance (juillet 1762). Ce fut la fameuse tzarine *Catherine II*.

§ III. catherine ii.

579. Tableau du règne de Catherine II. — Catherine II, dont le nom rappellera éternellement les infortunes de la Pologne (voir ci-après, § iv), a laissé dans l'histoire une étrange renommée, mêlée de gloire et d'infamie. L'amour du plaisir et la passion de la gloire furent les constants mobiles de sa conduite : souvent, ils lui firent exécuter de grandes choses, plus souvent, ils lui suggérèrent d'odieux moyens. La vanité de l'impératrice nuisit à ses plus utiles, à ses plus vastes entreprises ; partout, elle chercha l'ostentation et l'éclat. Pendant son règne, la Russie agita l'Europe entière, et au dedans, tout demeurait dans l'inaction et la langueur. Triomphante dans sa politique extérieure, elle consomma la ruine de la Pologne, elle humilia la puissance ottomane ; mais à l'intérieur, législation, colonies, villes, forteresses, furent abandonnées sans être achevées ; avant la mort de Catherine II, plusieurs des monuments de son règne ressemblaient à des ruines.

Celle qui n'avait pas craint d'acheter le trône au prix de la mort de son époux, n'hésita pas à faire disparaître un autre concurrent : l'infortuné Ivan VI périt dans sa prison, et sa mort fut attribuée à Catherine. Du reste, elle pardonna à ses ennemis avec une générosité calculée : elle avait besoin de rétablir la tranquillité dans ses États, pour être tout entière à la politique étrangère, où ses succès devaient achever d'établir la prépondérance de la Russie.

580. GUERRE AVEC LA TURQUIE. — TRAITÉ DE KAINARDJI. — PROGRÈS DE LA RUSSIE. — La campagne du Pruth avait appris à la Russie ce qu'elle pouvait avoir à craindre de la Porte Ottomane ; ses plus chers intérêts d'avenir la poussaient vers le Midi et vers les ports de la mer Noire. Par prudence comme par ambition, elle devait saisir toutes les occasions d'étendre ses possessions ou son influence sur les provinces de Turquie voisines de ses frontières. Le génie de Catherine II traça de ce côté la ligne politique invariablement suivie par ses successeurs, et dont Constantinople est le terme, comme l'empire de l'Orient est le but.

Le sultan *Mustapha III*, allié à la Pologne, avait déclaré la guerre aux Russes (1768) en jetant leurs ambassadeurs en prison. Cent mille Turcs et Tartares ravagèrent la nouvelle Servie, sous les ordres du khan de Crimée ; mais la mort de ce chef (1769) mit un terme à leurs succès. Bientôt Galitzin et Roumanzoff, à la tête des Russes, envahirent la Moldavie et la Valachie, et vainquirent les Turcs sur le Pruth, au lieu même où Pierre le Grand avait été forcé de subir un traité désavantageux. En même temps, l'incendie de la flotte ottomane à *Tchesmé* anéantissait leur marine ; encore un puissant effort, la Russie forçait le passage des Dardanelles et le croissant allait tomber des murs de Constantinople. Les hésitations de l'ennemi laissèrent aux Turcs le temps d'organiser un plan de défense (1770), et l'empire ottoman fut sauvé.

Cependant tout était en danger pour le sultan : les côtes de la Morée étaient dévastées; les Grecs étaient en pleine insurrection ; les Tartares se déclaraient indépendants, Ali-bey se révoltait en Égypte, s'emparait de la Syrie et négociait avec les Russes. Heureusement pour Mustapha, Catherine se borna à envahir la Crimée. Deux ans après, les victoires de Roumanzoff et de Souvaroff amenèrent enfin (1774) l'important traité de *Kaïnadji*, qui reconnut l'indépendance de la Crimée; c'était la livrer à la Russie, qui devait s'en emparer en effet quelques années après (1783), sous le règne du sultan *Abdul-Hamid* (1774-1779). Le traité de Kaïnardji contenait une clause alors presque inaperçue, rendue célèbre par les événements contemporains qui, en conférant à la Russie une sorte de protectorat sur les sectateurs du culte grec en Turquie, devait être plus tard la base des prétentions les plus dangereuses pour l'indépendance de la Porte Ottomane.

581. ABDUL-HAMID. — PAIX D'IASSY. — DÉCADENCE DE LA TURQUIE. — La paix ne devait pas être de longue durée. Les projets orgueilleux de Catherine pendant un fastueux voyage en Crimée, où elle débattit avec Joseph II les conditions du partage de la Turquie, marquant sur sa route les étapes du *chemin de Byzance*, et donnant à son fils le nom de Constantin, éveillèrent les justes craintes de la Turquie. Une dernière guerre éclata entre la Russie, alliée à l'Autriche, et la Porte soutenue par la Suède (1787). Elle continua après la mort d'Abdul-Hamid, sous le règne de son successeur *Sélim III* (1789-1807). Malgré les succès des Suédois, les Turcs éprouvèrent partout des revers. Souvaroff, Roumanzoff et l'intrépide Platoff, chef des Cosaques, s'illustrèrent par une foule de victoires ; les Autrichiens, non moins heureux, eussent réduit leurs ennemis à conclure une paix désastreuse sans l'intervention de la Prusse, qui obligea Joseph II à rendre ses conquêtes (1791). L'année suivante, les menaces de Frédéric-Guillaume interrompirent les succès de Catherine elle-même, et la *paix d'Iassy*, qui réconcilia la Russie et la Turquie, fit du Dniestr la frontière des deux empires (1792). La Porte renonçait à toutes prétentions sur la Géorgie, dont le roi Héraclius s'était reconnu vassal de la Russie.

La décadence de la Turquie est depuis longtemps évidente : cette puissance, jadis si redoutable, est tombée dans un état de léthargie mortelle, depuis qu'elle n'est plus soutenue par cet aveugle fanatisme qui faisait toute sa force ; malgré les efforts d'un souverain éclairé et habile, elle ne se réveillera de nos jours que pour se débattre péniblement sous l'étreinte fatale de la Russie.

§ IV. Partage de la Pologne.

382. Troubles et divisions de la Pologne. — Pendant cette longue et heureuse lutte, Catherine avait poursuivi et consommé ses iniques projets sur la Pologne.

A l'époque même où la France, l'Espagne et la Hollande envoyaient leurs flottes au delà des mers pour soutenir en Amérique la cause de la liberté (voir ci-après), au moment où un peuple nouveau s'arrachait au joug de l'Angleterre et proclamait sa nationalité, l'Europe voyait sans s'émouvoir la politique de Catherine II, consommer au milieu d'elle une grande œuvre d'iniquité et de tyrannie. Un peuple aux anciens et glorieux souvenirs succombait sous les efforts réunis de ses voisins, et disparaissait après une lutte sanglante, sans obtenir d'autres secours que les témoignages d'une stérile pitié.

Le passage de Charles XII avait laissé des traces désastreuses en Pologne, où les guerres civiles avaient développé tous les germes d'anarchie que renfermait sa constitution. Auguste II n'avait pu maintenir l'usage salutaire de limiter les diètes. A ses tentatives pour raffermir le pouvoir royal, les nobles polonais avaient répondu par l'insurrection, au nom de cette maxime héréditaire en Pologne : « Brûlez vos maisons, et errez dans le pays, les armes à la main, plutôt que de vous soumettre au pouvoir arbitraire ! » La mort d'Auguste II fut le signal de nouvelles discordes (1733). Stanislas Leckzynski, rétabli un moment par l'appui de la France, fut dépossédé par l'électeur de Saxe, *Auguste III*, que protégeait la Russie ; et la diète de *pacification* prépara de longs troubles en proclamant de nouveau pour chaque individu le droit de *liberum veto*. Dès lors, la Pologne fut divisée tout entière en deux factions rivales, dont l'une, soutenue par la Saxe et l'Angleterre, voulait établir une monarchie héréditaire ; l'autre, favorisée par la France, restait fidèle à l'ancienne constitution. La haine furieuse des deux partis eut pour double résultat d'anéantir les faibles restes de la puissance royale en forçant Auguste III, privé par la guerre de

Sept ans de son électorat, à quitter aussi le trône de Pologne, et d'augmenter encore au sein du royaume le funeste ascendant de la Russie (1763).

La mort d'Auguste III fit retomber la Pologne dans une de ces crises fatales qui accompagnèrent si souvent l'élection de ses rois (1763). Par une déplorable destinée, à l'instant où le sort de la Pologne allait se décider, l'antagonisme des partis éclata avec plus de violence. Le parti républicain, sous la direction du prince *Radziwill*, exigeait le maintien des institutions de l'État et repoussait toute intervention étrangère : le second parti, conduit par *Czartoriski* et *Poniatowski*, voulait au contraire réformer le gouvernement avec l'aide de l'étranger. Déjà les nations voisines se préparaient à profiter de cette division funeste, et un traité était conclu entre la Russie et la Prusse pour assurer le trône à Poniatowski, favori de Catherine II. La tzarine mit habilement en avant sa sollicitude pour les intérêts religieux des partisans de son propre culte. Elle prétendit stipuler des garanties en faveur des sectateurs de la religion grecque, spécieux prétexte d'intervention que la Russie devait invoquer plus tard vis-à-vis d'une autre puissance. Bientôt on entendit Catherine dire à l'ambassadeur français qu'il apprendrait avant peu s'il appartenait à un autre qu'à elle-même de donner un roi aux Polonais ; et en même temps, elle envoyait 40,000 Russes appuyer son protégé. — Ce fut sous de tels auspices que s'ouvrit la diète, soumise tout entière à l'influence de l'ambassadeur russe *Repnin*, qui fit placer ses soldats dans la salle même des séances. A ce prix, *Stanislas-Auguste Poniatowski* obtint le triste honneur d'occuper un trône illustré par des héros, pour le souiller par l'infamie de ses trahisons.

385. Influence tyrannique de l'impératrice Catherine II sur la Pologne. — La politique de la tzarine se révélait d'une manière évidente. Elle refusa à son propre parti l'abolition de cette pernicieuse institution du *liberum veto*, par lequel le vote d'un seul nonce pouvait neutraliser dans les diètes le vote de tous les autres. La suppression de ce droit eût peut-être été le salut de la Pologne ; Catherine, pour l'empêcher, favorisa un instant le parti national, assez aveugle pour ne vouloir aucun changement dans la constitution de l'Etat. En même temps, par une violence d'une injustice inouïe, un étranger, Repnin, osa faire arrêter, en Pologne même, plusieurs évêques et plusieurs comtes adversaires de la Russie, pour les envoyer en exil dans la Sibérie.

L'épouvante et la confusion furent grandes en Pologne à la suite de ces actes tyranniques; mais l'Europe demeura muette à la nouvelle de cette atteinte au droit des nations, et le vil Poniatowski se contenta d'exhorter en discours fleuris la nation à la patience.

Le patience des patriotes était poussée à bout cependant : Pulawski, Krasinski et plusieurs nobles Polonais formèrent la fameuse *confédération de Bar*, pour repousser l'intervention de la Russie dans le gouvernement de la Pologne (1768). Cette manifestation ne fit qu'attirer des calamités nouvelles, et des nuées de Cosaques inondèrent le pays, à la demande d'un sénat vendu. Une guerre commença, la plus atroce peut-être de toutes celles des temps modernes (1769-1771). Quand elle eut été terminée à force de massacres, malgré l'héroïque résistance de quelques braves, Catherine II demanda, à titre de réparation, la cession de plusieurs provinces polonaises, et ordonna à Poniatowski d'arracher par la corruption et la violence le consentement des députés polonais au démembrement de leur pays.

584. Premier partage de la Pologne. — La Pologne épuisée jeta un regard de désespoir vers l'Europe; mais nul peuple ne pouvait prétendre y contre-balancer la toute-puissance de la Russie. L'Angleterre s'efforçait de réduire ses colonies révoltées; la France, gouvernée par des ministres faibles et inhabiles, n'était capable d'aucune décision énergique; l'Autriche et la Prusse, au lieu de s'opposer aux envahissements de la Russie, prirent le parti du plus fort, et arrêtèrent entre elles le *premier partage de la Pologne* (1772). L'Autriche peut revendiquer l'honneur d'avoir accédé la dernière à ce pacte infâme. —Tout avait réussi à Catherine : quelques nonces seulement défendirent jusqu'au bout, mais vainement, l'honneur et la liberté de la nation ; la diète, entourée de baïonnettes étrangères, ratifia un traité qui donnait à Frédéric II la Prusse royale et une partie de la Grande-Pologne; à l'empereur d'Autriche, la moitié de la Russie Rouge, de la Podolie, du palatinat de Cracovie, etc.; à la tzarine de vastes provinces près de la Dvina et du Dniépr (1773). Les trois souverains, d'ailleurs, renonçaient solennellement à toutes prétentions sur le reste de la Pologne : on verra comment ils respectèrent ce serment.

585. Alliance de la Prusse et de la Pologne. — Réformes importantes. — A peine ce malheureux pays, comptant sur la foi jurée, commençait-il à reprendre un peu

de sécurité que la tzarine, son mauvais génie, le soumit de nouveau à son influence de destruction et de mort. Un conseil de trente-six membres dévoués à la Russie fut chargé d'administrer les affaires de l'État. Il décréta des mesures si désastreuses pour la Pologne, que Catherine songeait, sans plus attendre, à consommer le démembrement de ce royaume, quand l'opposition inattendue du nouveau roi de Prusse, *Frédéric-Guillaume* (1786-1797), vint mettre obstacle à l'exécution de ses plans. Bravant les menaces et les intrigues de la Russie, la Prusse se déclara formellement pour les Polonais (1790).—La Pologne expirante eut encore un moment de prospérité et de gloire : une ère de salut sembla s'ouvrir ; tous les bons citoyens, encouragés par un si puissant secours, se mirent avec zèle à l'œuvre de la régénération. Poniatowski lui-même fut forcé de s'unir au parti national : tous avaient reconnu les plaies du gouvernement, tous d'un commun accord voulaient les guérir : une constitution nouvelle, qui abolissait le *liberum veto* et établissait l'hérédité du trône, fut votée par acclamation, le 3 mai 1791, dans la diète générale. L'Europe entière donna son approbation ; Catherine dissimula, et promit de ne pas troubler le nouvel ordre de choses.

386. Guerre avec la Russie. — Deuxième partage de la Pologne. — Tout devait être injustice et perfidie dans la politique russe. L'année suivante, Catherine, délivrée d'une guerre avec la Turquie, fit conclure par plusieurs de ses partisans la *confédération de Targovitz* pour le rétablissement de l'ancienne constitution (14 mai 1792), et elle se déclara aussitôt en leur faveur.

La diète répondit en appelant les Polonais aux armes.

Elle se hâtait en même temps de réclamer les secours des nations qui avaient naguère manifesté des dispositions bienveillantes. Frédéric-Guillaume rétracta lâchement ses promesses, et réclama pour agir la cession des villes de Thorn et de Danzig. L'empereur Joseph parut hésiter ; mais il objecta avec un hypocrite regret les embarras de ses guerres avec la France. La Pologne fut réduite à elle-même pour lutter contre sa terrible ennemie. Elle ne perdit pas courage cependant ; une armée se leva avec enthousiasme, et Poniatowski, entraîné par le mouvement général, promit de se mettre à la tête des troupes. Mais il se repentit bientôt de son élan patriotique. A peine deux victoires venaient-elles de ranimer les espérances des Polonais, que le roi signa un traité secret avec la tzarine, et ordonna le licenciement de son armée. Les braves chefs des troupes polonaises se séparèrent avec désespoir; plusieurs quittèrent leur pays pour échapper à la vengeance des Russes.

La Prusse crut alors pouvoir intervenir sans danger; elle envoya une armée occuper les provinces limitrophes, tandis que Catherine avait recours aux plus odieuses violences pour faire décréter par la diète nationale un *second partage*, que Stanislas-Auguste Poniatowski ratifia encore (1793). Il fallut céder ce qui fut à la convenance des deux nations; la Prusse prit possession de presque toute la Grande Pologne, qui fut appelée Prusse méridionale: la Russie envahit la grande province de Lithuanie avec la Volhynie et la Podolie; et le reste du pays, avec trois millions quatre cent mille habitants, fut encore appelé la république de Pologne.

387. **Dernière lutte contre la Russie. — Partage définitif de la Pologne.** — Ce nom était illusoire : la Pologne périssait; du moins elle voulut périr avec gloire les armes à la main. Ce fut un jour solennel que celui où le noble *Kosciusko*, nommé généralissime, se mit à la tête de quelques milliers d'hommes, tandis que la Russie et la Prusse armaient contre lui cinquante bataillons d'infanterie et quatre-vingt-cinq escadrons de cavalerie. Le siége fut mis devant Varsovie; mais une puissante diversion opérée sur les frontières de la Prusse força l'armée alliée à s'éloigner de la ville. Catherine inquiète envoya de nouvelles troupes sous les ordres du farouche Souvaroff. Les horreurs de cette guerre surpassèrent peut-être celles de la guerre précédente. Quand la captivité de Kosciusko, fait prisonnier dans une bataille (1794), eut décidé le triomphe des Russes, et jeté le découragement dans les rangs éclaircis des Polonais, Souvaroff se livra de sang-froid à la plus affreuse vengeance. Il fit massacrer vingt mille habitants de Praga par des soldats furieux, qu'il excitait encore en répétant ces mots atroces : « Amusez-vous, mes enfants! » Varsovie ne tarda pas à ouvrir ses portes. Les citoyens les plus connus par leur patriotisme allèrent peupler les déserts de la Sibérie. Après de longues disputes entre la Russie, la Prusse et l'Autriche, un *partage définitif de la Pologne* fut décidé. La Prusse eut les provinces situées sur la rive gauche de la Vistule; l'Autriche obtint les pays qui s'étendent du Bog à la Vistule; le reste échut à la Russie (1795).

Quelques jours après, Repnin faisait signer à Poniatowski

son acte d'abdication ; l'indigne successeur des Casimir et des Sobieski alla jouir à Saint-Pétersbourg de la pension dont la tzarine paya ses honteux services.

La Pologne n'était plus, et ses généreuses tentatives (1806, 1814 et 1830) pour reconquérir une place parmi les nations n'ont fait qu'appesantir le joug de fer que la Russie, ennemie de sa religion comme de sa liberté, fait encore aujourd'hui peser sur elle.

388. HISTOIRE INTÉRIEURE DE LA RUSSIE. — FIN DU RÈGNE DE CATHERINE. — L'influence des favoris, auxquels Catherine prodiguait facilement les revenus de l'empire, avait plus d'une fois compromis le succès de ses entreprises. Le règne de la tzarine fut troublé par leurs rivalités et par les tentatives de plusieurs imposteurs, qui, sous le nom du malheureux époux de la tzarine, prétendirent reconquérir un trône usurpé. Sept parurent successivement en quelques années (1767-1770); la plupart tombèrent aussitôt ; un seul excita une redoutable révolte (1773). *Imelin Pougatcheff*, soutenu par les Cosaques des déserts de l'Oural, parut tellement à craindre, que les meilleurs généraux de la Russie furent envoyés contre lui; enfin il fut livré par les siens pour cent mille roubles, et périt sur l'échafaud (1775). Ce soulèvement comprimé tourna à l'avantage de la tzarine, qui en profita pour réduire complètement les Cosaques.

Les douze années suivantes furent les plus remarquables du règne de Catherine : c'est l'époque de ses plus grands succès au dehors et des actes les plus importants de son administration intérieure. Catherine reçut alors le nom de Grande, qu'elle eût mérité si sa cour n'avait offert le spectacle de la plus scandaleuse corruption des mœurs. Toutefois, la politique de la Russie fut pendant cette période pleine d'énergie et de grandeur ; la célèbre confédération du Nord, connue sous le nom de *neutralité armée*, donna une puissante influence à la Russie dans la guerre d'Amérique, et son pavillon se fit respecter sur toutes les mers (1780). Ce fut alors que la tzarine ajouta la Crimée à ses États, et que plusieurs princes géorgiens renoncèrent à la suzeraineté de la Porte pour reconnaître celle de la Russie. Catherine alla montrer à ses peuples toute la pompe de sa grandeur dans une course triomphale, où elle se fit accompagner par deux souverains, le roi Poniatowski et l'empereur Joseph, qui semblaient n'ambitionner que l'honneur d'être ses premiers courtisans. Ce fut après avoir terminé la grande œuvre de tout son règne, et dans l'année même qui suivit le partage définitif de la Pologne, que Catherine mourut, foudroyée par une attaque d'apoplexie (1796).

QUESTIONNAIRE. — § I. 360. Quelle fut la situation de la Suède sous Charles XI? — 361. Quel grand changement se prépara dans l'état politique du nord de l'Europe? — Qui succéda à Charles XI et dans quelles circonstances? — 362. Quelle coalition se forma contre la Suède? — Comment Charles XII commença-t-il les hostilités? — Qui plaça-t-il sur le trône de Pologne? — Quel traité termina la guerre de ce côté? — 363. Quel fut le sort de la guerre en Russie? — Où Charles XII se dirigea-t-il et par quels conseils? — Quelle bataille perdit-il? — 364. Quelles furent les suites de la bataille de Pultava? — Racontez la campagne du Pruth. — Que devint Stanislas? — 365. Qu'arriva-t-il à Charles XII après son départ de Turquie? — 366. Quelle fut sa dernière expédition? — Comment mourut-il? — Quel funeste traité termina la guerre? — Quelle fut dès lors la situation de la Suède? — § II. 367. Qu'avez-vous à dire d'Ivan III et d'Ivan IV? — Caractérisez ce prince et comparez-le avec un de ses successeurs. — 368. Quelle dynastie nouvelle monta sur le trône? — Que tentèrent Alexis et Féodor? — 369. Quelle était encore la situation de la Russie? — Racontez les premiers temps du règne de Pierre le Grand. — 370. *Faites le portrait de Pierre le Grand.* — Quel projet forma-t-il et par qui fut-il secondé? — 371. Quels furent ses premiers actes politiques? — Que savez-vous de son premier voyage en Europe? — Comment réprima-t-il la révolte des strélitz? — 372. Dites de quelle manière il attaqua les anciennes coutumes et entreprit une réforme générale. — 373. Quels furent les succès de sa politique extérieure? — 374. Qu'avez-vous à dire de la fondation de Saint-Pétersbourg? — 375. Où Pierre le Grand séjourna-t-il dans son second voyage et à qui rendit-il hommage? — Quel crime affreux commit-il? — Parvint-il à dominer ses passions? — 376. Quels furent les premiers successeurs de Pierre le Grand? — Quelle politique suivirent-ils? — Qu'était-ce que le favori Mentchikoff? — 377. Qui succéda à Pierre II? — Quelle rivalité troubla la Russie? — 378. Quel fut le favori d'Élisabeth? — Quelle paix glorieuse fut conclue sous ce règne? — Quel fut le sort de Pierre III? — § III. 379. A quel crime Catherine II dut-elle le trône? — Faites le tableau de son règne. — 380. Racontez les démêlés de la Turquie avec la Russie jusqu'au traité de Kaïnardji? — Que contient-il de remarquable? — 381. Quelle circonstance manifesta la politique russe contre la Turquie? — Quels faits amenèrent le traité d'Iassy? — Que devint la puissance ottomane? — § IV. 382. Donnez une idée de l'anarchie polonaise sous Auguste II et Auguste III. — Quelles factions se partageaient le pays? — Quels en étaient les chefs? — Comment Catherine II intervint-elle dans les affaires de Pologne? — Avec quelle puissance s'unit-elle? — Quel roi fit élire Catherine? — 383. Quelle politique suivit Catherine au milieu des dissensions de la Pologne? — Quelle fut la conduite de Poniatowski? — Quelle fut l'issue de la première guerre contre la Pologne? — 384. La Pologne trouva-t-elle de l'appui en Europe? — Comment s'opéra le premier partage de la Pologne? — 385. Comment la Russie intervint-elle de nouveau dans les affaires des Polonais? — Quel secours ceux-ci reçurent-ils? — Quelles espérances put concevoir le parti national? — Quelles réformes furent accomplies? — 386. Comment fut opéré le second partage de la Pologne? — 387. Racontez la dernière lutte de la Pologne expirante.— Comment fut couronné le troisième partage de la Pologne? — 388. Donnez une idée du règne de Catherine II à l'intérieur. — Quelle fut la situation de la Russie vers la fin de ce règne ?

CHAPITRE TRENTE-DEUXIÈME.

GRANDEUR MARITIME ET COLONIALE DE L'ANGLETERRE DEPUIS LA RÉVOLUTION DE 1688.

(1688-1789.)

SOMMAIRE.

§ Ier. 389. Cette période est celle de l'agrandissement de la puissance maritime et du développement des colonies de l'Angleterre.

390. Les dispositions des anglicans à l'égard de Guillaume (1688-1702) sont peu favorables. Il fait accepter difficilement l'acte de tolérance. La résistance de l'Écosse est excitée par Claverhouse qui périt à la bataille de Killikrankie. Une descente de Jacques II en Écosse échoue à la suite de la bataille de la Boyne (1690). L'Irlande est soumise.

391. Louis XIV se déclare le protecteur de Jacques II. Guillaume est vainqueur à la bataille de la Hogue (1692); il est reconnu à la paix de Ryswick (1697). Le résultat de ses efforts contre Louis XIV est d'arrêter les progrès du grand roi ; il meurt (1702).

392. Anne Stuart est appelée au trône par l'acte de succession. La politique de la reine Anne, conforme à celle de Guillaume, triomphe par les exploits de Marlborough. Le prétendant est abandonné par Louis XIV (1713). L'habile administration de Godolphin assure la grandeur et la prospérité de l'Angleterre. Le royaume de Grande-Bretagne est formé par la réunion de l'Angleterre et de l'Écosse (1707).

393. L'électeur de Hanovre, Georges de Brunswick, monte sur le trône d'Angleterre; il règne sous l'influence des whigs et de Robert Walpole. Le prétendant échoue en Écosse. La politique extérieure de Georges Ier s'appuie sur l'alliance avec le Régent. Une crise financière est conjurée par l'habileté de Walpole.

394. Sous Georges II (1727-1760), Walpole se maintient au pouvoir;

il emploie d'odieux moyens d'influence. Le parti de la cour et le parti de la patrie divisent la nation. La politique extérieure a pour objet le développement du commerce et des colonies. Walpole est contraint de se retirer. La rivalité parlementaire de Pitt et de Fox a un grand éclat.

395. La chute de Walpole est suivie d'un changement dans la politique extérieure de l'Angleterre. La guerre éclate avec la France et est marquée par les batailles de Dettingen (1743), de Fontenoy (1745). Charles-Édouard en Écosse obtient des succès suivis de revers. Sa fuite met fin à l'insurrection.

396. Les hostilités recommencent (1755). Les revers de l'Angleterre sur terre sont glorieusement compensés par ses succès sur mer. William Pitt, ministre en 1757, déploie une énergie et une activité qui assurent la prépondérance définitive de la marine anglaise.

§ II. 397. Les commencements de la domination anglaise en Orient sont pénibles. La compagnie des Indes se soutient sans éclat d'Élisabeth à Jacques II; elle lutte avec Aureng-Zeb. Une guerre maritime avec la France l'affaiblit; mais les sociétés réunies en 1702 entrent dans une ère nouvelle.

398. Les progrès de la puissance anglaise et de la puissance française dans les Indes sont d'abord simultanés. La Bourdonnaie et Dupleix obtiennent par leurs talents de grands succès. Madras prise par la Bourdonnaie est incendiée par Dupleix (1746) qui obtient la disgrâce et la captivité de la Bourdonnaie.

399. Dupleix soutient une lutte héroïque contre les Anglais (1748). Les résultats glorieux de son habile administration sont entièrement perdus par Lally-Tollendal qui ne peut arrêter les succès de lord Clive et est envoyé au supplice. Les colonies françaises aux Indes sont réduites d'après le traité de Paris (1763) à Pondichéry ruinée et à quelques comptoirs.

400. La paix de Paris est suivie des progrès rapides de la domination anglaise dans les Indes. L'ascendant universel de l'Angleterre augmente par l'humiliation du Grand-Mogol. La résistance de Hyder-Aly est comprimée par le traité de Madras (1769). L'acte de régularisation constitue puissamment l'empire anglais aux Indes malgré les nouveaux efforts de Hyder-Ali et de Tippoo-Saheb. Le traité de Mengalor (1784) prépare la ruine de l'empire de Mysore (1799).

§ III. 401. Des démêlés au sujet de la Nouvelle-Écosse s'élèvent entre la France et l'Angleterre. La bataille de Québec (1759) est suivie de la prise de cette ville et de la conquête du Canada par les Anglais, consacrée par la paix de Paris. L'Espagne s'empare de la Louisiane.

402. Ces grands résultats sont dus à la vigoureuse politique de William Pitt qui se retire pour ne pas céder aux tendances fatales qui se manifestent à l'égard de l'Amérique.

403. Les établissements en Virginie, dans la Nouvelle-Angleterre sont développés par des émigrations multipliées. De nombreuses colonies se fondent dans l'Amérique du Nord. Guillaume Penn colonise la Pensylvanie. Les Anglais forment des établissements à la Jamaïque et dans le reste des Antilles, des comptoirs sur les côtes d'Afrique.

404. Les relations primitives des colons anglais avec la métropole sont fréquentes et intimes d'abord et diminuent par suite de leur établissement définitif sur le sol américain. Leur origine indépendante de l'action du gouvernement anglais, donne naissance à des droits contraires aux prétentions de l'Angleterre.

405. Les premières divisions entre les colonies et la métropole se manifestent au sujet des impôts. L'action du parlement sur le commerce colonial fait naître des germes de mécontentement à mesure que se développe la puissance des colonies d'Amérique. Le bill sur l'impôt du timbre (1765) provoque la résistance des colonies. Une coalition se forme. La révocation de l'impôt est suivie de nouvelles taxes. Des négociations dirigées par Franklin sont inutiles. A l'interdiction du port de Boston les colonies répondent par un soulèvement général (1773).

§ IV. 406. Les relations avec l'Angleterre sont suspendues par le congrès de Philadelphie (1774). Lord Chatam fait de vains efforts en faveur des colonies. Les premières hostilités éclatent. L'enthousiasme des Américains est extrême. Washington est mis à la tête des troupes. La rupture de l'union politique avec l'Angleterre est proclamée par le congrès (1775) ainsi que l'acte d'indépendance des treize États-Unis.

407. Un échec au Canada affaiblit l'armée américaine. Franklin, envoyé en Europe, obtient l'alliance de la France, de l'Espagne et de la Hollande. La guerre maritime est signalée par la bataille navale d'Ouessant (1778). Les succès des Français, puis des Anglais sur mer se balancent jusqu'à la victoire décisive de l'amiral Rodney à la Guadeloupe (1782) qui assure de nouveaux aux Anglais la supériorité sur les mers.

408. La guerre sur le continent est glorieusement soutenue avec l'aide de Lafayette par l'habile Washington. L'Angleterre, qui a fait des pertes immenses, reconnaît l'indépendance des États-Unis par la paix de Versailles (1783). Les résultats de la guerre pour la France sont l'accroissement de ses embarras financiers et politiques.

§ Ier. GRANDEUR MARITIME ET COLONIALE DE L'ANGLETERRE.

389. CARACTÈRE DE LA PÉRIODE DE 1688 A 1789. — L'histoire de l'Angleterre depuis la révolution de 1688 est celle du développement de sa puissance maritime et de l'extension de son système colonial, par l'affaiblissement de notre marine et la ruine de nos colonies.

Ce double résultat, commencé sous Guillaume de Nassau, à la fin du dix-septième siècle, se poursuit pendant cent ans avec une singulière persévérance pour se consommer à la fin du dix-huitième siècle, sous les princes de la maison de Hanovre.

390. VAINS EFFORTS DE JACQUES II POUR RECOU-

VRER LA COURONNE. — Malgré la haine qu'il portait à Jacques II (n° 308), le clergé anglican n'avait pas accueilli avec bienveillance un prince calviniste; les chambres se montraient décidées à conserver l'ascendant qu'elles avaient repris sous les derniers règnes. Guillaume (1688-1702) ne put faire accepter qu'après de violents débats l'*acte de tolérance*, qui exemptait tous les *non-conformistes*, à l'exception des catholiques, des peines portées par les anciennes lois. L'autorité du nouveau roi était loin d'être établie encore dans les trois royaumes. Le château d'Édimbourg était occupé par les partisans de Jacques II, et le chef des tories écossais, Claverhouse, vicomte de Dundee, tenait la campagne à la tête d'une armée dévouée au roi déchu. Mais la mort de ce brave général, à la bataille de *Killikrankie*, rassura Guillaume sur les suites d'une redoutable insurrection. Restait à soumettre l'Irlande, où les vaisseaux de Louis XIV ramenèrent Jacques II, au mois de mars 1689. Le parlement irlandais déclara aussitôt coupables de haute trahison les partisans du prince d'Orange, et Jacques II commença les hostilités contre les protestants d'Irlande. Effrayé des succès de la flotte française et des progrès de son beau père, Guillaume alla lui-même combattre et vaincre à la *bataille de la Boyne* (1690). Cette défaite força Jacques à retourner en France, et entraîna la soumission de l'Irlande.

394. Lutte de Guillaume contre la France. — Dès lors, Guillaume mit toute sa politique à susciter des ennemis à Louis XIV, protecteur de son beau-père, et qui seul de tous les rois de l'Europe refusait de reconnaître la famille de Nassau. Malgré la résistance des whigs, dont Guillaume ne triompha qu'à force de condamnations arbitraires, malgré les victoires de Tourville, de Catinat, de Luxembourg, il repoussa deux tentatives nouvelles de Jacques, vainquit la flotte de Louis XIV à la grande *bataille de la Hogue* (1692), qui porta un coup fatal à la marine française (voir n° 311), et à force de persévérance et d'énergie, il mit un terme aux exploits du grand roi. Alors, comme dans notre siècle, il fut dans la destinée de l'Angleterre d'arrêter les développements de la puissance française, prête à dominer toute l'Europe. Guillaume parvint à se faire reconnaître par la France dans le traité de Ryswick (1697), et il se hâta d'intervenir dans la querelle de la succession d'Espagne, pour empêcher l'union de la monarchie espagnole avec la France, en armant de nouveau l'Europe contre Louis XIV (voir pour toute cette époque le chap. XXVII, § 1). Une ligue venait de se former entre l'Angleterre, les Provinces-Unies, l'Empire et l'archiduc Charles, rival de Philippe d'Anjou, quand Guillaume mourut avant d'avoir vu s'accomplir les résultats de sa politique (1702).

392. RÈGNE GLORIEUX D'ANNE STUART. — L'*acte de succession* qui excluait les catholiques du trône avait, en 1701, assuré la couronne à la princesse *Anne*, belle-sœur de Guillaume, au préjudice de Jacques, fils du roi détrôné, qui venait de mourir à Saint-Germain. Anne poursuivit avec activité l'exécution des plans de son prédécesseur, au moment où la France, veuve de ses grands ministres et de ses grands généraux, était livrée aux favoris de madame de Maintenon. A Villeroi, l'Angleterre opposait le fameux *Marlborough*, et l'Allemagne, le prince Eugène (voir n° 315). La disgrâce de Marlborough, renversé malgré ses victoires par une intrigue de cour, prépara la conclusion de la *paix d'Utrecht* (1713), qui suivit la victoire de Villars à *Denain* (n° 316). Louis XIV, par ce traité, abandonnait le *Prétendant* (Jacques III), fils de Jacques II, et reconnaissait la reine d'Angleterre.

Pendant ces campagnes si brillantes pour les armes anglaises, l'administration de l'habile ministre *Godolphin* rendait, à l'intérieur, l'Angleterre riche et florissante par les arts, l'industrie et le commerce. Le règne d'Anne est encore célèbre à un autre titre. Elle fit accepter aux parlements anglais et écossais, non sans une violente opposition de la part des puritains et des jacobites, le traité qui réunit l'Angleterre et l'Écosse en un seul royaume, sous le nom de *Grande-Bretagne* (1707).

393. GEORGES I**er****. — MINISTÈRE DE WALPOLE. — ALLIANCE DE HANOVRE.** — Malgré tout l'éclat du règne d'Anne Stuart, sa mort (1714) confirma l'exclusion de sa famille, exclusion dont elle se repentait, dit-on, d'avoir profité. La tête du Prétendant fut mise à prix, et *Georges I****er*** de Brunswick, électeur du Hanovre et descendant de Jacques I****er****, fut proclamé roi d'Angleterre (1714-1727). Les wighs régnèrent avec lui, et leur chef, *Robert Walpole*, devint le conseiller intime de la couronne. Des mesures violentes et tyranniques contre les tories signalèrent le commencement de ce règne. Le Prétendant profita du mécontentement général pour en appeler à son droit et à l'affection des Écossais (1715); mais, après quelques succès, il fut forcé de se rembarquer, et sa tentative malheureuse ne fit qu'attirer sur la tête de ses partisans la vengeance du gouvernement. Des échafauds se dressèrent de toutes parts, et l'insurrection fut étouffée dans des flots de sang.

A l'extérieur, toute la politique de Georges Ier eut pour but de maintenir le système établi par la paix d'Utrecht : il resserra étroitement son alliance avec le Régent, le seul prince peut-être en Europe qui fût sincèrement attaché à la maison de Hanovre (n° 338). Comme la France alors, l'Angleterre subit une terrible crise par l'introduction d'une immense quantité de papier-monnaie sans valeur représentative. (Système de Law, voir n° 337.) Un agiotage effréné, spéculant à force d'imposture et d'audace sur la crédulité publique, jeta la perturbation dans les fortunes, et ébranla toutes les bases du crédit public.

Walpole se tira de ces conjonctures difficiles avec plus de bonheur que le duc d'Orléans : par des mesures aussi promptes qu'habiles, il put satisfaire les créanciers de l'État, diminuer rapidement la dette publique, et ramener partout la confiance perdue. L'Angleterre dut encore d'autres utiles réformes à ce ministre, souvent ébranlé dans son pouvoir, et raffermi autant de fois, malgré son odieuse partialité contre les tories et les catholiques.

394. Georges II. — Corruption dans le gouvernement. — Chute de Walpole. — A cette époque, le gouvernement d'Angleterre présentait un déplorable spectacle. Walpole, qui se maintint au pouvoir sous *Georges II*, successeur de Georges Ier (1727), employait la corruption d'une manière si scandaleuse, qu'on l'appela *le grand maître et le missionnaire de la corruption*. Ce ministre se vantait de connaître le tarif de chaque conscience, et pendant près de quinze années encore, il sut garder la majorité dans les deux chambres. Le *parti de la cour*, soutenu par ces honteux moyens, étouffa le *parti de la patrie*, qui s'indignait des lois tyranniques portées par le ministre.

En vain Walpole repoussait la guerre de toutes ses forces pour ne pas épuiser les fonds nécessaires à sa politique corrompue, fonds qu'il employait du reste en grande partie au développement du commerce et des colonies américaines. Malgré ces résultats heureux de son administration, la haine populaire s'amassait contre lui : il put prévoir sa prochaine disgrâce, quand la guerre eut éclaté malgré lui (1741) (voyez Guerre de la succession d'Autriche, n°s 341 et suivants). Une prompte réaction s'opéra dans l'esprit public ; l'opposition devint dominante au parlement, et Walpole fut contraint de résigner tous ses emplois (1742).

Un des hommes qui avaient le plus contribué à la chute de Walpole était *William Pitt*, si connu par sa rivalité parlementaire avec *Étienne Fox*, constant admirateur du dernier ministre.

395. GUERRE AVEC LA FRANCE. — ENTREPRISE DE CHARLES-EDOUARD. — L'Angleterre avait changé de politique sous lord Carteret, successeur de Walpole, qui, dévoué aux vues personnelles de Georges II, ne craignit pas de consacrer aux guerres continentales les hommes et les revenus de son pays. Uni avec Marie-Thérèse contre la France (n° 350), Georges II alla gagner en personne la bataille de *Dettingen* (1743), qui força les Français à évacuer l'Allemagne, mais dont les résultats furent détruits par le triomphe de Louis XV à *Fontenoy* (1745).

En même temps, la France allumait la guerre civile dans la Grande-Bretagne, en envoyant au milieu des montagnards écossais un nouveau prétendant, *Charles-Édouard*, fils de Jacques III. Ce prince, ralliant autour de lui tous les partisans des Stuarts, battit les Hanovriens à Preston, à Falkirk, occupa Carlisle, Lancaster, Manchester, Derby, et s'avança jusqu'à 30 lieues de Londres. La terreur était grande dans la capitale ; mais la division qui régnait dans les troupes de Charles-Édouard le força de retourner précipitamment en Écosse. La bataille de *Culloden* ruina toutes ses espérances (1746).

Une foule de prisonniers entassés dans les prisons n'en sortirent que pour marcher à l'échafaud, ou mourir dans les tortures ; et le descendant des Stuarts, dont la tête fut mise à prix, ne parvint à repasser sur le continent qu'après avoir été réduit à se cacher pendant quatre mois dans les bois et dans les cavernes.

396. SUCCÈS DE LA MARINE ANGLAISE. — GLORIEUX MINISTÈRE DE PITT. — Pendant ce sanglant épisode, l'Angleterre n'avait pas cessé de prendre part à la guerre générale. La paix d'Aix-la-Chapelle (1748) n'interrompit pas longtemps les hostilités, et la guerre recommença sur terre et sur mer (1755). Malgré les défaites de l'Angleterre sur le continent, et la prise de Minorque par la France, ses flottes furent partout victorieuses, tandis que l'infatigable activité de William Pitt (1757) comprimait tout à coup les partis à l'intérieur, et relevait la fortune des armes anglaises en Allemagne.

Mais c'est au delà des mers et dans les colonies des deux hémisphères qu'il faut suivre les prodigieux accroissements de la puissance anglaise, qui atteint ses derniers développements sous l'énergique impulsion du grand ministre qui préside à ses destinées.

§ II. CONQUÊTES AUX INDES ORIENTALES.

597. COLONIES ANGLAISES AUX INDES. — L'Angleterre, malheureuse d'abord en Orient, jeta avec peine les premiers fondements de cette vaste domination qui maintenant pèse dans les Indes sur tant de millions d'hommes. La compagnie des Indes, fondée en 1600, protégée par Élisabeth, puis négligée par Jacques 1er et Charles 1er, se releva sous Cromwell à la faveur de la lutte de l'Angleterre contre la Hollande, et surtout sous Charles II et Jacques II, dont la politique favorisa constamment les colonies. Celles-ci s'étendirent peu à peu aux dépens de la Hollande sur les côtes de Malabar et de Coromandel. Le mariage de Charles II avec une princesse portugaise valut aux Anglais la ville de Bombay, en 1661; mais bientôt, la tyrannie des gouverneurs attira sur la colonie les armes d'*Aureng-Zeb*, empereur puissant des Mongols (1659-1707), qui battit partout les étrangers, et les contraignit à implorer leur grâce (1689). Ils s'établirent pourtant à Madras et à Calcutta. Mais la guerre entre la France et l'Angleterre, après la révolution de 1688, fut une nouvelle cause de désastres; les armateurs français enlevèrent à l'Angleterre plus de quatre mille bâtiments marchands. En même temps, une société rivale s'élevait dans l'Angleterre même, comme pour achever la ruine de la compagnie des Indes. Heureusement, la communauté des intérêts étouffa la haine qui les avait séparées d'abord, et la réunion des deux sociétés, en 1702, commença une ère nouvelle.

598. RIVALITÉ DE LA BOURDONNAIE ET DE DUPLEIX. — Depuis la réunion des compagnies en une seule et vaste administration, qui eut ses flottes et ses armes, les Anglais obtinrent de rapides succès dans les Indes. Leurs marchands devinrent conquérants dès que la mort d'Aureng-Zeb les eut délivrés de leur plus redoutable ennemi, et eut livré l'empire du Mongol à de funestes discordes. Mais en même temps, la France prenait à côté d'eux un ascendant immense. Le génie de *La Bourdonnaie*, gouverneur de l'île de France, et de *Dupleix*, gouverneur de Pondichéry, avait rapidement établi la suprématie de leur nation sur tous les petits princes indiens (1742-1745). Si ces deux chefs, aussi grands guerriers qu'habiles administrateurs, eussent conservé quelque accord et quelque harmonie, tout allait céder aux armes françaises. Un événement fatal, en brutalisant leur union, détruisit tout à coup les fruits de leurs talents et de leurs efforts. La guerre venait de commencer en Europe entre l'Angleterre et la France; les pirateries des Anglais avaient étendu les hostilités jusque dans les mers indiennes. La Bourdonnaie se vengea en s'emparant tout à coup de Madras, au milieu des possessions anglaises; mais Dupleix, furieux de voir un autre que lui vainqueur dans les Indes, brûla Madras malgré une capitulation (1746). Il fit rappeler La Bourdonnaie pour une défaite dont lui-même avait été la cause, et son infortuné rival alla mourir dans les cachots de la Bastille.

399. DÉCADENCE DE LA PUISSANCE FRANÇAISE AUX INDES. — PAIX DE PARIS. — Dupleix fit oublier un instant cette odieuse vengeance à force d'héroïsme. Sa fameuse défense dans Pondichéry épouvanta les Anglais, et à peine la paix d'Aix-la-Chapelle (1748) eut-elle rétabli le calme dans les colonies, que Dupleix commença à travailler de toutes ses forces à l'exécution d'un plan qui devait assurer aux Français cette vaste domination territoriale dans les Indes, que l'Angleterre y possède aujourd'hui. Déjà, il était parvenu à disposer des plus importantes principautés de l'Inde, déjà six cents lieues de côtes au nord de Pondichéry lui étaient soumises. Mais la politique anglaise s'inquiéta : les timides ministres de Louis XV cédèrent aux premières menaces, et Dupleix fut remplacé par l'Irlandais *Lally Tollendal* (1756).

La guerre, déjà résolue par les Anglais, n'avait été retardée un instant que pour attendre le départ du seul homme qui pût leur résister. Lally laissa échapper une à une toutes les conquêtes de Dupleix. Lord *Clive*, vainqueur à Plassey (1756), fit passer sous la domination de la Grande-Bretagne, le Bengale, le Bahar, Orissa, etc., avec dix millions d'habitants. En 1761, il lui fallut livrer Pondichéry, et le supplice inique de l'infortuné Lally, après quatre ans de captivité, ne put replacer la France au rang d'où il l'avait fait tomber. La *paix de Paris* consacra les tristes résultats de ces désastres. Pondichéry fut rendue en 1763, mais ruinée et démantelée.

400. PROGRÈS RAPIDES DE LA DOMINATION ANGLAISE DANS LES INDES. — L'histoire des Français dans les Indes est finie, tandis que l'Angleterre, maîtresse des riches pro-

vinces du Bengale et des bords du Gange, marche à la souveraineté universelle. Les victoires de lord Clive affermissent ses conquêtes; les nababs de l'Inde s'unissent à elle, et elle gouverne en leur nom. Le Grand-Mogol lui-même, relégué dans un coin de son ancien empire, s'humilie jusqu'à permettre à la Compagnie de lever des impôts dans le Bengale, et de donner une pension au nabab de cette province. En vain, *Hyder-Ali*, sultan de Mysore, soulève plusieurs princes indiens contre la compagnie : elle arme les indigènes les uns contre les autres, et le *traité de Madras* (1769) met fin à la résistance de ses ennemis. La division du pouvoir entre les gouverneurs des quatre présidences, isolées les unes des autres, est encore un obstacle au libre accroissement de la puissance anglaise; en 1773, le gouverneur du Bengale reçoit par *l'acte de régularisation* le titre et les fonctions de gouverneur général des Grandes-Indes. Dès lors, l'empire anglais en Orient est fondé; mais il impose un joug de fer aux populations indiennes, et plus d'une fois, le désespoir des opprimés fera naître de redoutables insurrections. Hyder-Ali, le vieil ennemi des Anglais, reprend les armes en 1779, tandis que l'Angleterre lutte sur les mers contre la France; la défaite de ses alliés n'abat point son courage, et il continue vigoureusement la guerre, que son successeur *Tippoo-Saheb* soutient avec une égale énergie, jusqu'à ce que le *traité de Mengalor* oblige ce dernier à rendre les conquêtes de Hyder (1784). Tippoo, que ses talents militaires ont rendu justement célèbre, devait recommencer bientôt les hostilités, faire alliance avec Bonaparte pendant son expédition d'Égypte, et mourir, l'an 1799, en combattant les Anglais. Avec lui s'anéantit l'empire de Mysore, et dès lors, de l'Océan à l'Himalaya, tout reconnut les lois de l'Angleterre.

§ III. PROGRÈS ET DÉVELOPPEMENTS DES COLONIES ANGLAISES EN AMÉRIQUE.

401. SUCCÈS DES ANGLAIS EN AMÉRIQUE. — LE CANADA EST ENLEVÉ A LA FRANCE. — Le sort des colonies françaises ne fut guère plus heureux en Amérique qu'en Asie, pendant la seconde moitié du dix-huitième siècle. L'établissement des Anglais dans la partie méridionale du Canada vint y jeter de funestes causes de division. Quelques démêlés au sujet des limites de la *Nouvelle-Écosse*, cédée définitivement par le traité d'Utrecht aux Anglais, firent éclater les hostili-

tés. L'assassinat d'un officier français, en envenimant les haines, rendit tout accommodement impossible : la guerre devint générale, et bientôt (1759) toutes les forces des deux partis se joignirent sous les murs de Québec. Les deux généraux *Wolf* et *Montcalm* périrent dans la bataille ; la victoire resta aux Anglais et leur livra tout le Canada. La conquête fut couronnée par la prise de Québec, en même temps que la marine anglaise, triomphante sur toutes les mers, s'emparait des Antilles. La France, pour recouvrer ces îles et quelques lieues de terrain dans les Indes, fut forcée de renoncer à toute prétention sur le Canada par la paix de Paris (1763). L'Espagne profita de sa détresse pour se faire céder la Louisiane, malgré la résistance des colons, qui faillirent émigrer au delà du Mississipi pour échapper à une domination étrangère. Le nom français, qui avait fait tant de bruit dans les provinces septentrionales de l'Amérique, ne devait plus s'y conserver que dans la mémoire de quelques sauvages convertis.

402. POLITIQUE NATIONALE ET VIGOUREUSE DE WILLIAM PITT. — L'Angleterre, par les triomphes de sa marine, avait désormais acquis sur les mers un empire qu'elle a conservé jusqu'à nos jours. Aussi, à la mort de Georges II, la nation, enivrée de ses succès, prodigua ses louanges à la mémoire de ce prince, qui cependant, constamment partial pour ses États d'Allemagne, n'avait réellement gouverné qu'en vue des intérêts du Hanovre (1760).

Tous ces brillants résultats étaient dus à la politique persévérante que William Pitt (n° 396) avait suivie souvent malgré le roi, malgré les chambres, et même malgré plusieurs de ses collègues au ministère. Tant de succès n'empêchèrent pas une opposition violente de se former contre lui ; et il se retira bientôt du gouvernement qu'il ne pouvait plus diriger, peu de temps après l'avénement de *Georges III* (1760-1820).

Simple membre du parlement, Pitt lutta, mais en vain, contre de funestes tendances. Le *grand député des communes* refusa de s'associer aux projets du nouveau ministère sur les colonies américaines (1764), qu'on voulait récompenser de leurs services dans les dernières guerres en les assujettissant à des taxes tyraniques. Nommé comte de Chatam, il revint au ministère (1766) quand il n'était plus temps d'arrêter la fatale direction que prenaient les affaires d'Amérique. Du moins, il consacra les dernières forces de son génie et de son éloquence à combattre des mesures désastreuses ; il mourut presque en sortant de la tribune, où sa voix avait inutilement retenti.

Il est temps de faire connaître l'origine, les développements et les grandes destinées des colonies anglaises de l'Amérique du Nord.

405. Premiers développements des colonies anglaises en Amérique. — Les Anglais n'avaient guère dans l'Amérique du Nord que quelques faibles établissements en Virginie quand les émigrations nombreuses, suite des troubles politiques et religieux sous les Stuarts (n° 222), accrurent rapidement la population européenne au delà de l'Atlantique. La *Nouvelle-Angleterre* reçut une foule d'hommes enthousiastes de la liberté, qui, après avoir fui leur patrie pour échapper à l'oppression, organisèrent un gouvernement presque républicain. Les sectaires que la persécution avait chassés apportaient en Amérique des mœurs frugales et austères, qu'ils conservèrent jusqu'à ce que le gouvernement anglais eût envoyé parmi eux la plupart de ses déportés. Leurs établissements se multiplièrent en peu de temps sur toute la côte, depuis le Canada jusqu'à la Géorgie. Ils y fondèrent la ville de Boston (1627) dans la vaste province de Massachussets, les États de Rhode-Island (1630), de Connecticut, de Maryland (1632), de la Caroline (1663), qui demanda une constitution au philosophe Locke, de New-York et de New-Jersey (1669), de New-Hampshire (1679). En 1663, huit lords anglais se fixèrent dans la Nouvelle-Angleterre; en 1681, la province de Pensylvanie fut donnée par Charles II à l'amiral Penn, dont le fils, le célèbre quaker *Guillaume Penn*, la colonisa avec succès, et y fonda (1683) la ville de Philadelphie.

Depuis plusieurs années, les flibustiers anglais s'étaient fixés dans la Jamaïque (1655); cette île fut depuis ce temps une des plus riches colonies de l'Angleterre, qui possédait, dans les Antilles, la Barbade et Saint-Christophe (1623), Antigoa (1632), les îles de Bahama. Elle ne tarda pas à introduire dans ces îles la culture de la canne à sucre. Déjà elle portait ses prétentions sur les rivages de l'Afrique elle-même, et commençait à y fonder des comptoirs et des forteresses.

404. Caractère des établissements anglais au nord de l'Amérique — « Tant que les premiers colons furent en quelque sorte perdus au milieu des tribus errantes de l'Amérique, la métropole était tout pour eux : c'est de là qu'ils arrivaient, c'est de là qu'ils tiraient leurs armes, leurs provisions, leurs renforts; c'est là aussi que la plupart voulaient retourner, une fois leur fortune faite. Mais cet état ne dura pas toujours. Quand, multipliés et mieux assis sur le sol, ils se mirent à le cultiver, et laissèrent là les fourrures et les mines pour leur ancienne vie d'Europe, alors ils commencèrent à regarder moins souvent au delà des mers ; le champ qu'ils avaient défriché passa à leurs enfants, et bientôt s'éleva une génération pour qui la terre étrangère était devenue une patrie. Des villes grandes et régulières, avec toutes les commodités et les plaisirs de l'Europe, remplacèrent les cabanes de branchages qui avaient reçu les anciens colons, et le nouveau continent put aisément se passer de l'ancien. Mais les métropoles ne tinrent pas compte de cette révolution, et continuèrent à traiter les colonies comme aux premiers temps.

» Les colonies se lassèrent de cette dépendance, et elles réclamèrent leur émancipation... »

Les États-Unis ont donné le signal de la liberté, et aujourd'hui la plupart des anciennes colonies européennes, en Amérique, se régissent par leurs propres lois.

Les colonies anglaises d'Amérique avaient été presque toujours fondées aux frais des particuliers; le gouvernement n'y avait guère contribué qu'en accordant des priviléges et des chartes qui ne lui coûtaient rien ; il laissa les colons lutter seuls contre toutes les difficultés, et il ne prit une part active à leurs affaires que lorsque, tous les obstacles étant surmontés, il ne resta plus qu'à tirer de ces établissements un profit assuré. C'était donc une question que de savoir jusqu'à quel point, d'après cette origine, les rois et les parlements pouvaient exercer le droit de souveraineté sur ces colonies. Sans doute, si l'Angleterre avait eu soin de les y soumettre avec adresse et ménagement, les rapports de subordination se seraient établis sans trouble ni violence ; mais elle voulut précipiter leur asservissement, et elle perdit tout.

405. PREMIÈRES DIVISIONS ENTRE LES COLONIES ET LA MÉTROPOLE AU SUJET DES IMPOTS. — Depuis longtemps, le parlement anglais s'attribuait le droit de régler le commerce des colonies : ses prétentions, la plupart du temps arbitraires, avaient déjà semé des germes de mécontentement, quand, après la guerre de 1756, l'Angleterre, effrayée des secours mêmes qu'avaient pu lui fournir ses enfants d'Amérique, étonnée de leur force et de leur opulence, et obligée de se créer des ressources pour combler l'énorme déficit de ses finances, songea à étendre jusqu'au delà des

mers le lourd fardeau des taxes publiques. En 1765, un bill fameux assujettit les colons à l'*impôt du timbre*. Les plus fortes réclamations répondirent à cette mesure. On demandait de quel droit le parlement anglais prélevait des impôts sur l'Amérique, tandis qu'il n'admettait dans son sein aucun représentant des colonies pour soutenir leurs intérêts ; de quel droit il prétendait leur imposer les charges du gouvernement, sans leur en accorder les avantages. En même temps, une coalition des députés de quatre-vingt-seize villes se formait pour défendre les libertés du pays ; de toutes parts, on interrompait les affaires, plutôt que d'employer le papier timbré ; le commerce fut suspendu, et les ports furent fermés à la marine marchande de l'Angleterre. L'impôt du timbre ne fut révoqué que pour être remplacé par d'autres taxes non moins onéreuses.

Dès lors, les tentatives de conciliation furent inutiles. Le sage *Franklin* (voir n° 427) vint en Angleterre présenter avec autant de modération que de fermeté les justes réclamations de ses concitoyens et reprocher au parlement d'avoir fait aux Provinces-Unies « la plus cruelle injure par laquelle un peuple » puisse être offensé, en les prenant pour lieu de déportation, » et en vidant ses prisons dans leurs villes. » A tous ces griefs l'Angleterre ne répondit qu'en rappelant les colonies à l'obéissance ; et l'interdiction du port de Boston, à la suite d'une insurrection populaire qui avait éclaté contre les Anglais, provoqua un soulèvement général dans les provinces (1773).

§ IV. GUERRE D'AMÉRIQUE.

406. COMMENCEMENT DES HOSTILITÉS — ACTE D'INDÉPENDANCE DES ÉTATS-UNIS. — Le *congrès de Philadelphie* (1777) décréta la suspension de toute relation commerciale avec l'Angleterre. La métropole devait choisir entre l'abandon de ses prétentions exagérées et la guerre avec les colonies. Malgré l'éloquent discours de lord Chatam, qui vint mourant à la tribune plaider la cause de la paix avec celle des enfants éloignés de l'Angleterre (n° 402), malgré les propositions de lord North, qui demandait au moins une apparence de transaction, toute concession fut refusée, les colonies américaines furent déclarées rebelles, et les hostilités éclatèrent en 1775.

« La vue d'un bonnet de grenadier mettra en fuite ces

poltrons d'Américains, » disaient les lords au parlement ; et cependant, au premier combat, quelques milices nouvelles battirent un détachement de soldats anglais. La résistance s'organisa rapidement : de toutes parts, les jeunes gens et les vieillards s'armaient avec enthousiasme ; l'armée fut confiée à l'habile *Washington ;* et Boston, occupée par les Anglais, retomba bientôt au pouvoir des insurgés. La même année, le congrès américain proclama par un acte solennel *l'indépendance des Treize États-Unis* (1). Les cinquante-six représentants des provinces « jurèrent d'engager leur vie, leurs biens, » leur honneur, à soutenir la déclaration qui rompait toute » union politique, tout lien d'obéissance entre les colonies et » l'État de la Grande Bretagne (1776). »

407. ALTERNATIVE DE SUCCÈS ET DE REVERS. — ALLIANCE DE LA FRANCE AVEC LES ÉTATS-UNIS. — Mais une expédition entreprise contre le Canada venait d'échouer complétement : l'ardeur guerrière se refroidissait dans plusieurs provinces ; les désertions diminuaient chaque jour l'armée de Washington. Les Américains comprirent qu'il leur fallait un secours étranger pour assurer le triomphe de leur cause, et ils envoyèrent Franklin solliciter l'alliance de la France et de l'Espagne. L'espoir d'effacer la honte de la guerre de Sept ans, le désir d'humilier une nation rivale, autant que les adroites négociations de Franklin, déterminèrent le cabinet de Versailles. Louis XVI conclut (1778) un traité avec les États-Unis d'Amérique, ne réfléchissant pas, qu'avec des finances en désordre, il ne devait pas chercher la guerre, que l'intérêt de la monarchie n'était pas de soutenir la démocratie, et que favoriser la révolution au delà des mers n'était pas le moyen de la prévenir dans son pays.

Quoi qu'il en soit, l'exemple de la France eut bientôt entraîné l'Espagne et la Hollande : l'Angleterre eut à lutter contre la moitié de l'Europe. La bataille indécise d'*Ouessant* (1778) engagea la guerre maritime, favorable d'abord aux Français, qui s'emparèrent du Sénégal et de plusieurs îles des Antilles, et aux Espagnols, qui prirent Minorque retombée au pouvoir des Anglais, et la Floride occidentale. Mais bientôt les Anglais eurent envahi la plupart des possessions françaises et hollandaises dans les Guyanes et dans les Indes ; Gibraltar,

---

(1) New-Hampshire, Massachussets, Rhode-Island, Connecticut, New-York, New-Jersey, Pensylvanie, Delaware, Maryland, Virginie, Caroline du Nord, Caroline du Sud, Géorgie.

toujours occupé par eux, résista à tous les efforts de l'Espagne, et le fameux combat naval de *la Guadeloupe*, où l'amiral *Rodney* défit la flotte française (1782), assura à l'Angleterre la supériorité sur les mers.

408. **Paix de Versailles.** — C'était sur terre que la lutte devait se décider. Soutenus par quelques jeunes Français, qui, *Lafayette* à leur tête, défendaient vaillamment la cause de la liberté, les Américains continuaient les hostilités avec une alternative à peu près égale de succès et de revers, quand Washington, dans une brillante campagne, força l'armée anglaise à capituler. Les succès des Anglais sur mer n'avaient pas empêché beaucoup de défaites partielles et la perte d'une foule de vaisseaux de commerce ; l'opinion publique se déclarait contre une guerre qui avait déjà consommé la somme énorme de deux milliards quatre cent millions sans amener aucun résultat ; le gouvernement dut se résigner à abandonner toute prétention sur les États-Unis. Leur indépendance fut reconnue par le *traité de Versailles* (1783), qui termina en même temps les contestations de l'Angleterre, de la France, de l'Espagne et de la Hollande, au sujet des colonies de l'Amérique, de l'Afrique et des Indes Orientales. La France fut mal indemnisée de toutes ses pertes, par la cession de quelques petites îles en Amérique, avec droit d'admission aux pêcheries de Terre-Neuve, par l'acquisition définitive du Sénégal et par la restitution de quelques places démantelées dans les Indes. L'Espagne conserva les Florides reconquises en 1781, et Minorque ; la Hollande accorda aux Anglais la libre navigation sur toutes les mers des Indes.

Questionnaire. — § I. 389. Quel est le caractère de la période de 1688 à 1789 ? — 390. Quels furent les efforts de Jacques II pour recouvrer la couronne ? — 391. Faites connaître la politique de Guillaume d'Orange. — 392. Quelle fut la politique et la situation de l'Angleterre sous la reine Anne ? — 393. Quelle nouvelle dynastie s'éleva au trône ? — Quel ministre gouverna sous Georges Ier ? — Quel fut son système politique ? — 394. Comment Walpole contribua-t-il à la puissance de l'Angleterre au dehors ? — Comment gouverna-t-il à l'intérieur ? — 395. Quel changement éprouva la politique anglaise ? — Quelle part prit l'Angleterre aux événements du continent ? — 396. Comment furent compensés les revers des Anglais sur terre ? — Quel glorieux ministère commença en 1757 ? — § II. 397. Quels furent les commencements de la domination anglaise dans les Indes ? — Quelle circonstance en prépara les progrès ? — 398. Quels furent les succès des Français aux Indes sous Labourdonnaie et Dupleix ? — Comment éclata leur rivalité ? — Quelles en furent les conséquences ? — 399. Comment Dupleix soutint-il la lutte contre les Anglais? — Par qui fut-il remplacé? — Quel fut le sort de son successeur? — En quel état le traité de Paris réduisit-il les colonies françaises aux Indes? — 400. Faites connaître les dernières luttes et les derniers développements de la domination anglaise dans les Indes. — § III 401. Quels démêlés amenèrent la conquête du Canada par les Anglais? — 402. A qui étaient dus les grands résultats obtenus au delà des mers vers cette époque? — Quel événement fatal Pitt voulut-il en vain conjurer? — 403. Faites connaître les premiers établissements dans la Nouvelle-Angleterre. — 404. Quelles étaient les relations primitives de ces colonies avec la métropole et quelles devaient être les conséquences de leur origine? — 405. Comment éclatèrent les premières divisions entre l'Angleterre et les colonies? — Quelles mesures et quelles négociations précédèrent les hostilités? — 406. Comment commença la guerre de l'indépendance? — Que fit le congrès de Philadelphie? — 407. Qu'était-ce que Washington? — De qui obtint-il des secours? — Faites connaître les principaux faits de la guerre maritime. — 408. Quels furent les événements de la guerre continentale? — Comment se termina la guerre? — Quelles furent les principales dispositions du traité de Versailles?

CHAPITRE TRENTE-TROISIÈME.

HISTOIRE PHILOSOPHIQUE, LITTÉRAIRE ET POLITIQUE DU DIX-HUITIÈME SIÈCLE.

SOMMAIRE.

PREMIÈRE PARTIE. § Ier. 409. Une tendance philosophique et réformatrice se manifeste dans toutes les branches de la littérature française. La réaction contre les idées du dix-septième siècle se manifeste par des systèmes matérialistes. Le style s'altère.

410. Voltaire (1694-1778), génie universel, roi de la littérature, auteur de la *Henriade*, de nombreuses tragédies, de poésies légères, d'ouvrages historiques et critiques, attaque les abus dans l'administration de la justice et propage des idées de salutaires réformes, mais en même temps, il ébranle par ses sarcasmes impies les convictions religieuses et corrompt les mœurs par des œuvres licencieuses. Il est vivement réfuté par l'abbé Guénée.

411. Une légion de philosophes anti-religieux ou *esprits forts* marche à sa suite. Les principaux sont l'athée Diderot, d'Alembert, le créateur de l'Encyclopédie; l'impie Helvétius, le cynique d'Holbach, l'infâme Lamettrie.

412. J. J. Rousseau, l'éloquent et paradoxal auteur d'*Émile* et du *Contrat social*, exalte la liberté politique, l'égalité civile, mais élève le naturalisme contre la religion révélée.

413. Après Mably, qui préconise la politique de Sparte et d'Athènes,

l'abbé de Saint-Pierre qui élabore le projet de la paix perpétuelle, d'Argenson, qui propose le développement des institutions municipales; Montesquieu, profond et lumineux penseur, dans l'*Esprit des lois*, les *Considérations sur les causes de la grandeur et de la décadence des Romains*, pose les maximes fondamentales des gouvernements et les principes des législations.

414. La philosophie anglaise tombe avec Hume dans un scepticisme matérialiste que combattent Clarke, Warburton, Berkley. La philosophie écossaise, spiritualiste mais peu élevée, ne dépasse pas la sphère de la psychologie.

415. La philosophie allemande, après Leibnitz, continue ses hautes spéculations avec Kant, le célèbre auteur de la *Critique de la raison pure*, dont la doctrine s'égare, dans les œuvres de ses disciples, vers l'idéalisme et le panthéisme. Goethe, le roi de la littérature allemande, poëte et philosophe sans conviction, répand le scepticisme.

§ II. 416. L'économie politique, science de la formation et de la répartition de la richesse, naît au dix-huitième siècle et exerce des esprits élevés. Vauban occupe ses *oisivetés* à des projets de réforme en matière d'impôts.

417. Quesnay est le père de l'économie politique; il démontre la vraie nature de la richesse. Adam Smith (1723-1790) expose la science nouvelle dans les *Recherches sur la nature et les causes de la richesse des nations*, et émet la formule : *Laissez faire, laissez passer*. Ricardo, riche banquier, répand ses idées avec ardeur ; elles vont agir sur les institutions sociales.

Deuxième partie. 418. Pombal, ministre de Joseph Ier de Portugal, entreprend d'affranchir le Portugal de la domination commerciale de l'Angleterre ; il rend l'impulsion à l'industrie et au commerce, restaure les finances et l'instruction. Animé d'une haine aveugle contre les jésuites, il anéantit le Paraguay et chasse la compagnie de Jésus du Portugal. Ses réformes trop précipitées et trop violentes, sont éphémères.

419. Ferdinand VI, par son excellente administration en Espagne, mérite le nom de Sage (1746-1759). Charles III continue son œuvre de réforme et de progrès à l'aide d'Aranda ; il expulse les jésuites, en 1767 ; il déclare que l'industrie ne déroge pas à la noblesse. L'Espagne retrouve quelque prospérité. La guerre d'Amérique en ruinant les finances met fin à cette ère heureuse.

420. Charles VII à Naples a pour ministre Tanucci, esprit réformateur qui attaque les priviléges, simplifie la législation, expulse les jésuites, supprime des couvents; il est disgracié sous Ferdinand IV, après quarante-trois ans de services.

421. L'archiduc Léopold réforme l'administration en Toscane; il exécute des travaux de desséchement qui donnent un grand essor à l'agriculture.

422. Joseph II, d'Autriche, ne commence réellement à régner qu'à la mort de sa mère (1780) ; il veut fondre les diverses nationalités de ses peuples en faisant disparaître tous les priviléges, toutes les iné-

galités, en proclamant la liberté de conscience, en établissant une division toute nouvelle de territoires et de gouvernements. Ses réformes trop brusques soulèvent des résistances universelles ; il est contraint de les abolir lui-même pour la plupart.

423. Frédéric II a introduit de nombreuses réformes administratives, mais en maintenant intact le système du gouvernement absolu.

424. La France, foyer des idées philosophiques, en reçoit aussi la prompte application. — Choiseul, le réorganisateur de la marine et de l'armée, médite des innovations qu'il n'a pas le temps d'accomplir.

425. Louis XVI (1774-1793), animé des intentions les plus droites et les plus désintéressées, abolit la torture, rappelle les parlements, rend aux protestants la plénitude des droits civils. — Malesherbes, ministre de l'intérieur, auteur de travaux sur l'économie rurale, est un sage réformateur. — Turgot, chef des économistes, supprime les corvées, les maîtrises et les jurandes, crée une caisse d'escompte, rétablit les finances, propose l'égalité des impôts. Louis XVI est contraint de le congédier (1776).

426. Necker, banquier genevois, cherche à fonder le crédit public à l'aide d'un habile système d'emprunts. La guerre d'Amérique remet le désordre dans les finances. Necker publie sans résultat un compte-rendu de l'état des finances ; il se retire (1781) et est remplacé par le dissipateur Calonne qui convoque inutilement une assemblée de notables. Necker est rappelé. Les États-généraux sont convoqués (1789).

PREMIERE PARTIE.

Esprit de réforme popularisé par les philosophes (Voltaire, Montesquieu, Rousseau.....) et par les économistes (Vauban, Quesnay, Adam Smith, etc.) dans toute l'Europe.

§ Ier. ESPRIT DE RÉFORME POPULARISÉ DANS TOUTE L'EUROPE PAR LES PHILOSOPHES (VOLTAIRE, MONTESQUIEU, ROUSSEAU...).

409. CARACTÈRE DE LA LITTÉRATURE AU DIX-HUITIÈME SIÈCLE. — Dans les lettres et les sciences, comme dans la politique, il se manifeste au dix-huitième siècle des idées de réforme que les philosophes formulent en principes, que les économistes réduisent en système, que les littérateurs popularisent, que les ministres et les souverains mettent en pratique. Tous propagent avec une incroyable ardeur des théories souvent fécondes et salutaires, parfois exagérées et dangereuses.

Ce qui caractérise surtout la littérature au dix-huitième siècle, c'est une tendance philosophique qui envahit tout, qui domine tout, la poésie, l'histoire, la critique, l'éloquence, la politique, qui donne à tous les genres une nouvelle et étrange physionomie. En France, où cette influence est universelle, la philosophie fait régner avec elle des systèmes matérialistes, enfants, illégitimes peut-être, des doctrines de Bacon et de Locke. Ils sont développés et exposés dans toute leur nudité, avec un cynisme effronté, par les Cabanis, les d'Holbach, les Helvétius. « Certes, Newton et Bacon se seraient séparés avec indignation de ceux qui les divinisèrent au dix-huitième siècle. Mais il est très-facile de concevoir qu'aucun genre de croyance, qu'aucune espérance d'une vie future ne pouvait se maintenir, du moment où l'on admettait que toute vérité est renfermée dans la sphère étroite de nos sens. » (Schlegel.) Cette réaction violente contre les idées du dix-septième siècle amena peu à peu une altération sensible dans l'expression, et au genre large, simple et noble des écrivains du temps de Louis XIV, succéda insensiblement ce style, plus brillant que pur, plus séduisant qu'irréprochable, plus prétentieux qu'élevé, dont le type se retrouve dans les écrits du plus grand nombre des *philosophes* (voir ci-après, n° 412). Nous devons étudier avec soin le caractère et les écrits des hommes qui ont exercé la plus grande influence sur ce prodigieux mouvement qui se manifesta dans l'esprit humain à cette époque.

410. Voltaire (1694-1778). — Il faut nommer tout d'abord l'homme qui devait dominer le siècle dont il fut le roi ou plutôt le tyran. Supérieur dans presque tous les genres de littérature, ennemi de tous les mérites dont l'éclat pouvait offusquer le sien, mais protecteur et chef habile de tout un bataillon d'esprits secondaires, ministres de ses idées, qu'il dirige avec une merveilleuse adresse et qu'il lance quelquefois en avant, comme pour éclairer la route et mieux assurer sa marche, Voltaire, épris de quelques nobles idées, mais plus fanatique de lui-même et de sa gloire que possédé de l'amour de l'humanité, Voltaire, armé de toute la puissance de sa redoutable plaisanterie, fort de toutes les ressources de son incomparable génie, livre une guerre acharnée à toute la tradition religieuse sur laquelle repose l'ordre social. Confondant les institutions avec leurs défauts, les doctrines avec leurs exagérations, les principes avec les fausses conséquences qu'on en a tirées ; choqué des abus et non des vices de son temps, et ayant pour règle singulière de propager la réforme par la licence et de corrompre les mœurs pour enhardir les opinions ; ne respectant en religion que le dogme de l'existence de Dieu, et en politique que le système monarchique dont l'éclat et la grandeur l'ont ébloui et avec lequel d'ailleurs son orgueil se complaît à traiter de souverain à souverain, Voltaire doit être étudié dans son ensemble ; car sa vie partagée entre tant d'objets divers tend toujours à un même but. Montesquieu et Rousseau ont contribué davantage au changement des institutions. Voltaire a exercé sur les mœurs et les croyances une action plus profonde. Si on lui doit d'avoir aidé au développement des idées de tolérance politique et de liberté religieuse, par une compensation fatale, aujourd'hui même que l'autorité de son nom a tant perdu, la corruption qu'il a semée se propage encore dans les mœurs du peuple, et, dans une partie des classes plus élevées, la religion dominante est toujours le déisme commode du patriarche du dix-huitième siècle.

François-Marie *Arouet* (1694-1778), né à Chatenay, près de Sceaux, d'un trésorier de la chambre des comptes, fut élevé au collége de Louis le Grand que dirigeaient les Jésuites, et se fit dès lors remarquer par son esprit. A peine âgé de vingt ans, il fut jeté à la Bastille pour une satire dont il n'était pas l'auteur ; en sortant de captivité, il quitta le nom d'Arouet pour celui de *Voltaire*, qu'illustra bientôt le double succès de sa tragédie d'*OEdipe*, et de son grand poëme de la *Henriade*, notre seule épopée nationale, commencés l'un et l'autre sous les verrous de la Bastille. Déjà, dans ces deux ouvrages, l'esprit frondeur du jeune écrivain se révélait par un grand nombre de vers sentencieux et d'allusions plus ou moins déguisées. Déjà, on y remarque l'essor de cette poésie philosophique où brillent « toutes les beautés que peuvent inspirer une morale sans religion et une métaphysique sans croyances; beautés d'un ordre inférieur qui satisfont l'esprit, mais qui n'élèvent pas l'âme ; qui instruisent, mais ne remuent pas. » (M. NISARD.) Tous les instincts du génie de Voltaire allaient se développer dans un voyage ou plutôt un exil en Angleterre, pays dont il étudia profondément la langue, la littérature, les découvertes en physique et en astronomie, et surtout, cette philosophie incrédule et matérialiste, fille dégénérée de la doctrine de Locke. De retour en France, il fit paraître en peu d'années ses plus belles tragédies : *Zaïre*, pièce pleine de charme et d'entraînement, qui eut un succès prodigieux ; *Alzire*, *Mahomet*, *Mérope*, la *Mort de César*, dont quelques belles scènes sont dues à une lointaine et timide imitation de Shakspeare, chefs-d'œuvre que l'on peut nommer après ceux de Corneille et de Racine, mais où Voltaire, toujours froid dans ses tirades philosophiques, n'est parfois sublime que lorsque, oubliant les préjugés qui ont rabaissé son génie, il se laisse emporter aux inspirations de cette foi chrétienne qui semble se venger de ses blasphèmes en le soumettant malgré lui à sa surnaturelle puissance.

Au dessous de lui-même dans la comédie, où il n'a ni verve, ni gaieté, et dans la poésie lyrique, qui ne s'anime guère au souffle glacé du scepticisme, Voltaire retrouve toute sa supériorité dans la *poésie légère*, qui se plie à toutes les formes capricieuses de son inépuisable raillerie ; mais il s'est à jamais flétri en profanant de son sarcasme licencieux la gloire la plus pure et la plus chaste de notre histoire, dans un poëme indigne que madame de Staël a si énergiquement appelé *un crime de lèse-nation*.

La prose de Voltaire, dénuée du secours des grandes pensées qui élevaient si haut le langage des hommes du dix-septième siècle, est aussi privée des ressources que fournit une consciencieuse étude de l'antiquité. Mais, à défaut de la richesse, de la noblesse, de la majesté, elle a encore la clarté, la souplesse et l'élégance. L'*Histoire de Charles XII* est un chef-d'œuvre de narration simple, rapide, attachante. Le style du *Siècle de Louis XIV* s'empreint quelquefois de l'éclat de ce magnifique sujet. Mais c'est dans les œuvres de philosophie et de polémique que se manifeste toute l'ardeur, toute la vivacité, toute la puissance funeste du génie de Voltaire. La lutte contre les dogmes du christianisme, c'est là l'œuvre de sa vie entière. Il la poursuit sans relâche, dans ses *Lettres philosophiques* ou *Lettres Anglaises*, brûlées de la main du bourreau; dans ses *Éléments de la philosophie de Newton*, où il veut tirer des doctrines du religieux astronome les preuves du matérialisme; dans le fameux *Essai sur les mœurs et l'esprit des nations*, où les annales de la nation juive sont mutilées sans scrupule au profit d'un système, où l'histoire du moyen âge n'est pas jugée plus digne d'être écrite que *celle des ours et des loups*; dans son *Dictionnaire philosophique*, dans sa *Bible commentée*, amas d'objections contre les livres saints, qui accusent autant d'ignorance que de mauvaise foi; dans une *Correspondance* immense avec tous les littérateurs de l'époque; enfin jusque dans ses *Contes* et ses *Romans*, et dans plusieurs écrits impies publiés sous le voile de l'anonyme.

Voltaire acheva ces innombrables publications au milieu de ses succès de théâtre, des enivrements de la cour de Berlin, où Frédéric II se fit son disciple et quelque temps son ami, et il ne les interrompit un instant à la cour de Versailles que pour les reprendre et les terminer dans sa fastueuse retraite de Ferney. Là, Voltaire eût honoré sa vieillesse et fait oublier bien des erreurs par ses écrits énergiques et courageux en faveur de Calas, de Sirven, de Lally, victimes de déplorables erreurs judiciaires, par sa haine sincère contre toute oppression injuste et par de nombreux traits de bienfaisance, accomplis sans ostentation. Sa mémoire se serait purifiée peut-être, s'il n'avait fait rejaillir jusque sur ses derniers jours la honte de ces compositions obscènes, doublement odieuses quand elles sont froidement conçues dans le calme des passions éteintes. — Après un éloignement de vingt années, Voltaire apparut de nouveau à Paris, pour y jouir une dernière fois de tout l'éclat de sa renommée. Accueilli avec un enthousiasme impossible à décrire à la représentation d'*Irène*, « bien faible tragédie, mais date mémorable, » dit l'illustre critique que nous avons cité tant de fois, il mourut quelques jours après, épuisé par les émotions de son triomphe, entre les bras des *philosophes* qui crurent protéger ses derniers instants contre les faiblesses de la mort en repoussant loin de leur chef les secours et les miséricordes de la religion.

Un seul homme avait troublé la joie de tous les succès de Voltaire, plus encore que ne l'avaient offusqué l'illustration de Montesquieu et les véhémentes apostrophes de Jean-Jacques; un seul homme avait osé saisir le redoutable lutteur corps à corps, et il avait su le combattre victorieusement avec ses propres armes. Tandis que les savants docteurs anglais Warburton et Lowth composaient des réfutations décisives, mais que personne ne lisait en France, l'abbé *Guénée* (1717-1803) lançait contre son puissant adversaire les *Lettres de quelques juifs*, chef-d'œuvre de sarcasme poli et d'impitoyable raillerie, « où toutes les préventions de Voltaire, toutes ses méprises volontaires ou involontaires, en histoire, en religion, en politique, sont relevées avec une précision et une rigueur désespérantes, avec une souplesse merveilleuse de ton, d'expression, de formes; c'est le trait piquant, l'ironie légère, la plaisanterie voilée, la bonhomie perfide de Voltaire même. » (M. CHARPENTIER.) Voltaire convint lui-même que le secrétaire des Juifs avait de l'esprit et un style pur; qu'il était poli, mais qu'il mordait jusqu'au sang.

Ce fut du reste à cette époque le seul effort efficace en faveur de la religion. Voltaire, châtié par l'abbé Guénée, fit tomber sa vengeance sur *Fréron, La Bletterie, Nonnotte*, défenseurs plus zélés qu'habiles de la cause religieuse. Étourdis, accablés par ses sarcasmes, les apologistes se turent. Dieu voulut que la foi catholique traversât encore une fois la tourmente sans secours humain; le siècle continua son cours.

411. PHILOSOPHIE ET POLÉMIQUE ANTIRELIGIEUSE. — ENCYCLOPÉDISTES. — Le *préjugé de Dieu* se retrouvait encore dans les œuvres de Voltaire; le jour était venu où allait commencer *l'apostolat de l'athéisme*. « L'homme qui remplit cette mission avec le plus de talent et d'ardeur fut *Diderot* (1713-1784), esprit vaste, mais inconséquent, peu d'accord par sa nature avec ses propres opinions, enthousiaste et sceptique; bon homme, exprimant parfois des vœux atroces; capable de vertu et destructeur de toute morale. » Théiste encore dans ses *Pensées philosophiques*, athée bientôt après dans sa *Lettre sur les aveugles*, il rejette tous les principes de morale, comme dépendant de la configuration de nos organes; il déclare la pudeur, préjugé; l'inceste, chose indifférente, et il demande s'il y a un père qui, sans la honte qui le retient, n'aimât mieux perdre son enfant que sa fortune et sa vie. Celui qui a écrit cette phrase sacrilège était père! — L'ami et l'allié de Diderot, avec moins de fiel pourtant et de cynisme, fut *d'Alembert* (1717-1772), fils naturel de la spirituelle madame de Tencin. Abandonné par sa mère, élevé dans la boutique d'un pauvre vitrier, il devint un mathématicien habile, un littérateur remarquable par la netteté et la précision de son esprit; il fut le successeur de Fontenelle comme secrétaire de l'Académie, et s'unit à Diderot, pour l'exécution de la grande entreprise de l'*Encyclopédie*, vaste Babel des sciences et de la raison, élevée par la main des philosophes. Tous mirent la main à l'œuvre; mais chacun apportant ses idées particulières dans la rédaction de cet immense et indigeste répertoire de toutes les connaissances humaines, il en résulta un tout incohérent, où toutes les doctrines du dix-huitième siècle se trouvèrent à

la fois exposées et contredites. Aussi cette œuvre, qui fut d'ailleurs terminée précipitamment avec l'aide d'une foule de collaborateurs obscurs. est-elle généralement d'une exécution médiocre ; il en faut excepter toutefois le *Discours préliminaire*, dans lequel d'Alembert a tracé avec un talent supérieur un magnifique tableau des connaissances humaines.

Les dernières conséquences de la philosophie des encyclopédistes se révèlent dans toute leur hideuse nudité sous la plume d'*Helvétius*, qui, dans son *Livre de l'esprit*, attaque la spiritualité de l'âme, la réalité de la conscience, la liberté de la pensée, et dans les écrits du baron d'*Holbach* (1723-1789), dont la maison fut pendant quarante ans le rendez-vous de tous les *esprits forts*. Après avoir traduit les ouvrages les plus impies de la littérature anglaise, il écrivit le fameux livre du *Système de la nature*, « cet évangile de l'athéisme et du matérialisme, » dit M. Bouillet, désavoué avec dégoût par Voltaire lui-même, et bientôt réfuté par le savant théologien *Bergier* (1718-1790), qui devait être à la fin du siècle le redoutable adversaire de toute l'école encyclopédique. — Hâtons-nous de terminer la liste de ces hommes indignes du titre de philosophes, par le nom flétri du médecin *Lamettrie* (1709-1751), qui, chassé de France et de Hollande pour le cynisme de ses doctrines, ne put trouver asile qu'à la cour de l'incrédule et libertin Frédéric II.

412. JEAN-JACQUES ROUSSEAU. — Contre ces systèmes honteux qui semblent n'avoir d'autre but que l'avilissement de la dignité humaine, va se lever du sein même de la philosophie une éloquente et énergique protestation. Étrange condition que celle de Rousseau ! Ennemi de la philosophie matérialiste et athée par toutes les tendances d'une âme naturellement religieuse, il en partagera pourtant les injustes antipathies ; ennemi, par préjugé de son temps et par je ne sais quelle ardeur indépendante, de ce dogme chrétien dont l'influence pourtant le domine et dont la pure et sublime beauté lui arrachera plus d'une fois d'involontaires hommages : perpétuellement en contradiction avec ses doctrines et avec ses instincts, en guerre à la fois avec la philosophie et avec l'Église, jeté dans une sorte d'isolement moral, malgré l'admiration et l'enthousiasme qu'excitera l'éclat de sa lutte contre les puissances de la société, Rousseau concevra au fond de son âme une fierté sauvage et irritable, un besoin d'orgueilleuse révolte, qui, s'exaltant jusqu'au délire, expliqueront à la fois et la véhémence de son génie, et les contradictions de sa pensée, et les écarts de ses systèmes en morale comme en politique. Rousseau est le seul homme peut-être, parmi les philosophes de son siècle, qui ait été de bonne foi dans ses erreurs et jusque dans les vacillations de sa pensée, et dont la douloureuse destinée, malgré bien des fautes et des scandales, mérite peut-être plus encore la pitié que l'anathème.

L'éducation de *Jean-Jacques Rousseau* (1712-1778) et les épreuves auxquelles fut soumise sa jeunesse, ont dû contribuer puissamment à former en lui ce caractère inquiet, antisocial et bizarre. Fils d'un horloger de Genève, il échauffa sa jeune imagination par la lecture d'un grand nombre de romans et des Vies de Plutarque, et s'échappa de l'étude d'un greffier, où l'avait placé son père, pour commencer une longue série de romanesques aventures. Apprenti graveur pendant quelques mois, recueilli par une dame catholique, qui lui fit abjurer le protestantisme, mais qui ne contribua pas à épurer ses mœurs; successivement laquais, maître de musique, précepteur et commis; réduit le plus souvent à copier de la musique pour vivre, il finit par épouser une servante d'auberge, et déshonora son caractère en l'abandonnant, ainsi que les enfants issus de cette malheureuse union. Les dernières et les plus fécondes années de sa vie s'écoulèrent à l'Ermitage, près de Montmorency, et à Ermenonville, où il mourut à l'âge de soixante-six ans, en proie à une monomanie mélancolique qui lui faisait voir des ennemis partout. Il n'était entré qu'à trente-sept ans dans la carrière littéraire.

Il débuta (1749) par un discours sur l'influence morale des sciences et des arts, couronné par l'Académie de Dijon. En haine de la corruption de son siècle et de cette littérature sans conscience « à qui le goût du temps pour les petites choses en a coûté de grandes, » il se déclare l'adversaire de toute civilisation; ainsi s'annonce à la fois sa destinée littéraire et politique. Ses doctrines philosophiques se formulent dans la *Lettre sur les spectacles*, où il nie avec énergie la prétendue influence du théâtre pour l'amélioration des mœurs, et où il fait un chaleureux « appel de l'esprit du monde à l'esprit de famille; » puis, dans son *Émile*, sa plus remarquable création, où l'on voit éclater tout à la fois l'horreur du philosophisme et du dogme chrétien, quoique la morale évangélique en ait inspiré les plus belles pages. — Cet ouvrage, dont la portée fut immense, a rendu un incontestable service, en rappelant les mères à l'accomplissement des devoirs que leur impose la nature, et en consacrant avec autant de bon sens que de vivacité quelques principes excellents d'éducation; mais il pèche, en dehors même de la question religieuse, par l'impuissance d'un système d'éducation conçu sous l'influence des théories antisociales de l'auteur, qui prétend ne donner à son élève d'autre maître que la nature, et prononce bientôt lui-même sa propre condamnation en laissant dans la suite de son récit la chaste élève de la nature et de la vérité succomber comme une femme vulgaire à la première séduction. — La *Lettre à monseigneur de Beaumont*, et les *Lettres de la Montagne*, écrites par Rousseau, pour défendre à la fois contre l'archevêque de Paris et le conseil de Genève ses doctrines philosophiques, sont inférieures à la plupart de ses autres ouvrages. Nous parlerons plus loin (n° 413) de ses écrits politiques.

413. PUBLICISTES. — MONTESQUIEU. — Les théories politiques, cet autre fondement de l'influence du dix-huitième siècle sur la société, vont nous ramener promptement du domaine de la spéculation au terrain brûlant de la polémique.

Dès le commencement de cette époque, un singulier penchant vers les réformes et les utopies sociales s'était révélé dans les œuvres des esprits sérieux et méditatifs, alors que le gouvernement absolu, dépouillé peu à peu de son prestige, laissait voir à nu ses faiblesses, ses inconséquences et ses abus. L'abbé de *Mably* évoque tous les souvenirs et tous les principes politiques de Sparte et d'Athènes contre les institutions modernes, sans respect ni pour la religion, ni pour la gloire, ni pour le gouvernement de son pays. — L'abbé de *Saint-Pierre* (1658-1743), adversaire modéré, mais opiniâtre, de tous les vices de l'ordre social, élabore ce fameux *projet de paix perpétuelle*, où il propose l'établissement d'un tribunal suprême pour juger les querelles des nations ; idée que le cardinal Dubois appelait le *rêve d'un honnête homme*, dont Voltaire voulait récompenser l'auteur en le nommant *secrétaire de la république de Platon*, et qui cependant, bafouée ou négligée pendant un siècle, se réalise en partie dans le système de la politique contemporaine.

Enfin le marquis *Voyer d'Argenson*, étudiant le gouvernement anglais et proposant pour la France la monarchie absolue tempérée par les institutions municipales, prépare l'apparition de l'œuvre la plus remarquable peut-être du dix-huitième siècle, l'*Esprit des lois*. — L'auteur de ce livre célèbre, non moins illustre par ses *Considérations sur la grandeur et la décadence des Romains*, Montesquieu (1689-1755), conseiller à vingt-cinq ans, puis président à mortier au parlement de Bordeaux, s'était fait connaître dans la carrière littéraire par les *Lettres persanes*, ouvrage frivole dans la forme, mais où déjà se révèle un remarquable esprit d'observation et de critique ; du reste, animé par le génie frondeur du dix-huitième siècle, et portant, avec l'art perfide de Voltaire, de graves atteintes à la religion et aux mœurs. Une rapide esquisse historique (v. ch. 172) avait montré le talent du jeune président sous un jour plus digne de son caractère, lorsque, après vingt années de voyages dans tous les pays de l'Europe, d'études immenses sur les législations et les gouvernements, Montesquieu publia son traité de l'*Esprit des lois*, entouré dès son apparition de l'admiration universelle. — Le caractère de l'*Esprit des lois*, c'est le bon sens s'élevant à la hauteur du génie ; « le bon sens qui, au lieu de blâmer, observe et démêle, à travers les abus apparents, la raison supérieure et profonde qui les anime et les maintient. Montesquieu ne trace point de vaines théories ; il prend les peuples tels qu'il les trouve ; il examine attentivement leurs lois, leurs mœurs, leurs institutions ; et, persuadé que ces lois, ces institutions, ces mœurs, si elles n'avaient au fond un principe plus relevé, plus fécond, qui les fait vivre, tomberaient bientôt ainsi que la société qu'elles soutiennent, il cherche plus haut et ailleurs ; il cherche dans les idées, dans l'essence de la nature humaine, la source et la force même de la loi. Sur cette première et lumineuse pensée, il pose les bases de son édifice. Puis, il va cherchant dans les différents gouvernements l'application et la justification de ces principes; et il prouve qu'ils ont grandi ou sont tombés selon qu'ils ont vécu conformément ou non à l'esprit de leurs institutions, à la raison légitime de leur existence, au principe de la loi. » (M. CHARPENTIER.) Ce livre a été l'objet de critiques nombreuses, dont l'amertume fait quelquefois suspecter la justesse quand elles viennent du philosophe jaloux de toutes les illustrations de son époque ; toutefois, il faut avouer qu'il est facile de relever beaucoup d'erreurs de détail dans un ouvrage dont Montesquieu fit souvent rassembler les matériaux par des mains étrangères, et de remarquer, même au milieu de ces pages d'une raison si droite, de singulières hallucinations.

Quel que soit au reste le jugement que l'on porte sur ses défauts, Montesquieu aura toujours une gloire incontestable, immense ; c'est lui qui, après un examen approfondi de l'organisation politique de l'Angleterre, a le premier conçu ce type de gouvernement, ce système représentatif, proposé dès l'origine aux réformes de la révolution française.

Laissons un instant ce style calme, sévère, un peu sentencieux et dogmatique, si bien en harmonie avec la pensée de Montesquieu ; voici des pages chaleureuses, entraînantes, pleines de passion et d'amertume : c'est *Rousseau*, jetant dans la discussion politique toute l'ardeur et souvent toute l'exagération paradoxale de ses systèmes. Le discours sur *l'Origine de l'inégalité parmi les hommes* ébranle avec une sombre énergie les bases de l'ordre social : bientôt le *Contrat social* et les *Considérations sur le gouvernement de Pologne* substituent à toutes les anciennes idées sur l'origine du pouvoir, et même aux principes mixtes et tempérés de Montesquieu, le dogme absolu de la souveraineté du peuple, d'après cette supposition qu'un contrat primitif et volontaire aurait réglé à l'origine les conditions de l'association humaine. Là est l'immense, l'incalculable influence de Rousseau. Sa doctrine, acceptée avec enthousiasme par les uns, repoussée non moins vivement par les autres, a régné sans partage à une époque mêlée de gloire et d'infamie, maintenant elle fermente encore au sein de notre société ; elle travaille toutes nos institutions, et elle est encore bien loin peut-être d'avoir produit ses derniers résultats.

414. PHILOSOPHIE ANGLAISE ET ÉCOSSAISE. — L'Angleterre, qui avait exercé une action funeste sur la philosophie française, subit à peu près de la même manière les conséquences des doctrines qu'elle avait nourries dans son sein. Le vicomte de *Bolingbroke*, célèbre comme publiciste et comme philosophe, oppose à la révélation les doctrines du pur déisme, et peut être considéré comme le chef de cette déplorable école qui enfanta Voltaire. *David Hume* (1711-1776), incrédule et sceptique par nature, acharné dès sa jeunesse à saper non-seulement toutes les croyances religieuses,

mais toutes les bases de la certitude, tous les principes de la morale, n'est guère moins dangereux, comme philosophe, que Hobbes, son prédécesseur. Au moins il y a, en Angleterre, une lutte soutenue énergiquement, quoique parfois avec une ardeur exagérée, contre ces tendances perverses. *Samuel Clarke* (1675-1729) combat victorieusement le scepticisme par son admirable *Traité de l'existence de Dieu*. Le docteur *Warburton* (1698-1779) réfute Bolingbroke. Le vertueux évêque *Berkley* (1684-1753), emporté par son zèle contre le matérialisme, entreprend, dans le célèbre *Dialogue d'Hylas* (le matérialiste) *et de Philonoüs* (le spiritualiste), de prouver que la matière n'existe pas, et que les corps extérieurs ne sont que de vaines apparences.

L'Ecosse voit naître une école paisible et sage, qui, si elle ne se fait pas remarquer par des théories d'une grande profondeur, a le mérite de rappeler les penseurs au sentiment de la dignité humaine, et de fonder la science utile et sûre de la psychologie. La *philosophie écossaise* doit son origine et ses développements à *Hutcheson* (1694-1747), professeur de morale à Glasgow; au docteur *Thomas Reid* (1710-1796), et à *Dugald-Stewart* (1753-1828), dont les doctrines ont été popularisées en France par d'illustres contemporains.

415. PHILOSOPHIE ALLEMANDE. — La philosophie allemande, guidée par les doctrines de Leibnitz, poursuit avec plus d'éclat et de génie que la philosophie écossaise la lutte contre le matérialisme, mais en inclinant vers un excès opposé. Pendant toute la première moitié du siècle, *Wolf* (né en 1679) s'attache à expliquer, à compléter, à populariser les doctrines du plus grand penseur de l'Allemagne. Bientôt après, *Kant*, de Kœnigsberg (1724-1804), se place à la tête d'une école éminemment spiritualiste, comme celle de Leibnitz. Si l'on peut reprocher à Kant de l'obscurité et du vague dans ses spéculations, de la sécheresse et de la froideur dans sa morale, il n'en a pas moins rendu un éminent service en démontrant, dans sa *Critique de la raison pure*, que la raison, alors qu'elle agit seule et sans secours, ne saurait arriver à la certitude absolue, et qu'il faut bien accepter quelque base plus solide, plus divine. Aussi « ce qui est curieux, et ce qui explique le caractère de la philosophie de Kant, c'est qu'après cette philosophie, il y eut en Allemagne quelques conversions éclatantes au catholicisme. » (M. de Saint-Marc Girardin.) A la fin du siècle, la doctrine de Kant, poussée à des conséquences extrêmes dans les écrits de *Fichte* (1762-1814) et de *Schelling*, dont la destinée a été de survivre à tous ses contemporains, s'égare dans les rêveries d'un *idéalisme* outré, ou vient aboutir aux funestes erreurs du *panthéisme*.

A côté des philosophes allemands, il faut placer un poète de génie mais dont l'influence sur les esprits fut considérable et funeste. *Goethe* s'illustre par ces œuvres inimitables, pleines de vivantes peintures, de descriptions délicieuses, de pensées souvent mélancoliques, parfois pleines de verve et de gaieté. « Goethe est le roi de la littérature allemande ; il en est peut-être la plus grande et la plus belle expression (1749-1832). Ses nombreuses pièces de théâtre, ses romans, ses drames, surtout le fameux poëme de *Faust*, ses œuvres scientifiques elles-mêmes, lui ont valu une renommée immense. Mais il lui manque l'appui d'une conviction sérieuse. C'est une imagination docile à toutes les impressions ; c'est un miroir qui réfléchit toutes les images ; il a toutes les idées, sans en avoir une seule qu'il cherche à faire prévaloir. » (M. de Saint-Marc Girardin.) Aussi, n'a-t-il que trop contribué à répandre dans sa patrie l'indifférence religieuse et le scepticisme.

§ II. LES ÉCONOMISTES (VAUBAN, QUESNAY, ADAM SMITH, ETC...).

416. ORIGINE DE L'ÉCONOMIE POLITIQUE. — VAUBAN.
— Loin du théâtre bruyant où se prêchait avec éclat la croisade universelle contre les traditions, les mœurs, les croyances du passé, et sur une scène beaucoup plus obscure, s'élaborait par des études approfondies tout un système de réformes d'une importance considérable, tout un ensemble de principes dont l'action profonde devait, au point de vue des intérêts matériels, tranformer nos institutions sociales. La répartition des biens, l'assiette de l'impôt, les conditions essentielles du développement de l'industrie, du commerce, de l'agriculture, étaient l'objet des préoccupations, des recherches, des écrits laborieusement médités de plusieurs esprits de premier ordre, fondateurs de la science nouvelle de *l'économie politique* ou *sociale* qui a pour objet l'étude de *la formation et de la répartition de la richesse*.

L'illustre *Vauban*, dont l'amour pour l'humanité égalait les talents militaires, avait employé noblement ses *oisivetés*, comme il appelait modestement ses glorieux loisirs, à formuler ses projets de réforme en matière d'impôts. Aux taxes inégales et arbitraires, sans unité et sans justice, il voulait, attaquant de front le privilège, substituer une contribution unique supportée par l'industrie, le commerce, la propriété agricole, et atteignant sans distinction les citoyens de toutes les classes.

417. QUESNAY. — ADAM SMITH. — RICARDO. — Bientôt *Quesnay*, médecin de Louis XV, le père de l'économie politique, traitait avec talent de la nature et de l'origine de la richesse, et démontrait que l'or et l'argent, loin de constituer réellement la richesse, n'en étaient que des signes représentatifs ; mais, trop exclusif dans sa théorie, il ne lui donnait d'autre source que l'agriculture. Quesnay fut le chef d'une nombreuse école, et la renommée des disciples éclipsa celle du maître. Le plus célèbre fut l'écossais *Adam Smith* (1723-1790), qui fonda véritablement la science économique dans ses remarquables recherches sur *la nature et les causes de la richesse des nations*.

Partisan de la liberté illimitée du commerce et de l'industrie, fondant son système sur la formule fameuse : *Laissez faire, laissez passer*, Adam Smith voulut laisser sans entraves la production de la richesse au libre essor de l'activité humaine ; il en plaça l'origine unique dans le travail s'exerçant par l'agriculture, l'industrie manufacturière et le commerce, et présenta la division du travail comme la condition essentielle de ses succès : idée d'une fécondité admirable, dont l'application a engendré toutes les merveilles de la fabrication moderne. Le système de Smith popularisé en France par notre contemporain J. B. Say, trouva un ardent et influent interprète dans l'opulent banquier *Ricardo*, qui devint l'oracle des économistes, et qui, reprenant avec mesure les idées principales de Law, fit ressortir les avantages de la circulation modérée du papier-monnaie.

L'impulsion donnée dans la sphère de la science et de la littérature, allait se communiquer au monde politique ; nous allons voir les disciples des philosophes et des économistes, administrateurs, ministres, souverains, appliquer leurs systèmes et battre en brèche dans toute l'Europe l'ancien édifice social.

DEUXIÈME PARTIE.

Pombal et Joseph Ier en Portugal. — Ferdinand VI, Charles III et Aranda en Espagne. — Tanucci et Charles VII à Naples. — Léopold en Toscane. — Joseph II en Autriche. — Frédéric II en Prusse. — Choiseul, Louis XVI, Turgot, Malesherbes et Necker en France.

418. POMBAL ET JOSEPH Ier EN PORTUGAL. — L'histoire intérieure des nations européennes pendant la seconde moitié du dix-huitième siècle, n'est autre que celle de l'influence de la philosophie et de l'économie politique : nous avons étudié la théorie, il nous reste à observer l'application.

L'un des partisans les plus ardents et les plus habiles des systèmes philosophiques du dix-huitième siècle fut le célèbre Carvalho d'Oeyras, marquis de *Pombal*, ministre du roi de Portugal *Joseph Ier* ou *Joseph-Emmanuel*, dont l'administration dura vingt-sept ans (1750-1777). Plein d'idées d'améliorations sociales, mais dénué de mesure et de prudence, il prétendit par une réforme générale replacer tout à coup le Portugal au rang qu'il avait occupé au seizième siècle, en l'affranchissant de la domination commerciale de la Grande-Bretagne. Il eût mérité la reconnaissance des Portugais, s'il se fût contenté d'encourager l'agriculture et l'industrie, d'augmenter le commerce du Brésil, dont il doubla les revenus, de faire fleurir l'instruction et les arts dans le royaume, et d'employer à développer la prospérité du royaume les forces qu'il puisait dans la confiance absolue du roi Joseph Ier. Mais il se laissa entraîner par une haine aveugle contre les jésuites, anéantit leur république du Paraguay, et chassa l'ordre entier du Portugal (1759), sur des accusations dénuées de vraisemblance. Il renversa le pouvoir de la noblesse, bien plutôt dans l'intérêt de sa propre élévation et de celle de sa famille, qu'en vue d'assurer les libertés publiques. Son ambition personnelle le ramena à l'alliance anglaise, qui depuis le *traité de Methuen* (1703), soumettait le Portugal à une véritable dépendance et dont il avait d'abord cherché à se dégager. Après la chute de ce ministre, disgracié lors de l'avènement de *Marie* et de *Pierre*, son époux (1777), la plupart des réformes furent abolies, et le Portugal retomba dans une impuissance totale.

419. FERDINAND VI, CHARLES III ET ARANDA EN ESPAGNE. — L'Espagne qui, depuis la guerre de la succession et le traité d'Utrecht, avait perdu le duché de Milan et le royaume des Deux-Siciles et était réduite en Europe à ses possessions péninsulaires, l'Espagne, en même temps que le Portugal, faisait d'heureux efforts pour sortir de sa léthargie et reconquérir par des réformes intérieures le rang dont elle était déchue. Le fils de Philippe V, *Ferdinand VI* (1746-1759) mérita le nom de *Sage* par sa sollicitude pour les besoins de son peuple. On le vit travailler sans relâche à rétablir la bonne administration de la justice, à réorganiser les finances, à ranimer le commerce en facilitant les communications par l'établissement de routes et de canaux, à relever enfin la marine tombée dans une complète décadence. Son frère, *Charles III* (1759-1788), auparavant infant d'Espagne sous le nom de *don Carlos* (n° 339, 340), puis roi des Deux-Siciles sous le nom de Charles VII (n° 420), poursuivant avec plus de succès encore l'œuvre commencée si heureusement, fut activement secondé par son conseiller le comte d'*Aranda*, ambassadeur, puis ministre, digne émule de Pombal, rempli comme lui de pénétration dans ses desseins, mais peu scrupuleux sur les moyens de les accomplir. Après avoir chassé comme des malfaiteurs les jésuites établis en Espagne au nombre de plus de deux mille (1767), il se lança sans obstacle dans la voie des réformes. Sous son inspiration et par ses conseils, Charles III publia un édit célèbre, d'après lequel l'industrie ne devait plus être considérée comme dérogeant à la noblesse. La faveur du souverain, l'établissement de la banque de Saint-Charles donnèrent au commerce une vive impulsion ; la richesse et l'activité circulèrent de nouveau dans les veines engourdies de la nation ; et en peu d'années, l'augmentation rapide de la population, l'accroissement de l'armée, le rétablissement de la marine furent les heureux fruits d'un gouvernement réparateur. Malheureusement la rupture de l'Espagne avec l'Angleterre et la part qu'elle prit à la guerre d'Amé-

rique vinrent accroître démesurément sa dette publique et préparer par le désordre des finances une ère de calamités et de faiblesse.

420. TANUCCI ET CHARLES VII A NAPLES. — « Dans la première moitié du dix-huitième siècle comme dans la première moitié du seizième, les Français, les Espagnols, les Allemands, s'étaient disputé l'Italie. Mais si les guerres du seizième siècle avaient changé les principaux États italiens en provinces de monarchies étrangères, celles du dix-huitième siècle leur rendirent des souverains nationaux. La Toscane jouit d'une administration bienfaisante sous les princes de la maison de Lorraine, et le royaume des Deux-Siciles reprit quelque vie sous les princes de la maison de Bourbon, qui l'avaient enlevé à l'Autriche en 1735. »

Le roi Charles d'Espagne qui, pendant le règne de son frère, Ferdinand le Sage, avait gouverné les Deux-Siciles sous le nom de *Charles VII*, y avait déployé les mêmes talents et obtenu les mêmes résultats. Il trouva dès son avènement dans son ministre *Tanucci* (1734) l'un de ces esprits réformateurs et systématiques dont le dix-huitième siècle abonde, qui, animés d'intentions droites, mais trop absolues, compromirent en les précipitant ou en les exagérant la durée de précieuses améliorations. On le vit simplifier la législation morcelée en coutumes multipliées, réduire les immunités du clergé, abolir en partie la juridiction privilégiée des nobles, et, devenu tout-puissant pendant la minorité de *Ferdinand IV*, successeur de Charles VII, expulser les jésuites, supprimer les dîmes, diminuer le nombre des couvents et des membres du clergé, porter la réforme dans toutes les branches de l'administration. Les mécontentements soulevés de toutes parts renversèrent enfin le vieux ministre (1777); son œuvre mal affermie s'écroula avec lui, et une laborieuse administration de quarante-trois ans laissa à peine quelques résultats utiles.

421. LÉOPOLD EN TOSCANE. — La Toscane avait à la même époque dans l'archiduc *Léopold* d'Autriche (empereur en 1790), frère de Joseph II, un souverain aussi actif qu'éclairé. Partageant ses soins entre la réforme de l'administration et l'amélioration de l'agriculture, il révisa la législation, perfectionna la police, osa abolir la peine de mort, proclama la liberté du commerce, tandis que des travaux immenses, desséchant d'insalubres marais, livraient à la culture un territoire étendu et augmentaient rapidement les richesses du pays. Ce règne de dix-neuf ans est un des plus féconds dont l'Italie ait gardé le souvenir.

422. JOSEPH II EN AUTRICHE. — Le frère du sage et habile Léopold (n° 421), Joseph II, empereur de nom à la mort de son père (n° 359), mais devenu seulement à la mort de sa mère souverain de fait (1780), manifesta dans ses projets d'organisation intérieure, les vues les plus généreuses et les plus grandes. Son esprit éclairé et libéral était vivement frappé des différences profondes que les mœurs, les lois, les coutumes, les intérêts même maintenaient entre les divers peuples juxtaposés plutôt qu'unis sous son sceptre; Polonais, Allemands, Flamands, Italiens, Hongrois, dont le grand Charles-Quint avait seul pu, pour un instant, former un corps. Il résolut de les assujettir à un système uniforme de gouvernement en faisant disparaître toutes les traces de leurs constitutions nationales. En même temps, saisissant avec une ardeur, exagérée peut-être, la saine partie des principes professés par la philosophie de son siècle, il songea à profiter de cette réforme pour faire disparaître les inégalités antisociales, reste du système féodal, et pour répartir équitablement sur tous les charges comme les avantages de la société.

C'était là sans doute un magnifique dessein ; et s'il n'amena que des résultats incomplets et stériles, il faut les attribuer sans doute à la précipitation avec laquelle Joseph, impatient de voir la réalisation de son œuvre, hâta des mesures dont le temps seul pouvait assurer le succès. Déjà il avait divisé son empire en treize gouvernements, où tous les anciens droits seigneuriaux étaient abolis ; il avait proclamé la liberté de conscience, augmenté le nombre des paroisses et des écoles, réglementé l'industrie et le commerce, publié des codes civil et criminel. Mais bientôt des murmures et des soulèvements multipliés, surtout dans la Flandre, vinrent lui apprendre que l'impôt mieux réparti en apparence, écrasait les cultivateurs, que beaucoup de règlements mal combinés étaient inapplicables ou contradictoires. D'un autre côté, une guerre sérieuse contre la Turquie l'arrachait aux soins de l'administration, et il fallait repousser l'armée ottomane, qui avait pénétré jusque dans les provinces autrichiennes. A sa mort, Joseph II avait été contraint d'abolir la plupart de ses réformes (1790), qui ne furent pas continuées par ses successeurs, *Léopold II* (1790-1792), que la mort empêcha de poursuivre en Autriche l'œuvre commencée en Toscane (n° 421), et *François II*, ennemi des innovations de ses prédécesseurs (1792-1835).

423. FRÉDÉRIC II EN PRUSSE. — Nous ne reviendrons pas sur le règne de Frédéric II, ce philosophe couronné dont le nom complète la série des princes réformateurs, mais dont nous avons étudié l'administration intérieure en même temps que les entreprises guerrières (voir n°s 349 à 359). Plus ami d'ailleurs de la liberté des systèmes que de celle des États, et jaloux avant tout de son autorité, Frédéric n'admit d'autres réformes que celles qu'il jugeait compatibles avec l'exercice du pouvoir absolu. L'administration fut régularisée, la justice sévèrement rendue, la richesse nationale développée par d'habiles mesures ; mais le système politique ne subit aucune modification. La Prusse, où la philosophie du dix-huitième siècle recevait une hospitalité brillante, était bien loin du moment où les idées nouvelles viendraient détendre les ressorts énergiques de son gouvernement.

424. CHOISEUL EN FRANCE. — Il en devait être tout autrement en France. C'est au foyer même de tout le mouvement

phi'osophique du dix-huitième siècle qu'allaient éclater en crises terribles les conséquences extrêmes des principes nouveaux.

Des hommes éminents en avaient aperçu les applications fécondes; les circonstances remirent entre leurs mains le pouvoir de les accomplir; un prince enfin parut sur le trône avec l'intention désintéressée d'opérer des réformes nécessaires au prix même de son autorité. A toutes ces conditions de succès, il manqua un élément suprême, indipensable, une volonté souveraine, qui sût tendre invariablement à ses fins et ne s'arrêter qu'au but.

Pendant le règne même de Louis XV, et sous le régime honteux des favorites, *Choiseul* (n° 345), ami des philosophes, avait marqué son ministère par d'importantes améliorations. Après avoir suivi le mouvement universel du siècle en expulsant les jésuites, il avait appliqué à la reconstitution de l'armée, à la réorganisation de la marine des talents remarquables, et méditait dans tout le système de nos institutions des réformes fondamentales qu'il n'eut pas le temps d'accomplir.

Avec le successeur de Louis XV arrivèrent au pouvoir des hommes non moins éclairés, mais plus convaincus et plus intègres.

425. LOUIS XVI, TURGOT, MALESHERBES.—*Louis XVI*, petit-fils de Louis XV, appelé à l'âge de vingt ans à soutenir un trône ébranlé de toutes parts (1774), montra dès l'abord, au milieu des circonstances les plus difficiles, des vues droites et de sages intentions. Avide de l'amour de ses sujets, il s'empressa de mériter leurs bénédictions par la remise qu'il leur fit du droit de *joyeux avénement*, qui se payait à chaque changement de règne, par la création du *Mont-de piété*, par l'abolition de la torture, qui était encore en usage dans la procédure criminelle, par le rappel des parlements exilés par Maupeou, mais qui ne reconnurent ce bienfait que par une aveugle et opiniâtre opposition à des réformes devenues indispensables. Enfin, quelques années plus tard (1787), il devait rendre aux protestants la plénitude de leurs droits civils, en imprimant à leurs mariages le caractère légal qu'on leur avait refusé jusqu'alors.

Les ministres de Louis XV furent congédiés, et l'avénement de *Malesherbes* et de *Turgot* au ministère donna lieu d'espérer l'exécution ferme et habile de réformes nécessaires, qui peut-être auraient prévenu une catastrophe. Malesherbes, qui unissait à des vertus antiques des opinions nouvelles, et qui s'était signalé par ses doctrines éclairées sur l'économie rurale, fut chargé de l'intérieur; Turgot, auquel les finances furent données, était un disciple de Quesnay, connu par de nombreux articles sur l'économie politique publiés dans l'*Encyclopédie*, et considéré comme le chef de la secte des économistes. Il était doué du génie nécessaire pour suffire à la tâche difficile dont il se trouvait chargé, celle de faire face aux charges énormes de l'État avec les ressources qu'il pouvait offrir. Turgot commença par supprimer les corvées et les droits onéreux qui gênaient l'agriculture et l'industrie, et rendit ainsi la fécondité à ces deux grandes sources de la richesse des États; il créa en faveur du commerce une caisse d'escompte, origine de la Banque de France ; enfin, par de sages réformes, il réussit à réaliser des économies au moyen desquelles il commença à payer les dettes énormes de l'État. Mais, pour parvenir à combler cet abîme, il fallait des ressources extraordinaires. Turgot, après avoir demandé la liberté du commerce des grains et l'abolition des jurandes et des maîtrises, qui devaient achever de rendre leur essor à la production agricole et industrielle, proposa l'égale répartition des impôts, qui depuis longtemps pesaient presque exclusivement sur les classes les moins aisées. Turgot, maintenu au pouvoir, eût fait la révolution par ordonnances. Ces plans soulevèrent contre lui toutes les classes privilégiées. Il fut congédié à regret (1776) par Louis XVI, qui, désolé des embarras qu'on lui suscitait de toutes parts, répétait avec douleur : « Il n'y a que moi et M. Turgot qui aimions véritablement le peuple »

426. NECKER. — *Clugny*, successeur de Turgot, qui ne signala son court ministère que par le rétablissement des corvées et des maîtrises, fut bientôt remplacé aux finances (octobre 1776) par un Genevois nommé *Necker*, auquel une fortune considérable, faite honorablement dans la banque, et quelques écrits remarquables, avaient concilié l'estime publique. Adversaire des réformes de Turgot, il voulut arriver aux mêmes résultats à l'aide du système de crédit préconisé par Law, et il entreprit, au moyen de réformes opérées dans l'administration des finances et d'emprunts habilement combinés, de suffire aux charges de l'État et de combler le déficit. L'on pouvait espérer un remède prochain à l'une des plus grandes plaies du royaume, quand tout à coup commença cette guerre d'Amérique qui rendit une grande crise politique à peu près inévitable, en jetant de nouveau la confusion dans les finances, en exaltant tout à coup les idées d'égalité et de liberté (n° 407). Si le pavillon français s'illustra plus d'une fois sur les mers, si la France eut la gloire d'arracher les États-Unis à l'oppression anglaise, elle épuisa de nouveau toutes ses ressources.

Necker, qui voyait baisser le crédit public, persuada au roi que cette grande institution financière ne pouvait avoir pour base que la confiance publique, et qu'il était indispensable de faire connaître à tous, par la publication d'un *compte-rendu*, la situation financière du royaume, tenue jusqu'alors dans le plus profond secret. Cette innovation, favorablement accueillie par l'opinion publique, mais blâmée par la cour, comme dégradante pour la royauté, n'eut pour résultats que de susciter à Necker de nouvelles difficultés. D'ailleurs, les résultats satisfaisants présentés par le compte-rendu n'étaient pas clairement démontrés, et, pour arriver à rétablir l'équilibre depuis si longtemps rompu entre les recettes et les dépenses, Necker se vit obligé d'en revenir aux plans proposés par Turgot pour l'égale répartition des impôts. Assailli alors, comme son prédécesseur, par les clameurs des classes privilégiées, ennemies de toute réforme, il fut obligé de donner sa démission (1781).

Après la retraite de Necker des ministres inhabiles ne purent arrêter le déficit toujours croissant des finances. En vain, le contrôleur général *de Calonne*, qui par son imprévoyance avait accru démesurément la dette de l'État, fit convoquer une *assemblée de notables* pour lui faire adopter un projet de réforme repoussé par le parlement (1787); en vain Necker, rappelé au ministère, eut recours une seconde fois à une mesure pareille; d'odieuses intrigues mirent obstacle à toute résolution utile (1788). Enfin, comme dernier moyen de salut, la royauté appela la nation entière à son secours. Les *États-généraux* furent convoqués (1789).

QUESTIONNAIRE. — Ire PARTIE. § I. 409 Quelle est la tendance générale des esprits au dix-huitième siècle? — Quel est le caractère spécial de la littérature française? — 410. *Dites ce que vous savez sur les œuvres, les tendances et l'influence de Voltaire.* — 411. Nommez et caractérisez quelques-uns des philosophes encyclopédistes ou esprits forts. — 412. Qu'avez vous à dire de J. J. Rousseau envisagé comme philosophe et comme publiciste? — 413. Quels sont les principaux publicistes réformateurs du dix-huitième siècle? — *Quelle est l'œuvre la plus remarquable de Montesquieu?* — 414. Quelle lutte s'établit au sein de la philosophie anglaise? — Qu'est-ce qui distingue l'école écossaise? — 415 Quelles sont les tendances de l'école allemande? — Parlez de Kant. — Qu'avez-vous à dire de Goethe? — § II. 416. Qu'est-ce que l'économie politique? — Quelles furent les idées de Vauban? — 417. Quel est le père de l'économie politique? — *Quels principes a posés Adam Smith?* — Qu'est-ce que Ricardo? — IIme PARTIE. 418. Quel fut le ministre célèbre du roi de Portugal Joseph Ier? — Quels furent les principaux actes de son ministère? — 419. En quoi se distingue l'administration de Ferdinand VI en Espagne? — Que firent Charles III et son conseiller Aranda? — Qui mit un terme à la régénération de l'Espagne? — 420. Dites ce que vous savez sur Charles VII et le ministre Tanucci à Naples. — 421. Comment Léopold enrichit-il la Toscane? — 422. *Expliquez les projets de Joseph II et les causes qui firent échouer ses plans.* — 423. De quelle manière Frédéric II s'est-il montré réformateur? — 424. Quelle devait être l'influence des idées philosophiques en France? — Dites quelques mots des mesures de Choiseul. — 425. Quelles étaient les vues de Louis XVI et quel était son caractère? — Quels furent ses premiers actes? — Faites connaître Malesherbes et Turgot. — Comment finit le ministère de Turgot? — 426. Quel était le système financier de Necker? — Quel événement vint jeter le désordre dans les finances et exalter les idées? — Quelle mesure tenta Necker? — Comment Necker fut-il congédié, puis rappelé? — A quel remède suprême Louis XVI eut-il recours?

CHAPITRE TRENTE-QUATRIÈME.

DÉCOUVERTES SCIENTIFIQUES ET GÉOGRAPHIQUES AU DIX-HUITIÈME SIÈCLE.

SOMMAIRE.

§ Ier. 427. Le dix-huitième siècle est l'ère du développement des sciences. L'Américain Franklin (1706-1790), habile physicien, étudie l'électricité, invente le paratonnerre.

428. Les physiciens célèbres sont Réaumur; Galvani, duquel vient le galvanisme; Volta, inventeur de la pile voltaïque.

429. La chimie reçoit l'essor de Lavoisier (1743-1793); est cultivée avec succès par Berthollet, Fourcroy.

§ II. 430. James Watt perfectionne et applique la machine à vapeur. Halley, Herschell, cultivent l'astronomie; Monge, Lagrange, génie d'une précocité extraordinaire, Laplace, développent la science astronomique.

§ III. 431. Buffon est célèbre moins encore comme naturaliste profond que comme écrivain de premier ordre.

432. Linnée, génie exact et lumineux, crée la classification en histoire naturelle. Laurent de Jussieu, classe les plantes d'après une méthode admirable.

§ IV. 433. Cook fait trois fois le tour du monde (1768-1779), et est tué aux îles Sandwich; Bougainville fait le tour du monde et s'illustre à la guerre. La géographie profite de leurs découvertes.

§ V. 434. L'Europe a le même nombre d'États qu'en 1661; Mantoue et Montferrat ont disparu, mais les Deux-Siciles sont séparées de l'Espagne.

435. En Grande-Bretagne, l'Écosse et l'Angleterre sont unies entièrement. Le Hanovre est réuni et Gibraltar conquis. — Le Danemark est augmenté du Schleswig et du Holstein. — La Russie a conquis le pays des Kalmouks, des Cosaques, la Crimée, la Livonie, l'Esthonie, l'Ingrie, la Carélie, l'Ukraine et une grande partie de la Pologne.

436. La France s'est annexée la Lorraine et la Corse. - En Suisse, Neufchâtel est sous la suzeraineté du roi de Prusse. — Les Provinces-Unies n'ont pas perdu leurs possessions européennes, mais une partie de leurs colonies. — L'empire d'Allemagne, diminué du côté de la France par Louis XIV, a encore ses dix cercles et un électorat nouveau. — L'Autriche a acquis une partie de la Hongrie, la Galicie, etc.; le duché de Milan et celui de Mantoue. — La Prusse a, outre ses possessions d'Allemagne, la Prusse ducale, la

Silésie prussienne, la Prusse polonaise, et bientôt la plus grande partie de la Grande Pologne. — La Pologne démembrée ne subsiste plus que pour quelques années.

337. Le Portugal a perdu ses possessions du Maroc et la plupart de ses colonies. — L'Espagne en Europe est réduite à ses possessions dans la péninsule où elle a perdu Gibraltar ; elle conserve encore d'immenses colonies. — Le duc de Savoie a acquis la Sardaigne en échange de la Sicile. — Monaco subsiste. — Gênes a perdu la Corse. — Venise a perdu quelques îles — Les duchés de Parme, Plaisance et Guastalla forment un État souverain. — Massa et Carrara sont unis à Modène. — La Toscane n'a pas changé, de même que Lucques et Piombino, les États de l'Église et Saint-Marin. — Le royaume de Naples a été séparé de l'Espagne par le traité d'Utrecht ; la Sicile est unie au royaume de Naples qui est indépendant sous une dynastie de Bourbons. — L'État de Malte subsiste encore. — L'empire ottoman a conquis Candie, a perdu toute la Hongrie et la Transylvanie, la Crimée et diverses provinces près de la Russie.

§ Ier. FRANKLIN. — VOLTA. — LAVOISIER.

427. PHYSIQUE. — FANKLIN. — Le dix-huitième siècle est l'époque où la méthode de Bacon porte ses fruits ; c'est la phase la plus brillante des sciences naturelles. — La physique, riche d'observations, s'élance avec ardeur et succès dans des voies encore inexplorées. Elle étudie sous tous leurs aspects, dans toutes leurs manifestations, les phénomènes si remarquables et jusqu'alors si mal compris de l'électricité. Le premier nom qui se distingue dans cette science nouvelle est celui de *Franklin* (1706-1790), dont nous connaissons le rôle politique (n° 405). Franklin, né à Boston en 1706, était fils d'un pauvre marchand de savon : il avait d'abord été simple ouvrier imprimeur, et peu à peu, à force de travail, de persévérance et d'habileté, il était parvenu à fonder lui-même une imprimerie qui lui procura quelque aisance. Dès lors, il se consacra tout entier au bien de son pays, et s'occupa sans relâche d'instruire et d'améliorer ses compatriotes. Il publia des almanachs, des journaux, des petits livres remplis des meilleurs principes et des notions les plus utiles, qui, grâce à leur bon marché, se répandirent à profusion parmi le peuple, et exercèrent la plus heureuse influence. Son mérite le fit entrer dans l'administration civile, et il contribua de tout son pouvoir à faire fonder des écoles, des collèges, des hôpitaux. En même temps, il employait ses loisirs à l'étude des sciences physiques, faisait des expériences importantes, et découvrait à la fois la nature de l'électricité contenue au sein des nuages et la propriété des pointes qui l'attirent ; il sut faire descendre à son gré la foudre des nuages et inventa le paratonnerre.

428. GALVANI. — VOLTA. — La physique doit encore d'importants résultats aux travaux du Français Réaumur (1683-

1757), célèbre par le thermomètre qui porte son nom, et qui fut à la fois physicien, botaniste, zoologiste, métallurgiste; de l'Anglais Priestley; de Coulomb. Une branche nouvelle de la science vaste et mystérieuse de l'électricité se révéla dans les observations de *Galvani*, qui constata les phénomènes étranges, produits sur les corps privés de vie, par le contact de certains métaux, et laissa son nom au galvanisme. *Volta*, réduisant en système les faits découverts par Galvani, formulant les lois de la production de l'électricité par le rapprochement des métaux, créa la science de l'électricité magnétique; il inventa l'instrument célèbre sous le nom de pile voltaïque dont l'application, de plus en plus perfectionnée, a produit une véritable révolution industrielle, et ouvert à la chimie des horizons infinis en lui fournissant l'agent le plus énergique de la décomposition des corps.

429. CHIMIE : LAVOISIER. — BERTHOLLET. — FOURCROY. — C'est à la France qu'appartient l'honneur d'avoir créé véritablement la chimie, encore mal dégagée, au commencement du siècle, des illusions de l'alchimie. Le Français *Lavoisier*, victime, hélas! des fureurs de la révolution (1743-1793), donna l'essor à cette science par ses belles découvertes relatives à la combustion des corps et à la composition de l'eau, et surtout par la savante nomenclature qu'il créa pour cette science, de concert avec *Guyton de Morveau*. — *Berthollet* (1748-1822), célèbre par de précieuses découvertes sur le chlore, contribua puissamment aussi à la révolution opérée par Lavoisier dans la chimie, en achevant d'en constituer la langue nouvelle. — Enfin, *Fourcroy* (1755-1809), non moins célèbre par ses découvertes et par ses ouvrages que par le talent admirable avec lequel il professait, a formé en grande partie cette génération de chimistes qui dans notre siècle ont fait faire à la science tant de nouveaux et remarquables progrès.

§ II. LAPLACE. — LAGRANGE.

430. MÉCANIQUE. — ASTRONOMIE. — MATHÉMATIQUES. — WATT. — HALLEY. — HERSCHELL. — LAGRANGE. — LAPLACE. — La mécanique perfectionne une découverte d'une importance égale peut-être à celle de l'imprimerie. La *machine à feu* ou machine à vapeur, inventée par notre compatriote *Denis Papin* (v. 1650-1710), qui imagina le jeu du piston et l'emploi de la soupape de sûreté, est mise à exécution par le capitaine *Savary* (1698) et par le serrurier *Newcommen* (1711), qui s'emparent du système de Papin, négligé par la France. Vers la fin du siècle, *James Watt* (1736-1819) introduira dans la construction des machines à vapeur les perfectionnements qui, en généralisant l'application de ces irrésistibles moteurs, ont fait entrer l'industrie moderne dans une voie de progrès dont on ne saurait apercevoir le terme.

Les sciences mathématiques et astronomiques n'ont qu'à suivre les traces du grand Newton et à compléter son œuvre. C'est encore un Anglais, *Halley* de Londres (1656-1742), qui détermine le premier d'une manière certaine la marche des comètes; enfin son compatriote *Herschell* (1738-1822) s'illustre à la fin du dix-huitième siècle par ses importantes découvertes sur les planètes, que continue de nos jours l'héritier de son nom et de sa gloire.

En France, d'Alembert s'était placé au premier rang des géomètres, et avait eu de dignes successeurs dans *Bezout* et *Bossut* dont les ouvrages sont classiques en mathématiques; dans *Monge* (1746-1818), l'inventeur de la géométrie descriptive et l'un des fondateurs de l'école polytechnique. Mais les deux noms les plus célèbres sont ceux de *Lagrange* (1736-1813), et de *Laplace* (1749-1827).

Lagrange prit rang dès l'âge de 18 ans parmi les savants de l'époque, remporta tous les prix proposés par l'Académie des Sciences, et appelé à Berlin, par le grand Frédéric, pour remplacer l'habile mathématicien Euler, il y acquit une immense renommée jusqu'à ce qu'il vint jouir de sa gloire sous les yeux de Napoléon, digne appréciateur de son génie. Possédant au plus haut degré la faculté d'abstraction, il a porté à la perfection l'analyse pure, et il a su présenter avec une inimitable clarté et un style plein d'élégance, les plus difficiles démonstrations.

Le marquis de Laplace, profond géomètre et astronome de premier ordre, partage avec Lagrange le mérite d'une lucidité admirable, et a l'honneur d'avoir complété les recherches de Newton, en éclaircissant plusieurs points restés obscurs dans son vaste système du monde.

§ III. BUFFON. — LINNÉE.

431. HISTOIRE NATURELLE. — BUFFON. — Parmi les hommes qui se sont occupés des sciences naturelles, nous devons placer au premier rang, sinon pour la profondeur de la science, du moins pour l'incomparable éclat du talent, un homme que l'on peut citer parmi les plus grands écrivains du dix-huitième siècle, celui qu'on a justement surnommé le *peintre de la nature*. Quoi qu'on doive en effet penser de la valeur des travaux scientifiques de Buffon (1707-1788), de son antipathie pour les méthodes rigoureuses, de ses théories plus ou moins hypothétiques et hasardées, ses œuvres devront toujours aux magnificences de leur style une des places les plus éminentes dans le domaine littéraire. — Le génie, que Buffon définissait *une longue patience*, se forma en lui par de persévérants et laborieux efforts. Sa vie un peu fastueuse et régulière à la fois, son caractère noble et calme, semblent s'être reflétés dans ses écrits et leur avoir communiqué cette grandeur imposante et paisible, si conforme à la majesté de son sujet. « Sa diction, plus irréprochable que celle de Rousseau, n'a pas les affectations qui se mêlent parfois au style de Montesquieu. Par un autre privilége très-rare, pendant quarante ans on n'aperçoit ni déclin ni fatigue dans son talent; et, si l'on excepte quelques circonlocutions inutiles, quelques phrases pompeuses, tout dans ses écrits semble également jeune et mûr, vigoureux et poli. » (M. VILLEMAIN.) Jamais les beautés de la création n'inspirèrent des tableaux pareils à ces pages splendides que l'auteur de l'*Histoire naturelle* ne composait jamais qu'après s'être paré lui-même d'un brillant costume. Dans son beau discours de réception à l'Académie Française, sur le *style*, Buffon a peint avec d'admirables couleurs ces qualités de l'écrivain, dont il avait si bien le secret, et il s'est caractérisé lui-même par ce trait tant cité : *Le style est l'homme même.* — *Gueneau de Montbéliard* qui imite Buffon non sans succès, l'habile observateur *Lacépède* et le savant anatomiste *Daubenton* préparent les voies à notre contemporain *Cuvier*, dont le génie créateur doit organiser la science entière et reculer au loin ses limites.

452. LINNÉE. — LES JUSSIEU. — Génie tout opposé à celui de Buffon, le Suédois *Linnée* s'attache à donner aux sciences naturelles, déjà riches d'observations, mais dénuées de méthodes exactes, ces classifications régulières sans lesquelles la confusion est inévitable et le progrès impossible. A cet esprit éminent appartient l'honneur d'avoir le premier coordonné toutes les branches de l'histoire naturelle suivant des principes puisés dans l'observation la plus attentive, en classant chaque famille, chaque genre, chaque espèce, au moyen de définitions d'une précision et d'une clarté extrêmes, sous des noms empruntés à une langue simple, régulière et uniforme. Si le *Système de la nature* a dû le céder à des travaux plus parfaits, il n'en a pas moins ouvert la voie dans laquelle les sciences naturelles n'ont cessé de faire les plus rapides progrès. — La gloire de Linnée est balancée par celle des frères de *Jussieu* et surtout de leur neveu, Antoine-Laurent, auteur de l'admirable ouvrage publié, en 1789, sous le titre de : *Genera plantarum secundum ordines naturales disposita*, « qui fait dans les sciences d'observation une époque aussi importante que la Chimie de Lavoisier dans les sciences d'expérience. » (CUVIER.)

§ IV. COOK. — BOUGAINVILLE.

433. VOYAGES ET GÉOGRAPHIE. — COOK. — BOUGAINVILLE. — LACROIX. — D'ANVILLE — Les grandes découvertes du quinzième et du seizième siècle avaient fait connaître les parties principales des immenses régions jusqu'alors inconnues; mais il restait à observer sur tous les points du globe les terres secondaires et les mille passages que devaient suivre les navires de tous les peuples. Cette grande œuvre d'exploration fut accomplie

dans la seconde partie du seizième siècle. Ce fut alors que la science géographique reçut une impulsion nouvelle des découvertes de plusieurs célèbres navigateurs, parmi lesquels il faut nommer d'abord l'Anglais *Cook*, garçon de ferme dans son enfance, puis matelot, bientôt capitaine de vaisseau, instruit sans maître et par ses seuls efforts dans l'astronomie et dans la géographie, et devenu à jamais illustre par ses trois voyages autour du monde et ses explorations à travers le grand océan Pacifique. Après avoir remonté le cours de Saint-Laurent et tracé une carte qui a conservé la supériorité qu'on lui reconnut dès lors, Cook s'embarqua avec deux savants, Banks et Solander, pour sa première expédition autour du monde, en 1768. Il visita les côtes de la Nouvelle Zélande, reconnut le détroit qui en sépare les deux grandes îles et qui a conservé son nom, ainsi que le canal qui est situé entre la Nouvelle-Hollande et la terre de Van-Diémen. Élevé à son retour au grade de commandant, Cook repartit en 1772 avec deux vaisseaux, et, pendant un voyage de trois ans, il s'efforça de s'approcher autant que possible du pôle sud. Il revint en 1775, après avoir découvert la Nouvelle-Calédonie, et reçut de la Société royale de Londres le prix fondé pour celui qui aurait fait les expériences les plus utiles à la conservation des hommes. Enfin, en 1776, il fit voile vers le nord-ouest de l'Amérique, et, arrêté par les glaces, il revint aux îles Sandwich. Ce fut là que le fameux navigateur périt par les flèches des insulaires le 13 février 1779.

Précurseur de Cook dans le Grand Océan, *Bougainville* fut le premier Français qui accomplit un voyage autour du monde dont la relation fut publiée avec un succès prodigieux. Il découvrit les îles de la Société, l'archipel Dangereux, l'île qui a conservé son nom (1768), au sein de l'océan Pacifique, où Cook, l'année suivante, retrouva les traces de son passage. Plus heureux que son compatriote *La Pérouse*, qui, parti de B. est en 1785, ne devait jamais reparaître, Bougainville couronna sa carrière par des exploits maritimes qui l'ont élevé aux premiers grades de l'armée navale.

Les découvertes des grands navigateurs ont fourni à la géographie les matériaux exploités avec tant de succès par les *Lacroix*, les *Vaugondy*, les *d'Anville*, et tracé sur les mers les plus lointaines les routes aujourd'hui suivies avec sécurité par la marine marchande du monde entier.

§ V. GÉOGRAPHIE DE L'EUROPE EN 1789.

434. GRANDES DIVISIONS DE L'EUROPE EN 1789. — Depuis la signature de la paix de Westphalie, l'Europe n'avait éprouvé aucun changement dans le nombre des États qui la composaient, l'érection du royaume des *Deux-Siciles* en une monarchie indépendante (n° 429) ayant compensé la disparition du nombre des États souverains d'une autre principauté Italienne, savoir : le duché de *Mantoue et de Montferrat*, réuni, en 1708, à l'empire d'Autriche Les vingt-sept États de l'Europe, en 1789, continuaient donc à se trouver répartis de la même manière entre les trois grandes divisions naturelles de cette partie du monde, c'est-à-dire quatre dans l'*Europe Septentrionale*, six dans l'*Europe Centrale* et dix-sept dans l'*Europe Méridionale*.

435. ETATS DE L'EUROPE SEPTENTRIONALE. — Les quatre États de l'Europe septentrionale étaient, sauf diverses modifications dans leur étendue respective, les mêmes qui existaient en 1661, et qui subsistent encore aujourd'hui, savoir : le royaume uni de la *Grande-Bretagne et d'Irlande*; — celui de *Danemark*; — celui de *Suède*; — et l'empire de *Russie*.

I. GRANDE-BRETAGNE. — Aucun changement ne s'était opéré depuis 1661 dans les circonscriptions des trois ROYAUMES BRITANNIQUES, où l'Angleterre et l'Écosse avaient consommé leur union politique; mais, outre l'accession de l'électorat de *Hanovre*, occasionnée par l'avènement de la maison de Hanovre au trône d'Angleterre en 1714, et la prise de *Gibraltar* en 1704, l'empire Britannique s'était accru d'importantes possessions en Asie, en Afrique et en Amérique (n°s 400, 401).

II. DANEMARK. — Les deux royaumes de DANEMARK et de *Norvège* étaient toujours réunis sous le même sceptre. — Le Danemark s'était augmenté des possessions des princes de *Holstein-Gottorp*, composées : 1° de la ville et du duché de SCHLESWIG, et 2° de celui de HOLSTEIN, cap. *Kiel*, au N. E.

III. SUÈDE. — Ce royaume avait reperdu, dans le courant du dix-huitième siècle, une partie des acquisitions qu'il avait faites au temps de sa prospérité. Les duchés de *Brême* et de *Verden* lui avaient été enlevés par l'électeur de Hanovre, roi d'Angleterre; *Stettin*, les îles de *Wollin* et d'*Usedom*, avec la partie voisine de la *Poméranie*, par le roi de Prusse; la *Livonie*, l'*Esthonie*, l'*Ingrie* et la *Carélie*, par la Russie. Ces changements étaient les seuls importants qu'eût éprouvés, depuis 1661, la géographie de la Suède, qui n'avait hors de l'Europe qu'une seule possession, savoir l'île de *Saint-Barthélemi*, dans les *Antilles* septentrionales, qui lui avait été cédée par la France.

IV. RUSSIE. — Cet empire, qui touchait à l'océan Glacial au N., et qui s'était incorporé à l'E. les immenses déserts de la *Sibérie*, où il s'occupait à consolider et organiser sa domination, et ceux de l'*Amérique septentrionale*, où ses chasseurs d'animaux à fourrures précieuses commençaient à étendre leurs courses, n'avait plus de conquêtes à faire de ces deux côtés. Vers le S., la soumission des *Kalmouks Torgots*, des *Cosaques du Don* et des *Cosaques Zaporogues*, dans le cours du dix-septième siècle, et la conquête de la CRIMÉE, étendirent les frontières de l'empire jusqu'aux fleuves du *Térek* et du *Kouban*, et jusqu'à la mer Noire. La cession par la Porte Ottomane, au traité de *Kutchuk Kaïnardji*, en 1774 (n° 380), des forteresses d'*Azov*, à l'extrémité N. E. de la mer de ce nom d'*Iénikalé* et de *Kertch* dans la Crimée, de *Kimbourn*, à l'embouchure du Dniepr, et des steppes comprises entre ce dernier fleuve et le Boug, confirma la possession de toutes ces contrées à la Russie, dont le roi de *Géorgie* se reconnut vassal en 1783. Les victoires de Pierre le Grand sur les Suédois lui avaient assuré à l'O. la possession des provinces de *Livonie* et d'*Esthonie*, de l'*Ingrie* et d'une grande portion de la *Carélie*, l'une des provinces de la Finlande.

Du côté de la Pologne, la Russie avait pris dès 1667 l'importante ville de *Kiev* et toute la partie de la province de l'UKRAINE située sur la rive gauche du Dniépr.

En 1772, la Russie obtint toute la contrée comprise entre la Dvina ou Duna, le Dniépr et le Droutz, rivière qui tombe dans le dernier de ces fleuves par sa rive droite. Les années 1793 et 1795 devaient être témoins de l'incorporation à la Russie du reste de la Pologne.

Le duché de *Courlande* allait être réuni à la Russie en 1795.

436. ÉTATS DE L'EUROPE CENTRALE. — Les six États de l'Europe centrale étaient toujours de l'O. à l'E.: la *France*, la *Suisse*, les *Provinces-Unies*, l'*Allemagne*, la *Prusse* et la *Pologne*.

V. FRANCE. — Les revers de la fin du règne de Louis XIV avaient enlevé à la France la plus grande partie des conquêtes de ce prince; aussi n'avons-nous à ajouter à l'énumération des pays qu'elle possédait à l'époque de la paix des Pyrénées, que : 1° la partie de la LORRAINE qui était restée à l'Empire, et qui avait été donnée, en 1735, au roi Stanislas Leczynski, déchu du trône de Pologne, et qui revint à la France après la mort de ce prince, en 1766 ; 2° la portion de l'ALSACE encore possédée par des princes allemands en 1661, et la ville de *Strasbourg*, acquises en 1678 et 1697; 3° enfin l'île de Corse, dans la Méditerranée, cédée, en 1768, par les Génois à la France.

Les frontières de la France étaient telles qu'elles sont encore aujourd'hui.

On a vu quelles vicissitudes avaient subi les possessions coloniales de la France (n° 344).

VI. SUISSE. — Aucun changement notable n'était survenu, ni dans l'étendue, ni dans les divisions de la Confédération Helvétique, dont l'importance politique avait plutôt diminué qu'elle ne s'était accrue.
— Depuis l'année 1707, NEUCHATEL avait élu pour souverain le roi de Prusse, qui descendait de ses anciens seigneurs, mais à la condition de maintenir les franchises du pays.

VII. PROVINCES-UNIES. — La république des PROVINCES-UNIES n'avait rien perdu de ses possessions européennes; mais elle était bien déchue de sa prospérité, et les mers qu'elle avait couvertes de ses flottes marchandes voyaient déjà un autre pavillon dominer sur tous leurs rivages; quoique déchues de leur importance, ses colonies étaient encore considérables.

VIII. EMPIRE D'ALLEMAGNE. — L'EMPIRE ROMAIN GERMANIQUE ou *Empire d'Allemagne*, avait perdu, par suite des conquêtes de Louis XIV, une partie des provinces dont avait été formé le *Cercle de Bourgogne*; cependant sa division en dix cercles subsistait encore ; de plus, un nouvel *Électorat* séculier avait été créé en 1692, en faveur du duc de *Hanovre*, de sorte que le nombre des électeurs se trouvait porté à neuf. L'Empire formait toujours une grande monarchie fédérative dont l'empereur était le chef, et dont les grands intérêts se débattaient dans les *Diètes* ou assemblées générales composées de trois corps ou *Collèges*, savoir le *Collèges des Électeurs*, qui seul avait le droit d'être l'empereur, celui des *Princes*, et celui des *villes impériales*. Deux tribunaux suprêmes, la *chambre impériale* séant à *Weslar*, dans le cercle du Haut-Rhin, et le *conseil Aulique*, qui se réunissait dans la résidence impériale, jugeaient les appels qui pouvaient en certains cas y être portés contre les décisions des princes.

L'AUTRICHE avait acquis depuis la paix des Pyrénées : 1° Dans le cercle de BOURGOGNE, les *Pays-Bas Catholiques* (n° 260) cédés en 1713 et 1714 par Philippe V ; — 2° La partie orientale du royaume de HONGRIE, reconquise sur les Turcs, de 1664 à 1716 ; — 3° La partie du royaume de POLOGNE échue dans le partage de 1772 à l'Autriche, qui s'y fit rendre les provinces de GALICIE ou *Halicz*, et de LODOMIRIE ou *Vlodimir*, qui avaient fait partie de la Hongrie depuis le douzième siècle jusque vers la fin du quatorzième ; l'Autriche y annexa, en 1786, la BUKHOVINE, autre province Hongroise enlevée aux Turcs en 1777 ; — 4° Enfin les possessions d'Italie, composées du duché de MILAN détaché, en 1706, du royaume d'Espagne, et du duché de MANTOUE (1708). — Ces acquisitions se trouvaient en partie compensées par la perte d'une portion de la *Silésie* (voir ci-après).

IX. PRUSSE. — Les électeurs de Brandebourg ayant, comme nous l'avons vu, fait en Allemagne d'importantes acquisitions et ayant contraint, en 1658, le roi de Pologne à renoncer à sa suzeraineté sur la Prusse, le duc de PRUSSE et de BRANDEBOURG, Frédéric 1er, obtint de l'empereur, en 1701, le titre de roi, que justifiait l'étendue de ses possessions. Elles s'accrurent encore sous ses successeurs, de sorte qu'outre celles qui se trouvaient comprises dans les cercles de l'Empire (n° 259), les rois de Prusse possédaient encore en 1789 : — 1° Le royaume de PRUSSE proprement dit, ancienne *Prusse Ducale* ; — 2° la SILÉSIE PRUSSIENNE, au S E. du Brandebourg, ainsi que la LUSACE, cap. *Bautzen*, et le comté de *Glatz* en Bohême ; — 3° la PRUSSE POLONAISE, située entre la Prusse royale et l'électorat de Brandebourg, et qui forma le lot de la Prusse dans le partage de la Pologne en 1772. *Marienbourg*, ancienne capitale des grands-maîtres teutoniques, en était la principale ville, celles de *Danzig* et de *Thorn* ayant été laissées alors à la Pologne. Enfin elle allait acquérir en 1793 et 1795 plusieurs autres provinces importantes de la malheureuse Pologne.

X. POLOGNE. — Dépouillé de ses provinces du N. E., du N. O et du S., le royaume de POLOGNE en 1789 ne figurait plus que pour quelques années au nombre des États européens.

437. ÉTATS DE L'EUROPE MÉRIDIONALE. — L'Europe méridionale n'avait pas éprouvé de nouveaux bouleversements politiques depuis le milieu du dix-septième siècle; nous nous bornerons donc à signaler les seuls changements importants survenus dans les dix-sept États qu'elle comprenait, savoir : les royaumes de *Portugal* et d'*Espagne*, dans la péninsule Espagnole ; les États du roi de *Sardaigne*, avec la petite principauté de *Monaco*; les républiques de *Gênes* et de *Venise*; les duchés de *Parme* et de *Modène*, avec la petite principauté de *Massa-Carrara*; le grand-duché de *Toscane* avec la république de *Lucques* et la petite principauté de *Piombino*; les *États de l'Église*, avec la petite république de *Saint-Marin*; le royaume de *Naples*, tous situés dans la péninsule Italique ; *Malte*, dans la Méditerranée ; enfin l'*Empire Ottoman*, au S. E. de l'Europe, dans l'Asie occidentale et dans l'Afrique septentrionale.

XI. PORTUGAL. — Le royaume de PORTUGAL avait conservé ses anciennes limites; mais dépouillés de leurs dernières possessions sur les côtes de Maroc, les Portugais s'étaient encore vu enlever par les Hollandais, depuis le milieu du dix-septième siècle, plusieurs de leurs possessions en Afrique et aux Indes Orientales, et presque tout le commerce de ces contrées.

XII. ESPAGNE. — La MONARCHIE ESPAGNOLE avait aussi bien perdu de sa puissance depuis le milieu du dix-septième siècle, et se trouvait réduite, en Europe, à ses possessions dans la péninsule, où l'Angleterre lui avait même enlevé, en 1704, l'importante forteresse de *Gibraltar*, qu'elle se fit céder par la paix d'Utrecht. Les îles *Baléares*, dépendance naturelle de l'Espagne, continuaient aussi à lui appartenir, malgré les efforts de l'Angleterre, qui s'était emparée, en 1708, de *Port-Mahon*, que l'Espagne parvint à recouvrer définitivement à la paix de Versailles (1783), après un siège célèbre (1782). En 1789, l'Espagne se partageait en quatorze provinces qui conservaient pour la plupart les noms de royaumes qu'elles avaient porté sous la domination des Maures. — Hors de l'Europe, l'Espagne conservait encore d'immenses possessions (voir n° 260).

XIII. SARDAIGNE. — Le duc de Savoie, Victor-Amédée II, ayant échangé, en 1720, l'île de *Sicile* qu'il avait obtenue par la paix d'Utrecht, contre celle de *Sardaigne*, prit le titre de *roi de* SARDAIGNE, et y ajouta ceux de roi de *Chypre* et de *Jérusalem*, auxquels il prétendait avoir des droits comme héritier de la maison de Lusignan. Les nombreuses possessions qu'il avait acquises en Italie et que son fils sut augmenter encore, lui donnaient des droits plus incontestables au titre de roi. Ces possessions comprenaient, en 1789, outre l'île de SARDAIGNE, cap. *Cagliari*, la SAVOIE, le

PIÉMONT et le MONTFERRAT avec le marquisat de *Saluces*, et le comté de *Nice*, rendu par les Français qui s'en étaient emparés en 1744 ; enfin la partie occidentale du Milanais connue sous le nom de *Milanais Sarde*.

XIV. MONACO. — Rien n'était changé depuis 1661, ni dans l'étendue, ni dans la situation de cette petite principauté.

XV. GÊNES. — La superbe GÊNES se trouvait réduite à ses possessions continentales depuis qu'elle avait cédé à la France l'île de *Corse* en 1768. Le marquisat de *Finale*, qui se trouvait enclavé dans la partie des possessions de la république située sur la côte occidentale ou *rivière du Ponent*, lui avait été vendu par l'Empereur en 1748.

XVI. VENISE. — La Seigneurie ou république de Venise possédait toujours dans le N. E. de l'Italie, depuis *Bergame* et *Crema* à l'O. jusqu'à l'extrémité S. E. de la péninsule de l'*Istrie*, qu'elle partageait avec l'Autriche, et depuis les Alpes au N. jusqu'au delà de *Rovigo* au S. Elle conservait toujours aussi la possession des meilleurs ports de la *Dalmatie* et de l'*Albanie*, et la plupart des îles voisines. Les îles *Ioniennes* lui étaient également restées, mais, dans l'Archipel, elle ne possédait plus que celle de *Tiné*, qui fait partie des *Cyclades*.

XVII. PARME. — Les duchés de *Parme* et de *Plaisance* avaient été donnés, en 1748, avec le titre de duché souverain, à l'infant d'Espagne don Philippe, qui y joignit encore le duché de *Guastalla* et diverses dépendances.

XVIII et XIX. MODÈNE et MASSA CARRARA. — Aux duchés de *Modène* et de *Reggio* étaient unis le duché de *Massa* et la principauté de *Carrara*.

XX. TOSCANE. — Ce grand-duché, passé par suite de l'extinction de la maison de Médicis, en 1736, à un prince de celle d'Autriche, comprenait toujours les possessions que nous avons décrites en 1661.

XXI et XXII. LUCQUES et PIOMBINO. — La république de *Lucques* et la principauté de *Piombino* conservaient toujours leurs dépendances ; mais le roi de Naples entretenait garnison à Piombino.

XXIII et XXIV. ÉTATS DE L'ÉGLISE et république de SAINT-MARIN. — L'ÉTAT ECCLÉSIASTIQUE n'avait éprouvé aucun changement dans l'étendue de ses possessions et la république de *Saint-Marin* maintenait son indépendance. — *Avignon*, dont la France s'était emparée en 1768, avait été rendu, en 1774, au pape, qui possédait encore *Bénévent* et *Ponte-Corvo* avec leurs territoires, enclavés dans le royaume de Naples.

XXV. ROYAUME DE NAPLES. — Le royaume des DEUX-SICILES, après être resté pendant deux siècles réuni à la monarchie Espagnole, en fut séparé par la guerre de la Succession, et le traité d'Utrecht, qui mit fin à cette guerre en 1713, donna le royaume de *Naples* à l'Autriche et celui de *Sicile* à la Savoie. Quelques années après, l'Autriche ayant cédé à la Savoie la Sardaigne en échange de la Sicile, les deux royaumes se trouvèrent de nouveau réunis; mais l'Autriche ne les conserva pas longtemps. L'infant d'Espagne Don Carlos, en ayant fait la conquête en 1735, en obtint la cession pour lui-même au traité de Vienne en 1736, et lorsqu'il parvint par succession à la couronne d'Espagne en 1759, il le céda au troisième de ses fils, Ferdinand, tige de la branche de la maison de Bourbon qui y règne encore aujourd'hui.

XXVI. MALTE — L'ordre de Saint-Jean conservait toujours cette île et celles de *Gozzo* et de *Comino*.

XXVII. EMPIRE OTTOMAN. — La bataille de Lépante, en 1571, avait définitivement arrêté les progrès des Turcs en Europe; la conquête de l'île de Candie, qu'ils enlevèrent aux Vénitiens en 1669, fut la dernière qui ait eu pour eux quelque importance. Non-seulement ils avaient perdu la Hongrie et la Transylvanie, mais le traité de Passarowitz, en 1715, leur avait même ravi une partie de leurs anciennes conquêtes, qu'ils parvinrent toutefois à recouvrer, en 1739, à la paix de *Belgrade*. Outre cette forteresse, l'Autriche leur rendit les portions de la *Valachie* et de la *Servie* qu'elle s'était fait céder; mais un ennemi plus redoutable pour l'empire Ottoman s'était approché de lui par le nord: les conquêtes faites par les Russes dans l'*Ukraine* et dans la *Crimée* lui avaient donné pour voisin ce peuple avec lequel il était engagé, en 1789, dans une guerre qui avait pour théâtre la *Bessarabie* et la *Moldavie*, et qui devait lui coûter la province d'*Oczakov*, dont la capitale avait été prise par les Russes en 1788.

QUESTIONNAIRE. — § I. 427. Quel est l'état général des sciences au dix-huitième siècle? — *Que savez-vous sur Franklin?* — 428. Quels autres physiciens célèbres pouvez-vous nommer? — Quelle est la découverte de Galvani et de Volta? — 429. Qui a donné l'essor à la chimie? — Nommez d'autres grands chimistes. — § II. 430. Qui a mis en application la machine à vapeur? — Nommez plusieurs grands astronomes et grands mathématiciens. — § III. 431. *Faites connaître Buffon.* — 432. Quel est le grand mérite de Linnée? — Quels célèbres botanistes avait alors la France? — § IV. 433. Parlez des voyages de Cook, de Bougainville. — Nommez des géographes distingués. — § V. 434. Quel était le nombre des États européens en 1789? — 435. Faites connaître les modifications éprouvées depuis 1661 par les États du Nord? — 436. Quelles modifications avaient éprouvées les États du Centre? — 437. Quels changements avez-vous à signaler parmi les États du Midi?

CHAPITRE TRENTE-CINQUIÈME.

LA RÉVOLUTION FRANÇAISE.
ASSEMBLÉE CONSTITUANTE, ASSEMBLÉE LÉGISLATIVE, CONVENTION.
(1789—1795.)

SOMMAIRE.

§ Ier. 438. Les États-généraux ouvrent leurs séances le 5 mai 1789. Des dissentiments éclatent entre les trois ordres Le tiers-état se forme en Assemblée nationale constituante et prononce le serment du jeu de Paume (20 juin). Le clergé et une partie de la noblesse se réunissent au tiers.

439. Les clubs agitent les esprits. Le renvoi de Necker, la disette, exaspèrent la multitude. La garde nationale est établie. Le peuple s'empare de la Bastille (14 juillet); le roi rappelle Necker; l'émigration commence.

440. Dans la nuit du 4 août, l'Assemblée abolit tous les priviléges.

441. Le roi refuse de sanctionner la déclaration des Droits de l'homme. La multitude soulevée attaque le château de Versailles, massacre les gardes du corps et ramène à Paris le roi et sa famille (5 et 6 octobre 1789).

442. La Constituante accomplit de mémorables travaux, mais est entraînée à des mesures désastreuses (assignats, constitution civile du clergé). Necker se retire du ministère. Mirabeau, qui a essayé de rapprocher l'Assemblée de la cour, meurt (2 mars 1791). Louis XVI s'échappe de Paris; est arrêté à Varennes; suspendu de ses pouvoirs. L'émeute du Champ de Mars (17 juillet 1791) est réprimée par Lafayette.

443. La déclaration de Pilnitz ne fait qu'exciter le sentiment national en faveur de la révolution. L'Assemblée décrète la constitution de 1791 qui est acceptée par le roi. L'Assemblée constituante termine ses séances (septembre 1791).

§ II. 444. L'Assemblée législative divisée en feuillants, girondins et montagnards, rend des lois contre les émigrés et les prêtres non assermentés. Marat, Robespierre, Camille Desmoulins, excitent les passions populaires. Le roi est contraint de choisir un ministère girondin (Dumouriez, Roland, etc.). La guerre contre l'Autriche est votée (20 avril 1792).

445. Les Tuileries sont envahies le 20 juin. Un fougueux manifeste du duc de Brunswick redouble l'irritation. Le 10 août l'insurrection fait le siége des Tuileries. Les Suisses sont massacrés. La déchéance du roi est prononcée; il est enfermé au Temple.

446. A la nouvelle des succès de l'étranger, la commune organise et

soudoie un massacre général dans les prisons de la capitale (2, 3 4 et 5 septembre).—Dumouriez arrête les ennemis dans la forêt de l'Argonne, Kellermann à Valmy.

§ III. 447. L'Assemblée législative convoque la Convention où les électeurs envoient les hommes les plus exaltés; elle abolit la royauté et proclame la république. La religion catholique est remplacée par le culte de la Raison. — Dumouriez est vainqueur à Jemmapes.

448. Louis XVI est traduit devant la Convention ; défendu par Tronchet, Malesherbes et Desèze ; déclaré coupable et condamné à mort, Louis XVI se prépare à la mort et monte sur l'échafaud avec un admirable courage (21 janvier 1793).

449. La Convention, dominée par Danton et Robespierre, organise le régime sanglant de la terreur. Le tribunal révolutionnaire, le comité de salut public sont créés. La Vendée se soulève, mais elle est réduite après d'héroïques combats. Les Girondins sont proscrits le 21 mai 1793. Marat est assassiné par Charlotte Corday. Marie-Antoinette meurt sur l'échafaud; et après elle les Girondins, puis Danton et Camille Desmoulins.

450. L'effroi universel fait naître une opposition qui renverse Robespierre (9 thermidor an II); il tente de se tuer et est guillotiné. La Convention fait cesser la terreur.

451. La guerre a été malheureuse pendant une grande partie de l'année 1793, mais la Convention multiplie les levées d'hommes et Carnot organise les campagnes. Jourdan reprend l'avantage. — Napoléon Bonaparte chasse les Anglais de Toulon. En 1794, Jourdan vainqueur à Fleurus (26 juin) reprend la Belgique. Pichegru fait la conquête de la Hollande.

452. La constitution de l'an III prépare un nouveau gouvernement. Les sections tentent d'envahir la Convention ; elles sont mitraillées par Bonaparte (le 13 vendémiaire). La Convention termine ses séances le 26 octobre 1795, laissant la république française dans un déplorable état d'épuisement et de désorganisation.

§ Ier. ASSEMBLÉE CONSTITUANTE.

438. OUVERTURE DES ÉTATS GÉNÉRAUX. — L'ASSEMBLÉE NATIONALE. — Les *États généraux*, demandés à l'envi par le parlement, par les États provinciaux, par le clergé, réclamés par l'opinion publique, se réunirent le 5 mai 1789. Ils se composaient de deux cent soixante-dix députés de la *noblesse ;* de deux cent quatre-vingt-onze députés du *clergé;* de cinq cent soixante-dix-huit députés du *tiers-état.* Ils furent inaugurés par une magnifique cérémonie religieuse au milieu de l'enthousiasme universel, et l'Assemblée accueillit avec les plus vifs applaudissements les paroles du roi, faisant un chaleureux appel à la concorde et à l'union des cœurs pour le bonheur du pays.

Mais l'accord du roi et des États, si nécessaire pour opérer sans bouleversement des réformes devenues inévitables, est rendu, dès l'abord, impossible par une crise décisive. Le tiers-état, après avoir vainement invité la noblesse et le clergé à se réunir à lui pour vérifier en commun les pouvoirs des députés, se constitue le 17 juin en *Assemblée Nationale*. Le roi ordonne la suspension des séances du tiers, et le 20 juin fait occuper par la force armée la salle de ses séances. Les députés des communes, sous la conduite de leur président *Bailly*, se rendent en corps au *Jeu de Paume*, et là, font serment de ne se séparer qu'après avoir donné une Constitution à la France. Vainement, dans la fameuse séance du 23 juin, le roi, en personne, vient réprimander les députés et leur intimer l'ordre de se séparer. A la voix de *Mirabeau* et de *Sieyès*, le tiers résiste, et appelle à lui les deux autres ordres. La majorité du clergé, un grand nombre de députés de la noblesse se réunissent à lui ; l'ascendant de la royauté a pris fin : la révolution est commencée.

409. PRISE DE LA BASTILLE — L'ÉMIGRATION. — La fermentation qui règne dans l'Assemblée gagne la France entière, et le 12 juillet, elle éclate dans Paris à la nouvelle de l'exil du ministre *Necker* (n° 426). Des rassemblements se forment, grossissent et s'exaltent. Le 13, l'insurrection s'organise. Une milice bourgeoise, la *Garde nationale*, est instituée aux couleurs de la ville, et équipée avec des armes enlevées dans les dépôts publics. Le 14 juillet 1789, la *Bastille* est assiégée et prise par le peuple que soutiennent les gardes-françaises. Cette victoire est souillée par le meurtre du brave *Delaunay*, gouverneur de la forteresse, de *Flesselles*, prévôt des marchands : lamentable prélude de tant de sanglantes journées.

C'est une révolte, s'écrie le roi à ces nouvelles. — *Non, sire*, lui répond le duc de Liancourt, *c'est une révolution !* Toutefois, sous l'impulsion de son cœur, le roi se rend à l'Assemblée sans gardes et sans cortége, et ses paroles généreuses réveillent toutes les sympathies. Il rappelle Necker, le ministre populaire ; il vient à l'hôtel de ville de Paris sanctionner l'élection de Bailly comme maire de la ville, de *Lafayette*, le héros de la guerre d'Amérique, comme chef de la garde bourgeoise. La joie est universelle : la réconciliation paraît entière.

Mais à la suite du comte d'Artois, frère du roi, du prince de Condé et de son fils, la noblesse, ennemie des réformes, commence à quitter la France. C'est l'*émigration*, provoquée par les premiers excès de la révolution, mais qui suscitera elle-même d'incalculables malheurs.

440. Nuit du 4 aout. — Les partis dans l'Assemblée. — Cependant, l'Assemblée Nationale poursuit activement son œuvre au milieu de l'émotion profonde que la prise de la Bastille a jetée dans toute la France. Dans la mémorable nuit du 4 août, sur la proposition même des membres du clergé et de la noblesse, les prérogatives seigneuriales, ecclésiastiques, provinciales, les priviléges de toutes sortes, les entraves à la liberté du commerce et de l'industrie, sont abolis avec un entraînement impossible à décrire. Les derniers vestiges des institutions féodales ont disparu pour faire place aux institutions modernes.

Heureuse la France, si ce périlleux passage du monde ancien à un monde nouveau eût pu s'accomplir sans tempêtes et sans naufrages! Mais l'anéantissement progressif de l'autorité, l'exaltation des passions démagogiques allaient la conduire par une pente rapide aux abîmes de l'anarchie.

Les partis divers qui existaient dans l'Assemblée Nationale se prononcent et se divisent au moment où il s'agit de fonder après avoir renversé, de constituer après avoir détruit. C'est le parti du haut clergé et de la noblesse, toujours attaché à l'ancien ordre de choses, que conduisent le célèbre abbé *Maury* et *Cazalès*. C'est le parti du ministère qui veut introduire en France le système anglais des deux chambres; il est dirigé par des hommes qu'entoure l'estime publique : *Mounier, Lally-Tollendal*. Le parti populaire, stimulé par des hommes jeunes et ardents, *Duport, Barnave, Lameth*, pousse l'Assemblée en avant et surexcite l'opinion. Un parti nombreux commence à se grouper autour du *duc d'Orléans*, fils du Régent, dont l'hostilité contre la cour s'est déclarée ouvertement. Mais la plus grande influence appartient à deux hommes éminents, dont l'un organise les travaux de l'Assemblée avec un esprit systématique et inflexible, l'abbé *Sieyès*, l'autre emporte les résolutions énergiques par l'impétuosité de son éloquence de tribun; c'est *Mirabeau*.

441. Journées des 5 et 6 octobre. — Tandis que ces partis, dominés souvent par la pensée des grandes mesures de réorganisation qui ont immortalisé les travaux de la *Constituante*, se disputent d'ailleurs une prépondérance qui va leur échapper à tous, l'esprit public s'exalte au dehors et se pervertit par l'action subversive des clubs. La trop célèbre société des *Jacobins*, formée d'abord de quelques députés, bientôt d'une foule d'ambitieux obscurs, avides de pouvoir, de renom et de bruit, enflamme les passions par des déclamations incessantes contre l'autorité royale accusée de tyrannie, contre l'Assemblée elle-même accusée de tiédeur. Les hésitations continuelles du roi, placé entre les obsessions d'une cour hostile à toute réforme et les exigences impérieuses de l'opinion qui le presse de seconder le mouvement national, son refus de donner sa sanction à la fameuse *Déclaration des droits de l'homme*, votée par l'Assemblée, sont représentés au peuple comme autant de trahisons. La disette qui augmente à Paris, vient jeter dans la multitude une nouvelle cause de troubles, de défiances et de haines.

Le 4 octobre 1789, une sourde agitation annonçait un soulèvement prochain. Le lendemain, au bruit du tambour, qu'une jeune fille fait entendre en parcourant les rues de Paris avec une escorte de femmes, la foule se rassemble et marche sur Versailles. Dans la nuit, des forcenés, emportant d'assaut les issues du palais, pénètrent jusqu'à l'appartement de la reine. Elle n'est sauvée que par le dévouement de quelques gardes du corps qui se font tuer sur le seuil de sa porte, tandis qu'elle s'enfuit demi nue auprès du roi. L'émeute triomphe; et Louis XVI est ramené avec sa famille par une hideuse escorte dans cette capitale qui va être sa prison et son tombeau (6 octobre.)

442. TRAVAUX DE L'ASSEMBLÉE CONSTITUANTE. — FUITE DU ROI. — Après les journées des 5 et 6 octobre, l'Assemblée Nationale avait suivi le roi à Paris. Mais à peine s'était-elle signalée par ces mémorables mesures qui seront à jamais ses titres de gloire (la suppression des anciennes provinces; la division de la France en départements, base de l'unité politique, administrative, judiciaire; l'application salutaire en principe, mais trop généralisée, du principe d'élection; la nouvelle organisation des juridictions civile et criminelle), que les difficultés financières la poussèrent à des mesures extrêmes qui provoquèrent de nouveaux et irrémédiables désordres. Pressée par les clubs anarchiques (Jacobins, Cordeliers) qui prenaient sur elle un ascendant plus marqué de jour en jour, entraînée par les ardentes harangues de Mirabeau, l'Assemblée décida coup sur coup la vente des biens du clergé, et la création d'un papier-monnaie, les *assignats*, dont la valeur devait être garantie par le prix des domaines ecclésiastiques aliénés. Bientôt, les ordres religieux furent supprimés dans toute l'étendue de la France, et un décret à jamais déplorable, la *Constitution civile du clergé*, vint détacher l'Église de France du Saint-Siége, en imposant à tous les ecclésiastiques un serment qui rompait leurs liens de subordination envers le souverain pontife. Plus de quarante mille prêtres et évêques devaient refuser ce serment et, préférant l'exil au schisme, faire admirer dans les pays voisins leur résignation et leurs vertus.

La fête de la *Fédération*, célébrée avec une pompe extraordinaire au Champ de Mars, le jour anniversaire de la prise de la Bastille, suspendit un instant les hostilités des partis. Mais bientôt Necker, las de lutter contre toutes les intrigues qui s'agitent à la cour, se retire du ministère. La division se met dans l'armée; l'émigration redouble; Mirabeau qui, après avoir joué le rôle de tribun, s'est rapproché depuis quelque temps de la royauté, meurt le 2 mars 1791, et la disparition de ce puissant orateur fait évanouir le dernier espoir de conciliation entre le roi et l'Assemblée.

Cependant les puissances européennes, effrayées des principes de la révolution, excitées par les intrigues des princes émigrés, avaient formé une coalition contre la France. Le peuple, craignant l'évasion du roi et sa retraite au milieu des ennemis du dehors, l'empêchait même de quitter Paris pour se rendre à Saint-Cloud. Louis XVI, devenu captif à Paris, et refusant pourtant d'appeler contre sa patrie les secours étrangers, résolut de chercher un refuge au sein d'une armée fidèle que le marquis de *Bouillé* commandait en Lorraine. La nuit du 20 juin 1791, le roi parvint à sortir des Tuileries et de la capitale sous un déguisement avec les membres de sa famille. Déjà, les fugitifs atteignaient Varennes quand ils furent reconnus et arrêtés. Ramené prisonnier dans Paris, Louis XVI trouva l'Assemblée investie de tous les pouvoirs. Le roi fut déclaré suspendu de ses fonctions jusqu'après l'achèvement de la constitution nouvelle. — Toutefois l'Assemblée résista aux propositions violentes des partis extrêmes qui, poussés par *Camille Desmoulins* et *Danton*, le fougueux tribun, demandaient à grands cris la déchéance de Louis XVI. Les agitateurs répondirent par une émeute nouvelle. La multitude s'assembla au champ de Mars pour porter sur l'autel de la patrie une pétition incendiaire, et le massacre de deux invalides dont les têtes furent élevées sur des piques, fut le signal d'une insurrection formidable. Lafayette, accouru avec Bailly à la tête des gardes nationaux, somma vainement la foule de se dissiper et fut obligé de commander une décharge meurtrière pour réprimer l'émeute : première et funeste bataille livrée par la démagogie à l'ordre social (17 juillet 1791).

443. Constitution de 1791. — Les démonstrations des puissances étrangères, en soulevant le sentiment national en faveur de la révolution menacée, ne faisaient qu'accroître son énergie. A la *déclaration de Pilnitz*, par laquelle l'Autriche et la Prusse prétendaient contraindre la France, par des menaces terribles, à remettre le roi sur le trône et à dissoudre l'Assemblée, celle-ci répondit en armant les provinces et en mobilisant cent mille gardes nationaux, qui volèrent aux frontières avec enthousiasme. Toutefois l'Assemblée Nationale se sentait elle-même dépassée par l'opinion de plus en plus exaltée. Elle se hâta de mettre un terme à ses travaux en achevant la *Constitution* qui devait organiser sur ses nouvelles bases le gouvernement de la France et coordonner tous les décrets successivement adoptés. Ce code politique donnait le pouvoir législatif à une assemblée unique sans que le roi pût s'opposer à la mise en vigueur de ses décrets autrement que par un *veto* dont l'effet ne pouvait durer plus de quatre ans. La Constitution conférait au roi le pouvoir exécutif, mais en l'enfermant dans des limites qui lui ôtaient la force et le prestige sans lesquels il est frappé d'impuissance. Elle admettait l'élection à deux degrés qui appelait tous les citoyens domiciliés depuis un an dans le canton et payant une contribution équivalant à trois journées de travail, à nommer des électeurs devant payer un cens d'environ deux cents francs et chargés de choisir les députés ou membres de la représentation nationale.

Aussitôt que le roi eut juré l'observation de cet acte solennel, l'Assemblée Constituante termina ses séances. Parmi les immenses travaux d'une assemblée réunissant dans son sein un si grand nombre d'hommes remarquables par leurs lumières, leur honnêteté, leur génie même, au milieu de services inappréciables et de fautes graves, une œuvre est restée qui suffirait à elle seule à la gloire de l'Assemblée Constituante, c'est l'abolition des privilèges et la réalisation de l'égalité civile, le premier de tous les besoins comme le plus vif de tous les sentiments de la nation française.

§ II. Assemblée législative. — Journée du 10 août.

444. Les partis dans l'Assemblée législative. — Déclaration de guerre a l'Autriche. — Un décret à jamais regrettable, inspiré par un désintéressement aveugle, avait interdit aux membres de l'Assemblée Constituante de figurer dans l'*Assemblée Législative* qui lui succédait. La révolution affranchie de la direction de ceux qui l'avaient opérée, allait se précipiter avec une violence désormais irrésistible, au milieu du déchaînement de toutes les passions populaires. — La nouvelle Assemblée se réunit le 1ᵉʳ octobre 1791. Composée d'hommes jeunes, ardents, étrangers pour la plupart à la pratique des affaires et à l'art du gouvernement, elle devait se jeter rapidement dans les extrémités dont avait pu à peine se garder sa devancière. Elle se trouva, dès le moment de sa réunion, partagée en plusieurs fractions. Les députés qui siégèrent à droite, et qui reçurent le nom de *Feuillants*, étaient les royalistes constitutionnels qui demandaient le maintien de la Constitution de 1791 ; ce parti s'appuyait en dehors de l'Assemblée sur l'influence de Lafayette. Les députés qui prirent place à gauche étaient d'abord les républicains modérés désignés sous le nom de *Girondins*, parce que leurs orateurs les plus éloquents, *Vergniaud*, *Guadet*, *Gensonné*, appartenaient à la députation de la Gironde ; puis, en second lieu, les républicains passionnés nommés *Jacobins*, parce qu'ils appartenaient au club de ce nom, occupant les gradins supérieurs de l'extrême gauche, composèrent ce qu'on nomma la *Montagne*.

Les premiers actes de l'Assemblée furent dirigés contre les princes français, dont les biens furent confisqués, et contre les émigrés réunis au delà des frontières, qui furent condamnés à mort s'ils ne rentraient dans un délai déterminé. Un autre décret, qui privait de leur traitement les prêtres non assermentés, fut bientôt aggravé par une loi plus violente qui les condamna à la déportation (octobre). Le refus que fit le roi, suivant son droit constitutionnel, de sanctionner les deux derniers décrets, fut un prétexte aussitôt saisi par les factieux pour agiter de nouveau la population.

Les ministres du roi, pris dans le parti constitutionnel, durent se retirer devant les défiances de l'Assemblée où dominait déjà le parti de la Gironde. Ce fut dans les rangs des Girondins que le roi se vit obligé de choisir un nouveau ministère où figurèrent en première ligne le général *Dumouriez*, habile en intrigues, fécond en expédients, sceptique en politique, qui reçut le portefeuille des affaires étrangères, et *Roland*, républicain austère, dirigé par une femme ambitieuse et habile, qui fut chargé de l'intérieur.

ASSEMBLÉE LÉGISLATIVE. — 10 AOUT. 445

La guerre devait être le premier acte du ministère Girondin. Elle fut déclarée à l'Autriche, sur la proposition du roi lui-même, dans la séance du 20 avril 1792.

445. Journée du 10 aout. — De toutes parts, des levées d'hommes, des fournitures d'armes et de munitions furent ordonnées, et la nation entière répondit avec un merveilleux élan à l'appel de ses représentants. Mais l'enthousiasme ne pouvait suppléer à l'expérience ; plusieurs échecs, résultats inévitables de l'absence de toute organisation, de toute direction régulière, signalèrent les premières opérations de nos troupes. Ces revers, perfidement exploités par l'esprit de parti, eurent bientôt détruit l'influence de la Gironde. L'Assemblée, désormais à la merci de ses membres les plus exaltés, et plus encore peut-être des agitateurs du dehors, réclama avec une plus vive insistance la sanction de ses décrets contre les émigrés et les prêtres non assermentés. Le refus persévérant du roi, quoique incontestablement légal, fut taxé de trahison par les factieux : une crise nouvelle fut bientôt imminente.

Le 20 juin, jour anniversaire du serment du Jeu de paume, trente mille hommes armés, conduits par le brasseur *Santerre* et le marquis de *Saint-Huruques*, défilent à la barre de l'Assemblée et envahissent les Tuileries ; Louis XVI, toujours calme et ferme en face du danger, fait ouvrir lui-même les portes à la multitude, et impose aux plus hardis par sa noble contenance. Les assaillants, déconcertés par l'attitude du roi, se retirent sans avoir atteint leur but.

L'indignation publique, un instant réveillée par ces ignobles scènes, venge la royauté de tant d'humiliation ; mais cette réaction n'a qu'un instant, et bientôt les événements viennent donner aux esprits une direction fatale. Quatre-vingt mille Prussiens, sous les ordres du duc de Brunswick, s'avancent sur les frontières, l'alarme se répand partout, et la patrie est déclarée en danger ; sur ces entrefaites, le duc de Brunswick répand contre la nation, dans une fougueuse et impolitique proclamation, des menaces qui portent à son comble l'effervescence populaire.

Dans la fatale journée du *Dix août*, l'insurrection, favorisée par l'hypocrite complicité du maire de Paris, *Pétion*, va briser les restes du trône. Traînant à sa suite des pièces d'artillerie, le peuple accourt en armes faire le siège des Tuileries, dont les Suisses, malgré la défense faite par le roi de tirer sur le peuple, essayent de défendre l'entrée. Ils sont massacrés. Déjà Louis XVI et sa famille avaient cherché un refuge dans le sein de l'Assemblée législative qui lui donne pour asile, pendant deux jours, la loge du *logographe;* mais la vengeance du peuple, irrité de la résistance des Suisses, le poursuit jusque dans l'Assemblée. Les vainqueurs du 10 août viennent en triomphe défiler dans la salle des séances, et sur l'impérieuse demande de la municipalité de Paris, on décide qu'une *Convention nationale* sera convoquée pour juger le roi, dont la déchéance est prononcée. Louis est renfermé avec sa famille dans la tour du Temple.

Cependant l'approche des Prussiens, qui venaient de prendre Longwy et menaçaient la Champagne, avait exalté jusqu'à la frénésie les passions populaires. Danton, ministre de la justice, dont la sauvage éloquence subjuguait l'Assemblée et emportait la multitude, dont l'audace sanguinaire ne reculait devant aucun crime, Danton excitait lui-même les esprits de tout son pouvoir. En quelques jours, tous les insignes de la royauté furent détruits. Un tribunal extraordinaire fut chargé de juger les partisans de la monarchie et le sang coula sous le couteau de la *guillotine.*

446. Massacres de septembre. — La fatale machine, bientôt en permanence sur nos places publiques, était encore trop lente au gré de quelques hommes indignes du nom de Français. Un épouvantable forfait, préparé par les provocations furibondes de *Marat* dans *l'Ami du peuple*, allait s'accomplir au sein de la capitale. On venait d'apprendre la prise de Verdun, l'une des clefs de la France; Danton fit tonner le canon d'alarme, s'écriant que pour vaincre les ennemis du dehors, il fallait écraser les ennemis du dedans, et *faire peur aux royalistes.* Aussitôt la Commune de Paris, complice du ministre de la justice, organise un massacre général des nobles, des prêtres, des détenus de tout rang, enfermés dans les diverses prisons de la capitale. Les 2, 3, 4, 5 septembre, une poignée d'égorgeurs, soudoyés par la municipalité, parcourent les prisons et massacrent tous les infortunés que, par une parodie sacrilége, ils ont fait condamner par un tribunal composé de bandits ivres de sang et de vin, juges et bourreaux tour à tour.

L'Assemblée législative, qui avait applaudi au Dix août, n'osa pas condamner les journées de septembre; muette et consternée, elle fit de vains efforts pour rétablir l'ordre. Le pouvoir qui lui échappait avait passé à la Commune de Paris, qui, sous l'influence des clubs les plus anarchiques, installait à l'Hôtel de ville son gouvernement sanguinaire.

CONVENTION. — LA RÉPUBLIQUE PROCLAMÉE.

Détournons les yeux de ces scènes d'horreur pour les reporter sur la frontière. Avec des armées mieux disciplinées, les succès ont remplacé les revers. Dans la forêt de l'Argonne, les *Thermopyles de la France*, une audacieuse et savante manœuvre de Dumouriez arrête l'invasion des Prussiens. *Kellermann* unit ses efforts à ceux de Dumouriez dans les champs de *Valmy*, où se distingue le jeune duc de Chartres, fils du duc d'Orléans. Une brillante canonnade, soutenue par nos conscrits avec un admirable sang-froid (20 septembre 1792) force le duc de Brunswick à la retraite, rend la confiance à nos soldats, et présage de nouveaux succès. Les Français, en effet, reprennent Verdun et Longwy, tandis que, portant la guerre sur le territoire ennemi, *Custine* s'empare de Trèves, de Mayence, de Spire; que *Montesquiou* triomphe en Savoie et *Anselme* dans le comté de Nice. Ainsi commence cette glorieuse série de triomphes qui portera bientôt dans l'Europe entière la terreur de nos armes.

§ III. CONVENTION NATIONALE. — PROCÈS ET MORT DE LOUIS XVI. — LA TERREUR. — JOURNÉE DU 9 THERMIDOR. — JOURNÉE DU 13 VENDÉMIAIRE.

447. LA CONVENTION PROCLAME LA RÉPUBLIQUE. — La seconde assemblée révolutionnaire, sentant son impuissance, avait abdiqué elle-même en convoquant la *Convention nationale*. Les élections faites sous la pression des clubs amenèrent à la Convention les hommes les plus exaltés. On distinguait à la gauche les députés de Paris : Robespierre, ancien constituant, Danton, Collot d'Herbois, Marat, Camille Desmoulins, Fabre d'Églantine et le duc d'Orléans, qui s'était appelé *Philippe-Égalité*. Les Girondins, au milieu desquels brillaient Vergniaud, Guadet, Brissot, Gensonné, etc., dépassés à leur tour par les Jacobins, occupaient la droite de l'assemblée, dans laquelle leur savoir et leur éloquence semblaient devoir leur assurer la supériorité; mais la violence et l'audace de la Montagne allaient bientôt triompher du mérite. La *Plaine*, composée d'hommes modérés et faibles, qui siégeaient entre les Girondins et les Montagnards, au lieu d'opposer par le nombre de ses voix une digue aux opinions extrêmes, devait suivre silencieusement le parti du plus fort.

La Convention ouvrit ses séances (21 septembre) en abolissant la royauté sur la proposition de *Collot d'Herbois* pour proclamer la *République une et indivisible*, et concentrer en elle tous les pouvoirs. Une nouvelle ère fut également adoptée, et le 22 septembre commença l'*ère républicaine :* aux noms des anciens mois furent substitués ceux de *vendémiaire, brumaire, frimaire,* pour l'automne; *nivôse, pluviôse, ventôse,* pour l'hiver; *germinal, floréal, prairial,* pour le printemps; et *messidor, thermidor, fructidor,* pour l'été. Le mois fut divisé en trois décades; toutes les fêtes et cérémonies de l'Église furent supprimées, et le catholicisme remplacé par l'athéisme sous le nom de culte de la *Raison.*

Les événements du dehors réagissaient puissamment sur la marche de la révolution et accroissaient la confiance des ennemis de la royauté. Les menaces de la coalition n'avaient fait qu'exciter l'élan national tout en provoquant des mesures de plus en plus sanguinaires. Les armées de la République, se multipliant comme par prodige sous l'énergique impulsion de la Convention, attaquaient de tous côtés à leur tour.

Les Autrichiens furent forcés de lever le siége de Lille. Dumouriez, vainqueur sur nos frontières, s'immortalisa par la brillante victoire de *Jemmapes* (6 novembre 1792), se rendit maître de Bruxelles et couronna la campagne de 92 par la conquête de la Belgique.

Cependant, au sein de l'assemblée, les partis, profondément divisés, se rencontrèrent un instant dans une pensée commune, le jugement du roi demandé par une foule de pétitions, apportées chaque jour à la barre de l'Assemblée, où le supplice de Louis XVI était réclamé par des forcenés au nom du salut et du bonheur de la France.

448. Procès et mort de Louis XVI. — Malgré les dispositions formelles de la Constitution qui déclaraient le roi inviolable, et ne permettaient de lui appliquer d'autre peine que la déchéance déjà prononcée contre lui, un décret de la Convention (3 décembre 1792) décida que Louis XVI serait jugé par elle.

Devenue un tribunal révolutionnaire, l'assemblée fit comparaître le roi une première fois (11 décembre) pour entendre la lecture des crimes qu'on lui imputait, et une seconde (25 décembre) pour présenter sa défense, dont il avait chargé *Tronchet,* illustre jurisconsulte, le vénérable *Malesherbes,* et *Desèze,* avocat renommé du barreau de Bordeaux. Au plaidoyer de son défenseur, Louis ajouta quelques mots pleins de dignité pour repousser les crimes qu'on lui imputait. Tout fut inutile. Les Girondins, tremblants sous le reproche de royalisme, appuyèrent une accusation que repoussait leur conscience.

Ils s'unirent aux Montagnards pour déclarer le roi coupable ; ils s'unirent à eux pour voter la mort (17 janvier 1793). Vainement ses défenseurs interjetèrent-ils appel de cette sentence à la nation, vainement cet appel fut-il soutenu par les Girondins dans un mouvement de tardif repentir ; un nouveau vote (19 et 20 janvier) prescrivit l'exécution dans les vingt-quatre heures.

Louis XVI se prépara à la mort avec un calme et une fermeté admirables ; après avoir embrassé la reine et ses enfants, il passa la nuit en prières, puis, le matin (21 janvier 1793), il entendit la messe et fut conduit au pied de l'échafaud par l'abbé Edgeworth qui lui adressa cet adieu suprême : *Fils de saint Louis, montez au ciel !* Avant de mourir il adressa au peuple ces paroles : « *Je meurs innocent, je pardonne à mes ennemis. Je désire que mon sang soit utile...* » Un roulement de tambours, commandé par Santerre, couvrit sa voix, et sa tête tomba la première sur cette place de la Révolution que devait arroser bientôt le sang de tant d'autres victimes.

449. LA TERREUR. — Après la mort du roi, un délire terrible semble s'emparer de la Convention ; cette assemblée, gouvernée par Robespierre et Danton, n'hésite devant aucune mesure extrême ; et, au dehors, le sanguinaire Marat exerce sur le peuple un fatal et terrible ascendant. Un *Tribunal révolutionnaire* est créé (10 mars), qui, avec un simulacre dérisoire de jugement, envoie à l'échafaud tous les ennemis de la révolution, et multiplie de jour en jour le nombre des victimes. Bientôt l'établissement du *Comité de salut public* (6 avril) donne à Robespierre, qui en est le membre le plus influent, un pouvoir dictatorial dont il use avec une inflexible rigueur. Tout ce qui est *suspect* est voué à l'échafaud ; le sang du noble ou du prêtre se mêle dans une hécatombe immense à celui du pauvre et du roturier : le régime horrible que la postérité a flétri du nom de *Terreur*, pèse sur la France.

Les persécutions exercées contre les ecclésiastiques qui avaient refusé de prêter serment à la Constitution civile du clergé avaient fait naître dans la Vendée des soulèvements que la mort du roi rendit plus menaçants. Le jeune fils de Louis XVI, bien qu'enfermé dans la prison du Temple, fut proclamé roi dans cette province, sous le nom de *Louis XVII*. Alors s'alluma une guerre civile, qui devait pendant plusieurs années faire couler dans d'héroïques combats le plus pur sang de la France. L'insurrection s'était étendue dans l'Anjou, le Poitou et jusqu'aux environs de Nantes. Les Vendéens, commandés par *Cathelineau*, *Bonchamp*, *La Rochejacquelein* et *Charette*, détruisirent plusieurs corps d'armée; et leurs victoires mirent un moment en danger la républ'que. Mais la Convention, avec une indomptable énergie, faisait face partout : au dehors, à la guerre des souverains coalisés, au dedans, à la guerre civile ; et bientôt l'insurrection vendéenne, écrasée par *Westermann* aux batailles du *Mans* et de *Savenay*, cessa d'être redoutable.

Les Girondins, qui avaient fait la république, mais qui voulaient s'opposer aux excès, n'avaient pas tardé à devenir un obstacle à la marche foudroyante de la révolution. Soulevé par les émissaires de la Montagne, le peuple envahit la Convention le 31 mai pour la forcer à livrer ses propres membres, et, le 2 juin, un décret dicté par Marat proscrit les Girondins. Une jeune fille essaie de les venger : *Charlotte Corday* pénètre chez Marat et le poignarde dans son bain ; mais cette mort ne fait qu'exaspérer les passions populaires, et la guillotine, dressée dans toute la France, ne cesse de frapper. Collot d'Herbois ruine et mitraille Lyon ; Carrier ordonne les *noyades* de Nantes ; Lebon guillotine à Arras ; la mort frappe partout. La famine vient encore se joindre à ces horreurs pour aigrir les haines, et une loi qui fixe un *maximum* au prix de chaque marchandise anéantit tout commerce.

Tandis que le jeune Louis XVII, à qui la commune de Paris a donné pour geôlier et pour instituteur un savetier, est en butte aux indignes traitements qui doivent, deux ans plus tard, faire périr l'innocent et malheureux prince, la reine Marie-Antoinette monte sur l'échafaud le 16 octobre 1793. Elle y est suivie le 31 octobre par les Girondins, qui périssent au nombre de vingt-un avec un courage digne des héros de la Grèce et de Rome. Le 6 novembre, *Philippe-Egalité*, que ne peut préserver son vote régicide lors de la condamnation de Louis XVI, son parent, est immolé à son tour. La science et la vertu ne sauvent de la mort ni *Lavoisier* (n° 429), ni *Bailly*, ni *Malesherbes*. Les fureurs des révolutionnaires s'étaient aussi tournées contre eux-mêmes, et les bourreaux se chargeaient de venger leurs victimes. Robespierre avait d'abord envoyé à la mort *Hébert* et ses amis, fanatiques partisans des excès les plus horribles (24 mars 1794); puis, avec *Danton*, *Camille Desmoulins* et leurs adhérents, ceux qui avaient voulu revenir sur les mesures les plus violentes de la Convention

(5 avril 1794). La révolution, ainsi que l'avait dit Vergniaud, « semblable à Saturne, dévorait ses enfants. »

450. JOURNÉE DU 9 THERMIDOR. — Robespierre préparait des exécu ions nouvelles, lorsqu'une opposition formidable s'éleva contre lui; l'assemblée qui ne voyait plus de terme aux proscriptions, et dont chaque membre pouvait se croire menacé, se souleva (le 9 thermidor an II, 27 juillet 1794) à la voix de *Tallien*. Robespierre se vit refuser la parole et fit de vains efforts pour présenter sa défense. Épuisé de fatigue et de colère, il retombait sur son banc l'écume à la bouche : « Malheureux, lui cria un montagnard, le sang de Danton t'étouffe. » Aussitôt l'assemblée décréta Robespierre d'accusation. *Couthon* et *Saint-Just*, ses amis et ses collègues au comité de salut public, furent accusés avec lui, ainsi que *Lebas* et *Robespierre jeune*. La commune de Paris et les Jacobins voulurent soutenir les accusés, et sous la conduite d'*Henriot*, commandant de la garde nationale, tentèrent une insurrection comme au 31 mai. Cette tentative avorta : Robespierre, après avoir en vain essayé de se brûler la cervelle, fut traîné à l'échafaud, la mâchoire fracassée, la tête sanglante, et décapité avec son frère, Saint-Just, Couthon, Henriot et quatorze membres de la commune.

La Convention, sortant de la voie où elle avait marché depuis deux ans, après s'être épurée elle-même, abroge ou revise les lois pénales révolutionnaires, portées pendant la dictature de Robespierre. La société des Jacobins est dissoute; les députés bannis après le 31 mai sont rappelés, et quelques hommes souillés de crimes, l'ignoble Carrier, *Fouquier-Tinville*, l'accusateur public du tribunal révolutionnaire, sont envoyés au supplice. La loi des suspects et celle du maximum sont rapportées. Enfin, de nombreuses institutions qui doivent laisser des traces impérissables dans l'histoire, telles que l'École polytechnique, l'École normale, l'Institut des sciences et des arts, le bureau des longitudes, l'unité des poids et mesures sont établis. Les prisons sont ouvertes et des milliers de malheureux destinés à l'échafaud sont rendus à la liberté.

451. CAMPAGNE DE 1794. — Pendant que ces événements s'accomplissaient à l'intérieur, la guerre continuait au dehors avec un redoublement d'énergie. Le supplice de Louis XVI avait soulevé toute l'Europe contre la France armée elle-même en partie contre son propre gouvernement, et près de quatre cent mille hommes marchaient sous les drapeaux de la coalition. La Convention appela aux armes tous les jeunes

gens de dix-huit à vingt-cinq ans, et quatorze armées couvrirent toutes les frontières de la France. Toutefois, la campagne de 93 n'avait pas répondu d'abord aux efforts et aux espérances de la Convention. Dumouriez avait perdu la bataille de *Nerwinden*, qui nous coûta la Belgique, et avait cherché dans les rangs ennemis un refuge contre les décrets d'accusation lancés contre lui. Les Espagnols avaient franchi les Pyrénées, tandis que *Toulon* était livrée aux Anglais (27 août 1793). La Convention, que menaçait encore la Vendée en armes, avait opposé à tant de périls un décret qui mettait en réquisition tous les hommes en état de porter les armes, tous les objets propres à la guerre.

La fortune répondit enfin à tant de vigueur et de constance. Le ministre *Carnot*, homme de génie, sut organiser à la fois et les plans de campagne et les immenses ressources nécessaires à tant d'armées à la fois. Sous cette nouvelle et puissante impulsion, avant que l'hiver ne vînt suspendre les hostilités, *Jourdan* battit les Autrichiens, et le jeune *Bonaparte* reprit Toulon aux Anglais (19 décembre). Au printemps de l'année 1794, *Jourdan* gagna la mémorable bataille de *Fleurus* (26 juin 1794), qui rendit la Belgique à la France. Bientôt *Pichegru*, malgré les rigueurs d'un hiver prématuré, parcourut en triomphe la Hollande tout entière, que ne défendaient plus ni ses fleuves ni ses canaux congelés, et prit d'assaut, avec sa cavalerie, la flotte hollandaise, arrêtée dans les glaces au milieu du Zuyderzée : la Hollande conquise devint la *République Batave*.

En même temps, l'Espagne était attaquée au delà des Pyrénées de deux côtés à la fois.

La France, envahie naguère, s'étendait maintenant aux dépens des ennemis, et ce n'était qu'au prix d'efforts inouïs que l'Angleterre, gouvernée alors par le célèbre *Pitt*, fils de lord Chatam (n° 402), entretenait la guerre de ses subsides.

452. JOURNÉE DU 13 VENDÉMIAIRE. — Tandis que la lutte contre l'étranger se soutient avec des succès mêlés de quelques revers que l'indiscipline de l'armée rend inévitables, la *Constitution de l'an III* (22 août 1795) vient enfin rétablir quelque régularité dans le gouvernement, en créant un *Directoire* chargé du pouvoir exécutif, et deux *Conseils*, celui des *Anciens* et celui des *Cinq-Cents*, investis du pouvoir législatif. Mais l'anarchie ne reculera pas sans livrer bataille. Les *sections* entre lesquelles s'est divisée la population parisienne, et qui entendent maintenir le despotisme de la multi-

tude, s'arment à l'instigation des royalistes, et préparent un nouveau Dix-août contre la Convention. Quarante mille insurgés s'avancent à la fois sur les Tuileries que défendent six ou sept mille soldats habilement commandés. Une bataille terrible s'engage, et les soldats de l'émeute, mitraillés devant l'église de Saint-Roch, sont vaincus pour la première fois (13 vendémiaire an III, 5 octobre 1795).

Les troupes de la Convention avaient pour chef ce jeune officier, né en Corse le 15 août 1769, lieutenant d'artillerie en 1785, au sortir de l'école de Brienne, fait capitaine en 1793 après avoir canonné les bandes marseillaises, colonel au siége de Toulon, général après la reprise de cette ville sur les Anglais (décembre 1793), appelé au premier rang par son génie, armé contre l'anarchie au début de sa carrière, restaurateur futur de l'autorité, *Napoléon Bonaparte*.

QUESTIONNAIRE. — **438.** A quelle époque se réunirent les États-généraux ? — Comment étaient-ils composés ? — L'accord du roi et des États fut-il de longue durée ? — Qu'est-ce que le serment du jeu de paume ? — **439.** Quand la Bastille fut-elle prise ? — Qu'est-ce que l'émigration ? — **440.** Que fit l'Assemblée dans la nuit du 4 août ? — **441.** Que se passa-t-il dans les journées des 5 et 6 octobre ? — **442.** Qu'est ce que la constitution civile du clergé ? — Qu'est-ce que la fête de la Fédération ? — Que tenta Louis XVI ? — Qui réprima l'émeute du Champ-de-Mars ? — **443.** Quel effet produisirent les menaces des puissances étrangères ? — Quelles étaient les bases de la constitution de 1791 ? — Quand se réunit l'Assemblée législative ? — **444.** Comment les Girondins parvinrent-ils au pouvoir ? — **445.** Qu'arriva-t-il le 20 juin ? — Que fit le duc de Brunswick ? — Quelles furent les suites de l'insurrection du 10 août ? — **446.** Qu'arriva-t-il dans les journées des 2, 3, 4 et 5 septembre ? — **447.** Qui remplaça l'Assemblée législative ? — De quoi la Convention s'occupa-t-elle d'abord ? — **448.** Comment fut jugé et condamné et comment mourut Louis XVI ? — **449.** Qu'était-ce que Marat, Danton, Robespierre ? — Qu'était-ce que le règne de la Terreur ? — Quelle fut la cause du soulèvement de la Vendée ? — Par qui fut poignardé Marat ? — **450.** Robespierre épargna-t-il ses amis ? — Que se passa-t-il dans les journées des 9 et 10 thermidor ? — Quel résultat amena la mort de Robespierre ? — **451.** Racontez les principaux faits de la campagne de 1794. — **452.** Parlez de la constitution de l'an III. — Racontez la journée du 13 vendémiaire an III.

CHAPITRE TRENTE-SIXIÈME.

DIRECTOIRE. — CONSULAT.

(1795-1804.)

SOMMAIRE.

§ Ier. 453. La France est dans un état complet de désorganisation à l'avénement du Directoire. Carnot, seul capable, dirige les opérations militaires.

454. Bonaparte, chef de l'armée d'Italie, gagne les batailles de Montenotte, Millesimo, Dégo, Mondovi (avril 1796), impose au Piémont la paix de Paris qui réunit le comté de Nice à la France ; il bat les Autrichiens au pont de Lodi, prend Milan, triomphe à Lonato et Castiglione (août), etc. Le Milanais est soumis. En Allemagne Jourdan est battu, Moreau opère une retraite mémorable (1796). Les Autrichiens envoient de nouvelles troupes en Italie. Bonaparte est vainqueur au pont d'Arcole (1796), à Rivoli (janvier 1797). Le centre de l'Italie est soumis (15 avril). Le traité de Campo-Formio (1797), qui donne à la France la rive gauche du Rhin, organise la république Cisalpine.

455. Bonaparte, chargé de l'expédition d'Égypte (1798), prend Malte, gagne la bataille des Pyramides, prend le Caire. La flotte française est détruite à Aboukir. Bonaparte passe en Syrie, prend Gaza, Jaffa malgré la peste, est vainqueur au Mont-Thabor (avril 1799), échoue devant Saint-Jean d'Acre, gagne la victoire d'Aboukir et repart pour la France au moment où, après avoir remporté de nombreux succès, les Anglo-Russes sont vaincus par Brune à Bergen, les Austro-Russes par Masséna à Zurich (septembre 1799).

456. Dès l'origine, le Directoire a montré sa faiblesse. La division et la corruption sont dans tous les esprits et dans le gouvernement.

457. Le coup d'État du 18 fructidor an V est accompli contre les royalistes. Le Directoire exerce la dictature ; il multiplie les mesures arbitraires et impolitiques. Les Conseils se vengent en expulsant trois membres du Directoire (30 prairial an VII).

458. Bonaparte de retour en France est accueilli avec enthousiasme.

459. Bonaparte prépare un coup d'État avec Siéyès. Le 18 brumaire an VIII, les Anciens donnent le commandement de la force armée à Bonaparte. Le 19 brumaire, il fait chasser les Cinq Cents par ses grenadiers ; il est Consul provisoire ; le pouvoir lui appartient.

§ II. 460. La constitution de l'an VIII conserve trois consuls dont le premier est le chef de l'État, dirige le gouvernement et a l'initiative des lois. Le Conseil d'État, dépendant du pouvoir exécutif, prépare les projets de lois, délibère sur l'administration. Le Tribunat discute publiquement les projets de loi. Le Corps Législatif vote silencieusement les lois. Le Sénat Conservateur veille au maintien de la Constitution, peut annuler les actes inconstitutionnels.

461. Bonaparte, dès son entrée aux affaires, a témoigné une aptitude merveilleuse pour l'administration. Les départements sont administrés par des préfets avec un Conseil général ; les arrondissements, par des sous-préfets, avec un conseil d'arrondissement ; les communes, par des maires avec un conseil municipal. — Les tribunaux de première instance dans chaque arrondissement relèvent de vingt neuf tribunaux d'appel ; au-dessous sont les juges de paix ; au-dessus le tribunal de cassation. — L'administration financière est organisée par la création des receveurs particuliers et des receveurs généraux. La Banque de France est instituée.

462. Bonaparte accueille tous les hommes de mérite sans acception d'opinions ni de partis. La pacification s'opère au dedans et on peut un instant l'espérer au dehors.

463. Le premier consul part pour l'Italie, tandis que Masséna se défend avec héroïsme à Gênes. Bonaparte franchit le Grand Saint-Bernard. Les Autrichiens, battus à Montebello, sont entièrement défaits à la grande bataille de Marengo (14 juin 1800). Moreau en Allemagne est vainqueur à Hohenlinden.

464. Le traité de Lunéville avec l'Autriche et tout l'Empire germanique assure définitivement la limite du Rhin à la France (9 février 1801). En Egypte, Kléber, vainqueur à Héliopolis, est assassiné et le pays évacué (1801). L'Angleterre, elle-même, sous le ministère de Fox, signe la paix d'Amiens (25 mars 1802).

465. Le premier consul a ouvert le grand-livre de la dette publique, présenté les budgets en équilibre, donné l'impulsion à l'industrie; accompli de vastes travaux publics, institué la Légion d'honneur, élaboré, dans le sein du Conseil d'État, le projet du Code civil. La restauration du culte catholique en France a été accomplie par le *Concordat* (1801).

466. La machine infernale éclate. Le consulat est prolongé de dix ans (6 mai 1802). Le consulat à vie est décrété le 2 août suivant. Le sénatus-consulte organique du 4 août 1802 étend le pouvoir du premier consul et met la souveraineté nationale en dépôt dans les mains du sénat. L'Angleterre rompt la paix. Le complot de Georges Cadoudal, Pichegru et Moreau est découvert. Le premier consul fait fusiller le duc d'Enghien.

§ Ier. DIRECTOIRE. — PREMIÈRES CAMPAGNES DE BONAPARTE EN ITALIE. — TRAITÉ DE CAMPO-FORMIO.

455. AVÉNEMENT DU DIRECTOIRE. — ÉTAT DE LA FRANCE. — Au milieu de tant d'actes sanguinaires, la Convention Nationale a du moins sauvé la France de l'invasion par l'énergie de ses mesures. Lorsque la trop fameuse Assem-

blée révolutionnaire remet ses pouvoirs (4 brumaire an IV, 26 octobre 1795) au gouvernement qui lui succède, des traités de paix avec la Prusse et l'Espagne sont venus réduire le nombre de nos ennemis, et la patrie entière va applaudir à la pacification de la Vendée, œuvre du jeune *Hoche*, guerrier intrépide et cœur généreux, général habile et prudent négociateur. Toutefois la situation de la République est déplorable. Point d'administration, point de hiérarchie dans les pouvoirs; point d'argent dans le trésor et nul système financier; discrédit complet du papier-monnaie, suivi de la ruine de tout commerce; les mœurs publiques et privées détruites par tant d'effroyables épreuves; la religion oubliée et sans culte, les liens de famille brisés par le divorce, les propriétés incertaines au milieu du chaos des confiscations et des aliénations nationales; au dehors, les armées sans équipement et sans vivres, les officiers sans solde, les soldats nus et découragés; les troupes sans discipline, les revers commençant à succéder aux victoires; au gouvernement des hommes médiocres en face de la tâche immense d'une réorganisation universelle : telle était la France à l'avénement du Directoire. Son génie guerrier la sauva.

454. Premières campagnes de Bonaparte en Italie. — Traité de Campo-Formio. — Les cinq directeurs appelés à gouverner la France au milieu des circonstances les plus difficiles, étaient : *Barras, Laréveillère-Lépaux, Rewbell, Letourneur* et *Carnot*, ce dernier nommé à la place de Sieyès qui n'avait pas accepté. Un seul, Carnot, chargé de la direction des opérations militaires, était à la hauteur de sa tâche. Il a conçu un plan de campagne qui doit porter les armées de la République au cœur même des États ennemis. *Jourdan*, commandant l'armée de Sambre-et-Meuse, *Moreau*, chef de l'armée du Rhin à la place du traître Pichegru, *Bonaparte*, mis à la tête de l'armée d'Italie, doivent attaquer la monarchie autrichienne par l'Allemagne et le Tyrol, et marcher sur Vienne de trois côtés à la fois.

L'armée d'Italie réduite à la défensive et dénuée de tout, forte à peine de trente mille hommes, est en face d'une masse énorme de quatre-vingt-dix mille soldats. C'est avec cette poignée d'hommes que le jeune général accomplit une entreprise dont la gloire dépasse celle des campagnes d'Annibal. Débouchant tout à coup par la vallée de Savone entre l'Apennin et les Alpes, il rencontre le centre ennemi à *Montenotte* (12 avril 1796), le culbute et ouvre la campagne par une victoire ; deux autres combats livrés aux Piémontais à *Millesimo* (13 avril), puis aux Autrichiens à *Dégo* (14 avril), achèvent la séparation des deux armées coalisées.

Bonaparte a résolu d'en finir avec les Piémontais ; réunissant trois de ses divisions, il force l'ennemi à repasser le Tanaro, le bat complétement à *Mondovi*, et arrive à dix lieues de Turin, à *Cherasco*, où le roi de Piémont épouvanté signe un armistice (28 avril), bientôt suivi de la *paix de Paris*, qui enlève à la Savoie le comté de Nice : tels sont les fruits de quinze jours de campagne et de six victoires.

La guerre terminée de ce côté, Bonaparte se met à la poursuite des Autrichiens retirés entre la Sesia et le Tésin. Il tourne leurs positions, et les jette derrière l'Adda, dont il enlève le pont à *Lodi*, malgré quatre-vingts pièces de canon. S'emparant de Pavie, de Crémone, il entre enfin à Milan (14 mai) : toute la Lombardie est en son pouvoir, un mois après l'ouverture des hostilités. Il y lève vingt millions, dont dix sont envoyés au Directoire et un à Moreau pour l'aider à se mettre en campagne. Aussitôt, sur les pas de l'armée autrichienne, il franchit le Mincio et l'Adige et assiége Mantoue.

Cependant l'Autriche a détaché de l'armée du Rhin quarante mille hommes, sous Wurmser, qui rallie les restes de l'armée vaincue. Wurmser partage ses troupes, donne vingt mille hommes à Quardanowich, et marchant avec quarante mille, espère écraser les Français sous Mantoue. Mais Bonaparte va profiter de la séparation des ennemis pour se jeter entre deux, et les écraser les uns après les autres : il culbute deux fois Quardanowich à *Lonato*, bat complétement Wurmser à *Castiglione* (5 août), à *Roveredo* (3 septembre), à *Bassano*, le coupe des routes de l'Allemagne, et le force à se jeter dans Mantoue (12 septembre).

Le Milanais soumis, le Tyrol ouvert à nos troupes, il ne restait plus qu'à envahir l'Autriche pour accomplir les projets de Carnot. Mais le désaccord de Jourdan et de Moreau, chargés de la guerre d'Allemagne, vint arrêter la réalisation de ce plan gigantesque et empêcher la marche de Bonaparte sur Vienne.

Jourdan, heureux dans ses premières opérations, fut battu par l'archiduc Charles, faute de s'être concerté avec Moreau. Celui-ci, vainqueur d'abord, mais privé de l'appui nécessaire de son collègue, dut opérer, en combattant chaque jour sans se lasser un instant, une retraite fameuse qui suffirait seule à sa gloire, mais qui ne pouvait réparer l'échec de Jourdan.

Bonaparte, retenu en Italie, employait le reste de la campagne à organiser le pays conquis lorsque tout à coup parut une nouvelle armée autrichienne de soixante mille hommes. Aussitôt le jeune général traverse les marais de l'Adige, passe l'Alpon au pont d'*Arcole* (17 novembre), après un combat acharné où il s'est élancé le premier un drapeau à la main sur le pont criblé de mitraille. Six semaines après, Bonaparte attend l'ennemi au plateau de *Rivoli* (janvier 1797), et les corps qui essayent de le débusquer sont refoulés avec une perte énorme, puis battus de nouveau à *la Favorite*. Toutes les anciennes positions sont reprises, et la forte ville de Mantoue elle-même tombe au pouvoir des vainqueurs. Une courte et décisive campagne a soumis le centre de l'Italie, lorsque Bonaparte est rappelé au Nord par l'arrivée de nouvelles troupes sous l'archiduc Charles.

L'armée d'Italie renforcée par le corps de Bernadotte, amené du Rhin, se trouve portée à soixante-quinze mille hommes. Bonaparte court à l'ennemi, l'enfonce partout, le chasse devant lui à travers les Alpes, et poussant en avant, malgré le soulèvement du Tyrol et les armements de Venise qui menacent ses communications, il arrive à *Léoben* (15 avril), à quinze lieues de Vienne.

L'Autriche effrayée s'empressa de signer des préliminaires qui furent ratifiés par le traité de *Campo Formio* (17 octobre 1797). La France obtenait la rive gauche du Rhin, elle organisait en Italie, aux dépens de l'Autriche, dans la Lombardie, la république *Cisalpine*, à l'imitation de laquelle allaient se former sous la protection de la France, les républiques *Batave*, *Ligurienne* et *Romaine*. L'antique république de Venise, qui avait déployé contre la France une hostilité acharnée et perfide, fut donnée à l'Autriche en dédommagement.

§ II. EXPÉDITION D'ÉGYPTE. — RETOUR DE BONAPARTE. — JOURNÉE DU 18 BRUMAIRE.

455. CAMPAGNE D'ÉGYPTE ET DE SYRIE. — L'enthousiasme universel qui accueille à son retour le vainqueur de l'Italie excite les craintes des directeurs. Pour se débarrasser d'une présence qui les importune autant que pour ébranler la puissance maritime de l'Angleterre, ils confient au jeune général l'expédition d'Égypte. Il part de Toulon le 20 floréal an VI (19 mai 1798) avec une flotte de quatre cents voiles et une partie de l'armée d'Italie, s'empare en route de l'imprenable Malte, débarque en Égypte, et prend d'assaut Alexandrie. De là, les Français marchent sur le Caire; mais les Mamelucks, commandés par *Mourad-Bey*, les attendent en avant de la ville, dans la plaine des *Pyramides*. Disposés en carré, les Français essuient sans s'émouvoir les charges réitérées des Mamelucks, et triomphent par leur intrépide contenance de toute la fougue de ces troupes indisciplinées. Après des efforts désespérés, les débris de cette belle cavalerie s'éloignent à travers le désert.

Entré au Caire, Bonaparte s'annonça comme le libérateur du pays, fit respecter la religion musulmane et chercha à se concilier les habitants par sa conduite à la fois ferme et prudente. *Desaix* fut envoyé dans la haute Égypte qu'il soumit rapidement. Tout semblait réussir au gré du vainqueur, lorsqu'un désastre inattendu vint changer la face des événements. Les vaisseaux français furent détruits par l'amiral Nelson dans la rade d'*Aboukir*, à l'exception d'une faible partie de l'escadre qui parvint à s'échapper avec l'amiral Villeneuve. Les communications avec la France étaient anéanties, toute retraite était impossible, le vainqueur de l'Égypte était bloqué dans sa conquête sans espoir de secours.

Bonaparte ne voit dans ce désastre que la nécessité de vaincre, et, organisant l'Égypte pendant l'hiver et au printemps, il entreprend une campagne en Syrie, le boulevard de l'Égypte. Maître de Gaza, puis de Jaffa, où son armée est atteinte de la peste, il brave le fléau, console les pestiférés, relève le courage des soldats consternés, les électrise par la brillante journée du *Mont-Thabor*, où quatre mille Français font mordre la poussière à trente-cinq mille Turcs (avril 1799), et revient après avoir inutilement assiégé Saint-Jean d'Acre.

A peine avait-il ramené en Égypte ses troupes épuisées qu'il remporta sur la plage d'*Aboukir* une glorieuse revanche en écrasant ou en jetant à la mer dix-huit mille janissaires débarqués par la flotte anglaise. Mais cette victoire ne lui rendait pas ses vaisseaux et le laissait isolé au fond de l'Orient où le Directoire semblait l'avoir oublié. Bientôt, de sinistres nouvelles arrivent coup sur coup. L'Italie, sa première, sa plus belle conquête, est perdue ; nos armées reculent devant une coalition nouvelle ; au delà du Rhin et des Alpes, Jourdan, Macdonald, Joubert, Moreau sont vaincus par l'archiduc Charles, par le Russe Souvaroff. La France va être envahie. Bonaparte remet à Kléber, le plus énergique de ses lieutenants, le commandement de l'Égypte, se jette dans une frégate, traverse avec un bonheur égal à son audace une mer couverte de croisières anglaises et débarque le 9 octobre sur la côte de Provence.

Deux grandes victoires remportées presque en même temps venaient de sauver la France, menacée à la fois au nord et à l'est d'une double invasion. Le général *Brune*, qui commandait en Hollande, avait gagné la bataille de *Bergen* (19 septembre 1799) sur quarante mille Anglais et Russes. En Suisse, *Masséna*, opposé à Souvaroff, général en chef de l'armée austro-russe victorieuse de l'Italie, était parvenu à séparer les corps ennemis, et à les tailler en pièces à *Zurich* (25 septembre 1799). Cette mémorable journée terminait glorieusement une campagne dont l'issue semblait devoir être désastreuse.

456. **Faiblesse du Directoire.** — Le danger le plus pressant était conjuré au dehors. Mais au dedans, le gouvernement, condamné par son organisation même à une incurable faiblesse, se débattait misérablement contre l'anarchie croissante et le discrédit qui l'accablait de jour en jour. Dès les premiers temps de son installation, le Directoire s'était vu assailli de mille difficultés, que son impuissance devait bientôt transformer en insurmontables obstacles. Les divers partis recommencèrent à s'agiter : les jacobins voulaient le retour de la terreur, les royalistes cherchaient à relever le trône au profit du comte de Provence, oncle et héritier de l'infortuné Louis XVII. Au sein même du Directoire, de profondes divergences d'opinion épuisaient en tiraillements stériles les forces qui n'auraient dû s'employer qu'au service de l'État. Une crise financière, qui s'aggravait de jour en jour, augmentait les embarras du gouvernement, et n'empêchait pas l'un de ses chefs, Barras, homme sans principes et sans mœurs, de détourner à son profit une partie des revenus publics. Dans la stagnation du commerce et de l'industrie, les citoyens cherchaient à s'enrichir à l'aide d'un agiotage sans frein et sans mesure qui élevait et renversait en un clin d'œil des fortunes considérables. Les hautes classes, respirant enfin après les terribles épreuves qu'elles avaient traversées, se jetaient avec un emportement inouï dans toutes les jouissances les plus raffinées, et la société, impie comme sous la Terreur, dépravée comme sous Louis XV, présentait le spectacle d'une

corruption sans exemple, qui trouvait dans les salons de Barras sa dernière et sa plus scandaleuse expression. L'athéisme révolutionnaire était remplacé officiellement par les cérémonies ridicules de la *théophilanthropie*, invention de Laréveillère-Lépaux qui devait tomber bientôt sous la risée publique.

457. Journées du 18 fructidor contre les royalistes, du 30 prairial contre le Directoire. — Le Directoire, miné sourdement et s'affaiblissant chaque jour, sentit qu'il fallait frapper un coup d'éclat ou périr. L'armée lui était dévouée encore. Trois de ses membres, Barras, Rewbell et Laréveillère-Lépaux, se concertant avec une partie des membres des Cinq-Cents et des Anciens, appelèrent dans la nuit du 18 fructidor an V (4 septembre 1797) le général *Augereau*, ardent républicain, qui cerna avec ses troupes le lieu des séances des deux Assemblées. La minorité des Conseils appuyée sur la force armée, exclut les royalistes ou prétendus tels, rétablit la plupart des lois révolutionnaires, et condamna à la déportation deux directeurs (Carnot et Barthélemy), onze membres du Conseil des Anciens et quarante-deux membres du Conseil des Cinq-Cents. *Merlin de Douai* et *François de Neufchâteau* entrèrent au Directoire, dont le traité de Campo-Formio (n° 454) vint pour quelque temps raffermir le crédit et qui exerça une véritable dictature.

Cette restauration du pouvoir ne fut pas de longue durée. Les embarras financiers, les intrigues des partis n'avaient pas cessé, et le Directoire, menacé de nouveau dans son existence, impuissant à résoudre les difficultés sans cesse renaissantes, ne sut prolonger son existence que par des mesures arbitraires et impolitiques. A la suite du rétablissement de la loterie, de l'augmentation de l'impôt du timbre, la réduction de la dette publique à un tiers, qu'on appela *le tiers consolidé*, ne fut autre chose qu'une banqueroute déguisée qui jeta dans les fortunes une perturbation nouvelle. — La nécessité de tenir la balance entre les divers partis amenait dans la politique intérieure des variations incessantes qu'on qualifia par dérision du nom de *système de bascule*. L'annulation de l'élection des députés *patriotes* fut un nouveau coup d'État contre les Conseils (22 floréal an VI); mais il provoqua des représailles, et le 30 prairial an VII, ce furent les Conseils à leur tour qui désorganisèrent le Directoire en expulsant trois de ses membres et en y introduisant Sieyès, l'ennemi déclaré de la Constitution de l'an III. La loi de *l'emprunt forcé*, celle des *otages* qui forçait les familles d'émigrés à donner des garanties au gouvernement, vinrent aigrir les ressentiments et ranimer dans l'Ouest la guerre de la Chouannerie. Les jacobins de leur côté s'agitaient pour ressaisir le pouvoir.

458. Retour de Bonaparte. — Le gouvernement tombait en dissolution, l'anxiété était générale, quand on apprit tout à coup que Bonaparte venait de débarquer à Fréjus (n° 455). Il parcourut en triomphateur les provinces de la Méditerranée à Paris. Les revers essuyés en son absence, le discrédit où était tombé le Directoire, le prestige de ce retour soudain quand on le croyait perdu au fond de l'Orient, tout contribuait à le faire recevoir comme un libérateur; chaque parti espéra trouver en lui le plus puissant de tous les auxiliaires, et à peine arrivé à Paris, il se vit l'objet des avances les plus empressées. Le Directoire qui le redoutait n'osa se dispenser de lui faire un brillant accueil. Les généraux, les membres des Conseils, les républicains le recherchèrent. Lui, impassible, silencieux, observait sans se livrer. Enfermé dans sa petite maison de la rue Chantereine, il paraissait tout entier à ses amis particuliers, à sa femme *Joséphine*, veuve du général Beauharnais. Il laissait toutefois deviner ses hardis projets auxquels il voulait habituer l'opinion. La France, qui avait un égal éloignement pour la royauté, identifiée à ses yeux avec l'ancien régime, et pour l'anarchie qui lui rappelait la terreur, la France était prête à accueillir un régime nouveau qui maintiendrait les principes de la révolution sans en renouveler les désordres.

459. Journée du 18 brumaire. — L'un des nouveaux directeurs, Sieyès, n'attendait qu'une occasion pour changer une forme de gouvernement dont il méprisait la faiblesse. Des amis communs le rapprochèrent de Bonaparte, et tous deux arrêtèrent le renversement de la Constitution de l'an III. Les membres les plus influents du Conseil des Anciens promirent leur appui. Le 18 brumaire an VIII (9 novembre 1799), les Anciens furent convoqués extraordinairement, et Regnier de la Meurthe fit adopter la proposition de transférer les Conseils à Saint-Cloud, en dehors du foyer du jacobinisme, et de charger le général Bonaparte de cette translation. Bonaparte se rendit à la barre du Conseil des Anciens, qui l'investirent du commandement de la force armée. Aussitôt Sieyès donna sa démission avec Roger-Ducos, complice de ses desseins : Barras suivit quoiqu'à regret leur exemple ; leurs deux autres collègues furent gardés à vue : le Directoire était dissous. Les proclamations de Bonaparte affichées dans tout

Paris, firent connaître au peuple les grands événements qui s'accomplissaient.

L'agitation était extrême dans tous les esprits, quand le lendemain 19 brumaire, les Conseils se rassemblèrent à Saint-Cloud. Les soldats, que Bonaparte avait passés en revue la veille et qui l'avaient accueilli avec enthousiasme, occupaient Boulogne, Sèvres, et toutes les communes d'alentour. Le général parut d'abord au Conseil des Anciens, qui applaudit à ses vives et énergiques paroles. Mais les dispositions étaient tout autres au Conseil des Cinq-Cents que présidait *Lucien*, frère de Napoléon Bonaparte. A peine celui-ci s'est-il présenté à l'Orangerie où les députés sont réunis, suivi de quelques grenadiers qu'il laisse en dehors, mais dont les baïonnettes brillent à travers la porte, que le Conseil se lève d'un commun mouvement. « Hors la loi ! à bas le dictateur ! » s'écrie-t-on de toutes parts. Plusieurs députés s'élancent en menaçant à la rencontre de Bonaparte ; il pâlit, recule, et ses grenadiers l'arrachent aux groupes qui l'entourent et le pressent. Un tumulte effroyable éclate aussitôt ; Lucien, après de vains efforts pour rétablir le calme, quitte l'assemblée, harangue les soldats, et ceux-ci, sous les ordres du général *Leclerc*, s'avancent au pas de charge, au bruit du tambour, pour faire évacuer la salle. Les députés s'échappent par toutes les issues.

Le même jour, le Conseil des Anciens, resté en séance, décrète l'abolition du Directoire exécutif, le remplace par un Consulat provisoire composé de trois membres : Bonaparte, Sieyès et Roger-Ducos, et charge deux commissions de reviser la Constitution.

§ III. CONSTITUTION CONSULAIRE. — CONCORDAT. — CODE CIVIL.

460. CONSTITUTION DE L'AN VIII. — CONSULAT. — CONSEIL D'ÉTAT. — TRIBUNAT ET CORPS LÉGISLATIF. — SÉNAT. — Le gouvernement provisoire se mit à l'œuvre aussitôt. Sieyès présenta un projet de constitution, trop compliqué pour être mis en application dans son ensemble, mais dont les parties principales furent pourtant adoptées. Homme d'État autant qu'homme de guerre, Bonaparte, pour son coup d'essai dans l'art du gouvernement, élabora en quelques jours, de concert avec ses collègues, la constitution de l'an VIII, qui substituait au système anarchique de l'an III le gouver-

nement consulaire, simple et fort dans la pensée de Bonaparte, mais encore embarrassé de rouages inutiles par l'esprit systématique et subtil de Sieyès. Cette constitution, dont l'objet principal était de rendre au pouvoir exécutif un salutaire ascendant et une liberté d'action indispensable, fut promulguée le 15 décembre 1799. Elle conservait le principe du suffrage universel; mais au lieu de lui remettre directement le choix des fonctionnaires publics, elle établissait un mode assez compliqué d'après lequel tous les citoyens prenaient part à un premier scrutin pour dresser une *liste de notabilité communale*, dont les membres dressaient à leur tour une *liste de notabilité départementale* servant à former, par un procédé analogue, une *liste de notabilité nationale*. Les divers fonctionnaires devaient être nommés par le gouvernement, parmi les citoyens portés sur ces listes. La constitution conservait les trois consuls provisoirement établis par les Anciens (n° 459), en leur donnant des attributions diverses et d'inégale importance. Le *premier consul*, nommé pour dix ans, véritable chef du gouvernement, eut la réalité du pouvoir exécutif, avec le concours des deux autres consuls qui n'avaient que voix consultative ; à lui appartenaient la nomination aux fonctions publiques, l'initiative des lois, le commandement des armées, la direction de toutes les affaires intérieures et extérieures. Cette dignité suprême fut déférée à Bonaparte, devenu, sous le titre de premier consul, un véritable souverain. Il s'adjoignit comme second et troisième consuls *Cambacérès* et *Lebrun*, qui étaient pour lui des conseillers et des auxiliaires, non des collègues. Le pouvoir législatif, auquel participait le premier consul, par la présentation des lois, fut exercé à titres divers par quatre grands corps, dont l'un, le *Conseil d'État*, appartenait encore au pouvoir exécutif, et les autres, le *Tribunat*, le *Corps législatif*, le *Sénat*, formaient la représentation nationale.

Le Conseil d'État, dont les membres étaient nommés par le premier consul et révocables à son gré, prenait une part active à l'administration en donnant son avis sur les principales affaires, prononçait sur le contentieux administratif, décidait les *conflits* de compétence, élaborait les lois en préparant tous les projets qui devaient être soumis aux corps investis du pouvoir de les adopter ou de les rejeter.

Le Tribunat, composé de cent membres, eut seul la faculté de discuter publiquement les lois ; mais il ne pouvait les adopter ni les rejeter définitivement; il se bornait à émettre un vote favorable ou défavorable au projet de loi, pour savoir s'il en poursuivrait, devant le Corps législatif, l'adoption ou le rejet. Il nommait ensuite trois de ses membres pour aller soutenir auprès du Corps législatif l'avis qui avait prévalu dans son sein. Le Conseil d'État, de son côté, envoyait trois de ses membres pour discuter le projet contradictoirement avec les trois membres du Tribunat et porter la parole au nom et d'après les vues du gouvernement. Le Corps législatif, composé de trois cents membres, entendait la discussion sans y prendre part et votait silencieusement sur l'adoption ou le rejet du projet de loi.

Le Sénat, composé de quatre vingts membres, ne prenait aucune part à ce travail législatif. Chargé principalement de faire observer et de défendre la Constitution, il avait le droit de reviser toutes les lois et tous les actes du gouvernement, pour casser spontanément, ou sur la dénonciation du Tribunat, les dispositions qui lui paraissaient *inconstitutionnelles*.

Tel était dans son ensemble le mécanisme de ce gouvernement qui, changeant entièrement le système antérieur, rendait la prépondérance au pouvoir exécutif jusqu'alors dépendant et subordonné, et qui réalisait ce mot profond de Sieyès : *La confiance doit venir d'en bas, le pouvoir doit venir d'en haut.* La Constitution de l'an VIII, soumise à l'acceptation du peuple, fut approuvée par trois millions onze mille sept suffrages.

461. RÉORGANISATION ADMINISTRATIVE. — Sans attendre la mise en vigueur de la nouvelle Constitution, et à peine investi du titre de consul provisoire, Bonaparte avait déployé dans l'administration une activité inouïe et une aptitude merveilleuse. Ce jeune capitaine, arraché pour un moment à la vie des camps, avait embrassé d'un coup d'œil toutes les branches du gouvernement, deviné tous les besoins, créé des ressources, imaginé des remèdes, rendu le mouvement et la vie à un État en proie au dépérissement et à la désorganisation la plus profonde. A peine les nouveaux corps furent-ils entrés en fonctions, que Bonaparte proposa et fit adopter ses plans de réorganisation générale. Les départements administrés jusqu'alors par des directoires électifs auxquels manquaient et l'unité de vue, et la vigueur d'action, et la direction de l'autorité centrale, furent placés sous l'autorité d'un *préfet*, représentant le pouvoir exécutif, nommé par le premier consul, dépendant du ministre de l'intérieur, expédiant toutes les affaires, et gérant les intérêts départementaux

de concert avec un *conseil général de département*, créé pour voter les ressources nécessaires, délibérer sur les mesures proposées par le préfet à l'instar du Corps législatif, et effectuer la répartition de l'impôt.

L'administration communale, remise antérieurement à des conseils cantonaux qui géraient les affaires de plusieurs communes réunies, était tombée dans un désordre inouï : elle fut complétement transformée. Des *arrondissements* furent administrés par un *sous-préfet*, assisté d'un *conseil d'arrondissement*, et chargé sous la surveillance du préfet de diriger un certain nombre de communes. Les communes elles-mêmes eurent un *maire*, investi du pouvoir exécutif, agent de l'autorité centrale, et gérant les intérêts communaux avec le concours d'un *conseil municipal*, votant le budget de la commune et délibérant sur les intérêts locaux.

L'organisation judiciaire fut établie sur des bases non moins solides. On appliqua à l'ordre judiciaire la division par arrondissements établie pour l'ordre administratif, et on créa un *tribunal de première instance* dans chaque arrondissement, formant un premier degré de juridiction. En même temps furent établis vingt-neuf *tribunaux d'appel*, formant un second degré de juridiction. Au-dessus des tribunaux d'appel fut maintenu le *tribunal de cassation*, l'une des plus belles créations des assemblées révolutionnaires, qui devait maintenir l'unité de la jurisprudence. Au-dessous, on conserva la juridiction paternelle et conciliante des *juges de paix*, siégeant au chef-lieu de chaque canton, et statuant sur les litiges de peu d'importance.

L'administration financière enfin reçut l'impulsion et la vie de ce génie puissant qui s'appliquait avec un égal succès aux objets les plus divers. Au triste expédient de l'emprunt forcé, Bonaparte avait substitué, dès les premiers jours de son gouvernement provisoire, un ensemble de mesures qui, en rétablissant tout à coup la confiance, lui avait permis de trouver des ressources dans les offres spontanées des banquiers de la capitale. L'exactitude dans la répartition des impôts, la régularité dans la perception furent le double principe de la nouvelle organisation financière adaptée, comme l'administration judiciaire, aux divisions départementales. Il y eut, par arrondissement, un *receveur particulier* réunissant les fonds recueillis par les percepteurs, et les versant lui-même dans la caisse du *receveur général* du département. Une *caisse d'amortissement* fut établie pour éteindre successivement les emprunts faits par le trésor. Une magnifique institution de crédit, la *Banque de France*, fut instituée pour donner son appui aux grandes opérations industrielles et commerciales, et servir d'auxiliaire aux opérations financières du gouvernement lui même.

462. Efforts pour réconcilier les partis. — Bonaparte profita habilement de l'approbation générale qui accueillit tant d'utiles mesures pour asseoir son influence, non sur tel ou tel parti, mais sur la nation tout entière, par des mesures conciliantes et réparatrices. L'abolition de la loi des otages, du décret sur l'emprunt forcé, le rappel des prêtres proscrits depuis le 18 fructidor (n° 457), la délivrance des émigrés jetés par un naufrage sur la côte de Calais et retenus captifs depuis quatre ans, la radiation d'un grand nombre de citoyens des listes d'émigration préludant à une amnistie générale (6 floréal an X), avaient été autant de gages de la modération qui animait le nouveau chef de l'État, de sa ferme résolution de ne voir, comme il le disait, ni jacobins, ni modérés, ni royalistes, mais partout des Français. La nomination des membres du Conseil d'État et du Sénat, lui donna une nouvelle occasion de manifester sa politique de conciliation et de rapprochement à l'égard de tous les partis.

Un grand nombre d'hommes éminents qui avaient appartenu à toutes les opinions diverses, donnèrent leur loyal concours à un gouvernement qui, aux drapeaux de tous les partis, substituait celui de la France. La Vendée elle-même, qui voyait les églises rouvertes de tous côtés, les fêtes révolutionnaires, et principalement celle de la mort de Louis XVI, supprimées, la sécurité renaissant dans les campagnes purgées des bandits qui les infestaient, la Vendée, jusqu'alors si profondément hostile aux institutions nouvelles, se rapprochait peu à peu, et consentait à déposer, au moins pour un temps, les armes que jusqu'alors elle n'avait jamais quittées entièrement.

La pacification se faisait en France dans les esprits, et on pouvait espérer qu'au dehors, à la suite des éclatants succès de Bonaparte, l'Europe, acceptant les faits accomplis, se résignerait elle même à la paix. L'empereur de Russie, indisposé contre ses alliés auxquels il attribuait la défaite de Zurich (n° 455), se séparait de la coalition, et le premier Consul, dans une lettre aussi noble qu'habile, offrait publiquement la paix à l'Autriche et à l'Angleterre.

463. Marengo. — L'événement démentit ces heureux

symptômes. Les ouvertures du premier consul furent repoussées par l'Angleterre et l'Autriche, qui reprirent leurs armements avec une nouvelle activité. Aussitôt le premier consul lance Moreau sur le Rhin, et part lui-même pour l'Italie, où *Masséna*, obligé de lutter avec trente-six mille hommes contre les cent trente mille Autrichiens de Mélas, s'était enfermé dans Gênes. La magnifique défense de ce général allait préparer tous les prodiges de la campagne. Tandis qu'avec une poignée de soldats, de héros, il retenait sous les murs de la ville l'armée autrichienne, épuisait toutes les ressources, tous les aliments, soutenait sans fléchir l'énergie de ses soldats réduits à se nourrir de chevaux, de pain d'avoine, d'animaux immondes, et tuait plusieurs milliers d'hommes aux assaillants, Bonaparte arrivait en toute hâte au pied des Alpes (17 mai 1800).

En quatre jours, tous les obstacles opposés par ce rempart de l'Italie sont surmontés ; les bagages, l'artillerie, sont portés à bras d'hommes jusqu'aux sommets du Saint-Bernard à travers les rocs et les glaciers, et l'armée française, comme jadis celle d'Annibal, salue du haut des monts ces plaines de l'Italie, où de nouveaux triomphes vont l'immortaliser.

Elle traverse rapidement les vallées de l'Italie septentrionale, entre en triomphe à Milan, et se trouve ainsi, par une manœuvre hardie, transportée en arrière des troupes ennemies dont elle coupe les communications. En vain Mélas tente de se rouvrir un passage. Battu à *Montebello*, par Lannes (9 juin), il est forcé de livrer bataille dans la plaine de *Marengo* (14 juin). Bonaparte, engagé d'abord avec dix-huit mille hommes contre toute l'armée ennemie, fléchit sous la masse des Autrichiens. La bataille semble perdue ; mais Desaix, de retour d'Égypte, et dirigé la veille vers un point éloigné, a deviné au bruit du canon le danger de son général ; il accourt sur le champ de bataille, et fait une charge terrible contre le front de la colonne autrichienne, pendant que Bonaparte, ranimant ses troupes, leur ordonne un dernier et victorieux effort. Desaix, aux premières décharges, est atteint d'un coup mortel. Il tombe, mais sous des lauriers. Sa manœuvre a décidé le sort de la bataille, et bientôt Mélas, réduit à vingt mille hommes et coupé de sa retraite, signe l'armistice d'Alexandrie, qui refoule les Autrichiens derrière le Mincio, et leur enlève en un jour le fruit de dix-huit mois de succès. Bonaparte rétablit la république Cisalpine, et vient recueillir, au milieu de l'enthousiasme universel, le prix de cette merveilleuse campagne de quarante jours.

Moreau, pendant ce temps, agissait sur le Danube. L'ennemi, battu à *Hœchstœdt*, avait été successivement chassé de position en position jusque derrière l'Inn. Moreau, vainqueur à la grande bataille de *Hohenlinden* (2 décembre), s'avança au centre des États autrichiens jusqu'à Léoben; la terreur était dans Vienne, et Moreau, arrivé à Steyer, accorda un armistice moyennant la cession des places du Tyrol et de la Bavière. En Italie, Brune avait profité de la victoire de Moreau, en forçant à battre en retraite l'ennemi découvert sur sa gauche. Enfin, Murat, s'avançant vers le sud avec trente mille soldats, avait réduit la cour de Naples à signer un armistice.

464. Traités de Lunéville et d'Amiens. — La seconde coalition, battue partout, se voyait forcée de demander la paix, tandis qu'à l'intérieur, la Vendée, après une dernière prise d'armes énergiquement comprimée, se résignait enfin à une complète soumission. Le fameux traité de *Lunéville* (9 février 1801), conclu sur les bases de celui de Campo-Formio, termina la guerre, non-seulement avec l'Autriche, mais aussi avec tout l'Empire Germanique. La France conservait la rive gauche du Rhin, en stipulant la sécularisation des États ecclésiastiques d'Allemagne pour indemniser les princes dépossédés en deçà du Rhin. Les républiques Helvétique, Cisalpine, Batave et Ligurienne, étaient reconnues, et la Toscane érigée en royaume d'Étrurie pour le fils du duc de Parme. Le roi de Naples (*traité de Florence*) s'obligea à fermer tous ses ports aux Anglais et à laisser *Soult* occuper avec dix mille hommes Otrante et Tarente.

Ces immenses résultats consolaient la France de l'assassinat de Kléber, vainqueur à Héliopolis, et dont la mort fut la ruine de notre domination en Égypte. La France dut se résigner à abandonner sa conquête : l'Égypte fut évacuée le 2 septembre 1801.

Cependant l'Angleterre, qui seule était restée en armes, se lassait enfin de continuer la guerre après la pacification de toute l'Europe. William Pitt, notre ennemi le plus irréconciliable, ayant été forcé de céder le ministère à Fox, son brillant adversaire, celui-ci s'empressa de traiter à son tour, et les préliminaires de la paix furent signés le 1er octobre 1801. Par le traité définitif, conclu à *Amiens* (25 mars 1802), les Anglais rendirent à la France et à ses alliés toutes leurs colonies, excepté la Trinité et Ceylan; l'Égypte fut restituée à la Porte, et les Français s'engagèrent à évacuer le royaume de Naples et l'État Romain. Le premier Consul s'était fait reconnaître en même temps par la Russie, la Turquie et le Portugal.

465. ACTIVE ET GLORIEUSE ADMINISTRATION DU PREMIER CONSUL. — LE CODE CIVIL. — LE CONCORDAT. — Vainqueur de tous les ennemis du dehors, triomphant des partis que comprime son énergie, qu'éblouit sa gloire, que séduit sa générosité (n° 462), pacificateur de la France et de l'Europe entière, le premier consul peut appliquer toutes les forces de son génie à développer cette prospérité intérieure dont il avait dès lors rassemblé ou créé tous les éléments. Bonaparte avait couronné ses institutions financières par l'ouverture du *grand-livre* de la dette publique. La présentation de budgets en équilibre vint démontrer l'excellence de la nouvelle organisation des finances.

Tous les services publics sont à la fois l'objet d'une infatigable sollicitude. Parcourant les départements, Bonaparte fait réparer ou établir des routes jusque sur les pentes escarpées du Simplon, creuser des canaux, agrandir les ports, relever les fortifications, approvisionner les arsenaux. L'industrie nationale se développe à l'abri des tarifs, et se prépare à lutter plus tard à armes égales contre la production étrangère. Dans une sphère plus haute, la *Légion d'honneur*, payant avec la gloire des services dont l'argent ne pouvait être que l'incomplète récompense, offre au mérite militaire et civil une nouvelle noblesse acquise à tous les talents, et stimule dans tous les rangs le patriotisme (19 mai 1802).

C'est encore au sein du Conseil d'État, composé des jurisconsultes les plus profonds, des administrateurs les plus exercés, qu'il faut voir le premier Consul, prenant une part active à la discussion des lois destinées à mettre en application tous les principes d'égalité civile conquis en 89, illuminer des éclairs de sa rapide intelligence les controverses savantes des Tronchet, des Malleville, des Portalis, des Bigot-Préameneu, formuler avec une netteté singulière les idées qui devaient dominer les institutions nouvelles, se montrant au milieu d'illustres jurisconsultes un grand législateur, après s'être montré sur les champs de bataille un général incomparable, élaborant, en un mot, le *Code civil* dont la discussion a commencé le 23 juillet 1801 au conseil d'État, sous la présidence de Bonaparte : premier et principal monument de cette législation dont l'achèvement allait être une des plus belles œuvres de la période impériale.

Une œuvre à jamais mémorable complétait tout ce travail

de régénération universelle. Au nouvel édifice social, il fallait une base, la seule solide, la seule durable : la religion. Après les aberrations du schisme de 90, après l'athéisme cynique de la Terreur, après le culte dérisoire de l'Être suprême inauguré par Robespierre, après les niaises inventions de la théophilanthropie, un vide immense s'était fait dans cette France catholique, depuis dix ans sans culte et sans autels.

Bonaparte avait compris le besoin de la nation. Après la victoire de Marengo, il avait entamé des négociations avec le pape pour s'occuper du rétablissement du culte catholique en France, et traiter des rapports du pouvoir temporel avec le pouvoir spirituel.

Le saint-siége était alors occupé par *Pie VII*, successeur du vénérable Pie VI que le Directoire avait laissé mourir exilé et captif à Valence. Les négociations avec ce saint et prudent pontife, conduites principalement par le cardinal Gonzalvi et notre illustre Portalis, eurent pour résultat le traité si célèbre sous le nom de *Concordat* (1801), qui réinstituait dans notre patrie la hiérarchie catholique, rendait la paix à l'Église de France divisée par le schisme, et, déterminant avec une haute sagesse les droits respectifs de l'Église et de l'État, venait ajouter une gloire nouvelle à toutes les gloires du premier Consul.

466. LE CONSULAT A VIE. — Tant de titres à la reconnaissance publique n'avaient pu toutefois désarmer entièrement les factions, et Bonaparte avait poursuivi son œuvre providentielle au milieu des attentats dirigés contre sa vie par l'irréconciliables ennemis (conspiration du jacobin *Aréna*; explosion de la *machine infernale*). Mais ces infâmes tentatives ne faisaient que rattacher plus vivement au premier Consul les affections comme les intérêts du pays. Son active et féconde administration faisait de lui plutôt un souverain véritable que le premier magistrat d'une république. L'opinion publique favorisait elle-même l'agrandissement de son pouvoir. Le sénat rendit (6 mai 1802) un premier sénatus-consulte qui prolongeait de dix ans le consulat décennal déféré à Bonaparte. Deux mois après, le sénat, conformément aux votes du tribunat et du corps législatif, avec l'assentiment du peuple consulté par des registres publics, porta (2 août) un décret qui nommait Napoléon Bonaparte *premier Consul à vie*.

Ce décret fut suivi d'une réforme de la Constitution de l'an VIII qui préparait la transformation définitive du gouvernement, par la substitution de la monarchie à la république déjà abolie de fait. Par un sénatus-consulte du 4 août 1802, le Sénat fut investi du droit de dissoudre le Corps législatif et le Tribunat, de mettre les départements hors la Constitution, de suspendre les fonctions du jury et de modifier les institutions ; le Tribunat, où la liberté des discussions publiques avait fait renaître un esprit d'opposition, fut réduit à cinquante membres ; le Sénat recevait le dépôt de la souveraineté pour le remettre bientôt tout entier aux mains du chef de l'État.

Les menées des partis aussi bien que l'hostilité implacable de l'Angleterre allaient précipiter le dénoûment. Inquiète des développements rapides de l'industrie et du commerce français qui la menaçaient d'une prochaine et redoutable concurrence, la Grande-Bretagne se hâta de rompre une paix plus féconde que la victoire pour sa glorieuse rivale ; par une violation odieuse du droit des gens, elle fit enlever sans déclaration de guerre, tous les navires français que ses flottes purent atteindre.

Bonaparte répondit en faisant arrêter tous les Anglais voyageant en France, en fermant tous nos ports aux marchandises anglaises, en occupant le Hanovre, domaine du roi d'Angleterre. C'était désormais entre Bonaparte et l'Angleterre un duel à mort : William Pitt était revenu au ministère. Le gouvernement britannique se hâta de renouer tous les fils de la coalition, donnant son appui et son or à tous les ennemis du premier Consul, même aux conspirateurs de l'intérieur. Un vaste complot fut ourdi à Londres par Pichegru et *Georges Cadoudal*, ancien chef des *Chouans* ou insurgés de Bretagne, avec le concours de Moreau qui s'était laissé gagner au parti royaliste. Mais tout fut découvert. Georges Cadoudal fut exécuté ; Pichegru fut trouvé mort dans sa prison ; Moreau, condamné à la détention. Cette tentative n'eut d'autre résultat que de donner un nouvel élan à l'enthousiasme national, mais elle fit naître dans l'âme du premier Consul une irritation qui se manifesta par un acte à jamais déplorable. Voulant à son tour intimider les partis par un coup terrible et en finir avec les conspirations, Bonaparte fit enlever sur le sol étranger, juger, condamner et fusiller en une nuit, dans les fossés de Vincennes, le dernier héritier d'une race héroïque, le *duc d'Enghien*, qu'il croyait au nombre des conjurés.

La nation détourna les yeux de ce drame sanglant. Elle ne vit et ne voulut voir que les services rendus, la gloire acquise par tant de hauts faits : le Consulat à vie allait faire place à l'Empire.

QUESTIONNAIRE. — § I. 453. Comment s'établit le gouvernement du Directoire, et dans quel état trouva-t-il la France ? — 454. Quelle armée fut confiée au général Bonaparte ? — Racontez les victoires qui signalèrent la fameuse campagne de Bonaparte en Italie. — Quel fut le sort des armées de Jourdan et de Moreau ? — Quand fut conclu le traité de Campo-Formio ? — Comment Bonaparte fut-il reçu à son retour d'Italie et quelle fut sa conduite ? — § II 455 *Racontez les événements de l'expédition d'Égypte.* — Quel succès eut l'expédition de Bonaparte en Syrie ? — A qui laissa-t-il le commandement en quittant l'Égypte ? — Que s'était-il passé en France pendant l'expédition d'Égypte ? — Quelle victoire fut remportée en Hollande ? — Comment et par qui fut gagnée la bataille de Zurich ? — 456. Donnez une idée de la faiblesse du Directoire et des divisions auxquelles ce gouvernement était en proie. — 457. Quel coup d'État le Directoire accomplit-il contre les royalistes ? — Quel coup d'État fut opéré contre les patriotes, puis contre le Directoire par les Conseils ? — 458. Comment Bonaparte fut-il reçu à son retour d'Égypte ? — 459. *Comment fut renversé le gouvernement du Directoire ?* — § III. 460. Quel gouvernement établit la Constitution de l'an VIII ? — Comment était partagé le pouvoir ? — Faites connaître les attributions du Conseil d'État, du Tribunat, du Corps législatif et du Sénat. — *Expliquez en quoi a consisté la réorganisation administrative, judiciaire et financière.* — 461. Faites connaître les efforts qu'il fit pour rapprocher les partis. — 462 Racontez les événements de la deuxième campagne d'Italie. — 463. Racontez la campagne de Moreau en Allemagne. — 464. Quel traité fut conclu avec l'Autriche ? — Quel fut le sort de l'Égypte ? — Comment la paix fut-elle faite avec l'Angleterre ? — 465. Quelles mesures prit le premier Consul pour rendre à la France sa prospérité ? — Quels grands travaux législatifs s'élaborèrent et quelle part y prit Bonaparte ? — *Comment le culte catholique fut-il rétabli en France ?* — 466. Quels complots se formèrent à cette époque ? — Quelles dispositions furent prises successivement pour accroître et prolonger le pouvoir du premier Consul ? — Comment éclata la rupture avec l'Angleterre ? — Quelle exécution déplorable eut lieu peu après.

CHAPITRE TRENTE-SEPTIÈME.

L'EMPIRE.

SOMMAIRE.

§ Ier. 467. L'empire héréditaire est proclamé (mai 1804). Napoléon crée les maréchaux d'empire, organise la cour impériale. Le pape sacre Napoléon à Paris. Napoléon est couronné roi d'Italie.

468. Le camp de Boulogne menace l'Angleterre. La flotte française perd la bataille de Trafalgar. La prise d'Ulm, celle de Vienne, préludent à la victoire d'Austerlitz (2 décembre 1805), suivie du glorieux traité de Presbourg. Joseph est roi de Naples, Louis, roi de Hollande. La Confédération du Rhin est placée sous le protectorat de l'Empereur.

469. La campagne de Prusse est illustrée par les victoires d'Iéna et d'Awerstaedt et la prise de Berlin (1806). Le blocus continental est déclaré. Les batailles d'Eylau et de Friedland sont suivies de la paix de Tilsitt (1807). Jérôme est roi de Westphalie. Une noblesse héréditaire est créée; l'Université organisée.

470. Les Français occupent le Portugal. Les négociations avec les Bourbons d'Espagne aboutissent à leur captivité. Joseph est roi d'Espagne, et Murat, de Naples. Une insurrection éclate en Espagne et en Portugal. Le désastre de Baylen (juillet 1808) inaugure une guerre acharnée contre la France.

471. La cinquième coalition est déjouée par la bataille d'Eckmühl, la prise de Vienne, les batailles d'Essling et de Wagram, le traité de Vienne (1809). L'empereur épouse Marie-Louise (1810). Bernadotte est appelé au trône de Suède.

§ II. 472. L'empire français, qui s'étend jusqu'à Hambourg et Danzig, d'un côté, jusqu'à Corfou, de l'autre, a cent trente départements. Il a sous sa dépendance la confédération du Rhin, la Suisse, le royaume d'Italie, le royaume de Naples, le royaume d'Espagne, le grand-duché de Varsovie.

473. Les États indépendants de l'empire français sont la Russie, qui a conquis la Finlande, la Moldavie et la Valachie; la Suède, assurée à Bernadotte; le Danemark avec la Norvège; l'Angleterre, qui a pris Malte et occupe le Portugal; la Prusse, réduite à la moitié de son territoire; l'empire d'Autriche, qui n'a plus que l'Autriche, la Bohême et la Hongrie; le Portugal; les royaumes de Sardaigne, de Sicile, réduits aux îles de ce nom; la Turquie, en décadence.

§ III. 474. La guerre de Russie éclate après des négociations inutiles en 1811. La grande armée envahit la Russie (1812); elle gagne les batailles de Smolensk, de la Moskowa. L'incendie de Moskou oblige les Français à une fatale retraite où s'anéantit la grande armée.

475. La campagne d'Allemagne (1813) est marquée par les victoires de Lutzen, de Dresde, la terrible bataille de Leipsick, le combat d'Hanau. L'opinion en France se détache de l'empereur.

476. L'admirable campagne de France commence au cœur de l'hiver (1814). L'empire est assailli de tous côtés. Les efforts prodigieux et les succès de Napoléon, les victoires de Montmirail, de Montereau, ne peuvent empêcher la capitulation de Paris.

477. Napoléon abdique et se retire à l'île d'Elbe. Louis XVIII rentre à Paris (3 mai 1814); il octroie la Charte constitutionnelle. Le retour de l'île d'Elbe met fin à la première restauration (1815).

478. La coalition se reforme. La victoire de Ligny est suivie de la funeste bataille de Waterloo (18 juin 1815).

479. Napoléon est emmené captif à Sainte-Hélène. Louis XVIII remonte sur le trône (juillet 1815). Les désastreux traités de Paris réduisent les frontières de la France.

§ Ier. NAPOLÉON EMPEREUR.

467. ÉTABLISSEMENT DE L'EMPIRE. — LE SACRE. — À la communication du complot qui, de nouveau, inquiétait la France sur la durée d'un pouvoir réparateur, le Sénat avait répondu en sollicitant le premier Consul d'affermir par l'hérédité de la magistrature suprême l'ère nouvelle qu'il avait fondée (27 mars 1804). Le Tribunat, malgré l'opposition vive, mais isolée, de Carnot, émit le même vœu. Le Corps législatif s'unit à cette manifestation par un vote unanime, et le Sénat, en vertu des pouvoirs dont le décret du 4 août 1802 (n° 466) l'avait investi, proclama solennellement, le 18 mai 1804 (28 floréal an XII), NAPOLÉON *Bonaparte empereur héréditaire des Français*.

Le même jour, un sénatus-consulte modifie la Constitution pour l'adapter à la nouvelle organisation du pouvoir, qui se revêt aussitôt de tout l'éclat des institutions monarchiques. La création des *maréchaux* d'empire choisis parmi les généraux les plus renommés de l'époque la plus féconde en illustrations militaires, l'installation d'une cour avec ses dignités et son cérémonial, préludent à la solennité qui doit ajouter encore à tant de prestige, en empruntant aux traditions de la royauté son plus majestueux souvenir. Le pape vient lui-même sacrer le nouveau Charlemagne, le 2 décembre 1804, dans l'église de Notre-Dame.

Quelques mois après, Napoléon changeant en royaume la République italienne, va recevoir à Milan la couronne de fer des rois Lombards, et inaugure ainsi la formation de ces monarchies vassales de la France, destinées à lui servir de boulevard.

468. Troisième coalition. — Bataille d'Austerlitz. — Paix de Presbourg. — Cependant, l'Angleterre, dont les intrigues et l'or ont fomenté toutes les guerres contre la France, a rouvert les hostilités et noué une troisième coalition. Napoléon qui veut en finir avec cette irréconciliable ennemie, organise pour une descente le camp et la flottille de Boulogne, lorsqu'une prise d'armes de l'Autriche, alliée à la Russie, vient l'obliger à porter tous ses efforts vers l'Allemagne. Sur mer, le funeste combat de *Trafalgar*, où Nelson périt au milieu de sa victoire, anéantit les flottes combinées de France et d'Espagne ; mais sur terre, les plus brillants succès viennent réparer ce désastre. Une marche triomphante conduit Napoléon à *Ulm*, où plus de trente mille Autrichiens posent les armes sans avoir combattu, puis à Vienne, où il entre le 13 novembre 1805.

Les Russes accourent au secours de leurs alliés ; mais ils sont obligés de reculer devant le vainqueur, qui les suit jusqu'en Moravie, choisit son champ de bataille, sait y attirer ses adversaires, et le soleil d'*Austerlitz* éclaire la plus mémorable bataille de l'époque impériale (2 décembre). Entraînés par une habile manœuvre vers la droite des Français, dégarnie à dessein, les Russes sont coupés en deux par l'infanterie de Soult, écrasés par la cavalerie, noyés dans des étangs couverts de glace que le canon brise sous leurs pas. Ils laissent quinze mille hommes sur le champ de bataille, perdent vingt mille prisonniers avec cent quatre-vingts canons, et une énorme quantité de bagages. L'armée française avait célébré par cette grande victoire l'anniversaire du couronnement de l'empereur. Les débris de l'armée ennemie étaient dispersés de toutes parts ; l'empereur d'Autriche, François II, dut implorer la paix. Napoléon, arrêtant ses colonnes triomphantes, signa (26 décembre) le glorieux traité de *Presbourg*, qui réunit les États vénitiens au royaume d'Italie, agrandit aux dépens de l'Autriche et érigea en royaume les États des deux électeurs de Wurtemberg et de Bavière, alliés de Napoléon.

Les résultats politiques de la bataille d'Austerlitz furent immenses. Napoléon était devenu l'arbitre de l'Europe, le dispensateur des trônes. Les princes hostiles à la France furent dépossédés. Le roi de Naples fut relégué en Sicile, et remplacé par *Joseph* Bonaparte. Le vieil empire germanique fut détruit, et François II dut se contenter du titre d'empereur d'Autriche. Les trois cent soixante-dix souverainetés qui formaient l'Empire et morcelaient le corps germanique, furent fondues et remaniées ; trente-trois nouveaux États furent constitués en une confédération qui prit le nom de *Confédération du Rhin*, dont Napoléon se déclara le Protecteur. *Louis* Bonaparte allait être proclamé roi de Hollande.

469. Campagne de Prusse. — Iéna. — Friedland. — Traité de Tilsitt. — La Prusse, menacée de toutes parts, prend les armes et soulève une quatrième coalition, que deux admirables campagnes vont anéantir. Napoléon, suivant sa coutume, prévient son ennemi. Il a devant lui la fameuse infanterie du grand Frédéric, divisée en deux armées que commande le duc de Brunswick, et, sous lui, le prince de Hohenlohe. En une seule journée, Napoléon écrase dans les plaines d'*Iéna* le corps du prince de Hohenlohe, pendant que *Davoust* avec vingt-six mille hommes, défait à *Awerstædt* les soixante mille soldats du duc de Brunswick qui reste sur le champ de bataille. Aussitôt l'Empereur marche sur Berlin, où il entre peu de jours après et d'où il dicte le bulletin de son triomphe.

La Prusse presque entière était au pouvoir du vainqueur et les Français campaient sur la Vistule. Napoléon à Posen avait appelé à lui les Polonais et leur faisait espérer le rétablissement de leur nationalité détruite douze ans auparavant ; il voyait leurs intrépides volontaires se lever à sa voix et grossir les rangs de la grande armée.

Le roi de Prusse réfugié à Kœnigsberg, à l'extrémité de ses États, attendait les Russes qui venaient à son secours. Attaqué dès les premiers jours de février, Napoléon livra aux forces prussiennes et russes, sous les murs de la ville d'*Eylau* (8 février 1807), une des batailles les plus sanglantes dont l'histoire ait gardé le souvenir. La victoire demeura indécise. Cependant l'ennemi battit en retraite, laissant sur les neiges d'Eylau près de trente mille hommes.

Bientôt les Russes, chassés du camp retranché d'Heilsberg, furent surpris par Napoléon au moment où ils passaient l'Alle sur les ponts de la ville de *Friedland* (14 juin) et perdirent vingt mille hommes avec quatre-vingts canons. C'était le glorieux anniversaire de la victoire de Marengo.

Les Russes se voyaient refoulés jusque sur les bords du Niémen, limite de leur empire ; l'empereur Alexandre demanda à traiter en personne. Les deux empereurs se rencontrèrent avec le roi de Prusse sous une tente élevée sur un radeau au milieu du Niémen (25 juin 1807), et de cette entrevue célèbre sortit la paix du continent.

Le *traité de Tilsitt* (7 juillet 1807 réduit de moitié l'étendue de la monarchie prussienne, crée le grand duché de Varsovie, donne à *Jérôme Bonaparte* le royaume de Westphalie, et établit une étroite alliance entre la Russie et la France, qui se promettent le partage de l'Europe. Alexandre adhère au *blocus continental* qui a pour but de ruiner l'Angleterre en fermant à son commerce tous les ports de l'Europe.

Parvenu à l'apogée de sa grandeur, l'*Empereur et Roi* achève tout le système de ses grandes institutions politiques et administratives en créant une nouvelle noblesse héréditaire et en fondant l'*Université impériale* pour l'organisation de l'instruction publique. (Décret du 17 mars 1808.)

470. GUERRE D'ESPAGNE ET DE PORTUGAL. — Triomphant dans toutes ses guerres, heureux dans toutes ses entreprises, Napoléon ne sait pas borner ses projets, et au moment où il semble que sa prodigieuse puissance n'a plus qu'à s'affermir, il commence à l'ébranler lui-même par la funeste guerre d'Espagne. En 1807, le Portugal, devenu une véritable colonie anglaise, a été occupé, et cette expédition n'a été qu'un acheminement à l'invasion de l'Espagne, suite de ténébreuses négociations entamées avec l'imbécile roi Charles IV et Ferdinand, son fils rebelle, négociations qui aboutissent à la captivité de la famille royale tout entière à Bayonne. Ferdinand, devenu roi, est contraint de se démettre en faveur de Joseph Bonaparte, remplacé lui-même sur le trône de Naples par *Murat* beau-frère de l'empereur. Mais le sentiment national se soulève en Espagne contre cette souveraineté étrangère. *Ferdinand VII* est proclamé par une junte, et l'insurrection éclate de toutes parts avec une sauvage énergie. Les campagnes se couvrent de guérillas, les populations s'arment à la voix des moines et des juntes, et les Français tombent de tous côtés sous le poignard. L'or, les munitions, bientôt les soldats de l'Angleterre vont seconder le mouvement. La déplorable capitulation de *Dupont* à *Baylen* (juillet 1808) surexcite la haine et les espérances des Espagnols. En Portugal, un soulèvement formidable oblige *Junot* à capituler à *Cintra*, du moins avec les honneurs de la guerre, et le général anglais *Wellington* débarque à la tête d'une armée. Vainement au sortir de l'entrevue d'*Erfurth*, avec Alexandre, qui resserre l'amitié des deux empereurs, Napoléon court lui-même rétablir les affaires en Espagne. L'Autriche va

mettre à profit son éloignement, tandis que de sérieux démêlés avec le pape préparent à sa politique des embarras nouveaux.

471. Essling et Wagram. — Paix de Vienne. — Puissance colossale de l'empire français. — La cinquième coalition force l'empereur à quitter Madrid pour paraître de nouveau en Allemagne à la tête de ses héroïques bataillons. La victoire d'*Eckmühl*, celle d'*Essling*, chèrement achetée, la prise de Vienne, la journée décisive de *Wagram* (juillet 1809), ont pour résultat la *paix de Vienne*, qui enlève à l'Autriche quelques provinces et stipule le mariage de Napoléon avec l'archiduchesse *Marie-Louise*, au prix de son divorce avec l'impératrice Joséphine.

Après la paix de Vienne, les gigantesques efforts de l'empereur semblent suffire encore à soutenir, à étendre même sa domination colossale. Au moment où se célèbre, avec une pompe inouïe, le mariage de l'Empereur (1er avril 1810), un général français, *Bernadotte*, est appelé au trône de Suède. La Hollande est réunie à la France. Les États romains ont été enlevés au souverain pontife, emmené captif à Savone, puis à Fontainebleau. L'Empire, augmenté encore des provinces Illyriennes, du Valais, des îles Hanséatiques a cent trente départements et s'étend au cœur de l'Europe, de Hambourg et Danzig jusqu'à Trieste et Corfou. Le blocus continental est maintenu avec rigueur malgré la détresse du commerce et le malaise général qui se manifeste. Tout plie sous cette volonté inflexible qui, du nord au midi, a changé la face de l'Europe. Bientôt la naissance d'un fils (20 mars 1811), salué au berceau du nom de *Roi de Rome*, viendra combler les vœux de l'Empereur. Mais l'Espagne lutte encore, sans cesse vaincue, combattant sans cesse, l'Espagne, sol brûlant où se dévorent des armées entières, où s'engloutissent l'une après l'autre ces légions qui ont vaincu le monde. Deux puissances sont restées intactes, l'Angleterre toujours ennemie, la Russie encore alliée, mais à la veille d'une rupture qui va détruire l'équilibre et précipiter une catastrophe. — Avant de commencer le récit de cette période de désastres, jetons un coup d'œil sur la géographie de l'Europe au moment où la puissance de Napoléon est à son apogée.

§ II. Géographie de l'Europe en 1810.

472. Empire français et États qui en dépendaient. — Les États de l'Europe, en 1810, peuvent se diviser

480   EMPIRE FRANÇAIS.

en deux grandes catégories : États dépendant plus ou moins complètement de l'Empire français, et États indépendants.

L'empire de Napoléon s'étendait en 1810 sur tous les territoires compris dans les limites de l'ancienne Gaule des Romains, et dépassait ces bornes sur plusieurs points.

Au N. l'Ems et la mer du Nord lui servaient de frontières depuis la réunion de la Hollande; à l'E., les limites étaient : l'Ems, le Rhin, le Jura, les Alpes, le Pô et les monts Apennins; au S., le Garigliano, la mer Méditerranée et les Pyrénées; à l'E., l'Océan Atlantique et la Manche (Voir pour les détails le tome III de ce cours, chap. XXIII.)

Il comprenait 130 départements, dont 87 dans l'ancienne France, 3 nouveaux jusqu'aux Alpes; 15 jusqu'au Rhin, 10 au delà du Rhin; 15 au delà des Alpes. La population dépassait 40 millions d'habitants.

Autour des frontières de l'Empire proprement dit, un grand nombre d'États, quoique distincts en apparence, suivaient en réalité les destinées de la France. C'étaient : 1° l'*Allemagne*, réorganisée sous le nom de *Confédération du Rhin*, dont Napoléon était *protecteur*, comprenant avec les nouveaux États de la Confédération Germanique les quatre royaumes de *Bavière*, *Wurtemberg*, *Saxe*, *Westphalie*; ce dernier à Jérôme Bonaparte, frère de l'empereur; 2° la *Suisse*, dont Napoléon s'était déclaré *médiateur*, soumise à une nouvelle organisation fédérative, et divisée en 19 cantons; 3° le *royaume d'Italie* (capitale Milan), dont la couronne était sur la tête de Napoléon lui-même, et qui comprenait 24 départements sur le versant de l'Adriatique, depuis les Alpes jusqu'aux frontières des Abruzzes; 4° le *royaume de Naples*, gouverné par *Murat*; 5° le *royaume d'Espagne*, donné à Joseph Bonaparte. A ces États, relevant de l'Empire français, on peut ajouter : 6° la Pologne renaissante sous le nom de *grand-duché de Varsovie* (n° 469), s'étendant des rives de l'Oder à celles du Bog et du Niémen, et agrandi au sud d'une notable partie de la Galicie.

473. ÉTATS INDÉPENDANTS DE L'EMPIRE FRANÇAIS. — Les États de l'Europe demeurés réellement indépendants, étaient : 1° la *Russie*, qui s'était accrue de la Finlande enlevée définitivement à la Suède, et qui, bien que bornée encore au midi par le Dniestr, avait porté ses armes victorieuses dans la Moldavie et la Valachie;

2° La *Suède*, toujours séparée de la Norvège, dont la succession était assurée à *Bernadotte*, maréchal français, mais qui devait bientôt s'unir aux ennemis de sa patrie;

3° Le *royaume de Danemark* et de Norvège, étroitement allié à la France;

4° Le *royaume de Grande-Bretagne* et d'Irlande, qui, maître de la mer, demeurait l'ennemi irréconciliable de Napoléon. Il s'était emparé de l'île de Malte, occupait le Portugal, et avait soumis à son influence le royaume de Sicile, où le roi Ferdinand IV ne se soutenait que par sa protection ;

5° La *Prusse*, qui, démembrée par le traité de Tilsitt et refoulée presque jusqu'à l'Oder, ne conservait plus que la vieille Prusse, le Brandebourg, la Silésie et une partie de la Poméranie ;

6° L'*empire d'Autriche*, qui avait perdu successivement à la suite de ses différentes défaites les Pays-Bas, toutes ses possessions d'Italie et d'Istrie, le Tyrol, la Croatie, la Carniole, la plus grande partie de la Galicie, et était à peu près renfermé dans les limites de l'ancien archiduché d'Autriche, de la Bohême et de la Hongrie ;

7° Le *Portugal*, dont l'Angleterre avait transporté la famille régnante au Brésil, et qu'elle défendait contre les Français comme une de ses provinces ;

8° Le *royaume de Sardaigne*, réduit à l'île de ce nom, et dépouillé de toutes ses possessions de terre ferme ;

9° Le *royaume de Sicile*, composé de l'île de ce nom à laquelle se bornaient désormais les domaines du roi Ferdinand.

10° La *Turquie*, profondément abaissée par sa dernière lutte contre les Russes qui venaient de s'établir en vainqueurs dans toutes les provinces situées au nord du Danube.

§ III. GUERRE DE RUSSIE. — CAMPAGNE D'ALLEMAGNE. — CAMPAGNE DE FRANCE. — ABDICATION DE L'EMPEREUR. — RETOUR DE L'ÎLE D'ELBE. — LES CENT JOURS. — WATERLOO. — SAINTE-HÉLÈNE. — TRAITÉS DE 1815.

474. CAMPAGNE DE RUSSIE. — RETRAITE DE MOSKOU. — Resserrée dans des limites qu'elle ne peut étendre, inquiète de voir l'empire français s'avancer à grands pas, la Russie s'est rapprochée de l'Angleterre. Après une année d'inutiles négociations (1811), l'empereur se décide à porter jusqu'à Moskou ses aigles victorieuses. Il s'assure du concours de la Prusse et de l'Autriche, organise en France une puissante réserve à l'aide de la garde nationale mobilisée, équipe la plus belle armée des temps modernes pour la plus gigantesque expédition que son génie ait osé concevoir. Au printemps de l'année 1812, il déclare la guerre à la Russie, traverse l'Allemagne avec cinq cent mille hommes, réorganise en passant la Pologne, et résolu, selon sa coutume, à tout terminer en une campagne, il passe le Niémen, prend Wilna, Witepsk, Smolensk, et gagne la sanglante bataille de la *Moskowa* dont le maréchal *Ney*, le brave des braves, conservera le nom glorieux ; le 14 septembre, il entre à Moskou, seconde capitale de l'empire russe.

Mais la Russie a pour sa défense moins encore ses armées,

HIST. DES TEMPS MOD. Cl. de Rhét. 21

que ses vastes solitudes et ses frimas meurtriers. L'incendie de Moskou révèle la sombre résolution de la nation, et les approches d'un hiver prématuré forcent l'Empereur à commencer cette fatale retraite où vont périr à la fois et ses invincibles soldats, et ses vastes projets, et le prestige de sa fortune. Harcelée par des troupes innombrables, sans vivres au milieu d'un pays dévasté, la *grande armée* s'anéantit sous les neiges, dans les eaux glacées de la Bérésina. Malgré le génie de son chef, malgré l'héroïsme des généraux et des soldats, la retraite se change en déroute, et l'empereur, traversant l'Allemagne sur un traîneau, revient en toute hâte à Paris, où la conspiration de *Mallet* vient de révéler de menaçants symptômes.

475. CAMPAGNE D'ALLEMAGNE. — LUTZEN ET LEIPSICK. — Toutefois Napoléon, avec sa prodigieuse activité, se crée, comme par enchantement, de nouvelles et puissantes ressources. Il obtient une levée de 300,000 hommes, refait une armée, et rentre en campagne le 15 avril 1813. Mais les défections ont commencé avec les revers. La Prusse en donne le signal et forme, avec la Russie et l'Angleterre, une sixième coalition, à laquelle accède la Suède elle-même. Vainement l'empereur, qu'on croyait abattu, reparaît plus terrible, gagne avec des conscrits la bataille de *Lutzen*, et bat à *Dresde* les alliés réunis au moment où l'Autriche passe elle-même à la coalition. Les victoires de l'Empereur sont compensées par les défaites de ses lieutenants, les défections se multiplient, les Saxons et les Wurtembergeois passent à l'ennemi sur le champ de bataille de *Leipsick*, où, après une lutte de trois jours, Napoléon doit se décider à la retraite.

Il rentre en France après avoir écrasé, à *Hanau*, l'armée défectionnaire des Bavarois. Mais les alliés marchent sur ses pas, et quatre cent mille hommes, Russes, Prussiens, Autrichiens, Bavarois, Suédois, pénètrent après lui sur le sol français.

A ce moment suprême, Napoléon fait un nouvel et énergique appel aux grands corps de l'État pour les associer à la défense du territoire. Mais une lassitude universelle paralyse ses efforts; au moment où il ne s'agit que de sauver la patrie, une opposition intempestive le force à renvoyer le Corps législatif, et c'est avec les débris de ses armées que, soutenu encore par le dévouement du peuple, et décrétant, mais trop tard, une levée en masse, il commence, au cœur de l'hiver de 1814, l'immortelle campagne de France.

476. Campagne de France. — Les Anglais qui, vainqueurs à *Vittoria* (1813), ont forcé les Français à évacuer l'Espagne, se montrent au nord des Pyrénées sous Wellington ; *Schwartzenberg* amène par la Suisse cent cinquante mille hommes ; *Blücher*, cent trente mille par le Rhin ; un Français, Bernadotte, cent mille par la Belgique. « Napoléon restait seul
» contre le monde entier avec une poignée de vieux soldats
» et son génie, qui n'avait rien perdu de son audace et de sa
» vigueur. Il est beau de le voir dans ce moment, non plus
» oppresseur, non plus conquérant, défendre pied à pied,
» par de nouvelles victoires, le sol de la patrie en même
» temps que son empire et sa renommée. »

Les victoires de *Saint-Dizier* et de *Brienne* sur le Prussien Blücher (27, 29 janvier 1814) préludent à l'inutile congrès de *Châtillon*. L'armée de Blücher est écrasée à *Champ-Aubert*. La victoire de *Montmirail* (11 février 1814), où Napoléon défait en quelques heures les Russes et les Prussiens réunis, est un de ses plus glorieux exploits.

La fortune semble ramenée par tant d'efforts. Blücher est battu encore à *Château-Thierry* et à *Vauchamps* (13, 14 février) ; les Autrichiens à leur tour sont culbutés à *Montereau* (18 février). Les Russes sont chassés de Reims : douze victoires ont été gagnées en un mois. — Mais si Napoléon triomphe dans toutes les rencontres, l'ennemi gagne du terrain partout où il n'est pas. Les Anglais, poussant devant eux le maréchal Soult, entraient à Bordeaux. Murat abandonnait l'Italie aux Autrichiens pour sauver sa couronne, Augereau livrait Lyon, Talleyrand excitait les alliés. Au moment où Napoléon va réaliser l'audacieux projet d'enfermer et de détruire les ennemis, entre son invincible armée et la capitale, Paris, mal commandé, mal défendu, privé par l'imprévoyance des généraux de ses approvisionnements et de ses munitions, Paris, qui en tenant quelques jours doit assurer les succès du plan de l'Empereur, ouvre ses portes par capitulation, après une journée d'héroïque et inutile combat (13 mars).

477. Abdication de l'Empereur. — Retour de l'ile d'Elbe. — Le sénat prononce lui-même la déchéance de l'Empereur et rappelle les Bourbons. Napoléon, qui s'est replié sur *Fontainebleau*, signe son abdication, sur les instances de plusieurs de ses généraux, et tandis que le maréchal Soult livre encore à Wellington la glorieuse bataille de *Toulouse*, il se retire dans la petite île d'*Elbe*, qu'il reçoit en échange de son immense souveraineté.

Le comte d'Artois rentre le premier en France et signe la *convention de Paris*, qui ramène la France aux limites du 1ᵉʳ janvier 1792 et lui restitue une partie de ses colonies. *Louis XVIII*, débarqué à Calais le 24 avril, fait sa rentrée solennelle à Paris, le 3 mai 1814, après avoir donné la veille la *déclaration de Saint-Ouen*, qui pose les principes du gouvernement représentatif, consacrés le 4 juin par la promulgation de la *Charte constitutionnelle*. La charte *octroyée* par le roi établit une *chambre des pairs* nommée par le roi, et une *chambre des députés* choisie par les électeurs, chargées toutes deux de voter les impôts et de discuter les lois, soumises, avant de devenir obligatoires, à la sanction royale.

La première restauration des Bourbons fut de courte durée. Les imprudentes manifestations des émigrés et des nobles toujours dévoués à l'ancien régime, malgré l'établissement des institutions nouvelles, répandirent l'inquiétude, indisposèrent l'armée et excitèrent l'opinion contre le gouvernement à peine établi. Informé de ces symptômes, Napoléon quitta tout à coup l'île d'Elbe, reparut en France le 1ᵉʳ mars, et marcha de Cannes à Paris sans rencontrer de résistance. Les troupes envoyées pour le combattre l'acclament avec transport. Ney, qui marchait contre lui, se jette dans ses bras, et Napoléon rentre le 20 mars 1815 dans la capitale, tandis que Louis XVIII et son frère repassent précipitamment la frontière, et vont se réfugier à Gand.

478. Les Cent Jours. — Waterloo. — Mais aussitôt, la coalition se renoue, et Napoléon, organisant à la hâte un gouvernement nouveau, va tenter encore une fois la fortune des armes.

Les armées coalisées s'étaient remises en marche vers la frontière qu'elles quittaient à peine. Au mois de juin 1815, deux cent mille Russes s'ébranlaient au cœur de l'Allemagne, et cent deux mille Anglais, sous Wellington, cent trente-trois mille Prussiens, sous Blücher, débouchaient en Belgique.

L'Empereur prévient l'invasion et court au-devant des deux armées. Tandis que Ney engage aux *Quatre-Bras* un combat sanglant et sans résultats importants, Napoléon livre à Blücher, près de *Ligny* (16 juin), une bataille terrible, où vingt-cinq mille Prussiens tombent sous les coups de nos soldats.

L'Empereur charge le maréchal Grouchy de poursuivre les Prussiens; lui-même se retourne contre Wellington, qui s'établit sur le plateau de Mont-Saint-Jean, en avant du village de *Waterloo*.

L'action s'engage le 18, à onze heures du matin, sur un sol détrempé par les pluies, et tout l'effort de la bataille se concentre autour du plateau où les ennemis ont réuni une artillerie formidable. L'Empereur charge l'intrépide Ney d'escalader la hauteur, pendant que quatre-vingts pièces de canon vomissent la mort sur le centre et la gauche de l'ennemi. Les soldats, les officiers, les généraux tombent sur la pente escarpée du plateau; mais les Français montent toujours, les Anglais reculent, et déjà sur la route de Bruxelles, des fuyards annoncent la défaite de Wellington.

Tout s'ébranle en ce moment, infanterie, cavalerie, réserve; le plateau fatal est escaladé. Pendant deux heures, une mêlée effroyable ensanglante la hauteur. Les Français l'abandonnent un instant, mais pour y revenir. Tout à coup, une vive fusillade éclate. C'est Blücher qui, échappant à Grouchy, apparaît sur le champ de bataille au moment suprême. L'opiniâtre fermeté de l'infanterie anglaise a fixé la victoire en maintenant la lutte jusqu'à l'arrivée de troupes fraîches au milieu des combattants épuisés.

La bataille est perdue désormais; l'Empereur au désespoir veut chercher la mort dans les rangs ennemis; on l'entraîne avec peine loin du champ de Waterloo.

479. SAINTE-HÉLÈNE. — TRAITÉS DE 1815. — Napoléon revient à Paris tandis que les débris de l'armée se rallient aux environs de Laon. Tous les courtisans de sa fortune l'abandonnent pour la seconde fois. Il abdique à l'Élysée en faveur de son fils, qui est proclamé sous le nom de *Napoléon II*, et court à Rochefort réclamer, à bord du vaisseau *le Bellérophon*, l'hospitalité de l'Angleterre, sa mortelle ennemie. L'Angleterre répond à sa confiance en l'envoyant à l'île de Sainte-Hélène pour y mourir prisonnier sur un rocher brûlant et désert, après cinq ans d'humiliations et de tourments: Sainte-Hélène, lieu d'ineffaçable opprobre pour les persécuteurs, où la victime sait travailler encore pour sa gloire, en dictant les pages de ses impérissables mémoires.

Cependant, Davoust, chargé de la défense de Paris, avait posé les armes et ramené ses troupes derrière la Loire. Les alliés avaient repris possession de Paris, et Louis XVIII était remonté sur le trône (juillet 1815). Mais cette fois, les exigences des puissances coalisées furent désastreuses.

Les *traités de Paris* imposèrent à la France le payement de plus d'un milliard pour contribution de guerre et indemnités, l'abandon de la Savoie, de Landau, du duché de Bouillon, de Sarrelouis, Philippeville, Marienbourg, la démolition des remparts d'Huningue, où cent hommes avaient tenu deux mois après Waterloo, l'occupation de la France par cent cinquante mille soldats étrangers dont elle devait subir et soudoyer la présence pendant trois ans.

Après vingt ans de combats, de victoires, de prodigieuses conquêtes, la France rentrait dans des frontières plus étroites que les bornes fixées au royaume par le traité d'Utrecht, qui avait précédé d'un siècle les traités à jamais déplorables de 1815.

QUESTIONNAIRE. — § I. 467. Comment fut rétabli l'empire? — 468. Racontez la campagne d'Austerlitz et ses suites. — 469. Quels faits d'armes ont signalé la campagne de Prusse et de Pologne? — 470. Faites connaître les causes et les faits principaux de la guerre d'Espagne? — 471. Quels événements amenèrent la seconde prise de Vienne? — Donnez une idée de la puissance de l'empire français en 1810. — § II. 472. Quelles étaient les limites de l'empire à cette époque?—Quels États dépendaient de la France?—473. Quelle était la situation des Etats indépendants de la France? — 474. Quels furent les événements principaux de la campagne de Russie ? —475. Dites quelques mots de la campagne d'Allemagne. — 476. Parlez de l'admirable campagne de France?— 477. Comment finit le règne de Napoléon ? — 478. Quel fut le sort de la première restauration? — 479. Résumez la dernière campagne de l'Empereur. — 480. Que devint Napoléon après Waterloo? — Quelles furent les principales clauses des traités de 1815 ?

TABLE DES MATIÈRES.

	Pages.
Chapitre I. — État politique et division géographique de l'Europe au quinzième siècle	1
Chapitre II. — France — Fin du règne de Charles VII. — Louis XI. — Anne de Beaujeu et Charles VIII	18
Chapitre III. — Angleterre jusqu'à l'avénement de Henri VIII.	33
Chapitre IV. — Espagne jusqu'à l'avénement de Charles V.	43
Chapitre V. — Allemagne et Italie à la fin du quinzième siècle	52
Chapitre VI. — Les Turcs sous Mahomet II et Sélim	71
Chapitre VII. — Commencement des guerres d'Italie. — Charles VIII et Louis XII	75
Chapitre VIII. — Grandes inventions, grandes découvertes au commencement des temps modernes	82
Chapitre IX. — Tableau de l'Italie au commencement du seizième siècle. — La Renaissance	102
Chapitre X. — Mouvement du protestantisme	121
Chapitre XI. — Rivalité de François Ier et de Charles-Quint.	157
Chapitre XII. — Suite de la rivalité de François Ier et de Charles V. — Soliman II	163
Chapitre XIII. — Henri II. Fin des guerres d'Italie. — Renaissance	171
Chapitre XIV. — Histoire de l'Église dans la seconde partie du seizième siècle	179
Chapitre XV. — François II. — Charles IX. — Henri III	186
Chapitre XVI. — Angleterre et Écosse. — Élisabeth et Marie Stuart	197
Chapitre XVII. — Espagne. — Pays-Bas. — Règne de Philippe II	205
Chapitre XVIII. — France. — Henri IV	213
Chapitre XIX. — Angleterre. — Jacques Ier. — Charles Ier.	226
Chapitre XX. — Révolution de 1688. — Cromwell	230
Chapitre XXI. — Louis XIII et Richelieu	236

TABLE DES MATIÈRES.

Pages.

CHAPITRE XXII. — Allemagne. — Guerre de Trente ans..... 243
CHAPITRE XXIII. — La France et l'Europe à l'époque de la minorité de Louis XIV.................... 258
CHAPITRE XXIV. — Administration de Louis XIV. — Ministère de Colbert.................... 290
CHAPITRE XXV. — Règne de Louis XIV (suite). Louvois. — Guerres jusqu'au traité de Nimègue................ 299
CHAPITRE XXVI. — France et Angleterre. — Louis XIV. — Charles II. — Jacques II. — Révolution de 1688......... 306
CHAPITRE XXVII. — Fin du règne de Louis XIV........... 316
CHAPITRE XXVIII. — Coup d'œil sur le dix-septième siècle.. 324
CHAPITRE XXIX. — La régence et Louis XV.............. 340
CHAPITRE XXX. — La Prusse et l'Autriche au dix-huitième siècle.................... 349
CHAPITRE XXXI. — Suède et Russie. — Charles XII. — Pierre le Grand. — Catherine II................ 361
CHAPITRE XXXII. — Grandeur maritime et coloniale de l'Angleterre depuis la révolution de 1688................ 389
CHAPITRE XXXIII. — Histoire philosophique, littéraire et politique du dix-huitième siècle.................... 405
CHAPITRE XXXIV. — Découvertes scientifiques et géographiques au dix-huitième siècle.................... 425
CHAPITRE XXXV. — Révolution française................ 437
CHAPITRE XXXVI. — Directoire. — Consulat............. 454
CHAPITRE XXXVII. — Empire.................... 474

FIN DE LA TABLE.

Paris. — Typ. de Mme Ve Dondey-Dupré, rue Saint-Louis, 46, au Marais.

ON TROUVE AUSSI A LA MÊME LIBRAIRIE.

COURS COMPLET DE DESSIN LINÉAIRE, professé au Lycée Municipal Chaptal, à Paris; par M. D'HERBECOURT, Architecte, Sous-Inspecteur à la Préfecture de la Seine. Composé d'un Atlas de 48 Planches demi-jésus, gravées sur acier, et d'un volume de texte explicatif in-8°, renfermant plus de 250 figures gravées sur cuivre, broché, 8 fr. 50 c.

On vend séparément chacune des 4 Parties ainsi divisées :
1re Partie. — *Eléments de Géométrie et Applications*. Atlas in-4° de 10 planches et Texte in-8°, broché, 2 fr.
2me Partie. — *Méthodes des Projections, Pénétration des Solides et Applications*. Atlas in-4° de 10 planches et Texte in-8°, broché, 2 fr.
3me Partie. — *Charpente, Coupe des Pierres, Perspective, Théorie des Ombres*. Atlas in-4° de 14 planches et Texte in-8°, broché, 2 fr. 50 c.
4me Partie. — *Architecture, Dessin d'Ornements, Topographie*. Atlas in-4° de 14 planches et Texte in-8°, broché, 3 fr.

Pour recevoir les 2 planches de Topographie lavées, il suffira d'ajouter 1 fr. au prix de l'Ouvrage ou de la 4me Partie.

COURS COMPLET D'ARPENTAGE ÉLÉMENTAIRE THÉORIQUE ET PRATIQUE, à l'usage des divers Etablissements d'Instruction publique, par D. PUILLE (d'Amiens), Professeur de Sciences physiques et de Mathématiques. 2e Edition, conforme au Programme des Ecoles Normales et à celui du 30 août 1852, pour les Lycées. Un fort volume in-12 avec figures intercalées dans le texte et deux tables de topographie lavées avec soin, 3 fr.
Le Même, avec les Planches entièrement lavées. 4 fr.

Cet Ouvrage a valu à son auteur *une Médaille d'honneur* de la Société pour l'Instruction élémentaire de Paris et *une Médaille d'Or* de l'Athénée des Sciences et Arts de Paris.

OUVRAGES DE SCIENCES DE M. L. J. GEORGE.

ÉLÉMENTS D'ALGÈBRE à l'usage des Lycées, des Collèges et des Séminaires. *Ouvrage autorisé par le Conseil de l'Instruction publique*. 7e édition.
Un volume in-8° broché, 3 fr. 75 c.
1re Partie seulement, augmentée de nombreux exercices et problèmes. 1 fr. 75 c.

COURS D'ARITHMÉTIQUE THÉORIQUE ET PRATIQUE à l'usage des Lycées, des Collèges et des Pensions. *Autorisé par le Conseil de l'Instruction publique*. 14e édition. Un volume in-8°, broché, 3 fr.

NOTIONS ÉLÉMENTAIRES DE PHYSIQUE, 4e édition, revue avec soin, modifiée et augmentée des Notions d'Acoustique et d'Optique. Un volume in-12, avec Planches sur acier, broché, 2 fr.

NOUVEAU TRAITÉ DE SPHÈRE ou Cosmographie Élémentaire, à l'usage des Collèges, des Pensions et des Ecoles Primaires Supérieures. 5me édition. Un volume in-12, broché, 1 fr. 25 c.

NOUVELLE ARITHMÉTIQUE DÉCIMALE, à l'usage des Classes Élémentaires des Collèges, renfermant 400 Problèmes; par J. George fils. 23e édition, augmentée de la Théorie complète des Fractions ordinaires, et de Questionnaires; Ouvrage extrait du Cours d'Arithmétique théorique et pratique. Un volume in-18 de 180 pages, broché, 75 c.

Paris. — Typ. de Mme Ve Dondey-Dupré, rue Saint-Louis, 46.

www.ingramcontent.com/pod-product-compliance
Lightning Source LLC
Chambersburg PA
CBHW050609230426
43670CB00009B/1330